汇聚·共融

——上海市新建本科高校职业生涯教育论文集

朱坚强 主　编

沈　劼 副主编

立信会计 出版社

LIXIN ACCOUNTING PUBLISHING HOUSE

图书在版编目(CIP)数据

汇聚·共融：上海市新建本科高校职业生涯教育论文集／朱坚强主编. —上海：立信会计出版社,2014.5
　　ISBN 978－7－5429－4231－9

　　Ⅰ.①汇… Ⅱ.①朱… Ⅲ.①高等学校—职业选择—教学研究—上海市—文集 Ⅳ.①G647.38-53

　　中国版本图书馆 CIP 数据核字(2014)第 086880 号

策划编辑　　邬敏懿
责任编辑　　洪梅春　陈　旻

汇聚·共融：上海市新建本科高校职业生涯教育论文集

出版发行	立信会计出版社

地　　址	上海市中山西路 2230 号	邮政编码	200235
电　　话	(021)64411389	传　　真	(021)64411325
网　　址	www.lixinaph.com	电子邮箱	lxaph@sh163.net
网上书店	www.shlx.net	电　　话	(021)64411071
经　　销	各地新华书店		

印　　刷	上海天地海设计印刷有限公司
开　　本	787 毫米×1092 毫米　　　1/16
印　　张	30
字　　数	598 千字
版　　次	2014 年 5 月第 1 版
印　　次	2014 年 5 月第 1 次
书　　号	ISBN 978－7－5429－4231－9/G
定　　价	65.00 元

编委会名单

前　言

"就业是民生之本",大学生就业,更是国家、社会和高校长期关注的焦点话题。党的十八大报告指出:"要实施就业优先战略和更加积极的就业政策,推动实现更高质量的就业,以创业带动就业。"面对 2013 年严峻的就业形势,党中央出台了多项就业举措,以保障高校毕业生尽快实现就业。

随着社会的改革发展,大学生就业经历了 20 世纪 90 年代初的计划分配阶段、20 世纪 90 年代末的双向选择阶段以及现在的多元选择阶段,即自主择业、双向选择、竞聘上岗、自主创业相结合的发展阶段。

职场的这种变化在加大就业压力的同时也在一定程度上激发了大学生们的职业活力和创业动机,迫使大学生们对自己的职业生涯、职业发展做出理性的规划,一大批具有创业意识的大学生创业者如雨后春笋般涌现出来。同样,这种形势的变化也给高校的职业生涯发展和就业指导提出了更新、更高的要求。在新的形势下,高校一方面要深化内涵建设,提高办学质量,帮助大学生顺利就业;另一方面要加大对在校生的职业生涯发展教育、创新创业教育,帮助学生清晰地认识自我,科学规划职业发展路径,实现职业与人生的持续健康和谐发展。

经过多年的探索和实践,职业生涯教育课程已经在新建本科高校中以必修课的方式普及开来,取得了丰富的阶段性成果。《汇聚·共融——上海市新建本科高校职业生涯教育论文集》正是在此基础上应运而生。论文集的面世,具有借鉴他山之石、引领多元探索、深化高教改革、指导学生就业、拓展素质教育的重要现实意义。

本论文集汇集了上海市新建本科高校一批长期从事职业发展和就业指导课程教学的一线教师、青年学者、职业咨询师的工作实践经验、理论研究成果和集体智慧。本论文集共收录文章 68 篇,内容涉及职业发展教育、就业指导、创新创业教育、课程建设和案例研究五大方面。本论文集内容全面而丰富,案例鲜活而真实,风格严谨而活泼,充分体现了新建本科高校职业生涯发展教育开展的现状和特点。打开这本论文集,一篇篇思辨的文章,记录着深刻的思索,迸溅出思想碰撞的火花;一个个鲜活的案例,渗

透着师者的光辉,承载着师生共同成长的经历······

这一本沉甸甸的论文集,是编者们对自身多年从事职业生涯教育和就业指导工作的实际经验的总结,凝聚着编者们的认真与执著,折射出编者们的睿智与灵性,更洋溢着编者们的追求与幸福。

本论文集的出版,亦是上海市新建本科高校就业工作创新基地职业发展重点项目建设的重要组成部分。希望本论文集在促进大学生理性规划自身未来发展、树立科学就业观的同时,能够打开与外界的交流之窗,起到启迪思维、抛砖引玉的积极作用,为上海市的高校就业工作创新基地建设添上浓墨重彩的一笔。

朱坚强

二〇一四年三月

目 录
Contents

职业发展教育

就业指导

创新创业教育

课程建设

案例研究

职业发展教育

职业决策理论对大学生职业生涯辅导的启示

（上海商学院　大学生职业生涯教育研究所　胡纬华　唐昕辉　陈　敏）

摘　要：本文在对国内外有关职业决策理论进行回顾总结的基础上，提出加强和改进大学生职业生涯辅导的几条建议：①职业生涯辅导要构建课堂教学与课外实践、团体辅导与个别咨询、学校教育与家庭沟通相结合的立体支持网络；②改善大学生自我认知，强化大学生的积极情感，增强决策信心；③职业生涯辅导应贯穿于整个大学生涯；④构建便捷畅通的高校职业信息平台，做好大学生职业信息服务；⑤开展专业性与多样化并行的大学生职业生涯辅导，提高大学生职业决策能力；⑥针对不同类型的大学生给予个性化的职业生涯辅导。

关键词：职业决策；职业生涯辅导

2010 年，全国普通高校毕业生规模将近 680 万人，加上历年"沉淀"下来的未就业的历届毕业生，可以预计未来一段时间内大学生就业仍然会面临严峻的挑战，同时也对高校的职业生涯辅导工作提出了更高的要求。近年来，我国高校日益重视大学生职业生涯辅导，相继出台了一系列的文件，各高校也成立了专门的机构负责相关工作，但总的来说，尚未达到预期的效果，比如有的同志仍然沿袭以往工作经验，拒绝职业发展理论的指导，表现出"经验主义"倾向，另一些同志则是过于依赖源于西方的职业测验，并乐于以此来对大学生进行职业生涯辅导，表现出"本本主义"倾向。因此，本研究在对国内外有关的职业决策理论进行回顾总结的基础上，提出加强和改进大学生职业生涯辅导的几条建议。

一、职业决策的界定

职业决策（career decision-making）的概念最初源于英国经济学家凯恩的理论，他认为职业决策是指一个人选择目标或职业时，会选择使用一种使个人获得最高报酬，而将损失降至最低所用的方法。而 Jepsen（1984）认为职业决策是一个复杂的认知过程，在这个过程中，个体通过对有关自我和环境等信息的分析，考虑各种可供选择的职业前景，之后作出公开承诺（public commitment）进行职业选择的行为。不难看出，Jepsen是从信息加工的角度来对职业决策进行界定的，从这一角度来看，职业决策并非是一个即时的职业选择行为，而是个体综合分析内外各种因素进行决策的过程。

当个体在职业决策的过程中遇到各种困惑或问题，无法顺利作出决策时，职业决策困难就发生了。Gati和Osipow认为，职业决策困难是个体在作职业决策过程中可能遇到的各种难题。Krumboltz认为，职业决策困难的实质是对当前的决策不满意，决策困难是缺乏相关的学习经验的必然结果。

综上所述，我们认为，职业决策是指人们根据自身特点，并结合当时环境，综合分析各种因素的基础上，在一种或多种职业道路中进行取舍，不断修正提高再决策的过程，最终选择一条适合自己的职业发展道路。

二、国内外有关职业决策理论的基本观点

在对职业决策的有关研究上，由于不同的研究者关注的角度不一样，所采用的研究方法也存在着一定的差别，所以职业决策理论也是林林总总，但总的来说，大致可分为以下几类理论。

（一）强调决策原因的职业决策理论

这些研究者关注的是影响职业决策的内部和外部诸因素。Holland(1977)认为，在职业决策方面缺乏信心会导致职业决策困难；职业决策理论的奠基者Parsons(1909)强调的是人与环境因素在个体职业决策中的作用。他指出，一个能够作出明智职业选择的人通常会考虑到三种因素：①清楚地了解自我，了解自己的资质、能力、兴趣、愿望、资源、局限和它们的原因；②具有获得成功所要求的知识和条件，了解各种不同行业的优势和劣势、报酬、机会和前景；③关于前面两组因素之间关系的真实证明。Parsons认为，职业决策就是将个体的自我知识和工作环境的知识相互匹配，当两者之间达到最佳的适合程度时，就是一个明智的职业决策。直到今天，Parsons的人与环境影响下的职业决策理论还在职业选择和发展理论及职业咨询实践中被广泛应用。这也启发我们，大学生的职业生涯辅导要综合考虑学生本人、学校、家庭和社会等因素来对其进行全方位的支持。但这一理论过于强调个人与环境的匹配，而忽视了人的可塑性和职业选择的变通性，因为个人会变，环境会变，职业也会变。

国内学者于泳红(2004)认为，焦虑情绪对个体的职业决策过程有显著影响。焦虑情绪会导致决策时间的增加，甚至会迟迟不能作出决策；愤怒可能促使决策者选择破坏性的选项，而惧怕可能导致决策者避免冒险性选项。积极或消极的情绪也使得职业生涯决策偏离了理性的轨道，当处于愉快的情绪时，决策者更倾向于凭直觉加工职业信息，更快地作出职业决策。这一研究结果启发我们在大学生的职业生涯辅导中，要注意其积极心态的培养，促使其养成稳定适宜的情感。

（二）强调决策过程的职业决策理论

有的研究者从职业决策的发生发展过程对其进行了探索。Gati 与 Asher(2001)则把职业决策的过程分为了三个阶段：初步筛选、深入探索、作出选择。Gottfredson的限定与妥协(circumscription and compromise)理论试图在发展的背景下来寻求职业决策的认知过程。该理论假设职业决策是社会自我和心理自我的表现，当个体选择一个职业道路时，个体用个人性格特征如兴趣、人格，而不是社会化的标准如性别刻板和职业的社会角色进行选择。Gellat(1962)认为，职业决策过程分为五个步骤：①个体意识到做决策的需要，并制定出决策的目的或目标；②搜集与目标或目的相关的信息，同时调查所有可能的方案；③对搜集到的信息进行预测，估计可能的选择结果以及结果出现的概率；④根据价值系统，评价结果是否满足需要；⑤根据可能的结果及结果的价值，按照一定的标准作出决策。他认为，预测系统和价值系统的内容比决策标准更容易观察到，而且远不如决策标准复杂，所以，提高信息服务将会增加作出好决策的可能性。这一理论启示我们，高校要建设公开、及时、有效的职业信息交流平台，教师要深入学生和人才市场，及时掌握有关信息，避免大学生在进行职业决策时出现信息不充分或信息不对称现象。

总的来说，强调过程的职业决策理论，认为个体的职业生涯并不是一成不变的，而是发展变化的。这也启示我们，在对学生进行职业生涯辅导时，要用发展变化的视角，在大学的整个过程中都要对其进行指导，并不断完善。

（三）兼顾因果和过程的社会认知理论

社会认知理论(SCCT)兼顾了职业决策的原因和过程，一方面强调个人、背景和学习对职业选择行为的影响，另一方面提出选择过程可以分为三个部分：①表达初步的选择或目标；②行动，例如为实施自己的选择而参加特定的培训；③后来的完成情况，即成功或失败。完成情况构成反馈回路，影响将来职业行为的形成。Krumboltz 等人(1984)认为，职业选择过程受到四类因素的影响：①遗传天赋和特殊能力(如内在素质、身体障碍、音乐和艺术能力)；②环境条件与事件(如劳动法规、技术进步、社会机构变化、家庭资源)；③学习的经验(如各种工具性学习、行为和认知反应、观察学习)；④任务完成技能(如设定目标、工作习惯、情绪反应方式)。后来，Krumboltz 和 Baker(1977)经过修正提出了一个帮助他人进行职业决策的七个步骤模式：①界定问题：对必须要完成的决策进行描述，估计完成所需时间并设定确切的时间表；②拟订行动计划：制定决策所需采取的行动，并估计所需时间及完成的期限；③澄清价值：制定标准，以作为评价各种可能选择的依据；④列出可能作出的选择，确认选择方案；⑤依据所定的选择标准、评分标准，逐一评价各种可能选择，找出可能的结果；⑥比较各种可能选择符合价值标准的情况，从中选取最能符合决策者理想的选择；⑦描述将如何采取何种行动以达成选定的目标。

社会认知理论将影响因素与发展过程结合起来进行了阐述，认为职业决策并不是随着个体作出选择而终止,而是一个不断修正提高的过程。这提醒我们,对大学生职业生涯辅导不仅要重视主客观环境的作用,同时还要把这些因素放到大学生职业生涯的整个过程中进行辅导。

三、职业决策理论对大学生职业生涯辅导的启示

(一) 职业生涯辅导要构建一个课堂教学与课外实践相结合、团体辅导与个别咨询相结合、学校教育与家庭沟通相结合的立体支持网络

Janis 和 Mann 的研究表明(1977),如果职业决策者在决策过程中得不到来自个体或集体的帮助,他们将会经历事后决策或者后悔的体验。所以,形成一个学校、家庭和社会相结合的支持网络,对于大学生的职业生涯辅导也是有非常大的帮助的。

理论源于实践,又指导实践,同时实践也将丰富和验证理论。大学生职业生涯辅导不能仅局限于校园之内课堂之中,而应走出课堂和校门,在实践中得到深化。近年来高校招生规模递增,而教师的规模却没有相应的增长,团体辅导因其高效益、低成本的特点应当大力推广,但同时每个大学生都有自己的性格特点和不同的决策类型,所以,在条件允许的情况下,进行个别辅导也是十分必要的,尤其对那些存在职业决策困难的大学生显得尤为重要。赵冯香(2005)的研究表明,个体的身心状况及环境认同性等对个体的职业决策能力有显著的预测效应,家长对大学生的未来规划能力、解决问题能力与职业决策自我效能感有明显影响,与目标选定的相关度也接近显著。所以,作为家长,也应该利用其自身的经验和阅历并结合自己子女的实际情况,如兴趣爱好、性格特征等主动地为学生未来的职业作好规划,给孩子以帮助和支持。

(二) 改善大学生自我认知,强化大学生的积极情感,增强决策信心

马剑虹等人的研究结果表明,毕业生在职业决策过程中的困难主要集中在问题解决部分。Osipow(1976)研究发现,缺乏信心可以导致职业决策困难。所以完善大学生的分析和解决问题的能力,加强对自我的认识与了解,都能有效地提高他们的职业决策效率。

Gelatt(1989)提出了"积极的不确定论",所谓积极的不确定,是以积极乐观的态度面对和接纳决策后成败的不确定性,以开放的心态面对职业决策。有关职业决策的情绪理论也表明,积极的情感在职业决策中有重要作用,所以,在大学生的职业生涯辅导中,要鼓励大学生以一种积极乐观的态度面对决策,让他们感觉到职业的选择与规划是不难的,对他们来说是力所能及的,体现了对自己人生的一种责任,从而作出正确的职业决策。

(三) 重视过程教育,职业生涯辅导应贯穿于整个大学生涯

重视职业决策过程研究的 Gelatt 认为,决策是一种非序列性、非系统性的复杂历程。决策过程中包含 3 个要素:信息、调整再调整的过程、行动的决定。Super 的职业

发展理论认为,职业发展和职业决策是一个贯穿个人终生的连续过程。因此,在个人的人生发展中,需要不断地作出职业决策。现在许多高校的职业生涯辅导往往只是针对即将毕业的学生,并且时间也大多集中在毕业前的一两个学期或几周里。这种做法其实是需要改进的,因为职业决策并不是一个职业的暂时性的选择或过渡性的选择,而是一个攸关个体人生发展的重大问题,并且要贯穿于个体整个的职业生涯中。所以,职业生涯辅导应该贯穿于整个的大学教育过程,并在这个过程中不断地进行修正和提高。比如大一新生侧重于适应大学环境,认识自身特点,了解职业内容;大二大三侧重于加强专业素养,提高综合能力,走进企业和人才市场;大三以后侧重于熟悉就业政策,掌握就业技巧,提高心理素质。

(四) 构建便捷畅通的高校职业信息平台,做好大学生职业信息服务工作

由前所述,不管是强调过程的职业决策理论,还是兼顾因果和过程的社会认知理论,都强调职业信息是否及时、有效和充分对于职业决策有着十分重要的影响。因此,高校应努力做好职业信息服务工作,比如应当设立职业生涯辅导的专门机构、开办职业生涯咨询室,配备、配齐优秀的生涯辅导教师,为大学生提供专业化、职业化的教育、服务和辅导。高校还应建立或更新职业生涯辅导网站,刊载大学生毕业、就业相关的政策法规,及时发布最新的大学生就业信息,提供企业、学校、学生互动交流的网络平台,同时还要创造条件让大学生走进企业一线,走进人才市场,走访优秀校友。通过以上途径,大学生就能更多地掌握职业信息,避免出现信息不充分或信息不对称的现象,从而更好地进行职业决策。

(五) 开展专业性与多样化的大学生职业生涯辅导,全面提高大学生职业决策能力

为了提高大学生职业决策的质量,增强职业生涯辅导的效果,就要运用专业化的职业生涯辅导教师队伍,构建具有特色的职业决策能力培养链,争取学生家长、优秀校友和社会各界的支持,综合运用各种自主性、体验性、协作性、实践性教育方法,通过案例分析与讨论、模拟招聘与面试、采访成功人士、体验人才市场、小组合作学习等环环相扣、环环促进、环环提升的辅导过程,激发大学生的学习兴趣,完善大学生的自我认识,加深大学生对职业、对企业、对社会的了解,全面提高大学生职业决策能力。

(六) 因材施教,针对不同类型的大学生给予个性化的职业决策辅导

Walsh(1986)对职业决策类型进行了经典的两维划分:第一个维度是理性-情感,它是指个体依靠系统的理性的方法作出决策还是依赖一种直觉或情感作出决策;第二个维度是内向-外向,它是指个体依靠积极的内部因素作出决策还是依赖消极的外部因素作出决策。因此我们可以根据学生不同的职业决策类型,有针对性地给予个性化的职业决策辅导,提高职业生涯辅导的质量和效率。比如,理性型决策的人更倾向于通过逻辑分析得出合理的结果和决定,对于此类大学生,我们应当多提醒他们的决策是否会影响到其与周边人群的感情;而感性型的人则更多考虑个人价值观以及决定对于他人的影响,对于此类学生,则要多帮他们分析各种客观条件,在进行职业决策时要多一点理性。此外,职业决策是个体的一种自我选择的过程,这个过程常伴有各种问题或困惑。最终起决定作用的还是大学生自己,因此,提高自己的专业水平,健全自身的心理素质,增强自己的抗压能力,才是进行有效职业决策的重要保证。

参考文献

［1］龙立荣,彭永新.国外职业决策困难研究及其启示[J].人类工效学,2000(4).

［2］彭永新,龙立荣.国外职业决策理论模式的研究进展[J].教育研究与实验,2000(5).

［3］赵冯香.大学生职业决策量表的编订及应用研究[D].浙江大学硕士学位论文,2005.

［4］于泳红.职业生涯决策整合模型研究[D].华东师范大学博士学位论文,2004.

［5］曾庆双.影响应届大学毕业生就业的因素及对策实证研究[J].黑龙江高教研究,2005(12).

［6］NATALIE R. *Instruction in Career Decision Making and Decision-Making Styles*[J]. Journal of Counseling Psychology 1980,27(6):581-588.

［7］DARREL A L, *Identifying the Career Decision-Making Needs of Nontrational College Students*[J]. Journal of counseling Development 1999(77):135-140.

［8］CHRISTY A B, JAMES W L. *Compromise in career decision making:A test of Gottfredson' theory*[J]. Journal of Vocational Behavior 2003,62(2):250-271.

作者简介:

　　胡纬华(1974—　　),男,湖南永州人,上海商学院信息与计算机学院党总支书记,研究方向:大学生职业生涯教育。

　　唐昕辉(1977—　　),男,山东临沂人,上海商学院信息与计算机学院,讲师,研究方向:大学生心理健康、教学心理等。

　　陈敏(1963—　　),女,上海人,上海商学院大学生职业生涯教育研究所所长,教授,研究方向:大学生职业生涯教育。

我国大学生职业发展导师团队的建立

——基于应用型人才培养模式的思考

（上海立信会计学院　沈　劼）

摘　要:社会对人才的要求越来越高,如何培养出适应社会需要的应用型人才是所有高校教育工作者共同关注的课题,职业发展导师团队在人才培养中发挥着举足轻重的作用,本文从职业发展导师团队建立的意义、建设现状及下一步的实施方法等方面入手,围绕培养应用型人才的目标进行了新的探索。

关键词:应用型人才;职业发展;职业发展导师

近年来,社会对人才的要求越来越高,如何培养出适应社会需要的应用型人才成为了高校教育工作者关注的课题。笔者所在的高校是一所有着较强专业特色的应用型财经院校,学校在对学生进行职业发展教育的过程中不断探索,借鉴国内外有关高校的成功做法,尝试建立一支由校内外专家、学者、成功校友等共同组成的学生"职业发展导师团",拟通过引入职业生涯导师的方法进一步弥补学校职业教育资源的不足,提升学生的职业竞争力。

一、建立职业导师团队的意义

（一）职业导师团队的建立能更好地适应应用型人才的培养要求

在我国,对于本科及以上层次的应用型人才培养侧重于要求他们具有更强的通用性和创新性,有更为"宽泛"、"专业"和"交叉"的知识结构,有更强的主动学习能力和岗位适应能力,这就要求高校在培养时必须对接现实,以需求为导向,不仅教会学生如何胜任某种职业岗位,还要让他们具有技术创新或二次开发的能力,具有更高的适应多种岗位的综合素质及更强的职业判断能力。可见,本科层次的应用型人才培养关键在于对学生实践能力(岗位操作技能与实务经验)、沟通能力(理解、表达与团队合作)、创新能力(理论应用)的锻炼和培养。

为了更好地适应这些要求,高校必须对现有的人才培养模式进行改革,一是要对校内的课程体系、教学内容、教学方法进行改革,改变原有的知识结构与思维方式;二是要与校外实现对接,根据社会对应用型人才的要求,设计一种合理、可行的培养方案。因此,建立一支由校内外专家、学者、成功校友等共同参与的学生"职业发展导师团"无疑能更好地实现校内外的有效联动,为共同培养应用型人才进行有益的尝试。

(二)职业导师团队的建立能更好地提升学生的职业竞争力

目前,高校中普遍采用的导师制度主要有以辅导员为代表的生活导师、以专业指导教师为代表的学业导师,而职业导师则是在此基础上为学生职业生涯规划和发展所配备的专家化的指导教师。

职业导师计划的实施是为了更好地服务学生,给学生的职业生涯规划提供更专业的指导和帮助,同时将导师自己的工作成果、成功经验与学生分享,帮助学生培养更强的职业意识、更全面地了解职业环境、寻找正确的职业方向,有效提升学生的职业竞争力,并为在校生提供更多就业、实习和实践的机会。这种计划把团体性辅导与个性化辅导有机结合,将实践性指导与理论性指导有机结合,充分发挥成功校友的榜样作用,通过引入校外资源增加学生就业、实习的机会[1]。

从以上分析不难看出,建立职业导师团队具有十分重要的意义。职业导师计划是高校开展职业发展教育时所采用的一项新方法、新途径,具有较为明显的优势和价值。职业导师通过直接与学校和学生的接触,可以对学校的人才培养工作提出自己的意见和建议,帮助学校建立起从学校到企业、企业到学校的双向交流机制,积极提升学生的综合素质和职业竞争力,从而实现学生、学校、企业、社会共赢的局面。

二、职业导师队伍建设的现状

早在 14 世纪,英国教育家就提出了"导师制"的概念,但直到 17 世纪,英国的牛津、剑桥等高校的"导师制"仍停留在对研究生的"个别辅导制"上,并未真正面向本科生。20 世纪 90 年代后期以来,我国的部分高校也开始实行"导师计划",进行了有益的尝试。

(一)职业导师队伍建设取得的良好成效

自 2005 年以来,已经有包括北京大学、清华大学、中山大学、浙江大学、复旦大学等 20 所高校推行了职业导师计划,特别是在一些应用型高校中收到了很好的效果。

(1)将团体性辅导与个性化辅导相结合。职业导师的设置是对原有生活导师、学业导师的补充和完善。在对大学生进行职业生涯指导的过程中,职业导师的加入可以进一步细化和加强职业生涯指导课程及辅导,有效地弥补校内指导人员的不足,既可以对学生开展团体性的讲座、课程指导,也可以在学生和导师之间建立"双向选择"的关系开展一对一的个性化指导,进一步丰富指导内容,实现校企的有效对接,有利于知识的交融也有利于学生形成多样化的思维[2]。

如中山大学,将老板和校友变为了学生的职业导师,通过团体性的讲座和一对一的个体辅导极大地推进了学生的职业发展教育进程[3]。

（2）将实践性指导与理论性指导相结合。传统的职业生涯教育团队一般都为学校从事思想政治教育、科研及就业指导工作的教师，尽管大多数有着丰富的一线工作经验、较高的学术造诣和生活阅历，但却普遍缺少社会实践的经历，对真正的企业缺乏足够的了解，只能提供给学生理论化的指导。而随着广大校外企业家、成功校友的加入，职业导师团队从纯理论化走向了实践化、专家化，构成主体经历丰富，他们在本行业领域中的体会、经历和成功经验都给了学生更多真实的职场信息，教会学生更多实际的职场技能。

如上海金融学院在 2009 年建立了全国第一个金融法律本科人才培养基地建设，聘请上海市浦东新区人民法院院长丁寿兴、上海金融仲裁院院长卢方担任上海金融学院法学客座教授，将金融纠纷解决实务研究、金融法制服务社会活动等实践项目引入学校。

（3）将榜样化作用和就业化推荐相结合。不少高校邀请往届的成功校友加入职业导师团队，他们不仅可以将职场上的经历传授给在校学生，同时也可以将自身对母校的情感传递给学弟学妹，增强在校生对未来的信心和直面就业压力的勇气。同时，通过与更多职场精英的合作，他们可以将自己所掌握的社会资源与学校进行分享，帮助学生更多地参与社会实践，为学生提供更多的就业机会和推荐，从而实现"指导"与"就业"的紧密结合。

如上海商学院 2008 年牵头成立了"上海商贸职业教育集团"，联合上海东方国际集团公司、百联集团公司、喜达屋酒店（集团）等 12 家国内外知名商贸企业，以及上海商业联合会、上海连锁经营协会、上海商界同仁协会、上海市商业经济学会等 4 家商贸行业协会，把"宾馆酒店专业实训室"直接开进学校，让校内学生"毕业即就业"成为可能。

（二）职业导师队伍建设存在的不足

从当前我国高校的总体情况来看，所进行的职业导师队伍建设主要有两种不同的取向，即补充取向和融合取向。前者是将社会实践、职业导师作为补充力量引入学校的教学和课程，作为有效的延伸，并最终成为大学教学和课程的从属部分；后者是充分肯定社会实践和职业导师团队本身的独立地位，在于学校教学和课程的结合过程中，保持实践及校外导师团队的独立性，以相互融合的思路进行建设和改革。前一种模式的最大优点是成本较低，不会和学校的整体教学计划发生冲突，比较容易实施；但却容易流于形式、效果不佳。后一种模式最大的优点是体现了学校和社会的各自特点，真正实现了学校与社会的零距离培养，最大的局限性是与学校原有的教学计划实现系统性的衔接比较困难。

的确，在各高校所进行的职业导师队伍建设过程中存在着不少的问题和不足。如部分高校在聘请职业导师时缺乏系统的规划，只考虑导师的名气、地位等外在因素，却忽略了导师是否和该校应用型人才培养要求、专业特色契合;部分职业导师因为工作过于繁忙,未很好地履行自己的导师职责,对学生的指导流于形式;部分高校在建立职业导师团队时存在只进不出、只聘不评的现象,使职业导师团队的规模过于庞大,导师的素质良莠不齐,等等。

三、职业导师团队的建立与实践

"职业导师团队"作为一个新鲜事物,要真正发挥好该团队的作用,必须制定相关的政策、措施,确保这一工作得到可持续发展,形成良性循环,最大限度地保证运行效果。

总结目前各高校所实施的职业导师计划,在充分肯定其取得的良好效果的同时我们也要清醒地看到在建设过程中所存在的种种不足。本校在探索建立职业导师团队时拟从以下 4 个步骤来设计和实施。首先是确定校外导师和辅导所针对的对象;其次是制定导师的辅导方案;再次是实施辅导;最后是对实施效果进行反馈和考核。

(一) 确定校外导师和辅导所针对的对象

职业导师制是一项利在长久的较为复杂的系统工程,所聘请的导师素质将直接影响到职业生涯教育开展的效果。所以,高校在选择和确定职业导师时,都必须充分考虑各入选导师的管理技能、沟通技能、专业技能、职业发展技能等各项因素,同时要充分尊重各入选导师的个人意愿[2]。基于以上条件,在拟定职业导师团队的名单时,首选的群体是本校的成功校友,其次是热衷于教育事业的企业人士、政府管理者及其他和学校培养方向、专业特色较为吻合的行业类专家。

学校在确定导师时要把好"质量关",校外导师一般应具有大学本科以上学历或副高以上职称,有 5 年以上的工作经验,在本行业内有一定的专业造诣及丰富的实务经验,工作单位相对稳定,工作时间相对固定。职业导师的聘任必须经过一定的程序和手续,由学校就业指导部门和导师签订合作协议,一般的协议时间为 1~3 年。

对于辅导对象的选择,学校倾向于实行分类指导的原则,即对大学二年级和三年级学生开展团体性辅导;对大学一年级和四年级学生开展个性化辅导。

导师与学生的匹配主要遵循自愿原则,实行双向选择。将导师团队中的人员进行分类,不同类型的导师带不同类别的学员,在不影响导师正常工作的前提下,根据每位导师的实际情况将导师分为提供团体性辅导的导师和提供个性化辅导的导师,提供团体性辅导的导师每学期由学校和其协商后确定辅导的时间、内容;提供个性化辅导的导师,由各位导师确定自己辅导或擅长的领域,再由学生选择最终确定辅导的时间和内容[4]。

(二) 制定导师的辅导方案

在确定好职业导师和辅导对象之后,学校要制定系统的辅导计划和实施方案。职业导师可根据辅导对象的人数、实际情况(如所在的年级、专业、兴趣、能力等)、发展愿望,指导学生进行有效的职业生涯规划。辅导的具体方法采用比较灵活多样的方式,一般来说,进行团体性辅导的导师多可采用课堂教学、专题讲座等方式开展;提供个性化辅导的导师多可采用访谈、咨询、参观等方式开展。辅导的内容主要围绕提升学生职业竞争力而具体展开,可包括就业理念、职业道德、创业技能、人际沟通、职场技能、专业知识等。

(三) 实施辅导

在职业导师与学生的辅导中,学校就业指导中心要起到沟通和桥梁的作用。首先可考虑建立一个有助于维持"职业导师团队"建设的管理机构,该机构可隶属于校就业指导中心,专门负责招募和选聘职业导师、制定每学期的辅导计划、与职业导师和学生的沟通、职业导师的考核等具体工作。

同时,考虑到职业导师本身承担着较为繁重的工作任务,因此我们在实施辅导时除了采用传统的授课、讲座、咨询等方式之外,将进一步创新辅导方式,借助便捷的网络、信息沟通渠道,建立"电子辅导"模式,突破常规性的面对面的交流、辅导方式,目前国际上已有 9 个国家开展了此类职业辅导服务[2]。

(四) 考核与反馈

职业导师团队建设的管理机构可定期根据辅导方案,对导师的指导过程要进行考核和监督,并同时做好对导师、学生双方的情况反馈。对考核优秀的导师给予相应的鼓励和奖励,对不符合学校及学生要求的导师实行末位淘汰。

职业导师团队的建设是一种新的大学生职业指导方式,是一种创新和尝试,它对原有的高校职业发展教育将形成有力的补充和完善,但却不能完全替代传统的职业发展教育,因此我们在实施时要充分考虑两者之间的衔接,将该团队与原有的高校教育模式有效整合,发挥"1+1>2"的效果。

参考文献

[1] 吕亮.浅谈"就业导师制计划"的构建[J].科学咨询(教育科研),2008(9):14.

[2] 王晓莉.职业导师计划在高校就业指导中的应用[J].现代教育管理,2009(8):118-120.

[3] 范泽瑛,雷东博.中山大学职业指导新举措——老板变老师实践职业导师制[J].中国大学生就业,2008(7):63-64.

[4] 徐畅.高职院校就业指导教师队伍模式的创新研究[J].职业教育研究,2011(11):75-76.

[5] 李蓉.职业指导教师的专业标准[J].教育导刊,2002(7):38-39.

作者简介:

沈劼(1981.4—),女,上海立信会计学院讲师,就业指导中心副主任,主要从事职业发展教育。联系地址:上海松江区文翔路 2800 号,邮编:201620 电话:13918434499,E-mail:shenjie@lixin.edu.cn。

对应用型人才能力需求与培养现状的反思

（上海应用技术学院　杨欣理　焦贺丽）

摘　要：就业问题已成为高等教育的重要问题。2013 年"史上最难就业年"的出现再次促发对高等教育质量的反思。本文对能力和应用型人才能力需求特征进行了探讨，对当前应用型人才能力培养中主要存在的问题进行了梳理，并结合应用型人才定位高校实际，提出相应建议。

关键词：应用型人才；能力；培养；策略

党的十八大报告明确指出，要提高高等教育质量。2013 年毕业生就业被称为"史上最难就业年"。就业难的原因除了因经济放缓用工减少、毕业生总量持续增加、供需不协调外，仍然存在大学生的能力培养与社会需求不一致的矛盾。因此，对在校大学生的能力需求与培养现状进行反思，就显得十分紧迫和必要。

为了解学生对自我能力提升方面的需求，以便更好地引导、服务学生，提高就业能力和社会适应能力。笔者进行了以下三方面的工作：第一，查阅对大学生能力培养的相关文献，将应用型大学生能力特征进行聚焦；第二，通过访谈、发放问卷和召开学生座谈会，了解学生在能力需求和能力提升方面的需求，借鉴社会第三方调研信息，梳理应用型人才培养过程中存在的问题；第三，思考改进提高学生能力培养的建议。

一、关于能力和应用型人才能力特征的理解

（一）关于能力

能力是个心理学概念，是指能够顺利完成某种活动所必须具备的个性心理特征，即能力是直接影响活动效率，使活动得以顺利进行的心理特征[1]。能力与活动紧密联系，人的能力是在活动中形成、发展和表现出来的，同时也是从事某种活动必需的前提。能力包括两个内涵：一是指个体的实际能力，二是指个体的潜在能力。潜在能力是实际能力形成与发展的基础和条件，实际能力是潜在能力的结果与展现。人要顺利完成某种活动，必须是多种能力的组合才能实现。

（二）对能力培养的理解

借鉴前苏联著名心理学家维果茨基对人类突出的贡献——"最近发展区"（zone of proximal development，ZPD)，意指儿童在现实能力和潜在能力之间的临界区域。发

展变化本质上是不同时期一系列最近发展区的获得。那么,能力培养就是指个体在原有实际能力的基础上,经过最近发展区的获得,使一定的潜在能力得到形成和展现,使个体的实际能力得到提高。

(三) 关于应用型人才能力需求的特征

按照能力的倾向性不同,可以把能力分为一般能力和特殊能力。其实,无论是一般能力还是特殊能力在实际工作中,都需要多种能力的组合。正是因为能力具有这样一种特性,通常不同的用人单位对能力的要求也是有差异的。以应用型人才为例,对其能力需求可以概括为以下五大特征:①专业理论基础扎实,知识面宽广;②实践能力和操作技能强;③具有创新意识和创新能力;④综合职业能力和素质全面,职业道德素养高;⑤有团队合作精神,社会适应能力强。

在能力的培养上,本科应用型人才更强调的是复合能力,既要包括知识、技术、专业的实践应用能力,又包括构建应用知识进行技术创新的能力。实践能力和应用型的创新能力是本科应用型人才能力培养目标的主要内容,这是一种综合能力。具体分为:①专业技术能力;②表达能力;③学习能力;④合作能力;⑤管理能力;⑥创新能力;⑦社会适应能力;⑧人际交往能力;⑨国际合作与交流能力;⑩情绪情感调节能力等。

上述各种能力可分为相辅相成的三个方面:①职业能力;②社会能力;③自我调节能力。其中专业技术能力、表达能力、学习能力、合作能力、管理能力、创新能力是职业能力的范畴,社会适应能力、人际交往能力、国际合作与交流能力是社会能力的范畴,情绪情感调节能力属于自我调节能力。

二、当前应用型人才能力培养中主要存在的问题

来自社会第三方的麦可思公司认为,什么是衡量高等教育质量的评价标准?从根本上来说是"适应社会需要",所谓大学生就业难其实包含两个方面:一是就业数量方面的供需比不协调带来的困难,二是就业质量不够高。就业数量方面的困难是短期的,会随着中国经济结构的技术升级自然解决。但是,大学生就业质量不够高的问题必须要通过改进高校教育才能解决。造成大学生就业质量不够高的原因,单从高校来看,有以下两个因素。

1. 高校培养与社会需求存在脱节现象

知识体系与社会需求存在脱节现象。众所周知,一般的教材都是3～5年前的知识体系,不能及时与企业或用人单位的需求紧密联系。再者,从课程体系来讲,也不能完全满足社会需求,其人文知识、学分比例也存在不尽合理的现象,因此,学生在学习的过程中对课程存在不满意现象而影响了上课效果。

应用知识解决问题的能力较为薄弱。因对所学知识不感兴趣,带来的直接问题就是解决问题的能力不够。

学习能力不够。没有掌握真正的学习方法,终生学习的理念难以可持续发展。在学习中,总体停留在中学阶段,靠记忆、靠练习做习题,没能改变考前突击、考后遗忘的模式。大学最重要的是掌握学习方法而不是死记硬背知识点。

适应社会能力、抗压能力、自我认知能力依然较为薄弱[2-5]。笔者采用开放式的问卷和座谈、访谈等,对在校大学生的能力需求进行调研,主要围绕"你想成为具有什么样能力的人?""你是怎样朝向自己期待的能力而努力的?""你认为自己现有能力的优势和不足在哪些方面?"通过调研,笔者发现以下三个现象,值得深思和关注:

(1) 大多数同学期待自己成为能力强、综合素质高的人,比如成为沟通能力强、遇事冷静且处理事务能力强,并且意志力坚强的人。但同时也有学生的描述又十分抽象,对"能力"整体没有明确的目标,如成为一个自己喜欢的人,综合素质全面提高,有能力对家人、朋友负责,等等。

(2) 排在前五位的能力需求分别为:人际交往能力(含沟通能力)、组织能力、表达能力、处事能力和应变能力。学生对能力的理解和要求处于个体自发的认识层面,从总体上对社会对人才能力的需求以及本专业培养目标上的要求尚不够明晰。

(3) 学生对自我优势和不足方面的了解中,对不足的了解多于优势,且有近10%的学生不知自己的优势,是一个特别值得关注的现象。说明学生对自我缺乏较深入的认知与理解。

综上所述,现有的教育教学在培养应用型人才能力方面尚不能较好地满足社会需要的能力,可能存在忽视对学生的职业素养和职业能力的教育等。造成毕业生的就业困难、职业和行业的转换率高、职场磨合期长等。

2. 高等教育评价体制片面[6]

麦可思公司调研认为,目前高校评估体系仅限于以培养过程指标(学校的教育服务过程和管理过程)来评价高校教育质量,缺乏以结果指标为导向的培养改进评价体系。过程指标只是教育质量的保障条件,而非质量本身;因此过程指标可以称为"质量保障系统指标"而非质量评估指标。对高校教育质量的评价,需要做到"以学生为中心",让毕业生评价高等教育对其职业发展的促进作用,这就提供了可供参考的结果指标。

究其根本,导致高校培养与社会需求脱节的原因是:培养结果不能及时地反馈给教育教学部门,无法形成教学内容、教学方式的及时改进。高校对用人单位的需求不了解或不能及时了解,用人单位和已就业多年的校友不能参与高校教育的教学培养。而高校自己通过经验无法准确地、全面地认识到学生的就业状况和培养问题,也无法制定具有可操作性的、能够长期监测到改进效果的教学改革方案。

三、对提高应用型人才能力培养的思考

(一) 学生对能力的内涵理解尚不统一不到位,提高学生的能力需要发挥高校多部门的系统合力作用

学生对能力需求和培养目标的认识尚不够清晰,需要从高校层面,校企合作修订

以社会需求为导向的人才培养方案,通过多途径、多形式的宣传,让学生充分知晓,不仅知其然,还知其所以然,并按照高校的总体规划,学生个体自觉自愿地积极参与并付诸实施。比如,人才培养方案中的研发能力、分析与解决实际问题能力;工程实践能力、信息获取与使用能力;工作适应能力、协作精神、创新意识和自学能力等,都需要对其内涵有相对统一的解释,并描述这些能力在用人单位的具体体现等。

在这一过程中,教学部门主要解决理论教学和实践教学方面的主要任务,而学生工作部门的工作主要时间段是在课外,可以联合教务等部门共同探讨和解决学生能力提升的问题。

(二) 在培养大学生能力方面,目前阶段高校学生工作具有不可替代性

借鉴企业对于产品质量的管理理念,对于产品质量,一般分为需求质量、设计质量、加工质量和保障质量四个环节。对于以四年制本科生为主要研究对象的"人才产品质量",同样可分为以上四个环节。需求质量中既包含社会对人才产品的需求质量,也包含学生自身内心的需求期待。设计质量,可以理解为高校的人才培养方案。加工质量,可分为"硬加工"和"软加工"两部分质量。如果我们把教学的各个环节包括课堂学习、实习、实验、工程训练、课程设计、毕业设计等具有成绩评定与反馈的所有教育教学环节视为"硬加工"质量的话,那么"软加工"质量,则体现为不易衡量的本科生在大学四年的进步状况,包括思维方式、做人做事、抗挫折能力等。改善"硬加工"质量,就是要通过专业设置、课程设置以及教学方法的改革等实现。而"软加工"更多地依赖于第二课堂,"软加工"决定的质量,恰恰是用人单位很关注的部分。因此,在"加工质量"环节,学生工作在目前阶段具有不可替代性。

在课外模块中,高校在改进校风学风方面付出了艰苦而积极的努力,在完善学生的生活便利、社区建设、网络关注、信息化进程等方面也有了很大改观。如何将学生榜样的示范转化成提高学生能力的育人资源仍有足够的空间。如榜样成长背后的故事,他们是如何变得优秀的;在校园文化活跃的同时,如何扩大学生参与的广泛性,发展自身的潜能,参与后的效果的反馈与评价仍显不足,缺少可操作性的评价环节;注重过程,注重举办了什么,开展了什么。如何与社会实践、就业指导等相结合,了解用人单位动态需求,反馈人才能力培养信息,让校友、用人单位也参与到学校的学生能力培养的提升等,在提高学生能力方面仍需要进一步改进与完善。

(三) 长期应试教育养成的行为模式阻碍能力的提升,学生自身需要积极转换思维和行为模式

变化的社会影响变化的教育,在我国高考的指挥棒下,为了考上理想的大学,多数情况下,学生们较难按照自己的兴趣和爱好进行大学和专业的选择,而只是以分数选择高校和专业。尽管现在一些学校按照大类招生,大学第二年进行二次专业选择,但是十多年养成的解难题、攻难题的行为模式不是在大学里很短的时间内就能得到转化的。高考结束后,高度紧张的生活在长达 3 个月的休闲与等待中缓冲。来到大学经过

短暂的入学教育,完成军训等任务后,随即又投入到更多知识的学习中,行为模式需要主动转换,主要体现在以下方面:

(1) 合理进行时间管理和职业生涯规划。对自己的大学时光进行课内、课余时间的计算。通过计算,会发现学生自己能自行支配的课外时间占到大学时光的45％左右,这与大学前的高中阶段有质的差异。时间的总体管理与自身职业生涯规划直接相关。

(2) 增强自我认知。对自己的优点、不足等进行认真思考,对自己的性格、兴趣和价值观等进行探索,对"为什么我会成为今天的我"、"明天的我将会怎么样"等进行积极的探讨。

(3) 强化工作技能的训练。应用型人才的基本技能是做好工作的基础。比如视频软件的使用、Excel表格或PPT等的精通与熟练使用等。

(4) 社会责任感和抗挫折能力的培养。反思"复旦大学投毒案"等一些近期发生的令人震惊的事件,提醒人们没有健康的心理,没有良好的抗挫折能力是很难适应快速发展的社会的。

改变从观念的转变开始,从行为的一点点转变开始。

参考文献

[1] 桑标.学校心理咨询基础理论[M].上海:上海人民出版社,2008:182-183.
[2] 卢鹏鹏.基于企业需求视角的高校毕业生就业能力研究[D].东北财经大学,2011.
[3] 祝丽云.高校毕业生就业能力问题研究[J].东北财经大学,河北农业大学学报,2010(3):344-347.
[4] 刘巧芝.大学毕业生就业能力现状及影响因素探析[J].中国青年研究,2012(6):68-70.
[5] 刘唐宇.大学毕业生就业能力:现状、原因与对策[J].福建农林大学学报,2012,15(1):92-97.
[6] 麦可思公司调研报告.上海应用技术学院调研专业社会需求与培养质量年度报告(2012):9-10.

作者简介:

杨欣(1968—),女,汉族,上海应用技术学院学生处,副教授,硕士,研究方向:大学生思想政治教育。

焦贺丽,女,上海应用技术学院理学院辅导员,讲师。

陈方敏,女,上海应用技术学院轨道交通学院辅导员,讲师。

"中国梦"对大学生职业生涯规划的指导意义

（上海立信会计学院　章小亮）

摘　要：中共中央总书记、国家主席习近平同志于 2012 年提出"实现中华民族的伟大复兴"的"中国梦"。本文旨在通过阐释"中国梦"，并以此分析对大学生职业生涯规划的指导意义。在"中国梦"的指导下，大学生需认清大学生涯发展的特点，认识做好职业生涯规划的意义，通过做好职业生涯规划，实现大学生自我、民族的梦想，从而推动"中国梦"的实现。

关键词：中国梦；大学生职业生涯规划；指导意义

一、"中国梦"的提出

2012 年 11 月 29 日,中共中央总书记习近平带领新一届中央领导集体参观中国国家博物馆"复兴之路"展览,现场习近平书记提出了"中国梦"。他指出："实现中华民族伟大复兴,就是中华民族近代以来最伟大的梦想。"2013 年 3 月 17 日,第十二届全国人民代表大会第一次会议在北京人民大会堂举行闭幕会,会上中华人民共和国主席习近平发表重要讲话,阐述了实现中国梦的重大意义。同时,习主席也强调了实现中国梦必须坚持中国特色社会主义道路,必须弘扬中国精神,必须凝聚中国力量。"中国梦归根结底是人民的梦,必须紧紧依靠人民来实现。"①

具体来说,首先,实现中国梦坚持中国特色社会主义道路,是必需的。因为这条道路来之不易,是在中国共产党带领中国人民不断摸索前进中总结出来的,并且是在对"近代以来 170 多年中华民族发展历程的深刻总结中走出来的",从更深远的意义来讲,是在"对中华民族 5 000 多年悠久文明的传承中走出来的",具有深厚的历史渊源和广泛的现实基础。习主席肯定了中华民族具有非凡的创造力。因为,我们的祖先创造了辉煌的中华文明。因此,在实现中国梦的道路上,全国各族人民"一定要增强对中国

---

① 习近平:中国梦归根到底是人民的梦　必须紧紧依靠人民来实现. http://theory. people. com. cn/n/2013/0317/c49171-20816370. html. 2013. 03. 17.

特色社会主义的理论自信、道路自信、制度自信,坚定不移沿着正确的中国道路奋勇前进"。其次,实现中国梦必须弘扬中国精神。习主席将中国精神概括为"以爱国主义为核心的民族精神,以改革创新为核心的时代精神"。这两种精神将中华儿女紧紧凝聚在一起,大家为共同的梦想,共同的理想,共同的目标,一起努力奋斗,一起去开拓创造,最终实现中华民族的伟大复兴。再次,中国梦的实现离不开人民群众。中国梦既是民族的梦,也是每个人的梦。习主席指出:"生活在我们伟大祖国和伟大时代的中国人民,共同享有人生出彩的机会,共同享有梦想成真的机会,共同享有同祖国和时代一起成长与进步的机会。"因此,中华民族的每个人都是实现中国梦的重要力量。

二、"中国梦"对大学生生涯发展的指导意义

(一)"中国梦"要求大学生认清大学生涯的阶段性

"中国梦"的实现离不开人民的力量,同样,作为社会主义事业的建设者和接班人,大学生的力量也是尤为重要的。因此,欲实现"中国梦",则要求大学生认清大学生涯的特点,树立各自的奋斗目标。进入大学时代,每个大学生都要经历这样三个阶段,即前适应期、适应期、突破期。大学生活与中小学生活相比,具有极大的不同。这一时期,大学生经历了人生中很重要的转变,从青少年到成年,无论在生理还是心理上,均发生了很大的变化。在这种转变过程中,每个人均有不同程度的反映,特别是从不适应到适应,再到合理规划,其心理发生着渐变的化学反应。总结大学生生涯,可将其划分为前适应期、适应期和突破期三个阶段。

(1)前适应期。大学生活,对于刚刚通过高考历练的学生而言是美好的,也是充满挑战的。在学生刚刚进入大学之时,很多方面尚未适应,例如生活环境的转变,同学之间的相处,寝室室友间关系的处理,学习、理财等方面的自我管理等等。这些都成为学生进入大学之后必须要解决的首要问题。因此,在解决这些问题的过程中,便存在一个尚未适应的阶段,也就是所谓的"前适应期"。

(2)适应期。经过前适应期之后,大学生开始逐渐习惯、适应大学生活,同时也形成了对大学生活的认识。在这一阶段,学生面临的任务便是思考如何使自己的大学生活能够充实,在文化知识、专业技能、社会经验、综合能力等方面得到切实增长和提高。在适应期内,大学生对大学生活、所学专业均有了相对的适应,并逐步将思想与行为统一起来,在学习过程中不断加深对大学的认识。

(3)突破期。经历了前适应期和适应期之后,大学生迎来了突破期。大学生自我的突破多半发生在三年级之后,此时,其需面对诸多现实问题的考验,例如就业、考研、出国等的选择。这一时期,学生要按照前面制定的规划,开始一步步走近理想,一步步实现自己既定的目标,为自己的选择而真正行动起来,突破自我,快速成长。处于突破期的大学生,无论从思想还是行动上,均较之前有了明显的进步和变化,能够根据各自

现实情况,制定毕业去向的计划,并为之而努力。

(二)"中国梦"指导大学生认识做好职业生涯规划的意义

大学生活是个体成长过程中重要的人生体验部分,从高中生到大学生面临着一个重要的转变。进入大学意味着自理人生的真正起步,也意味着曾经天真无邪的少年要逐渐转变为成熟理智的成年。在大学中做好职业规划,直接关系到大学生今后的发展。"中国梦"的提出,给全中国人民提出了一项重要任务,也给大学生的职业生涯规划提出了要求。"中国梦"的实现,离不开作为生力军的大学生的集体努力。因此,在"中国梦"的指导下,做好大学职业生涯规划,具有重要的现实意义。

第一,做好职业生涯规划,能够使大学生增长科学文化知识,拓宽知识面。现代大学具有三大功能,即教学、科研、服务社会,其中教学是最基本的一项功能。教学是教育活动中一个环节的两个方面,包含了教师的教和学生的学。大学的这一功能为学生学习科学文化知识提供了良好的基础,因此,能提高大学生的科学文化水平,促进知识的增长。大学生在做好大学生活规划之后,能有意识按计划安排学习,从而更能促进知识的吸收。

第二,做好职业生涯规划,能丰富大学生的课余生活。大学生活是缤纷多彩的,除了学习科学文化知识以外,大学里的课余活动也是丰富多彩的。各类社团,以不同主题开展活动,既有娱乐性质,又有学习性质。于是,在面对纷繁的课余活动时,大学生应怎样合理规划成为一个重要问题。根据自己的情况,将大学生活规划得井井有条,不仅能够促进知识的学习,还能促使其有余力去参加各项课余活动,从而丰富课余生活。

第三,做好职业生涯规划,有利于大学生社会经验的积累。合理规划自己的大学生活,将与自己相关的每一项内容进行分析处理,形成适合自己的生活规律,无疑对大学生的发展是有积极作用的。除了在大学校园学习、参加课余活动之外,还有很多接触社会的机会。例如,参加各种社会实践,校园内外的各种兼职等等,这些机会都为大学生积累社会经验提供了有利条件。因此,做好大学生活规划,能使其合理安排和管理自己的时间,在学好知识的同时,使自己各方面的能力得到提升。

第四,做好职业生涯规划,能引导大学生"四学会"。1996年,国际二十一世纪教育委员会向联合国教科文组织提交了题为《教育——财富蕴藏其中》的报告,其核心思想为教育应使受教育者学会学习,这当中又包含了四个方面,即学会认知(Learn to know)、学会做事(Learn to do)、学会共同生活(Learn to live together)、学会生存(Learn to be)。其中,学会认知包括专业学习和普通文化学习,学会运用注意力、记忆力和思维能力学习,善于运用系统科学方法论;学会做事,指"积极探索,努力实践所学知识,有意识培养多种实践能力,""包括参加社团工作、科学进行时间管理等";学会共同生活,即指"学会设身处地理解他人",培养团结合作的精神;学会生存主要指"全面发展,即身心、智力、敏感性、审美意识、个人责任感,精神价值等方面的发展"。做好大学规划,在这一过程中,能不断培养大学生上述四方面的能力,从而使自己得到全面发展。

（三）"中国梦"指导大学生做好职业生涯规划以实现自我、民族的梦想

"中国梦"的实现，离不开大学生的力量。因此，在"中国梦"的指导下，大学生要获得自我发展，自我实现，民族梦想的实现，需提高自己的综合素质和能力。因此，在"中国梦"的指导下，做好职业生涯规划，为大学生实现自身、民族梦想提供力量。具体如何做好职业规划，可以从以下几方面展开：

第一，大学生需正确、全面理解职业生涯内涵。理解职业生涯内涵是在进行职业决策之前首先要必修的功课。生涯，顾名思义是指一个人的终生过程，即从出生到死亡的中间阶段。因此，职业生涯发展和规划对大学生而言具有重要的现实意义。在人的整个生涯中，从事工作的时间又占到大部分，因此，做好职业规划对生涯发展有着重要的现实意义。对于个人今后的职业道路如何发展，大学生应有清晰的认识。

第二，大学生需深刻认知自己，做好自我定位。在理解生涯的内涵之后，大学生需对自我进行剖析，了解。在其各自的生涯发展中，自我有什么样的特点，在个性、性格、气质等方面有什么样的特征。当大学生了解自我之后，会更有针对性地制定符合自身实际情况的规划。

第三，平衡兴趣与现实的关系。作为社会中的一员，大学生离不开社会环境而独立生存。既然生活在社会中，那么就需要面对诸多现实问题。因此，如何在自己的兴趣与现实之间平衡，找到合适的支点，是大学生在进行生涯规划时要考虑的重要因素之一。对某一事物的兴趣固然重要，但如若单纯考虑兴趣，而忽略实际情况，没有结合自身和社会的实际状况，那么这样的职业生涯规划也是不科学的。因此，在"中国梦"的指导下，大学生应将兴趣与现实紧密结合，从而确定适合自己的职业领域。

第四，职业目标明细化。在理解好上述三方面内容之后，大学生可用实际操作来衡量自己的选择。即将理想的职业生涯目标进行明细化，按照一定标准，对这些目标进行志愿的排序，从高志愿到低志愿，列出生涯发展目标。然后，逐一分析，包括目标的可实现性、可操作性等。最终确定出适合自身的职业发展目标。

第五，在职业生涯规划中，还需对其他一些因素加以考虑。在将职业目标具体化的同时，还要考虑既定目标本身所带有的限制性因素，例如，某一目标在可能性、操作性等方面存在一定限制，仅靠个人力量不能实现。那么，此时就要根据自身和现实的情况，来评估这一目标的可选择性了。在对具体目标进行综合评估之后，经过筛选，确定出自己最优的选择，从而制定出适合自身的职业生涯发展规划书。职业生涯发展规划书的制定为大学生实现职业梦想提供了具体可操作的指导基础，以此促进其职业生涯的发展。

当大学生将职业生涯发展规划视为自身发展的重要组成部分，并付诸实际行动，那么，其实现自身梦想，发掘自我价值，将会成为现实。在实现自我梦想的同时，也实现了民族的梦想，实现了中华民族的伟大复兴。

参考文献

［1］习近平:中国梦归根到底是人民的梦　必须紧紧依靠人民来实现 http://theory.people.com.cn/n/2013/0317/c49171-20816370.html.

［2］习近平:承前启后继往开来　朝着中华民族伟大复兴目标奋勇前进.http://cpc.people.com.cn/n/2012/1130/c64094-19746089.html.2012.11.30.

［3］高桥,王辉.大学生职业发展与就业指导教学指南(上册)［M］.北京:现代教育出版社,2008.

［4］程社明,卜欣欣,戴洁.人生发展与职业生涯规划［M］.北京:团结出版社,2003.

［5］蒋珩,曾晓燕.大学生职业生涯规划的现状与思考［J］.教育学术月刊,2008(10).

［6］陈敏.大学生职业生涯发展与管理［M］.上海:复旦大学出版社,2008.

［7］解丹阳.大学生职业生涯案例指导教程［M］.刘福窑,主审.上海:立信会计出版社,2009.

作者简介:

　　章小亮,女,讲师,工作单位:上海立信会计学院,毕业于华东师范大学教育学系,研究生学历,主要研究方向为中国传统文化与教育。联系地址:上海市松江区文翔路 2800 号上海立信会计学院数学与信息学院,邮编:201620,联系电话:13564344785,E-mail:zhangxl@lixin.edu.cn 或 zxllsh2006@126.com。

90后大学生职业价值观的研究分析

（上海电机学院　电子信息学院　宋　洁）

摘　要：为了培育大学生的职业价值观，更好地推动高校思想政治教育工作和毕业生就业工作，调查了90后大学生的职业价值观。说明90后大学生职业价值观水平较高，重视职业发展，同时实践经历推动着大学生职业价值观的发展。在此基础上，探讨了增强大学生职业价值观、推动高校毕业生就业工作的建议。

关键词：90后；大学生；职业价值观

党的十八大报告指出"就业是民生之本。转变就业观念，鼓励多渠道多形式就业。做好以高校毕业生为重点的青年就业工作。"选择职业是大学生步入社会的一次重大转折，也是人生道路上面临的一次重要抉择。"90后"大学生这个群体，是在全球化和开放环境背景下成长起来的，他们从小既没有经历饥寒之苦，成长中也没有遭受失学之痛，他们享受着改革开放给中国政治、经济带来的巨大变化。但从心理学角度来看，正因为他们的物质生活来得容易，反而使他们不能在生活的历练中得到人格发展和社会认同所需要的体验。他们往往个性鲜明，表现出对主流文化认同感的淡化，对纪律、义务等认识水平较低，价值观往往较现实化和物质化。因此，90后大学生职业价值观的培养问题也显得日益重要起来。职业价值观是人们依据自身和社会的需要对待职业、职业行为和工作结果的比较稳定的、具有概括性和动力作用的一套信念系统。它是个体一般价值观在职业生活中的体现；它不但决定了人们的择业倾向，而且决定了人们的工作态度；它是个体在长期的社会化过程中所获得的关于职业经验和职业感受的结晶[1]。通过编制"大学生职业价值观"的调查问卷，分析影响大学生职业价值观的相关因素，探讨提高大学生职业价值观的途径和有效策略，以便更好地开展职业规划教育，营造和谐的育人氛围，推动高校思想政治教育工作和毕业生就业工作。

一、调查问卷的设计

首先对学生进行访谈和开放性问卷调查，要求写出自己对职业价值观的真实想法、物质保障、环境生活、人际关系、兴趣热情、职业发展、成就价值、工作创新等。然后对问题进行分类、筛选、补充和归纳整理，同时在综合分析理论文献的基础上，结合明尼苏达重要性问卷（MIQ：Minnesota Importance Questionnaire）、高登的职业价值观量表（OVI：Occupational Values Inventory）和塞普尔的工作价值观量表（WVI：Work Values Inventory）[2]，黄希庭[3]对学生价值观的调查研究，以及凌文辁[4]、张库存[5]、金盛华[6]等人在研究中所用的问卷等相关量表的条目，拟定出大学生职业价值观的初测问卷题项，形成了封闭式"大学生职业价值观"的学生调查问卷。借助SPSS10.0统计软件，先对抽样小范围计算每个分量表（维度）的 α 系数，即计算每个单项与其所在的分量表（维度）总分的相关，用以检验量表的内部一致性信度，删除相关系数低的题目。同时结合对问卷编制效度题的检验。经过反复筛选，最后形成"大学生职业价值观"的学生问卷，共 30 题，主要包括物质保障、环境生活、人际关系、兴趣热情、职业发展、成就价值、工作创新 7 个维度。

问卷由填选题构成，采用李克特量表（Likert scale）的五点分方法，分别赋值为 5、4、3、2、1，5 表示非常重要，1 表示非常不重要，分数越高，说明表现越积极，即 1、2 表示否定态度（简称不重要），3 表示中性态度（简称中性），4、5 表示肯定态度（简称重要）。若某项目平均值是 3，则表示对该项目持中性态度；若平均值小于 3，表示对该项目持否定态度；若平均值大于 3，表示对该项目持肯定态度。

由于研究的需要以及地域与实践时间等原因，抽样选择上海的本科高校开展相关的研究工作，结合访谈和发放问卷的形式。共发放学生问卷 251 份，回收有效卷 222份，有效回收率为 88.4%，其中男生 137 份，占 61.71%，女生 85 份，占 38.29%。

二、调查结果与分析

问卷数据统计采用 SPSS10.0 统计软件，填选题采用频数分析法。

（一）问卷的信度与效度

采用同质性信度——cronbach's alpha 系数来测验问卷的内部一致性程度，运用SPSS10.0 进行信度分析（reliability analysis），得出总问卷的 α 系数为 0.813 9。说明问卷的信度符合教学测量的要求。

问卷通过编制效度题（测谎题）来探测问卷的效度。测谎题 2 题，不计分，如果被测者均答错，则该问卷视为无效。

（二）物质保障对大学生职业价值观的影响

从表 1 可以看出，90 后大学生普遍重视职业的物质保障方面。职业能否提供有竞争力的薪金、工作绩效奖励、相应的福利待遇和充足的资源，以及长期稳定的工作保障，是大学生进行正常工作活动所必需的物质条件，影响着大学生的职业价值观。

表 1　物质保障对大学生职业价值观的影响

项 目 内 容	平均值	不赞同(%)	中性(%)	赞同(%)
有竞争力的薪金	4.30	1.8	7.7	90.5
工作绩效奖励	4.28	2.7	5.4	91.9
相应的福利待遇(假期、医保、老保等)	4.41	2.7	5.4	91.9
有开展工作所需的充足资源、设备	4.32	1.4	7.2	91.4
长期稳定的工作保障	4.40	0.5	9.0	90.5

（三）环境生活对大学生职业价值观的影响

大部分 90 后大学生重视职业的环境生活方面(见表 2)。90％的大学生重视职业能否有合理的工作量,84.6％的大学生希望职业能提供灵活的工作制度和弹性的工作时间,82.8％的大学生认为工作地点交通便利较重要,86.9％的大学生希望下班后能有自己的业余时间。对于职业环境生活的重视,体现了 90 后大学生对于工作、生活的态度,努力工作,并积极争取自身的权利,工作与生活娱乐相结合,是 90 后大学生对于职业的态度之一。

表 2　环境生活对大学生职业价值观的影响

项 目 内 容	平均值	不赞同(%)	中性(%)	赞同(%)
有合理的工作量	4.31	2.3	7.7	90.0
有灵活的工作制度和弹性的工作时间	4.19	4.1	11.3	84.6
有舒适的工作环境	4.14	4.1	14.0	81.9
工作地点交通便利	4.18	4.1	13.1	82.8
下班后能有自己的业余时间	4.23	5.9	7.2	86.9

（四）人际关系对大学生职业价值观的影响

从表 3 可以看出,86.5％的大学生看重职业能否提供结识很多朋友的机会,93.2％的大学生重视工作中的人际氛围,83.3％的大学生希望领导和同事能关心生活中的实际困难,93.7％的大学生重视职业中的奖惩民主、公平、透明。人际关系是影响大学生职业价值观的重要因素之一,坦诚相待、尊重他人、相互关心、相互体谅,促进良好工作氛围的营造,对于 90 后大学生职业价值观的形成具有重要的意义。

表 3　人际关系对大学生职业价值观的影响

项 目 内 容	平均值	不赞同(%)	中性(%)	赞同(%)
在工作中能认识很多朋友	4.16	4.5	9.0	86.5
领导和同事关心生活中的实际困难	4.31	3.6	13.1	83.3
营造和谐融洽的人际氛围	4.37	1.8	5.0	93.2
奖惩民主、公平、透明	4.39	0.9	5.4	93.7

（五）兴趣热情对大学生职业价值观的影响

从表4可以看出,有88.2%的大学生希望能够在工作中施展个人能力和特长,76.1%的大学生希望能把所学专业知识应用于工作,说明大部分大学生热爱所学专业,希望能够将专业知识的学习应用于将来的职业中,这必将在一定程度上带动其对专业知识学习的热情和动力。81.5%的大学生重视获得有意义、有趣味、有挑战性的工作,74.7%的大学生希望在工作中能得到美的享受,说明大部分90后大学生具有积极的生活态度,能够乐观地面对工作中可能存在的挑战,把职业作为一份追求,在职业中学习、成长,在职业中学会享受。

表 4 兴趣热情对大学生职业价值观的影响

项目内容	平均值	不赞同(%)	中性(%)	赞同(%)
提供有意义、有趣味、有挑战性的工作	4.12	5.4	13.1	81.5
能把所学专业知识应用于工作	4.04	7.2	16.7	76.1
在工作中能施展个人能力和特长	4.29	3.2	8.6	88.2
工作有新意,不单调	4.19	4.5	12.6	82.9
在工作中能得到美的享受	4.06	5.0	20.3	74.7

（六）职业发展对大学生职业价值观的影响

在职业中能否获得发展影响着大学生对职业的选择(见表5)。87.4%的大学生重视职业培训和交流机会,91.9%的大学生看重工作经验和能力的积累,91.4%的大学生希望在职业中能有广阔的发展空间。说明90后大学生能够以发展的眼光看待职业,在进行职业选择时,重视职业未来的发展前景,重视自己职业的前途命运,而不仅仅局限于职业暂时提供的相关条件。

表 5 职业发展对大学生职业价值观的影响

项目内容	平均值	不赞同(%)	中性(%)	赞同(%)
有持续的职业培训和交流机会	4.25	2.7	9.9	87.4
能积累工作经验和能力	4.40	0.9	7.2	91.9
有广阔的发展空间	4.37	2.7	5.9	91.4

（七）成就价值对大学生职业价值观的影响

从表6可以看出,77.9%的大学生重视职业中参与决策的权力,80.6%的大学生希望能在单位和工作岗位上有影响力,这使大学生在职业中能够获得满足感,甚至有一定的成就感,更是大学生在职业中对自我价值的肯定。91.9%的大学生表示希望能够为社会发展创造价值,这种强烈的社会责任感和内心的高尚感,使90后大学生的职业价值观更符合社会发展的要求。

表6　成就价值对大学生职业价值观的影响

项目内容	平均值	不赞同(%)	中性(%)	赞同(%)
有参与决策的权力	4.08	4.5	17.6	77.9
能在单位和工作岗位上有影响力	4.12	2.7	16.7	80.6
能在工作领域内有成就感	4.26	2.7	8.6	88.7
能为社会发展创造价值	4.33	2.7	5.4	91.9

（八）工作创新对大学生职业价值观的影响

从表7可以看出,88.3%的大学生重视职业中创新的自由,希望能够在职业中实现自己创造性的想法。对创新思维和创新能力培养的重视,将推动大学生在职业中的发展,更体现了高校创新型人才培养的重要性。工作创新成为影响90后大学生职业价值观的重要因素之一。

表7　工作创新对大学生职业价值观的影响

项目内容	平均值	不赞同(%)	中性(%)	赞同(%)
有创新的自由	4.27	5.4	6.3	88.3
能实现自己创造性的想法	4.24	4.5	7.2	88.3

（九）不同因素对大学生职业价值观的影响

图1揭示了90后大学生职业价值观的各个维度。可以看出,各项内容均处于中性水平之上,分值较高,说明90后大学生具有普遍的职业价值观。各维度的顺序依次为:职业发展>物质保障>人际关系>工作创新>环境生活>成就价值>兴趣热情。说明在进行职业选择时,90后大学生最看重职业发展,重视职业前途,而最后考虑自身的兴趣热情。说明当发展前景与自身的兴趣发生冲突时,90后大学生会优先考虑职业前途,暂时舍弃兴趣、爱好,这更能促进大学生的灵活就业。

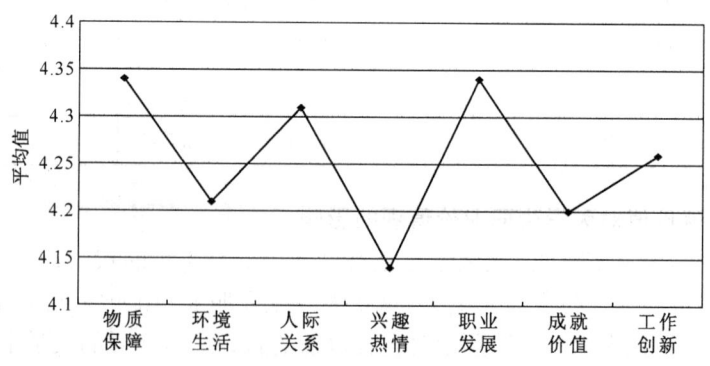

图1　大学生职业价值观的影响因素

（十）不同性别学生职业价值观的差异

图2描绘了男女学生职业价值观的差异。从两条曲线的走势差异来看,男女学生的职业价值观确实存在某些差异。尤其在人际关系方面,男生的平均值明显高于女生。我们认为,这主要是由于男生相对于女生更具有社会敏锐性,更加关注社会时事,对社会关系的把握和人际人脉的运用强于女生。而在职业价值观的其他方面,男女学生不存在太大差异。

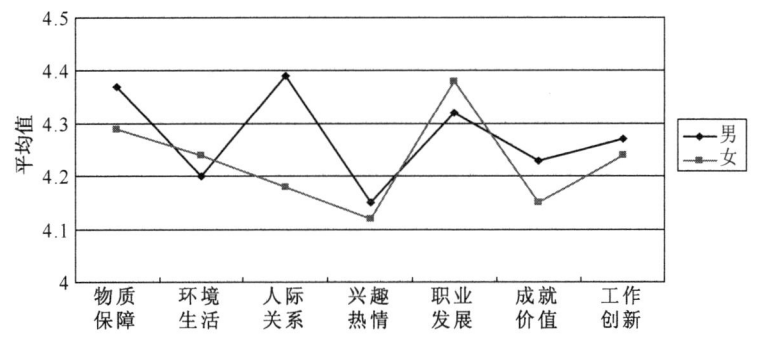

图2　不同性别学生职业价值观的差异

采用独立样本 t 检验法(independent-samples t test)。统计表8中表明男女学生职业价值观各方面的差异都不显著,$Sig.$ 值均>0.05,即 $P>0.05$。但从 $Sig.$ 值来看,人际关系的 $Sig.$ 值相对其他内容要小些,且比较接近0.05,说明男女学生人际关系方面也存在职业价值差异但不显著。所以从统计数值也反映了男女学生职业价值观的各方面确实存在差异。但就所有影响因素而言,男女学生的职业价值观不存在太大落差,职业价值观相当。

表8　男女学生的独立样本 t 检验分析数据

变量	物质保障	环境生活	人际关系	兴趣热情	职业发展	成就价值	工作创新
t	1.112	−0.482	1.760	0.360	−0.734	0.886	0.243
$Sig.$	0.267	0.630	0.080	0.719	0.464	0.377	0.808

分组变量:性别
* 在显著水平为 0.05 时(2-tailed),相关显著
** 在显著水平为 0.01 时(2-tailed),相关显著

（十一）不同学业水平大学生职业价值观的差异

图3描绘了不同学业水平大学生职业价值观的差异。从四条曲线的走势差异来看,学业水平最佳,其职业价值观的平均值最高。然而我们发现,学业水平一般的同学,其职业价值观的平均值却高于学业水平较好的同学,甚至其中职业发展的平均值

还略高于成绩优异的同学。我们认为,这主要是因为学业水平一般的同学往往比较明确自己的职业定位。而对于学业水平中等和相对不差的同学,即在大学生中人数比例最高的一类,其职业价值观的平均值是相对最低的,这不得不引起我们的重视,教师在平时的工作中往往会忽视这类中间群体,而对于职业选择,这类学生也往往是最容易彷徨和迷茫的,因此我们要进一步关注学业水平中等和偏上的学生,引导他们进一步提高职业价值观。

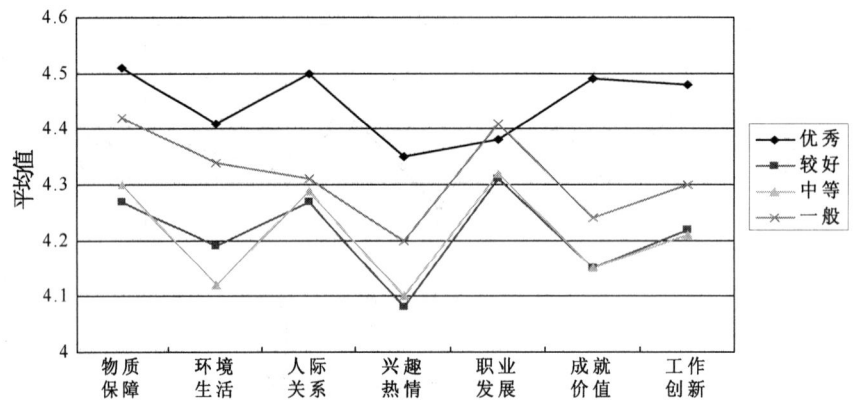

图 3　不同学业水平大学生职业价值观的差异

(十二) 是否是独生子女对大学生职业价值观的影响

图 4 描绘了是否是独生子女对大学生职业价值观的影响。从两条曲线的走势差异来看,独生子女学生与非独生子女学生的职业价值观确实存在某些差异。尤其在环境生活、人际关系和物质保障方面,独生子女学生的平均值明显高于非独生子女学生。可以认为,这跟独生子女学生的成长环境有密切关系,由于是家庭中唯一的孩子,他们往往是在父母的精心呵护下成长起来的,对物质、生活的要求往往较高,相比于非独生

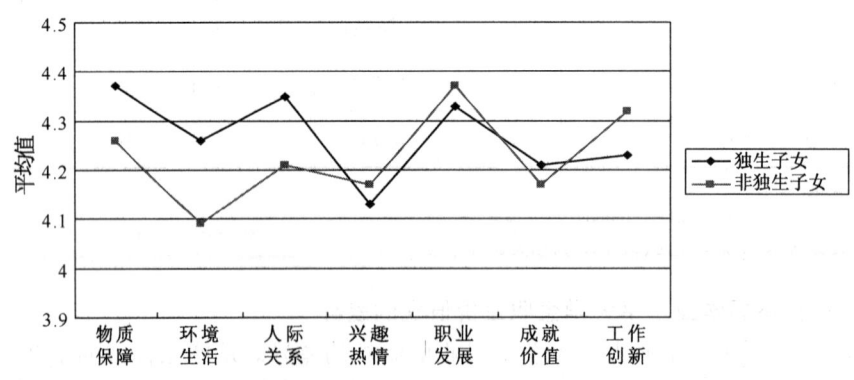

图 4　是否是独生子女对大学生职业价值观的影响

子女学生往往有更高的物质生活和环境人际的追求。而在职业价值观的其他方面,独生子女学生与非独生子女学生不存在太大差异。

采用独立样本 t 检验法。统计表9中表明独生子女学生与非独生子女学生职业价值观各方面的差异都不显著,$Sig.$ 值均 >0.05,即 $P>0.05$。但从 $Sig.$ 值来看,环境生活的 $Sig.$ 值相对其他内容要小些,且比较接近 0.05,说明独生子女学生与非独生子女学生在环境生活方面也存在职业价值差异但不显著。所以从统计数值也反映了两者职业价值观的各方面确实存在差异。但就所有影响因素而言,独生子女学生与非独生子女学生的职业价值观不存在太大落差,职业价值观相当。

表9 独生子女学生与非独生子女学生的独立样本 t 检验分析数据

变量	物质保障	环境生活	人际关系	兴趣热情	职业发展	成就价值	工作创新
t	1.508	1.867	1.123	-0.378	-0.473	0.420	-0.910
$Sig.$	0.133	0.063	0.263	0.706	0.637	0.675	0.364

分组变量:独生子女与非独生子女

* 在显著水平为 0.05 时(2-tailed),相关显著

** 在显著水平为 0.01 时(2-tailed),相关显著

(十三) 不同家庭所在地大学生职业价值观的差异

图5描绘了不同家庭所在地大学生职业价值观的差异。从三条曲线的走势差异来看,不同家庭所在地大学生职业价值观确实存在差异。总体上,来自城市的学生的平均值要高于来自农村的学生。我们认为,这跟大学生的成长环境密切相关,来自城市的学生信息接触量相对大些,眼界和价值追求相对高些。对于来自农村的学生,工作创新的平均值是相对最高的;对于来自城市的学生,物质保障和人际关系的平均值是相对较高的,可以认为这主要是由农村学生吃苦耐劳、更明确自己的奋斗目标、更重

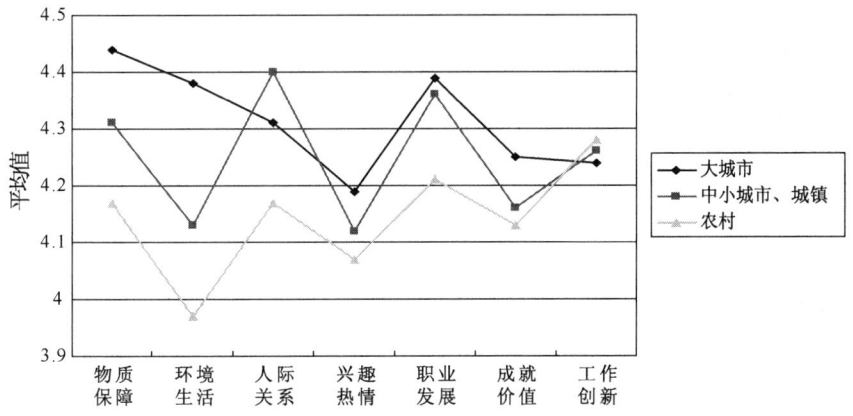

图5 不同家庭所在地大学生职业价值观的差异

视工作创新的价值等特征所决定的,而来自城市的学生,对职业的认识相对现实些,更关心职业的物质和社会关系方面。

（十四）家庭收入状况对大学生职业价值观的影响

图 6 描绘了家庭收入状况对大学生职业价值观的影响。从三条曲线的走势差异来看,不同家庭收入状况学生的职业价值观确实存在差异。家庭收入相对高的学生,其职业价值观各个维度的平均值显然均是最低的。我们认为,这主要是因为家庭条件越优越,学生的物质生活来得越容易,自我奋斗欲越低,进取心往往不如家庭条件差的学生,自我追求和自我价值实现的欲望也是最低的。而家庭条件中等的学生,其职业价值观不比家庭条件差的学生低,两者相差不大,说明除了个别家庭条件非常优越的学生,大部分学生具有较高水平的职业价值观。

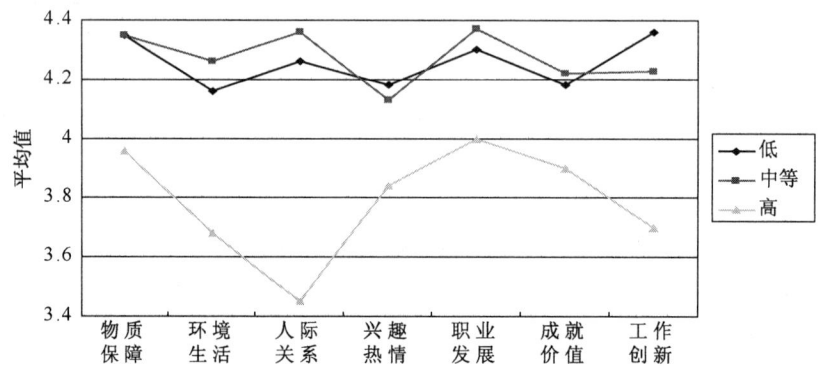

图 6　家庭收入状况对大学生职业价值观的影响

（十五）是否参加过社会实践活动对大学生职业价值观的影响

图 7 描绘了是否参加过社会实践活动对大学生职业价值观的影响。从两条曲线的走势差异来看,参加过社会实践活动的学生与没有参加过社会实践活动的学生的职业价值观确实存在某些差异。总体上,参加过社会实践活动的学生的平均值要高于没有参加过社会实践活动的学生。尤其在工作创新和兴趣热情方面,参加过社会实践活动的学生的平均值明显高于没有参加过社会实践活动的学生。我们认为,社会实践可以扩展大学生的视野,培养大学生的兴趣爱好,锻炼大学生的创新能力,使大学生能够在实践中积极寻求自身的发展,探寻自身的价值。而在职业价值观的其他方面,两者不存在太大差异。

采用独立样本 t 检验法。统计表 10 中表明参加过社会实践活动的学生与没有参加过社会实践活动的学生在职业价值观各方面的差异不是都显著。参加过社会实践活动的学生在工作创新方面($Sig. < 0.05$,即 $P < 0.05$)的平均值显著高于没有参加过社会实践活动的学生,其他内容两者无显著差异。但从 $Sig.$ 值来看,兴趣热情的 $Sig.$ 值相对其他内容要小些,且比较接近 0.05,说明两者在兴趣热情方面也存在职业价值

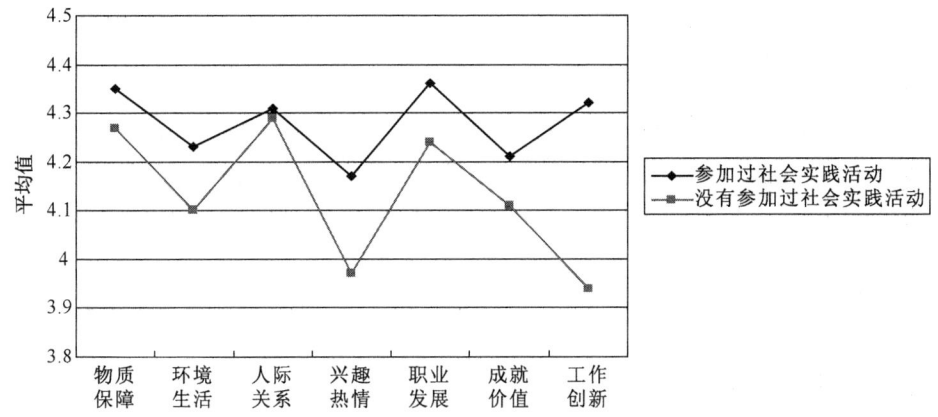

图 7　是否参加过社会实践活动对大学生职业价值观的影响

差异但不显著。所以从统计数值也反映了参加过社会实践活动的学生与没有参加过社会实践活动的学生在职业价值观的各方面确实存在差异。但就所有影响因素而言，两者的职业价值观不存在太大落差，职业价值观相当。

表 10　参加过社会实践活动的学生与没有参加过社会实践活动的
学生的独立样本 t 检验分析数据

变量	物质保障	环境生活	人际关系	兴趣热情	职业发展	成就价值	工作创新
t	0.900	1.114	0.059	1.638	1.164	0.847	2.731**
$Sig.$	0.369	0.267	0.953	0.103	0.246	0.398	0.007

分组变量：参加过社会实践活动的学生与没有参加过社会实践活动的学生
＊ 在显著水平为 0.05 时(2-tailed)，相关显著
＊＊ 在显著水平为 0.01 时(2-tailed)，相关显著

（十六）是否有兼职工作经历对大学生职业价值观的影响

图 8 描绘了是否有兼职工作经历对大学生职业价值观的影响。从两条曲线的走势差异来看，有兼职工作经历的学生与没有兼职工作经历的学生的职业价值观确实存在某些差异。总体上，有兼职工作经历的学生的平均值要高于没有兼职工作经历的学生。尤其在工作创新方面，有兼职工作经历的学生的平均值明显高于没有兼职工作经历的学生。我们认为，这主要是因为兼职工作可以丰富大学生的社会经历，积累宝贵的经验，了解职业对人才培养的要求，更能促进自己努力学习，勤于思考，不断创新，为将来迈进职业领域奠定基础。而在职业价值观的其他方面，两者不存在太大差异。

采用独立样本 t 检验法。统计表 11 中表明有兼职工作经历的学生与没有兼职工作经历的学生在职业价值观各方面的差异都不显著。$Sig.$ 值均 >0.05，即 $P>0.05$，

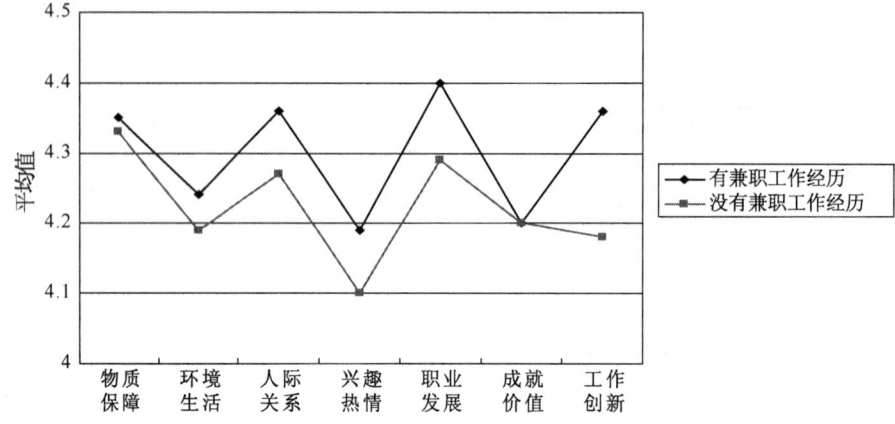

图 8　是否有兼职工作经历对大学生职业价值观的影响

但从 $Sig.$ 值来看,工作创新的 $Sig.$ 值相对其他内容要小些,且比较接近 0.05,说明两者在工作创新方面也存在职业价值差异但不显著。所以从统计数值也反映了有兼职工作经历的学生与没有兼职工作经历的学生在职业价值观的各方面确实存在差异。但就所有影响因素而言,两者的职业价值观不存在太大落差,职业价值观相当。

表 11　有兼职工作经历的学生与没有兼职工作经历的学生的独立样本 t 检验分析数据

变量	物质保障	环境生活	人际关系	兴趣热情	职业发展	成就价值	工作创新
t	0.216	0.491	0.734	1.025	1.422	−0.017	1.742
$Sig.$	0.830	0.624	0.464	0.306	0.157	0.987	0.083

分组变量:有兼职工作经历的学生与没有兼职工作经历的学生
* 在显著水平为 0.05 时(2-tailed),相关显著
** 在显著水平为 0.01 时(2-tailed),相关显著

(十七) 父母意见对大学生职业价值观的影响

图 9 描绘了父母意见对大学生职业价值观的影响。从两条曲线的走势差异来看,父母意见影响职业选择的学生与父母意见不影响职业选择的学生的职业价值观确实存在某些差异。尤其在工作创新和兴趣热情方面,父母意见不影响职业选择的学生的平均值明显高于父母意见影响职业选择的学生。我们认为,父母意见不影响职业选择的学生,相对较独立些,在进行职业选择时更注重自己的兴趣热情和对工作创新自由的追求,希望能够实现自己创造性的想法。而在职业价值观的其他方面,两者不存在太大差异。

采用独立样本 t 检验法。统计表 12 中表明父母意见影响职业选择的学生与父母意见不影响职业选择的学生在职业价值观各方面的差异不是都显著。父母意见不影响职业选择的学生在工作创新方面($Sig. < 0.05$,即 $P < 0.05$)的平均值显著高于父母

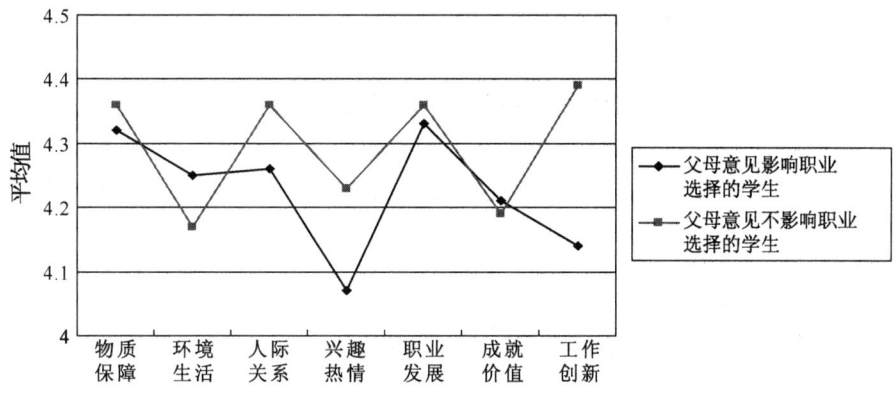

图 9　父母意见对大学生职业价值观的影响

意见影响职业选择的学生,其他内容两者无显著差异。但从 $Sig.$ 值来看,兴趣热情的 $Sig.$ 值相对其他内容要小些,且比较接近 0.05,说明两者在兴趣热情方面也存在职业价值差异但不显著。所以从统计数值也反映了父母意见影响职业选择的学生与父母意见不影响职业选择的学生在职业价值观的各方面确实存在差异。但就所有影响因素而言,两者的职业价值观不存在太大落差,职业价值观相当。

表 12　父母意见影响职业选择的学生与父母意见不影响职业选择的
学生的独立样本 t 检验分析数据

变量	物质保障	环境生活	人际关系	兴趣热情	职业发展	成就价值	工作创新
t	−0.576	0.937	−0.869	−1.826	−0.451	0.215	−2.460*
$Sig.$	0.565	0.350	0.386	0.069	0.653	0.830	0.015

分组变量:父母意见影响职业选择的学生与父母意见不影响职业选择的学生
* 在显著水平为 0.05 时(2-tailed),相关显著
** 在显著水平为 0.01 时(2-tailed),相关显著

三、调查结论与启示

(一) 90 后大学生的职业价值观水平较高,重视职业发展,同时父母的影响力没有减弱

90 后大学生具有普遍的职业价值观。各维度的顺序依次为:职业发展＞物质保障＞人际关系＞工作创新＞环境生活＞成就价值＞兴趣热情。在进行职业选择时,90 后大学生最看重职业发展,重视职业前途,而最后考虑自身的兴趣热情。说明当发展前景与自身的兴趣发生冲突时,90 后大学生会优先考虑职业前途,暂时舍弃兴趣、爱好,这更能促进大学生的灵活就业。虽然 90 后大学生思维活跃,活动交际面也更广,

但是父母的影响力也没有完全减弱,在就业问题上不少父母的意见仍然会影响其职业价值观。

(二) 90 后大学生的职业价值观存在性别差异,但是差异不显著

男女学生性别角色的差异,引起了他们职业价值观的差异,但就所有职业价值观方面而言,男女学生的差异不显著。因此在进行职业价值观教育时,要秉持性别平衡的原则,充分利用各自的性别优势,发挥各自的角色特长,关注其职业价值观的变化发展,合理定位,实现风格式的成长,建立适合各自的最佳价值水平,从而营造和谐的育人环境,创造男女学生共同发展的和谐氛围。

(三) 不同学业水平的 90 后大学生职业价值观存在差异

90 后大学生的学业水平最佳,其职业价值观的平均值最高;学业水平中等和相对不差的同学,其职业价值观的平均值相对最低。教师在平时的工作中往往会忽视这类中间群体,而对于职业选择,这类学生也往往是最容易彷徨和迷茫的,因此在进行职业价值观教育时,要秉持平衡的原则,尤其要关注学业水平中等的学生,将职业价值观教育融入日常的思想政治教育工作中,充分发挥各类学业水平学生的特长,避免职业价值观的盲目性和从众性,使各类学生都能得到关注,得到进步和发展。

(四) 不同家庭状况对 90 后大学生的职业价值观存在影响

在环境生活、人际关系和物质保障方面,独生子女学生的平均值明显高于非独生子女学生;来自城市的学生的职业价值观平均值要高于来自农村的学生;家庭收入相对高的学生,其职业价值观各个维度的平均值显然均是最低的。因而在进行职业价值观教育时,要关注学生成长环境对其职业价值观的影响,使成长在不同家庭环境中的大学生职业价值观均能得到提升。

(五) 社会实践活动或兼职工作经历对 90 后大学生的职业价值观存在影响

参加过社会实践活动或兼职工作的学生的职业价值观平均值要高于没有参加过社会实践活动或兼职工作的学生。因此在进行职业价值观教育时,要鼓励学生多参与社会实践或兼职工作,丰富实践经验,了解职业对人才培养的要求,在实践中寻求自身的发展,探寻自身的价值,提高自身的职业价值观水平。

四、增强大学生职业价值观、推动高校毕业生就业工作的建议

(一) 教育部门

1. 制定和完善促进大学生职业价值观的规章制度和政策措施,为大学生的成长和发展营造良好的宏观政策环境和社会舆论氛围

这些规章制度应针对新时期大学生的特点,以职业价值观教育为根基,面向现代化、面向世界、面向未来,整体规划大学生职业价值观教育工作。要对大学生职业价值

观培养的短期计划和中长期规划等主要问题予以明确规定,并力求制度化、操作化。近年来先后颁布的《中共中央国务院关于进一步加强和改进大学生思想政治教育的意见》(中发[2004]16号)、《教育部、公安部、人事部、劳动保障部关于切实做好普通高等学校毕业生就业工作的通知》(教学[2002]16号)、《教育部关于进一步加强普通高等学校毕业生就业指导服务机构及队伍建设的几点意见》(教学[2002]18号)、《教育部关于进一步深化教育改革,促进高校毕业生就业工作的若干意见》(教学[2003]6号)、《教育部办公厅关于印发〈大学生职业发展与就业指导课程教学要求〉的通知》(教高厅[2007]7号)、《教育部办公厅关于加强普通高等学校学生就业思想政治教育的通知》(教思政厅[2009]1号)和《国务院办公厅关于加强普通高等学校毕业生就业工作的通知》(国办发[2009]3号)等都对职业价值观的培育和高校毕业生就业工作提出了明确要求。上海市结合社会发展和学校实际,颁布的《上海市教育委员会、上海市人力资源和社会保障局关于做好2009年上海高校毕业生就业工作的通知》(沪教委学[2009]2号)等一系列重要法规文件,作出了有利于大学生职业价值观培养的政策表征与制度规定,大学生职业价值观培养的良好宏观政策环境正逐步系统和完善。

2. 加大政策制度的宣传力度和执行力度,强化监督与评估,让各项政策切实普及大学生

在访谈中,不少90后大学生都表现出较强的职业价值观主体意识,但对一些相关政策和制度的知晓度还不足。如果这些政策措施和指导意见无法得以全面实施,那么这将严重削弱上述宏观政策环境所带来的积极作用,其结果必然会降低大学生的职业价值观。因此,教育主管部门在颁布施行相关制度规定后,重要的一环就是要加强既定规章制度的宣传力度,监控督促执行与落实,必要时应采取一定形式的强制性评估考核。

(二) 学校层面

1. 全面贯彻落实上级主管部门制定颁布的各项政策制度,并在紧密结合本校实际的基础上,健全和完善大学生职业价值观教育工作的组织建制、规章制度和运作机制

各高校要根据各自的办学指导思想,健全具有学校特色的职业价值观培养方针,做好大学生职业价值观培养的发展规划,支持适合本校的大学生职业价值观培养活动,完善大学生职业价值观培养的长效机制。要明确目标任务,建立工作责任制,把思想引导与利益调节、精神鼓励与物质奖励统一起来,加强督促检查,严格考核奖惩,确保各种规章制度在实践中得到落实,为职业价值观教育提供有效的制度保障。各高校制定的相关实施细则、方案要保证其长期性、连续性,为培养职业价值观创造更实际、更有效的条件,让每一个学生都能够完善其职业价值观。

2. 加强学生工作部门与教学、就业、后勤等各部门的沟通与合作,统整学校各方资源与力量,形成全员育人良好格局

通过部门沟通,让全校教职员工充分意识到他们担负着促进学生发展的育人使命

教学计划和培养方案要体现对学生的职业价值观教育,并根据社会需求及时调整;专业课教师在授课中要渗透专业发展知识,介绍本行业的机遇和挑战,指引学生明确未来发展前景,树立长远职业理想,培养职业价值观。就业指导要形成低年级有职业生涯规划教育,高年级有职业指导跟踪的系列体系;请有相关企业背景的专业教师担任指导教师,开设系列讲座,用学生喜闻乐见的方式渗透职业价值观教育。以培养具有较为扎实的专业基础知识、良好的人文素养、较强的自我学习能力、综合素质强的学生为目标,提高培养质量,确保学生在职业选择时有较好的竞争优势。通过统整学校各方资源与力量,为大学生职业价值观的培养提供专业指导和支持服务,从而为大学生营造良好的培养环境。

3. 坚持社会实践培养青年学生,发挥榜样引领作用,提升学生在实践中的价值水平

在调查中我们发现参加过社会实践活动或兼职工作的学生的职业价值观平均值要高于没有参加过社会实践活动或兼职工作的学生。实践活动是学生职业价值观教育的有效载体,也是学生体验职业价值的良好渠道,实践经历对学生综合能力培养的意义不言而喻。高校要结合企业实习基地建设,开拓新的就业市场,拓宽就业实习渠道,为学生组织开展丰富多彩的实践活动提供基地和载体。同时发挥学生组织在职业价值观教育中的导航作用,通过社团和基层党组织,引导学生把职业价值作为理论学习、社会实践的基础内容。发挥学生党员等优秀学生在职业价值观教育中的先锋模范作用,影响和引导广大学生把自身发展与国家和社会的发展结合起来,在社会大环境中形成积极稳定的职业价值观。

4. 加强理论研究,探索职业价值观教育的发展规律,促进职业价值观教育工作的科学化发展

没有理论的实践是盲动。学校要把职业价值观教育与有关职业价值观的理论研究紧密联系起来,挖掘职业价值的丰富内涵。充分利用德育研究中心、思政研究会等研究组织的力量,组织专门力量加强对学生职业价值观教育的研究。有条件的学校可以设立专项基金,划拨专款用于学生职业价值观教育的研究、基地建设、教师培训、考察和表彰,尤其对于影响深远、成效显著的教育形式给予专门投入。可以逐步形成理论学习奖励制度、理论研究立项资助制度、配备学生实践学习专业导师制度等。引导开展探索职业价值的方向研究、价值取向研究、规律与特点研究、方法研究,逐步形成从实践出理论、理论促实践的教育实践与理论研究相辅相成的良性循环体系,使理论研究在工作实践中作出应有的贡献。

5. 整合社会资源,加强学校与家庭的联动,形成全社会关心支持职业价值观教育的合力

整合社会资源,坚持学校教育与社会引导相结合。既要发挥学校教育在大学生职

业价值观教育中的主渠道、主阵地作用,也要加强家庭教育、社会教育与学校教育之间的相互配合,充分调动社会各方面的积极性,有效整合社会资源,形成大学生职业价值观教育的整体环境和强大推动力。充分利用社区、企业等资源,发挥不同类型合作基地的职业价值观教育优势,积极开发新资源,增强职业价值观教育的吸引力和感染力。在家庭环境建设中渗透职业价值观教育,引导家长重视家庭职业文化和职业价值取向的建设,把家庭教育与社会教育、学校教育紧密结合起来,加强教师、社区工作者与学生、家长之间的沟通,努力形成全社会关心支持职业价值观教育的体制与合力。

(三)学生个人层面

1. 主动把握一切有利于自身发展的机会,加强自主学习,积极转变观念,力求上进

在日常的学习生活中,大学生们应该树立力求上进的能动意识,积极主动地把握一切有利于自身发展的机会,抓好机遇,努力学习。积极转变观念,脚踏实地,实事求是,从基层干起,多实践,全面培养自身能力,提升自己的综合素质,培养自己积极的职业价值取向。

2. 积极构建合作意识,争取更多的支持资源

大学生个体在学校层面逐步提供各种支持环境条件的过程中,应该有意识地构建合作意识,加强交流与沟通,提升自己的团队协作能力和人际交往能力,为自己的实践活动赢取更为有利的空间。特别是在与有经验的高年级同学的合作交流中,学习先进经验,努力建立自身积极健康的职业价值观,促进自身不断发展。

3. 精心规划自身的职业生涯,坦然面对现实生活

职业生涯是指一个人在其一生中所承担职务的相继历程,进行职业规划就是要了解在不同阶段职业发展变化的一般规律,以便正确对待现实生活中的职业变化。学生时代处在职业生涯的探索期,大学生们需要不断了解社会的生存结构,知晓现实社会各种各样的职业,不断积累社会工作经验,掌握适应社会需要的生存技能,勇于对自己今后从事的职业作出关键性决策。并根据社会需求及时调整择业期望值,把自己的发展与成长主动和国家社会的发展繁荣联系起来,合理规划好自己的人生目标与追求。当理想与现实存在差距时,能够坦然面对,适时调整心态,勇于面对挫折,承担生活考验,不断完善职业价值观。

大学生职业价值观是影响大学生职业发展的一个重要因素,指导和调节着大学生的就业行为,进一步推动着高校思想政治教育工作和毕业生就业工作。

参考文献

[1]郑洁,阎力.职业价值观研究综述[J].中国人力资源开发,2005(11).

[2]Dawis R. Vocational Interests, Values, and Preference[A]. Dunnette M D, Hough L M.

Handbook of Industrial and Organizational Psychology(2nd)［M］. Palo Alto，Calif. ：Consulting Psychologists Press，1994，833-871.

［3］黄希庭,张进辅,张蜀林.我国五城市青少年学生价值观的调查［J］.心理学报,1989(3)：274-283.

［4］凌文辁,方俐洛,白利刚.我国大学生的职业价值观研究［J］.心理学报,1999(3)：332-347.

［5］张存库.九十年代大学生的职业价值观［J］.青年探索,2000(1)：12-45.

［6］金盛华,李雪.大学生职业价值观：手段与目的［J］.心理学报,2005(37).

作者简介：

宋洁,工作单位为上海电机学院电子信息学院；邮编：200240。

WIE模式及其对内地高校职业发展教育的启示

（上海应用技术学院　工程创新学院　董建功）

摘　要：WIE（work-integrated education）即校企协作教育是香港理工大学培育高技能应用型人才、发展高水平应用型科学研究办学理念的有效尝试。该项目推进以来，取得了良好的教育效果。针对内地高校在职业发展教育环节上存在的问题，我们可以结合内地高校的办学特点，大胆地借鉴 WIE 的理念、运行机制和质量控制体系，提高职业发展教育在人才培养中的有效性。

关键词：香港理工大学 WIE 校企协作教育职业发展

香港理工大学于 1937 年建校，目前拥有全日制和兼读制学生共计 3 万余人，毕业生人数超过 29 万人，是香港地区拥有学生人数最多的政府资助大学，也是目前与内地科研领域合作项目最多的港内大学。

建校以来，香港理工大学一直倡导以培育高技能应用型人才、发展高水平应用型科学研究为使命的办学理念和宗旨，也是以管理完善、教学目标清晰、致力于成为培养"首选毕业生"的"首选大学"而为人称道的高校。[1]

一、香港理工大学 WIE 概况

校企协作教育单元 WIE（work-integrated education）于 2005—2006 学年开始推行，这是该校办学理念的一次全新且有效的尝试。香港理工大学是世界上第一所强制性要求所有受资助课程的本科生必须于毕业前完成最少两星期、最多一年的全日制工作实习（个别学系或按需要延长实习实践）的大学。推行此项目的目的在于配合大学策略目标：培育全面发展的高素质人才，成为雇主眼中的"首选雇员"。

为了提供高质量的以应用为导向的教育，香港理工大学为学生提供了直接面向工业、商业和社区需求的课程。其目的是培养学生不但具有专业技术能力，还具有独立思考、良好的沟通能力和国际化视野。

为了帮助学生成为具备较高的综合素质并成为用人单位首选的毕业生，所有学生在本科教育期间必须完成 WIE 即校企协作教育。学生须进入相关组织工作学习。该组织要么与学生未来的职业相关,要么能够培养学生在未来职业发展中需要的有价值的能力。所以,该组织应该能够通过学生实地的工作学习将学生在校期间学到的理论与工作实践有机地结合起来。

其运作的核心环节是实习的联系、安排、控制。学生通过在企业的实习不但深入了解相关行业的工作特性、对人才知识和能力的需求,而且还进一步提高了自己职业生涯规划的水平。

二、香港理工大学 WIE 的运行模式

1. 时间安排

全日制学生在校期间必须要完成 176 个小时相关行业的实习工作(两个学分),70％的实习单位由"学生实习事务中心"提供,30％的实习单位由学生自己联系。实习工作可以是 full-time(暑假期间完成),也可以是 part-time(主要是利用周末和平时没有课的时间)。Full-time 的实习工作可以选择在大一或者大二的暑假。学生通过实习工作充分了解自己的知识和能力水平、社会对人才的需求情况,为第三年即最后一年的专业方向的正确选择提供了很好的帮助。

2. 工作机构及流程

WIE 是由学生事务处、教学发展中心和各个系部共同完成的。各个部门分工明确,各司其职。

学生事务处完成的主要工作:组织大型推广及宣传活动,建立及管理 WIE 网络平台,与雇主进行沟通,建立企业数据库,建立 WIE 实施过程的一系列文件。

教学发展中心完成的主要工作:根据需要进行配套支持,设计 WIE 内容及评价方法,建立 WIE 数据库,提供多元的学习及评估的参考和采访,刊登优秀的 WIE 供其他人分享。

系部完成的主要工作:密切联系雇主并向其介绍 WIE 及学生特点,制作极具专业特色的宣传品,评估实习的合理性,和雇主一起设计实习模式,WIE 的策划、推行和监控,多方位寻求扩充学生的实习机会。

WIE 的一般流程:系部为每名学生指派一名指导员,负责在实习前指导学生确定学习目标,实习中定期向指导员提交学习报告。实习结束后学生提交由雇主签署确认的学习报告,经部门主管确认后,由学生事务处做毕业证书记录。[2]

3. 质量控制系统

学生实习工作必须在和自己专业相关的行业完成,一般来说不可以在自己父母开办的公司进行实习。一般来说,学生实习工作应该取得津贴(这个要求主要是为了体现学生在实习期间的工作得到了企业的认可)。

学生在实习工作结束后,要给企业中负责自己实习工作的导师提交一份足够详细

的 800～1 000 字的实习报告。报告内容包括：实习单位的介绍,实习过程中所做的具体工作,自己的收获等等方面。

实习报告提交给企业导师后,由企业导师对学生的实习报告给予一定的等级评价,评价标准包括独立工作的表现、遵守时间的情况、团队合作精神,等等。

实习报告经过企业导师的评价后,最后交给学校的教授。教授根据学生的实习报告、企业导师的评价、实习工作和专业的关系等等方面给予学生最后的评价。学校将根据教授的评价决定学生是否可以获得相应的 2 个学分。

为了保证实习工作报告的真实性,学校要求学生在提交实习报告的基础上,附加提供工资记录、出勤记录、工作过程的照片、公司出具的证明,等等。

4. 学校、学生和企业三方的职责

根据 WIE 的工作规范和具体要求,学校、学生和企业分别承担了不同的责任。

学校的主要职责是:制定实习及学分计算的原则,即实习内容要与课程配合,使企业和学生了解工作目的、要求及期望;校内协调各个部门的关系,使之能够认同实习计划并提供力所能及的帮助;协调学院与企业之间的关系,使他们能够在教学内容和实训内容方面相契合;提供职前培训,使学生能够为就业做好准备。

学生的主要任务是:实习前要了解学校、企业对工作的要求,参与实习前学校及企业提供的培训,按照要求向学校或企业提供相关的报告。

企业的主要责任是:能够接受学校的培养目标和实习目标,为学生安排企业指导教师,为学生设计实习计划并提供必要的支持。

三、香港理工大学 WIE 的特点

1. 真正体现"以学生为本"的理念

他们认为,每个学生的能力与需求不同,学校应该尊重他们的需求和个性,让每个学生都能够根据自己的需要得到不同的发展机会,最后使他们都能够充分发展潜能。[3]

为确保所有学生能有参加 WIE 的机会,同时考虑到不同行业的不同情况,WIE 的实施极具弹性:时间可以选在学期内或者暑假,而且实习时间长短也可以自由选择;地点也可以自由选择,可以在香港、内地或者国外;模式也可以自由选择,包括最少 10 个月的全日制实习、"首选毕业生"培育计划、经由部门核准的社区服务、学校相关部门或者企业实习、学校对外的协作或服务计划等等(不同专业的学生在选择模式时侧重点不同)。[2]

2. 结构性(structured)

WIE 项目在设计时强调了结构性的问题,即职业实践有明确设定的目标,职业实践过程必须紧紧围绕所设定的目标展开,学校和企业指导教师通过合理的安排保证学生过程的有效性。

WIE 设定的目标是,学生通过职业实践能够在以下几个方面有所提高:

与他人一起工作时有合作态度和合作行为;

有自信和能力完成指派的工作职责;

在解决现实问题时有很强的思考能力;

有良好的沟通能力。

3. 可被量度(measurable)

可被量度是指学生在职业实践过程中的行为是可以被理性评价的。WIE 设计了非常完善的指标体系来反映学生在职业实践中的表现。如遵守上班秩序情况,与同事之间的沟通情况,工作过程中的贡献,工作中所体现的能力,基本礼仪等都在考察之列。

对照指标体系,企业指导教师可以对学生进行非常全面的评价,这个反馈将作为学生取得 WIE 学分的重要依据。

四、香港理工大学 WIE 对我国高校职业发展教育的启示

1. 职业实践必须契合参与各方的利益点

职业实践应该以学生、企业、学校"三赢"为出发点,以培养新世纪的创新人才为目标,即职业实践必须满足学生、企业、学校三方的共同利益,寻找三方的共同利益为切入点。学校是主导方、学生是主体方、企业是保证方,把"工"与"学"有机地结合起来,并把"工"和"学"的要素体现在运作模式中,强调"死"知识和"活"知识的融会贯通,从而实现双轨轮换式合作模式的内在要求。

协调好校企之间的合作,使双方能够互相适应。合作过程中,各方应明确自身在整个过程中所承担的义务和职责,反复磋商,根据条件变化可以作出相应的调整,找到各方利益的契合点。

学生必须以"准员工"顶岗工作,在与自己专业相结合的岗位上逐步顶岗工作,培养满足或胜任岗位的技能和能力,并初步学会对自己的职业策划。

2. 必须保证职业实践活动的有效性

我国目前的职业实践主要是利用暑假的时间,由学生自主安排或者学校统一安排到企业去实习和实践。实习或实践结束后,提交一份报告即可获得学分。

这种模式存在的最大的问题就是职业实践的有效性难以保证。具体说来,存在的问题包括:学生到底有没有按照要求在企业中进行实践? 在企业中做什么工作? 是做"员工"或者"准员工"的工作,还是仅仅做些和实践要求完全不相干的工作?

为了保证职业实践的有效性,学校和企业必须协调配合,向学生提供一份职业实践的教学计划,并且由企业指派一名指导教师来负责教学计划的执行。在实践结束后,由指导教师根据教学计划的要求对学生的表现进行评价,并直接将评价交给学校。

学校在收到企业指导教师的评价后,结合学生自己的实践总结和学生在企业中工作的记录、工资收入凭证及其他的文件来对学生的职业实践进行评分,如果达到要求则给予相应的学分,否则就不给予学分。

3. 系统配套措施

香港理工大学有着较高的知名度和很高的人才培养质量,所以其 WIE 的实施得到了港内外大量知名企业的支持。在内地,除了少数比较顶尖的学校之外,能得到像企业对香港理工大学的支持力度难度是很大的。

为了提高职业实践的有效性,内地高校需要在很多方面做出积极的努力。

第一,可以聘请相关行业的企业高管等来作为"校外系主任",通过他们的社会关系来扩大校企合作的范围,为学生的实习和就业创造更多的机会。如果企业资源更丰富的话,甚至可以聘请相关行业的企业高管来担任"校外班导师"。

第二,聘请相关行业的资深人士来担任学院的"名誉教授"、"名誉讲师"等等,他们不但可以给学生分享其工作经验,指导学生的职业生涯规划,甚至可以指导学生的毕业设计。

第三,成立"企业发展研究中心",聘请知名教授和专家来担任中心的研究顾问,为企业的发展提供全方位的支持。该中心可以成为学院教师、学生和企业更深入联系的平台。学院教师可以通过该中心获得横向课题,而企业也通过教师的研究成果提高自身的管理水平,而学生则可以通过参加教师的横向课题提高自己的研究能力,更加深入地了解企业的运行机制,发现自身存在的不足,提高自己适应社会的能力。

第四,学院领导、教师与企业高管的互访。学院领导、教师可以参加企业举办的活动,学院也可以请企业高管参加学院的各种活动。通过互访,教师更加了解社会上对人才知识和能力的需求,从而使教学和管理更加贴合社会需求;而企业也可以通过对学院的访问,了解学生的基本情况,为日后聘用我院学生打下基础。

参考文献

[1] 王薇.香港理工大学"以人为本"教育理念探讨[J].南京工业职业技术学院学报,2007(9).

[2] 卫炳江.产学结合:课程与实习结合[J].高等工程教育研究,2007(4).

[3] 常静.香港理工大学学生事务工作及其启示[J].北京教育,2010(6).

作者简介:

董建功,上海应用技术学院 工程创新学院。

产业升级背景下高校职业发展能力教育的若干思考

（上海立信会计学院　会计与财务学院　施振菁）

摘　要：以信息技术为基础的产业升级趋势，会在短期内，带来结构性失业风险，而在中长期带来总量性失业风险。高校作为高素质劳动力的生产者，必须积极采取措施应对这两类风险，创新高校人才培养模式，确保毕业生的就业能力和职业发展能力。

关键词：产业升级；人才培养；高等院校；职业发展

产业升级是指依靠生产技术的进步，实现产业结构的改善和产业素质与效率的提高。产业结构的改善表现为产业的协调发展和结构的提升；产业素质与效率的提高表现为生产要素的优化组合、技术水平和管理水平以及产品质量的提高。一方面，随着经济全球化的趋势，升级传统产业、发展新兴产业，争取在国际分工中的有利地位，已经直接成为国家经济竞争力和经济安全的直接决定因素。另一方面，依靠技术进步实现的产业的升级换代是国民经济发展的直接推动力。随着新技术在产业中的普及应用，势必会从生产的质量、规模、效率和核心技术方面提升生产效率，从而推动经济的发展。党的十八大报告中也指出：今后我们要在推进经济结构战略性调整中加快传统产业转型升级。

首先，从产业演化的客观规律来看，产业在发展过程中会不断融入各种新的要素和资源，同时会不断抛弃原有的不再需要的要素和资源，通过类似发展性的新陈代谢，完成要素和资源的积累，促进自身的成长和发展，实现产业的最终升级和换代。劳动力作为产业的关键要素，在产业演化中，必然伴随产业的需求，进行结构和品质的调整与提升。换句话说就是：传统产业的就业规模必然成下降趋势，而新兴产业将会产生大量用工需求，却难以有足够数量高素质的劳动力来满足需求，在短时间内必然会产生结构性的失业。

其次，前文中提到，产业升级的基础是技术的进步。从历史的角度看，每一次的产业大规模的升级换代都离不开科学技术的革命性进步。每一次的科学技术革命，都使得一批传统产业消失或被压缩，同时伴随着一批新兴产业的出现和发展。随着技术的进步，我们发现越来越多的行业正从我们的视线中消失，还有越来越多的职业的内涵或工作内容也正发生着深刻的转变。现在，我们又迎来了以信息化为主要代表的第三次科技革命，由此也必然会带来一轮新的产业的升级和就业岗位的汰旧换新。经济学界的传统观点认为,产业升级和就业之间存在长期的正相关关系,即产业的发展会对就业带来促进效应。然而在以计算机技术和信息化技术为代表的第三次产业革命浪潮下,这一观点是否仍是正确的呢?传统理论认为,随着产业升级,就业会从第一产业向第二、第三产业转移。但在高新技术飞速发展的当下,我们会发现我们面对的可能不仅仅是就业岗位的转移,而是机器对人的劳动的全面的替代。不仅第一、第二产业的就业岗位大量减少,原先第三产业的大量就业岗位同样面临被替代的风险。比如说,无人驾驶技术对于驾驶员的替代,模糊识别技术对于医生工作的替代等等。而与此同时,机器的进步速度要远快于人们创造新的就业岗位的速度。所以从中期来看,我们面临的总量性失业的风险极高。

在我国,高等院校作为高素质劳动力的主要生产者,在新的形势下,我们的培养模式和就业指导方向也应该随之演进,以适应新的产业对于劳动力的新要求,并采取手段积极有效应对总量性失业所可能带来的冲击。

一、专业知识教育"专"、"博"并重

重视学习成绩,尤其重视专业课程的学习成绩是我们历来所一贯重视的。但在强调创新的今天,一味地要求专业课程的学习,会使学生走进一个片面的、狭隘的领域。无论从本科培养还是研究生培养,只重"专",而不重"博",都不可取。本科阶段,美、日等发达国家强调通识教育,而在我国偏重专业教育,但也同时强调本科教育对于复合型人才培养的重要性。在职业和专业对口越来越低的当下,专业的重要性远非想象中那么重要。例如四大会计师事务所,在应届生招聘时,很少考虑学生专业,而强调入职培训。研究生阶段固然对于专业知识的重要性显著提升,但不同领域知识的碰撞,能产生更多思想的火花。

二、可迁移技能学习强调实践

2006 年 CCTV 和智联招聘网合作进行的一次问卷调查中显示,在用人单位最为看中的简历内容中,56％的企业选择了"社会实践和实习兼职情况"。这项调查结果告诉我们,一方面企业作为需求方越来越重视实际操作能力,另一方面也指出了高校的人才培养方向:以市场为导向,以专业教育为基础,以职业技能为重点的理论和实践相结合的人才培养方向。我国长期以升学考试为导向的教育培养模式使得学生在实际操作环节的可迁移技能的培养失去了必要的土壤。在人与事物之间关系快速变换的今天,掌握技能,尤其在实践操作中所需要的技能,在求职和面对失业风险的意义就显得更为重大。

三、高度重视自我管理能力的养成

自我管理能力是指受教育者依靠主观能动性按照社会目标,有意识、有目的地对

自己的思想、行为进行转化控制的能力。自我管理能力是个人最有价值的资产，是影响职业生涯是否能达成自我实现的核心能力。专业知识技能与可迁移技能最终能对职业生涯产生多大的影响，决定于自我管理能力的强弱。良好的自我管理能力不仅能在职业生涯中充分发挥专业知识技能和可迁移能力，而且，它还能帮助我们进行合理的自我认知与自我调整。在复杂和更趋激烈的就业环境中，自我管理能力能给我们提供连续稳定的竞争能力。

四、注重就业观念的引导与思想的解放。在就业导向中，存在如下一些值得商榷的观点

（1）要学有所用，找一份专业对口的工作。随着社会分工的细化，学校的专业设置已经远远落后于职业的种类，2012年普通高等学校本科专业目录中共有专业506种。而据不完全统计，目前现存的职业近30 000种，两种比例近1∶60。过于追求专业对口既会丧失更好的职业选择，也会带来更趋激烈的竞争环境。

（2）找一份好工作。这样的想法本无可厚非，关键在于对"好"的评判标准的选择，是基于社会的认同还是基于个人的偏好。在追求自我价值和自我实现的目标下，基于个人偏好的评判标准，更利于职业生涯的发展。即追求个体的标准差异，不强调权威和社会标准。从社会角度看，将每个人放置在最合适的岗位显然符合效率最大化的原则。

（3）不断发展自己的职业生涯。职业生涯的发展有两个维度，一是职位的提升，另一是职业水准的提升。这两种提升都是追求自我实现的途径，前者被更为普遍地认可，而忽视了后者。根据彼得原理——在一个等级制度中，每个职工趋向于上升到他所不能胜任的地位——的推论，每一个个体都存在各自的彼得高地，在这一高地，他的提升商数（PQ）为零。在达到彼得高地后，更为合理的职业发展不是继续期望于职位的提升，而是职业水准的提升。

参考文献

［1］徐雪燕.论高校就业指导课教学现状与改进措施［J］.辽宁教育行政学院学报,2008(12):7-8.

［2］陈辉.产业升级背景下江苏企业用工短缺及对策研究［J］.特区经济,2012(11):46-48.

［3］胡磊.产业升级与就业增长的可能性悖论及其解决路径［J］.北方经济,2010(2).

作者简介：

施振菁，就职于上海立信会计学院会计与财务学院。

大学生职业发展意识培育浅析

（上海电机学院　王圆圆）

摘　要：职业发展，是每个人自我实现的重要途径，但目前我国大学生职业发展意识的培育落后于社会对人才的需要。笔者从大学生职业意识的内涵界定、现状、优化方式三方面入手，提出培育、优化大学生职业发展意识的相关建议。

关键词：大学生；职业发展意识；培育

职业发展，是每个人自我实现的重要途径，顺利完成自己的职业发展之路是当代大学生的美好愿望。但是，目前我国大学生的职业发展意识仍有欠缺，这与社会对人才的要求存在很大的差距。

一、大学生职业发展意识内涵

自 20 世纪以来，职业发展意识问题一直是人文社会学家讨论的话题。"职业辅导之父"帕森斯开创了职业指导的先河，他指出"选择一种职业的时候，有三个明显的因素：准确地了解自己；懂得在不同领域获得成功所需要的条件和环境；对于这两部分关系的准确认识"。之后各种职业指导理论和职业测评工具的出现对大学生职业发展提供了借鉴。

职业是"从业人员为获取主要生活来源而从事的社会性工作类别"。意识是人脑对客观世界的反映，即行为的准备状态，准备对态度对象作出的一种反应。从词义上讲，职业发展意识就是人对"职业发展"这个客观存在的主观映像，通过这种"意识"的反应帮助人了解职业发展，形成理性认识，从而更好地解决职业发展的相关问题。

杨树雄认为："大学生职业发展意识不仅指大学生对未来职业发展过程所需要的知识、综合素质、能力的认识与反映，也包括大学生在提高综合素质和职业能力过程中发生作用的经验、想法、判断、想象、领悟等一系列观念，以及大学生对自己和他人在提升综合素质和职业能力的行为背后意义的深层省思。"笔者认同杨树雄对职业发展意识的定义,并认为职业发展意识包括自我效能感(知我认知)、职业目标观、职业能力(专业能力、创新能力等)、职业品质(团队意识、责任感、适应能力等)等因素在内。

根据当今就业形势的严峻挑战以及大学生在就业过程和职场竞争中的表现,当前大学生职业发展意识的构成主要包括以下七个方面。

(1) 自我效能感,即大学生对自我的认知、判断,是大学生在接受教育以及实习实践过程中,对自身优劣势、职业能力、职业兴趣、职业气质等各方面情况的一种判断。

(2) 职业目标意识,主要指从业人员对未来工作的部门、工作的种类及在工作上达到何种成就的向往和追求。只有在职业方向明确清晰的前提下,才能有职业发展的正确规划。

(3) 专业意识,是指个体在学习、研究和工作中对研究领域所涉及的内容表现出的特殊敏感和自觉意识,也可称为"专业精神",应当包含专业态度、专业道德(伦理)和专业知识三个方面。

(4) 创新意识,是人们根据社会和个体生活发展的需要,引起创造前所未有的事物或观念的动机,并在创造活动中表现出的意向、愿望和设想;创新意识即推崇创新、追求创新和以创新为荣的观念和意识。

(5) 团队意识,是指人的整体配合意识,包括团队的目标、角色、队员关系、运作过程四个方面。团队意识在社会分工越来越细、各学科交叉越来越密集的今天尤其需要。

(6) 责任感,是对职业所负责的认识、情感和信念以及与之相适应的遵守规范、承担责任和履行义务的自觉态度。社会学家戴维斯说过:"放弃自己对社会的责任,就意味着放弃了自身在这个社会中更好的生存机会。"

(7) 适应能力,指的是一个人在心理上适应社会生活和社会环境的能力,是人在社会上生存需要的心理和生理上的各种适应性的改变。社会适应能力的高低,从某种意义上表明一个人的成熟程度。

二、大学生职业发展意识现状

在社会主义市场经济的发展、大学生就业制度的变化、大学生扩招等形成的日趋激烈的就业竞争形势下,大学生在职业选择上不可避免地遇到了各种困扰和冲突,导致择业问题和心理问题的产生。全面分析当代大学生职业发展意识的现状,树立健康合理的职业发展意识,具有十分重要的现实意义。

(1) 自我定位不清,职业定位过高。自我定位和职业定位是择业过程中的关键,在大学生择业过程中是个不能绕开且至关重要的环节。自我的正确认知是职业发展的前提,但目前很多大学生自我定位过高,职业目标过高。

大学生本身职业定位随意,缺乏相应的职业生涯规划表现得尤为明显。虽然这几年由于政府、社会和高校对大学生就业问题越来越重视,设置了就业指导、职业生涯规划的课程,但学生在最终就业时往往与所学脱节,不能学以致用,职业生涯规划没有达到预期效果。

(2) 责任感意识不强,团队意识薄弱。从事一种职业,就意味着承担一定的社会和岗位责任,即职责。职责要求员工在做好本职工作、履行好相关职责外,也要求处理好与其他职业、岗位的关系,即要求具备良好的团队意识。职责意识和团队意识相互联系,相互影响。

企业在招聘过程中发现,应届毕业生在工作中所表现出来的职业责任感、团队协作能力相当缺乏,单位不单要对这些新手进行专业技能培训,还要帮助他们树立责任感、团队意识。很多毕业生在工作上一旦不称心,马上跳槽,根本不考虑自身行为是否对单位整体有影响与损失,这给许多企业在招人上带来顾虑。

(3) 从众心理与依赖心理并存。"在家靠父母,出门靠朋友"这句话左右着大学生的择业心理。大学生在实际择业就业过程中表现出较强的依赖心理,没有意识到职业发展更需要依靠个人的内在能力,这种依赖心理可能直接导致他们未来职业发展中出现断层和后劲不足。

从众心理是大学生在职业发展过程中经常出现的一种心理现象,大学生在一些社会风气、同学集中选择等影响下,会改变原有的主观选择,形成不求进取、阻碍发展的从众心理。这种从众心理使个人在行动、信念上改变原有观点,放弃个人意见,使得个体自我意识弱化,意志薄弱。

(4) 创新意识依然欠缺。大学生创新意识和创新能力的培养关系到国家的前途和命运。当代大学生在主观上具有崇尚独立思考、不盲从轻信的意识,但在实践中却又缺乏自信,不敢坚持自己的看法,力求和他人保持一致。他们主动思考、创造机会表达自己观点的欲望不强,这在一定程度上会阻碍大学生创新能力的提高。

三、优化大学生职业发展意识的培育

职业发展意识伴随着个体的成长而逐渐发展形成。不同个体的职业意识千差万别,同一个体的职业发展意识也会随着环境的改变而改变,职业意识的成长与确立受诸多因素的影响。针对大学生职业发展意识现状,加强大学生职业意识的引导、培养,我们应从以下几个方面努力。

1. 遵循主体性原则,发挥大学生主动性

(1) 知识和能力准备。对当代大学生而言,知识的积累是其成才的基础和必要条件。建构合理的知识结构,最大限度地发挥知识的整体效能,对于成功就业和成就事业越来越重要。

社会的不断发展,对人才的知识结构提出越来越高的要求:不仅能够掌握某领域内的专业知识和技能,而且可以将已有的知识科学地重组,成为拥有多种知识和技能的高素质复合型人才。

综合职业能力的培养在职业发展过程中也成为不可或缺的因素。知识运用能力、适应能力、操作能力、沟通交流能力、表达能力、终身学习能力、组织管理能力等逐渐成为企业在招聘人才时更为看重的素质。加强自己综合能力的锻炼,也是当代大学生提高自己职业竞争力的重要方面。

(2)挫折准备教育。人的生活和工作不可能是一帆风顺的,挫折既会给大学生以打击,也能使大学生奋进、成熟。在高校教育中培养大学生对挫折的承受力,做好挫折承受的准备,将有助于大学生的心理健康和成长成才。

个体对挫折的感受和承受程度不同,不同的人由于对挫折的认知、评价、理解和应付挫折的行为方法不同,受到挫折时会有不同的反应,能够以积极的态度和适当的方法对待挫折、迎接挫折的人,挫折承受能力强,能更好地获得对挫折的良好适应。

(3)心理准备教育。首先,对自我有充分的认识。只有了解自己的职业气质、性格、兴趣、能力特长等,在职业发展、就业择业的时候才能够做到有的放矢、扬长避短,更容易确立适合自己的目标。其次,做好充分的心理准备。要有转换角色的心理预期,随着高等教育扩招而来的是大学生已从"天之骄子"转变为普通的社会劳动者。要想正确地选择职业,就必须摆正位置,客观、冷静地进入求职状态,以自身的实力,积极主动地去选择职业、适应社会需要。

2. 潜移默化,重视高校在职业发展意识培育中的作用

(1)选择动态性、针对性的教育内容。大学生职业发展意识的培育是使其成为适应社会发展、提高就业质量的重要因素。在职业生涯发展教育课程的教学内容设计上,要把握社会发展的脉搏、采用学生乐意接受的教育形式,主要体现在以下三个方面。

一是体现时代性。紧跟时代要求,让大学生了解当今社会形势下的社会分工情况、职业发展情况、职业需求情况等,为大学生更好地理解社会状况以及就业形势、国家就业政策等奠定基础。

二是体现动态性。不同层次、不同专业的学生思想会有很大的差别,并处于动态发展过程中。国家就业形势、就业政策也在不断变化和调整,高校职业发展教育也应该与时俱进,要根据就业形势和政策的变化不断更新内容。

三是体现针对性。职业发展课程要紧紧围绕学生关注的热点、难点、敏感话题,如怎样不断提高自身职业能力、培养职业意识等,做到教育教学有的放矢。

(2)授之以渔,提高职业发展和就业指导的水平。高校应成立专业化的职业生涯发展指导机构,对在校学生进行自我认知、职业选择、就业信息的收集、应聘技巧等全

方位的求职择业技巧传授。

加强职业道德教育。对学生进行职业理想、职业精神、职业规范的理论教育,使学生逐步树立正确的工作观念与态度,确立服务意识和敬业、乐业、创业精神,为职业道德的实践教育作好充分准备。

在职业发展指导教师的选择上,要建立思政工作、职业教育、心理辅导相结合的教师梯队,教师学科背景交叉,将德育、心理指导、职业指导密切结合,整合教育力量,为大学生职业发展意识的培育保驾护航。

引进先进的职业测评工具,大学生获取信息、知识的方式越来越广泛,对于巨大的信息量,学生无法准确把握,由学校提供专业的职业测评工具,可以为学生在自我认识、择业选择、能力培养等方面提供依据。

(3)重视隐性元素的发挥,加强校园文化建设。校园文化时时刻刻围绕在学生周围,对学生思想变化起着潜移默化的作用。通过校园文化活动的开展,营造良好的校园文化氛围,能够帮助大学生增长知识、提高能力、陶冶情操,并促进优良学风的形成。

校园文化建设应符合学校发展定位,坚持以中国特色社会主义理论体系为指导,并适应大学生的学习生活。例如,学期初校园文化应引导学生转入学习状态;学期中应侧重提升学生的综合素质;学期末关注点放在学生复习迎考和考试诚信教育。校园文化应在国家重大事情发生时,如十八大、自然灾害发生等,为学生提供与时俱进、积极向上的教育平台。

校园文化活动的开展,应努力使每位学生都能参与到活动过程中来,增强学生的自信心;应关注学生的专业和年级特点,使之有益于学生身心健康和学业指导;应注意突出主旋律,提高学生参加校园文化活动的主动性和积极性。

3. 从小做起,注重家庭环境的影响

家庭是影响现代大学生职业价值观形成最原始的场所,建立在家庭基础上的血缘关系是任何力量也无法摧毁的。家庭成员所从事职业的范例作用、对职业看法潜移默化的影响,都会在一定程度上影响大学生的职业价值观和职业选择。

家庭在对孩子就业进行引导时,应遵循以下原则:首先是服从社会需要,其次是扬长避短、充分发挥特长,再次是有利于发展成才,最后是避免依赖、及时就业。

在对大学生职业发展意识的培育中,家庭所发挥的巨大作用无法回避。家长应该充分认识到这一点,在平日的家庭生活中注意自己的言行举止,言传身教,给予子女正确的教育与引导,帮助孩子树立正确的职业发展观念。

总之,大学生职业发展意识受到多种因素的影响,只有统筹学校、家庭各方面的因素,在学生充分发挥主体作用的前提下才能慢慢培育,不断促进大学生主动确立正确的职业发展意识,并不断内化为自身的综合素养。

参考文献

［1］杨树雄.大学生职业发展意识培育研究［J］.福建师范大学学报,2010(7).

［2］国家职业分类大典和职业资格工作委员会.中华人民共和国职业分类大典［M］.北京:中国劳动社会保障出版社,1995(9).

［3］刘宏申,陈洪宏.高职院校酒店管理人才职业能力培养浅探［J］.北方经贸,2007(120).

作者简介:

王圆圆,上海电机学院,硕士研究生、助教;浦东新区临港新城橄榄路 1350 号;邮编 201306。

大学生职业生涯规划教育的几点思考

（上海杉达学院　陈敏云）

摘　要：大学生职业生涯规划教育作为高校就业指导工作全程化的重点，对于解决当前的大学生就业问题具有重要意义。本文从分析大学生职业生涯规划的重要性出发，对当前高校开展大学生职业生涯规划教育的现状进行了简单分析，提出了实施大学生职业生涯规划教育的建议。

关键词：大学生；职业生涯规划教育

近年来，大学生就业已经成为全社会普遍关注的一个热点问题，各级政府和高等院校为促进毕业生就业，制定了一系列有利于毕业生就业的政策措施，进一步加强了就业指导工作。然而，高校的就业指导工作主要还集中在针对应届毕业生的就业政策宣讲、就业信息提供、求职技巧培训和就业手续的办理上，很难从根本上提高大学生的就业能力和就业质量。为此，很多高校正在逐步将工作对象从应届毕业生扩展到全校学生，努力做到就业指导工作全程化，以提高大学生的就业能力。就业指导工作全程化的重点是切实加强大学生职业生涯规划指导，因此，高度重视和加强对高校大学生进行职业生涯规划教育是非常必要的。

一、高校开展大学生职业生涯规划的重要意义

一个人若是看不到未来，就掌握不了现在；一个人若是掌握不了现在，就看不到未来。这句话说明了生涯规划的本质与精髓。职业生涯规划是个人对自己一生职业发展总体的勾画，具有粗略性、目标性、长期性和全局性的特点，它为一生的职业发展指明了途径和方向。要想在一生有限的时间里发挥自己最大的潜能，有所作为，必须做好职业生涯规划。根据 Super 的生涯彩虹图，大学生正处在职业生涯的探索阶段，这一阶段对于大学生今后职业生涯的发展有着十分重要的意义。

目前绝大多数高校的就业指导已不能很好地解决毕业生就业难、职业发展错位等问题。很多学生在进入高校开始专业学习之前对所学专业接触较少或者只有肤浅的

认识,对专业的选择往往存在盲目性、被动性。由于对所学专业的陌生,也导致一些学生对未来的人生发展方向和目标感到迷茫,没有职业认同感,这导致择业时存在盲目性和随机性。2004 年 4 月,由北森测评网与劳动和社会保障部劳动科学研究所、新浪网联合进行的"当代大学生第一份工作现状调查"结果显示:在找到第一份工作后,有 50% 的大学生选择一年内更换工作,两年内,大学生的流失率接近 75%。可见,很多学生由于对个人、社会、经济的需求认识不清晰,导致对自己的定位不明确,以至于在职业道路上走不少弯路。如何让大学生正确选择适合自己的职业成了职业生涯教育的基础和关键。所以,需要从大学生刚入校时就针对职业方向作多方面的调整。这涉及个人对所选专业的学习动力和自我激励、制订适合自己理想的学习计划、进行专业与兴趣不符的调整等。对大学生而言,让他们从大一开始就认清自己的发展方向,给自己的职业生涯一个清晰的定位,为职业目标而努力,为将来就业做好准备,是其求职就业乃至将来职业发展成功的关键一环。

(一) 职业生涯规划教育可以有效提高学生的综合竞争力、创造力

毕业生就业率和就业质量已成为评价高等院校教育水平的重要指标。目前,我国高等教育还是以专业学科为体系,注重对专业知识和专业能力的培养,尚未形成以市场为导向,以学生职业生涯规划、个人发展为中心的教育体系。要提高大学生的综合能力和素养,以职业生涯规划为突破口,注重把专业能力和成功素质有机结合起来,使大学生更具有综合竞争力和创造力。

(二) 职业生涯规划教育有助于提升大学生的主体意识和学习积极性

大学生职业生涯规划教育就是要寻找适合学生自身发展的职业,实现个体与职业的合理匹配,体现学生个体价值的最大化。这是大学生对自己未来职业方向、未来发展道路的设计和实现职业目标的重要步骤,事关学生的终身职业发展。职业生涯规划教育可以帮助学生回答"我是什么样的人?""我想干什么?""我适合干什么?""打算成为哪方面的人才?""打算在哪个领域成才?"等方面问题。这使得职业生涯规划建立在知己知彼的基础上,有利于大学生明确自我的人生奋斗目标,从而调动学生的积极性,把"要我学"变为"我要学",使大学生自觉进行终身学习。

二、高校开展大学生职业生涯规划教育的现状

(一) 大学生对自身职业生涯规划模糊

由新浪网、北森测评网与《中国大学生就业》杂志共同实施的"大学生职业生涯规划"问卷调查显示,有近四成的大学生对自己目前的职业生涯规划现状还是满意的。但是,当把这种规划分解后,他们的选择就没有这么乐观了:仅有 12% 的人了解自己的个性、兴趣和能力;18% 的人清楚自己职业发展面临的优势和劣势;清楚地知道自己喜欢和不喜欢的职业是什么的人只占 16%。这种现象说明,大学生对自己及环境缺乏客

观的分析及评价,造成对自己职业生涯规划判断上前后矛盾,表明大学生对什么是职业生涯规划还不十分清楚,对自身的职业生涯发展潜力的认识比较模糊。

(二) 高校为学生提供的职业生涯规划指导服务不够完善

目前,高校职业生涯规划教育环节还比较薄弱,学校缺乏职业生涯规划体系和健全的教育组织,专业化职业生涯规划辅导队伍还没有建立。从学生的内在需求看,他们正处在职业生涯的探索阶段,需要对自己未来的职业生涯作出决策,而对于职业生涯路径选择、人生设计和规划,单凭他们自己的经验和能力是很难把握的,需要学校专门机构的帮助,需要职业生涯规划理论的指导,需要有专业教师的辅导。目前,许多高校没有提供完善的人才培养措施及职业发展服务,学生对自己的职业前景很茫然。

(三) 高校职业生涯规划专业服务还不完善

职业生涯规划服务在我国还是一个新兴的行业,随着职业生涯规划需求市场的增长,为个人职业进行规划的专业职业规划师、咨询师逐渐产生。据了解,美国 1999 年就有 16 万名职业规划师,平均一个职业规划师面对 3 000 人,而我国已经取得职业指导师资格的仅有 1 万多人,高级职业指导师不足 400 人。这个数字说明我国的职业指导师严重缺乏,远远不能满足社会的需要。面对就业的压力,大多数学生表示需要职业生涯规划指导,但在实际生活中得到专业化职业指导的学生寥寥无几。这说明我国的职业生涯规划指导服务环节还很薄弱,大学生对职业生涯规划的认识还不到位,职业生涯规划服务还需进一步完善。

三、对高校开展职业生涯教育的几点建议

(一) 注重对职业生涯规划教育观念的引导

大学生职业生涯教育首先要引导学生准确定位自己的职业方向,让学生对自己和社会进行全面综合的认识,去寻找发展前景比较好的职业或工作岗位。其次,要帮助学生树立务实的思想,面对日趋紧张的就业压力,把生存放在第一位,在生存的基础上去谋求进一步的发展。再次,不要被专业所局限,要根据社会需求,善于创造条件抓住机遇,面对新的岗位和工作任务,要善于学习,完善自己的知识和能力,提高自己的适应能力。最后要引导学生合理定位自己的就业去向,认真分析不同的区域、岗位、竞争程度和条件要求,避免好高骛远的选择给自己和家人未来生活带来难以承受的压力。

要引导学生树立没有最好的工作,只有是否适合自己的工作理念,要用长期发展的眼光看待基层的工作和自己现有的水平,既要有改变自己的能力和勇气又要有准确合理的人生定位,既要有对人生理想的执著又要有脚踏实地艰苦奋斗的精神,既要满足当前的需要又要有长远合理的人生规划。

(二) 积极整合资源,大力培养专业化职业生涯教育师资队伍

为使职业生涯教育走向专业化、正规化、科学化的道路,高校需要设置以职业指导

为中心的部门和岗位,对学生职业生涯教育统筹规划,全盘管理。职业生涯教育职能部门可与专业课教师、行业专家相结合,按照不同院系、专业对现职人员进行全员化的专业培训。职业生涯教育课程可以结合心理学中的"自我意识"、"社会信念"、"情绪管理"、"压力管理"等内容引导学生正确认识自我、管理自己的情绪、合理规划自己的目标;还可以利用思想政治教育的"理想与信念"、"价值观"、"公民道德"、"基本法律规范"等内容帮助学生树立高尚的职业目标、崇高的职业意识、职业领域必备的安全意识与法制观念。职业生涯教育应将心理学、思想政治等教学内容与学生职业发展的需要相结合,增加课程内容的亲和力、吸引力,满足学生的实际需要,使严肃的理论教育充满生机与活力。

职业生涯教育要把学生的职业发展放在重要的位置。职业生涯教育不是毕业时的就业指导,而是对学生从入校到毕业时的全程教育;不是单个专业教师的教育,而是从校长到每个任课教师、辅导员的全员参与的教育;不只是课堂理论讲授的教育,而是融座谈、竞赛、演讲、情景模拟等于一体的多样化教育形式。不同院校要结合不同专业特点,在职业生涯课程的教学中坚持"教材校本化"、"专业化"的发展方向。职业生涯教育还要立足本专业,邀请行业专家、企事业相关代表、优秀毕业生开展系列讲座和座谈会,帮助学生了解本专业的发展方向、培养目标、社会对人才的需求状况、岗位对人才素质的要求等,使学生尽早了解自己的专业,树立切合实际的职业理想和初步的职业目标,进而定下切实可行的职业规划方案,这样有助于学生充分利用在校时间,去追逐自己的职业理想,提高自身的就业竞争力。

(三)不断增加大学生的职业体验实践活动

职业体验是让学生通过社会实践、见习、实习、职业调查等形式对职场生活进行深入地认识与理解,这有助于学生进一步认识自我与职业、学习与工作、理想与现实等之间的关系。由于课堂生活的单一化、抽象化、概念化,远离了现实的职场生活,使学生缺少解决实际问题的能力,无法适应职业岗位的要求。加强职业体验,能使学生对自己的个性、知识、能力水平与工作要求有更清晰的认识,还可以使学生的知识得到巩固,技能得到锻炼,以便尽快适应职业的需要。学生的职业体验进一步加强了学校与社会、企业的联系,使学校能够与各界人士进行广泛交流,从而有利于改革学校的教育内容和方法,培养符合社会需要的优秀人才。通过学生的职业体验活动,还能够满足企业对未来人才的选拔,使企业有机会培养自己所需人才,有机会考察和发现适合自己需要的优秀人才。

加强学生的职业体验不仅是职业生涯指导教师的事情,还需要学校教学、就业等部门相互协作。教育的目的是要使学生走向适合社会发展和自身成长的工作岗位,毕业前的实习工作和就业指导工作尤为重要,教务处或实习科要与实习单位紧密合作,根据培养目标和岗位资格认证的需要编制好实习大纲,并与行业专家一同做好学生实习后的鉴定工作。就业指导部门需要为学生提供行业人才需求方面的信息,积极拓宽学生就业途径,为学生就业提供咨询和服务,还可以通过模拟招聘等形式帮助学生做好就业前的准备工作。

"三百六十行,行行出状元。"每个行业都有成才的机会,没有不成功的行业,只有不成功的个人,正确认识自己和所学专业是每个学生成才的关键。重视学生的职业生涯教育是教育以人为本思想的重要体现。开展有效的职业生涯教育,引导大学生正确认识自我与职业,科学规划自己的人生道路,对其实现人生价值具有重要的意义。

作者简介:

陈敏云,就职于上海杉达学院。

民办高校大学生职业生涯规划的现状、问题及对策

（上海建桥学院　胡　玲）

摘　要：随着高校教育体制的改革，大学生扩招，每年大学毕业生人数不断增加，大学生就业难问题已经成为社会的热点、难点问题。在党和国家、社会都高度重视的背景下，大学生职业生涯规划也被广泛关注，被提到了重要的地位。本文着重调查了民办高校大学生职业生涯规划的现状和产生的问题，并提出相应的对策，以推动大学生能更好地就业，民办高校稳健地发展。

关键词：民办高校大学生；职业生涯规划；问题；现状；对策

随着我国高校教育制度的改革，大学扩招，每年毕业生人数不断增加，2006年毕业生人数为400万人，2007年为495万人，2008年为559万人，2009年为610万人[1]。每年需要就业的大学生人数不断上升，就业形势十分严峻，使得大学生就业问题成为社会的焦点、热点、难点，大学毕业生就业难已成为一个社会问题。这不是说我们培养的人才过剩，而是高等教育培养的人才不能很好地适应就业市场人才需求结构的变化。就大学毕业生自身来讲，表现为自己该干什么，能干什么，更不知道哪些岗位、职业适合自己，存在着择业盲从，缺乏系统的职业规划的问题。如何在大学时期做好大学生的职业生涯规划，是引导大学生通过自我认识，促进自我成长，最终达到自我实现的目标，引导大学生更好就业，顺利成才的关键。

一、职业生涯规划简介

职业生涯理论是西方20世纪初期以来的有关职业适配和发展的一系列以心理学研究为基础的理论总称。职业生涯是有关工作经历的过程和结果，职业不仅仅是客观的外在经历，同时也是一种主观选择、塑造和适应的过程[2]。

职业生涯规划又称职业生涯设计，是对一个人职业生涯的主客观条件进行测定、分析、总结的基础上，对自己的兴趣爱好能力特点进行综合分析，结合时代特点，根据自己的职业倾向，确定其最佳的职业奋斗目标，并为实现这一目标作出有效安排。职业生涯的目标绝不仅仅是帮个人找一份适合自己的工作，更重要的是帮助个人真正地

了解自己,为自己筹划未来的发展方向[3]。

大学生职业生涯规划的核心实质是引导大学生通过自我认识,促进自我成长,最终达到自我实现的目标[4]。

随着高校不断地发展,对职业生涯规划的重视程度越来越大,很多高校都对大学生的职业生涯规划进行研究,他们的观点包括华东师范大学的吴薇副教授,认为职业生涯规划是指个人通过对自身因素和客观环境的分析,确立职业生涯发展目标,选择职业,制定相应的教育、培训和工作计划,采取必要行动以实现职业生涯目标的过程。大学生正处于职业生涯发展的探索时期,期间主要任务是准确了解自我、发展自我,在学习与实践中作出尝试性的职业选择和生涯规划。由此可见,大学时期的职业定位是否准确、职业能力是否得到提高,对于大学生今后的职业发展至关重要。吴薇副教授并通过对上海部分高校大学生生涯规划现状的问卷调查,发现当前大学生职业生涯规划过程中存在着生涯规划意识不强、自我认识能力偏弱、高校生涯辅导不到位等问题[5]。

黄明,上海立信会计学院教授,以社会需求引领专业学生职业生涯规划,找到"职业生涯教育"与学生的可持续发展的结合。所谓大学生的可持续发展,是指大学生作为个体的人在大学阶段及其以后的职业生涯中连续不断地完善、发展。大学生的可持续发展能力简而言之是指大学生保持自身具有可持续发展态势的能力。职业生涯规划的本质特征在于追求人的发展的最大化。这就决定了职业生涯的规划不局限于在学校受教育阶段,而是整个人生历程中都要坚持学会学习、学会做事、学会合作、学会反思、学会发展,进而使人生的潜力得到最大化的展示,最终实现预期的人生价值[6]。

教育部2003年6号文件指出:"加强毕业生指导,将就业指导课作为学生思想教育的重要组成部分,并纳入日常教学[7]。"

要把职业生涯规划或生涯规划看成是人生的必修课,是一种常态。大学生要明白"谁规划谁受益"的道理,大学生既是职业生涯规划的主体,更是职业生涯规划的直接受益者[8]。

二、大学生职业生涯规划的现状

(一)国外职业生涯规划现状

对大学生进行职业生涯规划教育方面,国外一些发达国家如美国、英国、日本等,在职业规划教育方面已有几十年的发展历史,而且已经形成较完整的职业生涯规划教育指导体系。世界上就业指导历史最为悠久的是美国,其高校非常重视就业指导工作,把就业指导提升到生涯规划的高度,美国的就业方法与政策相对比较完备。1913年成立"全国职业指导学会",1956年成立"全美大学与雇主协会",1973年美国政府颁布了美国官方人力资源管理与开发的综合性法规《综合就业与培训法》。1994年在国会上通过《学校与就业机会法》。在行政管理体制上，设立"就业机会均等委员会"[9]。现阶段，美国的职业生涯理论与大学生就业指导紧密结合。美国大学生就业指导包括以下几个内容：①生涯规划及生涯决策能力的培养；②自我状况的了解以及个人价值观的澄清；③合理选择的作出；④自身潜能的开发[10]。在英国，高校学生就业率被视为学校发展的生命线，就业状况的好坏直接影响学校的声誉和招生人数[11]。21世纪初英国高等教育质量局开始在各高校倡导大学生制定个人发展规划，并要求建立大学生就业能力培养档案，明确要求2005年和2006年毕业生都必须具有个人发展规划和成长记录档案[12]。由于日本政府重视，以法的形式强调了政府的职责，实行全员参与的统一就业制度，即厚生劳动省和文部科学省全程指导、高校直至院系重点服务、企业和行业协会积极参与、毕业生提前主动就业[13]。

（二）国内职业生涯规划现状

1. 国内公办高校大学生职业生涯规划现状

对广东省4所高校在2008年3～4月通过问卷调查进行研究。调查的样本来自中山大学、暨南大学、北京师范大学珠海分校和北京理工大学珠海分校的一至四年级在校大学生。在校大学生对高校职业指导服务的现实需求非常迫切。调查显示，大学生对于高校职业指导机构的知晓度、接受职业指导服务的频率以及对职业指导服务的满意度均不理想。我们从五个方面考察了大学生自我职业认知的情况：①关于大学生是否清楚地了解自己的职业兴趣，47.2%的学生报告"清楚了解"，52.8%的学生报告"不太了解""不了解"或"没有考虑"。其中，高年级学生比低年级学生更清楚地了解自己的职业兴趣，不同性别、不同专业的学生无显著差异。②关于大学生通过什么方式了解自己的职业兴趣，81.5%的学生报告来自"自己的体会"，64.2%的学生报告来自"同学或亲友的评价"，13.7%的学生报告借助"专业测评"，4.4%的学生报告来自"职业咨询机构或老师的评价"。③当问及"自己有无进行过职业生涯规划"时，15.8%的学生报告有过"清晰的职业规划"，44.6%的学生报告有过"比较清晰的职业规划"，39.6%的学生"未仔细考虑"或"从未想过"。④当问及大学生"是否经常收集感兴趣的职业资料"时，13.1%的学生报告"经常收集"，57.1%的学生报告"偶尔看看"，29.8%的学生"极少"或"从未"看过。其中，高年级学生比低年级学生更经常地收集感兴趣的职业资料。⑤当问及大学生"是否为了未来的职业发展而参加相应的社会实践"时，18.7%的学生报告"经常参加"，49.3%的学生报告"偶尔参加"，32%的学生"极少参加"或"从不参加"。其中，男生比女生更经常地为了职业发展而参加相应的社会实践，不同年级、不同专业的学生无显著差异，大学生对职业指导的服务需求抱有很高的期望[14]。

基于郑州某高校2009年毕业生的统计调查分析得到以下结论：认识较到位，行动需加强。统计结果显示，大学生生涯规划的五个方面按照均值大小进行排序依次为：对生涯规划的总体认识＞自我认知＞生涯规划对就业过程的影响＞目标设定＞职业认知[15]。

2. 国内民办高校大学生职业生涯规划现状

目前,各高校对大学生职业生涯规划的重视程度不同,特别是民办高校,经调查,在上海的民办高校中,几乎没有一所高校能系统地开设职业生涯规划的相关课程,没有高质量的专业师资力量,鉴于目前现状,我对"民办高校大学生职业生涯规划的现状、问题及对策"进行研究,希望能为民办高校的发展添砖加瓦。

本文以上海民办高校上海建桥学院为研究对象,调查了解民办高校大学生职业生涯规划现状以及问题。

通过发放调查问卷,经计算得出统计结果见下表。

上海高校毕业生职业发展教育及就业,创业状况调查   样本总数:288人

1. 您是在大学几年级开始接触和认识学校就业指导中心的					
	选择人数	比例		选择人数	比例
1. 一年级	38	13.2%	3. 三年级	155	53.82%
2. 二年级	53	18.4%	4. 四年级	42	14.58%
2. 参加过学校或院系组织的职业指导活动					
	选择人数	比例		选择人数	比例
1. 必修课	4	1.39%	4. 主题活动	47	16.32%
2. 选修课	5	1.74%	5. 其他	25	8.68%
3. 讲座	42	14.58%	6. 没参加	89	30.9%
3. 您对职业选择的想法大致形成于					
	选择人数	比例		选择人数	比例
1. 小学	27	9.38%	5. 大学二年级	17	5.9%
2. 初中	29	10.07%	6. 大学三年级	9	3.13%
3. 高中	59	20.49%	7. 大学四年级	42	14.58%
4. 大学一年级	30	10.42%	8. 其他	75	26.04%
4. 您对职业选择的想法受谁的影响比较大(先选3项)					
	选择人数	比例		选择人数	比例
1. 父母	99	34.38%	5. 亲戚	37	12.85%
2. 老师	42	14.58%	6. 社会上的成功人士	44	15.28%
3. 朋友	41	14.24%	7. 其他	14	4.86%
4. 同学	11	3.82%			
5. 您在求职时希望获取就业信息的渠道有哪些(可多选)					

	选择人数	比例		选择人数	比例
1. 校园招聘宣讲会	42	14.58％	7. 用人单位招聘网站	11	3.82％
2. 院校教师的推荐	70	24.31％	8. 亲戚或朋友的介绍	20	6.94％
3. 毕业生招聘会	80	27.78％	9. 报刊、电视等大众传媒	5	1.74％
4. 市高校毕业生就业信息网	12	4.17％	10. 校友、同学的介绍	6	2.08％
5. 学校就业网站	15	5.21％	11. 其他	17	5.90％
6. 社会求职网站	10	3.47％			

6. 您目前需要得到的帮助(限选 3 项)

	选择人数	比例		选择人数	比例
1. 培训择业技巧	64	22.22％	5. 用人单位招聘信息	58	20.14％
2. 培养勇气和信心	23	7.99％	6. 各类职业类型所需人员的个性特点	17	5.90％
3. 有专业人员分析自身个性及优缺点,指导职业生涯设计	50	17.36％	7. 目前就业市场各行业的普通就业状况和薪资状况	36	12.5％
4. 提高可雇用性能力	36	12.5％	8. 其他	4	1.39％

7. 您认为在求职之前对自己进行准确的定位

	选择人数	比例		选择人数	比例
1. 很有必要,并已经在有计划地进行	88	30.56％	4. 没有必要	7	2.43％
2. 很有必要,但是无从下手	186	64.58％	5. 其他	1	0.35％
3. 无所谓	6	2.08％			

8. 您最早在什么时候接受过学校或院系组织的结业指导

	选择人数	比例		选择人数	比例
1. 小学	4	1.39％	6. 大学三年级	19	6.60％
2. 初中	18	6.25％	7. 大学四年级	30	10.42％
3. 高中	42	14.58％	8. 大学以后	23	7.99％
4. 大学一年级	55	19.10％	9. 没有参加过	57	19.80％
5. 大学二年级	38	13.19％	10. 其他	2	0.70％

9. 您认为高校对毕业生开展职业指导的主要内容应该为(可多选)

	选择人数	比例		选择人数	比例
1. 了解职业社会和有关就业政策	29	10.07%	6. 职业选择决策的方法	46	15.97%
2. 获取,辨别和筛选就业信息的方法	17	5.90%	7. 与家庭成员进行职业选择的有效沟通方法	14	4.86%
3. 求职就业的技巧和方法的培养	36	12.5%	8. 毕业生就业协议,劳动法和争议解决方法	22	7.64%
4. 进行职业生涯设计规划和设计	49	17.01%	9. 职业素养的提升	34	11.81%
5. 让毕业生了解自己的性格,能力,职业倾向等进行准确定位	24	4.86%	10. 求职阶段的心理调节方法	4	1.39%
			11. 其他	3	1.04%

10. 对于高校开展职业发展教育课程,如下哪些形式您比较赞成(可多选)

	选择人数	比例		选择人数	比例
1. 课堂教育	44	15.28%	5. 角色扮演	42	14.58%
2. 分组讨论	23	7.99%	6. 多媒体放映	13	4.51%
3. 企业参观	64	22.22%	7. 实践活动	54	18.75%
4. 团体辅导	48	16.67%			

11. 对于高校就业指导工作,您的评价是

	选择人数	比例		选择人数	比例
1. 效果很好	10	3.47%	4. 效果较差	12	4.17%
2. 效果较好	18	6.25%	5. 没有指导	179	62.15%
3. 效果一般	63	21.88%	6. 其他	6	2.08%

12. 要使就业工作取得更好的效果,您认为就业指导应如何改进(可多选)

	选择人数	比例
1. 就业指导工作贯穿在大学教育中,进行全程化开展	89	30.90%
2. 政策配套要落实	41	14.24%
3. 学校就业指导相关人员、经费、场地、设备等要有保障	51	17.71%
4. 就业指导工作人员专业素质需提高	47	16.32%
5. 就业指导内容应适应就业市场的新形式	0	
6. 应针对学生具体情况进行个性化指导和职业生涯规划	56	19.44%
7. 其他	4	1.39%

三、民办高校大学生职业生涯规划存在的问题

（一）调查指标情况分析

在上海建桥学院总共发放 300 张调查问卷，收回 288 张，根据调查问卷指标分析如下所述。

1. 您是在大学几年级开始接触和认识学校就业指导中心的

根据调查发现，高年级的学生了解和接触学校的就业指导中心多，由于有专科的毕业生，所以三年级的学生总体人数较高。高年级人数占 68.4％，可见，我们高校对于大学生职业规划的重视程度不是从一年级就开始的，而是到了毕业的年级为了单纯的就业，才介绍职业方面的知识。

2. 参加过学校或院系组织的职业指导活动

通过调查得知，30.9％的同学没有参加过职业方面的指导活动，只有 3.1％的同学接触过较为系统的职业指导，参加过职业规划的系统教学。66％的同学对职业生涯规划感兴趣，但是没有接受过系统的培训。这些数据说明，我们高校对于职业咨询，职业规划的投入太少，导致大部分的同学接受不了系统的专业的培训。

3. 您对职业选择的想法大致形成于

根据调查显示，只有 34.03％的同学在大学形成了自己的职业选择，有 39.93％在进入大学前就有了自己的职业规划，这说明在进入大学之前，在选择专业时期，家庭的因素对于职业的选择仍是起到相当大的作用，这些职业的选择是家庭社会给予学生的，不一定就是大学生们对于自身条件和对于职业的了解而作出的适合自己的职业选择。

4. 您对职业选择的想法受谁的影响比较大（限选 3 项）

根据调查显示，47.22％的学生深受家庭的因素影响职业选择，这说明，作为当今大学生，对于自己的职业生涯规划的知识了解极少，对于自身的发展还没有规划的意识。这更加要求高校作为育人培养人的重要地方，必须要教会大学生了解自己，更加适应社会的发展需要，找到适合自己的，定位准确的工作和发展方向，而不是仅仅是听从父母的建议。

5. 您在求职时希望获取就业信息的渠道有哪些（可多选）

调查显示，只有 9.02％的就业信息是从家庭或者朋友处获得，有 76.05％是从学校层面获得。这就给我们高校提出了更高的要求，即能更好地给学生们提供职业选择方面的建议。

6. 您目前需要得到的帮助（限选 3 项）

调查显示，有 60.07％的同学希望能得到职业生涯规划方面的帮助，这极大地体现了现今社会大学生对于自我发展的进一步重视，同时，也给我们高校提出了更高的要求，即能更好地做好大学生职业生涯规划。

7. 您认为在求职之前是否应对自己进行准确的定位

调查显示,64.58%的同学希望能得到求职之前的定位,但是却不知道如何下手,从哪里开始准备。根据调查分析,出现这个状况,主要是因为现阶段我们的教育体制造成的,但是,作为高校,如何培养出适应社会发展的人才,使大学生提升自己的综合素质,做好就业准备,并能很好地做好自己的人生职业发展规划,这也是提升民办高校大学生的就业竞争力的关键所在。

8. 您最早在什么时候接受过学校或院系组织的就业指导

有49.31%的同学在读大学期间接受过学校的就业指导,这也说明我们现在的就业指导工作是必要的,有成效的,是对于大学生的就业起着至关重要作用的。

9. 您认为高校对毕业生开展职业指导的主要内容应该为(可多选)

在此调查的题目中,深刻地反映了作为当代大学生是非常渴望能接受大学生职业生涯规划的相关培训和指导的,这也从侧面反映出高校在大学生职业生涯规划系统的课程设置是跟不上时代的发展的,是急需加强的。

10. 对于高校开展职业发展教育课程,如下哪些形式您比较赞成(可多选)

调查显示,同学们是相当重视大学生职业生涯规划的,更希望学校能提供给他们丰富多彩的、形式多样的就业指导,这也对民办高校提出了较高的要求。

11. 对于高校就业指导工作,您的评价是

根据调查显示,有高达62.15%的同学认为高校的就业指导工作不到位,他们没有接受到相应的就业指导工作。分析认为,这主要是因为民办高校的管理体制造成的。辅导员在很大的程度上代替了高校的就业指导中心的作用,从而使得学生们对于就业指导知之甚少。这也反映出,专业的高质量的职业咨询类的师资队伍是欠缺的,是高校发展大学生职业生涯规划所必须面对和提高的地方。

12. 要使就业工作取得更好的效果,您认为就业指导应如何改进(可多选)

调查显示,30.9%的同学认为应该要贯穿始终地坚持大学生职业生涯规划的教育,35.76%的同学认为职业咨询师的师资力量提升是必须要重视的,并且能形成较为完善的一对一的职业咨询服务和指导。

(二)民办高校大学生职业生涯规划存在的问题

1. 大学生职业生涯规划知识普及度不高

由于职业生涯规划在我国开展的时间不长,中国刚处于起步和探索阶段,有调查显示,在对广东高校五所学校1 000名大学生的抽样调查发现:有13.9%的大学生有清楚的职业生涯发展规划,79%以上只是考虑过,但没有明确规划,7.1%的人从没有考虑过这个问题[16]。

目前大多数高校的就业指导工作还主要是围绕当年的毕业生就业工作而展开,而对大学生职业生涯规划的指导作用有限。例如,浙江大学的调查结果显示,在问及"学校是否提供职业生涯规划方面的课程或讲座时",13.68%的学生回答"有",49.47%的

学生回答"无专门的课程但偶尔有讲座"。在问及"学校就业网站是否有足够的职业生涯规划方面的知识"时，只有14.29%的同学认为"已经足够"，有48.57%的同学认为自己学校的就业网站中几乎没有职业生涯规划方面的知识，还有37.14%的同学认为学校就业网站有一些职业生涯规划方面的知识，但无法满足需要。

2. 大学生职业生涯规划课程体系不够健全

调查显示，有65.97%的同学希望能得到职业生涯规划方面的帮助。目前，高校的就业指导课程大部分都是内容与现实脱节，理论知识讲得多，与专业有关的，能很好地指导大学生自身职业生涯规划的课程很少，使得很多高校的就业指导课程成为"鸡肋"。目前，很少有高校从大一时期大学生刚进校门时就对其进行职业生涯方面的指导，在整个大学学习时期进行职业生涯规划的教育。很少的高校能做到在大一时期，对大学生的职业生涯规划进行启迪，进行职业生涯规划知识的普及；大二时期引导学生进行自我分析，探索与自己相匹配的职业生涯规划；大三时期完善自己的职业生涯规划，使之更适合自己符合社会现实要求；大四时期则根据自己的职业生涯规划找到适合自己的工作，从而在不断的学习过程当中完善自己的职业生涯规划。

现阶段，在上海的民办高校，有将近30%的高校没有专门的就业指导中心，几乎所有的民办高校没有开设系统的职业生涯规划课程。一般民办高校是临近毕业时举办相关的讲座，介绍就业政策等，而没有系统地开课。而民办高校由于没有开设职业生涯规划的相关的课程，学生们不了解相关知识，缺乏对自我的规划，特别是职业生涯的规划。通过访谈了解到，一学生A，英语口语较好，学习能力较强，由于学校没有系统的职业生涯规划教育，其对职业生涯不重视，认为自己要去酒店工作因此未报考导游证，酒店实习结束后，A同学后悔莫及，感叹地说："老师，当初要是能做好职业生涯规划，就不会弄成现在这样，酒店不愿做，又错过了导游证的考试，现在就业都不顺利。"由于民办高校未设置大学生职业生涯规划的系统课程，导致大学生缺乏职业生涯规划的意识，从而影响毕业时的就业。

3. 专业的大学生职业生涯规划师资力量薄弱

目前，上海民办高校大学生职业生涯规划咨询师缺乏。据相关调查资料显示，在问及"职业生涯规划方面的知识主要从什么地方获得"时，回答"主要从网络包括网站和BBS上获得的"占了51.3%，"通过讲座获得职业生涯规划方面知识"的占有34.26%，"从课堂上获得"的仅为9.26%。目前，对于学生的就业方面的指导，一般是由学生处做学生工作的老师和思想政治辅导员来指导，而这些指导者往往缺乏相应的专业知识和技能[17]。

四、对民办高校大学生职业生涯规划提出对策

结合现阶段我国民办高校的大学生职业生涯规划的现状问题，民办高校如需继续

稳定健康发展,大学生的职业生涯规划的指导是必须要重视的。

（一）开设有效的职业生涯规划系统课程提供全程化指导

对大学生进行职业生涯规划的全程化指导,是指对大学一年级新生进行入学教育,完成中学到大学的角色转换,帮助他们发现和了解自己的性格、兴趣和特长,指导大学生探索职业世界,了解职业需求和职业要求,辅导大学生进行职业生涯规划,制定大学期间的学习、实践计划,树立正确的职业意识等;对于大二大三的学生,指导他们评估规划的实施情况,并反馈、修正自己的职业生涯规划,进一步了解职业要求,培养职业素养;对于毕业班的学生则提供就业政策和信息,协助毕业生更好就业[18]。

通过访谈了解到学生B,性格文静,为人谦虚谨慎,不愿意从事导游之类的工作,在结合其自身性格特点以及其对工作的期望、对就业形势的分析,职业咨询师建议其自学会计专业,考出会计从业资格证。B同学二年级上参加会计从业资格证考试培训,二年级下参加全国会计从业资格证考试,三年级上出成绩,在三年级11月份找实习工作时B目标明确,选择酒店财务工作,被酒店行政总裁当场拍板留下。因此,开设有效的职业生涯规划课程并对于大学生提供职业生涯规划全程式指导是非常重要的。

（二）加强师资力量的建设建立专业的职业咨询师队伍

目前,民办高校就业指导中心还没有专门的职业生涯规划咨询师,以笔者所在的民办高校为例,目前只有笔者等2人获得中级职业咨询师,具有职业咨询的资格。

实行导师制,充分发挥专业课教师的优势职业生涯规划的"定向",一般是根据所学专业确定的。专业课教师对本专业就业方向、领域、环境等比较清楚,同时,对学生将来从事本专业领域内的职业所需要的知识结构、能力、个性特点把握比较准确,所以对学生的辅导会更有针对性。另外,专业课教师可以在教学的过程中,通过介绍该课程在实际中的应用对学生进行教育和指导,从而将生涯辅导工作贯穿到学生日常的学习中,对学生具有潜移默化的影响。所以,高校要实施导师制,充分发挥专业课教师在职业生涯规划指导中的作用[19]。因此,尽快建立一支专业的大学生职业咨询师队伍是民办高校现阶段在大学生就业工作方面,提升民办高校大学生就业竞争力的重要工作。

（三）重视职业生涯规划教育营造浓厚的校园文化

任何一所高校,要有长远的发展,必须要有自己的校园文化。作为民办高校,形成具有自己特色的校园文化,是学校发展的内涵建设,是民办高校发展的长足动力。以大学生职业规划作为高校校园文化的内涵之一,有利于大学生们更好地了解自己,认知自己,规划自己,不仅仅是为就业做准备,而是为了大学生的一生发展做规划。毕业生的质量高,就业好,能力强,反过来能更好地促进民办高校的发展。民办高校可以鼓励设立大学生职业生涯规划方面的社团,定期举办职业咨询方面的讲座、沙龙等组织;成立职业规划咨询室,做好学生的职业规划档案;鼓励学生参与职业规划社团,结合理论知识,为自己制定职业生涯规划,多参观校企合作的企业,与职场人士进行交流等。

（四）加强校企合作强化职业意识

现阶段,高校和企业的合作比较多,不过,校企合作不仅仅是和企业建立毕业生实习时的联系,而是应从校企合作中结合企业的具体要求更好地引导大学生进行职业生涯规划,为就业早做准备。通过访谈企业了解到,大学生毕业时,眼高手低,不能很好地适应企业的工作要求。以旅游专业为例,毕业生毕业时,并不清楚旅行社部门的具体设置、岗位设置,更不知道岗位的具体要求,书本上的知识和实际的工作要求相差较远。因此,在走访企业时,有一企业的部门经理向学校建议,校企合作不能流于形式,可以请企业有经验的员工给学生们上课,讲解具体的部门、工作流程和工作中碰到的具体的需要学生们独立解决的问题和能力。

因此,可以考虑体验式生涯辅导体验学习以学生为中心,强调个体、强调实践、强调评价过程,从而使学生在亲身体验过程中了解现实社会、了解职业。体验式生涯辅导主要是依靠校外的各种资源,如已经建立的各种类型的校外实践基地和"校企联盟"。学校、社会、企业形成一种合力,而个体在这种合力的推动下在实践中逐步建立职业意识、职业能力和职业信心。体验式生涯辅导模式是"职场-学校-学生"三位一体的活动。通过搭建三者有效沟通的桥梁,帮助大学生们开阔视野,零距离体验职场生涯,从而帮助学生探索自身优势,正确认识自我,培养其职业品性素养,为进一步规划和选择符合自己特点的职业发展道路奠定基础。体验式生涯辅导的突出特点是辅导教师以来自企事业、社会团体等校外组织为主,他们有着丰富的实际工作经验,可以与同学们一起探讨,沟通自己的职场经验与感悟,还能带领学生们参观各自的工作单位,甚至邀请学生参与公司的工作项目,让学生在实践中有所体验,从而设计自己的职业规划[20]。

凡事预则立不预则废,一个行之有效的职业生涯规划,可以帮助其树立明确的职业发展目标与职业理想,引导评估个人目标与现实之间的差距,使其学会运用科学的方法,采取可行的步骤增强职业竞争力,实现自己的目标和理想,可以增强发展的目的性与计划性,提升应对竞争的能力,增加成功的机会。

在国家、社会为解决大学生就业问题努力的同时,大学生的职业生涯规划,也被提上空前的高度,在人才竞争激烈的今天,探讨大学生的职业生涯规划是一个很有必要且迫切的课题。大学生就业是人们普遍关注的话题,它不仅关系到大学生的成才和人生发展,也关系到人才强国措施的实施和社会的和谐稳定。

国家、高校和学生个人等不同主体都特别重视,大学生就业成为检验学校质量的试金石。如果民办高校能重视学生的职业生涯规划,使学生从进校之时就能有意识地对自己的职业生涯进行规划,提高核心竞争力,对赢得就业的主动权大有裨益,那么民办高校的发展则更有潜力。

参考文献

［1］［11］［15］朱新秤.论大学生就业能力培养[J].高教探索,2009(4):124-127.

［2］［8］王显芳,洪成文,李然.美国大学生职业生涯规划服务质量研究[J].比较教育研究,2008(2):56-60.

［3］高香,赵志玲,顾少海,孙连海.浅谈当期大学生职业生涯规划存在的问题与对策[J].中国大学生就业,2007(5):21-22.

［4］魏萍.生涯辅导与大学生角色转变[J].大学生就业,2007(6):73-74.

［5］吴薇.大学生职业生涯规划的现状调研及应对策略[J].教师教育研究,2009,21(5):35-39.

［6］黄明,黄海琛.大学生职业生涯设计的相关性研究[J].黑龙江高教研究,2009(11):79-80.

［7］沈中灿,李鲜.大学生职业生涯规划中务必回答的几个问题[J].思想战线,2009(35):150-153.

［9］牟海萍.从职业指导到生涯辅导的历史嬗变[J].现代教育科学,2005(4):69-71.

［10］王乐鹏,贾敏.英国大学生就业服务体系及对中国的启示[J].上海电力学院高教研究,2009(2).

［12］荆德刚.国外高校毕业生就业模式研究[J].教育研究,2009(8).

［13］何建华,刘煦.大学生职业指导服务的现状及其需求分析——来自广东省4所高校的调查[J].黑龙江高教研究,2010(3):94-96.

［14］陈新.大学生职业生涯规划能否促进就业——基于郑州某高校2009年毕业生的统计调查分析[J].中国统计,2009(12):19-20.

［17］安身健.开展全程化就业教育帮助大学生顺利就业[J].中国高等教育,2009(9).

［18］汪翠琴.高校学生职业生涯规划指导的现状与对策[J].教育探索,2009(12):139-140.

［19］张素红,丁明岭.高校无边界职业生涯时代的辅导体系[J].江苏社会科学,2009(21):72-75.

作者简介:

胡玲,就职于上海建桥学院。

职业发展教育

台湾地区大学生职业教育对内地的启示

（上海立信会计学院　李　政）

摘　要：大力发展职业教育是振兴经济的必由之路。打造中国经济的升级版，离不开职业教育的科学发展，离不开技能型人才的有力支撑。高校必须紧紧抓住职业教育难得的发展机遇期，增强推进职业教育改革发展的责任感和紧迫感，以提高质量为核心，着力创新体制机制，培养数以亿计的高素质劳动者和技能型人才，满足经济社会对高素质劳动者和技能型人才的需要。这就为现代职业教育，特别是高等学校职业教育提出了更高的要求。台湾高等教育异常明显的职业化发展倾向，为内地高等学校职业教育带来许多启示。内地高校要学习借鉴台湾职业教育的成功做法，以产业化、市场化为导向，坚持专业化、职业化、国际化的办学方针，紧贴市场需求，呼应学生诉求，融合学业和产业发展，服务地方经济社会发展。

关键词：台湾与内地；职业教育；启示

2012 年 8 月 14～21 日，应台湾世纪海峡两岸文教交流会的盛情邀请，我随同上海立信会计学院职业教育考察团一行赴宝岛台湾开展了为期八天的学习交流活动。在台期间，考察团参访了台北大学、台中科技大学、慈济技术学院等高校，实地探访了台湾富有特色、成效显著的大学生职业教育。此次学习交流，加深了我们对台湾高等教育特别是职业教育的认识了解，同时也促使我们对内地高校大学生职业教育有了新的的启发和思考。

一、台湾职业教育的历史和现状

（一）台湾教育体系完善

台湾教育分幼稚教育、国民教育、高级中等教育、高等教育和社会教育五个阶段。1968 年实行 9 年制义务教育后分为两大教育系列：普通教育系列和技术与职业教育系列。普通教育系列的教育目标是培养学术型专门人才，包括高级中学、普通大学及研究所。学生可由中学一直读到博士。技术与职业教育系列的教育目标是培养应用科学与技术的实用专业人才，包括高级职业学校（简称"高职"，学制三年，招初中毕业生，相当于我们的中职）、五年制专科（简称"五专"，招初中毕业生，大专层次）、二年制专科

（简称"二专"，招高级职业学校毕业生，专科层次）、二年制技术学院或科技大学（简称"二技"，招"二专"毕业生，本科层次）、四年制技术学院或科技大学（简称"四技"，招高级职业学校和普高毕业生，本科层次），学生完成职业技术本科教育后，可进入研究所攻读硕士班，再进入博士班深造。以上两大系列，上下衔接，左右沟通，形成了一个渠道多样、体制完整、交叉互通、具有畅通升学进路的职业技术教育一贯体系。

在台湾，像台大、清华、交大、台北大学等是综合类大学，即普通高校；除此之外更多的是应用型产业科技大学，俗称高职学校，凡是大学名称中带"科技"、"技术"的大学，几乎清一色的应用性、职业院校，比如台湾科大、台中科大、慈溪技术学院等。目前台湾岛内，普大70所，科大100所。在考察过程中我们进一步发觉，台湾能成为早期的亚洲四小龙之一，职业教育的发达是根源和动力。台湾的制造业一直很发达，特别是光伏电子、生物科技、纳米技术以及海洋科技优势明显。需要大批的高技术劳动者，而大量的职业院校就适应了产业发展的需求。所以台湾高等教育非常重视技术人才培养，高校也都积极面向市场，瞄准产业发展需求，培养适合本土制造业特点的高质量技术工人。在台期间，我们考察团一行通过实地走访、座谈拜访了三所大学，这些大学职业教育的特色非常明显，给我们留下了清晰而深刻的印象。

（二）职业教育形式多样

台湾各级各类学校中，主要有五种办学形式：日间部即全日制；夜间部即夜间上课；建教合作班，即学校与合作厂家联合开办，学校负责理论和基本技能教学，工厂负责专业技能训练；实用技能班，主要是让学生获得一技之长，以便于就业，采用分发或登记入学方式，实施年段式教学；补校，主要是为适应半工半读和工作需要，一般在晚上或周末上课。这些办学形式，都严格按规范运作。通过规范办学，保证了教育有序发展。

以台北大学、台中科技大学、慈济技术学院三所大学为例，它们在人才培养上最值得称道的是以学生为本，重视学生的人文素养，把追求真理、服务人群作为始终不渝的教育理念，培养学生做好人，做职业人。例如台北大学，"以专业、人文素养与社会关怀发扬服务社会的传统"见长。其治校理念是：全球的行动力，在地的关怀情。学校把"培育兼具跨界专业核心能力与社会关怀之优质现代公民"作为目标。学校不仅倡导以客观方法钻研学问，而且强调学问与个人修养的结合，最后以达到至善至美的境界。学校鼓励学生多为世界、社会做贡献，帮助穷人，关怀弱势，温暖社会，视其为时代应有的价值，社会稳定的保障。

（三）重视学生技能

职业技术院校都具有先进的实验实训条件，实训室被称为"专业教室"，表明技能训练是台湾职业技术院校学生专业能力培养的核心内容。除校内训练外，还有不同模式的学生职场实习。如职业高中学生职场实习模式有阶梯式（一、二年级在校上课，三年级实习）、轮调式（一个班级分成A、B两班，A班至职场实习3个月，B班在校上课，3

个月后两班再进行交换)、实习式(利用假期进行校外实习)和进修式(白天在职场实习,晚上在校上课)。高等职业院校学生职场实习模式有轮调式(轮调方式同职业高中,但除每3个月一次的轮调外,还有每6个月一次的轮调)、阶梯式(大一、二在校上课,大三、四实习)、511式(每周工作5天,上课1天,休息1天)、211式(工作2天,上课1天,休息1天,以此循环)、实习式(大一、二、三年暑假与第三年整学年实习)和进修式(周一至五白天实习,晚上和周六上课)。职场实习的成绩由实习单位主管和学校辅导老师根据学生实习表现与成效作出评定并计入学分。

以台北大学为例,其人才培养已由以往以知识传授为主转变为注重学生个体"知识探究、能力建设、人格养成"的全人教育;同时为适应岛内经济社会发展和世界范围内的竞争,把具有多元文化背景和全球化视野的专业技术人才作为首要职责。为此,台北大学提出了"四大素养、八大核心能力"的人才培养工程,"四大素养",即:专业、伦理、人际、国际观,所谓"八大核心能力",即:创意思考与问题解决、综合统整、诚信正直、尊重自省、沟通协调、国际合作、多元关怀、跨界宏观。台湾高等教育尊重人、尊重个体差异与多样化需求,以面向世界、开放多元的心态教书育人,从而造就大量的高质量技术人才,有效支撑了台湾制造的崛起和腾飞。

(四)产与学协同育人

台湾在产学研一体化的道路上做得极富特色。台湾的产学研由台湾教育、经建、劳委等8个"部委"联合推行,以弥补特殊或严重缺工产业、新兴产业的人才需求缺口和提供经济弱势学生优先就学就业机会为目的,实施以纵向弹性衔接学制的3合1(职业高中+高职校院+合作厂商)合作方式(相当于大陆的订单培养)。合作的主要模式有:"双轨训练旗舰计划"(适用于职业高中、职业技术院校。每周分别在业界实习、学校上课,毕业同时获得学历证书与证照)、"最后一英里学程"(适用于大专院校。学生毕业的最后一年开设,以缩短产业界录用新进人员的教育时间与成本)、"产业二技专班"(适用于二年制职业技术院校。课程规划邀请产业参与,结合产业需求规划实习课程,学校教师与产业专业师资合作授课,强化学生实务能力的培养)等。

台湾职业技术院校的教师企业经历较丰富、实务能力较强。各职业技术院校有较大比例的教师来自企业,并通过制度规定,鼓励教师利用寒暑假赴企业进行实务锻炼或进行合作研究、专题制作,聘请有实务经验、有技术的企业界专家作为学校的兼职教师,为学生讲授实践课程。

以慈济技术学院为例,在台湾,"慈济"是一个品牌,更是一个庞大的帝国,覆盖全台的慈善、医疗、教育、文化、传媒等众多领域,而教育只是慈济志业中一个分支而已。慈济教育不光有高等教育,而且还涵盖小学、中学教育及相关产业。台湾大爱电视台、慈济文化园区等产业机构在台湾家喻户晓,不仅影响百姓日常生活,而且也为台湾培养造就了众多高素质的职场精英,这在岛内产学研一体化发展中可谓独树一帜。

二、台湾高校职业教育繁荣背后的原因分析

（一）台湾地区职业教育以"德"化人，注重道德教化的细致入微与润物无声

新中国成立前，国民政府教育部 1939 年提出的"礼、义、廉、耻"曾是所有学校通用的校训。在台湾，至今仍有不少学校在沿用，像台中科技大学，其学校正门的门楣上就镌刻着这四个大字，伦理道德的力量时时刻刻都在激励着后来人。考察过程中我们深感，台湾高校在对大学生职业操守方面的训练重视丝毫不亚于对专业知识的教育。如台北大学，非常重视学生的伦理道德教育，强调"诚信正直"与"尊重自省"。诚信正直被视作未来"学生踏入社会及职场之立基"，尊重自省则要求学生尊重他人、社会、环境同等存在的价值，认清自我和天地间的角色与责任，只有这样才能真实面对自己并时刻自我反思与学习。在实施道德教化的过程中，台湾高校全力避免生硬、晦涩的道德说教，不说大话，不呼口号，而是将道德教育融入"公民知觉教育""品格教育"等课程中，从生活小节、社会常识、志工服务、职业规划等与学生自身成长息息相关的事情入手，学生们则从自己的事做起，从身边的小事做起，从能做的事做起，重新找回自己的定位，养成良好的品格。在台湾的许多大学，特别是高职院校，打扫卫生、绿化养护都是由学生自己完成的，既为学校节省了开支，又培养了学生独立生活与学习的良好习惯。台湾慈济技术学院是一所台湾家喻户晓的大学。学校一方面承担着人才培养的重要使命，而这所学校更被社会称道的则是他的志工服务及社会公益活动。

（二）台湾地区职业教育重视教师的示范与影响，教师"传、帮、带"作用明显

与台湾同行座谈交流中，我们无不为台湾高校教师们的亲和、热情、细致、专业所打动。培养高素质的人才，教师是根本。好的教师才能教出好的学生。台湾职业教育能有今天的成就，与台湾高校拥有一支高水平的师资密不可分。在台北大学，每一位老师既要传授知识，更要亲自参与学生的日常事务管理，平均每位教师要联系 30 多名学生，不分职位高低、年龄大小，无一例外。台湾的同行们在做好"传"的基础上，更擅长做"帮"和带，帮助学生活化课程内容，整合基础技能，多元推进跨领域知识融和，带领学生参与学术研究与评价、专业实习、出国交流访学，开展社会公益实践等，全方位培养锻炼学生德智兼修，知行合一。由于台湾教师的示范与影响，台湾高校的学生给人印象普遍较好，他们行为举止大方得体，待人接物彬彬有礼，语言柔和亲善。一路陪同我们考察学习的导游刘穗生先生，退休前和我们是同行，曾做过大学会计系的主任。就是这样一位学者、前辈却退而不休，做起了义工，当起了导游。很难说刘老师的导游水平有多高，但他的热情诚恳、敬业精神、负责任的态度，不惜体力付出与坚持、处处为人着想、施以援手的做法，深深打动了我们每一个人，成为我们此次宝岛之行最难忘的经历之一，也是一桩意外的惊喜、额外的收获。从刘先生的身上，我们看到了台湾教育的成效和影响力，进一步印证了我们对台湾教育的判断。通过他，也找到了观察

台湾社会的切片,从而一窥台湾社会成功的秘密。

(三) 台湾地区职业教育高度国际化

台湾职业技术院校具有博士学位的教师比例很高,且大部分为海归博士,具有先进的职业教育理念和学术水平。有资料显示,南台科技大学有 600 多名教师,具有博士学位的教师 400 名,占比 67%;德明财经科技大学的全部教师均为硕士以上学历,博士学位的教师占比 47%。台湾科技大学规定,博士学位以下学历的教师不能参与硕士班或博士班的教学,也不得晋升副教授以上的职称,这种机制成了教师努力提高自身水平的内在动力。

为保证师资水平的不断提高,台湾职业技术院校在严把师资进口关的同时,特别注重教师的培养。一般教师 2 年内必须去欧美、日本的高校进行 2~6 个月的访学,为教师追踪世界科技前沿知识与技术,提升教学与研发能力提供时间和机会。如南台科技大学每年暑期有 20% 多的教师出国培训或开展合作研究。

不仅教师如此,台湾学生也高度国际化。对于台湾的大学来说,促使他们的学生国际化是十分重要的办学方向和重要举措。例如,在台湾的许多大学,高达 10%~20% 的课程是应用英语向选修该课程的学生讲授,而有的项目则采用全英语授课。这都反映出内容以及给予学生主体的教育的全球化视野。另外,越来越多的课外活动、实验室活动为学生提供在另外一个国家的生活学习经历。许多大学鼓励学生参与到其他国家和实践学习中,哪怕只有该项目的一部分,也鼓励学生积极参加。许多学生在他们的大学阶段花费 3~6 个月的时间在获取国际化的知识上,而对于研究生来说,这一比例则更大。有些研究课程则要求学生需要将研究生学习生涯的 25% 的时间用于海外研究上。

(四) 政府大力支持产学合作

台湾产学合作政策随台湾产业转型对人力资源需求的变化不断调整。20 世纪 50 年代前后,台湾产业结构属于劳动密集型产业,为加强职业技术教育与产业界的合作,1954 年颁布了《建教合作实施方案》,"建教合作制度"自此开始建立。60 年代后期,产业结构由劳动密集型向技术密集型过渡,台湾设立多项政策推动建教合作,培养中级专业技术与管理人才,以适应就业市场对基础技术人员的需求。90 年代开始,产业结构重点转向以高科技、新能源等为重点的知识型经济,台湾重点发展职业技术大学及其产学合作。1996 年后,台湾教育主管部门制定了一系列推动、鼓励职业技术大学产学合作的政策和措施。

台湾不仅在《大学法》中明确规定大学要与政府机关、事业机关、民间团体、学术研究机构等进行产学合作,教育主管部门还出台了《建教合作实施办法》,对建教合作的内容、经费、合作双方的权利义务及签订的契约内容进行详细规定,从法律上保证了产学合作的实施。为激励职业技术院校积极开展产学合作,教育主管部门将产学合作成效列入职业技术院校综合校务考评中,并有详尽的考评指标;为鼓励教师开展产学合作,设立了产学合作奖,对作出杰出成绩的教师和学生给予一定的奖励。

三、台湾高校职业教育的繁荣对内地高校的启示

台湾地区和祖国大陆两岸同根同源,文化和历史相同,语言和思维相近,台湾地区的职业发展教育比祖国大陆的职业教育发展得更早,所以台湾地区面临的问题和曾走过的道路都是在祖国大陆职业教育发展中可以借鉴与思考的。台湾高等教育异常明显的职业化发展倾向,为大陆高等学校的发展带来许多启示。内地高校要学习借鉴台湾职业教育的成功做法,以产业化、市场化为导向,坚持专业化、职业化、国际化的办学方针,紧贴市场需求,呼应学生诉求,融合学业和产业发展,服务地方经济社会发展。

(一)职业教育必须彰显特色

职业教育根植于行业发展,其根本特色在于它是针对职业岗位的具体要求设计课程、指导学生实习实训,服务学生就业创业。内地高校应立足经济主战场,准确把握行业走势,自觉遵循职业教育规律,以服务为宗旨,以就业为导向,以能力为本位,不断探索应用型、实践型、技能型人才培养规律,积极创新人才培养模式,与时俱进地加强学生职业能力建设,不断深化教育教学改革和学生就业服务与管理改革,努力为区域经济社会培养高素质人才,从而更好地彰显职业教育的鲜明特色。

(二)职业教育必须适应行业需求

《国家中长期教育改革和发展规划纲要(2010—2020年)》中,对职业教育有明确的指示和要求。未来很长的一段时间内,走中国特色新型工业化道路,建设现代产业体系,适应市场需求变化,离不开职业教育的科学发展,离不开技能型人才的有力支撑。高校必须紧紧抓住职业教育难得的发展机遇期,增强推进职业教育改革发展的责任感和紧迫感,以提高质量为核心,着力创新体制机制,培养数以亿计的高素质劳动者和技能型人才,满足人民群众接受职业教育的需求,满足经济社会对高素质劳动者和技能型人才的需要。正如同台湾地区所面临的状况,现代经济与社会的发展,使行业和职业发生巨大的变化。现代知识经济社会,需要能够适应不断变化的行业需求的应用型人才。而第三产业特别是服务行业的发展,对职业人才提出了新的要求,需要更多的相应岗位群的技术人才。这就为现代职业发展教育,特别是高等职业发展教育提出了更高的要求。职业发展教育课程的改革,必须适应社会行业多变的需要。既要打下扎实的基础知识,又必须具有一定的实际技能。这样才能为学生今后自我学习、自我成长打下坚实的基础。

(三)职业教育必须完善教育体系

教育的根本目的是让人学会技能和本领,成为有用之才。发展职业教育是让人们能够掌握一定的专业技术,顺利实现就业,摆脱贫困,从而过上有尊严的生活,是促进社会公平、实现社会和谐的有效途径。目前内地职业教育体系框架已初步形成,但要

到 2020 年实现现代职业教育体系的建设目标还存在不少问题,亟须借鉴台湾以及发达国家建立完善职业教育体系的经验和成功做法。

与台湾地区相比,内地职业教育还没有形成完整的教育体系,职业教育和学科教育的立体交叉体系的确立尤为迫切。因此,建设现代职业教育体系,要注重学历教育和非学历教育协调发展、职业教育和普通教育相互沟通、职前教育和职后教育有效衔接,注重培养学生的学习能力、职业能力,拓展个体发展空间。就高校大学生的职业教育而言,大一的探索期,大二的确立期,大三的成长期,大四的就业和升学准备期,这四个阶段是职业教育的核心部分,学校教育必须给予学生从认知到行为全方位、全时空的指导服务。除此之外,学校还要与社会、行业对接,搭建立交桥,打通学校教育、社会教育、产业教育的藩篱,实现互通互补。

(四) 职业教育必须有强有力的政策支撑

在职业教育的发展过程中,政府作为职业教育及其相关制度的主要制定者,尤其是作为职业教育行政管理机关的主要设立者和社会新闻媒体的主要掌控者,在发展职业教育中所起的主导作用是不容置疑的。随着经济全球化、高新技术的迅猛发展,高质量技术应用型人才的短缺已经成为我国参与国际经济竞争的"短板",这对我国职业教育体系提出了严峻的挑战。实践证明:大力发展职业教育是振兴经济的必由之路。职业发展教育要保持长期可持续发展,各级政府不仅要在思想上高度重视,更要制定和完善相关政策,为职业教育营造一个良好的政策环境。近几年,随着一系列支持职业教育发展的国家政策的实施,比如改革职业教育办学形式、鼓励联合办学与产学研结合、为职业教育立法等等,职业教育得以驶入发展的快车道。但与台湾等世界发达地区的职业教育发展程度相比,内地职业教育仍需要政府的政策支持和鼓励。一是要尽快建立和完善就业准入制度;二是要加大投入,体现政府对职业教育的责任;三是要对职业教育资源实施保护政策;四是要调整高职院校的招生政策;五是要发展职业教育培训,增进全民终身学习以及提高全社会成员的就业能力。

注:
文中涉及台湾教育的部分相关数据资料参见郑金贵主编的《台湾高等教育》一书。

作者简介:

李政,就职于上海立信会计学院。

民办高校思想政治教育工作中
有效渗入职业发展教育

（上海师范大学天华学院　经管系　孙中森）

摘　要：民办高校大学生思想政治教育工作的主要内容之一就是要开展民办高校大学生职业发展教育。通过进行职业生涯规划指导，对学生进行"人人都能成才"的成功教育。因此要将职业发展指导作为学生人生指导的重要内容，加强职业道德建设，提高学生的综合素质与能力，尤其是较强的动手能力，引导学生树立正确的事业观、择业观和创业观，提高他们的思想政治素质、科学文化素质和身心素质，对大学生理想信念的树立、思想品质的培育、文明习惯的养成、学业成绩的进步等方面有着举足轻重的作用。所以，我们在充分理解并掌握职业发展教育的相关内容和方法之后，将其运用于思想政治教育中，才能有效地将两者结合起来，发挥出重要的作用。要将思想政治教育与职业发展教育有效地结合，就要设立大学生职业发展教育机构、开设职业发展教育课程、并请专业教师对大学生进行个别辅导。要因势利导，在技能培训的同时，加强学生诚信意识、纪律意识、团队合作意识教育，要培养学生的创新精神与实践能力，使学生成为社会和经济发展所适应的合格人才。

关键词：民办高校；思想政治教育；职业发展教育

高校辅导员作为从事学生教育工作、管理工作和业务学习指导工作的教师，与学生联系最多、相处时间最长、接触最频繁，是高校学生日常思想政治教育和管理工作的组织者、实施者和指导者，肩负着提高大学生思想政治素质、科学文化素质和身心素质的重任，对大学生理想信念的树立、思想品质的培育、文明习惯的养成、学业成绩的进步等方面有着举足轻重的作用。因此，我们充分理解并掌握职业发展教育的相关内容和方法之后，将其运用于思想政治教育中，才能有效地将两者结合起来，发挥出重要的作用。

一、民办高校职业发展教育在思想政治教育工作中的地位

《关于加强上海民办高校大学生思想政治教育的若干意见》中指出，民办高校大学生思想政治教育工作的主要内容之一就是要开展民办高校大学生职业发展教育。通过进行职业生涯规划指导，对学生进行"人人都能成才"的成功教育。要将职业发展指

导作为学生人生指导的重要内容,加强职业道德建设,提高学生的综合素质与能力,尤其是较强的动手能力,引导学生树立正确的事业观、择业观和创业观。[①] 此外,《关于加强上海大学生职业发展教育的实施意见(试行)》中指出,职业发展教育是大学生人生教育的重要内容,也是思想政治教育的重要渠道。职业发展教育通过职业生涯规划设计指导,引导学生树立正确的人生目标,使学生具备正确的职业规划意识和理念,提升全面素质。可见,职业发展教育在大学生的思想政治教育中占据着非常重要的地位。

二、职业发展教育在思想政治教育工作中的作用

随着社会主义市场经济体制的建立和教育改革的不断深入,民办高校呈现蓬勃发展的态势,办学规模日益扩大,已成为我国社会主义教育事业的组成部分。民办教育要获得生存和发展的空间,关键在于提高教育教学质量,为社会培养所需要的专门人才,在市场上增强民办高校的吸引力。新世纪合格的建设者,必须具备良好的思想素质和职业道德,才会被社会所欢迎,因此,搞好思想政治工作也是做好教学工作的基础。因此,各民办高校要建立职业发展教育与德育工作相结合的新机制,坚持"以市场为导向、以学生为中心、以服务为载体、以教育为目标"的工作方针,把职业发展教育作为学生职业生涯规划和人生指导的一个重要组成部分,贯穿于教育的全过程,这样可以更好地将学校的人才培养和社会需求紧密结合。

大学生具有一定的文化知识和专业技能,普遍希望以职业为平台实现人生理想和价值,充分发掘个人发展潜能,提高职业能力。但是,相当一部分的大学生不同程度地存在敬业奉献精神不足、社会责任感和诚信观念淡薄、团队合作意识不强、艰苦奋斗意志薄弱的现象,新形势下大学生思想政治教育的内容和渠道与学生的迫切需求存在一定的差距,大学生的职业精神有待提高,职业能力与社会需求存在一定差距。实践证明,在思想道德建设中渗入职业发展教育是明智的,也是能够有所成效的。

三、思想政治教育工作中实施生涯发展教育的途径

在思想政治教育工作中实施生涯发展教育,要充分利用校内外资源,积极发挥现有各种教育载体的作用,努力形成职业发展教育的课程体系、校园文化活动体系、社会实践体系和个别辅导体系。要注意多种形式互相配合,根据学生的特点和实际情况,有针对性地选择不同形式开展职业发展教育活动。

1. 以课程为基础,建立系统的职业发展教育课程体系

高校的校本课程、思想政治理论课、形势政策课、各类选修课和讲座要以人生导航

---

① 上海市科技教育工作委员会 上海市教育委员会:《关于加强上海民办高校大学生思想政治教育的若干意见》。

为目标,有意识、成系统地讲授职业发展教育内容,使课堂成为学生职业发展教育的主渠道。课堂式讲授是将职业发展教育内容渗入的最好方式,通过这种正规的方式传达,可以让学生更加容易接受,并且易于应用,有助于将思想政治教育工作做得更加有效、有意义、有成果。

2. 以校园文化为载体,将职业发展教育与思想政治教育融入日常生活中

大学生职业发展教育分为三个阶段:初期阶段、中期阶段、后期阶段。因此,结合大学生不同阶段的职业发展需要,开展丰富多彩的校园文化活动,在校内通过主题研讨与论坛、素质拓展训练、职业角色扮演等模拟训练、团体辅导、职业测评等多种活动,开展形式多样、内容丰富、有吸引力的职业发展教育的课外活动。可以激发学生的学习动力,帮助学生适应大学学习生活和人际交往,以便尽快完成角色转变。因此,积极探索职业发展教育的新途径,充分利用校园网络,设立职业发展教育的主题网站或网页,扩大职业发展教育的受众面和受益面,可以提升学生的自我素质,培养高度责任心和精益求精的精神,锻炼人际沟通、团队合作和创新能力。

3. 以社会实践为通道,使职业发展教育得到应用性体现

在进行职业发展教育过程中,要重视社会实践过程,充分利用各类社会资源,组织学生实地参观用人单位、参加社会实践,邀请校外有关专家指导学生生涯规划,帮助学生了解职业信息和社会需求,树立职业精神,拓展职业能力,提高综合素质。在全面实行职业发展教育渗透后,学生在实习实践的过程中就能树立爱岗敬业精神,实现人生发展与社会需要的内在统一,完成向社会职业人的角色转换。

4. 建立个别辅导体系

以校为单位建立职业生涯辅导中心,每天定时由专业辅导教师进行辅导,通过电话或者网上等形式进行预约,为大学生提供个别职业咨询、测评和辅导,充分发挥职业发展专业辅导人员的作用,并且做好咨询记录,定期总结,建立相应的研究体系,这样可以不断扩大职业发展指导的覆盖面,提高个性化职业发展指导的服务水平。

四、建立相应体制保证职业发展教育在思想政治教育中得到有效实施

职业发展教育要渗入到思想政治教育中,就要建立学校、系和辅导员的三级体制,并配备相应的师资队伍。

1. 以学校层面为基点,建立职业发展教育机构,重视初期、中期职业发展教育

要将思想政治教育落到实处,更好地实行职业发展教育,就要在学校层面建立专门的职业发展教育协调和指导机构,培养一批具有专业化水平的职业发展专业教师。在此基础上,学生工作部门要联合就业指导和教务部门,开展初期和中期职业发展教育,

就业指导部门要结合大学生就业工作,着力开展后期职业发展教育。目前而言,各高校尤其是民办高校对于后期职业发展教育开展得很多,在学生即将毕业的时候开展相关的讲座,使学生临时学会简历制作以及相关的就业知识等,但是却没有真正地将职业发展教育贯彻始终,学生即使完成了向社会人的角色转换,也不知道该如何去适应,没有基本的职业道德感,对于工作无法从一而终。因此,加大职业发展教育的初期、中期教育,使其与后期教育得到有效的衔接,将是提高学生思想道德水平的重要步骤。

2. 以系为线,建立职业发展教育办公室,配有专职的职业发展教师

各院系成立了职业发展教育办公室之后,要配备职业发展教育工作专职教师,开展适合本系特点和学生需要的职业发展教育,并且和学校要保持整体的沟通和协调。专职职业发展教育教师要持有资格证书,在工作中要深入了解学生实际情况,开展个别指导和咨询。

3. 以辅导员为面,培养辅导员具有初步的职业发展教育知识

以学校为点,系为线,所有的学生辅导员就形成了一个广大的面。在这个面中,对辅导员要进行职业发展教育专业培训,使得学生辅导员全部具有初步的职业发展教育知识,有助于了解学生有关就业的具体动向和存在问题,开展相应的个别辅导工作,把亟须辅导的学生转介到相应的职能部门。

总之,要将思想政治教育与职业发展教育有效地结合,就要设立大学生职业发展教育机构,开设职业发展教育课程,有专业教师对大学生进行个别辅导。要因势利导,把大学生职业发展指导与德育工作有机结合,在技能培训的同时,加强学生诚信意识、规范纪律意识、团队合作意识教育,要培养学生的创新精神与实践能力,使学生成为社会和经济发展所适应的合格人才。

参考文献

[1] 梁利.新时期高校学生思想政治工作的途径[J].职业技术教育,2008(17):81.

[2] 朱明霞.新形势下如何做好高校思想政治工作[J].高职高教研究,2008(31).

[3] 薛艳.高校辅导员应在思想政治工作中有效渗透心理健康教育[J].内蒙古师范大学学报(教育科学版),2008(3).

[4] 吴春霞,赵启坤.辅导员专职化给高校学生思想政治工作带来的新契机[J].山东省青年管理干部学院学报,2008(7).

作者简介:

孙中淼,上海师范大学天华学院经管系学生党支部书记。

地址:上海市嘉定区胜辛北路 1661 号明华楼 204 201815

E-mail:sunzhongmiao@sohu.com 电话:39966219

民办高校职业生涯规划存在的问题及对策

（上海建桥学院　艺术设计学院　唐　翼）

摘　要：教育部办公厅"关于印发《大学生职业发展与就业指导课程教学要求》的通知"出台后，高校对进行大学生职业生涯规划已十分普遍。但是民办高校由于管理制度、资金等原因，在职业生涯规划方面起步较晚，效果不尽如人意。本文将在分析民办高校学生职业生涯规划现状的基础上，讨论民办高校在职业规划中存在的问题，并针对这些问题提出了一些可行的对策。

关键词：民办高校；职业生涯规划；问题对策

自从 2007 年教育部办公厅《关于印发〈大学生职业发展与就业指导课程教学要求〉的通知》出台后，高校对进行大学生职业生涯规划已十分普遍，不少高校根据自己的办学特点，形成了较为系统的课程体系。生涯规划对大学生而言有以下意义：认识自己，认清形势；明确人生的奋斗目标，提升个性发展和综合素质；准确定位，合理安排大学期间的学习生活；提升职业品质，转变就业观念；最终实现个体与职业的匹配。[1] 但是，民办高校由于管理制度、资金等原因，在职业生涯规划方面起步较晚，效果也不尽如人意。

一、民办高校学生职业生涯规划的现状

职业生涯规划可以对大学生的自我成长起到了一定的帮助作用，有利于大学生培养目标感，根据科学的规划实现自己的理想；有利于把握自己成才的方向。在西方国家，"职业生涯规划"应用早已有之，而且还在基础教育部分有所提及。而在我国的教育体制中，实施基础教育的绝大部分学校都没有为学生提供职业生涯规划方面的课程和设施。通常，只有在大学阶段才考虑到把职业生涯规划、职业意识教育纳入教学计划。

民办高校是在国家放宽了教育办学后才兴起的，办学相对较晚，发展水平也良莠不齐。并且，不是所有的民办高校都把职业生涯教育课程纳入了教学计划，民办院校目前的现状就是，职业生涯规划仅仅局限于毕业生的就业工作或几场政策方面的报告会。一些已经进行了职业生涯规划的民办学校，也由于资金、师资等原因，还未形成系

统的规划,职业生涯规划的效果远远达不到理想状态。

二、民办高校学生职业生涯规划存在的问题

(一)学生生涯规划意识不强

职业生涯规划的主体是学生,学生有主动规划意识是进行职业生涯规划的前提。而在现实的职业规划过程中,有的学生过分依赖他人,在关系到自己未来发展的问题上不能自己做主,总希望有人能替他作出最后的选择。[2]这是民办高校难以顺利开展职业生涯规划的原因之一。在笔者的学校了解到,近半数的学生对自己的未来没有想法,认为过一天算一天。部分学生认为离毕业还早,到毕业才会考虑规划未来。还有部分学生认为自己的父母会"搞定"自己的工作,不用担心未来就业。

(二)职业生涯规划课程师资力量不足

开设职业规划课程是进行大学生职业生涯规划的有效途径,通过课程,大学生可以了解职业发展的阶段特点,较为清晰的认识自己的特性、职业的特性以及社会环境,从而树立积极正确的人生观、价值观和就业观。

但是,民办高校师资较为紧张,专兼职比例不协调,尤其是对于职业生涯规划等开设较新的基础课程。以笔者所在的学校为例,全校本专科生超过 1 万人,职业生涯规划教研组教师仅为 14 人,而且全部都是兼职。不难看出,该课程的师资力量是严重不足的。另外,由于师资力量紧缺,该教学班设置都为 100~200 人的大班教学,教师与学生互动不充分,教学效果不理想。

(三)职业生涯规划内容与学生需求脱节

民办高校基本没有形成比较系统的对学生的职业生涯规划指导体系,许多学校仅仅停留在听报告、发布就业信息等方面。学校尚未建立深层次的辅导结构,咨询、辅导人员只是进行简单的介绍和帮助指导,无法对学生的进一步需求做更有效的指导。[3]

(四)教学资源设置薄弱

由于民办学校教学资源有限,相对的教学资源分配在职业规划上就更为有限。教学的投入,教学的设施建设,都排在传统课程后面,常常是给各种课程"让位",教师队伍的培养多为搭载公办体系和教育体系的"顺风车",通常没有常规的教师队伍培养体系,导致教师队伍不稳定。

三、民办高校学生职业生涯规划的对策

(一)培养学生职业规划意识,加强思想引导

学生是学习的主体,教学效果的评价,应该从培养目标与学生需求结合程度上判断好与坏,学生的需求是一个教育体系的关键因素,所以,学校运用各种手段,来提高

对学生自我发展意识和自我职业化道路意识的培养,可以通过集中班会、实践活动、教学等方面,使学生认识到自己是教学的需求者,教学则可以"以学生为中心",开展相应的针对性教学。

另外,大学生在制定规划前需要做好自身条件的分析,明确自己的兴趣、能力、爱好等,所以民办高校还可以利用一些专业化的测评工具来帮助学生进行准确的自我认知。

(二) 加强课程建设,加大师资力量培养

职业生涯规划课程建设是高校人才培养工作的重要组成部分,民办高校要重视该课程的建设,把它列入正常的教学计划,确定必要的学分。另外,民办高校还应加强师资力量的投入。好的平台才能创造好的成绩,组成一支稳定的专职师资队伍,辅以兼职教师。尤其是应该下大力气加快培养青年专职教师队伍,较快地使一批优秀中青年教师脱颖而出,有效地克服民办大学普遍存在的兼职教师不认真落实学院理念、不结合课程扩展复合交叉的知识面、不结合课程引导启迪学生的创新学习方法等弊端。[4]少数的公办学校已经有较为成熟的做法,可以借鉴。

(三) 营造学校职业规划的整体环境,辅导员的作用举足轻重

辅导员是在高校学生的成长与成才中的引路人、管理者、教育者和服务者,民办高校的辅导员亦是如此。在民办高校中,教学资源有限,辅导员工作面覆盖广,需要处理的事务性的工作更多、更琐碎。以笔者所在学校为例,辅导员基本每天都与学生学习、生活在一起。他们深入学生当中,十分了解每一位学生。这在管理上是很大的资源优势,可以把它结合到职业生涯规划教育上来。辅导员对学生的特点、个性了解,便可以根据每一个学生的特点加以职业生涯规划方面的指导,使学生职业规划意识更清晰,从而可以更好地规划他们的未来。

(四) 提供更多的实践机会,理论联系实际

民办高校与公办高校相比,专业建设更贴近社会的需求,可以更灵活地调整学科与专业的设置。因此,绝大部分民办高校的定位都是培养应用型的人才。职业规划教育也可以利用民办高校这一特点,给大学生提供更多的实践机会:如志愿者活动、专业社团活动、到企业进行实训活动等。经过具体的实践,大学生既能积累经验,缩短走向社会的适应期,又能客观准确地认识自己,认识社会,了解自己的知识能力与社会要求的差距,及时调整和补充,合理规划自己未来的职业发展,为将来就业及职业发展打下良好的基础。[5]

总而言之,由于体制的不同,职业生涯规划教育在与民办院校的教学结合中,存在一些问题,也有一定优势。民办高校需要扬长避短,结合教育的目标和社会的需求,关键从教育观念上和教学环境上入手,来进行职业规划教育。另外,民办高校也需明白,学生的需求有一部分是来自社会的需求转嫁,社会的稳定离不开社会需求的导向,更好地开展职业生涯规划教育,对社会的稳定、有序、和谐起到良好的促进作用。

参考文献

［1］袁理锋,庄肖冬,徐青.大学生生涯辅导与创业启蒙［M］.上海:立信会计出版社,2010.

［2］葛长波,杨蕊.大学生职业规划存在的问题及对策［J］.职业时空,2010(9).

［3］游红伟.谈大学生职业生涯规划中辅导员的引导作用［J］.河南职业技术师范学报(职业教育版),2009(3).

［4］杨忠诚.民办高校师资现状与激励应用浅谈［J］.科技创新导报,2009(8).

［5］郗艳丽.浅议大学生职业生涯规划的现实意义［J］.职业时空,2007(21).

作者简介:

唐翼,女,31岁,汉族,研究生,上海建桥学院艺术设计学院,讲师,辅导员,康桥路1500号,邮编201319。

基于人力资源管理视角下的高校大学生职业生涯规划研究

（上海应用技术学院 城市建设与安全工程学院 钱婷婷
上海应用技术学院 学生工作部 杨正丹）

摘 要：大学生正处于个体成长的特殊发展阶段，对大学生进行较为完善且规范的职业生涯规划具有重要且深远的意义。本文在分析当前高校大学生职业生涯规划的现状与困境基础上，以人力资源管理理论为基础，构建人力资源管理视角下的大学生职业生涯规划体系，并提出提升高校大学生职业生涯规划建设体系建设的对策建议，以期梳理、完善大学生的职业生涯规划的相关研究。

关键词：人力资源管理；高校大学生；职业生涯；生涯规划

伴随着我国社会主义市场经济的逐步完善、高校高等教育体制改革的深化以及招生规模的增加，我国高校大学生的就业渠道、就业方式、就业环境等也在发生变化，同时，大学生就业难、与专业对接难等一直是社会关注的热点问题。高校毕业生就业压力不断增大，由于高校大学生职业生涯规划与就业存在着较为密切的关系，大学生职业生涯规划的重要性日益凸显。做好大学生职业生涯规划，有利于让大学生树立目标，有助于大学生找到职业成功的有效途径，有助于实现大学生个人的全面发展，实现个人价值的最大化，以及实现高校大学生的就业竞争力。

人力资源管理理论中模块之一即为员工职业生涯管理，它是人力资源管理的思路与方法，是一种终生探索的过程，同时也是市场经济的产物，主要包括员工职业生涯的自我管理和企业的指导与协助。将企业中的人力资源管理所倡导的员工职业生涯理论与方法运用到高校大学生职业生涯规划中来，整合高校各方面的力量，发挥高校职业生涯规划的连续性、系统性与前瞻性等特点，促进高校大学生的自我成长与人生发展。

一、当前高校大学生职业生涯规划的现状与困境

职业生涯规划与管理理论起源于 20 世纪初，美国、英国、澳大利亚等国已有着较

为完善的职业生涯教育理论与实践,我国职业规划理念于 20 世纪 90 年代从欧美国家传入,当前我国对职业生涯规划研究尚处于起步与探索实践阶段,已取得了一定的成果,但是研究领域需要进一步拓展,尚未形成合理有效的规划体系。从欧美引入的职业生涯规划学说迅速在企业管理领域得到广泛应用,而在高校教育领域的应用还是属于全新的工作。

当前大学生职业生涯规划内容主要为生涯意识的觉醒、正确进行自我分析和外部工作环境分析、进行职业决策与目标定位、设计职业生涯、树立明确的职业发展目标与职业理想等。通过对高校师生的调查与实际访谈了解,高校大学生职业生涯规划存在着生涯规划意识不强、参与职业生涯辅导的主动性、积极性不够、生涯规划方法缺乏理论深度和实践应用、职业生涯规划专业人才缺乏等问题。

如何帮助高校大学生运用科学的方法、采取可行的步骤来增强其职业竞争力,实现其人生理想与奋斗目标,是高校职业生涯规划的一个非常重要且崭新的课题,针对目前高校大学生职业生涯规划所出现的问题,重构高校大学生职业生涯规划体系,无论是对于有望继续求学深造的学生,还是准备就业的学生,对其职业生涯选择及其相关学业准备都具有重要且深刻的意义。

二、基于人力资源管理视角下的大学生职业生涯规划体系重构

人力资源管理理论中极为强调人力资源作为第一资源的最大使用价值,认为只有注重人力资源的开发与管理,才能实现组织的最终发展目标,而人力资源开发的重要方法之一即员工职业生涯规划,它主要通过招聘过程中职业特点、职业职责等明确告知求职者、进行员工的岗位轮换、开展多样化、多层次的职业培训、为员工提供职业发展咨询等帮助员工的职业发展,实现企业与员工的双赢。高校大学生的职业生涯规划同样可以借鉴与运用企业中对员工的生涯规划。

高校大学生的职业生涯规划体系构建需要以当代大学生的发展与成长为本,尊重学生个性的发展,以促进学生全面发展与整体素质的提高为培养目标。大学生职业生涯的过程(见图1),实际上是以生涯规划为切入点,帮

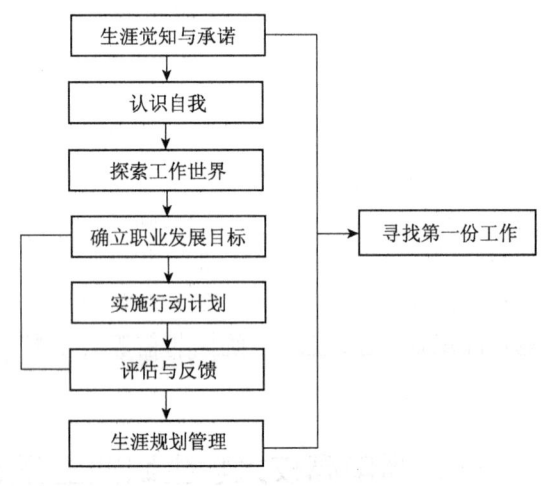

图 1　大学生职业生涯规划流程图

助学生澄清对自我的认识,进行对自我的了解与反思,包括个人的性格、兴趣、技能以及价值观,进而用生涯人物访谈等方法探索他们的工作世界相关信息,经过自我探索和对工作世界的探索,大学生综合两方面的信息进行初步的职业抉择,确立职业发展目标,制定切实可行的行动计划,并付诸行动。在这个实践过程中,需要有评估、反馈与调整,根据内外环境的变化,对影响到职业生涯规划的因素进行监控与评估,并重新进行深入的确立目标的下一循环过程中。

结合人力资源管理的相关理论,笔者认为,较完善的高校大学生职业生涯规划体系会促进大学生适应社会就业形势以及社会职业发展,会降低就业成本,优化工作效能,有利于构建和谐社会。该体系需要全面贯穿先进的职业生涯规划理念,以职业生涯规划理念为核心,以职业生涯机制(主要包括必要的硬件设施与软件制度)做保障,主要体现以下四个方面的体系建设,分别为生涯规划师资队伍、职业生涯规划课程学习、生涯规划活动建设以及生涯规划咨询辅导。通过四个方面的体系建设,根据大学生的职业生涯规划周期,大学生的每个阶段呈现出不同的特点与任务,因此,大学生的职业生涯规划作为一个长期动态的过程,需呈现出在不同的年级中实现具有不同特点、目标及重点的职业生涯规划,最终力图实现全方位、多样化、深层次的高校大学生职业生涯规划体系(见图2)。

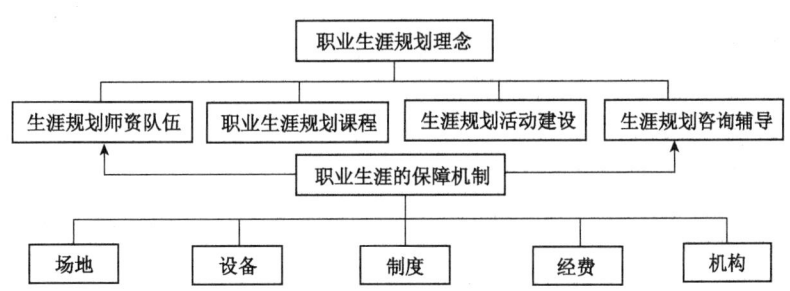

图 2 高校大学生职业生涯规划体系

三、提升高校大学生职业生涯规划建设体系建设的几点思考

(一)加强职业生涯规划师资队伍建设,提高教师的专业化与职业化水平

目前,高校职业生涯规划教师队伍一般以高校专职的从事就业的工作人员和专职的职业生涯规划人员为主,普通教师包括辅导员、外聘专家有时也加入其中,一般以成立职业生涯规划教育教研室的形式形成,从结构上体现出跨专业、跨部门、专兼结合的特色。加强对这部分高校职业生涯规划教师的师资队伍建设,注重对他们进行职业生涯规划、心理学、教育学、管理学、社会学等相关知识的专业培训,以及进行思想政治素

质、专业素养的培训,还可通过组织教师现场参观企业、到用人单位挂职锻炼等方式来提高教师的业务素质,建立一整套的职业生涯规划教育考核评价体系来提升职业生涯规划的教育培训水平,重点培养出一批有着较高专业水平和实战技能的职业生涯规划师资队伍是目前高校生涯规划工作的重中之重。

(二)倡导职业生涯的柔性教学体系设置,培养大学生的兴趣度与对职业的感知度

职业生涯课程的设计充分体现出以学生的体验为主,贯穿于学生整个在校期间,以必修课、公选课相结合的方式进行,在确立学科设置原则以及指导思想的基础上,有效科学地设置学生从大一到大四的可选式课程菜单。其中如职业生涯规划教育类课程、就业指导类课程可定为必修,职场礼仪素养、求职方法与技巧、着装设计技巧等课程可定为公选。倡导职业生涯的柔性教学不仅意味着教学形式与一般类课程的区别,更意味着学生在学习此类课程方面可根据个人职业生涯规划的需要,选择自己喜好的课程,充分发挥学生个人的潜力与积极性,学生还可通过实践性活动更好地检验知识、认识社会,从而对自身的职业目标有所调整,职业发展计划有所完善,从而提升自身的就业核心竞争力,实现个人快速发展。

(三)开展形式多样、内容丰富的生涯活动,增强大学生对自我以及未来职业的认知

理论教育与社会实践相结合是大学生思想政治教育的根本原则,也是大学生职业生涯规划教育的重要手段。高校应充分重视大学生职业生涯规划的应用与实践,注重大学生的实践与行动,特别是搭建以职业生涯规划体系为主的活动平台,由学校负责学生就业的就业指导机构引导,一般由学生社团、学生会等学生团体自发组织,有效开展职业生涯教育的实践活动。如教学过程中的课程设计、学生志愿者工作、寒暑期社会实践活动、在企事业单位实习、开展模拟招聘会等,重视对其引导与教育管理。使参加实践与体验的大学生获得职业的认知,让他们在不同岗位上真切感受到不同的职业所需求的职业技能和职责,正确认识自我,合理评估与调整自身的职业生涯预期与目标,及时进行评估调整。

(四)建立健全大学生生涯咨询辅导的渠道,提升咨询辅导中的人文关怀

大学生在寻求自身职业理想以及进行自我规划时,难免有所困惑或是迷茫,理想信念有时容易起伏不定。若及时为大学生提供职业咨询辅导的信息与渠道,可以有助于他们准确地找到自己的职业理想。这些信息渠道包括高校的宣传栏、就业指导网站、报纸、讲座、课堂、座谈会、交流会、主题班会、实习机构、社会团体等。高校设立的职业咨询服务机构应鼓励学生积极参与,生涯咨询指导教师在辅导中应善于倾听,充分体现人文关怀,注重对学生进行情绪管理、人际关系、时间管理等方面的生涯辅导。

参考文献

［1］钟谷兰,杨开.大学生职业生涯发展与规划[D].上海:华东师范大学出版社,2012.

［2］塞缪·H.奥西普,等.生涯发展理论[D].上海:上海教育出版社,2010.

［3］万清祥,王珍.我国现阶段大学生职业生涯规划综述——对2001—2006年间231篇学术论文的文献综述[J].辽宁教育研究,2006(12):89-91.

［4］王泽兵,孙加秀,盛锦.大学生职业生涯规划的困境与出路[J].中国青年研究,2007(2):17-19.

［5］吴薇.大学生职业生涯规划的现状调研及应对策略[J].教师教育研究,2009,21(5):35-39.

［6］沈小友.关于提高大学生职业生涯教育实效性的研究[D].福建师范大学,2012(6).

［7］王保红.大学生职业生涯规划体系建设研究[J].湖北经济学院学报(人文社会科学版),2007,4(3):169-170.

［8］耿华.论大学生职业生涯规划体系的构建[J].黑龙江教育学院学报,2009,28(3):44-45.

职业发展教育

作者简介：

钱婷婷(1985—),女,安徽芜湖人,汉族,上海应用技术学院城市建设与安全工程学院学生思政辅导员,讲师,硕士。地址:上海应用技术学院第二学科楼A404办公室,邮编:201418。

杨正丹:上海应用技术学院学生工作部,就业指导中心教师,讲师。

浅谈辅导员在大学生职业生涯教育中的角色

（上海师范大学天华学院　陈英慧）

摘　要:高等教育大众化发展过程中出现了大学生就业难问题,大学生职业规划指导已经提上大学工作的日程,社会的发展速度加快,信息传播的飞速发展为辅导员的德育工作提出了新的要求和新的内容。辅导员是与大学生联系最紧密的德育工作者,不可能置身事外,扮演着行动发起者、指导者的角色,同时也是职业生涯教育资源的组成部分,甚至本身也是学习者。

关键词:辅导员;大学生职业生涯教育

随着我国高等教育体制的改革,大学生面临着空前的就业压力。越来越多的毕业生遭受着"就业难,难就业"的困扰。尤其是"双向选择""自主择业"机制的引进,在某种程度上给本来就很严峻的就业形势带来了更大的复杂性。如何提高学生就业竞争力成为社会关注的焦点。大学生职业生涯规划也正是在这一背景下逐步得到大家的重视。可以说,开展系统全面的大学生职业生涯规划研究,促进大学生职业生涯规划的实施迫在眉睫。现代大学生的择业观较之以前明显强烈,大学生的就业观念也逐步发生着深刻的变化,各种在以往观念中被认为是"非正式"的就业岗位,也已经进入大学生求职的视野。自主创业、合作创业也成为部分大学毕业生的选择。这些现实使得高校中的职业生涯发展工作日益提上日程,各项工作都渗透着相关的元素和内容。除了专门的就业指导部门,高校辅导员是与学生距离最近的德育工作者,这些新形式新变化,也为辅导员工作提出新的要求和挑战,在实际工作中笔者发现,辅导员掌握生涯辅导知识和职业发展知识对于解决其他方面的矛盾也有着极大的促进作用。

辅导员是大学生职业生涯探索行动的发起者。霍兰德认为,人在 15～24 岁是职业生涯探索期,是成长和学习的关键时期,主要的生涯任务是在主动参与班级和社会实践活动中尝试检验和发现自己的兴趣和能力,寻找自己比较喜欢,感觉能够胜任的职业岗位。实际工作中也发现这时候大学生处于一生中心理变化最激烈的时期,是从幼稚走向成熟的过渡期,情绪不稳定,心理冲突时有发生,特别是当代大学生,家长的过度保护、学校的过度教育,生活经历的缺乏使学生心理脆弱、承受挫折能力差,很多大学生对职业生涯规划的确切含义和重要意义尚不明晰,甚至没有最基本的生涯发展意识,更不要谈相关知识。笔者在对自己班级的一次以职业生涯指导需求为主题的问卷调查中发现,大多数学生对自己未来的职业方向没有任何概念。比如,学生对于"是否清楚将来学习和生活目标"这个问题的回答上,47.4%的学生回答是"一般",而在我对于自己的学习有所规划,只有5.2%的学生回答"完全符合"。即使对职业规划有设计的学生,也未免过于理想化。有关专家认为,由于缺乏对行业、职位详细信息的了解,体验不到真实的职业环境,大学生的职业规划还停留在理想层面,目标远大但缺乏可操作性。学生在这个阶段已经自发地开始积极的自我探索,更迫切地想认识自己,掌握自己。虽然还是有一部分学生进入大学以后面对的是适应性问题,比如人际关系适应,自我管理等等,但是经过短暂的适应期依旧面临更长久的发展问题。辅导员应在这个时候启发他们主动地进行自我探索和职业世界探索,启发他们认识自我生涯规划的重要性,从而带动行动。

辅导员是职业世界探索的指导者。应该说现代社会,竞争不仅仅是技能的竞争,在关键时刻,知道该补充哪些知识,如何利用资源,懂得向谁求助也是竞争力的一部分。要想在将来的就业中达到合理的"人一职"匹配,大学生在了解自己的同时要对职业世界进行探索,但是学生的主要生活是学习,主要的活动领域是校园,他们对于职业世界的探索不可能依靠每个同学都获得兼职机会,对于工作世界的了解也不需要每样工作都去尝试,所以辅导员也教导学生学会使用资源的同时也可以指导学生怎样搜集有关职业的知识,为他们提供了解本专业职业人士的信息,报纸、网站、blog、BBS等现代资源的集中地。同时辅导员可以帮助学生做好公共关系工作,邀请本专业教学专家、研究者甚至主管领导,针对本专业的前景,竞争点进行解答和疏导,为学生指出努力的方向。

辅导员是职业生涯发展探索的组织者。学生对于自我职业兴趣的探索和职业世界的探索活动,"一对一"的指导方式效率有限,对于大多数辅导员来说也是"不可能的任务",并且职业生涯指导的终极目的是使学生树立自己的生涯发展规划,具备生涯规划能力和生涯发展能力,而不是使辅导员成为职业"保姆"。辅导员可以进行团体活动,利用集体的形式和力量推进这项工作,同时学生之间的沟通和讨论也使得这项工作更有效率。笔者曾组织问卷调查,针对学生的职业生涯发展指导需求进行调查和了解,找出他们关心的热点职业问题,发掘他们自身存在的自我认识、自我探索能力,生涯管理能力问题,针对调查中发现的如"职业问题不知道求助何人"、"对身边资源利用不充分"等问题,组织了微型课程的讲授,每周一次,进行了7周,每次课为一个主题,解决一个问题,组织的形式多种多样,主要调动群体,讨论职业生涯案例,生涯故事写作,组织群体分析,生涯档案评比,针对本专业的发展问题,团队合作分工,搜集信息和讨论解决方案等等。

辅导员是职业信息资源的一部分。职业生涯指导讲究"知己知彼",了解自己只是整个工作的一半,对于职业世界的认识也是其重要组成部分。应该说现在的大学不是单纯的教师组成的机构,因为每个教职员工都可能扮演着复杂的角色,研究者同时又是某些实践项目的组织执行者,如果能有效利用这些资源,他们这些身份和经验就在某种程度上沟通了学校象牙塔和现实社会。辅导员本身就有着一定的阅历,跟学生相比甚至是非常丰富的阅历。特别是现在对于辅导员队伍素质要求越来越高,很多辅导员之前可能有过一定的工作经历,这些工作的知识,工作的素质技能要求和发展趋势,都可以构成学生对于职业世界认识的一部分。很多辅导员本身就有研究生学历,对于想继续深造的学生来说无疑就是先行者和榜样,成功的考研经验和专业选择技巧都是学生获得对于外界世界认识的便捷途径。

辅导员是职业生涯教育的学习者。应该说,现在社会的变化速度越来越快,新的职业层出不穷,新的动向时有发生,在指导学生探索的过程中,辅导员不管是有意识的还是无意识的都是在跟学生一起探索,在工作中充实自己的阅历,充实自己的职业知识,同时也提高了对外界的变化和高度敏感。学生对于辅导员职业生涯发展方面的求助,如果辅导员可以能够创造性地满足和提供帮助,比如在帮助学生搜集职业信息或者实习单位的联系和沟通方面,会成为使工作本身充实自己的驱动力,推动工作者不断地去了解实际工作世界。客观上也在实践方面给予了整个学校此项工作更多的科学性和可用性的经验。霍兰德的职业生涯发展理论中,按照同信息、思想、人、物为工作对象把职业世界分类,认为职业无非是这些对象或这些元素的组合,而作为典型的同人打交道的辅导员工作,也必将在这些具体的沟通和探索服务工作中提升辅导员的此类技能和经验,客观上也为自己提供了职业能力。高校就业指导是一项实践性较强的工作,在实际操作中会不断地遇到问题。大学生职业生涯规划是当今高校就业指导工作面临的挑战,积极有效地开展大学生职业生涯规划,是高校就业指导进一步科学化发展的标志。

在实践中笔者也发现,学生的职业生涯问题有时候是其他问题的减压器。因为生涯彩虹理论认为,生涯主体在一个角色上的成功或失败通常也会影响其他角色的成功与失败。或者说学生在一个目标上的成就感可以带动一系列事态的好转。如有的学生人际关系紧张,在探索了自己的职业个性和职业生涯目标以后,专心自我塑造,与同学之间的人际困扰也变得无足轻重。而有些问题从根本上来讲就是职业发展问题带来的,如求职中的挫折带来的学业的倦怠,等等。

应该说,每个辅导员由于性格、专业背景、价值观的差异,在实际工作中的角色将不仅仅局限于以上的几种。但是,无论是充当何种角色,都必须站在比学生更高的角度上看问题,理解社会大趋势,因为本身职业生涯规划就是具有前瞻性的工作。此外生涯规划不是阶段性的,是伴随生涯主体一生的课题,只是随着生涯阶段不同有不同的目的,这也要求辅导员一定要"授以渔",以教会学生方法为主,用自己的双腿站立和行走。

教育部周济部长提出"要学习贯彻十七大精神,推进教育事业科学发展"。他说,教育战线要深刻领会科学发展观的丰富内涵和实践要求,增强贯彻落实科学发展观的自觉性和坚定性,做科学发展观的坚定践行者,促进教育事业科学发展。周济说:用科学发展观统领我国教育事业改革发展全局,要进一步实施科教兴国战略和人才强国战略,坚持教育优先发展,坚持教育为人民服务的宗旨,办好人民满意的教育。教育要以人为本,以学生为主体,办学以人才为本,以教师为主体,统筹教育的规模、结构、质量、效益协调发展,统筹教育的发展改革和稳定,按照"巩固、深化、提高、发展"的方针,进一步促进我国教育事业继续、持续、健康的发展。

我学院要求我们不仅要做一个成功的辅导员,一个称职的辅导员,还要做一个人人交口称赞的辅导员。这需要业务素质和人格魅力并行。职业生涯发展工作也需要有科学的发展观为指引,为学生提供负责任的指导,为学生工作提供便利。

参考文献

[1] 丁德智.高校开展职业生涯规划的探讨[J].科技创业月刊,2006(7).

[2] 黄益方.大学生职业生涯规划指导初探[J].教育与职业,2006(12).

[3] 刘智强,王卫斌,郭占宇.以职业生涯规划创新高校思想政治教育工作[J].河北能源职业技术学院学报,2006(4).

[4] 沈之菲.生涯心理辅导[M].上海:上海教育出版社,2004.

[5] 汤建.简论高校思想政治教育观念和内容的创新[J].江苏科技大学学报(社会科学版),2006(4).

[6] 张立志.大学生职业生涯规划建设的现状与对策研究[J].理论界,2006(8).

作者简介:

陈英慧,就职于上海师范大学天华学院。

社会资本与大学生职业生涯教育

（上海应用技术学院　杨　梅　杨正丹）

摘　要：在信息不对称的条件下，社会资本作为一种稀缺性社会资源，甚至比人力资本发挥的作用更大。在大学生职业生涯教育中，高校应充分组织资源的优势，增加人力资本含量，为大学生搭建社会资本的平台，积累和提升自身的综合素质，为未来的职业发展打下坚实的基础。

关键词：社会资本；大学生职业生涯教育

一、概念界定

1. 社会资本

关于社会资本的定义，主要有以下几种观点：

（1）资源说。布迪厄所界定的社会资本是一种通过"体制化关系网络"的占有而获得的实际的或潜在的资源的集合体，是关系网络产生的一种资源而且可以通过积累增进。他认为"对于人或团体来说，由于要拥有的持久网络是或多或少被制度化了的相互默认和认可关系，因而它是自然积累而成的"[1]。林南则认为"社会资本是嵌入于一种社会结构中、可以在有目的的行动中汲取或动员的资源"[2]。

（2）能力说。波茨认为，"社会资本指处在网络或更广泛的社会结构中的个人动员稀有资源的能力。获取社会资本的能力不是个人固有的，而是个人与他人关系中包含着的一种资产。社会资本是嵌入的结果"[3]。

（3）结构功能说。科尔曼看来"社会资本，就是个人拥有的、表现为社会结构资源的资本财产，它们由构成社会结构的要素组成，主要存在于人际关系和社会结构中，并为社会结构内部的个人提供便利"[4]。波特提出了结构洞的社会资本论，社会资本为网络结构中的行动者提供信息和资源控制的程度[5]。

（4）网络说。布迪厄（1980）认为社会资本就是"社会关系网络"，他认为社会资本是种通过对体制化关系网络的持久占有而获取的实际或潜在资源的集合体，并通过集体拥有的资本的支持提供给它的每一个成员。[6]费孝通先生使用"差序格局"来描述中国人际格局的亲疏远近,由此形成网络化的社会关系。张其仔博士直接把社会资本定义为社会关系网络。社会资本在重视人本身(人力资本)和物质资本的同时,更强调人置身其中的与他人之间的关系、信任、规范和网络等等。本文所指的社会资本是作为一种稀缺性的社会资源,通过组织与社会的联系搭建广阔的社会关系网络平台,为组织中的成员提供支持和便利。

2. 大学生职业生涯教育

大学生职业生涯教育是指着眼于大学生未来的生存和发展,从大学生入学到毕业期间通过特定的技能和素质的培养,使大学生具备进入职场所必需的能力和素质。内容主要包括职业意识的启蒙、职业目标的确立、职业能力的提升、职业经验的获得。大学生职业生涯教育从时间上可划分为四个阶段:①大一阶段的基础教育阶段。主要在于职业意识的启蒙教育,针对人际关系环境的改变,引导大学生认知新环境,进行正确的角色定位,了解本专业的发展前景和当前的就业形势。②大二阶段的职业目标引导和素质教育。运用测评工具帮助大学生在自我剖析和职业要求的基础上,确立职业目标。并根据职业要求通过第一课堂、第二课堂、学生活动、实习实践,使学生具备合理的知识结构和过硬的综合素质,培养初步的职业经验。③大三阶段职业技能的培养。在既定的职业目标的基础上,通过有针对性的职业实践来获得职业经验,在实践中培养社交能力、协作能力,并不断检视修正自己的职业目标。④大四阶段的择业观和就业观教育。这一阶段主要是通过求职技巧的培训,鉴于已具备的一定的就业竞争力基础,引导大学生立足职业目标,树立正确的择业观和就业观。由此可见,大学生就业仅是大学生职业生涯教育的目标和结果,是大学生职业生涯教育的重要组成部分。而大学生职业生涯教育着眼于大学生步入职场的生存能力,贯穿大学教育的始终。

二、社会资本对于大学生职业生涯教育的重要性

自从社会资本诞生以来,在经济学、政治学和社会学中获得了广泛的应用,社会资本与职业生涯教育的研究最初始于社会资本与就业的研究。美国社会学家格拉诺维特对个人就业过程中的社会关系(ties)作用进行了研究,并提出了"弱关系力量"的假设,认为人们经常使用弱关系而非强关系寻找工作,并在此基础上提出了"弱关系充当信息桥"的判断。[7]边燕杰在对中国就业问题研究时提出的"强关系力量"的假设对此提出了挑战,他认为中国人在利用社会资本找工作时,更多的是使用强关系。而目前对社会资本与大学生职业生涯教育的研究涉足较少。随着高校扩招和市场经济的发展,用人需求和大学生素质之间的矛盾逐渐凸显,北京大学调查显示大学生存在就业难的问题,另一方面用人单位的人才缺口大,造成这种反差的原因实质是大学生职业生涯教育的缺少。大学生职业生涯教育中社会资本的重要性主要体现在:①扩大社会资本,弥补大学生群体在资源占有上的弱势。经济的飞速发展和社会的急剧变化,在

校大学生作为受教育程度较高、人力资本存量较高的弱势群体,弱势在于活动范围窄、与社会接触较少、关系网络较为简单、缺乏实际工作经验。特别是来自不同家庭和地域的大学生所拥有的资源存在很大差异,就像阎凤娇所说"大学生社会资本的拥有和利用情况从大学生个体层面考察,来自社会弱势家庭的学生在家庭社会资本和个人社会资本上都比较缺乏。[8]绝大部分大学生深感竞争和生存的压力,认识到社会资本的重要性。高校更应该充分利用群体性社会资本为在校大学生创造更多的机会,通过社会资本的运用能够开拓出新的职业发展资源,发挥社会资本作为"结构洞"[9]的作用,弥补了大学生与社会脱节的功能。②搭建大学生与社会联系的平台,提高异质性社会资本存量。关系网络中的成员异质性越强,所拥有的网络资源跨度越大,社会资本量也会随之增加。个人关系网络的异质性可以克服关系网络资源的重复性,提高控制社会资源的能力。但大学生交往对象的高同质性使得他们的关系型社会资本极为单一和薄弱。而网络资源的利用程度依赖于个体嵌入在社会关系网中获取稀缺资源的能力。高校的职业生涯教育应利用其教育主体的优势积极构建高校与社会联系的平台,有意识地拓展大学生的社会关系网络,为大学生主动参与社会实践活动创造条件。一方面大学生在实践中不断提高自己的职业技能,另一方面又能增强获取异质性社会资本的能力。

三、大学职业生涯教育中如何积累和利用社会资本

大学生群体社会资本同质性强、存量小、交往范围窄、对社会资本的利用率不高,高校可以发挥组织社会资本的优势,通过职业生涯教育,构建大学生与社会之间的"信息桥"。就像戈夫曼认为的:"职业生涯研究的价值在于它的双重性。一方面,它紧密联系人们的内在状态,如对自我的想象、自我认同等;另一方面,又涉及社会地位、法定关系、生活方式等方面的问题。它是一个有着广泛影响和现实意义的制度综合体的一部分。职业生涯的概念使我们能够更好地理解个人与公众、自我和强大的社会之间的互动关系"。大学生职业生涯教育中如何利用和积累社会资本,主要由以下几个方面:

(1) 提升综合素质,增加人力资本含量,获得社会资本网络中的优势地位。林南指出:"社会资本与人力资本之间存在着正相关关系,拥有较高的人力资本者更有可能扩大自己的网络范围或联系到更高地位的网络成员,从而使自己拥有更丰富的社会资本"(林南,1999)。综合素质是大学生人力资本含量的主要衡量标准,也是大学生职业生涯教育的重要内容。综合素质可分为两大类,即基础素质和拓展素质。基础素质主要由思想道德素质、科学文化素质、身心素质三部分构成。拓展素质也称能力素质,主要反映大学生的创新精神、创新(业)能力和水平、大学生运用所学知识解决生产、生活、科学技术等方面问题的能力与水平。在当代社会,隐含在大学生专业素质中敬业精神、奉献精神、职业道德、人际关系、良好的情商、创业精神等对大学生人生发展起着

更为重要的作用。因此,以能力素质为核心的综合素质教育是高校职业生涯教育的关键所在。建立综合素质评价机构,完善综合素质考评指标体系,以专业素质为基础,坚持"知识＋能力"的原则,重在考评难以量化的能力素质,以人文科技讲座、知识竞赛、创业计划大赛、社会实践经历等指标作为能力素质的量化标准,每年进行一次考评,大学生毕业时以其参加活动或实践的累积记录计入拓展素质考评量表,作为学生综合素质的有力证明,也可作为大学生就业竞争力的重要体现。大学生获得的累积综合素质考评量表记录越好,表明其综合素质越高,那么他获得社会资本网络的能力就越强。

从大学的入学教育开始就应该贯彻职业生涯教育的意识和理念,邀请行业内的专家分析行业和社会发展动态,了解职业环境;制订行动计划,加强职业准备;根据社会需求,及时修正目标。

(2) 健全职业实践服务体系,为大学生提供社会资本构建平台。任何个人或组织,要想在竞争中获得发展优势,就必须与相互无关联的个人和团体建立广泛的联系,以获取信息和控制优势。就算在欧美市场经济制度完善的环境中,人们也经常运用社会资本和关系网络来获取帮助,以克服信息不对称所带来的障碍。特别是在我国市场制度不规范,信息不对称的情况下,社会资本对职业发展甚至比人力资本更具有影响力。在校大学生与社会的联系较少,社交的面较窄,因此大学生职业生涯教育应更多地依托高校。高校应充分利用自身优势,发掘尽可能的社会资源,调动大学生主动参与实践活动,有意识地拓展社会网络,提高大学生群体的整体素质和能力。职业实践服务体系主要包括:毕业实习、专业课程实践、素质拓展,社会调查,第二职业实践基地。尤其是开拓校企合作的职业实习和实践基地,建立高校的组织化的社会资本,为大学生积极参与实践,获得职业经验搭建平台,通过各种方式和渠道,为大学生创造机会,在实践中积累和经营自己的社会资本,扩大交往人群的范围和数量,有意识地去结识不同职业不同阶层尤其是比自己地位高的人,积累更加丰富的社会资本。

(3) 培育异质性社会资源,扩大社交网络,增加社会资本规模。林南认为:"超越个人资源的社会资源对地位获得有重要的作用。"[10]大学生群体个体资源的高度同质性,他们之间流动的信息有较大的重复性和剩余度,对个人的帮助不大。如果个人的社会网络越大,其社会资本就越丰富。校友资源、职业生涯规划类的学术组织、培训咨询机构都是可利用的社会资本。一般来说,校友的年龄较大,阅历较多,资历较深,网络资本也很丰富,大学生职业生涯教育中应充分利用校友资源开展职业人物访谈、职业规划大赛进行职业意识的启蒙教育,也可以利用校友的业缘关系为大学生创造行业调查、实习实践的机会;学术组织和培训咨询机构是高校和社会对接的"关系桥",利用其学术和专业优势为高校提供拓展素质培训、职业动态咨询和职业技巧训练,对于大学生确立恰当的职业目标、提升职业技能和素质起着至关重要的作用。格兰诺维特认为:根据双方互动频率、情感程度、密切程度以及互惠交换等四个维度,可确定双方关系的强弱,互动的次数多、感情较深、关系亲密、互惠交换多的则为强关系,反之则为弱关系。强关系往往是在个人特质相似的群体内部形成。而弱关系往往是不同群体中形成的。强关系代表着同质性,而弱关系对应的是异质性。异质性资源网络比起差异小的网络,网差大,所潜藏的社会资本质量就大。高校应充分发挥集体优势,构建与异质性社会资本的"关系桥",扩大社会资本的规模。

参考文献

[1] 李惠斌,杨雪冬.社会资本与社会发展[M].北京:科学文献出版社,2000:119.

[2] 张文宏.社会资本——理论争辩与经验研究[J].社会学研究,2003(4):23-35.

[3] PORTERS A. Social Capital:its Origins and Application in Modem Sociology[J]. Social Review,1998(24):1-24.

[4] 陈柳钦.资本研究的新视野:社会资本研究的综述[J].云南财经大学学报,2007(4).

[5] BOUNLIEU W. The Forms of Capital Handbook of Ilaeoryand Resear chin the Sociology of Edueation[M]. CT:GreenwoodPress,1986.

[6] M & The Strength of Weak TiesEJ3:Granovetter, AInericaJounal of Sociology,1973(6):360-380.

[7] 阎凤桥,毛丹.影响高校毕业生就业的社会资本因素分析[J].复旦教育论坛,2008(4).

[8] BURR R S. The eontingent value of soci Mcapital[J]. Administtative Science Quaaedy,1997(42):339.

作者简介:

　　杨梅(1980—　　),女,上海应用技术学院讲师,从事大学生职业发展研究。

　　杨正丹(1977—　　),女,上海应用技术学院就业指导中心,GCDF咨询师,研究方向为大学生就业。

　　邮编:201418

民办高校学生职业发展规划与就业策略研究

（上海建桥学院　王　苇）

摘　要:随着经济全球化与社会主义市场经济体制的完善,市场化的经济逐渐主导了社会的各个层面,在当前市场经济条件下,经济发展具有不可预知性的特点,这使得职业发展规划成为一项复杂性、专业性都比较强的工作,其工作方法应该呈现多元化的发展态势。本文立足于民办高校学生职业发展规划与就业策略本体研究,首先以引言的方式提出研究的目的和意义、研究现状,以及研究方法与思路等问题,继而对民办高校大学生的职业规划现状进行了分析,最后则针对问题提出解决对策,以期对相关研究有所借鉴。

关键词:民办高校;学生;职业发展规划

一、引言

(一) 研究目的和意义

1. 研究目的

受我国目前劳动力供需结构性矛盾日益突出现状的影响,从新增就业人口与可就业岗位比例比较而言,劳动力供给存在总量上的过剩状况,但在一些科技化程度较深、产业结构优化的领域与行业,劳动力供给不足问题却同时并存,这即是劳动力结构性的失衡现象。在这一大背景影响下,民办高校大学生不得不面对着"精英教育"向"平民教育"转化的尴尬境遇,众多的民办高校学生逐渐背负起巨大的就业压力。基于此,展开民办高校学生职业发展规划与就业策略研究,将有利于对民办高校大学生就业起到较为理性的引导作用。

2. 研究意义

随着经济全球化与社会主义市场经济体制的日趋完善,我国民办高校在前几年扩招后趋于稳定状态,随之而来的大学生的就业困难的问题凸现出来,一些民办高校学生由于职业发展规划欠缺,从而使得个人的就业愿望在市场需求面前屡屡碰壁,再加之结构性矛盾,以及就业服务体系不完善等方面的矛盾,使得当前的民办高校学生就业的风险增大,工作稳定性趋弱,基于此,开展民办高校学生职业发展规划与就业策略研究,对促进民办高校学生就业具有极强的现实指导意义。

(二)研究现状

最近几年,我国高校学生的职业发展规划工作与就业指导取得了较大的成果。但是毋庸置疑,高校对职业发展规划与就业指导工作落脚点的认识还有一定的距离,尤其是在职业按照规划人力资源建设、职业发展规划模式完善及方式方法等方面仍然存在诸多问题,莫华的《高校学生职业发展与就业指导存在的问题及对策》一文认为:当前的高校首先应该转变思想意识,在认识到学生的职业发展规划的重要性的基础上,完善职业发展规划体系,建立专业化的职业发展与就业指导师资力量与教学方法。

李学强的《民办高校学生职业生涯规划现状调查分析》采用了本调查报告的形式,首先介绍了我国现阶段民办高校学生职业生涯规划及就业的现实,主要是从民办高校学生未来工作接受能力、职业适应程度、就业的客观环境等方面入手,分析了民办高校学生职业生涯规划的影响因素,提出了从创设良好发展环境、构建职业生涯规划评估体系、改革高等教育育人与就业机制等方面入手促进民办高校大学生职业发展及就业的对策。

作为承担着中国现代化光荣使命的大学生而言,在职业发展规划问题上,有着远景职业规划和近期文化教育两方面的需求,张振江的《高校学生职业发展教育与思想政治教育结合初探》一文,立足于当前高校学生的现实需要,着眼于职业规划发展,提出将职业发展规划与高校思想政治教育工作自然融合在一起。

(三)研究思路和方法

1. 研究思路

在充分学习和分析前人的研究成果基础上,本文力图通过理论结合实践的研究方法,以新的视角进行调查研究和理论归纳,得出新的结论、观点和建议。

因此,本文采用理论归纳与调查实践相结合的研究方法,对国内外理论研究现状进行评述,讨论对我国理论研究和实践的借鉴和指导意义。在理论研究的基础上,结合调查实践,对民办高校学生职业发展规划与就业策略进行研究。首先以引言的方式提出研究的目的和意义、研究现状,以及研究方法与思路等问题,继而对民办高校大学生在职业规划上的现状进行了分析,最后则针对问题提出解决对策。

2. 研究方法

本论文主要采用实践调查研究结合理论分析的方法,力图将理论与实践紧密结合,得出有实践指导意义的结论和建议。

首先,通过查找相关外文资料和论文,进行翻译和分析。在总结前人经验和不足的基础上,对本文的研究进行深入的思考探究,以期做到扬长避短,事半功倍。

其次,积极参与社会实践,在对民办高校学生职业发展规划与就业策略进行调查的基础上,收集并及时总结事实材料,从而为论文写作奠定坚实的实践基础。

最后,运用统计学原理对收集的材料进行分析比较,择取有价值的材料对已有观点进行进一步探讨修正,充分发掘隐藏在理论之中的对我国现实的指导意义论点,同时积极寻求导师的指导,以保障论文写作的正确方向。

二、民办高校大学生职业规划现状

(一) 对职业发展规划认识不清

民办高校重视程度不够。一是重知识轻就业。就目前的现实情况而言,一些民办高校管理者只重视知识传授过程,而忽视对学生职业发展规划的指导,即使有的民办高校有了一定的职业发展规划指导,但是其着力点也只是就业率高低,而对于如何提高就业指导服务质量则漠不关心,尤其是对于指导机构的完善,经费、人员、设备等的配备不予以实际上的支持。二是重理论轻实践。在我国,职业发展规划教育处于初始阶段,直到2007年,教育部才颁发"大学生职业发展与就业指导课",并将其列入高校教学规划之中。对于民办高校来说,大多数更晚将职业发展规划列入本校的课程设置当中,也就是说,民办高校的职业发展规划发展晚、意识弱。

学生职业发展规划模糊。一是对就业认识不够。许多民办高校的大学生自进入大学初始,并没有考虑到所学专业与自己是否匹配,更不会了解到自己是否能够在未来的工作中占一席之地。从而导致许多大学生在进入大学以后出现例如逃课、网游、厌学等不良现象。二是学生思想滞后。[1]毋庸置疑,随着大学扩招以及多元化就业形式的存在,一些民办高校大学生呈现综合素质下降、实用能力不足的问题。究其原因,就是民办高校的大学生对自己在高等教育阶段的现实以及未来的发展趋向职业规划,发展目标不够明确。

(二) 相关制度不具有可操作性

人力资源建设与培养制度滞后。在当前的许多民办高校中,职业发展规划指导的师资力量比较薄弱,一是表现在人力资源匮乏,整体素质与继续教育都处于相对滞后的状态;二是相关的制度建设可操作性不强。虽然我国已经实现职业发展规划资格认证与上岗考核制度,但鉴于其门槛高、适应性不强等诸多原因而导致其实效性差,对民办高校现有的职业发展规划人力资源现状而言,教师无证上岗现象存在,指导教师素质参差不齐,相关的继续教育匮乏,其发展前景令人担忧。

职业发展规划制度的实践性不强。一般而言,经常开展具有针对性的就业面试实践和训练是提高民办高校学生就业技能的有效渠道。对于民办高校学生而言,在真正的企事业招聘前做几次实用性的训练会有效提升自身职业发展规划的实效性。[2]但是由于目前的许多民办高校并没有在这一方面建立、健全制度,使得真正的职业发展规划活动开展表面上"轰轰烈烈",实际上却"冷冷清清",由此而形成里外"两张皮"的现象,职业发展规划实践活动的匮乏,使得民办高校学生缺乏实战演练的情境,在真正的就业面试时就会处于"手忙脚乱"的尴尬境地。

（三）职业发展规划方法单一

职业发展规划是一项复杂性、专业性都比较强的工作，所需要的工作方法应该呈现多元化的发展态势，指导讲座、心理咨询、职业评估，但是就目前而言，许多民办高校的职业发展规划都处于"副业"的地位，不仅重要性不受到重视，而且在具体实施过程中也存在方法和手段单一化的问题。[3]

很多民办高校往往会把职业发展规划当做一门公开课来开设，在课上，教师侃侃而谈，填鸭式教学法、被动的学习法、应试型的练习法使得大学生们与实用性的职业发展规划渐行渐远。由此可见，职业发展规划在当前的民办高校中表现出形式化与理论化的趋向，其实用性被抹杀。

三、优化民办高校大学生职业发展规划促进就业策略

（一）加强民办高校职业发展规划人力资源建设

民办高校职业发展规划人力资源建设滞后的现象令人担忧，基于此，就应该在此方面努力。

一是强化专业技术建设。专业化队伍是促进职业发展规划健康发展的基础，对于民办高校而言，就应该将职业发展规划人力资源建设放在与高校教师培养相同的地位上来，采取切实有效的措施不断提高职业发展规划指导教师的专业技术水平，并以此为基点提升其综合素质。在具体实施过程中，为加强技术指导实用性，就要在实施的过程中不断整合现有的社会资源，有针对性地聘请知名企事业单位的管理者与职业发展规划人力资源研究专家到校实施课程辅导，以切实提高民办高校的职业发展规划教师的素质。

二是把高校学生未来发展趋向与职业发展规划指导相联系。就目前民办高校职业发展规划现状而言，如果一个学生对本专业有足够的了解，就会产生理性的职业选择倾向，这在很大程度上应该归功于科学的职业发展规划。[4]基于此，在促进职业发展规划专业教师综合素质提升的过程中不但要培养指导教师的专业技能，而且还要针对指导的对象细化其专业素养。同时要不断优化职业发展规划教师的培养模式，立足于当前的市场变化和职业岗位需求，及时调整理论构架。

三是完善民办高校职业发展规划工作评估体制。评估体制的构建应该以激励广大指导教师的积极性与创新性为目标，使之能够创新工作模式、优化工作流程、增强工作实效，在不断的日常工作实践中，实现民办高校职业发展规划工作的跨越式发展。

（二）创设具有实用性的职业发展规划情境

民办高校必须要有意识地给学生创设职业发展规划情境，以此来不断提升学生的应对能力，提高就业的成功率。

首先，建立学生职业实践指导委员会。委员会的职责就是要为大学生提供参与实习、收集经验、取得成果的机会，一方面使学生们有机会运用自己的所学，另一方面则检验自己的能力。

其次，整合校内资源开展"创业体验"活动。在校内，可以根据学生的需求，有意识开放校内的一些公益性的岗位，鼓励学生参与诸如自主经营书画室、微机维修与管理、餐饮服务等，使学生在创业实践的过程中，体验到艰辛与快乐，由此而提升创新精神和实践能力。

再次，组建学生自治社团。学生自治社团的建立，就是为了将其作为学生提高专业技术能力和创业水平的载体。学生自治社团一般包括学生摄影交流协会、科技技术协会、法律服务协会等等。

最后，创建实践基地。为了更好地培养大学生的职业发展规划的实效性，就应该鼓励其走上社会。具体而言，利用寒暑假的时间，民办高校应该积极与校外企事业单位联系，选派一定的学生前往对口单位实践，其形式可以是勤工俭学、志愿服务、实践调查等，一系列活动的开展，就是为了促使学生在社会中磨炼自己、在实践中锻炼自己，从而为自己的职业发展规划打下坚实的基础。

（三）根据市场与目标定位职业发展规划

市场是当前民办高校职业发展规划必要因素之一。随着经济全球化与社会主义市场经济体制的完善，市场化的经济逐渐主导了社会的各个层面，基于此，就业政策与市场经济形势就成为当前民办高校学生职业发展规划体系的重要组成部分之一。[5]掌握与市场相关的经济要素就成为民办高校学生考虑自己未来职业发展方向，制定自己的未来职业发展目标的必要因素。为达此目的，民办高校学生借助于社会实践、人才市场、网络、讲座等各种方式走进社会、了解市场，规划自己的职业发展趋向。

目标定位是当前民办高校职业发展规划另外一个主要因素。民办高校学生在制定个人的职业发展规划的时候，应该做到"有的放矢"，即首先要定位目标，并在此基础上对自己在校期间的学习与生活，以及未来的发展作出科学、合理的职业规划。当然，目标定位并不是一蹴而就的，民办高校学生如何对自己作出正确的评估十分重要，评估的客观性与严肃性保障了职业发展规划的准确发展趋势。职业发展规划的内容要涉及自己的近期与远景目标，以及与之相对应的行动方案。[6]在实践的过程中，学生应该按照设计的近期与远景目标与行动方案，坚定信念、逐步落实。

在当前市场经济条件下，经济发展具有不可预知性的特点，这无疑增加了民办高校学生就业的难度，再加之当前的许多民办高校以及学生存在职业发展规划认识不清、相关制度不具有可操作性、职业发展规划方法单一等诸多问题，因此，就应该着手在加强民办高校职业发展规划人力资源建设、创设具有实用性的职业发展规划情境、根据市场与目标定位职业发展规划等方面努力，以促进民办高校学生职业发展规划与就业的健康发展。

参考文献

［1］宁攀.地方高校大学生职业生涯规划现状分析[J].枣庄学院学报,2008(4):100-101.

［2］任军.高校职业生涯规划指导存在的问题与对策[J].考试周刊,2008(30):155-156.

［3］颜亮.高校开展职业生涯教育的实践与探索[J].中国大学生就业,2008(14):30-31.

［4］田必琴.浅议职业生涯教育与思想政治教育的融合[J].中国大学生就业,2008(13):42-43.

［5］王雪燕,徐世勇.民办高校大学生职业生涯规划与就业满意度的关系研究[J].北京城市学院学报,2008(1):32-36.

［6］袁辉祥.民办高校毕业生就业现状及对策[J].西安欧亚职业学院学报,2003(1):158-159.

作者简介：

王苇,上海建桥学院。

大学生职业生涯规划存在的问题及对策研究

（上海立信会计学院　会财学院　肖　伟）

摘　要：在当前，大学生职业生涯规划不尽完善，这是大学生就业困难的诸多原因之一。具体表现在：大学生进行职业生涯规划的意识淡薄；自我分析不足；方法不明，如何规划不清；实践环节薄弱，职业环境不熟悉等方面。这些问题背后有深层次的原因，本文从诸多方面深入分析了存在问题的主要原因，进一步提出了有针对性政策，如：普及大学生职业生涯规划的理念、贯彻职业生涯规划的基本原则、加强职业咨询和人才测评建设的力度、建立大学生职业生涯规划指导队伍以及构建大学生社会实践体系等，以期给大学生职业生涯规划工作以启发。

关键词：大学生；职业生涯规划；问题；对策

在高等教育已由精英教育迈向大众化教育阶段的今天，大学生面临越来越大的就业压力。如何提高广大学生的就业竞争力，提高学生的综合素质成为社会关注的焦点。大学生职业生涯规划理论与实践也正是在这一背景下逐步引起人们的重视。它对于提升学生个人竞争力，维护学校的长期健康发展，以及社会的繁荣稳定等有重要意义。

本文首先对我国大学生就业形势进行了分析，从学校和学生层面指出存在的主要问题，探索职业生涯规划与学生就业之间的关系，并探索了大学生成功就业与进行职业生涯规划之间的相关性。

一、大学生职业生涯规划的内容

要做好职业生涯规划就必须按照职业生涯设计的流程，认真做好每个环节。职业生涯设计的主要内容概括起来有以下几个方面：

第一，自我评估。一个有效的职业生涯设计必须是在充分且正确认识自身条件与相关环境的基础上进行的。自我评估就是对自己做全面分析，通过自我分析，审视自己、认识自己、了解自己。因为只有对自己进行客观而准确的评估，明确了自己的长处和不足，扬长避短，才能对自己的职业作出正确的选择，才能选定适合自己发展的生涯路线,才能对自己的生涯目标作出最佳抉择。因此,自我评估是生涯设计的重要步骤之一。

第二,职业环境分析。职业环境分析主要是指分析内外环境因素对自己职业生涯发展的影响。它主要是通过对组织环境特别是组织发展战略、人力资源需求、晋升发展机会的分析,以及对社会环境、经济环境等有关问题的分析与探讨,弄清环境对职业发展的作用及影响,以便更好地进行职业目标的规划与职业路线的选择。

每一个人都处在一定的环境之中,离开了这个环境,便无法生存与成长。环境为每个人提供了活动的空间、发展的条件、成功的机遇。特别是近年来,社会的快速变迁、科技的高速发展、市场的竞争加剧等对个人的发展产生了很大的影响。在这种情况下,个人如果能很好地利用外部环境,就会有助于事业的成功。否则,就会处处碰壁、寸步难行、事倍功半,难以成功。因此,在制定个人的职业生涯规划时,要分析环境条件的特点、环境的发展变化情况、个人与环境的关系、个人在环境中的地位、环境对个人提出的要求以及环境中对自己有利与不利的因素等等。只有对这些环境因素充分了解,才能做到在复杂的环境中趋利避害,使生涯规划具有实际意义,使自己充分适应与满足社会的需要,使个人的人生价值得到最大的实现。

第三,职业定位。通过自我评估、职业环境的分析,在此基础上就应对自己的职业或目标职业进行定位。职业定位就是要为职业目标与自己的潜能以及主客观条件谋求最佳匹配。良好的职业定位是以自己的最佳性能、最优性格、最大兴趣、最有利的环境等信息为依据的。职业定位过程中要考虑性格与职业的匹配、兴趣与职业的匹配、特长与职业的匹配、专业与职业的匹配等。职业定位应注意:①依据客观现实,考虑个人与社会、单位的关系;②比较鉴别,比较职业的条件、要求、性质与自身条件的匹配情况,选择条件更合适、更符合自己特长、更感兴趣、经过努力能很快胜任、有发展前途的职业;③扬长避短,看主要方面,不要追求十全十美的职业;④审时度势,及时调整,要根据情况的变化及时调整择业目标,不能固执己见,一成不变。

第四,职业生涯目标的确定。职业发展必须有明确的方向与目标,目标的选择是职业发展的关键,因为坚定的目标可以成为追求成功的驱动力。研究表明,一个人事业的成败很大程度上取决于有无适当的目标,凡是成功的人士都有明确的奋斗目标;那些没有奋斗目标的人,都几乎没有获得成功。因此,一个未来的成功者,必定是一个目标意识很强的人。

第五,设定特定学期的职业生涯目标。学生通过学期自我评估、认识自己、分析环境,准确定位的基础上就需要进行目标设定。心理学家洛克教授提出了著名的目标设置理论。洛克认为,只要人们将目标提升为自觉目标,目标就会对人产生强烈的激励作用,它是完成工作的最直接的动机。职业生涯目标就是有关职业生涯发展的、可以预见的、具有一定实现可能性的最长远的目标,它的实现基于小目标的逐一实现。因此,它需要进行分解,分阶段逐步实现。为了实现人生的职业生涯目标,在校大学生需要设定特定学期的职业生涯目标。特定学期生涯目标的设定,是将学生的职业目标进行有效的分解(最佳才能、最优性格、最大兴趣、最有利的环境等条件为依据),制定阶段性的努力目标即学生的学期目标或事件目标。

第六,职业生涯规划的反馈调整。影响生涯规划的因素很多,有的变化因素是可以预测的,而有的变化因素难以预测。制定职业生涯规划时,由于对自身及外界的环境都不十分了解,最初确定的职业生涯目标往往都是模糊或抽象的,有时甚至是错误的。经过一段时间的学习生活,有意识地回顾自己的行为,检验自己的目标,在实施过程中自觉地总结经验教训,评估自己的职业生涯规划。在此状况下,要使生涯规划行之有效,就需要不断地对生涯规划进行评估与反馈调整,及时纠正最终职业目标与分阶段目标的偏差。

二、大学生职业生涯规划存在的问题及原因

(一)大学生职业生涯规划存在的问题

1. 规划意识淡薄,重视不够

大学生处于从依赖向独立、从学生向社会角色过渡的时期,他们对职业生活显示出较强的偏好,却缺少理性思考与规划。目前大学生职业生涯规划工作在大学没有很好地开展,大多数学生都缺乏自觉进行职业生涯规划的意识。

通过调查显示,大部分学生没有进行过真正意义上职业生涯规划。对自己将来如何一步步晋升发展没有设计的占 62.2%,有设计的占 37.8%,而其中有明确设计的仅占 4.9%。另据北森测评网、新浪网与《中国大学生就业》杂志在 2004 年 6 月、7 月的网上调查表明,有近四成的人对自己目前的职业生涯规划现状还是满意的,但当被问到职业生涯规划中的一些具体问题时,如是否了解自己的个性、兴趣和能力,是否知道自己最喜欢和最不喜欢的职业等问题时,能够作出肯定回答的大学生不超过 20%。这反映了大学生在职业生涯规划问题上存在着感觉和认知之间的矛盾,进一步表明大学生们对什么是职业生涯规划还没有真正的认识,意识模糊,缺少实际的实施。可见目前相当多的大学生尚未认识到职业生涯规划的重要性,这必将影响到他们对将来职业的选择和未来人生发展的定位。

2. 自我分析不足,不能准确审视自己

自我评估是职业生涯规划过程中的一个起始环节,评估的客观全面,是科学进行职业生涯规划的前提。它对职业环境分析、职业目标确立、生涯策略、生涯评估等环节及其连续过程的进行具有非常重要的意义。在自我分析这一环节中,必须清楚自己是否真正了解自己?自己喜欢的工作是什么?自己的技能专长是什么?自身的优势弱点有哪些?机会、威胁有哪些?即要充分且正确地认识自身的条件与相关的环境,避免在对自己认识不清的情况下作出错误的选择,准确客观地分析和评价自我,使本人

对自己的性格、兴趣、特长、需求、学识、技能、智商、情商、行动、经历、社会关系有一个客观、全面、深入的了解和认识。能够知己之长、知己之短、知己所能、知己之所不能，这也是正确进行职业生涯规划的前提。

3. 方法不明，如何规划不清

从高校现有的人才培养与提供职业指导的服务来看，大多数高校都为学生开设了就业指导课程，定期举办了各种与就业相关的讲座，以及召开了校园招聘会，及时提供各种等级证书和各种职业资格证书考试的培训等等，说明高校比较重视职业理论的灌输、就业信息的提供和就业素质的培养。但由于就业指导课程开设较晚而且略显仓促，讲座、培训等带有急功近利的短视行为，授课教师往往不是职业指导专家，水平欠高而收效不大，故难以达到绝大多数学生满意。

高校的职业生涯规划指导还没有全面深入开展，仍停留在就业的一般指导层面，许多高校没有提供完善的人才培养措施及职业生涯规划指导服务，学生对自己的职业前景很茫然。从学生的内在需求看，他们正处在职业生涯的探索阶段，需要对自己的未来职业生涯作出决策，对于自我定位、职业生涯路径选择、人生设计和规划，单凭他们个人的经验和能力很难把握好，需要学校专门机构的人才测评和职业咨询帮助，需要职业生涯规划理论的指导，需要有专业的职业生涯规划人员的辅导。

4. 规划盲目，短视行为倾向明显

大学生职业生涯规划方法的模糊容易导致其职业生涯规划的不科学性：一是缺乏统筹规划的思想。目前多数大学生在进行职业生涯规划时过于注重个人的自我感觉，很少考虑社会的实际需求和人生发展的规律，在知识能力结构的构建上不注意整体性和协调性，最终陷入了职业生涯规划的歧途。如：许多大学生在入学前的唯一希望就是跨入大学的校门，跨入大学后仍旧"两耳不闻窗外事，一心只读圣贤书"，忽视实践能力的培养，导致高分低能。二是急功近利性。制定科学的职业生涯规划应该在对自己进行正确的认识、评估和对职业环境进行全面了解之后，而不少大学生忽视这个过程的动态性和阶段性，盲目从众，急于求成，不考虑自己的实际情况。如当前大学校园里盲目出现的外语热、考证热、考研热、出国热等。职业生涯是一个动态的发展过程，起点定位是否准确，规划是否科学合理，将在很大程度上决定着职业成功的可能性。以上问题的出现，同样需要学校提供科学正确的职业生涯规划指导。三是应急性。一些大学生认为职业生涯规划的唯一目的就是找工作，通常是大四毕业前夕再临时突击，将职业生涯规划等同于就业前的短期培训。尤其在当前的就业形势下，部分大学生甚至根本就没有选择的太大空间，被动地适应岗位需求，失去了职业规划应有的主动。总之，职业生涯是一个动态的发展过程，其规划需要考虑的因素有很多，涉及方方面面，所需要的过程也并非一时半刻，它不是短期行为。

（二）大学生职业生涯规划存在问题的原因

造成大学生职业生涯规划存在众多突出问题的原因是多方面的，有个人和家庭因

素,也有深刻的社会历史和学校教育方面的原因。

1. 我国社会对职业教育的长期忽视

我国的教育历来有重理论轻生产实践的倾向,理论和实践相脱离。"学而优则仕","没选择的才去就业"这些思想根深蒂固,每个人从小就被教育要好好学习,将来长大后当干部,最近几年大学毕业生报考公务员热已经体现出来。对于应该怎样选择职业,毕业后怎样发展,从家庭、学校到社会都很少关心这些问题,导致他们中的许多人在读了十几年书后终于要面对职业选择时常常手足无措,不少人存在着不同程度的逃避就业的情况,甚至有些人宁愿失业也不愿意去就业。另外,计划经济时代大学毕业生由国家包分配,安排工作是国家的事,用不着大学生自己去操心,以至于从家庭、学校到社会很少关心大学生怎样选择职业,将来如何发展。近年来,随着大学生就业难问题的出现,大学生如何来合理规划自己的人生职业生涯问题,才引起高校及大学生们的重视。

我国的教育体系在教育内容和方法上衔接的不足,加剧了大学生择业的迷茫。虽然提了多年的素质教育,但真正重视的还是学历教育和应试教育,而职业教育则被看做是不得已的一项措施,这种传统教育思想的沿袭导致了学生在整个求学阶段中很少接触到职业世界的鲜活信息,为大学生的职业选择困惑埋下了隐患。

2. 高校的职业生涯规划辅导工作滞后

我国高校长期以来关注两个中心:教学和科研。没有把职业生涯辅导放在一个重要位置,甚至还将就业指导和职业生涯辅导等同,职业生涯辅导工作通常是由就业指导中心附带完成,也没有意识到职业生涯辅导是一个专业性要求极高的职业领域,导致在政策、资金、人员上投入极少。在出现了大学生就业困难后,教育行政部门要求招生名额同就业率挂钩,就业率低的专业将被限制或停止招生时,这才引起了各高校的关注。但高校关注的是就业率,没有从根本上意识到要关心大学生的职业生涯发展问题,以至于高校职业生涯规划辅导人员在数量上和素质上远不能满足大学生职业生涯规划的需要。

目前,虽然大学生职业生涯规划的问题已受到不少高校的关注,但真正普及的面还不够广。很多大学生认为在大学阶段进行职业生涯规划为时过早,误以为职业生涯规划是走入社会后自然而然就会做的一件事。

3. 人才测评和职业咨询建设的力度不够

对自我的认知是做好职业生涯规划的前提,只有进行一个切合实际的自我评估才能做好自己的人生定位,选择一条适合自己的发展道路。然而,自我认知是一个非常复杂的问题,个体在成长过程当中对自我的能力、兴趣、个性等方面都会有一些感性上、经验上的自我体察,但是这种自我认知很多时候是带有主观性的。因此,他们需要学校专门机构的人才测评和职业咨询的帮助,需要借助心理测量学科的研究成果,通过科学的手段测评自己的能力、兴趣和个性等等,从而进行一个更为科学、客观的自我评估。测评建设主要是人员建设和测评手段建设:一是需要有专业的人员做测评;二是需要有科学、完善的测评手段。目前大多数高校都没有配备专业的人员运用科学完善的人才测评工具对学生进行测评,只有为数不多的学校进行了人才测评。然而,目前进行心理和职业倾向测试的测评工具大多是从国外引进的,再加以本土化的量表,不仅受翻译质量影响,而且未能正视中西方文化背景、价值观念的差异。因而按照中国人的特点来设计、编排和使用的测评工具尚有待研发。此外,不少高校没有对包括政策咨询、心理咨询、职业方向咨询、就业途径咨询和个案咨询在内的职业咨询服务工作进行建设,职业咨询服务机构形同虚设,没有发挥其应有的效能,不能满足学生进行职业生涯规划的需要。

三、解决大学生职业生涯规划问题的基本对策

(一)普及大学生职业生涯规划的理念

1. 大学生自身必须树立和增强职业生涯规划意识

职业生涯规划的意义在于寻找适合自身发展需要的职业,实现个体与职业的匹配,实现个体价值的最大化。职业生涯规划应该是一个长期的过程,大学生进行职业生涯规划不应该是到了大四开始着手,而应该从读大学的第一天起就做好思想准备。一年级了解自我,二年级锁定感兴趣的职业,三年级有目的地提升职业修养,四年级初步完成从学生到职业者的角色转换。在大学四年的学习生活中,大学生要逐步确立自己的职业方向,这个要求和过程不能仅仅停留在自己的想象中,而是要切实地和现实相结合。作为大学生要发挥主观能动性,树立和增强职业生涯规划意识,积极进行职业生涯规划设计。

2. 高校要重视大学生职业生涯规划并发挥好引导作用

高校在大学生职业生涯规划中承担着重要责任,大学生的职业生涯规划设计必须在高校的正确引导下才能顺利进行。高校在大学生职业生涯规划设计中发挥作用,首先,必须充分认识到职业生涯规划对大学生的作用和意义,在思想上重视大学生职业生涯规划设计,并且通过会议、校园广播等进行广泛宣传。一方面鼓励大学生进行职业生涯规划设计,另一方面也使全校教职工能够重视大学生职业生涯规划设计,积极为大学生提供指导。其次,大力加强班主任、辅导员队伍和就业工作人员队伍建设,对他们进行职业生涯规划设计理论方面的培训,鼓励班主任、辅导员利用班会或其他时间对大学生进行职业生涯规划设计的指导,鼓励就业工作人员在对大学生进行就业指导的同时,以职业生涯规划设计的有关理论为支撑做好就业工作,引导大学生树立正确的就业观念,克服择业中的误区,引导毕业生到基层、西部、祖国最需要的地方去建功立业,促进就业工作更好地开展。

3. 全社会要营造大学生职业生涯规划设计的良好氛围

社会氛围对于大学生进行职业生涯规划设计的影响至关重要,如果没有合适的社

会氛围作支撑,大学生职业生涯规划设计就会困难重重。要想在全社会形成良好的氛围,首先就要通过舆论、宣传等的作用,大力宣传职业生涯规划设计的意义与作用,不但引导大学生进行职业生涯规划设计,而且引导已经参加工作的人进行职业生涯规划设计,并争取家长在子女早期教育中为职业生涯规划打下一定的基础,营造全社会认可、接受、支持和重视职业生涯规划设计的良好局面。同时,教育界理论界也要大力开展关于大学生职业生涯规划设计的理论研究,不断根据形势的变化,提供大学生职业生涯规划设计的方法、途径等参考,为大学生职业生涯规划设计打下坚实的理论基础。

(二)加强职业咨询和人才测评建设的力度

自我评估要客观、准确,既要看到自己的优点,又要面对自己的缺点,这样才能避免设计中的盲目性。而在目前严峻的就业压力下,在大学生的就业意识中,还普遍存在着追求高声望、高层次单位的倾向。大学生择业期望值普遍过高,又由于缺乏实践经验,心理准备不足,在求职中稍微遇到挫折就容易造成心态失衡,容易产生偏激、焦虑心理,往往把一切挫折归因于外部社会因素,缺乏对自己、对他人、对事物的客观全面的分析,进而产生自卑、更有甚者乃至产生自暴自弃的心理。这与不能正确进行自我分析,不能真正了解自己有很大的关系。

职业生涯辅导不能用思想教育和专业教育来代替。学校在开设职业生涯规划指导课程的同时,应设置专门的职能部门对学生的职业生涯规划进行专门指导,真正把理论指导与实践指导、普遍指导与分类指导、一般指导与个别指导有机结合起来,进一步提高职业生涯规划指导的科学性和人本化水平。一方面,要加强职业咨询建设。职业生涯规划具有个性化的特点,它会因为每一个个体的具体情况和所能依赖的条件不同而有所不同,所以只有加强面向个体、个性化的职业咨询辅导才能满足学生的需要。另一方面,要加强人才测评建设。人才测评是运用现代心理学、管理学及相关学科的研究成果,通过心理测验、情景模拟等手段,对人的能力水平、个性特征等因素进行测量。在国外,人才测评是作为高校就业指导中心必备的指导手段来使用的,而在我国目前只有较少的高校使用了这一手段。学生掌握了测量结果,就能很好地认识自己,消除职业生涯规划过程中的迷茫。大学生的职业心理是一个复杂的动态的过程,要探究其真实状态需要借助于科学的心理测试工具。学校可采用心理测量及自我评定等方法,帮助学生了解自己的能力倾向、兴趣、个性等方面的心理特质,指导学生进行合理的生涯规划,激发他们的潜力。

(三)建立大学生职业生涯规划指导队伍

目前,许多高校还没有专业的职业规划师,学生的职业生涯规划一般是由就业指导人员或者做学生工作的老师和辅导员来指导,而这些指导者往往缺乏相应的专业知识和技能。众所周知,我国每年高考志愿的选择有很多是由家长来建议,学校和专业的选择不是学生自己的意愿,因此上大学后仍有相当的大学生没有明确的发展目标,这就需要有专业的职业生涯规划指导队伍进行专业的指导。大学生职业生涯规划关系到学校的人才培养质量。为保证做好大学生的职业生涯规划指导工作,职业生涯规划指导队伍的建设可以通过如下途径来完成:一是整合高校现有教育资源,以学校就业指导中心工作人员和职业生涯规划人员为指导队伍的专职人员,以学生辅导员、班主任和心理学、管理学、教育学等相关专业的教师为兼职人员,通过有针对性的专门培训,在能够适应职业生涯规划工作要求以后开展工作。二是通过兼职、聘请等多种形式吸引校外的职业生涯规划专家、人力资源管理专门人员,不定期开展活动,提供咨询和辅导服务。这样,就可以建立一支以专职教师为骨干,专兼结合、相对稳定而不乏灵活性、素质较高的高等学校大学生职业生涯规划指导队伍。只有这样,才能为科学规范做好职业生涯规划工作提供必要的人员保障。大学生职业生涯规划指导教师,一方面要通过职业生涯规划课程的讲授,帮助学生了解自我,了解外部职业世界,确定切合实际的职业生涯目标;另一方面要通过职业测评和职业咨询服务,帮助学生解决职业生涯规划中的难题,同时结合职业世界不断变化的各种内容对学生进行集中讲座辅导,以满足学生日益增长的职业规划需要。

(四)构建大学生社会实践体系

大学生社会实践体系的构建是引导大学生社会实践的必需。工作的开展可以从几个方面入手:一是充分利用好院系各方面的资源积极建设社会实践和教学实习基地,将社会实践与专业学习和择业就业有机结合起来,建立长效的实践锻炼平台,让学生深入社会,体验社会中各种各样的职业,达到对外部环境更为全面、客观的认知。这应成为学校今后加强职业生涯规划指导的一个重要努力的环节。二是充分发挥学生社团的作用,利用假期,通过其自发组织一定规模的有明确目标性的社会实践活动,如青年志愿者活动、三下乡活动,与专业结合较密切的社区咨询服务活动等,从而形成良好的社会实践意识与校园氛围。三是利用部分高校本科生导师制建设的契机,发挥其针对性强、专业性突出的优势,科学地引导学生的专业实践,为大学生的职业生涯规划提供积极有效的指导。这些形式各异的实践活动,能使学生在熟悉社会环境和职业环境的同时,也进一步修正其职业定位,有助于职业生涯目标的实现。

参考文献

[1]周文霞.职业生涯管理[M].上海:复旦大学出版社,2004.

[2]吴贵明.中国女性职业生涯发展研究[M].北京:中国社会科学出版社,2004.

[3]杨向荣,刘龙海.大学生就业指导[M].北京:中国建材工业出版社,1998.

[4]孙彤,李悦.职业设计与优选人才仁[M].济南:山东人民出版社,1995.

[5]朱启臻.职业指导理论与方法[M].北京:人民教育出版社,1995.

[6]张莹.如何进行职业生涯规划与管理[M].北京:北京大学出版社,2004.

[7]焉敬新.职业生涯规划宝典[M].青岛:青岛出版社,2005.

[8]杜映梅.职业生涯规划[M].北京:对外经贸大学出版社,2005.

［9］龙立荣.职业生涯管理的结构及其关系研究［M］.武汉:华中师范大学出版社,2002.

［10］刘穿石.创业能力心理学［M］.西安:陕西师范大学出版社,2004.

［11］刘冰,张欣平.职业生涯管理［M］.济南:山东人民出版社,2004.

［12］张再生.职业生涯管理［M］.北京:经济管理出版社,2002.

［13］张鹤.人往高处走:职业生涯规划［M］.北京:经济管理出版社,2004.

［14］耶胡迪.巴鲁.职业生涯管理教程:theoryandpraetiee［M］.北京:经济管理出版社,2005.

［15］杨河清.职业生涯规划［M］.北京:中国劳动社会保障出版社,2005.

作者简介:

肖伟(1982—　　),女,硕士研究生,上海立信会计学院。电话:13916864340;
E-mail:xiaowei200304@163.com

职
业
发
展
教
育

浅析民办高校职业发展教育的实施措施

（上海建桥学院　杨　嬿）

摘　要：高等教育体系中，职业发展教育是其不可或缺的一部分。提高大学生的职业发展能力和就业能力是高校职业发展教育的主要功能，这种功能的实现不仅仅体现在国办的高校中，更能体现在民办的高校中。本文将以职业发展教育的概念及特征为基础，进一步论述民办高校职业发展教育的内容意义以及现在所面临的现状，最后论述解决目前民办高校职业教育发展的具体措施。

关键词：高等教育；职业发展教育；民办高校；措施

一、职业发展教育概念及特征

（一）职业发展教育概念

职业发展教育的目标是有目的、有计划、有组织地培养具有全面发展素质的人才，同时具有独立的生存能力和健全人格，发展学生的职业生涯意识与技能，提高职业能力，并促进个体职业发展的活动。职业发展教育是引导个体实施职业生涯规划，同时落实规划为主线的教育活动。谢安国在《大学生职业发展教育实施途径新探》一文中就指出：开设专门的职业发展教育课程、学科渗透、测评与辅导以及校园文化等是实施职业发展教育的有效途径。可见，职业发展教育需要高校、社会、企业、学生多方形成合力，完善职业发展教育相关理论，构建有效的职业发展教育实施体系，探索职业发展教育的实践模式，推动职业发展教育又好又快地发展。

（二）职业发展教育特征

1. 全程性

职业发展教育是终身教育。对大学生来说，这种终身教育既是学生职业观成熟与发展的过程也是一个教育过程。职业发展教育的成熟与发展是在学生的学习过程中逐步树立职业意识、职业心理以及职业行为，是对学生择业观和就业观的全面培育的过程。这种过程是要长期延续的，并不是依靠短期的教育来完成的。大学生选择何种职业往往是几年准备和努力的结果,不是到毕业时才决定的,所以大学生就业观的形成也是一个渐进的过程。准备和完善自己的职业技能同样也要经历一个较长的准备过程。如果没有做好前期的规划,到了毕业时才开始准备,而在上大学期间没能形成明确的择业目标和掌握一定的职业技能,毕业之后就会不知所措,很茫然,自己的职业理想最终将会难以实现。因此,职业发展教育必须是一种终身性、全程性的教育。

2. 实践性

职业发展教育具有很强的实践性。理论知识和思想观念的传授是职业发展教育教学内容的一部分,指导学生参与择业竞争才是其教育的最终目标,教会学生找到适合自己并能最大限度地发挥自己潜能的职业,从而在毕业找工作之际尽可能实现人与职业相匹配。从当今职业发展教育本身来看,职业发展教育活动实际上是一项实践活动。职业发展教育的教学内容必须在了解国家就业政策的前提下深入实践,并了解就业形势等外界因素,同时还要了解学生就业思想动态,使职业发展教育更具有针对性,不断在实践中完善和更新职业选择;从教学方法上,课堂教学只是小面积的理论与实践基地,实地参观考察等实践性较强的方式必须引起重视并加以利用,职业发展教育实效性的最大限度发挥。

3. 系统性

学校要实现培养大学生的全面素质,从而提高其就业能力的职业发展教育的目标,就必须制定科学的培养计划并设置相应的课程,结合目前我国培养的大学生实际情况并借鉴发达国家和地区的经验,对大学生进行细致系统的教育。职业发展教育是一个循序渐进的过程,其内容包括:职业定位教育、分析职业潜能教育、职业技能与生涯规划意识的培养、职业生涯心理辅导等。这些教育内容涵盖了从自我认知到职业认知,从社会认知到职业综合能力培养的过程。由此可见,职业发展教育是由理论到实践的系统教育过程。

4. 全员性

职业发展教育是涉及领域比较广泛,综合性强的系统性工作,与专业的教育不同,它集一系列的特色于一身,包括理论性、指导性、实践性等,要求从事工作的人员掌握相关的政策,同时具备心理学、社会学、教育学、管理学以及创新创业等多方面的知识,能够了解和掌握学生所学专业相关的知识,具有一定的实践经验才可。从以上论述可知,它需要调动校内、外的所有力量,仅靠一个人、几个人或一个部门、几个部门的力量针对这种综合性极强的工作是无法完成的,职业发展教育的主体是全员性,即凡是与学生职业发展相关的所有人员都要参与其中。

二、民办高校职业发展教育的内容及意义

(一)民办高校职业发展教育的内容

民办高校职业发展教育是指大学生在校期间学校对其进行职业生涯发展方面的

教育工作的总和，是在高等教育条件下对学生全程化职业指导的过程。其目的是帮助大学生的职业生涯发展目标树立，让大学生的学习变被动为主动，激发大学生学习的自觉性，培养他们的职业胜任能力，并找到自己适合的职业发展道路。21世纪初国内外职业发展教育在部分高校陆续开展，职业生涯规划教育逐步被纳入大学课程。其中认识层面的教育，能力素质培养的教育，就业技术层面的教育，这三个层次的内容是职业发展教育的主体。

（二）民办高校职业发展教育的意义

职业发展与就业是大学生面临的基本问题。职业发展教育的科学系统性，对于大学生来说是激发自主意识，树立正确职业观、就业观和创业观的重要途径，也是大学生自身发展理性地规划未来，自觉地提高自身综合素质、竞争能力、生涯管理能力，实现自身的健康成长、顺利就业和职业良好发展的重要方法。

首先，民办高校职业发展教育有利于增强大学生的学习目的性。职业发展教育能够使大学生通过自我评价和制定职业发展规划，使学习目的的实现途径变得具体和清晰，在职业素质具备时，促使大学生成为全面发展的人，从而建立大学生学习目的的持续动力，不断增强学习的目的性和自觉性。

其次，民办高校职业发展教育有利于大学生的全面发展和成才。职业发展教育不仅能够为学生的自我发展提供信息，指导他们根据社会职业需求建立合理的知识结构，而且也能够促进他们奋发学习，注重道德修养，完善自身综合素质，成为一个全面发展的人。

再次，民办高校职业发展教育有利于大学生实现职业理想。通过职业发展教育，可以让大学生理性地确定职业观念，客观认识社会职业观念。掌握就业技巧和提高就业能力，毕业后顺利就业。能够使其尽快适应社会，提高职业生涯管理能力，努力实现自己的理想和人生价值。

三、民办高校职业发展教育现状分析

在当今高等教育大众化的背景下，大学生的就业形势日益严峻。人才的职业素养及职业技能被社会越来越重视。但在实际的民办高校中，却存在着一系列对于民办高校职业发展教育的认识不正确、发展不完善、重视程度不够的问题。

（一）大学生对职业认识不正确

作为一个大学生，对职业认识不强是客观存在的大问题。黄莺满于《构建以人为本的大学生职业发展教育体系研究》一文中提出：通过构建"多层次的辅导体系、系统化的课程体系、科学化的评估体系、有序的活动体系"等，提高大学生的就业能力，促进大学生成功就业和创业。这是很有见地的，大学生不能从自我认识、兴趣和价值观以及能力等方面出发去选择适合自己的职位，这充分地说明了大学生对职业的认知和学习的目的性与方向性的认识是不够的。在高考时很多学生对自己的将来感到很茫然，有些学生则是跟风去参加高考,为的是拿到毕业证书,导致在大学四年中没有充分地利用自己的爱好兴趣,毕业时专业不扎实、实践能力不强等。

(二)民办高校职业发展教育的不完善

我国的民办高校在职业发展教育上是有所短缺的。职业教育机构在很多民办高校中并没有独立和健全。不少民办高校中的职业教育机构都由学生处或就业指导中心负责,有的学校甚至并没有指导学生怎么去规划自己的职业,而只是教会学生怎样获得一个职业。为了毕业生就业时现学现用,了解就业政策和准备就业材料等是就业指导的重要作用。这样就会出现一个问题:大学生对自己将来的工作和自己所学的知识之间的联系由于处在职业的探索期间,会感觉联系甚微,或者没有联系。这就需要专业老师的指导,以满足学生的内在需求。

(三)社会对民办高校职业发展教育不重视

在现代社会商业化、市场化的同时,民办高校职业教育的缺失对社会来说也要负起相应的责任是必然的。大学教育和市场接轨是必然的趋势。市场和大学一样都要负起指导职业教育的重任。很多企业指责教育的不完善,经常地抱怨某一方面员工素质的欠缺,但自身对职业教育不作为却认识不够。有一种理论在社会上流传甚广,并得到社会的认可,便是:一些专家认为大部分的大学生在校期间所学专业与将来的职业是没有很大关系的。这种理论将会误导整个社会,这是对大学教育的否定,也是对知识的否定,反过来讲便是对"读书无用论"的肯定。对学生的择业、就业来说,职业发展教育是具有非常重要的教育意义的。

四、民办高校职业发展教育的实施措施

(一)提高学生正确的职业认识

正像李玉荣在《新时期实施大学生职业生涯规划教育的思考》中所说:如何建立大学生正确的职业观,做好未来生涯的规划工作,在高校就业工作中意义重大,必须用科学的职业生涯规划思想指导大学生就业工作。美国教育学者 Axelrod,J 在《The University Teacher as Artist》一文中也表达了同样的观点。能够担任教学工作的前提必须是由专职教师通过正规教学才可,并帮助学生探索自我,向学生全面系统地传授职业发展的知识,同时了解社会,科学选定合理规划大学生涯和未来的职业发展方向。

(二)学校完善职业发展教育体系

1. 开设职业指导课程

职业指导课程一般是指根据社会经济的发展,高校以学生为本对毕业生的素质要求,有组织、有计划地遵照职业生涯教育的指导思想,结合学生的个性特点,对学生进行职业生涯教育的系统课程的总和。它在教学分工及工作侧重点方面与专业教育课程是不同的,培养学生全面、和谐发展却是他们总的目标。专业教育课程资源,专业教

育课教师是必不可少的要素。同时,职业指导教育应结合学生的身心发展程度和知识水平以及未来的发展需要进行开展。所以现代民办大学职业发展教育想要得到良好的发展必须采取设立职业指导课程为必修课程。

2．注重校园文化建设

校园文化对大学生的作用特点是潜移默化、由表及里,其对大学生的熏陶有时可能比书本更为深远。优秀的校园文化可以培养学生团结协作、吃苦耐劳、勇往直前的奋斗精神,还可以为大学生的成长创设一种积极向上的精神氛围,营造良好环境,为广大学生净化环境,训练他们的心理素质,从而提升大学生面对就业竞争力的坚强毅力。学校应该大力举办由专业教师负责的职业指导讲座,并不断规范、系统地开设专门职业发展教育课程。比如,在大学生中开展职业生涯规划大赛、就业演讲会等职业生涯主题活动,同时可利用网络咨询与指导进行教育。

3．学科知识的渗透

所谓学科渗透是指,在学校内,任何年级、任何课程的每一位教师须尽可能地强调其所授课程具体内容的实际含义与职业价值。任课教师在传授知识和技能的教学中要注重培养学生正确的职业观、职业操守和规范,必须阐明这些知识与技能在职业领域中的应用,从而提高学生的生存能力和基本素质。对学生进行职业规划必须要结合学科与具体的专业知识,如在课外送他们到企业、行业中去参加实践等,便于学生了解特定的职业、行业对从业人员素质和能力的要求,了解某具体专业的职业发展方向。

4．客观测评与精细辅导

协助大学生认识自我的主要途径之一是客观的测评与精细的辅导,帮助大学生解决职业方面遇到的困惑或困扰必须运用个性化的手段。测评与辅导是相互依存、相互补充的,对测评结果的专业解读必须通过专业的辅导人员具体的辅导形式才能确定是否得当,所以测评技术的使用是辅导者顺利开展辅导为自己提供资料帮助所必需的。民办高校职业发展教育的辅导形式可以采取个别、小组、团体和朋友等三种形式。

5．建立职业发展教育工作坊

工作坊是指一群人就某一主题有目的地聚在一起进行研讨与实践,同时可以自由地分享各自的知识与经验的场所。一般来说,工作坊这种聚会的形式必须要有某个领域富有经验的人进行主持,工作坊的言论要以此人为核心,一个工作坊人员一般控制在10~20名,通过讲述、演讲、活动、讨论等多种方式共同探讨某个话题。工作坊越来越成为人们提升自我的学习方式,主要因为工作坊具有主题明确、组织灵活、成员参与性强的特点。工作坊已成为一种在情境互动中培养学生职业化素质非常有效的途径。值得我们关注的是,工作坊的主持者必须要针对每期主题设计大量活动,使学生通过领悟和内省,帮助他们获得认知和行为上的改变。

(三)加强社会对民办学校大学生职业发展教育的重视

社会对民办高校大学生职业发展教育的影响是巨大的,社会通过对毕业后大学生在工作与择业中的现状来对在读的大学生进行积极和消极的启示。只有社会客观公正地面对这些问题,才能给在校大学生一个好的就业环境和积极的人生态度。社会、公司或单位可以通过社会媒体,对大学生毕业后的现状进行积极的宣传,必须重视人民大众的力量,必须依靠这种力量对民办高校的大学生就业观的发展产生积极的影响。

总结

总而言之,大学生就业工作任重而道远,职业发展教育帮助大学生明确发展目标,掌握职业生涯规划的理论和方法。民办高校做好大学生职业发展教育的规划与指导,不断完善其指导服务体系应是一项常抓不懈的工作。只有以此为前提,把大学生职业发展教育贯穿于大学教育的各个阶段,并把其作为当前素质教育的一项核心内容,通过多层次、多角度地不断地建立和完善的职业发展教育体系,对大学生的职业规划提供科学的辅导,才能全面培养和锻炼大学生的就业能力,为社会输送源源不断的人才。

参考文献

[1]谢安国.大学生职业发展教育实施途径新探[J].陕西教育(高教版),2011(4).

[2]王菲,武义.大学生职业生涯规划设计的思考[J].科技经济市场,2006(5).

[3]李玉荣.新时期实施大学生职业生涯规划教育的思考[J].滁州职业技术学院学报,2009(2).

[4]王恩福,侯明玉.开展大学生职业生涯规划教育的意义及方法研究[J].商业文化(下半月),2011(8).

[5]田霖霞.高校实施职业发展教育的若干思考[J].学校党建与思想教育,2009(25).

[6]李群如.大学生职业发展教育师资队伍建设的问题研究[J].教育与职业,2009(6).

[7]黄营满.构建以人为本的大学生职业发展教育体系研究[J].职教论坛,2009(8).

[8]雷五明,赵北平.大学生职业发展教育的内容与实施[J].中国青年研究,2006(9).

[9]刘喆.大学生职业发展教育工作体系创新研究[J].理论月刊,2007(5).

[10]姚栋华.上海高校职业发展教育展望[J].思想理论教育,2007(Z1).

[11]WESTON C, CRANTON P A. Selecting In-structionalStrategies. Journal of Higher Education. 2010.

[12]AXELROD J. The University Teacher as Artist . 2009.

[13]DRESSEL P L. Improving Degree Programs:A guide to Curriculum development. Administration and Review. San Francisco:Jossey-bass . 2012.

作者简介:

杨嬿(1983—),女,上海建桥学院毕业生就业指导办公室教师,行政、招聘主管。研究方向:职业发展。

民办高校教师职业生涯发展的困境和出路思考

(上海杉达学院　张懿玮)

摘　要：教师是民办高校生存和发展的基础,但是相比于公办高校,民办高校教师的职业满意度相对较低,职业倦怠现象较为明显,职业生涯也相对较短。在民办高校教师的职业发展道路上,教师容易陷入各种困境,这既限制了教师的健康成长,也影响了学校的持续发展。为此,民办高校应该以学校的发展促进教师的发展,明确教师的职业发展道路,加强对教师的教育和培训,以及促进对教师的人文关怀。

关键词：民办高校;教师;职业生涯;困境

自 2003 年我国实施《民办教育促进法》和《民办教育法实施条例》以来,我国的民办教育取得了快速发展。学校数量不断增加,办学规模日益扩大。2012 年,包括独立学院在内,全国共有民办高校 707 所,毕业生数达到 130.57 万人,招生数达到 160.28 万人,在校生达到 533.17 万人,分别比上年增长 6.19%、4.26%和 5.57%。虽然与国外相比,我国民办高校的发展仍然存在不少差距,但是它已经成为我国高等教育的重要组成部分,成为公办高等教育的重要补充,成为学生接受更高教育的重要渠道。

民办高校的教育水平直接决定于教师的水平,学校的社会地位和行业影响根本上也决定于教师的质量。作为民办高校最宝贵的资源,民办高校教师的职业发展不仅关系到个人的前途,更关系到学校的发展。美国组织行为学家道格拉斯·霍尔认为,职业生涯是一个人一生中所有与工作相联系的行为与活动,以及相关的态度及价值观等连续性变化经历的过程。从民办高校的角度看,教师是否热爱和忠诚教师这一职业,是否热爱和忠诚民办高校,是否在职业上作出一定的成绩和贡献,对于民办高校的生存和发展具有重要意义。因此,分析民办高校教师职业生涯发展的困境,有助于更好地促进教师的成长和学校的持续发展。

一、民办高校教师职业生涯的现状

1. 职业满意度相对较低

由于受收入水平、工作稳定性、职业发展等多种因素的影响,相比公办院校,民办高校教师对职业的满意度相对较低。谢清琳通过对民办高校与公办高校教师工作满意度的比较，表明民办高校和公办高校教师满意度存在显著性差异，民办高校教师对"学校管理"、"工作环境"、"工作回报"的满意度明显低于公办教师。沈柳也曾对上海5所民办高校的在岗教师进行了问卷调查和统计分析，研究同样发现教师的总体满意度中等偏下，离职倾向明显。民办高校教师的低职业满意度直接决定了他们的低忠诚度。

2. 职业倦怠现象明显

职业倦怠是指个体在工作重压下所产生的身心疲劳和耗竭状态，最早由美国临床心理学家费登伯格于1974年提出。它包括情绪衰竭、去人格化和无力感或低个人成就感，直接表现为对工作丧失热情，工作态度消极，以及对自己工作意义和价值的评价下降。民办教师的职业倦怠现象较为突出。张玲对河南省民办高校教师职业倦怠现状的调研显示，民办高校教师呈现明显的工作倦怠，尤其是情绪衰竭最严重。张楠楠和周元宽对上海民办高校教师的调研也得出类似的结论。相比于普通管理人员、一般员工和中小学教师，民办高校教师的职业倦怠感更为严重，情绪衰竭、玩世不恭、低成就感等现象都较为明显。职业倦怠既影响了教师的心理健康，又直接降低了教学质量，影响了学校发展。

3. 职业生涯相对较短

因为工资福利、社会地位等原因，与公办院校相比，民办高校教师的流动率相对较高，对民办教师这一职业的忠诚度较低。很多民办教师将民办高校作为临时性过渡机构，有更好的机会便纷纷跳槽，教师在民办高校的职业时间普遍较短，很少有年轻教师将民办教师作为自己的终身职业。民办高校教师的高流失率在全国大多数民办高校普遍上演，民办教师职业生涯较短，已经成为制约学校发展的重要障碍。

二、民办高校教师职业生涯发展的困境

1. 生源质量的下滑降低了教师的工作成就感

近年来，民办高校的生源质量普遍下滑已经成为摆在学校面前的残酷事实。其根本原因是高考人数总体上呈下降趋势。1999年大学开始扩招以来，高考人数连续10年保持快速增长。至2008年，高考人数达到最高点1 050万名。2009年高考人数开始持续下降，2012年全国普通高校招生报名总数为915万名，比2011年减少1.9%，高考人数4年累计下滑135万名。在公办院校没有减招的情况下，这就势必影响民办高校的生源数量。为了保证生源数，生源质量下降不可避免，而且直接后果就是学生成绩差，校园学风差，教师课难上。很多教师的辛勤劳动很难看到直接成效。教师难以在教学活动中获得足够的工作自豪感和成就感，最终导致工作倦怠，应付了事。

2. 应用型人才的培养模式加大了教师的工作难度

绝大部分的民办高校都定位于培养应用型人才，这既是社会经济发展的客观要

求,也适应了民办高校学生的特点以及学生和家长的需求。应用型人才的培养模式的关键是要提高学生的实践能力和职业素养,这就要求改革整个教学体系,形成产学结合的新的培养方案。这直接体现在课堂上要求所教的内容要实用,避免纯理论的讲授,要通过与实践结合,提高知识的应用性和针对性。相应的,要求民办高校教师应该是"双师型"教师,既要有理论知识,也要有一定的实践能力。然而,当前民办高校教师主要毕业于各大研究型高校,一是所学内容偏重于学术性、理论性,二是从学校到学校,缺乏必要的企事业单位的实践能力。实际工作中,因为教师本身对企业不熟悉,所以有些实践性强的课程不知道如何讲解,或是书本知识已经过时,教师讲授也无法满足现实的需求。应用型人才的培养模式对这些教师提出了新要求,大大增加了他们的工作难度。

3. 民办高校认可度不高增加了教师的职业自卑感

我国民办高校起步晚,社会认可度不高。其原因在于:一是受传统观念的影响,考生普遍认可公办院校;二是由于受资金的限制,很多民办高校的办学质量不高;三是一些民办高校关门倒闭,一些民办高校虚假宣传、恶性竞争等行为极大伤害了民办高校的整体声誉。其结果就是学生不愿意报考民办高校,即使考上了,有机会也会选择离开。盈速教育网调查显示,广东 2007 年民办高校新生入学注册率普遍占招生人数的比例不足 80%,有的甚至不到 60%。大量考生情愿参加高考复读或是直接选择出国留学而不愿进入民办高校就读。社会对民办高校的这种低认可程度直接导致教师的职业自卑感,尤其是与公办院校教师在一起,这种自卑感就更加强烈。

4. 薪酬待遇不高导致了教师工作的不稳定性

2003 年我国出台了《民办教育促进法》,虽然在政策上支持民办高等院校的发展,但在很多地方却缺乏实际的财政资金的支持。此外,由于社会认可度不高,民办高校通常很少能获得社会的捐助。在教育资金投入紧张的情况下,大多数民办高校走的是"以学养学"的道路,自给自足。国家教育发展研究中心与教育部发展规划司调查显示,在民办高校办学经费投入中,学费占 79.8%,杂费占 10.4%,捐赠占 1.2%,校办产业等占 0.8%,贷款占 5.6%,财政占 5.4%,其他占 1.9%。由此可见,民办高校的主要资金来源是学费。然而,随着学生生源的紧张,片面依赖学费的筹资方式使得民办高校的运营日趋困难,这直接影响的就是教师的工资收入水平。尤其是社会福利部分,民办高校与公办高校存在较大差距。而与薪酬形成强烈对比的是,民办高校教师的工作强度一般较大,一肩多挑,课时重等现象较普遍。

三、针对民办高校教师职业生涯发展困境的对策

1. 以学校发展促进教师发展

要提升教师对民办教师这一职业的认可度,要提升他们在民办高校的职业生涯,

关键在于提高教师对工作的满意度和忠诚度,而这与学校的健康良性发展紧密相连。学校与教师的命运息息相关,学校的地位越高,发展越好,教师就越有自豪感,就越有工作的积极性,也就越能安心在学校教书育人。因此,民办高校应该以学校发展促进教师的发展。这就要求学校找准定位,树立"经营、服务、发展"的全新发展理念。"经营"理念要求民办高校在具体的专业设置和学科设置上应该考虑市场需求,做好连接市场,避免与公办院校的直接竞争。还要求做好开源节流,努力拓展多种融资渠道,为学校发展积累资金。"服务"理念要求学校以就业为导向,以"培养应用型人才"为目标,能够有效地提升学生的实践能力,很好地帮助学生解决就业问题。"发展"理念要求学校破除僵化的思维模式,要大胆尝试,勇于创新,加强改革,要乐于接受新技术、新方法、新理念。要积极探索国际化发展道路,深化国际合作,全面提升学校的品牌形象和社会声誉。

2. 明确教师的职业发展道路

当前,民办高校教师的职业发展之路很多是提升学历,离开学校,基本上都是自我规划,自我发展,学校在教师职业发展规划上的作用是缺失的。公办高校教师的职业发展道路非常清晰,而且学校也提供很多的机会用于教师的提升,但民办高校资源有限,通常也无评高级职称资格,教师的职业生涯容易遭遇瓶颈,这就要求学校必须做好教师的职业生涯发展规划。一方面,为教师接受再教育提供机会,如海外留学、访学、读博等,努力提升教师学历,全面增长教师知识,为教师的职业发展提供更广阔的空间。另一方面,为了避免教师流失,需要为教师晋升更高职称提供更合适的机会。要积极向上级管理部门申请民办高校职称评审的分类管理,要区分科研型教师和教学型教师,为不同类型的教师因地制宜地制订不同的评定标准。

3. 加强对教师的教育和培养

民办高校要加强对教师的教育和培养力度。民办高校的学生难教,但是可以教,这就必然要求教师要有足够的耐心、全新的方法、更高的能力去教好他们。因此,必须要通过教育培训,通过老教师的"帮、传、教",改革年轻教师的教学方法,提高他们的教学能力。民办高校培养的是应用型人才,因此学校应该加强双师型教师的培养力度。通过企业进课堂,老师做助教的方式,增长教师的知识。通过企业实践,直接提高教师的实际操作能力。民办高校主要是以教学为主,科研为辅。科研的目的是为了更好地促进教学,因此学校应该积极鼓励教师从事科研工作,尤其是应用型项目、校企合作项目的研究,全面提升教师的科研能力。

4. 促进对教师的人文关怀

提高教师的待遇固然重要,但更重要的是加大对教师的人文关怀,以情感留人。民办高校应该营造和谐、愉悦、温馨的校园环境,对教师真诚以待,尊重教师,而不是将其作为一般的企业员工。要真正发挥教师的主导作用,最大限度地保护、调动和发挥教师的工作积极性和主动性。要真正关心教师,努力提高教师的福利待遇,努力改善教师的工作、生活环境,为教师创造学习、提高的机会和条件。教师这份职业本身就充满了人文关怀,严格的规章制度和物质刺激能够对教师起到一定的积极作用,但是教师对工作的责任感和自觉性,对职业的热情,对学校的热爱,最终还是依靠学校的人文情感。

四、结论

教师是民办高校生存和发展的基础,但相比于公办高校,民办高校教师的职业生涯发展容易陷入各种困境,这严重制约了学校的可持续发展。为了提升教师对民办教师这份职业的忠诚和热爱,提升对民办高校的认可和满意,就必须以学校的发展促进教师的发展,明确教师的职业发展道路,加强对教师的教育和培养,以及促进对教师的人文关怀。

参考文献

[1] 孔颂华,潘学兵. 高校教师职业生涯规划探析[J]. 井冈山医专学报,2008,15(3):88-89.
[2] 谢清琳. 民办与公办高校教师工作满意度调研分析[J]. 浙江树人大学学报,2008,8(4):6-11.
[3] 沈柳. 上海民办高校教师职业满意度的调查分析[J]. 中国电力教育,2009(1):35-36.
[4] 张玲. 关于河南省民办高校教师职业倦怠现状的调查与分析[J]. 教育探索,2013(1):141-142.
[5] 张楠楠,周元宽. 上海市民办高校教师职业倦怠与心理控制源的相关研究[J]. 教育与职业,2007(24):72-74.
[6] 张懿玮. 评新形势下我国民办高校的办学理念[J]. 上海教育评估研究,2013(6):50-54.
[7] 记者. 报考人数减少,录取比例攀升[N]. 中国教育报,2012-06-07.
[8] 记者. 广州:一成考生复读,民办高校生源不足[OL]. 山西新闻网,http://www.daynews.com.cn/edu/324521.html
[9] 刘文华,武毅英. 试析我国民办高校的投入机制. 教育发展研究,2004(5):21-23.
[10] 杜丽,陈新. 民办高等教育财税扶持政策研究[J]. 商业时代,2008(1):55-56.
[11] 司富春. 关于加强高校教师师资队伍建设、发挥教师主导作用的提案[OL]. http://www.cppcc.gov.cn.

作者简介:

张懿玮,就职于上海杉达学院;邮编:201209。

就业指导

高职高专后90后大学生就业观调查

（上海电机学院　张书娟　应　乐）

摘　要：随着大学毕业生的急速增加，就业市场出现了严重的"供大于求"的局面，大学生就业观也发生了巨大变化。本文通过对上海电机学院"90后"大学生就业观展开问卷调查，得出"90后"大学生就业新特点，对开创大学生就业工作新局面具有现实意义。

关键词："90后"；就业观；求职

据教育部统计，2013年全国高校毕业的大学生人数一举创下新中国成立以来最高纪录——近700万人，比2012年的680万人增加20万人左右。随着大学毕业生的急速增加，就业市场出现了严重的"供大于求"的局面，如今大学生就业观也发生了巨大的变化。对我院90后大学生就业观的转变规律进行研究，对我院现阶段解决大学生就业观教育问题，不断开创大学生就业工作新局面具有现实意义。

一、大学生就业观的概念

1. 就业观的定义

就业观是指大学生在选择某一职业时的一种观念、态度、认识及心态，是个人对就业的一种反应性倾向，它是由认知、情感和行为倾向三个因素组成的。

2. 就业观的特点

就业观具有相对的稳定性，在特定的时间、地点、条件下，人们的就业观是相对稳定的。就业观具有发展性，并不是一成不变的，而是不断发展的，随着环境、经济地位以及人生观和世界观的改变，这种价值观也会相应改变。就业观具有独特性，由于每个人的受教育程度、兴趣爱好、性格特点、生活背景各异，因此每个人的就业观也不尽相同，具有独特性。

二、企业对"90后"学生看法

为了从更客观的角度分析"90后"大学生就业观，我们编制了"上海电机学院90后大学生就业观调查问卷（企业版）"。该问卷主要内容包括被调查企业的单位性质、所招聘专业、提供的薪酬,以及在实际用工过程中对"90后"大学生的看法和意见等。同时,我们走访调研了62家与我们高职学院有合作关系的校友企业,其中九成以上的企业中的在职员工为我们学院往届毕业生,七成为合资和民营企业。这对于我们研究我们高职学院"90后"学生就业观具现实调查意义。我们将企业调研得出的数据录入Excel表格并进行统计分析。

(一)"不能吃苦"、"浮躁"成为企业最不满问题

涉及"90后刚毕业的大学生在工作中表现出来的主要问题"的调查中,不能吃苦耐劳(67.74%)、眼高手低(56.45%)、浮躁(54.84%)超过我们普遍认为的经验不足(53.23%)位居企业不满意"90后"大学生的主要问题所在(见图1)。而大学生普遍所担心的专业理论不扎实、知识面狭窄、创新能力不足,却在企业不满问题中所占不到20%。这恰好看出,对于现代大学生,企业在理论专业知识方面和创新方面要求不高,而最想要的是大学生能摒弃身上的傲气,脚踏实地地在"社会大学"里从头学起。

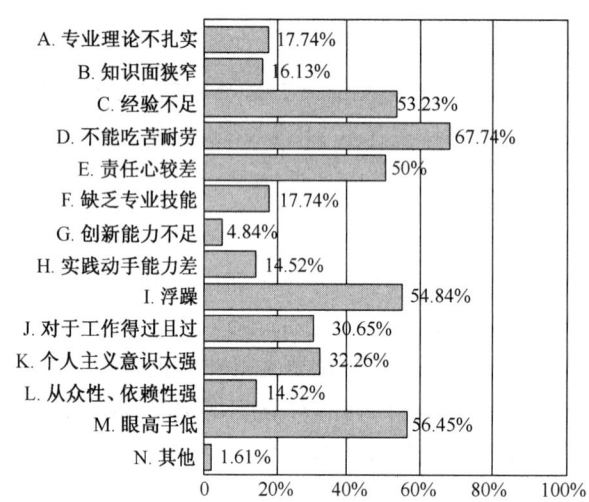

图1 "90后"刚毕业的大学生在工作中表现出来的主要问题

(二)"抗挫折能力"普遍偏低

在问及如今"90后"毕业生最欠缺的素质时,企业HR们反应最激烈的就是现在大学生抗挫折能力差。在调查中,66.13%的企业认为"90"后学生最欠缺应对挫折的能力(见图2)。"90后"大学生从一出生就备受父母和整个家庭的完全照顾和爱护,成了温室里的花朵,没有经历过狂风暴雨的洗礼,尚不具备成熟的心理素质和承受能力,一旦面对挫折和打击时心理承受力比较脆弱。工作中语气稍微重一点,"90后"马上变脸色,更有甚

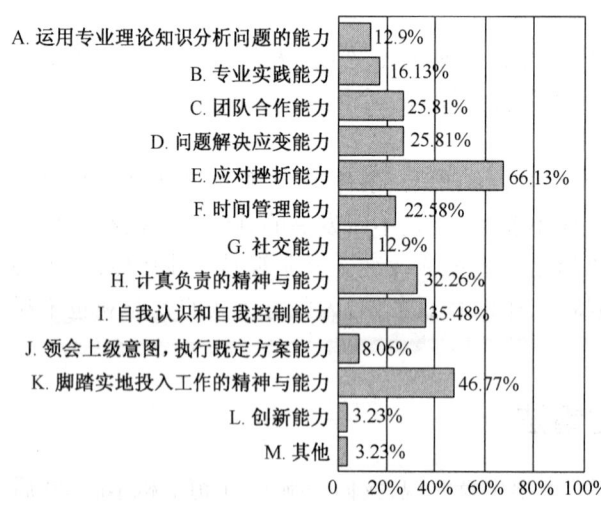

图2 企业觉得"90后"大学生最欠缺的素质

者直接摔门走人。除此以外脚踏实地投入工作的精神与能力（46.77％）、自我认识和自我控制能力（35.48％）也与应对挫折能力（66.13％）同时进入"90后"最欠缺的素质前三甲，成为企业不满意"90后"大学生的素质。

（三）"社交能力"显著增强

令人意外的是，虽然"90后"被指"浮躁"、"抗挫折能力差"令企业头疼不已，但"社交能力"很不错却成为企业眼中"90后"的新生优势。在"90后"大学生具备的素质与特征中，社交能力（48.39％）、团队合作能力（41.94％）成为"90后"颇受好评的优点（见图3）。在经过多年素质教育后，新型教育模式下走出的"90后"已初具雏形。大部分"90后"都热情、开放、充满活力，善于言谈。在网络信息爆炸的互联网时代，大量的新事物和海量的信息，大大开阔了他们的眼界，同时，他们喜欢寻求刺激、追求新鲜感。对新事物的接受能力非常强，学习能力也很强，具有较强的创新能力。

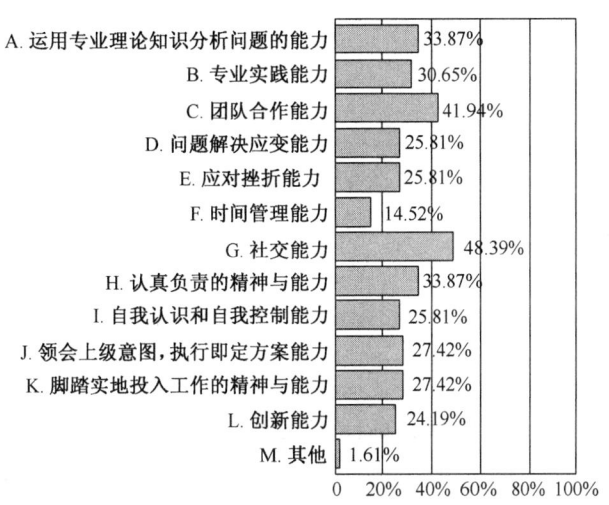

图3　企业眼中"90后"毕业生具备的素质与特征

（四）"脚踏实地"是企业最需要的"90后"

企业更青睐能定心工作的人。一位企业老总分析，中等能力的学生，其实很有培养潜力，有较大的发展空间，企业可以针对其自身特点，对其进行定向培养。而一些优秀的毕业生，往往会"这山望着那山高"，一看到好的企业和发展机遇，就会立马跳槽，对原来的企业没有"感恩"之情。那些频繁跳槽的大学生稳定性差，企业是不会留用的，因为他们对企业缺乏忠诚度。

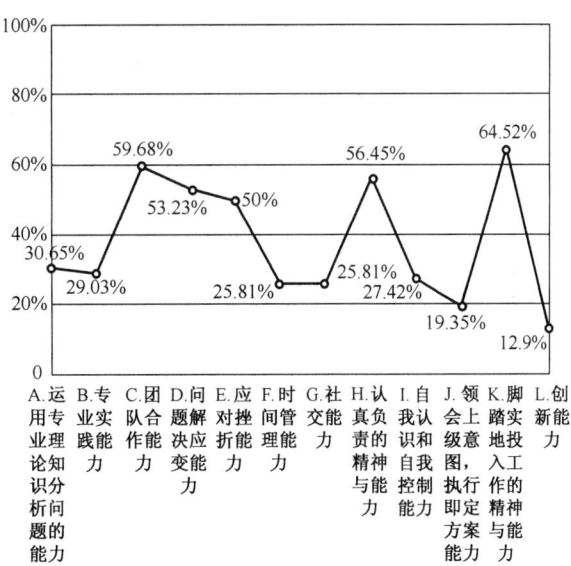

图4　单位企业最看重毕业生的素质

数据表明,企业最需要的毕业生素质包括以下几点(见图4):①脚踏实地地投入工作的精神与能力(64.52%);②团队合作能力(59.68%);③认真负责的精神与能力(56.45%);④问题解决应变能力(53.23%);⑤应对挫折能力(50%)。"脚踏实地"才是企业最需要的"90后"!

三、90后学生对未来工作和企业的想法

为了从学生的角度分析"90后"大学生就业观,我们编制了"上海电机学院90后大学生就业观调查问卷(学生版)"。该问卷主要内容包括被调查者性别、专业、对工作环境要求等。同时,我们在我校高职学院各年级中(大一至大三)随机抽样,并从中抽取96名学生(采用系统抽样方法,从3个年纪中分别抽取32人)作为调查对象,向被调查对象说明调查的目的、意义、调查问卷的填写方式等,发放调查问卷96份,其中有效问卷90份,有效率为93.75%。其中,男生占62.64%,女生占37.36%;调查对象出生于1990—1995年之间的机电类专业学生占53.74%、经管类专业学生占32.97%、语言类专业学生占13.3%。最后,我们将调查数据录入Excel表格中并对数据进行统计分析。

(一)"90后"更看重"发展"

如今的"90后"与之前"70后"、"80后"学生在对工作的选择上已出现较大不同。根据调查显示,90后学生在考虑工作时47.13%的被访者选择"提供再学习的机会,有较大的发展机会"超过名列第二的"工作待遇好,收入可观"近13个百分点(见图5)。

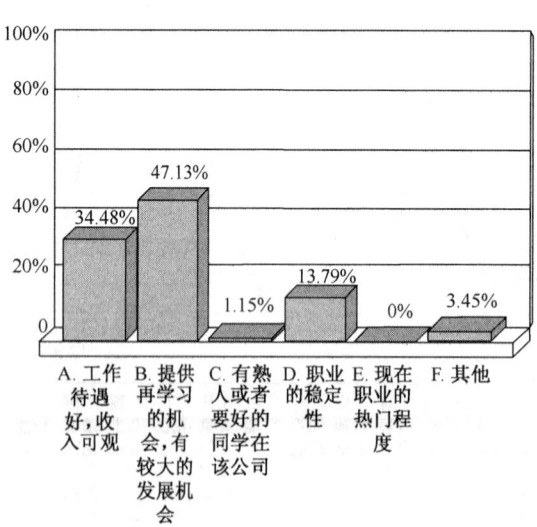

图5 选择工作的考虑因素

近半数的受访者觉得,工作的主要目的是为了实现自己的理想和个人兴趣爱好(见图6)。在调查就业择业过程中,最关心企业的问题中49.43%的受访者最关心企业的的规模和发展前景,32.18%关心企业能否使自身价值得到体现(见图7)。很明显"90后"们在选择工作时,薪酬不再是最重要的考虑内容。他们更看重"发展"。工作对于他们而言不单单是种生存的手段,而更是一种自我价值和理想的实现。正因为他们在择业时会更忠于自己内心的想法,所以他们更关注企业能不能提供学习、成长和发展的平台,能不能给予他们工作的充实和满足感。

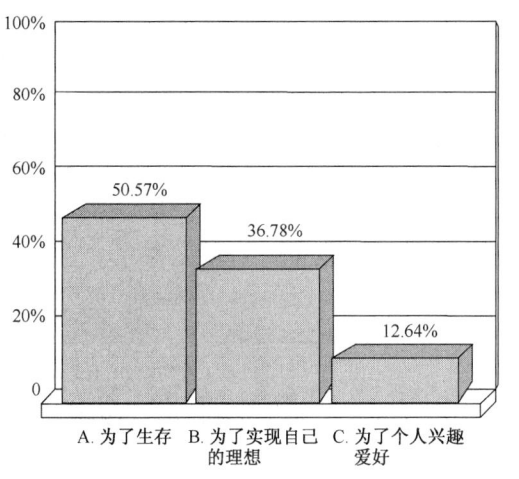

图6　工作主要目的

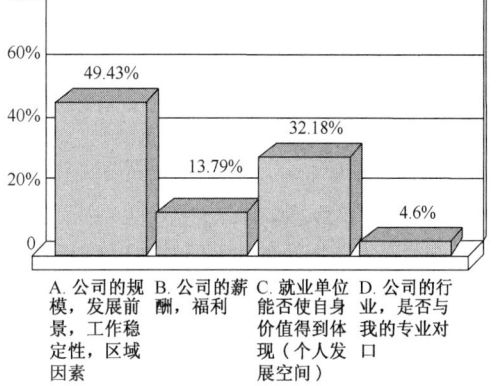

图7　面对就业单位你最关心的是什么?

(二) 就业更理性

调查还发现,如今"90后"虽然对工作环境有诸多要求,但整体来看就业相对理性,很少"喜欢在一棵树上吊死"的现象。66.67%的受访学生表示毕业后暂时没有找到自己理想的工作可以从基层做起,逐步向目标奋斗(见图8);54.95%的受访学生在择业的时候会觉得自己能力不够进入某些企业,怕高不成(见图10);近八成的人表示不强求工作一定要专业对口,关键是要发挥自己的才能(见图9)。数据显示,虽然看似"90后"学生对企业要求很高,但在实际的求职过程中,他们还是以一种低姿态来迎接企业的筛选。在没有找到理想的工作时,不会高姿态地对所有企业说"不",他们还是很愿意有工作先干起来,从基层做起,抱着先苦后甜的心理去迎接新的挑战。

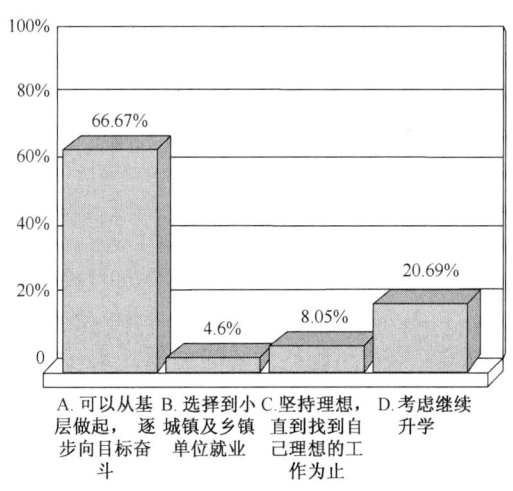

图8　毕业生后暂时没找到理想的工作怎么办?

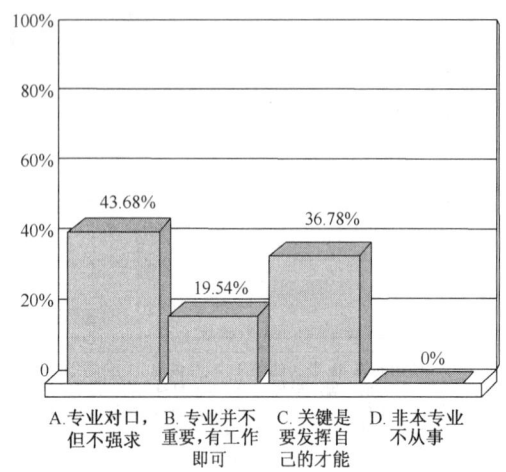

图9 毕业后所从事的职业与所学专业的相关性

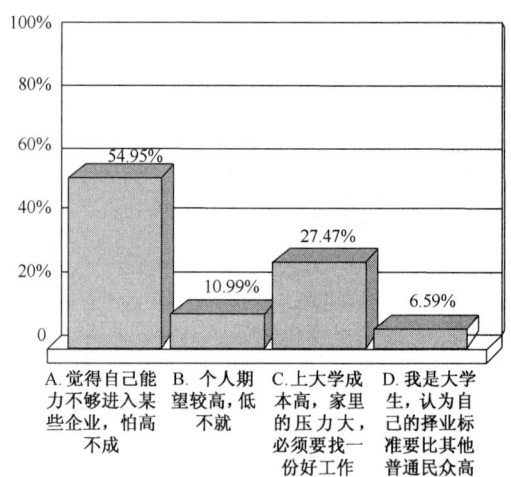

图10 择业的时候你会存在哪些心态?

四、"90后"学生的就业特点

1. 抗挫折能力差,遇事多数选择逃避、推诿

随着我国各项改革的进一步深化,大学生已不再是"天之骄子",大学生面临更为激烈的职业竞争,在一定程度上增加了心理挫折感,尤其是长线专业或非名牌大学的毕业生心理反应更为强烈。遇到麻烦多数想的不是如何解决,而是如何逃避、推诿,这是大学生在求职过程中受挫的根本原因。

2. 求职期望值过高(浮躁,不能脚踏实地)

调查显示,以往未签约者中超过80%的毕业生属于因期望值过高而未签约。有些毕业生甚至有"不理想的工作不去,宁愿等一等"的念头。尽管各种就业指导课不断向毕业生传送降低期望值的信息,实际调查证明没有多少人真正听到了心里去。一方面招聘广告上频频出现的"经验"一词打击着毕业生找工作的自信,另一方面又很少有人愿意踏踏实实去弥补经验的不足。

3. 择业相对更理性、务实,大多愿意先就业后择业

"90后"大学生的择业观比"80后"大学生更理性务实,他们已经接受了"先就业再择业"的观念。另外,对自身极为自信的他们,价值观也大多健康向上。从下面"90后"大学生的淳朴择业观,或许能感受到他们真实的一面。大多数的学生中绝大部分来自农村,毕业后就能就业,可帮助家里减轻负担。

4. 团队合作能力、社交能力增强

多年的素质教育改革初见成效,"90后"大学生相较以往毕业生,团队合作能力、社交能力整体增强不少。有近五成受访单位反馈认为,现在大学生的团队合作能力、社交能力比起以往有显著提高。调研也显示"90后"大学生比"80后"学生更喜欢与人交流。大学生们交流的主题广泛，谈得最多的话题是生活、学习。因为临近毕业，所以"80后"大学生对于就业话题谈论得更多；而"90后"学生更喜欢谈论有关时尚潮流的话题。传统的写信、电话交流等方式对当今大学生已没有吸引力，他们也不喜欢面对面交流，最热衷的交流方式是手机短信，其次是 QQ、MSN、博客等。

5. 求职更看重"职业幸福感"

对于"90后"中的多数人来说，起薪多少并不重要，用人单位能提供良好的发展空间才是自己考虑的问题。他们选择"做自己喜欢的工作"的意愿明显强过"80后"，这反映出他们较之"80后"更看重工作对于自我价值和理想的实现，更看重在工作中能否得到满足，能不能在压力中得到幸福感。对于不少"90后"求职者来说，一份工作能否满足兴趣爱好、提供发展空间、工作地点远近、是否要加班等都成为其衡量工作幸福与否的标准。

五、改变心态，改变供需错位的就业难

在走访不同学校、不同专业的多位应届毕业生以及多家企业招聘经理后发现，当前，我国大学生就业并没有难到在就业市场上找不到工作的地步，而是很多毕业生很难找到自己想干的满意工作而已。社会上提供给大学毕业生的岗位数量也并非不足以满足大学生需求。

同时，我们还发现，大学生就业市场正呈现"就业难"与"招聘难"并存的矛盾局面。一边是应届毕业生抱怨企业提供的岗位太低端，一边是企业埋怨应届毕业生的技能不够高；一边挤破头要冲向"体制内"的"铁饭碗"，一边是民营企业的"饭碗"没人端；一边是大城市人才济济，竞争白热化；一边是三四线小城市求贤若渴，无人理。

综合我们所有的调查走访，发现如今"90后"大学生就业存在的问题主要在于学生与企业的期待和要求值不相符。学生由于缺少社会实践经验，缺少与用工单位的沟通，导致对就业工作存在较高的期待值，往往希望可以胜任高难度的工作；而企业需要应届生去一线基层岗位，完成枯燥的基础工作。学生因为对工作的期望值过高，一旦面对终日单一无趣的基础工作，便会产生浮躁、不能吃苦耐劳等消极现象。

所以"90后"大学生就业难不是难在能力，而是难在心态！要根本解决现下大学生就业难的问题，调整好大学生们的就业心态才是当务之急！

参考文献

[1] 傅新华,阳琴.大学生就业观念研究[J].教育探索,2009(7):147-148.

［2］李胜利.“90后”大学生就业观的特点、成因及对策[J].理论探索,2012(10).19-20.

［3］王雷,许晓辉.大学生就业心态存在的问题及对策[J].农业科技与装备,2012(9).90-91.

作者简介:

张书娟(1980—),女,汉族,福建宁德人,上海电机学院辅导员,思政助教,研究方向:大学生就业指导与服务。

应乐,就业单位:上海电机学院。

计算机科学与技术专业就业状况与数据分析
（2006—2009 年）

（上海杉达学院　陈楠生）

摘　要：在全国高校毕业生就业压力越来越大的情况下，上海杉达学院计算机科学与技术专业近年来的毕业生就业率仍保持在较高水平。本文从教学定位、校企合作、选课计划、企业支持四大方面对本专业就业状况与数据展开分析，得出具有参考价值的结论。

关键词：IT 行业；计算机；毕业生

计算机科学与技术专业从 2002 年开始招收本科生，学院在该专业的教学计划制定与人才培养定位方面，结合上海及长三角地区对 IT 人才的培养需要，将培养服务于上海及长三角软件应用人才作为本专业的培养目标，取得了较好的成效。在全国高校毕业生人数逐年增加，就业形势压力越来越大的情况下，本专业近几年的毕业学生的就业率仍然保持在 97％左右，特别是 2009 届毕业生，在全球金融危机、计算机 IT 行业普遍控制招聘员工的形势下，就业率仍达到了 95.7％，反映出计算机科学与技术专业毕业生较强的竞争力。以下就 2006—2009 年就业状况和数据做一简要分析。

一、客观的教学定位是实现培养目标的前提

针对全国 IT 行业对计算机应用人才需求力度的加大，上海及周边省市许多高新技术产业园区，大量吸引软件服务型外包企业的情况，计算机学院在 2002—2004 年间，在侯文永教授、黄建文教授带领下，通过走访浦东软件园、张江集电港、漕河泾开发工业园等数十家 IT 企业，结合我校学生外语基础好的特点，我们将本专业的培养目标定位在服务于这些软件外包企业所需要的应用型人才上，很好地解决了计算机专业理论教学与突出应用实践特色相

结合的课程体系建设。从近几届毕业生就业去向分析,除少数学生毕业后继续攻读硕士学位,或出国留学外,绝大多数毕业后直接找工作就业,但是与以前计算机学院毕业的几届专科相比,行业就业率有了大幅度的提高,62%的行业就业率高出许多公办重点院校同类专业的数据指标。特别是在这些从事 IT 岗位工作的毕业生中,女生的比例达到了 36%(共 134 人),这与本专业在招生时男女生比例基本持平,也是很多高校无法相比的。表 1 中的数据,充分反映了本专业在实现培养目标所取得的成果。

表 1 计算机科学与技术专业就业率与行业就业率统计表

毕业年份	毕业生人数	当年就业人数	总就业率(%)	到 IT 企业人数	行业就业率(%)
2006 届	143	140	97.9	90	62.9
2007 届	162	157	96.95	108	66.7
2008 届	179	175	97.76	106	59.2
2009 届	116	111	95.70	68	58.6
总计	600	586	97.67	372	62.0

在从事 IT 工作的毕业生中,现已了解到:30 多名学生被企业派往国外工作,为同期毕业生的 10% 左右,主要集中在日本、美国、印度、新加坡等几个国家(见表 2);在就业的薪金收入方面,同类的信息技术有限公司中与其他高校毕业收入基本相当(见表3),同学们自身的定位和就业态度等方面都能客观适应企业的要求,也反映出学生的基本能力。同时,由于很多学生在企业中的工作勤奋,学习能力与应用能力突出,各方面表现突出,使得杉达的学生在很多企业中普遍受到好评,一些同学得到企业重用,他们有的成为高级程序员,被企业提拔为部门或项目负责人,有的年薪超过了 10 万元。

表 2 计算机科学与技术专业部分赴国外工作学生人数统计

国家	美国	日本	印度	新加坡
人数	7	20	10	1

表 3 平均月薪收入情况统计表

时间	第一年	第二年	第三年
平均月薪	2 950 元	3 730 元	4 930 元

二、全面的校企合作是提升学生竞争力的基础

2002 年 10 月份,计算机学院与浦东软件园培训中心,首次针对计算机应用专业开

设 J2EE 课程内容的培训班,有 21 名大三学生和 5 名大二学生参加,该学习班同学在第二年 5 月份课程还没有结束期间,绝大部分被一些 IT 企业选中,其中包括花旗软件技术有限公司、上海捷汇信息技术有限公司等。与此同时,学院应上海银晨智能识别技术有限公司要求,专门为该公司举办了由 15 名大三专科学生参加的 Delphi 应用技术培训班,经考核有 12 名学生被该公司录用。

2004 年 9 月起,学院与浦东软件园进一步深入合作,将 J2EE 课程正式纳入计算机科学与技术专业的教学计划,2006 年在袁济校长的支持下,双方签订了十年的合作协议,互设教学与实践基地,通过组织学生到软件园参加为期两周的项目实践强化训练,学生在计算机软件开发应用方面的实践能力得到了很大的加强,就业竞争力得到了大幅度提升。选修 J2EE 课程的总共 241 名学生全部就业,成功就业于 IT 企业的人数比例为 74.7%,占总就业率的 40.2%,其中在所有应聘到 IT 企业的学生中占到了 48.4%,且大多数从事软件开发工作(见表 4)。此外,选修 J2EE 课程的学生大多获得了 JAVA 中级程序员考试证书。

2010 年 4 月份,我们又与塔塔信息技术(上海)有限公司合作,从本专业大三的学生中挑选了 17 名学生提前进入塔塔公司学习和实践,这些学生后续的专业课程,均由企业按照我们学校的教学计划与要求负责讲授、考核,实际上是通过企业的课程培训置换学院相应课程的学分,通过近一段时期的学习,取得明显效果,学生感觉能直接接触 IT 行业最前沿的应用技术,无论从规范软件工程执行过程,还是在提高个人实际应用能力方面都是学校教育无法比拟的。这对我们学院今后在教学内容与形式的改革发展方面提供了宝贵的经验。

5 月以后,相继有数十家 IT 企业主动与我们联系,愿意为我们大三的学生提供实习岗位,有的准备利用暑期时间为实习的学生进行专业技能培训。这对促进本专业各班级的学风建设,调动学生的学习积极性起到很好的作用。

表 4　历届学生参加 J2EE 选修课就业情况统计表

毕业年份	选 J2EE 人数	占总人数比例(%)	从事 IT 人数	成功就业 IT 比例(%)
2006 届	63	44.0	51	83.6
2007 届	53	32.7	44	83.0
2008 届	74	41.3	52	70.3
2009 年	51	44.0	33	64.7
总计	241	40.2	180	74.7

三、套餐式的选课计划是调动学生学习热情的动力

为了更好地调动学生的学习积极性,学院将选修课的设置与学生未来职业发展需求有机地结合起来,形成了以软件开发、软件测试、网络与通信技术等系列的"套餐"选修课程,学生从大三开始根据自己的兴趣与职业发展需要选择相应方向课程,致使学生的学习积极性得到了充分调动,上课出勤率和课堂纪律这些低年级时经常抓的问题均得到了很好的解决。在面对竞争日趋激烈的就业岗位应聘过程中,学生的专业能力更具竞争性,从企业人事反馈的信息来看,我们学生在参加笔试、面试等方面能力甚至超过了上海一些二本类院校同专业学生的平均水平,同时也扩大了本专业在上海 IT 企业中的影响。从表 5 中可以清楚地看出,软件开发工程师岗位仍是学生就业的主要职位,从事于

软件测试工程师和网络与技术支持等职位的学生人数也占到了 1/3 左右。现在学院已建成的软件开发实验室、网络实验室,以及正在筹建的软件测试实验室,为学生提供更多的实践环境提供有力的支持。

表 5   IT 岗位分类就业率统计表(%)

毕业年份	软件开发	软件测试	网络与技术支持	其他
2006 届本科生	52.2	23.3	20.0	4.5
2007 届本科生	61.1	14.8	20.4	3.7
2008 届本科生	60.4	15.1	16.0	8.5
2009 届本科生	51.5	29.4	13.2	5.9
总　计	57.0	19.6	16.9	5.6

四、IT 企业的大力支持是提高学生就业力的有力保证

计算机科学与技术学院,在加强与浦东软件园合作,积极推进教学改革的同时,十分注重与上海多家 IT 企业的联系和交流,包括浙江和江苏两省的部分 IT 企业。学院每年都会抽出大量的时间到一些 IT 企业去宣传杉达的办学理念、办学宗旨和学校公益性的办学特色,介绍计算机专业教学培养方向和培养计划,介绍本专业学生总体素

质和专业技能。也热情邀请企业领导和人事来学校参观指导,开展讲座来宣传他们的企业文化与企业发展情况,与企业建立良好的互信与合作关系,与企业领导和人事交朋友,保持经常性的往来,这些企业多数为对欧美或对日软件服务外包公司。浦东软件园和一些IT企业主动邀请学院在校学生到软件园或企业参观累计超过200多人,安排一部分学生利用寒暑假期间到企业实习锻炼。

每年4～5月份,学院就针对大三年级进行旨在端正就业态度,做好就业准备的就业工作动员。从9月起至年底,都会邀请数十家企业来校进行专场招聘,包括学校组织的校园招聘会,或推荐学生到一些企业参加面试,有的企业人事还积极为我们牵线搭桥,向其他的IT企业介绍我们的学生,有的企业慕名主动与我们联系招聘杉达学院的毕业生。通过一系列的专场招聘活动,每年由学院帮助推荐学生成功就业的人数比例超过30%。很多同学在应聘过程中表现出良好的精神状态和较强的竞争力,甚至有的同学会同时收到多家企业的录用通知。从2003—2009年年底,通过学院推荐并成功就业的毕业生人数超过了300人。此外,我们还利用已建立起来的人脉关系,为学校其他专业的学生成功推荐就业的人数近50名。表6为部分企业近几年累计录用本专业学生人数情况。

表6 部分IT企业累计录用计算机科学与技术专业学生人数汇总表

公司名称	录用数	公司名称	录用数
高知特信息技术有限公司	55	新致软件有限公司	53
宝希计算机技术有限公司	25	上海移动通信股份责任有限公司	23
文思创新软件技术有限公司	26	复旦软件系统工程有限公司	11
中和信息技术有限公司	10	中迅申软计算机技术有限公司	15
银晨智能识别技术有限公司	9	上海晨峰软件有限公司	8
上海久源软件有限公司	7	印浮瑟斯信息技术有限公司	5
上海启明软件股份有限公司	4	上海骏普信息技术有限公司	4

注:高知特信息技术有限公司、印浮瑟斯信息技术有限公司均为印度著名IT企业。新致软件有限公司、文思创新软件技术有限公司、中和信息技术有限公司均是员工超过千人规模的软件外包企业。

从上述数据分析情况可以看出,学院在确定本专业的培养目标和定位上是准确的,成果显著。目前至相当长的一段时期内,国内所需求的计算机专业应用人才仍将有很大的缺口,长三角地区每年能提供的 IT 专业技术岗位完全可以满足高校毕业生的需求,我们应充分抓住机遇,进一步推进本专业的教学改革与学科建设,培养更多满足 IT 行业要求的专业人才。

感谢:

浦东软件园培训中心

上海新致软件有限公司

上海中和信息技术有限公司

上海复旦软件系统工程有限公司

上海银晨智能识别技术有限公司

上海申石软件技术有限公司

优利(上海)信息技术有限公司

上海晨峰软件有限公司

上海久源软件有限公司

上海恒融数码科技有限公司

高知特信息技术(上海)有限公司

上海宝希计算机有限公司

上海移动通信股份有限公司

上海骏普信息技术有限公司

文思创新软件技术(上海)有限公司

中迅申软件计算机技术(上海)有限公司

印浮瑟斯信息技术(上海)有限公司

塔塔信息技术(上海)有限公司

上海富创软件有限公司

作者简介:

陈楠生,就职于上海杉达学院。

毕业季，大学生的工作就是找份适合自己的工作

（上海电机学院　宋洪霞　姚伟春）

摘　要：十八大把高校毕业生就业工作提到了所有就业群体的首位，说明高校毕业生的就业问题，已经被提到越来越高的位置。大学生面对"史上最难就业年"，帮助毕业学生找到理想工作已成为高校就业部门全体同仁的一致目标。本文主要从大学生在就业过程中出现的"简历石沉大海"、"面霸"、"多个 offer 迷茫者"存在的问题入手，指导毕业生在毕业季找到一份适合自己的工作。

关键词：就业指导；职业目标；面试准备；求职焦虑；理想工作

2013 年全国高校毕业生达 699 万人，比 2012 年增加了 19 万人，毕业生人数创历史新高，成为"史上最难就业年"。十八大把高校毕业生就业工作提到了所有就业群体的首位，明确要求"做好以高校毕业生为重点的青年就业工作"、"支持青年创业"、努力实现"就业更加充分"、"推动实现更高质量的就业"。严峻的就业形势，做好大学生就业工作不仅是民生工程，更关乎社会发展。

每年的 5 月份是一个听着毕业离校脚步声越走越近的季节。部分尚未落实工作的毕业生正处于"求职焦虑"状态，求助主管就业老师的人越来越多。通过众多毕业生咨询案例分析其未就业原因主要分以下几个类型："多个 offer 迷茫者"、"简历石沉大海"、"面霸"等。

在严峻的社会大环境下该为就业做点什么呢？毕业季，尚未找到工作的大学生的工作，就是找到一份适合自己的工作。

一、职业目标明确

了解自己喜欢并胜任的岗位及其要求、该岗位所属公司类型、公司所属行业。职业目标的确立是找到理想工作的核心因素。确定职业目标的方法很多，首先，了解自己职业性格、职业兴趣与职业胜任力，这些职业取向与之对接的行业企业有哪些，具体到某个行业的某类企业的某些岗位。其次，反过来检验自己的职业胜任力是否适合该

岗位,从企业岗位描述中可窥一斑,从企业愿景及企业文化中可以了解到自己的职业性格是否与该企业吻合。"多个 offer 迷茫者"是众多公司青睐的人才,他们在"鱼和熊掌"间反复权衡,致使自己陷入"幸福的选择烦恼",成为让同学羡慕的"迷茫者"。他们的问题要从自己整个职业生涯发展角度来领航目前职业选择,让各个职业发展阶段为人生职业发展目标服务,他们的"迷茫"便迎刃而解。

二、"面试"始于简历筛选

简历是学生获得面试机会的名片。制作专业简历,即针对不同企业文化和岗位撰写的。除基本信息外,要重点突出求职意向、类似实习经验,另外简历上的职业照片一定不能少。"简历石沉大海"的同学问题集中在"一份简历投天下",没有重点突出自己的求职意向及类似实习经历,让自己的简历成为了没有特色的简历。正规职业证件照没有得到大部分同学的足够重视,有的学生手机自拍上传,有的学生用生活照。企业面试其实从筛选简历就开始了。

三、有效投递简历

我校针对艰难的就业形势,把实习招聘会改为实习就业招聘会,于 5 月 28 日举行。适合投递简历的网站有:学校就业网站,企业官网,上海市学生事务系统提供的招聘信,正规招聘网站如前程无忧、智联招聘等。谨防毕业生在临近毕业"饥不择食"而上当受骗。

简历投递后,要做好记录,同时要对该公司与岗位有进一步的了解,避免大量投寄简历之后忘记,因"功课"没做好而措施仅有的几个选择机会是令人惋惜的。

四、接好陌生电话

通讯便捷的今天,很多公司都是电话通知面试或者电话打来就是电话面试。因而学生要尤其注意陌生人的电话,接电话要有礼貌,听明白对方传达的信息以及要求。要问清楚面试的时间、地点、联系方式等基本信息。

毕业季,你的工作就是找一份适合自己的工作,把找工作当做工作来做。晚睡晚起的习惯要改变,八九点钟公司上班后打电话通知面试事宜,由于睡意正浓,听不明白面试要求的大有人在。部分聪明一点的人,还会打电话到就业指导中心咨询,何时何地有什么公司要面试。信息若是学校给的,那还可以弥补,经常是就业指导中心也不知道这个消息。因为睡懒觉而与心怡工作失之交臂实在是很可惜的事情,尤其是在就业严峻的 2013 年。

为了接好陌生电话,学生可以常备一支笔与便笺本,这样随时随地就可以记录信息。另外,电话不要关机;看到陌生电话一定要及时回复。

接完面试通知电话,一定要上企业官网做好功课:了解岗位要求、企业文化背景、企业发展规划等信息,为面试成功做好准备。即使时间紧迫,在去面试的路上也可以手机上网查询相关信息。

五、着装符合企业文化

面试着装原则是符合企业文化的职业装,比如商务类的职位一般要求职业正装;一线操作类的岗位笔挺的西服领带就不太合适。这面试的行头——就业指导课的老师,有的主张正规职业装;有的主张青春是学生的本色,衣服只要干净清爽就可以——让毕业季的学生摸不着头脑。几年前笔者曾带学生去某地铁公司面试,个别学生为了引起招聘人员的注意,衣服穿的比较时尚与特别,录取名单中这几个同学并不在列,跟公司招聘主管沟通后得知:公司要的是员工,是胜任该工作的人,若该同学个性与该岗位特点相差较大,便不予录用。

六、面试围绕胜任力展开

面试中不管问题有多刁钻,都是围绕岗位胜任力展开。学生在自我介绍或回答问题时都围绕这一核心辅之以企业文化及其发展来阐述自己的观点,基本没什么问题。比如解决问题的能力,团队合作以及学习能力等都是围绕岗位胜任力来的。若你的能力远远优于该岗位的基本要求,企业也会考虑不予录用——企业担心无法留用,学生跳槽对企业来说不是件划算的事。

七、面试跟进与总结

面试结束后,并不意味着这次面试就结束了。要及时总结自己在面试中的表现,如哪些地方做出色了,存在的不足之处等。刚开始去公司面试,尤其对方是自己的理想岗位时,会因为过于在乎这个机会而紧张,从而导致在有限的面试时间内无法游刃有余地展示自己的优势,让面试大打折扣。

"面霸"的产生几乎跟第四到第七个环节或多或少都有关系,真所谓是细节决定成败。如电话通知面试,当时语言表达含糊、缺乏热情;面试着装与企业文化有冲突,应试阿迪达斯却浑身上下都是耐克;最主要是岗位胜任力及面试后总结跟进存在问题。没有深度的总结,就很难在日后的面试中避免常犯的错误,形成屡战屡败的局面。

正处毕业季的你想邂逅属于你的理想工作,你的工作就是找一份适合自己的工作。

作者简介:

宋洪霞:女,汉族,硕士研究生,上海电机学院就业指导中心,助理研究员,研究方向:大学生职业发展与创业指导。

通讯地址:上海市闵行区江川路 690 号上海电机学院就业指导中心宋洪霞邮编 200240;E-mail:songhx@sdju.edu.cn;电话:13816987239(M),64636403(O)

姚伟春:男,汉族,硕士研究生,实验师,上海电机学院学生处副处长。

基于社会实践视角的大学生就业力提升研究

（上海立信会计学院　就业指导中心　沈　劼）

摘　要：大学生就业力是大学生知识、能力、素质的集中体现，其高低不仅关系到大学生能否在激烈的职场竞争中顺利求职，也关系到他们在工作岗位上的适应和持续发展。面对严峻的就业形势和目前的发展现状，如何有效提升大学生就业力是高校工作者探索和研究的重点。社会实践作为大学生思想政治教育的一项重要内容，将其纳入高校人才培养体系是素质教育的要求，更是有效提升大学生就业力的重要抓手。

关键词：大学生；就业力；社会实践；思想政治教育

高校扩招已走过了十个年头，在高校毕业生人数持续攀升的同时，大学生就业难问题却日益突出。据统计，每年大学毕业生中有近百万人不能就业。造成这一现象的原因除了客观上大学生就业人数的绝对增加，社会人才需求的相对缩小之外，最重要的一个原因是大学生自身就业竞争力的缺失。国际著名管理咨询公司麦肯锡《应对中国人才隐性短缺》的报告指出，中国只有10％的大学生符合跨国公司的人才要求。

大学生就业力是大学生知识、能力、素质的集中体现，进入"十二五"时期，全国将有近3 000万名高校毕业生会踏上求职的道路。面对更为激烈的就业竞争，就业力的高低无疑将成为决定命运的关键，积极探讨如何有效地提升大学生就业力对于我国高等教育及社会经济的发展具有重要意义，是目前政府、学校和社会共同关注的问题。

一、正确认识大学生就业力

就业力是对一个人求职能力及职场竞争能力的简称。美国教育与就业委员会对其的定义为"获得和保持工作的能力"。我国的专家学者认为：就业能力是指大学毕业生在校期间，通过学习知识、提升综合素质而拥有的能够适应社会需求、实现就业目标并在职业生涯中保持发展，最终实现自身价值的能力或本领[1]。具体而言，就业力是一个人能够找到让自己满意的工作，能够根据环境、形势变化及时调整自己，让自己胜任工作并获得工作的可持续发展，最终实现个人职业生涯理想的一种能力。

（一）大学生就业力的构成

从定义上来看,大学生就业力不仅包括大学生短期的求职就业能力,更包括了他长期的适应和可持续发展能力,是一系列能够"获得工作"、"适应工作"和"职业发展"的素质群,包括了知识、技能、态度、个性、心理承受力等综合素质。简单归纳,具体包括这样几方面的能力:

（1）专业能力——即从事工作所必须具备的专业基础性能力,如所掌握的专业理论知识,所具有的专业实践技能,以及外语、计算机等基本通用技能等。

（2）求职能力——又称为求职技巧,求职不仅需要实力,也需要智慧和勇气。求职能力包括对自我的准确认识和定位,对职业社会的正确认知,顺利获取和处理职业信息的能力,良好的沟通表达能力和积极健康的求职心态等。

（3）适应能力——指的是大学生走出大学,踏入社会后成功立足的基本要素,包含角色转换的能力、应变能力、心理承受能力及工作素养等。

（4）发展和规划能力——指的是高校毕业生获得事业发展和提升所应该具备的素质,这决定了大学生毕业后能在职业道路上走多远。具体有研究能力、继续学习能力及创新能力等。

（二）大学生就业力培养的现状

重视大学生就业力的培养已经成为了高校的共识,许多高校工作者和专家都在积极探索和创新大学生就业力的培养途径,但从目前的情况来看,一些大学生在求职和上岗后仍表现出就业力不足的情况,与应有的水平存在一定的差距,这也反映出高校在培养时所存在的一些误区。

在本校所开展的"百家企业走访调研"活动中,我们发现一般企业对面试者最关注的能力依次为:实践能力、专业知识、表达能力、个性特征、形象气质(选择这五项的比例分别达到了26％、24％、22％、16％和12％)。而在企业实习的过程中,企业主则往往更关注应聘者的学习能力、团队合作能力、执行能力和创新精神。这些调查数据表明,毕业生的学习能力、实践能力和专业能力正越来越受到企业主的关注和重视,而当前部分大学生就业力的不足也恰恰体现在这几方面。

（1）专业能力和学习能力较弱。专业能力主要是指毕业生对专业或行业知识的掌握、运用能力;学习能力主要是指大学生学习新知识、新本领,接受新事物的能力,往往体现出毕业生对社会的适应能力和再学习的能力。造成毕业生能力弱的主要原因是:中国传统应试教育的培养模式,在强调学习书本知识、理论知识的同时却往往忽视了对学生自我拓展、举一反三能力的培养[2]。

（2）实践能力不强。即指毕业生的实际动手操作能力较差。不少专业成绩出色的毕业生因缺乏足够的实践造成了"会说不会做"、"理解但不会操作"的尴尬现象,这些毕业生常常需要很长的适应期才能投入实际工作。造成这种状况的因素很多,最关键的是目前学校在培养过程中重理论轻实操,校企合作和实习机会较少。笔者所在的高校,毕业生就业状况一直较好,很重要的一个原因就是企业都非常认可本校学生的动手能力,"上手快"是这些企业对本校学生普遍的认识。

(3)职业理念和素养不足。虽然就业形势日趋严峻,但仍有很大一部分大学生对自己缺乏正确全面的认识和定位,职业生涯规划理念淡泊,方向不明,价值观模糊,盲目追求大城市、大企业的就业岗位,"宁要大城市一张床,不要西部基层一套房"。有些学生在实际工作中经常会出现忽视职业责任、内在品质、良好人际关系的积累,只注重做事而不注重做人等现象。

二、以社会实践为抓手,有效提升大学生就业力的思考

就业力是一种持续保持职业生涯长青的能力,面对上述不足,我们正在积极探索和思考有效提升大学生就业力的途径。如针对工作和实践能力不强,专业知识与专业技能的错位现象,鼓励大学生结合自身的特点,提高自己的职业附加值,向外延伸自己的职业能力;针对职业素养薄弱的现象,将求职能力和人的职商相关联,从个人行为、能力和动力三方面来考虑和定位职业方向,通过系统的职业发展教育和生涯辅导建立科学的规划体系;针对学习和适应能力的不足,从调节情绪、加强人际沟通、提高抗压能力等方面入手等等。

提升大学生就业力是一项系统工程,涉及政府、社会、企业、高校和大学生等方方面面,需要一个持久、漫长的过程。笔者根据自身的工作经验,将社会实践作为此项工程的突破口和抓手,并就如何充分发挥社会实践的教育功能,有效提升大学生就业力做了一些思考。

(一)正确认识社会实践的价值内涵

马克思主义认识论认为,社会实践是人的正确思想形成发展的源泉。离开社会实践,只学理论无法正确认识事物的本质和规律,不能形成正确的思想。社会实践能推动人们从事新的探索,是人们形成新思想并促进思想发展的重要动力[3]。

对于大学生群体来说,社会实践活动有着更为重要的价值。当代大学生社会实践活动兴起于 20 世纪 80 年代,是我国高等教育改革的一项新突破,为课堂教学、理论教学和实践操作相脱节的问题提供了一条新的解决途径,为当代大学生搭建了良好的陶冶情操、培养能力、接触社会、积累经验的平台。社会实践活动作为大学生思想政治教育的一项重要内容,不仅是一个服务社会的过程,更是一种直接实现高校教育目标的有效载体,能让大学生有目的、有计划地进入现实社会,直接参与具体的生产劳动和社会生活,更为深入地了解社会从而增长自己的知识技能,养成正确的社会意识和人生观,实现自我教育和能力拓展,实现校园与社会的有效衔接,实现学习与就业的有效链接。

(二)充分发挥社会实践的教育功能,以实践促就业

对于一个大学生而言,就业力的培养仅限于课堂是远远不够的,我们在探索以社会实践为抓手的途径时,要充分发挥社会实践活动的各项教育、培训功能,并以此为起点带动大学生就业能力的有效提升。

1. 抓好专业实践环节,培养良好的专业素质,使大学生学会学习

21世纪是知识经济的时代,社会需要更多的知识型劳动者,因此高校的教育者首先要重视社会实践中的专业实习和实践环节,突出实践的专业性和知识性,锻炼学生学会将自己所学的专业知识转化为专业技能,在具体实践中解决实际问题。

这就要求我们的专业老师转变传统的知识传播模式,减少单一的传递和储存知识方式,努力通过具体的操作实践,使大学生们掌握获取知识的方法,学会如何学习,从而进一步培养和提升专业技能和素质。如所开展的实验、实习、社会调查、课外兴趣活动、毕业设计等活动,都进一步增强了教学的实践性,都是结合专业特色直接培养学生动手能力、观察能力、组织能力的有效措施。专业化的社会实践将学校的专业教育与社会实践相结合,理论知识与社会生活紧密结合,课堂教学与社会实际相互联系,为学生发挥专业特长、巩固专业知识提供了平台,也让学生进一步检验了自己的专业知识,从而更好地优化和调整专业结构[4]。

在笔者的工作单位,一直坚持"宽口径、厚基础"的专业化培养方式,重视对学生专业技能的培养,进行了很多有益的探索和尝试。如在毕业前夕安排相应的专业实习,取得了不错的效果,毕业生在社会上形成了"操作能力强,上手快"的应用型特色。建议今后可以将专业实习进一步日常化、系统化,增加每学年的实习机会,增强实践活动的实效性,减少毕业前夕的大规模集中培训。

2. 加强实践活动管理,培养良好的基本素质,使大学生学会做事

高校毕业生是一个充满活力,富于创造的群体,可塑性和发展性很大。这时,提供给他们一个怎样的活动空间和实践舞台就显得尤为重要。目前,各个高校都非常重视校园文化的建设,纷纷推出了一系列丰富多彩的社会活动和课外实践项目,成立了众多学生社团,也形成了各自一定的特色。但据笔者在高校工作的实际调查,发现目前高校的社团虽然种类、名目繁多,却常常有名无实,学生们加入社团更多只是为了让个人简历更为充实,让自己的活动经历更加丰富,实际真正参与的却很少。而假期中所开展的社会实践和实习活动,更有很多流于形式。

因此,在欣喜于各种学生自治组织大量涌现的同时,我们更要加强对大学生社会实践和大学生社团活动的管理,使开展的活动真正成为提升大学生基本素质的平台,鼓励学生积极参与,通过各项有针对性的活动实现学生的自我管理,学会独立处理各种困难和问题,达到能力的提升,学会踏实地做好每一件事。如我们可以通过各种主题的演讲、辩论比赛有效提升学生的表达与应变能力;通过创业大赛、挑战杯等一系列既动手又动脑的比赛积累和培养大学生的创造能力,鼓励更多的同学加入创业的队伍;通过英语角、舞会等注重与人交往的活动提升大学生的社交能力;通过野外生存、素质拓展等活动提高他们的适应能力;通过团体训练活动使大学生充分认识团队的力量,提高团队协作性。

3. 引入企业实践岗位,培养良好的综合素质,使大学生学会生存

作为大学生今后的服务对象——企业,在提升大学生就业力过程中应该自觉承担

起自己的社会责任,而作为大学生的培养机构——高校则要积极与企业建立良好的合作互利关系,使更多的大学生在毕业之前就能走出校园,深入企业开展实习。这一点上国外企业为我们提供了很多有益的借鉴。如英国大学推行的三明治年实习项目,为在校学生提供带薪工作的机会,并将工作结果记入学分,这样可以让大学生将所学真正运用到真实的工作中,提前体会社会人的角色,学会在激烈的竞争中为自己赢得"一席之地",学会在经历失败时勇敢面对挫折,学会更好地在职业社会中生存和发展。

同时,高校还可以利用假期组织学生参与企业实训,走访英才校友,扩大活动的广泛性。目前我国许多高校也正在做着相关的尝试并且取得了较好的效果。如在假期实训中,让在校生认识劳动的乐趣和意义,增强克服困难、排除障碍、磨炼意志的能力,在团队协作中学会了处理各种问题的方法;通过走访校友,了解英才们的成长经历,以朋辈辅导的方式为自己寻找"人生导师"。

大学是一个人综合素质形成和人生事业定向的关键时期,提升大学生就业力更不是一句"说在口上,写在纸上,贴在墙上"的空口号,需要政府、社会、企业、高校、学生共同努力,积极投入,认真思索,不断研究新形势,寻找新方法。社会实践让大学生们在具体的生活环境和情境中得到感染,从而更好地矫正他们的行为,磨炼他们的意志,让他们的思想升华为坚定的信念,并最终真正实现"知"与"行"的统一。

如今,社会实践活动已经被纳入了高校整体人才培养的体系,这体现了高校素质教育的必然要求,同时也满足了大学生社会化、个性化的发展需要,大学生们在各项社会实践活动中,学会了学习,学会了做事,更学会了如何去适应社会和服务社会,从而在社会大熔炉的历练中更好地生存和发展,相信经过各方的努力和探索,以实践为起点和重要抓手,必将使大学生的就业力得到有效的提升。

参考文献

[1]范泽瑛,谢超,高磊.关于毕业生就业力培养模式的初探[J].中国大学生就业,2006(10):47-48.

[2]穆林.关于大学生就业力缺失的理性思考[J].中国大学生就业,2006(16):8-9.

[3]高国礼,李荣华.人才培养视角下的大学生社会实践活动[J].甘肃科技纵横,2006(35):198-199.

[4]马骁.开展丰富多彩的课外活动提升大学生的就业竞争力[J].技术与创新管理,2008(7):374-376.

作者简介:

沈劼(1981.4—   ),女,上海立信会计学院讲师,就业指导中心副主任,主要从事职业发展教育;邮编:201620。

构建民办高校就业指导服务体系的研究

（上海杉达学院　就业办　沈　毅）

摘　要：本文从民办高校就业工作现状分析入手，探寻问题存在的原因，最后提出杨建民为高校就业指导服务体系的对策。具体包括：建立健全就业指导机构，加强就业指导服务团队建设等内容。

关键词：民办高校；就业指导服务体系

"就业是民生之本"，要"加强就业观念教育"，"积极做好高校毕业生就业工作"。在党的历史上，第一次把高校毕业生就业工作写进党代会的工作报告，充分体现了党中央对高校毕业生就业工作的高度重视。对于民办高校来讲，搞好大学毕业生的就业工作更是责任重大，不仅关系到中央政策的落实，也关系到各个学校招生指标的下达和学校的持续发展，更关系到每个毕业生家庭对子女的殷切期望，关系到每一个困难家庭对改变命运的期盼。

民办高校就业指导服务团队的力量相对薄弱，局限于为毕业生办理各种手续，收集、发布各种就业信息，举办校园招聘会等工作；缺乏对就业指导工作进行深入的研究和探索，影响了就业指导工作向生涯教育、职业道德教育的深度、广度和高度去思考。如何打造一支服务于大学生的就业指导服务团队，完善就业指导服务体系建设，将是就业工作必须重视的目标，也是民办高校提高服务水平的基础。本文尝试从组织体系建设和课程体系建设的角度，思考和探索如何加强对大学生就业指导服务体系的构建。

一、民办高校就业工作现状

无论是发达国家，还是发展中国家，随着全球金融危机的影响及竞争压力的加大，都面临着大学生就业难的问题，民办高校在这种形势下较 985 高校和 211 高校更是处于弱势地位，解决毕业生就业的压力更重。加之民办高校就业指导团队的力量相对薄弱，因此难度也就更大。虽然大多数高校都建立了大学生就业指导机构，但其行政管理的职能比较突出,服务职能有所欠缺,更缺乏对就业指导工作进行科学的研究和探索,因而造成就业工作的很大一部分力量花在追求签约率和就业率的推动方面,缺乏科学的规划和系统的指导,影响了就业指导工作向生涯教育、职业指导的深度、广度去开展。导致很大一部分学生在四年大学生涯中缺乏明确的目标,临近毕业仍感觉没有准备好,对就业处于茫然的被动状态,影响了大学毕业后可持续就业能力的培养和提高。

本文认为打造一个大学生就业指导服务体系,建立健全就业指导的组织机构,有科学的规划和实施的办法,加强对大学生的生涯教育和就业指导与服务,是民办高校开展就业指导工作的基础,是提高毕业生就业能力的一个重要环节,是在新形势下开展就业指导服务工作的目标。

二、研究问题存在的原因

1. 我国与发达国家在就业指导方面存在差距

在欧美国家,就业指导在高校往往处于中心地位。它以政府、用人单位、高校和大学生作为就业指导的主体,以"市场就业制度"或"自由就业制度"为基础,配备专职人员在大学生中开展内容全面、形式多样、方法先进的就业指导,帮助大学生及时了解就业市场的变化,培养学生的职业兴趣和职业定向意识,提高学生的就业技能和就业方法,为大学生就业提供能力和方法的指导。发达国家以及我国台湾地区对学生的生涯教育和职业指导早在初中时期就已经开始,日本甚至将生涯教育贯穿于从幼儿园到成人的整个教育过程,在各个阶段进行职业生涯观念和职业生涯准备的教育,使学生从小培养职业观念,积极主动选择人生的发展道路。对比之下,我们的学生不仅在小学、中学时代没有接受职业指导的教育,就是在大学四年中都没有机会接受系统的职业生涯指导教育,这对他们的就业和今后的职业生涯发展将受到一定的制约和影响。

2. 就业指导缺失造成大学生无所适从

欧美国家高等学校就业指导比较切合实际,这种指导工作不是毕业前的"一次性快餐",而是根据不同年龄阶段、学生素质进行认真持续性地指导工作,很大程度上会影响他们的一生,并使学生正确地理解自己。就业指导的内容涉及职业的性质、发展前途、经济收入、就业的难易程度、学生职业兴趣的测定与调查、择业准则和技巧等。就业中心每年还要向雇主推荐学生就业,举办职业交流洽谈会,并负责接待雇主来校对毕业生进行面试,经学校推荐的毕业生,成功率通常高于其他渠道。

我国在计划经济时代,大学生由国家统一分配工作,只有地区的远近和工作条件的优劣之别,不存在就业难的问题,就业指导被单纯的政治思想教育所替代。当高校实行自主择业制度以后,尤其是高校扩招,大学教育从精英教育成为普及教育以后,大学生的就业出现了不少的问题,许多大学生对就业无所适从,或为就业难而苦恼,或因就业压力大而引发心理问题,啃老族也应运而生,这与职业生涯指导教育的缺失有一定的关系。

本文认为就业工作的重点不仅仅是落实毕业生的就业岗位和办理各项手续,更应该加强对学生的就业指导,完善就业指导的服务体系,保障就业指导活动的开展。由于就业难成为突出的社会问题,各级政府都非常重视就业,高校就业率成为衡量高校工作的重要指标。为了配合大学生找工作,不少学校采取了以实习替换学分的举措,受到用人单位的欢迎,社会上越来越多的用人单位招聘大学毕业生顶岗实习,降低劳动力成本,也造成毕业生的许多困惑和不稳定。很多学生都认为大四就是找工作,没有心思读书,为了不影响毕业生找工作,学校出台一系列配套措施,比如免修不免考等。

3. 多头领导、归属混乱,职责和地位不相匹配

我国高校的就业指导工作起步较晚,有的民办高校至今尚未将就业指导课程列入教学计划。不少学校把就业指导工作的开展局限在为毕业生找工作、落实具体单位,追求就业率的提高方面。将就业指导局限在为毕业班开设几场系列讲座、请用人单位HR或优秀毕业生回母校交流体会等,没有在大学期间系统地开展就业指导教育。

民办高校就业办的地位普遍不高,无论在人员、场地、经费的配备上,还是在组织归属方面,就业办在学校里只是一个附属性质的部门,有些学校的就业办附属在招生办,有些学校的就业办附属在学生处,由于就业办的性质从属于其他部门的附属地位,就很难争取工作的主动权,导致工作难度增加,工作效率降低。

4. 民办高校条件差、经费紧、人手少,工作难度大

根据国务院办公厅 2009 年下发的《关于加强普通高等学校毕业生就业工作的通知》文件精神,教育部要求各高校都要建立就业指导机构,就业指导专职人员要达到 1:500 的师生比,就业经费要占到学费的 1%,全面实现就业指导机构、人员、经费"三到位";并按照全程化、全员化、专业化、信息化的"四化"要求,全面提升就业指导服务水平,这个规定与欧美国家相比有一定的距离,民办高校达到这个标准很难。对比美国加州大学的一家分校,学生只有 2 000 人,就业指导中心的专职老师就有 16 人。中心除了收集供求信息外,还要开设就业指导训练课程,作为计入学分的必修课。服务部的工作人员常年与用人单位保持密切联络,经常会根据媒体的一则报道或广告登门拜访企业、建立联系。对从事学生就业指导人员的从业素质要求方面,英国大学要求就业辅导的老师大多都拥有心理学等专业的博士学位,因此对于毕业生的辅导除了择业技能辅导外,还包括针对学生的个性分析、职业生涯设计等更重大的内涵和具有专业水准的服务,预约谈话的毕业生终日不断。[来源:东北大学学工在线赵越(中荷学院)《浅析中外高校学生就业指导管理体制及其应用》]而本市民办高校就业办的人员配置一般每校都只有 2~3 人,与教育部每 500 名学生配 1 人的比例相比差距很大,人员配置的局限造成就业指导服务的效果不能满足大学生对职业指导的需求,更谈不上

开展技能辅导和心理辅导。经费的紧张更是民办高校的共同特点,重招生轻就业也是民办高校普遍存在的现象。在就业工作越来越受到重视的严峻的形势下,民办高校就业机构的条件差、经费紧、人手少的现象已经严重制约就业指导服务工作向更高目标发展的要求,亟须相关部门和民办高校共同研讨,拿出有力的措施和手段,促进民办高校的就业指导服务体系进一步得到完善和加强。

三、构建民办高校就业指导服务体系的对策

虽然民办高校的专业设置能紧跟市场的需求,培养的毕业生基本都是社会急需的人才,但是面对金融危机的冲击,名牌高校和普通高校的毕业生降低了求职门槛,民办高校毕业生面临更加严峻的挑战。虽然目前经济有所复苏,但金融危机期间用人单位为降低人力资源成本大量长期使用实习生和见习生造成的局面还不能马上改观,导致学生为择业不得不免修课程以保住实习岗位。

择业目标不明确,海投简历也是毕业生的误区。学生往往会在校园招聘时,或参加招聘会的时候盲目海投简历,他们不知道如何选择单位和岗位,所以漫无目的地海投简历,希望从中寻求机会,但往往因为机会不一定适合自己反而得不到机会。更多的是眼高手低、怕艰苦、怕翻班、怕到一线操作、将坐办公室当白领作为择业首选。有的学生虽然获得了录用的机会,由于工作态度散漫而被用人单位退回。种种现象都反映出学校有必要在各年级段开展相应的职业指导教育。

国家要求高校负责对大学生离校前落实初次就业的岗位,也就是安排实习,对毕业生来讲,毕业实习与就业是密切相关的,每一位毕业生对岗位的选择都应当相当慎重,而时间节点的限制给学生的考虑时间十分有限,凸显生涯教育和就业指导在这个时候所应起的作用。

笔者认为,到了大四阶段毕业前夕才开始就业指导为时已晚,必须从新生入学就开始加强对大学生的生涯教育,辅以各年级段的就业指导教育。要开展系统的就业指导服务,就必须构建一个立体的就业指导服务体系。

1. 组织体系的建设——建立健全就业指导机构

首先要从组织上构建一个科学的就业指导与服务的体系,确保就业指导工作顺利进行。

(1) 成立校、院两级就业工作领导小组。在金融危机的情况下,我校为了应对严峻的就业形势,将毕业生的就业工作落到实处,在校、院两级成立了就业工作领导小组。校长为校一级就业工作领导小组组长,分管校领导为副组长,下设就业指导办公室,即就业办,本来隶属于其他职能部门的就业办在就业领导小组的直接领导下,有利于就业工作的开展。各二级学院的一把手为二级学院就业领导小组的组长,负责学生工作的副书记为副组长,系主任、毕业班辅导员是就业领导小组的成员,每个学院的副书记

负责学院的就业工作,负责与校就业办的联系(见图)。就业办每周组织就业工作例会,单周就业办内部工作例会,双周与二级学院负责就业的领导举行例会,沟通与就业有关的各项工作,解决工作中出现的各种问题,及时给予解决,并给予政策保障。

(2)加强就业指导服务团队建设。在发达国家,就业指导工作一般都由专家来进行,就业指导已成为一种专门的职业。在德国,这项工作由国家劳动总局及各州联邦政府的劳动局来操作,局里特设大学生职业指导处并附属一个信息中心,他们建立全国通行的网络平台,用人单位和学

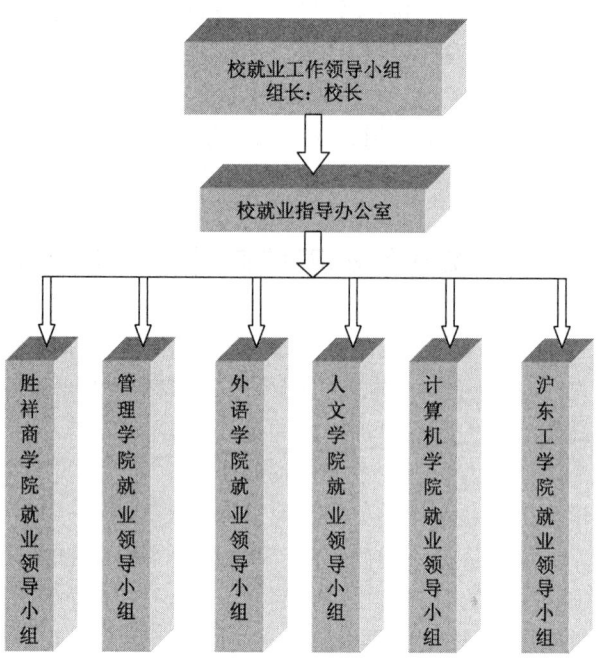

生都可通过任何一台电脑登录,免费共享资源。就业辅导课也是由劳动局的专业委员会负责,每位工作人员负责一两家学校,到校上课。

而在我国高校,从事毕业生就业工作的大多数是学校就业办的工作人员和辅导员。我校成立了校、院两级就业工作领导小组,并要求各系、专业的负责人作为领导小组的成员,根据我国国情,加强校企合作,以就业为导向,深化教学改革。只有各个部门都相互配合,发扬团队精神,才能整合全校的力量去努力提高毕业生的就业能力。要做好这些工作就必须打造出一支非常具有战斗力的、能够应对严峻就业形势、并能取得良好就业成果的工作团队。

这个就业指导服务团队应该由三支队伍组成:

一是专职人员队伍:就业办的专职人员负责执行领导的决策,负责制定全校就业工作的长期规划以及年度计划,策划、制定一系列支持就业工作的政策、建议和措施,开展对毕业班辅导员的培训和管理,负责就业率数据的统计和上报,为毕业生办理相关的报到和迁移手续,加强就业网站的建设和维护,负责就业市场的开拓和联系,负责信息的收集和发布,加强与二级学院的联系和沟通。

二是毕业班辅导员队伍:毕业班辅导员是学校就业部门与学生之间的桥梁,是学院、系执行就业责任目标的执行者,学校收集的信息通过网络和辅导员传递给毕业生,学生的落实情况通过辅导员了解、收集和汇总到校就业办,学生到单位实习,辅导员要跟踪了解实习的情况,负责加强与学生和用人单位的联系。

三是就业指导专业教师:加强生涯教育和就业指导必须是经过专业培训的专门人员。教委的文件已经明确规定要加强高校毕业生就业工作队伍的建设,各高校要建设全员化、专兼职结合的就业工作队伍和高水平、专业化、相对稳定的专兼职就业指导教师队伍。各高校要加大对就业工作人员的培训和培养力度,通过职业咨询师培训不断提高就业指导专业化水平。

2. 课程体系的建设——完善全程化就业指导体系

职业指导包括生涯教育、职业发展和就业指导,是帮助学生在正确认识自我的基础上自主规划人生的教育,作为教育与社会生活的联系,在世界各国备受重视。在日本,以前"T"字型人才受社会欢迎("T"字的横表示教养,竖表示专业能力),如今仅具备这两项是不够的,需要的是"大"字型的人才("大"字一横的左半部表示教养,右半部表示沟通能力,一撇的上部表示创造力,一撇的下部表示专业,一捺表示外语),至于IT能力,已是普及的要求。各个阶段的教育都和学生的人生出路相联系,以"职业生涯准备"为线索体现出培养综合素质的递进性。学生在对职业生涯的选择和决定过程中难免会有苦恼和困惑,因而学校又设专门教师进行"职业生涯辅导",对学生进行个别的或是小组的引导帮助,为他们提供信息,让他们按照自己的意志负责地选择或决定自己未来的人生蓝图。在日本,提倡人们制订"职业生涯规划",即在对一个人的主客观条件进行测定、分析的基础上,确定其最佳的职业奋斗目标。把指导这种规划的制定列为职业生涯教育的重要内容,在校期间由学校来辅导,进入社会后由社会组织通过再培训来促进。

我国的公办高校在这方面走在民办高校之前,不少高校的就业指导中心包含了心理辅导,对学生的心理辅导不仅限于情感和成长的烦恼,更注重于职业发展的教育中对学生心理的辅导。我们更加感到生涯发展教育和职业发展教育对指导学生就业的重要性,如何在四年的大学生涯中有计划地开展这方面的教育,课程体系的建设就如同职业发展课程的灵魂。本文建议:

(1)大一阶段——开展生涯教育和职业生涯设计。在大学一年级开展生涯教育,进行专业思想和职业意识的教育,使学生具备较高的思想道德素质,树立正确的人生观和职业观,加强对新学专业的认知,了解本专业的培养目标,增强学习专业的自觉性。初步了解国家就业形势和就业政策。应从大学一年级开始,对学生进行心理测试,结合学生的共性和个性,建立分类指导对象档案,根据心理测试结果进行分类就业指导,为就业指导提供依据,提高就业培训的针对性和效率。

在生涯教育的基础上进行职业生涯设计指导,使学生充分认识到人的发展是需要目标的。职业生涯的发展要有自己的短期和长期目标,按照职业生涯规则理论,认识和了解自己,借助于心理测验对自己的兴趣、特长、性格、学识、技能、智商、思维方式、道德水准等进行评估,确定自己优势和弱势所在,了解自己拥有的能力与潜力,正视自己目前的不足或能力的欠缺,在大学四年期间有计划、有针对性地学习专业知识和技能,为职业资格证书的考试做准备,这对主动适应大学学习是非常重要的。

(2)大二阶段——开展专业发展教育。在大学二年级进行专业发展的教育,使学生了解本专业发展的趋势和前景,了解各专业发展所面临的机遇和挑战,树立创业、创新和进取精神。指导学生参加学生会或社团等组织,锻炼自己的各种能力,尝试兼职、社会实践活动,增强英语和计算机的运用能力,辅修其他专业知识,选择第二专业的学习,选择考研院校与专业方向。帮助学生了解创业知识,成立模拟创业公司,学会写创业计划书等专业发展教育的指导。

较早地对学生开展就业指导,使学生对职业理想和个人择业进行理性的思考,将社会需求与个人的目标能够有机地结合,才能尽早找准自己的发展方向、明确大学期间所需要学习的知识和技能,调整自身的发展计划。就业指导工作是学校教育与社会需求的结合点,是培养学生自主择业、自主创业的基本素质、培养具有独立生存能力、适应社会职场的重要环节。

(3)大三阶段——开展职业指导、参加认知实习。在大学三年级进行专业思想巩固教育,并加强对价值观、成才观、择业观的教育,同时加强综合能力和素质的培养,使大学生了解自己对专业和职业的合理匹配,逐步形成适合学生特点的就业目标。在这阶段要引导大学生学习求职技能,建议大学生参加暑期社会实践,建议学校在教学计划中增加专业认知实习的环节,增加学生对专业知识结合认知实习的实践性和应变性,迈出进入社会的第一步,引导学生在专业实践中亲身体验,加深对未来就业的认识,并在认知实习的环节中了解自己应该如何增强薄弱环节的学习,在临近毕业之前知道自己缺什么和该补什么,全面提高自身的就业素质以增强适应社会竞争的能力。

(4)大四阶段——开展择业指导与就业服务。大四阶段是职业的定向阶段,学校要加大开拓就业市场的力度,对用人单位的招聘信息要全面了解,除了必要的资质认证手续以外,学校要为毕业生了解用人单位的岗位情况、工薪待遇等条件和今后的发展机会,将单纯的招聘活动改为就业指导、宣传、招聘、实习于一体。积极组织校园招聘会和专场宣讲会,给毕业生提供双向选择的机会。要求学生积极参加招聘活动,在实践中检验自己的积累和准备,积极利用学校、网络和社会的资源,了解用人单位资料信息,强化求职技巧,进行模拟面试等活动训练,最终实现就业目标。

结束语

大学四年是大学生人生观、价值观、世界观形成的时期,对一生的发展都具有非常重要的影响。在大学期间,如果得到系统的职业生涯指导,必将对学生毕业时的择业与今后的职业生涯起到良好的引导作用,更有利于学生明确学习的目标,为择业打下坚实的基础。反之将影响学生的准确定位,甚至影响将来的生活和对社会的适应性。

就业指导服务体系是一个有形体系与无形体系相结合的立体构建,有形体系的建立,即加强就业指导服务团队和硬件设备的建设,无形体系的建立,即思考和探索对大学生就业指导的全程化教育。只有在建立就业指导服务体系的基础上,才能将就业办的行政职能与生涯教育和就业指导有机结合,才能使大学生在四年的大学生涯中获得系统的职业指导,积极主动地学习专业知识,自觉地全面发展综合素质和能力,利于就业能力的持续发展。

作者简介:

　　沈毅,就职于上海杉达学院就业办。

大学毕业生择业期望和标准实证研究

——对上海市某高校毕业生的择业期望和标准的调查与思考

（上海师范大学天华学院　张　璐）

摘　要:当前大学毕业生就业形势严峻,为此分析大学生的择业期望和标准,探讨加强大学生就业指导的对策有深刻的现实意义。本文以上海市某高校英语专业大四学生的调查研究为例,分析了影响大学毕业生择业期望和标准的几种主要因素,并针对调查中发现的问题提出转变大学生的择业观念,加强高校相关就业指导课程体系等相应对策。

关键词:就业;择业期望;择业标准;就业意向

我国高校从 1998 年开始扩招以来,招生规模迅速扩大,每年的高校毕业生人数也随之逐年骤增。至 2009 年,高校毕业生人数首次超过 600 万人,高达 611 万人(见中国网 http://news.163.com/10/0122/10/5TKGRSFL0001124J.html)。2010 年,高校毕业生人数又创新高,达到 631 万人,人社部新闻发言人尹成基 2011 年 1 月 26 日在新闻发布会上表示,截至 2010 年 12 月底,2010 年毕业生就业率达 90.7%,意味着近 60 万应届高校毕业生在失业。2011 年应届高校毕业生人数再创新高,达到 660 万人(见新华网 http://news.xinhuanet.com/edu/2011-01/26/c_121023750.htm)。如果加上上一年待业的毕业生人数,2011 年面临就业的高校毕业生人数高达 720 万人。

面对节节攀升的毕业生人数,社会能够提供的就业机会并没有像毕业生人数那样出现跳跃式的增幅,因此可以预计,大学生面临的就业形势是何等的严峻,面对的就业竞争将更加激烈,毕业即失业的大学生人数仍将逐年增加。在这样的就业形势下,调查分析高校毕业生的择业期望与标准,无论对于高校的就业指导工作还是毕业生的求职工作都具有十分重要的现实意义。

一、调查方式及内容

本次调查对象以上海市某高校大四第一学期的毕业生为总体,采取重点调查方式,选取英语专业的 98 名学生为调查对象。本次调查共发放问卷 98 份,回收有效问卷 98 份,有效回收率为 100%。为了了解每个毕业生的具体情况,以便有针对性地对毕业生进行就业指导,本次调查采取记名问卷调查的方式。

问卷主要包括四个部分:

(1)就业形势与就业前景:主要包括毕业生对就业形势的认知,对就业前景的判断,以及对于专业不对口的态度等。

(2)择业期望与标准:主要包括毕业生的择业标准、就业意向、期望薪酬、择业范围等。

(3)就业目的:主要包括毕业生对自己就业方向的清晰程度、就业目的、对就业的关注时间以及开始求职的时间。

(4)就业指导:主要包括毕业生对就业政策是否了解、需要就业指导的内容、希望由谁指导就业以及就业受谁影响较大等等。

二、毕业生调查现状及结果分析

(一)绝大多数毕业生能认识到就业形势的严峻,但对就业前景却持乐观态度

通过这次调查活动了解到,绝大多数学生对当前的就业形势感到有压力,其中81%的毕业生认为"就业形势严峻,有压力";7%的学生认为"形势严峻,就业困难";没有一个学生选择"就业形势好,没压力";当然也有少部分学生由于自身存在优势条件或准备充分,对就业充满自信,因此仍有12%的学生选择了"就业形势较好,压力不大"。

在就业形势严峻,有压力的前提下,专业对口不再是大学生就业的必然要求。在对待就业岗位与专业是否对口的态度时,84%的学生选择"愿意从事专业不对口的工作";13%的学生选择"先干着,找个机会再跳槽";只有3%的学生选择"不愿意"。经过交谈,这几名同学说:"我非常喜欢自己的专业,会一直找下去,直到找到专业对口的工作为止。"说明这几名同学是将发挥自己的才能、体现自身价值放在第一位的,他们具有坚韧的品质,无论对社会,还是对自己都具有较强的责任感。本题的选项相当集中,"愿意"占了绝大多数,大学生对待专业不对口的态度,反映了专业对口不再成为当代大学生的择业限制。在这样的就业形势下,大多数毕业生就业并不是为了追求其所钟爱的事业,只要能有个差不多的工作,做一些差不离的事情,就能暂时凑合了。从表面上看,这样的择业观似乎带有一定的随意性,但同时也体现了当代大学生对社会的适应性在提高,找到的工作不合适,调整自己先让自己继续生活和工作下去,然后再寻找时机找到更适合自己的工作。这就要求大学生不但能够快速适应新环境、新变化,还要有一定的耐心做自己不喜欢或不擅长的事情。

尽管毕业生能认识到当今就业形势的严峻性,但并不影响他们对就业前景持乐观态度。在"你对自己的就业前景感到:( )"一题的调查中,56%的毕业生对自己的就业前景感到"比较乐观,有信心",占了绝对多数;4%的学生选择"乐观,很有信心";这两

部分学生尽管明白就业有压力,但仍有信心通过努力找到自己满意的工作,这是毕业生的主流。但是,另有 37% 的学生对就业前景"感到迷茫,没有信心"。值得注意的是,还有 3% 的毕业生对就业前景"没想过,没信心"。对于这后两部分学生,高校要加强就业指导,尤其是对于后一部分学生要个别引导,通过谈话,有针对性地提供帮助。

（二）毕业生择业标准多元化,比较注重影响生活质量的因素,择业期望偏高

在调查影响"你在找工作时首先考虑的因素是:( )"一题时,36% 的学生选择"个人发展空间";26% 的学生选择"工作地点、工作环境";20% 的学生选择"薪酬高低与福利";13% 的学生选择"单位性质";5% 的学生选择"公司规模/名气"。注重个人发展空间的这部分同学,充分体现了他们对个人发展的要求,这是一种对自我的尊重,体现了这个个性时代在大学生身上的印记,使得他们不再仅仅局限在循规蹈矩的工作里,而是更多地关注自身长远的发展,从而为社会、为企业的发展注入更多的新思想和新动力,这是社会的希望所在。同时,大学生在择业时对工作地点、工作环境、薪酬福利以及单位性质也比较关注,说明在这个多元化的社会中,影响大学生的择业标准也正在向多元化方向发展,不再是仅仅局限于薪酬福利待遇上。以上调查结果似乎说明了当代大学生的择业标准更趋于理智。

在调查毕业生对用人单位的所有制意向时,44% 的学生选择"事业单位",这与该专业的毕业生大多数选择中小学英语教师甚至幼儿英语教育这一行业密不可分;17% 的学生选择"外资或合资企业";13% 的学生选择"政府机关";12% 的学生选择"国有企业";8% 的学生选择"民营企业";选择"乡镇企业"的学生为 2%。从该题的调查中我们可以得到一些启示,大学生在作出上述选择时,主要是受到工资福利待遇、工作前景和员工的自由度等因素的影响。国家行政事业单位的稳定性具有相当大的保障,外资或合资企业的工资和福利待遇相对较高当然毋庸置疑。由此看来,大多数毕业生在择业时还是非常重视个人较高生活质量的保证。大学生们很少选择民营企业和乡镇企业,让人不禁感慨,民营企业是最需要新技术和新管理理念来发展的,但大学生们对他们的排斥着实让人为民营企业的前景担忧,为大学生相对缺乏为社会为国家服务的价值取向而叹息。

大城市成了毕业生选择就业地区的香饽饽,边远地区和农村遭受冷落,大学生的社会责任感在下降。"当你选择工作时,你会选择下列哪些地区?"91% 的毕业生选择了"大城市",5% 的人选择了"中小城市",3% 的人选择了国外,国家需要人才的边远地区或农村地区只有 1 个学生选择。选择大城市的学生比例遥遥领先,这固然与学校所处上海这一国际大都市有一定关系,但也表明了大学生在择业时,着重于个人发展,不再注重将个人的发展与国家、社会的发展相结合。在经济迅速发展的今天,大学生还是更注重生活条件。我们仍然看到,只有 5% 的学生愿意到国外工作,这也许在一定程度上和国家经济的发展、社会的稳定有关。

在调查毕业生对第一份工作的薪酬期望时,大学生的期望值主要集中在 2 000 元以上,特别是选择 2 000～3 000 元的人数过半,这说明大学生在择业时,对薪酬的期望较高。在做"你对自己毕业后第一份工作的月薪期望为:( )"一题时,10％的学生选择"3 000 元以上",这些学生对自己就业的月薪定位较高,显然对自己的专业和能力很有信心;54％的学生选择"2 000～3 000 元";28％的学生选择"1 500～2 000 元",这些学生对薪酬期望均在 1 500 元以上,这与上海市 2010 年公布的法定最低工资标准 1 120 元/月高出数百元到数千元不等,说明大多数毕业生的心目中天之骄子的光环还没有褪去,潜意识中还存在自己属于精英阶层,大众教育的意识还没有完全建立。随着大学生人数越来越多,总的就业岗位逐渐供不应求,在此背景下,有不少公司对大学生开出 800 元、1 000 元不等的较低月薪,但大学生并不因此将自己的"身价"降得过低,因此出现只有 8％的学生选择"1 000～1 500 元";"1 000 元以下"没有人选的调查结果。

(三)尽管毕业生择业目的和方向基本明确,但就业意识滞后

在调查大学生对自己未来职业发展方向的问题时,大多数毕业生对自己的发展方向比较明确,62％的学生选择"比较清楚";1％的学生选择"非常清楚";这两部分学生对自己的职业发展有比较明确的方向,成为毕业生中的主流。但也有 31％的学生选择"不好确定";值得注意的是,还有 6％的学生选择"比较模糊"。这对于即将踏入社会的毕业生来说是非常不利的,需要高校尽快加强就业指导,使之明确发展方向,才好投入到就业行动之中去。

在调查大学生的"就业目的"时,63％的学生选择"为实现人生目标",这些学生占毕业生的主流;3％的学生选择"为社会发展做贡献",这几名毕业生多为学生干部,他们将社会发展视为己任,从一个侧面反映了这部分大学生的社会责任感较强,是值得大力提倡的先进力量。12％的学生选择"为生计的需要";6％的学生选择"为建设家庭奠定基础"。这两部分学生可能受家庭经济条件的影响,存在较大的生存压力,因此将此作为自己的就业目的。同时还说明在市场经济体制下,金本位在大学生中还具有一定的影响。另外,还有 16％的学生选择"为结交更多好朋友",这说明在大学生择业的浅层目的上,得到丰富的人际关系是为了取得更好的工作。他们认为人际关系对自己将来能否取得成功是必不可少的条件。同时也说明这部分大学生具有自我提升、不满足现状的进取心。

尽管大部分毕业生就业目的和发展方向比较明确,但就业意识明显滞后,这可能与英语专业的学生要在最后一个学期(每年 3 月初)冲刺英语专业八级考试的专业特性密切相关。

在调查"你何时开始关注有关就业方面的信息?"一题时,70％的学生选择"大三",这部分学生主要受大三开设就业相关指导课程的影响才引起注意的;12％的学生选择"还没注意过";值得欣慰的是 13％的学生选择"大二",据抽样访谈,这和他们在大二时期开始参加职业规划之类的选修课程有一定关系。另有个别学生可能受家长或教师的个别指导,5％的学生选择"大一"时就开始关注有关就业方面的信息。由此可以看出,及早进行就业指导会引起大学生提前关注就业信息,为就业做好充分准备。

在调查毕业生"你认为什么时候开始求职最为合适?"一题时,62％的学生选择"毕业前6个月",据了解,这部分学生主要是不愿意放弃英语专业八级的考前复习;19％的学生选择"论文答辩后",每年的毕业生论文答辩安排在毕业前一个月前后,这就意味着这部分学生是在毕业前夕才开始找工作,就业意识已严重滞后;值得欣慰的是18％的学生选择"毕业前一年",访谈后得知,这部分学生是在第六学期参加了就业指导相关课程后,暑期即投入到社会实践工作之中了。该题的调查结果进一步说明了在适当的时间对大学生进行相应的就业指导是非常必要的。

(四)毕业生不了解就业相关政策,就业技能欠缺,希望得到专业的就业指导

在调查毕业生"对国家的就业政策,学院就业手续办理及相关制度、就业流程你是否清楚?"一题时,66％的学生选择"不很清楚";27％的学生选择"不清楚";据分析,这两部分学生主要是没有参加过这方面的就业指导。值得欣慰的是6％的学生对国家的就业政策,学院就业手续办理及相关制度、就业流程选择"清楚";访谈后得知,这部分学生主要是较早关注就业信息和就业形势,通过参加学校开设的相关就业指导和自己主动通过网络等媒体查询后学习的。

毕业生在求职前亟须得到相关的就业指导,尤其是面试技巧性的细节。在调查毕业生"你需要哪些方面的职业指导?(请你按重要程度依次排序)"一题时,54％的学生选择将"求职、面试技巧、说话艺术的指导"排在第一位;6％的学生选择将"职业礼仪、形象指导"排在第一位;1％的学生选择将"职场中为人处世原则"排在第一位;41％的认为需要进行"个人职业生涯规划指导",但没有排在第一位。

对于由谁来指导就业的问题,毕业生更倾向于由具有专业指导能力的老师或部门来进行,而不再依赖于家长的安排。在对"你希望就业指导最好来自哪些方面?"一题的调查中,58％的学生选择"就业指导老师或辅导员";26％的学生选择"学院就业指导办";说明大学对就业指导的需求有了更加理性的认识:专业的指导不但可以帮助大学生进行更好的自我定位,并且可以为他们提供一些就业技巧的指导。10％的学生选择"报纸/网络/杂志/书籍";说明这部分大学生的自主学习能力较强,能够合理安排学习和生活时间,这是值得欣慰的事情。只有6％的学生希望就业指导最好来自"父母";说明"传统型"的接受父母安排工作的学生已为数不多了。但这并不意味着家长对学生择业的影响微乎其微。

在调查毕业生"择业时对你的决策影响最大的是:( )",26％的学生仍然选择"父母"。原因有三:第一,这部分学生从小自主性就较差,许多事情都是父母说了算,到择业这个问题上也不例外;第二,这部分学生认为父母人生经验丰富,积累了一定的人脉关系,父母相对于别人来说可以提供更多更值得信赖的建议;第三,大学生受传统文化的影响,特别是在选择就业时,会更多考虑家长的感受和建议,因此受父母的影响更大些。当然大多数毕业生择业受外界的影响较小,53％的学生选择"自己";只有 4％的学生选择"朋友";2％的学生选择"老师"。说明当今的大学生尽管希望老师在就业工作中能发挥专业指导作用,但越来越多的大学生自主意识和个体意识在增强,择业时希望能从自身出发,通过独立思考来选择自己的职业方向。

三、原因分析及对策思考

(一) 就业形势严峻,毕业生对就业前景感到迷茫,高校要加强相关就业指导

从这次调查结果可以看出,大多数毕业生能意识到就业形势的严峻,对就业压力有一定的感知,但却不知如何应对,对就业前景感到迷茫,缺乏信心。因此高校要在学生大三初期就开始进行就业形势的分析和指导,帮助他们及早认清就业形势,做好应对措施,树立就业信心,鼓励他们到国家最需要的地区或行业就业。

社会对人才需求的变动是必然的,整个就业环境是客观的,这就要求大学生身处就业的环境中不但要了解这种就业形势的变化,而且要在变化中学会适应环境。高校要引导大学生正确了解社会对人才的需求形式,了解全国包括各地区、各行业的就业形势,弄清楚用人单位需要什么样的专业,什么样的人才,这些对求职的毕业生是至关重要的。对于就业前景"感到迷茫"和"没想过,没有信心"的毕业生,要着重加强引导和帮助,使之及早调整就业观念,降低择业期望和标准,扩大就业范围及领域,不再纠结于大城市、2 000 元以上、姓"公"或姓"私"的问题上。

(二) 大学生就业初期一味求稳,择业期望及标准过高,需要高校开展系统的就业指导,及早调整毕业生的就业观念

如果说大学毕业生找工作曾经是"皇帝的女儿不愁嫁",但世易时移,如今激烈的就业竞争让大学生身上的优越感消失殆尽,面对找工作,许多大学生不禁感慨:怎一个"难"字了得!造成这一现状固然有社会的客观原因,但主要还是来自毕业生本身及其家庭的主观原因所致。具体表现如下。

1. 大学生追求稳定,重视"享受"

从毕业生的就业意向调查中不难算出,选择国家行政事业单位和国企的毕业生比例近 70％,占了毕业生的绝大多数。主要原因是国家行政事业单位工作稳定,再加之,近年来,国家几次提高公务员的薪金,进而提高了公务员的职业声望。致使许多毕业生都产生了加入公务员行列这种盲目从众的就业心态,哪管考取公务员是几百比一,也要跻身于这支浩浩荡荡的考试队伍,录取结果可想而知。而国企的薪酬福利相对民企要丰厚得多,生活最起码有了保障,听起来也比民企要响亮一些。可是国企能提供的就业岗位毕竟十分有限,致使求职毕业生是乘兴而来败兴而归。因此高校要在大学生在读期间的第六学期对他们的就业意向进行指导,不必一味求稳,鼓励大学生毕业后到最能发挥自己能力和特长的单位就业,不要一窝蜂地涌向国家企事业单位或外

企,在民营企业一样能找到自己的发展空间。

2. 毕业生择业期望及标准过高

大学毕业生就业期望及标准过高主要表现在三个方面:

首先,在地域选择上,大城市成了毕业生的首选,却对国家急需人才的中小城市不为所动。这种扎堆就业的现象,必然造成大城市的就业竞争更加激烈,求职者处处碰壁,形成就业市场"人才密度"不均的怪现象。

其次,对薪酬的期望值过高,普遍在 2 000 元以上;能接受 2 000 元以下的毕业生寥寥无几,没有一人愿意接受 1 000 元以下的工作。

再次,对就业单位的所有制也要挑三拣四,即使进不了国家行政事业单位,也要进国企或外企,愿意进民企就业的毕业生不到 10%。

对于毕业生的就业期望和标准过高的现象,高校不但要在大三安排就业指导课程,而且要在大四初期继续进行就业引导,大城市固然能提供较多的就业岗位,但同时也要看到,就业竞争相对也比中小城市要激烈得多。对于每一个毕业生来说,生存是第一位的,因为没有起码的生活保障,任何理想都是空谈。毕业生与其在大城市失业,不如先到需要人才的中小城市或偏远地区锻炼几年,等具备了一定的工作经验和技能后,再寻求有利于自己发展的职业,也未尝不是一条实现个人价值和社会价值的途径。同时高校要引导毕业生根据自己的实际情况合理定位,正如"一口吃不成大胖子"一样,也不要在就业初期就希望薪酬能一步达到自己的心理价位,要降低对薪酬的期望值,鼓励毕业生到能提供大量就业岗位的民营企业就业,为振兴民族产业贡献自己的一份力量。

(三)大学毕业生不了解就业政策,就业技能欠缺,就业意识滞后,需要加强专业的就业指导

从以上的调查中得出,超过 90% 的毕业生对国家的就业政策,学院就业手续办理及相关制度不是十分清楚。大多数毕业生迫切需要得到"求职、面试技巧、说话艺术"等方面的就业指导。大学生从大三才开始关注就业信息,甚至还有部分学生大四了仍没有关注过就业信息,这样滞后的就业意识与当前严峻的就业形势是明显不相称的。大多数毕业生希望就业指导老师、辅导员或就业部门能给他们提供专业的就业指导。

从毕业生的以上种种表现可以看出,高校对大学生的就业指导工作还十分薄弱,系统的就业指导课程基本没有,零散的就业指导远远不能满足大学毕业生应对当今严峻的就业形势的需要。因此高校对大学生加强就业指导这项工作任重而道远。除了前面谈到的就业指导内容之外,高校还需要在学生大一就安排专业教师对大学生的职业生涯规划进行指导;大二期间安排就业形势与相关的法律课程;在大三安排就业政策、就业信息以及创业政策方面的指导;在大四初期对毕业生加强面试技巧、就业案例分析、就业手续办理流程与相关制度等方面的指导工作。

大学生在校期间通过参加专业的、系统的就业指导课程,就会自觉调整就业观念,确定合理的择业期望与标准,为就业早做准备,减少求职过程中的碰壁次数,尽早找到适合自己的工作。这不但有利于解决我国高校毕业生的就业难题,而且对于推动整个社会人力资源的合理配置工作将发挥出不可估量的重要作用。

参考文献

[1] 王雪. 赢在路上[M]. 天津:天津教育出版社,2009.

[2] 肖建中. 职业规划与就业指导[M]. 北京:北京大学出版社,2006.

[3] 陶国富,白苏娣. 大学生择业心理[M]. 上海:华东理工大学出版社,2002.

[4] 宋立达. 大学生求职攻略宝典[M]. 北京:金城出版社,2005.

[5] 王易,邱吉. 当代大学生热点问题调查报告[M]. 北京:中共党史出版社,2010.

[6] 人保部. 2009 年高校毕业生就业率为 87% [OL]. http://news. 163. com /10 /0122 /10 /5TKGRSFL0001124J. html 中国网. 2010-01-22.

[7] 人社部. 2010 年应届高校毕业生就业率达 90.7% [OL]. http://news. xinhuanet. com /edu /2011-01 /26 /c_121023750. htm 新华网. 2011-01-26.

作者简介:

张璐(1973—),女,上海师范大学天华学院,讲师,研究方向思政与就业指导;E-mail: luzhang@189. cn;联系电话:13918849324,021-39966098(办公室),021-39966366(传真);单位地址:上海市嘉定区胜辛北路 1661 号(上海师范大学天华学院)明华楼 409 室,邮编:201815。

高校大学生在就业过程中的心理浅析

（上海应用技术学院　陈　杰）

摘　要：随着我们国家 2003 年以来高校的招生规模不断扩大，到 2013 年全国普通高校毕业生规模已经接近 700 万人，也是就业形势较严峻的一年，一些大学生在就业过程中不能承受挫折，心理状况出现问题，选择了如自杀等极端方式来解决。本文通过对大学生就业过程中遇到的心理问题进行客观分析，试图找到一些解决的方法，能够对就业过程中大学生的心理调节提供一些帮助。

关键词：大学生就业；心理帮助

一、就业形势、学生就业现状的简单介绍

随着近几年中国高校的招生规模不断扩大，到 2013 年全国普通高校毕业生规模接近 700 万人，比去年多出近 20 万人，是新中国建立以来，高校毕业大学生人数最多的一年。大学生的求职面临了比以往更加困难、严峻的局面。

从学生自身来讲，有些同学从大一开始，学习目标明确，积极进行自己的职业生涯规划，寒暑假没有待在家里围绕着自己的生涯规划目标去参加社会实践，在求职的过程中，比较轻松；有些同学进入高校以后，放松了自己，整天痴迷于网络游戏，也没有自己的职业生涯规划和人生目标，在学校老师和家长的叮嘱和帮助下，勉强毕业。在求职中难度较大，因为不论学习成绩还是个人能力都不能达到招聘单位的一些要求；有些同学学习、能力各方面都很好，目标定得较高，希望工作"有钱又有闲"，"说是无业可就，有时候却是有业不就"，这样就错失了一些较好的就业机会，还有一些其他方面的表现。

二、大学生就业过程中的心理分析

通过以上简单的介绍分析，我们可以认为，在 2013 年严峻的就业形势面前，学生

在找工作的过程中,保持一个健康的心态和心理是非常重要的。下面我们对学生在就业过程中的心理状态进行一下简单的介绍和分析。

1. 缺乏自信

一些内向、不善于与人沟通、表达自己观点的学生,特别是毕业院校不是名校的同学,在求职的过程中经受了几次拒绝和打击之后,明显缺乏自信,在求职过程中谨小慎微,面试的时候紧张,害怕用人单位拒绝自己,有自卑感,平时的时候与同学交流都没有问题,但一到面试现场,就老是担心自己会出现失误,紧张,大脑一片空白,自己的特长和优点都没有很好地给用人单位展现出来,从而错失了一些很好的就业机会,自己的心理状态又进入一个恶性循环,变得更加没有自信。

2. 自我期望过高

一些大学生并非找不到工作,而是由于对工作的期望值过高,有些同学家庭经济条件较好或者毕业于 985 或 211 名校,自我认为高人一等,自我感觉良好,认为自己满腹经纶,成绩优秀,能力强,对自身定位不准,评价不当,在求职的过程中,好高骛远,期望值较高,一心只想去大城市、去经济发达地区,到挣钱多、待遇好的单位,不愿到中小型城镇和欠发达地区,不能理性地结合自身实际,盲目追求"高工资、高待遇"的理想工作。只顾眼前利益,而不注重长远发展,导致出现"高不成,低不就"现象,结果错失了很多机会。

3. 依赖性强,缺乏进取心

"现在一些'90 后'毕业生由于家境不错(特别是江浙沪的学生),多数希望工作轻松点、工资高点"。求职的过程中,老师都在那里干着急,这些学生一点不着急,没有压力,参加招聘会父母全程陪同,也不急着签约,与这些同学沟通,普遍反馈是,父母给他们说了,找到好的工作就去做,找不到也没关系,家里有钱,即使不工作也可以生活得很好。

4. 与同学互相比较,嫉妒

嫉妒心在社会上是比较常见的一种心理,大学生也不例外。在就业的过程中,有些同学看到别的同学工作找得好,工资高,待遇好,自己找的工作不是很理想或者还没有找的合适的工作,由此产生嫉妒心理,并作出一些违反道德的行为,如在背后说这个同学坏话,搞一些小动作等。有些同学对自己的认识不从实际出发,看到别的同学找到比较好的工作,也以此为标准,达不到这个工作待遇条件的岗位就不去应聘,否则就觉得自己在班级同学面前没有面子,抬不起头,结果就错失了最佳就业机会。

三、大学生就业过程中的心理调节

大学生在四年的平时学习生活中就要慢慢地培养自己形成一个健康的心理状态,遇到挫折、不开心的事情,要学会调节自己的心态。在就业的过程中,可以根据自己在上职业生涯规划课时制定的职业生涯规划,从自己的实际情况出发,按照步骤进行,并不断地做好总结、反省,进行较好的职业定位。

同时,找工作中即使反复遇到拒绝、打击,也要保持正常心态,分析失败的原因,找出解决的方法,比如身高有限,可以穿高跟鞋弥补一下等;在简历的制作上、面试的时候用较短的时间表达出自己的特长和优点,等等。从而提高以后面试的成功率。平时多和同学、老师沟通交流,让他们帮助分析你求职中遇到的问题,更好地改进,还可以去看看自己喜欢的电影、逛街、参加一些体育活动,转移注意力,放松自己紧张的情绪。如果在就业的过程中遇到问题和困难,自己的内心无法排解,已经影响到了自己的求职和正常生活,可以向学校的心理咨询中心心理老师寻求帮助,化解自己内心的苦闷,为自己的顺利就业提供支持。

参考文献

[1]彭耽龄.普通心理学[M].北京:北京师范大学出版社,2001.

[2]钟毅平.心理学[M].长沙:湖南教育出版社,2005.

[3]代静亚,等.大学生求职过程中的心理问题及调适[J].科教文汇,2009(2).

[4]李春娜.大学生如何养成健康的求职心理[J].教育教学论坛,2010(17).

作者简介:

陈杰,男,河南人,上海应用技术学院人文学院,助教,研究方向:大学生思想政治教育;邮编:201418。

浅谈如何保证就业率统计的准确性

（上海杉达学院　俞豪杰）

摘　要：本文以上海杉达学院就业工作为例，着重分析了如何统计就业率，可能影响就业率统计的因素，并探讨了如何保证就业率统计的准确性。

关键词：就业；就业率；准确性

引言

就业是民生之本。做好高校毕业生就业工作是"加快推进以改善民生为重点的社会主义建设"的具体体现，是构建社会主义和谐社会精神文明的重要内容，是建设人力资源强国和建设创新型国家的必然要求。在国际金融危机影响尚未消除、就业结构性矛盾仍然突出的情况下，高校更加需要认清形势，明确责任，贯彻落实党中央、国务院"把高校毕业生就业摆在当前就业工作首位"的重要决策，切实做好高校毕业生的就业工作。

而对于民办高校而言，就业率更是关系到招生、专业设置的"生死线"；"就业不好没人报考"、"就业形式不好的专业无人报考"、"就业不好就是教育质量不好"，这些都是摆在各民办高校眼前的切实问题。

作为检验就业情况最直接的量化指标——"就业率"，就成为重中之重，而就业率的准确性也成为教育主管部门乃至全社会关注的热门话题，如何保证就业率统计的准确性就这样摆在了各高校面前，也摆在了上海杉达学院的面前。

一、如何统计就业率

1. 就业率统计的组成

根据教育部对高校毕业生就业率统计办法的有关规定：就业率＝(已就业毕业生人数/毕业生人数)×100％，其中"已就业毕业生人数"按教育部统计口径包括以下七种情况：

（1）毕业生通过学校与用人单位签订就业协议书，领取就业报到证，到用人单位就业。（凭证：协议书）

（2）毕业生与用人单位已签订劳动合同，或用人单位出具接收函，不需要就业报到证，到用人单位工作。（凭证：劳动合同、接收函复印件）

（3）定向、委培毕业生回原定向、委培单位就业。（凭证：入校前签订定向委培协议复印件）

（4）毕业生以灵活方式就业，其中包括自主创业、自由职业等。（凭证：灵活就业登记表）① 自主创业指创立企业（包括参与创立企业），或是新企业的所有者、管理者，包括个体经营和合伙经营两种类型。② 自由职业指以个体劳动为主的一类职业，如作家、自由撰稿人、翻译工作者、中介服务工作者、某些艺术工作者等。

（5）升学：包括专科毕业生升本科、毕业生考取研究生、考取第二学士学位（考虑到统计口径的连续性，暂列入就业统计范围）。（凭证：录取通知书复印件）

（6）毕业生出国、出境留学、工作等。（凭证：签证复印件）

（7）毕业生参加国家、地方项目就业。（凭证：项目主办机构出具录用证明复印件）

2. 统计就业率的一般操作流程

以上海杉达学院为例，通过辅导员联系毕业生，了解应届毕业生就业去向，并上报给校就业办（指上海杉达学院就业指导办公室，以下同），由校就业办汇总再上报学生事务中心，一般操作流程如下：

（1）辅导员负责统计应届毕业生的就业去向，按7种就业形式分类，并根据不同的就业形式收取相应的凭证，然后上报校就业办。

（2）校就业办根据辅导员上报的信息，将每个毕业生的就业信息输入"就业信息监控系统平台"。

（3）学生事务中心根据"监控平台"中的信息统计各高校就业率，并抽查各高校的就业凭证。

二、可能影响就业率的因素

教育部将应届大学生的就业去向分为七类，并且规定了每一类去向的凭证材料，这些材料的是否齐全以及是否真实，就成为检验就业率准确性的重要依据。

首先，从就业去向的分类及凭证材料着眼，我们不难发现，7种就业类型中最薄弱的环节在于灵活就业，灵活就业的就业凭证是具有学生亲笔签字的《灵活就业登记表》。由于自由职业的存在、企业基于各自利益的考虑，或者是学生本人出于今后更换工作的考虑以及同学之间的攀比心态等等原因，的确存在不签就业协议书或者劳动合同的情况，以及签订之后不愿提供复印件的情况，因此灵活就业的确可以反映一部分毕业生的就业去向;但是,这也是最为薄弱的一个环节,因为这只是学生对自我就业去向的表述,真实与否,无从考证,也许个别的学生出于同学之间攀比心态,也未必希望学校去考证他提供的信息真实与否,这就为我们的就业率统计的准确性埋下了伏笔。

其次,由于全社会对就业的高度重视,各级领导对就业给予前所未有的重视,各高校都坚持将做好高校毕业生就业工作作为高校"一把手"工程;各高校也对就业工作加大了"人、财、物"的投入,将就业工作作为辅导员工作考核的一项重要指标,与工作考核、奖励奖金挂钩。各个高校的各种措施,体现了高校对就业工作的重视,对就业工作起到了很好的促进作用。但是,这些措施在实施过程中,一方面给不少辅导员的工作造成了不少压力,另一方面也有个别辅导员为了追求高就业率,存在弄虚作假的行为,使的就业率统计的真实性大打折扣。

最后,很多毕业生由于对学校或者辅导员心存怨恨,就业了也不愿意告诉学校,不愿意配合辅导员工作。

以上种种原因,使学校的就业情况不能得到真实地反映,不能保证就业统计的准确性。

三、如何提高就业统计的准确性

对于灵活就业,虽然如实反映自由职业及自主创业这两种就业形式;但是考虑到这两种就业形势在上海的用工市场上所占比例并不高,因此,让灵活就业在就业统计中,保持一个较低的比例是相对合理的。2009 年上海市应届毕业生灵活就业人数为14 042 人,总毕业人数为 15.8 万人,占 8.89%,因此,民办高校将灵活就业控制在10%以内还是比较合理的。我校(上海杉达学院,下同)2010 年就规定灵活就业率高于10%属于未达标。对于签订"灵活就业登记表"的毕业生,除了正常的自由职业和自主创业,大部分都是因为无法提供有效的就业凭证才只能签订灵活就业登记表。这方面就需要我们辅导员真正地关心学生,将关心学生就业放在实处,不为单单追求高就业率。

我校有位学生在一家日资企业工作,日方负责人不愿意签订就业协议书,一定要等毕业后签订劳动合同,这样,学生在毕业前的利益就无法得到保证。我们辅导员就一次次地去企业,做日方负责人的工作,告诉他们办理信息登记号之后可以在学生事务中心的网站上发布招聘信息,扩大企业知名度。经过多次努力,终于愿意与我们的学生签订《就业协议书》,保障了学生的利益。工作人员只有这样真正关心学生的就业、帮助学生,才能实实在在地提高就业率。

对于我们辅导员在具体操作过程中可能存在的不规范问题,不能因为个别辅导员在操作中的不规范,从而否定我们各高校重视就业、鼓励就业的措施,"一把手工程"、各种奖励措施都有效地促进了就业工作的开展。

我们需要通过各种措施来规范辅导员的操作,保证就业率的准确性。以我校为例:

(1) 要从制度上明确规定,不可以以任何形式表达"需要用就业协议书换取毕业证书和学位证书",不能因为没有就业协议书而"不发、迟发"毕业证书或学位证书。这些规定不但要告知辅导员,还要告知每个毕业生,让学生消除顾虑,提交真实的就业证明。

(2) 要允许学生待业。由于有的学生需要准备各类公职类考试,或者想专心准备专升本或者本升研考试的准备,或者是学生本身的就业能力有限需要再培训等因素造成学生暂时不能就业,不能因为这些原因影响辅导员的考评,关键是要看辅导员是否真实了解学生情况,了解学生为什么没有就业,以及是否积极帮助其就业,消除辅导员的顾虑。

(3) 通过技术手段规范操作流程。将辅导员上报上来的就业去向登记到数字化就业服务平台,让毕业生通过学号登录就业办网站查询自己的就业去向,如果发现与自己的实际情况不符,可以及时与就业办联系反映情况,从技术手段上监督、规范辅导员的工作。

(4) 不定期抽查毕业生的就业凭证,及时发现不规范的就业凭证,并及时整改。

以上是我校的一些具体的措施,这些措施或多或少地能规范就业统计过程中可能出现的不规范行为。但是,对于就业这个关系学生切身利益的工作,我们要把工作落到实处,真心地去关心学生就业,从实处解决他们在就业过程中遇到的困难。就像我们的很多辅导员,可以为了学生就业利用自己的休息时间奔走于各个区县的职业介绍所;奔走于学生就业的企业,规范企业行为,促使企业与我们的学生签订就业协议书或劳动合同。只有这样,从学生的利益出发,切实关心、帮助我们的学生,使学生消除抵触情绪,愿意将自己的就业情况告诉学校,我们也才能真正地了解就业情况,保证就业统计的准确性。

作者简介:

俞豪杰,就职于上海杉达学院。

大学生就业诚信问题的经济学思考
——基于教育信号功能的视角

（上海立信会计学院　张　莎）

摘　要：本文从目前高校毕业生就业过程中出现的简历注水、实践造假和恶意毁约等现象入手，运用经济学中教育信号功能的原理分析了就业失信行为的原因及后果。就业失信不仅会损害用人单位利益，更会破坏毕业生所在高校的诚信形象，造成恶劣的负效应。文章最后提出了增加毁约成本、就业信息公开、加强职业生涯规划教育等建立就业诚信体系的对策思考。

关键词：就业诚信；信号甄别；失信行为；毁约

一、引言

随着高等教育从"精英化"向"大众化"阶段的转变，大学生就业成为备受关注的热点问题。一方面受经济波动的影响就业形势日益严峻，许多毕业生毕业即失业；另一方面部分毕业生求职心切，为追求一份更好的工作不惜采用简历注水、恶意毁约甚至频繁跳槽等手段，不仅损害了大学生自身的利益，扰乱了就业市场的正常运转，而且对于高等院校的长期发展及其在人才市场中的口碑造成负面影响，降低了高等院校的就业竞争力，损害了高等院校在人才市场中的信号功能。

二、大学生就业过程中的信号功能

（一）高等院校自身的教育信号功能

约瑟夫·斯蒂格利茨(Joseph E. Stiglitz) 1975 年认为，教育在整个人才市场中起着信号作用。在就业市场中，由于大学毕业生的能力本身是一个不可观察的特征变量，无法通过简单的观察和短时间的接触了解到关于大学生能力的信息。用人单位为了甄别出能力高的人才，往往在招聘时会考察大学毕业生所在院校的等级(如：985 高校、211 高校、地方院校、职业院校等)信息。在同等条件下越优质的用人单位，更愿意给优质院校的毕业生(985 或者 211 高校)提供工作机会。因为考上重点大学的分数要比考上地方院校的分数高,从一定意义上表明前者拥有更强的学习能力或者工作能力。这里的隐含假设是,高考的成绩可以作为观测的变量,在一定程度上说明了能力的高低。但是,作为排名靠后的院校也可以通过其传统特色学科优势,或注重实践实训,或注重学科基础等方式赢得同等层次的用人单位的认可。所以,可以认为高等院校本身在就业市场中起着信号作用,尤其是老牌学校,具有良好的市场口碑的高校,毕业生更受到市场欢迎。这也在一定程度上可以解释为什么很多用人单位在招聘应届毕业生时,往往会限定某些院校或某些专业,这正是看中了高等院校自身的信号功能。

(二)毕业生简历的信号功能

人力资源部门招聘的第一个环节就是简历筛选。用人单位在与高校接洽之后,首先接触到的就是大学毕业生的个人简历信息,简历内的各种信息是用人单位确定应聘者是否符合其能力要求的重要基础,理性的招聘经理往往会确定一些关键性指标,如参与过社会实践活动的类型和时间长短(这是考查学生社会适应能力、工作胜任能力等变量);是否担任班级干部,或者积极主动参与学生社团活动(这是考查学生组织能力、社会交往能力、领导能力等方面的重要变量);是否在学校获得过各类奖学金、学习成绩绩点等(这是考查学生学习能力、学习竞争力的变量)。用人单位在综合了毕业生个人简历所有信息后,决定是否有必要对毕业生作进一步的了解,给予面试机会。一份优秀的个人简历,首先在满足所填信息真实性的前提下,充分展示大学毕业生的各种能力,以及个体能力特征,以区别其他同等条件的应聘者,做到脱颖而出。

(三)就业协议书的信号功能

就业协议书的信号功能主要体现在给予应届毕业生以确定在毕业时能够获得满意工作岗位的信号,对用人单位而言,可以获得中止招聘某工作岗位人员的信号。在完成了对大学毕业生的各种考察后,为了能够巩固招聘成果,用人单位往往通过与高等院校、大学毕业生签订就业协议,以确定人才录用的意向,建立初步录用关系。就业协议上规定了三方之间的权利义务关系:用人单位要等到应届毕业生正式毕业之后才能与之签订正式的劳动关系;应届毕业生在签订就业协议书后,才有了受法律保护的就业去向;高等院校则将就业协议作为统计毕业生就业率的依据,并且根据历年的统计结果,完善和修改学校的人才培养方案,改进教育教学。在就业协议中也规定了如果因为用人单位或者应届毕业生双方中某一方的原因无法履行协议,另一方要提供协议所约定的违约赔偿。

三、就业失信与信号功能的丧失

(一)毕业生就业失信的表现

近年来,高校毕业生在就业过程中存在着以下几种失信行为:

首先是简历注水。某些毕业生为了能够在人才市场上突显自己的竞争力,往往会采取弄虚作假的手段。主要表现为,夸大自己在学校的学习成绩、绩点及其排名,部分学生甚至在主修课程的分数上,把成绩较低的分数去除,留下成绩较高的分数,以此提高整体绩点;有些没有参加过社团活动,说成参加过社团活动,或者任意增加参加社团活动的次数以及在社团活动中的个人表现和影响;有些没有参与过班级管理活动,写成是班级学习委员或者班长。有调查显示,在同一个毕业班级中出现二十多位班长的现象,这就是典型的简历注水。

其次是实践造假。很多高校为了实现应用型人才的培养目标,往往要求大学生暑假或者寒假参加社会实践或者产学合作活动。有的学生为了丰富自己简历中的社会实践经历,应付学校的检查,往往任意找寻实习单位,所实践内容和专业所学完全无法对接,有的干脆直接盖章了事。在求职过程中却虚报实习单位,或者延长实习时间和次数,企图给用人单位造成具有良好的社会实践和适应能力的假象。

最后是恶意毁约。应届毕业生由于对自身的定位不明确,对市场行情缺乏足够了解,在就业之初会盲目地草草签约某个单位,从而实现所谓的"保底"。但随着求职过程的深入,他们很快又发现了更好的单位,出于简单了事或者经济方面的考虑,有些毕业生不顾诚信道德就把原来的就业协议书恶意撕毁,采取冒用其他同学的就业协议或者编造借口等手段重新领取就业协议书,重新与新的用人单位签订协议。这种做法给原用人单位带来了不必要的经济损失,也严重损害了所在高校的声誉。

(二)就业失信的负外部性

大学生就业失信最直接的受益者是造假毕业生自己,而最直接的受损者是用人单位。即大学生通过简历注水、实践造假、恶意毁约获得了自身效用的最大化,而用人单位也由于未能按照信息甄别的手段,寻找到合适的应聘者,或者即使已经签约也同样因为毁约而造成了损失。但事实上,受损者远远不止用人单位。首先,是其他没有造假的大学毕业生。由于这些诚信大学生提供了真实的个人信息,而在整个人才市场中,由于未能"注水"表现出了相对较低的工作能力,而未能进入潜在用人单位的视野,失去了工作匹配的机会。从某种程度上看,它促成了信息不对称的人才市场上"劣币驱逐良币"的现象发生。

其次,最主要的受害者,也是这个负外部性的最主要承担者是该应届毕业生所在的高校。因为从经济学角度看,用人单位和大学生的关系只可能是一次性博弈,而用人单位与所在高校的关系却是重复博弈。每一年都有大量的应届毕业生从该高校毕业。如果某高校的毕业生在求职过程中都简历注水、实践造假或者恶意毁约,则会给未来该高校的毕业生带来负面的影响。原因在于,站在用人单位的角度,它所接触到的毕业生在一定程度上代表了该高校的所有毕业生的平均水平。往年的造假或者当年的部分学生造假、恶意毁约,会降低该高校的诚信口碑,用人单位会将原因统统归咎于该校的人才培养体系或者教育体系的缺陷,而使得用人单位不敢再招聘该高校的毕业生,或者以相对低的概率招聘该高校毕业生。

最后,增加了整个人才市场的交易成本。用人单位为了应付可能的简历注水或者实践造假,会进行更加严格的简历筛选程序,与此同时,也不再简单地依赖高校推荐或者简历筛选的结果,而是通过一轮轮面试和一轮轮考试,通过各种可能的手段,借以甄别出符合用人单位标准的人才。而对于应聘者而言,求职也变得更加的艰难,不断的考试与面试,加重了毕业生心理的压力和经济成本。高校也因此需要在较低的成功率下推荐应届毕业生,造成了整个招聘过程的浪费。

四、高校建设就业诚信体系的对策思考

每一层次的高校毕业生都会由相对应的用人单位吸纳。高校要做的就是增加其在人才市场中的信誉,建立在用人单位中的良好口碑。而口碑或者信誉的提升以及重新建立的信号功能,有利于高校的长期发展。

(一)解决恶意毁约

应届毕业生单方面毁约后,在再次向高校就业指导部门领取新的就业协议时,通过公开该生领取就业协议的时间、次数等信息,让用人单位直接了解到该毕业生毁约与重新签约的情况,促使用人单位在招聘时作出慎重的决策,也树立毕业生诚信择业、审慎就业的态度。其次,提高毁约成本,即适当增加毁约双方的损失,如果由于应届毕业生的恶意毁约,则需要付出较高的赔偿额,或者用超额累进的办法,逐步增大就业协议的补偿价格,从而约束协议签订行为。再次,开展职业生涯规划、诚信就业的教育。很多大学生匆忙签约是由于其对自身的工作能力认知不明确,工作方向模糊所致,通过职业能力倾向测试,促进大学生对自身职业倾向、职业世界的深入了解,更理性地作出工作搜寻决策。最后,做好就业信息的宣传和传递工作。让大学生在了解自身能力的同时,了解社会对于各种岗位的需求信息,促使其更好地做到毕业生人才供给与用人单位人才需求相匹配。

(二)解决简历注水

用人单位有其评价毕业生能力的标准。有些能力是用人单位需要的,有些则不是。毕业生最需要做到的就是个人能力与工作岗位的匹配。简历注水在一定程度上,夸大了工作能力,从而使得用人单位无法有效甄别出想要的潜在员工。对于毕业生而言,即使通过简历注水获得了工作,在实际工作中也会因为工作能力不够而不能胜任该岗位。因此,首先,高校要建立正确的引导机制,指导大学生如实填写求职简历,真实性是简历最重要的特性。其次,高校要在适当的时候提供简历征信工作。即当用人单位需要核实简历的真实性时,高校需给予帮助、提供方便,并鼓励用人单位核实毕业生简历中的真实性,主动做好信号发送工作,增加高校在人才市场中的口碑。最后,建立就职诚信档案,对于有简历注水、夸大其辞的毕业生,在进行诚信教育的同时,要将注水的简历给予公开并增加对这种公开的可置信承诺,从而威慑其他毕业生,不敢将

简历注水或造假。

（三）解决实习造假

首先,高校要从实践源头入手,做好各项实践活动的核实和确认工作,对于不能确认实习实践和实习内容的实践活动给予说明,并且留下证明人的相关信息,以供用人单位备查。其次,用人单位要做好过程控制,在暑假实习或者产学合作过程中,要建立产学合作协调员制度,通过产学合作协调员与实习单位的实地走访或者电话走访等形式,确认实践活动的真实性,并对实践活动的效果和用人单位的评价等信息进行打分,以档案形式留存以供用人单位备查。最后,从思想上展开对毕业生的宣传教育,说明实践活动的重要性,促使毕业生主动参与到产学合作与社会实践活动中去。

总之,高校就业诚信体系的建设是一个系统工程,不仅需要高校各个职能部门的通力合作,更需要用人单位和社会各界的积极响应与协调配合。唯有如此,才能真正建立毕业生诚信就业信号体系,体现信号的发送、传递和甄别作用,促进高校人才培养的长期可持续发展。

参考文献

[1] 约瑟夫·斯蒂格利茨.经济学[M].北京:中国人民大学出版社,2010.

[2] 周雨.高校毕业生就业的诚信问题研究[J].云南社会主义学院学报,2013(1).

[3] 齐文远,周巍,等.大学生就业诚信的现状、原因与对策研究[J].理论前沿,2013(8).

[4] 邵妍,王永明.社会责任视角下大学生就业诚信问题研究[J].教育与职业,2013(1).

作者简介：

　　张莎(1981.12—　　),女,上海立信会计学院,讲师,主要从事职业生涯规划教育。联系地址:上海松江区文翔路2800号,邮编:201620。

高等技术院校大学生就业工作的 SWOT 分析
——以上海电机学院为例

（上海电机学院　冯雯雯　张跃辉　王　琤）

摘　要：高等技术院校作为新生本科院校的一支重要力量，其就业工作是彰显学校办学实力的一个重要因素。高等技术院校的就业如何对接企业的发展战略，是学校内涵发展的重要方面。本文就尝试运用 SWOT 分析方法，以上海电机学院为研究对象，以通过特定院校的视角分析大学生就业的优势、劣势、机遇和威胁，并针对性地提出大学生就业的提升战略。

关键词：高等技术院校；就业工作；SWOT

高等技术院校是指以实施技术教育为主体的普通高等院校，其主要培养理论基础扎实、应用能力突出、能适应工作变化并具有创新素质，在工作现场从事技术应用、技术服务和技术管理，解决实际问题的"现场工程师"，这种类型的高校是高等教育的一支新生力量，具有很强的行业背景和产业结构元素。

据统计，2012 年全国普通高校毕业生达到 680 万人，2013 年高达 697 万人。高等技术院校如何在如此严峻的就业形势下，将自己所培养的"独特产品"成功推销到社会，向社会展示一张亮丽的名片，是高等技术院校内涵发展的宗旨所在。因此本文以上海电机学院为研究对象，对大学生就业进行 SWOT 分析，一方面可以探讨高等技术院校发展状况与毕业生就业之间的内在联系，对整合社会上的各种优势资源具有重要的参考价值，另一方面可丰富就业理论，为学校就业工作提供可供参考的建议。

一、高等技术院校大学生就业的 SWOT 分析

SWOT 分析又称态势分析法，是一种分析组织或个人内部 strengths（优势）、weaknesses（劣势）、opportunities（机会）、threats（挑战），然后加以综合评估与分析得出结论，制定未来发展战略的工具。[1] 其中优劣势的分析主要着眼于内部自身实力以及竞争对手的比较，而机会与挑战分析将注意力放在外部环境的可能影响上。现通过本分析方法对笔者所在的上海电机学院大学生就业问题进行分析，旨在对毕业生就业存在的问题进行理性分析。

（一）高等技术院校大学生就业的优势

1. 得天独厚的行业背景，架起大学生就业的天然纽带

上海电机学院是当前我国为数不多的、隶属于产业大集团——上海电气（集团）总公司的地方全日制普通本科院校，长期背靠行业办学，与产业企业建立了密切的产学研战略联盟。学校积极探索技术应用型本科教育的人才培养规律，形成了技术教育理论的系列研究成果，并贯彻落实于人才培养模式的改革创新。目前，学校与企业共建专业、共建实验室、共建师资队伍、共同开发课程、共同制定人才培养方案，是增强大学生就业的主要途径。这就增强了学校培养人才与市场联系的天然纽带关系，为毕业生就业拓展了道路。

2. 服务地区经济，就业行动具有先发优势

学校明确提出"技术立校，应用为本"的办学方略，立足上海，辐射"长三角"，服务区域社会经济发展。上海市十二五规划纲要中指出，重点发展新一代信息技术产业、高端装备制造业、生物产业、新能源产业以及新材料产业五大主导产业，产业结构的调整将促使企业改革不断深化。[2]这五大主导产业的发展离不开大批工程技术服务人才。而这类人才的培养与学校的办学定位和人才培养目标是非常吻合的。这样学校就可根据市场的实际需要，在课程结构上根据技术现场的实际需要而设计，重视培养学生的实际工作能力，以满足市场发展的需要。

3. 注重培养学生技术应用能力，坚定走工程技术应用型人才培养道路

不同类型和层次的高等院校，其培养目标和规格必须符合其基本的办学定位。综合研究型大学主要以培养科学研究型人才为主，工程型大学主要以培养工程规划与设计的工程型人才为主，技术型院校主要以培养技术开发和技术服务的技术应用型人才为主。上海电机学院是一所高等技术院校，致力于为装备制造业生产一线培养专门技术型人才。这种人才的职责是为行业企业生产进行技术设计、解决技术难题、改进生产工艺、提供技术咨询和指导、开展技术管理等，即为行业企业生产技术提供技术服务。

4. 近年始终保持高就业率，就业品牌效应良好

学校将提升就业质量、打造就业品牌作为学校发展的"生命线"，积极做好"订单式"的人才培养模式，"动态化"的专业培养方案，积极开展"实习＋就业"模式，与多家单位建立长期合作关系，用人单位对毕业生反映较好。学校近年来就业率始终保持在95％以上，在上海市各类高校中名列前茅，良好的就业知名度跟毕业生就业形成了良好的生态圈。

（二）高等技术院校大学生就业的劣势

1. 上海高校林立，毕业生数量激增

上海市共有985、211、普通本科及各类职业技术院校72所，据统计，2012年上海共有高校毕业生17.6万人，比2011年增加0.7万人，增幅为4％，[3]2013年毕业生总量又有增加,无形中为毕业生的就业增添了压力。用人单位需求量较往年有一定的增长,但同时也出现了需求高校间分布不均衡的态势,对毕业生的学校及专业要求更严格,重点高校重点专业的毕业生需求比进一步加大。同时上海电机学院作为一所2004年新升本的地方院校,在生源上与985、211高校相比并不占优势。

2. 学校部分学科专业设置起步晚,缺乏特色

虽然上海电机学院是一所工科为主的院校,机电类专业具有较为悠久的历史,但是经管类、信息类、外语类专业起步晚,尚未形成特色,很难与其他高校的同类专业同台竞争。同时,该类专业在师资上也缺乏雄厚的力量。

3. 部分学生就业心态不端正,就业行动性差

学校的培养目标致力于培养现场工程师,该岗位的性质决定其必须在现场解决一线问题,但是有的同学惧怕在一线受苦受累,一味追求工作环境好的白领工作;有的上海生源的同学又对单位的地理位置有较高要求,趋向于找离家较近的工作等;有的同学愿意到一线工作,但对工资要求高,迟迟不肯签约,丧失了许多就业机会。

(三) 高等技术院校大学生就业的机遇

1. 社会对高等工程技术应用型人才的需求大

根据《国务院关于推进上海加快发展现代服务业和先进制造业、建设国际金融中心和国际航运中心的意见》明确要求:上海的现代服务业和先进制造业企业必须实现转型,实现能级的提升,特别是要在技术创新、掌握核心技术上有所突破,而现代企业作为技术创新的主体,必然需要一大批高层次的技术应用型人才。

2. 国家出台多项措施促进毕业生就业

就业是民生之本,党和国家高度重视高校毕业生就业。教育部发布国家促进高校毕业生就业政策公告,出台了西部志愿者、到村任职、三支一扶、毕业生应征入伍等多项措施,扩大了毕业生到基层就业的机会。同时国家鼓励毕业生自主创业,对毕业生从事个体经营符合条件的,3年内免收行政事业性收费,适当扩大贷款规模,从事微利项目的享受贴息扶持等。

3. 双结构型教师、优秀校友提供就业机会

学校十分注重对教师的培养,鼓励青年教师去企业挂职锻炼,教授去企业做总工程师。教师下企业不仅是扩展教学资源,反哺教学,更重要的是为毕业生提供了众多实习下车间的机会,与企业建立合作关系。同时,学校建校近60年来,培育了许多董事长、经理级的优秀校友,他们十分关心母校的发展,经常到学校招聘毕业生,校友专场招聘会,为毕业生提供了许多对口的就业机会。

(四) 高等技术院校大学生就业的威胁

1. 用人单位的人才高消费现象

受学校本身的限制,毕业生的"出身"不能与重点高校相比。加之用人单位的人才高消费现象,使得一些单位对毕业生存在一些偏见,"宁要名牌大学的草,不要一般院

校的苗"，用人单位对学生质量的质疑无形中削弱了学校毕业生就业的竞争力。

　　2. 工科女大学生就业困难

　　除受社会上男强女弱的思想观念影响、女大学生自身生理方面的原因外，工科女大学生在就业的选择范围上受到限制。在对企业的调研中，有 70％ 的单位对性别有要求，企业也明确表示，是岗位的性质决定的，因而女大学生在就业上倾向于应聘文秘，公务员，助理等工作，致使很多工科类女大学生在就业中缺乏竞争力。另一方面，从企业角度来说，招聘一个没有社会经验，工作经验的工科类女大学生做跟专业不相关的工作，就意味着企业要承担大学生就业后的"在岗培训"费用，增加企业的运营成本。

二、高等技术院校毕业生就业工作提升策略

　　尽管上文对学校大学生就业进行了 SWOT 分析，但是很难对其中的每个方面做到面面俱到，只能针对学校的实际，从宏观层面出发，对学校在就业的优势、劣势、机遇和威胁进行大致分析，见表1。

表 1　高等技术院校毕业生就业竞争力 SWOT 分析

选择环境分析 外部策略 内部环境分析	优势 strengths 得天独厚的行业背景； 服务地区经济； 注重培养学生技术应用能力； 就业品牌效应良好	劣势 weaknesses 竞争对手多； 部分学科专业设置起步晚； 部分学生就业心态不端正
机遇 opportunities 社会对高等工程技术应用型人才的需求大； 国家出台多项措施促进毕业生就业； 丰富可靠的双结构型教师、优秀校友资源	SO 策略： 依靠内部优势，利用外部机会，竞争发展的就业竞争力提升策略	WO 策略： 利用外部机遇，克服内部劣势，引进高水平师资，构建双结构型师资队伍，提升内涵建设实力
威胁 threats 用人单位的人才高消费现象； 工科女大学生就业困难	ST 策略： 依靠内部优势，回避外部威胁，优化实践教学体系，切实提升学生技术应用能力，提高毕业生就业竞争力	WT 策略： 减少内部劣势，回避外部威胁，加强对大学生的职业发展教育，开展个性化的就业指导，树立正确的择业观

（一）依靠内部优势，抓住外部机遇的 SO 策略

　　充分发挥行业办学优势，进一步加强和地方政府之间的联系。上海电机学院隶属

上海电气集团,一方面继续深入校企合作,另一方面争取获得政府政策和资金方面的支持是其发展的重要保证。同时积极参与政府的大学生创业计划及政府组织的联合招聘会,为毕业生就业创造良好的外部环境。

充分发挥校友在大学生就业中的作用,校友资源是高校软实力的重要体现,是拓展就业渠道的重要依托。学校应借助周年校庆等机遇,加强与校友之间的联系,启动校友协会、企业家协会等平台,积累人脉资源,直接为毕业生寻找就业机会。

(二)利用外部机遇,克服内部劣势的 WO 策略

基于高等教育分类的研究,贯彻高等教育改革发展纲要,坚定走高等技术教育道路,寻求特色发展,深化课程教学改革,将高等技术教育的理论运用于学校实际,更新教学观念,创新人才培养模式,避免院校发展的同质化倾向,将高等技术教育做强。同时引进高水平师资,增强学科、专业、科研和学校的整体实力。

(三)依靠内部优势,回避外部威胁的 ST 策略

一方面进一步优化实践教学体系,切实提高大学生的技术应用能力,确保毕业生的就业竞争力;另一方面充分利用各方资源,拓展就业单位,细分毕业生就业市场,增强就业的针对性。

(四)减少内部劣势,回避外部威胁的 WT 策略

加强就业指导队伍的专业化建设,开展个性化的职业发展教育模式,尤其是女大学生就业观的教育,可实行专门针对男女生的就业指导,增强就业指导的针对性;采取"全过程分级"教育,大一侧重适应大学生活,大二注重引导学生进行自我认知,大三引导学生积极参加社会实践,增强职场适应性,大四则主要进行就业政策及求职技能培养。

三、结语

SWOT 分析是一种基于时间截面段的静态分析方法,仅是分析问题的一种工具,并不能结合过去、现在和未来的发展趋势作出综合评判。同时,也受到分析者个人看待问题的方式方法的影响,难免存在静态性与主观性的缺陷。

因而本文运用该方法只是对学校目前的就业情况作出的判断,对就业工作的机遇和威胁分析存有不足,所以笔者一方面要加强自身觉察能力,站在用人单位的立场上衡量学校的优势与需要改进的地方。同时由于受笔者本人的人格特质影响,可能会出现夸大优势、忽略劣势,或者是夸大劣势、忽略优势,进而作出不准确的评估,因而不论是学校还是大学生,都应正确认识自身的优势和劣势,不断修正,积极借助外力化劣势为优势。

参考文献

[1]陈安民.地方高校大学生就业的SWOT分析与对策[J].琼州学院学报,2009(3).

[2]上海市委.上海市国民经济和社会发展第十二个五年规划纲要(2011—2015)[M].上海:上海人民出版社,2011.

[3]上海教育.高校毕业生就业工作情况[OL].2013-05-10.http://www.shmec.gov.cn/web/xwzx/jyzt_detail.php? article_id=65469.

就 业 指 导

作者简介:

　　冯雯雯(1986—　　)女,汉族,教育学硕士研究生,助教,上海电机学院学院电气学院辅导员。地址:上海市浦东新区临港新城上海电机学院电气学院学生工作办公室201,邮编:201306,联系方式:13671727139,E-mail:fengww@sdju.edu.cn。

　　张跃辉(1982—　　),男,讲师,上海电机学院电气学院党总支副书记。

　　王玎(1981—　　)女,助教,上海电机学院电气学院辅导员。

引导大学生就业是院校不可推卸的责任

（上海杉达学院　计算机科学与技术学院　陈楠生）

摘　要：检验一所学校办学效果的基本指标是学生的就业率，是一所学校学生的社会声誉。大学生的就业越来越成为国人关注的社会热点问题之一。如何引导学生树立正确的就业观念，将他们培养成德、智、体全面发展的高素质人才，是高校教育重要的内容和责任。本文通过对目前高校一些学生就业难现象分析，提出高校教学改革中应思考的问题。

关键词：就业；综合素质；职业规划

　　就业是民生之本，也是构建社会主义和谐社会的重要内容。随着国家取消对大学毕业生的统一分配制度以及前一些年全国各高校的招生规模的扩大，大学生的就业越来越成为国人关注的社会热点问题之一。党的十六届六中全会在关于构建社会主义和谐社会的目标和任务中，明确提出"社会就业比较充分，覆盖城乡居民的社会保障体系基本建立"。全国人大也就就业促进法草案广泛征集意见，解决大学生就业难的问题，除了需要来自政府的支持及社会的关心外，更需要学校的积极引导，这是院校各级领导和教育工作者不可推卸的责任。

　　大学生就业难的问题已经严重影响了构建社会主义和谐社会的发展进程。近些年来，全国每年有大学应届毕业生近 500 万人，他们同全国 1 000 多万下岗职工竞争工作岗位，有近百万名大学生因此而在家待业。对于一个普通家庭来说，在培养一名大学生的几年，甚至更长一段时间，其家庭收入的大部分用于支付孩子的学费，一旦大学生毕业后无法顺利地实现就业，无法找到一份适用于个人事业发展的工作，就其家庭及个人而言，无论是在经济上，还是在精神上的影响和压力都是巨大的，当全国出现上百万个这样的家庭时，必将造成严重的社会问题，也必将会影响到国家经济发展的大局。因而，党和政府十分关心大学生的就业问题，多次提出要加强大学生的就业指导工作，积极地讨论制定旨在推动大学生就业的《就业促进法》，用法律来规范就业市场。

　　但是，我们也应清醒地看到，目前有些大学毕业生对就业形势认识不清，对个人的职业规划没有明确的目标，因而，在竞争日趋激烈的人才市场上，往往感到被动和彷徨，他们并不理解所谓人才"双向选择"的真正含义，也不懂得如何把握机遇去迎接挑战,更谈不上如何去维护自己的合法权益,经常会有这样的学生奔波于各种各样的招聘会,盲目地到处投放个人简历,被动地等待用人单位的挑选,即使花费大量的精力和财力,最后也未必能找到一份称心满意的工作。原因归纳起来主要还是这些大学生在大学毕业前,对其自身的专业技术能力和步入社会必要的心理准备还不是很充分,表现以下几个方面:

（1）对自己未来的职业目标没有明确的方向。每个人的职业规划从高中就应该明确,这是其高考填报志愿的重要依据之一。但是,目前由于大多数的独生子女,个人的发展规划往往是由父母决定的,其后果是:有些学生到大学后,学习目标不明、动力不足,对于未来个人的职业规划也就无从谈起。平时表现松散,要求不高,学习成绩平平,对专业知识不感兴趣,等到临近毕业寻找工作的时候,对自己的能力缺乏信心,当看到周围同学陆续找到工作岗位后,个人的自信心将受到很大的影响,甚至有的人最终步入"啃老族"的行列。

（2）对个人的定位不够客观准确,对自身的能力及应得报酬没有一个理性的分析和客观的评价,因而,找工作时往往会提出不切实际的要求。即使找到工作,也不能安心本职,并且无法独立面对各种困难和挫折。据一项调查显示,有95％的应届大学毕业生都或多或少存有工作一年以后就跳槽的心态,完全将个人的兴趣爱好、价值观等因素与社会的需求分割开来,这也间接地造成了就业市场的压力。

（3）有些大学生对时事政治漠不关心,不懂得国家现代化建设需求的大背景,对人才就业市场的行情也无法做到充分了解,对国家有关的法律和政策知之甚少,因而,面对竞争激烈的就业市场,盲目听从和追随别人的说法,一哄而上地涌向待遇好、收入高的行业,使得一开始就将自己处于不利的竞争队列之中。

（4）有些学生性格孤僻,缺乏包容的胸怀,缺乏必要的人际交往能力,既不愿意参加公益活动,也不愿意与人沟通,久而久之,这些学生在语言表达方面出现严重缺陷,在面对应聘面试时,明显处于弱势。

（5）还有的学生缺乏必要的人文知识,在文明礼貌、行为礼仪、文字书写和文字组织等能力缺乏有针对性的熏陶和训练,这些缺陷的存在将成为上课迟到讲话、顶撞老师、破坏环境卫生等一系列影响"三风"建设的根源所在。当然,这些同学在就业市场上或在今后的工作中也必将成为失意者。

从上述现象中可以发现,很多问题如果通过学校有计划、有针对性地加以教育和引导是完全可以避免的。前一段时间,中央电视台曾邀请一些企业经理,就受企业欢迎的员工进行过调查,结果显示,那些人际交往能力强,具有团队协作精神和创新精神,肯于奉献善于沟通等综合素质高的员工是最受企业欢迎的,他们的收入也往往要高于一般的员工。而企业最不欢迎的人包括:不诚实的人;搬弄是非的人;不思进取的人;领导在与不在不一样的人以及不遵守规章制度的人。对照企业对人才的要求,学校应在加强各类专业课建设的同时,更加注重对学生综合素质的培养,加强大学生的思想道德教育和职业素质教育,注重增强学生的实践能力、创造能力、就业能力和创业能力的培养。

检验一所学校办学效果的基本指标是学生的就业率,是一所学校学生的社会声誉。如何确定一所学校或者某一专业的教学内容,最有效的办法就是明确其毕业生的主流就业岗位,考虑教给他们什么内容能最好地适应岗位的要求。通过几年来的实践总结,我们认为可以从以下几个方面加强投入和引导。

一、加强人文教育,提高道德素养

做事先做人。学校传授给学生知识是重要的任务之一,但更重要的是要教会学生如何做人,如何处世。学校应有计划地加强人文知识的教育,提高学生的道德素养,培养适应和谐社会发展及现代化建设需要的高素质人才。

中国是具有几千年悠久历史文化的文明古国,勤俭节约、尊老爱幼等是中华民族的传统美德,继承和发扬中华民族优秀的传统文化,有助于培养我们的民族自豪感和爱国主义精神,同时也能以史为鉴,陶冶情操,树立远大的理想。此外,我们也可以借鉴古今中外许多名人的成功经验和事例,规范自己的言行,明确个人的奋斗目标。因此,现在国内已有许多高校都开设了人文教育课程,注重学生文化素质和身心素质的培养,很好地促进学生思想道德素养的提升。同时,也希望学校能对各专业的学生开设诸如:"谈判学""攻关学""礼仪学"以及"经济学""财会学""管理学"等课程或讲座,丰富学生形势政策教育课、政治理论课等教学内容,以提高学生的社交技巧、信息化技巧以及管理能力和语言表达能力,养成作风优良、专业过硬、肯于奉献的职业规范行为,全面提高学生的综合素质。

2007 年上半年,我们有幸请到全国高校计算机基础教育研究会会长,清华大学著名计算机教育专家谭浩强教授,为我校计算机学院和信息管理学院的部分学生作了题为《怎样走向成功之路》的报告,在同学中引起强烈的反响。

二、加强职业规划,提高就业能力

职业规划就是根据自己现有的条件和专长,在对自身了解的基础上确定求职目标、求职方向以及一定时期内的工作方向。求职者把自己的兴趣、价值观、能力等和社会需要、社会就业机会不断协调以进行自身行为的包装,力求实现个人的目标。一个人只有尽早做好职业规划,认清自我,避免就业的盲目性,以降低就业失败的可能性,确定适合自己的职业方向、目标并制定相应的计划,不断探索和了展自身潜能,才能正确把握人生方向,为走向职业成功描画最有效的途径。

职业规划是个人与环境之间寻找一个微妙平衡的过程。所以在这个过程中有两个基本内容,一是自己的了解,二是对劳动力市场和社会环境的了解,即所谓的"知己知彼"。学校应加强对学生个人职业规划的引导,要使得学生热爱所学专业,并提供相关的市场信息和服务咨询,认真分析掌握每名学生的性格特点和爱好专长,为他们规划未来的发展方向提供帮助。

我们的各级领导和广大教职员工对学生就业首先要引起高度重视,要关心每名学生的思想、心理以及他们今后的职业方向。要了解每名学生的特点、专长、爱好、生活习性以及学生个人的缺陷。要关注人才就业市场信息,向学生介绍本专业的发展前景,引导学生将个人的职业发展方向与国家的发展需要结合起来,把当前所学知识与今后事业拓展结合起来,真正成为学生人生历程上的"参谋"、"导师"。

现在,国内几乎所有的高校都设有就业指导服务中心,甚至有些学校的二级学院也成立了就业指导办公室,这些职能部门不应只局限于发布就业招聘信息,统计就业率等方面工作,而应对学生的职业规划、应聘技能辅导等提供全方位的支持,同时,还应该为各专业的教学改革、专业建设等提供有力的市场依据。

三、加强实践能力,提高竞争意识

党和政府在组织实施《国家中长期科学和技术发展规划纲要(2006—2020 年)》中,明确提出增强自主创新能力,努力建设创新型国家的目标任务。高等学校的教育应围绕弘扬爱国主义为核心的民族精神和以改革创新为重点的时代精神,为促进全面建设小康社会宏伟目标的实现和中华民族的伟大复兴输送更多的优秀人才。为达到这一目标,广大的教职员工应统一思想认识,认识"纲要"的重大意义,全面落实科学发展观,深化教学改革,加强学生实践能力和创新能力的培养,提高竞争意识。这可以从两个方面进行探索,一是学校加强实验室的硬件建设,改善实验环境,增加实践课的比重;二是和有一定资质的企业建立教育合作关系,不断完善和更新教学内容,聘请有经验的高级管理或技术人才参与学校的教学,适当引进项目实践强的应用类教学课程,以"任务"或"课题"形式提出实践要求和具体的实践成果,通过学生自己直接参与和实践,这不仅能提高学生的动手能力和创新意识,同时还大大缩短了学生从学校步入社会的适应时间。

这几年,我们通过实践,不断改革和加强学生职业规划、职业技能的培养,依托浦东软件园国家软件产业基地的优势,与多家企业合作,开辟实习就业基地,取得了一定的成绩,2006、2007 届学生中 80％以上的学生毕业后直接从事 IT 方面的工作,绝大多数学生在工作单位中都能努力工作,积极进取,得到了用人单位的好评,为学校赢得了荣誉。高知特信息技术(上海)有限公司的评价:"贵校已有多名学生在本公司实习/工作,工作期间学生态度认真负责,对于所安排的项目都能按时、按质完成,学生都具备扎实的专业基础,表现出较高的综合素质,祝愿杉达学院培养出更多更优秀人才!"上海新致软件公司的评价是："贵校近几年已有多名学生到我公司参加实习并录用,这些学生在公司学习积极,工作勤奋,遵守各项规章制度,并通过自己努力均取得了突出的成绩,这也反映出贵校在办学指导思想、教学改革及教书育人等方面卓有成效的工作,祝愿贵校能继续为国家输送更多的合格人才。"

扎实的专业知识,良好的语言表达能力,以及熟练的外语、信息素养等对每一名大学生的就业都是非常重要的。这些都需要每一位大学生充分珍惜在校学习的时光,自觉培养良好的行为习惯,提高个人的综合素质,只有广大的师生共同努力,不断营造和推进良好的校风和学风建设。才能培养和造就高素质人才,我们的学生才能真正被社会和国家认可,才能成为社会主义事业的合格建设者和可靠接班人。当然,我们也积极鼓励和倡导大学生自主创业,鼓励大学生到基层去,到祖国最需要的地方去,植根于祖国的土壤,将自己的知识和智慧贡献给祖国和人民,为祖国的现代化建设尽到应有的责任。

作者简介:

陈楠生,就职于上海杉达学院计算机科学与技术学院。

高等院校毕业生就业指导工作解读

（上海第二工业大学　于敬涛）

摘　要：随着大学生就业制度的改革，学校由原来的管理职能逐步转变为服务职能，就业指导部门和人员应该努力帮助毕业生认清就业形势，了解就业动态，转变就业观念，分析就业信息，掌握就业技巧，发展就业能力，拓宽就业渠道，为毕业生提供更多的服务。

关键词：就业指导；转变职能；拓宽渠道；提供服务

随着我国市场经济的发展和高等院校规模的不断扩大，大学毕业生就业的困难和压力也日益突出，成为社会广泛关注的问题。为此，高校就业指导服务机构和人员，要认清目前高校毕业生就业的形势，正确看待面临的机遇与挑战，努力探索毕业生就业新思路，为大学生就业创造良好的环境和条件。有针对性地进行就业形势和政策的宣讲教育，是引导毕业生转变就业观念，实现成功就业的重要环节和有效方法。

一、增强从业人员素质，提升就业指导工作质量

努力增强毕业生就业指导工作人员的从业素质，增强从业人员的使命感和责任感，是完成就业指导服务工作，提升就业指导服务质量，为大学生就业创造良好环境和条件的重要保证。

（一）树立强烈的政治责任感

就业指导工作人员必须站在为社会主义现代化建设服务的高度认识毕业生的就业工作，从社会稳定的大局出发，树立正确的政治方向，坚定的政治立场，鲜明的政治观念，严格的政治纪律，以强烈的政治责任感来对待高校毕业生就业工作。

（二）具备熟知就业政策的能力

熟悉大学生就业政策是指导大学生就业的有利保证，同时能够较好地为大学生在择业过程中享受权利和履行义务提供法律支持。要想开展好就业指导工作，高校就业指导工作人员必须掌握国家和各级政府有关劳动就业的法律、法规和大学生就业政

策,只有掌握了相应的政策、法规,才能有针对性地开展好就业指导服务,满足学生择业过程中的要求。通过就业政策指导实现国家、集体和个人利益的统一协调,有效地转变毕业生的就业观念,使毕业生择业更加合理,克服就业的盲目性和短期行为,从而使人才资源得到合理配置。

(三)具备组织管理知识和能力

毕业生就业指导工作不仅是一般性的日常事务工作,也是一门管理科学。就业指导工作人员应努力学习社会学、管理学、教育学、人才学、公关学、法学等学科知识,不断提高就业管理水平和工作能力。组织管理方面,要求就业指导工作人员具备信息处理和运用的能力、人才需求的预测能力和与社会及用人单位较强的交际能力。

(四)具备较强的创新能力和高尚的职业道德

就业指导工作人员应适应扩招后毕业生就业的严峻形势,进一步深化改革,转变思想观念,创造性地开展毕业生就业工作。就业指导工作人员要热爱自己从事的职业,具有爱岗敬业、熟悉法规、公正办事、热情服务、无私奉献的职业道德。

二、加强就业价值观念教育,培养毕业生的定位意识

面临择业的毕业生,最关心的莫过于怎样才能找到一份理想的工作。目前许多毕业生的就业期望值居高不下,"到艰苦的地方去,到祖国最需要的地方去"的择业观和"国家和人民利益高于一切"的价值观在一些人的思想中逐步模糊和淡化,许多人都把"自我完善与个人价值的实现"放在了人生理想的首位。当前的突出问题是经济发达地区毕业生供需总量失衡,而许多需要人才的地区和岗位却少有人问津,从而导致了就业结构性矛盾极为明显。因此,加强对毕业生的思想政治教育,帮助毕业生树立正确的就业观和定位意识尤为重要。

(一)加强就业形势与政策教育

要教育毕业生从个人实际出发,主动适应社会需要,要正确认识和处理好眼前和长远的关系,理想和现实的关系,困难和机遇的关系,挫折和成功的关系,人与环境的关系。要克服悲观急躁情绪,正确把握自己,顺应时代潮流,转变择业观念,一步一个脚印地去实现自己的人生价值。讲清就业形势,引导毕业生充分估计就业的难度,正确为自己定位,认清到西部去、到基层去是当前大学生就业的方向,是不以个人的意志为转移的现实。应向毕业生讲清国家鼓励毕业生下基层的具体政策措施,使毕业生做好应对就业难的思想准备,从而调动他们主动通过各种渠道,采取有效方式积极"推销自己"。

(二)加强对毕业生适应社会的心理素质教育

大多数毕业生往往对即将到来的就业岗位"供大于求"的严峻形势和竞争的激烈程度估计不足,一旦进入择业的现实中,很可能面对用人单位一次又一次的拒收,在缺

乏承受挫折和困难的心理准备的情况下,常常会有沉重的心理和精神压力,难免产生悲观失望,意志消沉甚至心灰意冷的失衡状态。因此,在就业指导过程中,应该着重对毕业生进行适应社会的心理素质教育和抵抗挫折能力的教育,引导毕业生正确对待求职过程中遇到的挫折和失败,正确把握形势,客观面对现实,寻找受挫原因,总结经验教训,增强自我控制的能力,调整好自我择业期望,以良好的心态主动选择既适合自己又为社会所需要的工作岗位。

（三）教育毕业生树立新的就业观念,找准自身定位

择业问题是毕业生个人的价值取向,是实现个人价值的一件大事。对于面对人生重要抉择的毕业生来说,求职的成功固然要靠自身的专业技能和综合素质,也离不开充足的信息和成功的机遇。培养树立正确的择业意识,对于毕业生的成功择业具有重要的意义。培养毕业生的定位意识,就是要教育毕业生能够把自己放在最适合于自己的位置上,树立正确的择业观,科学地评价自我,树立一种"是金子在哪都会发光"的择业意识,到祖国最需要和最能施展自身才华的地方去建功立业。大学毕业生要摒弃传统陋习,树立新的就业观念。在就业时,对物质待遇和工作环境切勿提出不切实际的要求,要看到,数以百万计的毕业生如果都盯着东部沿海城市和大中城市,势必竞争更为激烈,就业空间会更小,就业会更加困难。国家提出实施西部大开发的战略以后,西部的地位日趋突出,国家在政策方面向西部大力倾斜,给西部提供了大量的资金、技术等方面的支持。对处于严峻就业形势下的大学生来讲,去西部创业是难得机遇。作为当代大学毕业生,应抛弃自己的优越感,努力强化自身素质,树立新的就业观念,在竞争激烈的社会中找准自己的位置,为谋求自身的发展奠定良好的基础。

三、努力学习掌握专业知识,全面提高毕业生综合素质

大学生必须正视高校扩招后所产生的变化,采取积极的措施勇敢地面对更加严峻的就业形势,努力学习,掌握过硬的专业本领,全面提高自身的综合素质,以优越的自身条件适应社会的需要,为自己的事业谋求更好的发展。

（一）要掌握过硬的专业知识和技能

凡是走向工作单位后在较短的时间内就能得到器重的毕业生,绝大部分是在学校学习成绩优异的学生。只有学习到扎实的专业知识和技能,才能适应科技发展的需要。因此,大学生应当珍惜时间,珍惜来之不易的学习机会,努力掌握好过硬的专业知识和技能。除了学好本专业知识外,应充分利用寒暑假时间积极参加社会实践,积累工作经验,以适应现代社会发展对大学生就业的要求。在校期间如果放松学习,不具备较强专业知识和技能,就无法适应社会的需要,倘若找到了工作岗位,也不可能为社会作出应有的贡献,只能是"废才"而已。

（二）要具备良好的综合素质

随着社会的不断进步、企业的不断发展,社会对人才的需求标准越来越高,这是不以人的意志为转移的客观现实。我们不能让社会适应自己,只能提高大学生的自身素质,去积极适应社会,主动迎接挑战。社会不仅挑选毕业生的学历层次,而且更注重毕业生的综合素质。社会不仅要求毕业生学业成绩好,而且要求毕业生德、智、体、美全面发展。三好学生、学生党员、学生干部普遍受用人单位欢迎。在校期间受过表彰的,有外语、计算机等级证书、职业技术资格证书也成为一些地区和单位招聘基本条件之一。大学生综合素质的提高应该是多方面的,综合素质是大学生综合知识和综合能力的全面体现,它包括学生的专业知识、实践动手能力、社会工作能力、人际关系协调能力、写作能力、表达能力等。大学生必须有意识地提高自己的综合素质,在搞好专业知识学习的同时,还应当注重其他素质和能力的养成和提高。

（三）树立诚信第一的意识

人无诚信,无以立身,诚信是大学生就业的基本前提。当代大学生是国家和人民满怀期望培育出来的宝贵人才,不仅要具有较高的文化素质,更要具备高尚的道德和诚信的品质。选择岗位时,大学生如实向用人单位介绍自己,是择业中的基本要求,只有取得用人单位对你的信任,才能有进一步洽谈、签约的资格。毕业生一旦与用人单位签约后,更应信守约定,履行自己签下的诺言,做遵守协议的模范。我们应教育毕业生签订协议一定要慎重,使他们懂得乱签协议是对用人单位的不负责,其后果是不仅使个人受到影响,用人单位也会对学校留下不好的印象,甚至会影响到其他毕业生的正常就业。大学生找工作诚信是第一位的,如果发现毕业生在就业过程中有作弊行为,有关部门应严惩不贷。

四、加强职业生涯设计和就业指导工作

（一）帮助毕业生搞好职业生涯设计

职业生涯指的是"以个人在其一生中所承担职务的相继历程"。引导学生了解现实社会的生存结构,领略现实社会各种各样的职业,积累社会工作经验,是高等学校教育非常重要的一面。在近几年的工作实践中,我们根据毕业生各自的不同的就业需求,尝试从多个角度帮助他们搞好职业生涯设计,具体做法是:首先在毕业生群体中根据在校期间的综合表现和各方面的能力情况,划分不同的群体模块,如文化、专业知识学习特别优秀,多次获得优秀奖学金者为一群体模块,针对这一群体模块的学业优势,创造条件加强教学和服务方面的投入,引导他们瞄准考研方向,进行深化知识,提高层次的生涯设计;为文化、专业知识学习较好,文字、口头表达能力较强,具备从教品相的毕业生,锁定从师群体模块,加强他们师德能的培养;为文化知识学习相对欠缺,但专业知识和技能相对较强的毕业生,设计高级技术人才模块,瞄

准公司企业服务方向。不同群体模块的职业生涯设计工作,不宜过早亦不能过迟,最好在毕业前 1 年左右完成。摸索职业生涯设计是新生事物,要加大开展此类工作的可行性研究,在条件成熟的情况下,尽早地从尝试转向普遍推广,尽早地对在校学生进行职业生涯设计,运用先进的理论和高科技手段,并注重"个性化"的指导,对学生的心理、能力、爱好和基本素质进行综合测评,帮助他们不断调试心理,调整发展目标,为其初步规划将来的职业范畴,可以使学生理性、全面地认识自我,尽早为将来的职业生涯做好积极准备,减少择业过程的盲目性,从而可以做到毕业生合理而充分的就业。

(二)加强就业信息指导

信息指导是就业指导的基础,通过信息指导,加大就业信息的开发力度,实行多方联动,信息共享,让毕业生尽可能更多地掌握用人单位的需求信息,以便主动投身到择业过程中,避免盲目性。做好就业信息指导工作的首要前提是收集信息,为毕业生收集相关的就业信息,当作就业指导服务工作者重要的工作任务。近几年我们主要通过收集媒体信息、市场信息以及毕业生的需求信息,加强毕业生与用人单位的双向沟通、选择。实行信息收集、指导工作责任制,明确系主管学生的领导、学生工作办公室、班级辅导员的信息收集、传递、指导责任,层层抓落实、抓效果,将信息收集、指导质量与本人工作绩效挂钩,与考核年度工作挂钩。

加强毕业生接受就业信息的指导工作非常重要。要教育、指导学生以积极的心态,去面对求职过程中接受到的各种信息,结合本人实际,认真进行筛选,客观冷静地分析处理各种就业信息,认清形势;根据市场晴雨表来调整自己的就业期望值,最终确定适合自己的择业目标,只有这样,才能找到适合自己的工作。

(三)做好择业技巧指导

择业技巧指导是就业指导的重要内容之一,毕业生存在的不良择业心理在一定程度上起因于缺乏恰当的择业技巧。面临就业选择的毕业生,普遍存在思想准备不足,有恐慌感,在供需见面时比较拘谨,甚至手足失措,有的因此而错失良机。因此,要指导毕业生了解有关的政策规定及自己有哪些权利和义务,明确做好具体的应聘程序资料的整理和使用,明确面对用人单位如何介绍自己,如何了解对方以及应有的礼仪和言谈举止,这样可以避免由于自我介绍不着边际、材料不得要领、礼貌不周、言语不当、衣冠不整、手续不全等技术原因的失误。择业技巧训练必须做到措施得力,责任到人。近年来,我们通过聘请本院毕业生就业指导中心作择业技巧讲座,请往届毕业生现身说法传授择业技巧,结合专业优势向网络媒体寻求就业技巧知识等途径,千方百计地提高毕业生的就业技巧和自我"销售"能力。将毕业生择业技巧训练的任务具体落实到系学生管理部门及毕业班级的辅导员,努力提高就业技巧训练的效果,从而为毕业生顺利地实现择业提供最大的帮助。

注重提前做好毕业生择业指导工作,注重在低年级学生中开展职业生涯设计,对学生进行人生观、价值观、择业观的教育，向学生灌输竞争择业的意识，提前做好择业的心理和能力准备。教育引导低年级学生从入学开始就努力抓好文化知识、专业知识的学习，扎扎实实地进行知识积累，为今后走向社会奠定基础。

作者简介：

于敬涛，就职于上海第二工业大学。

高校辅导员作为学生就业导航者的角色分析研究

（上海师范大学天华学院　张　璐）

摘　要：近年来，随着高等教育的普及化，大学毕业生的就业竞争日益激烈，就业指导工作已经成为高校工作的重要组成部分。辅导员作为从事学生思想政治工作与管理的教师，是高校从事学生就业指导工作的重要力量。因此，辅导员应发挥自身优势，采取各种有效措施指导大学生顺利就业，在就业指导工作中发挥好的导航作用。

关键词：辅导员；大学生就业；就业指导；导航作用

2013 年公布的《国家中长期教育改革和发展规划纲要》提出"到 2020 年，受过高等教育的比例达到 20％"，"具有高等教育文化程度的人数比 2009 年翻一番"。这些数据表明，随着我国高等教育从精英教育向大众教育的迅速转化，每年大学毕业生人数剧增。大学生就业难已成全国各高校的共识。可是仅仅依靠高校就业部门的能力解决学生就业问题是远远不够的，辅导员作为从事学生思想政治工作与学生管理的一线教师，成为解决高校学生就业指导工作的一支重要队伍。因此，高校辅导员在做好学生思想政治与学生管理工作的同时应兼任就业指导的工作，有效发挥自身工作的优势，努力做好大学生就业工作的导航者。

一、辅导员在学生就业指导工作中发挥好的导航作用的优势分析

（一）角色优势

辅导员是大学生思想政治教育的主力军。由于工作角色的特殊性，辅导员是学生最直接的管理者，也是与学生接触最多的教师，比较了解学生的专业能力、性格特点、兴趣爱好、职业能力以及家庭背景等各种情况，这方面优势可以帮助辅导员适时地指导学生及早制定科学的职业规划，选择合理的职业方向，对于有效避免学生就业的盲目性有一定的指导作用。

高校辅导员长期与在校大学生朝夕相处，在日常的生活和工作中可以随时随地对

学生的就业提供帮助,不仅能激发学生对就业方面的兴趣,而且在培养学生树立正确的人生观、价值观的同时,也能引导学生树立正确的择业观,提高就业指导的便利性。利用班会、班级 QQ 群、公共邮箱、飞信、大学生成长系统等管理渠道,把就业信息,企业对人才的需求等信息传达给学生,使学生循序渐进地接受就业指导,为他们的就业指明方向,从而大大减少大学生在就业前的迷茫和困惑。

(二) 理论优势

高校辅导员大多是从事教学的一线教师,可以充分发挥课堂的有效作用,给学生提供就业方面的相关知识。既可在课堂上潜移默化地引导学生树立正确的择业观,明确就业形势;也可以开设就业指导讲座,专门就学生就业的某一方面进行辅导;还可以专门开设就业相关课程,如职业生涯规划、就业技能提高,就业政策等。通过各种就业内容的课堂教学,使学生在就业前不再是孤军作战,而是有步骤、有指导地投入到求职工作之中。

(三) 经历优势

目前我国高校的辅导员大多是由学生干部成长起来的,懂得学生的心理和困惑,与学生沟通起来比就业指导中心的老师相对容易,也更便利。辅导员经历过求职、就业的职场拼杀经验,比较了解就业的行情和职业竞争态势,由他们现身说法给予学生就业意见或建议时,大学生更容易接受。带过毕业班的辅导员更有直接的指导学生就业的经验,因此对大学生的就业指导更有针对性。

(四) 监督优势

大学生在 18～22 岁这一年龄阶段,身心发育还不完善,缺乏坚韧的毅力和持之以恒的精神,在平时的学习生活中难免会随波逐流,这时就需要有人在适当的时候以适当的身份加以提醒和监督,给这些"大孩子们"加油打气,辅导员则是最合适的人选。辅导员与学生接触最多,学生对他们也十分尊重和信任,关系融洽,并产生了浓厚的感情,大学生无论是在思想认识,人际交往,还是就业择业遇到困惑时,一般都会找辅导员进行倾诉或求助,这就为辅导员监督学生提供了更为便利的条件。

二、影响辅导员发挥就业导航作用的因素研究

(一) 辅导员队伍年轻化,就业指导能力不足

高校的辅导员大多是毕业不久的学生,他们从学生到教师,缺少从校园到社会的转变过程,经历单薄,社会经验不足,不了解社会各用人单位的需求与情况。尽管他们有的可能接受过一两次就业指导培训,但远不能应对错综复杂的经济形势和社会环境,加之就业指导要求较高的理论基础和实战经验,年轻化的辅导员队伍在对学生进行就业辅导时往往比较教条,常常是从理论到理论,无法满足学生对就业指导的实践需要。

（二）就业指导工作非专业化，不能满足学生的就业需求

就业指导是一项专业性很强的工作，需要掌握系统的理论知识，熟悉国家的就业方针政策和各用人单位的需求信息，但目前高校大多是思想政治教育或心理学、社会学等专业单一的辅导员队伍，能够兼顾学生思想政治工作和指导学生就业指导的复合型人才较少，系统学习就业指导理论及方法的辅导员就更少了。高校能给辅导员提供的就业指导培训也十分有限，由于辅导员自身不具备职业规划的理论基础，在对学生进行就业指导时，就显得心有余而力不足，就业指导缺少了针对性和科学性，不能较好地满足学生就业的需要。有的辅导员为了让学生重视就业，过分渲染就业形势的严峻，给学生带来了过重的心理压力。有的辅导员最多只是给学生举办一两次讲座，内容老套，不能提供贴近市场需求的就业指导，且就业指导的内容过于肤浅，只是讲讲简历设计和应聘技巧，远远不能满足学生的就业需求。

（三）当前高校辅导员的工作任务过于繁重，分散了从事就业指导工作的时间和精力

目前，各高校很少有专业的辅导员队伍，大多身兼数职。辅导员这个岗位，本来就包含了繁杂的工作内容，从学生的学习情况到生活习惯，从课堂纪律到宿舍卫生，从安全稳定到文明礼仪，从人生观教育到恋爱观引导，从大学生入学教育到毕业生就业指导，等等，都需要辅导员一一引导。除此而外，辅导员大多还要承担党团、行政、教学和科研等大量的工作，因此，他们难以全身心地投入到全体学生的教育管理工作中，分散了从事就业指导工作的时间和精力，影响了就业指导的实效性。

（四）辅导员这支队伍的不稳定，影响了指导学生就业工作的连续性和针对性

由于大多数高校对辅导员队伍建设不够重视，缺少必要的培养、使用、激励等有效机制，辅导员的地位低，待遇少，工作量繁杂，承担的责任重大，收入与付出存在较大的不平衡，再加之辅导员这个职业发展的空间不明确等现实情况，造成了这支队伍存在较大的不稳定性，导致高校的辅导员更换比较频繁。很少有辅导员能把自己的学生从大一带到大四，能把辅导员这个岗位作为自己的职业发展方向的更是少之又少。因此经常是这名教师参加了辅导员培训，不到一年就换成另一名教师在做辅导员工作，大家普遍存在过渡思想，没有安下心来踏实做好学生管理工作的心理准备。即使是作为专职辅导员招聘进来的教师，也是出于把这一岗位作为"跳板"进入高校，这些"专职辅导员"在这一岗位长则两年，短则一年，普遍缺乏必要的职业观念和敬业精神，政治责任感和历史使命感淡漠。这些现实情况的存在，严重影响了辅导员指导学生就业工作的连续性和针对性。

三、发挥辅导员在学生就业工作中导航作用的措施体系

（一）完善辅导员考核激励机制，提高队伍的稳定性，保证就业指导工作的连续性

要保证学生就业指导工作的连续性，就必须首先加强辅导员队伍的稳定性，因此

完善辅导员的考核激励机制就显得尤为重要。通过政策和制度,提高辅导员的待遇,明确辅导员的职业发展前景,吸引优秀的教师加入这支队伍。建立健全考核机制,让辅导员明白,经过什么样的考核,可以列为党政后备干部或选拔对象;取得什么样的科研成果,可以参加辅导员系列的职称晋升;达到什么条件,可以作为骨干人才;取得何种工作绩效,可以破格提升为正(副)处级辅导员;甚至学生的就业率达到什么水平,可以晋升一级薪资,等等。通过完善辅导员考核激励机制,建立辅导员职业发展体系,激发和增强队伍的活力,使这一职业成为辅导员愿意为之奉献一生的事业,确保辅导员队伍的稳定性。这对于辅导员做好学生就业指导工作的连续性将起到至关重要的作用。

(二)重视辅导员就业指导培训工作,提高辅导员就业指导工作的专业性

目前我国高校普遍存在就业指导专业教师缺乏的现状,即使是专职的就业指导教师和人员也存在专业知识欠缺、缺乏实际工作经验等问题。因此,要加强对辅导员的就业指导培训,聘请专业的就业指导教师讲授系统的就业指导课程,内容上理论和实践相结合,涉及就业形势与政策、大学生就业思想教育、就业心理准备、职业定位与生涯设计、就业法律知识、求职面试技巧等。在经费和制度上鼓励辅导员参加各类就业指导相关专业的培训班或学历学位教育,加强自身的理论修养,提高辅导员指导学生就业的专业能力。

(三)开设就业指导课程,保障就业指导工作的实效性

当前我国各高校虽然十分重视学生的就业工作,但开设就业指导课程的学校还不多,有些高校即使开设了就业指导课,但大多安排在大三下学期或大四上学期,多采用一两次的讲座形式,临时讲授一下毕业生的就业形势或求职技巧,但由于学生对讲座形式的就业指导不是很感兴趣,主动参加的学生较少,即使采取措施强迫学生出勤,他们不是带着专业书籍或作业,就是拿一本杂志,被动地坐在报告厅,收效甚微。对于这种现状,高校应该开设就业指导课程,在学生的培养计划里作为一门必修课来上,而且这门课程应该贯穿在大一到大四整个学习生活,对于一年级的学生着重讲授职业生涯的认知和规划,初步明确所学专业与职业的关系,了解所属行业的工作对人才素质的要求等。针对二、三年级的学生着重职业定位,使其逐渐认识并确定自己就业的方向和目标,明确为实现就业目标应该努力的方向,奠定扎实的专业基础,考取一些必备的证书,参加相关的社会实践工作,全面提升大学生综合素质,拓展求职能力。针对大四的毕业生,着重讲授就业形势、就业政策、就业法律常识、就业心态调适、简历的设计、面试的常见问题、面试服饰礼仪、择业技巧、模拟招聘、就业信息等方面的指导,由辅导员亲自给学生讲授这门课程,从新生入学起就注意资料的搜集和整理,建立健全人才测评档案,针对各类性格特征、各种兴趣爱好、各能力层次的学生设计不同的培养目标,进行分类就业指导,增加就业指导的实效性。

(四)鼓励学生利用业余时间投身社会实践活动,提高就业能力

辅导员在讲授学生就业指导课程的过程中,还要鼓励学生利用业余时间积极投入到社会实践当中去,朝着自己的职业生涯规划,为就业积累相关的工作经验。在就业指导过程中,辅导员还要提醒学生在社会实践中着重提高自己的实际操作能力与沟通技巧,仅靠通过计算机一二级考试或拿到英语四六级证书是不够的,关键是要提高相应的动手动口能力。

针对有些用人单位比较注重应届毕业生奖学金的获得情况,还需要辅导员在就业指导过程中强调学生在学好专业知识的同时,尽可能获得各种奖学金。即使学习成绩不突出的学生也不要泄气,要引导这类学生积极参加自己感兴趣的各种竞赛活动,这些获奖证书同样可以展示自己的能力和特长。因为各类获奖证书有时也可能会增加学生就业的机会,即使是与工作岗位无关的获奖,也能反映一个学生参与竞赛的激情与对生活的热情。通过辅导员的就业指导以及学生的亲身社会实践,学生才能得到课本上学不到的知识和经验,掌握由校园人向社会人的角色转换技能。

例如,某学生的职业目标是人力资源管理,就可以先从企业里找一份人力资源助理等相关的实习生工作,提前了解人力资源岗位的职责和求职要求,并为此做好相应准备。通过这份实习,学生了解到从事人力资源工作需要人事管理上岗证,那么自己就要尽快考取这个证书。在这份实习工作中学生可能还会发现,人力资源助理需要经常外出为员工办理保险、档案、居住证等相关工作,单位对这个岗位的工作人员有驾照优先录用,那自己也要利用业余时间考出驾照。这样等到学生毕业后,这份实习工作可能就会直接转为就业岗位了。当然这些都必须建立在用人单位对他的实习工作表现满意的基础上。

即使实习单位由于客观原因,最终未能留用,但在企业进行的这段实习工作,不仅可以培养学生的职业技能,而且可以培养他的职业意识和职业素养,为他的就业积累了相关的工作经验。即使再找其他的用人单位,录用的可能性也大大提高了。

(五)为学生搭建就业信息平台,拓宽毕业生就业渠道

现在学生虽然可以通过多种网络获取各种就业信息,但因缺乏有效的整合,学生获益的效果并不明显。这就需要辅导员整合信息资源,积极为学生搭建就业的信息平台。其主要有以下几条渠道:

(1)建立就业信息网络,实现毕业生信息与社会需求信息直接链接,使毕业生与用人单位的交流更为方便、快捷。

(2)加强与用人单位的长期合作,建立一批稳固的就业基地,确保稳定的就业信息源。

(3)建立校友联盟,利用往届毕业生资源,为学生就业提供信息。① 辅导员可以邀请往届毕业生回来给学弟学妹作求职经验交流,为大学生提供与往届毕业生交流的平台。往届毕业生的就业切身经验可以给学生带来较强的说服力,学生也更容易接受,增强就业指导的有效性。② 辅导员可以将往届毕业生提供的单位招聘信息及时反馈给学生,为学生就业提供机会。

（4）实施请进来的方针，将用人单位邀请到学校，为双方搭建供需见面、双向选择的平台。

（5）积极动员全体教职工关注学生就业，为毕业生就业提供信息。

总之，大学毕业生是社会就业群体中的特殊群体，是国家建设的宝贵人才，能否实现其充分就业，发挥好这部分人才的作用，关系到我国人力资源强国战略的实施和社会的和谐与稳定。高校辅导员应本着对国家、社会、学校、家庭及学生负责的精神，在学生就业指导工作中积极探索钻研，与时俱进，不断创新就业指导方法，努力发挥好在学生就业工作的导航作用。

参考文献

[1] 孙长缨. 当代大学生就业研究[M]. 北京：高等教育出版社，2008.

[2] 林超. 浅谈发挥辅导员在就业指导中的作用[J]. 中国大学生就业，2006(15).

[3] 马明华. 现代大学学生工作特色与创新[M]. 北京：中国社会科学出版社，2007.

[4] 廖爱社. 浅论高校辅导员在大学生就业指导工作中的角色定位[OL]. http://www.studa.net/gaodeng/100806/11320026.html，中国论文下载中心，2010-08-06.

作者简介：

张璐（1973— ），女，上海师范大学天华学院讲师，研究方向思想政治教育，主要负责毕业生就业工作；E-mail：luzhang@189.cn；联系电话：13918849324，021-39966098（办公室），021-39966366（传真）；单位地址：上海市嘉定区胜辛北路 1661 号（上海师范大学天华学院）明华楼 409 室；邮编：201815。

上海沪籍与非沪籍大学生就业观差别的调查研究[①]

（上海立信会计学院　高职学院　郭慧君）

摘　要：2013 年就业形势严峻，上海是全国大学毕业生的就业高地。在上海读书的沪籍与非沪籍大学生，在就业观念、就业心态、就业选择方面的差异，高校可以通过及早开展专业实践、针对性的就业指导和心理辅导、校企合作等方式，为大学生面对全国的就业市场挑战做好知识和心理的准备。

关键词：就业观念；差别；就业应对

2013 年高校毕业生求职季，媒体有关"最难就业季"的报道反映出大学生就业的难度。本文通过对在上海读书的高校大学生的问卷和座谈等方式，对不同生源地大学生择业观念的差异性进行调查，从择业的动机、目标、途径、认知四个维度展开分析，并根据分析结果，从完善大学生就业指导模式的角度提出差异性的引导策略。

一、问卷情况分析

（一）问卷数量分析

（1）本次收回有效调查问卷共计 529 份，其中男性参与者 240 份，占总体45.37%，女性参与者 289 份，占总体 54.63%。

（2）其中，专科生的占比为 39.32%，本科生占比 60.68%。

（3）参与调查的在校大学生年级分布分别是：大一占比 4.73%，大二占比42.53%，大三占比 42.72%，大四占比 10.02%。

（4）其中上海本地生的占比为 51.59%，非上海户籍学生占 48.02%。

（5）参与者的专业分布是经济管理类专业的占 28.92%，理科类占 24.95%，工科类的占 20.79%，文科类 16.07%，艺术体育类 5.29%，医科类 3.02%，农科类0.95%。

---

① 本文使用数据，来自 2013 年 8 月指导的知行杯课题。

（二）基本就业状态数据分析

1. 就业难易程度比较

非沪籍生源学生就业好于沪籍学生。从生源地看,非沪籍生源学生就业形势较好。66％的非沪籍生源学生已有工作去向,高出沪籍生源学生7个百分点。主要是非沪籍生源毕业生就业观念较为理性,对工作不太挑剔,如在上海找不到工作,还可以回家乡或者到外地找工作,而上海学生多数不愿意离开上海。

从性别角度看,男性就业形势明显好于女性。有64％的男性受访者已有工作去向,高出女性受访者9个百分点。可见用人单位偏好录用男生的现象依然存在。

2. 择业过程中考虑的问题

对于就业时考虑的各项因素的重要程度,在"薪酬和福利待遇"、"工作压力"、"工作地点"、"工作硬件"等因素中,受访者认为工作硬件是择业最重要的考虑因素,之后依次为家庭原因28.36％,薪酬和福利待遇28.17％(见图1)。

另外,更有不少非本地受访者表示将解决户籍作为择业最重要的考虑因素,而薪酬待遇等因素排在最末。由于在子女教育、社会保障等方面,非沪籍居民能够享受到越来越多的同城待遇,毕业生有可能将更多的精力和关注点投入到如何实现自身发展中,一定程度上引导毕业生形成更为理性的就业观。

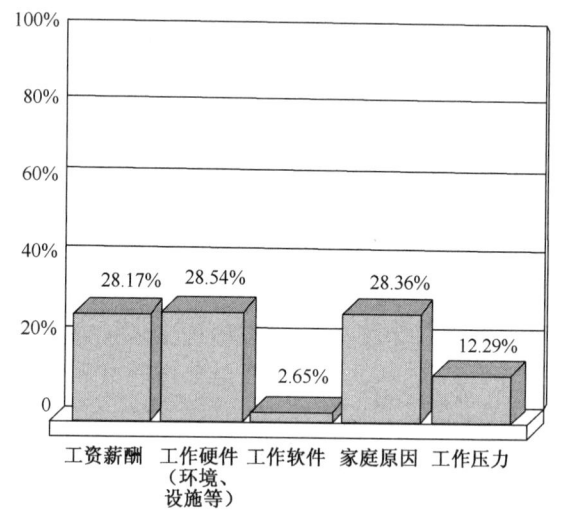

图1 择业考虑的因素

3. 面对毕业问题,不同的选择态度

调查显示,57.47％的在校生选择毕业后直接求职,22.68％的在校生选择做求职和考研的两手准备,18.9％的在校生考虑自主创业,17.69％的在校生选择考研,16.07％的在校生选择出国深造,6.81％的在校生选择考取公务员,另有2.27％的极少数的在校生表示毕业之后并没有打算,不清楚自己未来的去向(见图2)。

4. 择业时,就业单位的倾向性分析

在调查中,在校生认为最为理想的用人单位是国有企业

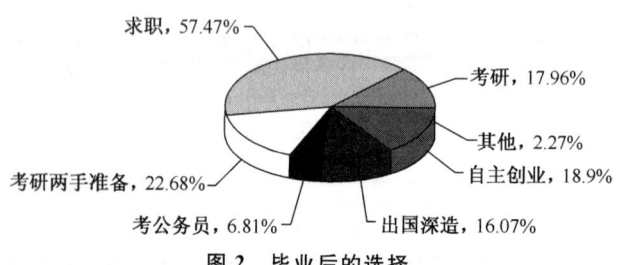

图2 毕业后的选择

28.73%,其次是外资企业24.2%、行政机关20.42%,民营企业3.4%,另有23.25%认为何种单位并不重要,更看重自己的发展前景,并且认为当务之急是先找到工作,有了好的再换(见图3)。

在受访的大学生当中,我们进行了对上海户籍与非沪籍学生之间的对比,可明显的发现,上海本地生的就业观有偏向"择优而就"的一面,即看重工作待遇要与自身水平相匹配。而非沪籍大学生则普遍认为解决就业是当务之急,先找到工作为优先,然后再进行发展。

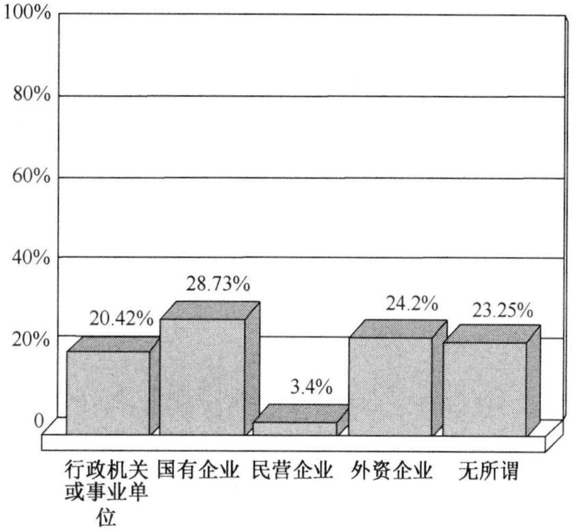

图3 择业的倾向性

(三)就业时留沪与否的因素分析

(1)调查显示,有65.97%的受访者倾向于在上海工作。然而,非沪籍大学生"恋沪"情节有所缓解。生源地分组显示,有53%的非沪籍生源学生倾向留沪工作,远低于沪籍生源学生93%的水平。有15.1%的非沪籍生源学生首先选择回家乡所在地工作。

(2)选择留沪工作的主要原因是环境熟悉28.54%,机会多、家庭原因28.36%。另外,在倾向留沪工作的非沪籍大学生中,60.2%是因为机会多、发展前景好。经过大学期间在上海的学习生活,非沪籍生源大学生对上海更加熟悉,相比其他省市,对上海城市文化更加认同,环境熟悉48%和喜欢上海32.3%,成为非沪生源毕业后选择留沪工作的重要理由。倾向于回乡工作的主要原因集中在环境熟悉38.5%、家庭原因35.9%和生活压力小32%。

(3)调查显示,绝大多数的人认为可以与专业有关联性的工作,不一定对口,占72.02%。14.18%的人认为专业与工作性质无关,先找到工作。13.8%的在校生认为一定要找与专业对口的工作。

(4)从大学生自我角度看影响就业效果的因素分析。调查显示,影响就业最重要的几项因素分别是自我能力提高、求职技巧与培训、职业生涯规划教育等(见图4)。可见在校生的认识还是比较清楚的,知道自我能力在就业中起到相当关键的作用,自我能力的提升无疑是大学生最应该做也是最能够做好的一件事。其次,求职技巧的培训和就业心理指导也受到了在校生的重视,可见,大学生在一方面自身能力足够的同时,仍需要专业的辅导和经验的传授,这在大学生就业中,也是不可缺少的。

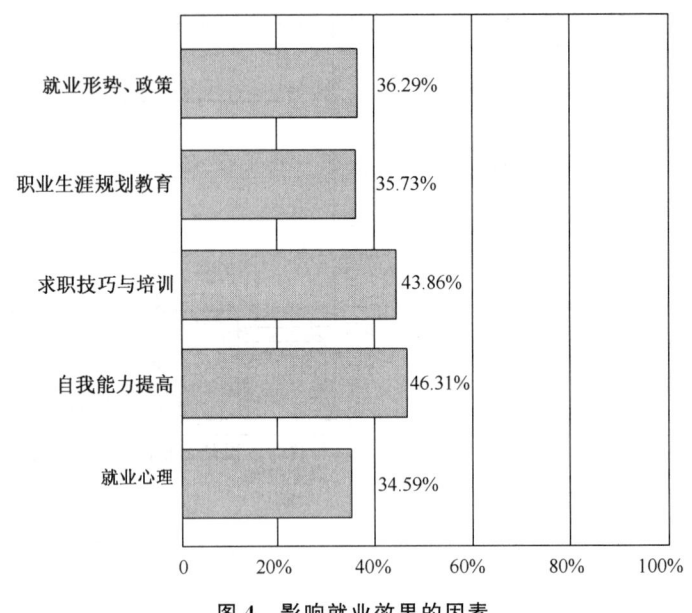

图4 影响就业效果的因素

二、就业难的大学生主观原因分析

现代大学以基础设施和师资为依托,以大学精神为共同愿景,在识别和提供优势的知识体系中培养专业人才。衡量大学生的综合素质指标之一就是学到了什么、掌握了什么、学会并转化成为自己生存发展的能力是什么。

在走访中我们发现,大多数学生反映,在校学习多数精力都应付考试,考试结束后,知识都忘得差不多了。上大学学什么,读大学读什么,多数大学生都没思考过这个较为深层的问题。就业难季,从大学生主观角度分析,因素如下:

(1)大学生仍然期望过高。大学生就业理念也存在一些误区,如"宁到外企做职员,不到中小企业做骨干"、"创业不如就业"、"就业难不如再考研"等。此外,据就业调查报告显示,近八成的用人单位却认为大学生仍存在期望过高的现象,主要表现在薪酬、地域、个人发展机会、职位要求、行业要求、假期要求和要求专业对口等方面。

(2)大学生缺乏求职技巧。用人单位表示,部分学生在求职时往往表现得不够自信,过分紧张,回答问题时支支吾吾,表现不出自己的实力。更有一些求职者面试时弄虚作假,企图欺骗蒙混过关,谁知很快就被有经验的用人单位拆穿,不得不再次承受面试失败的惨痛教训。而这样久而久之,用人单位也会觉得大学生不诚信而丧失信心。

(3)在校期间考证存在盲目性。我们在对企业问卷调查显示,企业在选择"看重哪种证书"选项时82%的单位选项为"零",可见企业对证书的信赖度并没有大学生想象的那么高。原因是,如今证书种类繁多,加上近年来各种培训机构层出不穷。其中又以短期培训和针对应试的居多,企业面对这支日益壮大的"考证大军"产生疑虑——持证人是否真的具有相应能力? 因此相比证书,企业更看重个人素质和实际操作的能力。

(4)对企业不够了解:大多数大学生并不了解自己想要进入的公司发展前景、用人制度、企业文化、人际关系等等,有一部分学生对以后自己即将在一个什么样的平台上迈出人生第一步只有模糊的概念,甚至根本没有目标。

(5)职业规划意识不够强:相比于过去,今天的大学生就业观念已发生很大的变化,这和我们国家经济发展的趋势、人才市场的逐渐完善、选择多元化的趋势相吻合。很多大学本科在校生对于以后的就业有模糊的打算,还有一些没有做任何的打算,而真正有明确规划的人却只占很少的一部分。

三、高校的就业指导工作的对策

随着上海高校招生的全国化,全国各地的学生来到上海就读大学。从本次调研的数据来看,由于上海的生活成本、竞争压力等多方面因素,毕业生择业的范围也不局限于上海市,面临着多样化的选择。高校就业指导的工作重要性愈发呈现,要给予大学生们面对全国就业压力的基本能力。因此,高校就业专业化程度与水平一定程度上影响大学生的就业观。

(一)就业指导与专业教育的相互渗透

调查中显示,不少大学生在择业时,对"专业的相关性"这个问题,抱着无所谓的态度。而实际上企业在选拔人才的过程中,尤其是中高级人才的选拔,都特别重视过去的工作经历,特别是过去工作经历中与大学所学专业有无关系。

面临2013年的就业难季,"先就业再择业"的观念被广泛宣传。在一定环境下这是正确的,但有时容易误导学生,不去寻找与专业相关或者相近的岗位,而是一味追随就业大潮。事实上只要你能对专业有充分的认识,完全可以在所学的专业领域内或相近领域找到对应的工作,这有利于大学生职业生涯的持续发展。因为,精深的专业知识才是一个人职业发展成功的核心竞争力。

(1)校企合作,把专业知识的教育与就业市场需求有效结合。高校在办学过程中,逐步发展建立了以就业为导向的专业设置与人才培养模式,致力于产学研相结合的发展道路,但事实上,学校人才的培养落后于市场的需求是不争的事实。面对这种问题,高校不妨一方面着力建设专而精的"双师型"师资队伍,同时让企业参与到学校的教学与管理中来,然而学校与企业各有所需,需合作才能共赢。

(2)走向市场,将市场对人才的需求标准与高校育人标准有效结合起来。就业指导作为一种教育,可以帮助大学生提高求职技巧与职业能力。但学生并不了解求职岗位的特性,距离市场的要求甚远。高校可以走向市场,请进来走出去,主动将专业教育与就业教育结合,将市场对人才的需求有机融入专业教育之中,使得就业教育与专业教育相互渗透,真正有效结合。

(二)提早开始阶段性的专业实习

大学生在校期间,有意识地主动去进行专业实践的学生人数并不多。高校可以提早有针对性地进行组织,可以先让专业对口且有就业意愿的同学到企业见习。实习可以分阶段对学生进行教育。初级阶段接受企业的文化与管理制度;中级阶段实行师徒制,帮助学生提高职业能力和岗位适应力,深度校企合作,促进教学与实习的有效结合;高级阶段培养学生了解企业与之对应的相关岗位能力,发现存在的问题,学校再根据学生的实习情况与企业共同开展职业能力提升专题培训,既培养与建立了员工关系,全面提升职业素质,又让企业选拔到真正合适的人才,达到"学校、企业、学生"三方共赢。

(三)将就业咨询与心理咨询有机结合

调查中显示的问题,当今大学生不仅需要就业指导,同时也需要心理指导相互配合。目前,很多高校没有把心理咨询与就业咨询结合起来,无法满足现实中大学生的现实需要。

(1)开展就业心理培训。分析毕业生就业心理,对常见的心理状况进行归类,通过培训,告知学生就业中可能遇到的问题及如何应对的办法,培养学生健康人格特质,养成积极乐观的心理素质。教会学生管理自我心理,学会自我调节。

(2)压力管理能力培养。引导学生正确面对各方面的压力,教会学生处理学习与生活的关系,同事间人际关系的压力,协调共存与竞争的关系,让学生能感觉到职场压力,提前找到适应职场的方法。

(3)职业生涯规划。根据马斯洛的需求学说理论,只有自我实现的需要被满足了以后,人的需要才会真正的满足,所以,制定职业发展规划是缓解压力、帮助自我实现必不可少的一步。对在校学生开展集体生涯辅导,根据学生个体的需要量身定制个人职业发展规划,在校期间重点规划学习生涯,大学阶段是职业生涯发展的起步阶段。

(4)职业测评与教育培训。定期开展学生的需求普查,针对学生的不同类型特点和实际的需求,进行专题专场培训,建立与之对应的职业能力提升培养体系,全面提高学生的职业素质。

作者简介:

郭慧君(1975—),助理研究员,上海立信会计学院高职学院副书记副院长。

技术应用型高校毕业生就业质量的影响因素与评价体系研究

（上海第二工业大学　学生处　经晓峰　乐晓蓉　陈　勇　于敬涛）

摘　要：就业质量作为综合评价高校的就业工作状况综合指标，近年来受到政府的重视。对技术应用型高校而言，所培养的毕业生直接与就业市场挂钩，毕业生的就业质量高低将直接影响到学校的生存和发展。通过对 205 家用人单位的调查，研究影响技术应用型高校毕业生就业质量的主要因素，构建了"四维一体"的技术应用型高校就业质量评价体系，建议政府、教育主管部门定期监测就业质量，技术应用型高校应建立就业质量监测体系。

关键词：技术应用型高校；就业质量；影响因素；评价体系

近年来，随着我国高等教育的扩招和迅速发展，高校毕业生数逐年再创新高，国家对高校毕业生就业问题高度重视。1999 年，教育部首次公布了教委所属高校毕业生的就业率及计算方式。2003 年，教育部出台的《关于进一步深化教育改革、促进高校毕业生就业工作的若干意见》将学校招生规模与毕业生就业率挂钩。多年来，就业率一直是各级政府和教育行政部门考核评估高校就业工作的主要指标，抓就业率便成为高校各级领导和学生工作部门的一项重要任务。然而，就业率只反映了就业工作"量"的成果，却不能体现"质"的高低，不能全面科学地反映学校的就业质量，就业质量逐渐成为国家和教育主管部门的关注点。因此，在教育部下发的《关于做好 2012 年全国普通高等学校毕业生就业工作的通知》除了要求各地和高校继续大力推进就业优质服务，确保毕业生离校时初次就业率基本稳定以外，首次明确提出要"进一步提高毕业生就业质量"。

技术应用型高校最大的特点就在于以就业为目标，以市场为导向，需要紧跟社会对人才的需求。因此，研究分析影响技术应用型高校就业质量的因素，建立有效的就业质量评价体系，对于提高技术应用型高校的教育质量和就业质量具有重要意义。

一、就业质量的研究综述与内涵分析

20 世纪 90 年代初，国际劳工组织最早提出了就业质量（employment quality）的概念,我国在 21 世纪初期也开始了就业质量的研究,不同研究者对就业质量的界定和描述稍有不同。曾向昌[1]认为,就业质量是大学生即将从事的工作与其接受的教育程度、专业和所就读院校的培养目标相适应,且符合其就业意愿。从高校和毕业生的角度出发,强调了学生就业质量与高校之间的相互关系、就业质量和学生就业意愿的关系。代锋[2]认为,就业质量是指大学生能获得的工作优劣及工作固有特征满足大学生要求的程度。反映大学生就业的结构、层次、动向、优劣等方面,是一个实质上衡量大学生就业状况和社会整体发展状况的综合性指标。秦建国[3]认为,就业质量是在一定社会发展阶段和发展条件下,人们以追求身心健康、社会交往为宗旨,所能获得的工作优劣以及充分开发和可用的资源不断满足需求的程度。将毕业生的就业满意度与国家和社会发展条件相结合,指出了就业质量所涉及的范围。贾东荣[4]认为,就业质量涉及多方面的满意度,包括职业社会地位、工资水平、社会保障、发展空间方面,从毕业生对工作满意度的角度衡量就业质量。洪美珊[5]认为,毕业生就业质量包括毕业生就业机会的可获得性,即从数量上看毕业生就业率;毕业生就业岗位的特点,即工作收入、工作地点、工作时间、工作环境;毕业生就业的主观满意程度,即工作的稳定性、专业的对口性、劳动关系的和谐性、发展前景和社会保障的完整性。

自 2002 年以来,在欧洲就业战略框架(the framework of the European Employment Strategy EES)的指导下,分析出了一组用来监测欧盟就业质量的指标。Lucie Davoine 等[6]在一项关于欧洲就业质量检测报告中指出,就业质量包括主观指标(subjective indicators)和客观指标(objective indicators)两个方面:主观方面主要是个体的工作满意度(jobs satisfaction),如工作安全、工作兴趣、工作重要性、工作中的稳定性、工作晋升机会、工作对社会的有用性、工作时间的灵活性、工作平等;客观指标方面主要关注国家经济和劳动力市场的就业状况,同时包括培训和教育的机会、工作技能、工资收入与福利、工作场所的条件、家庭因素等方面。该报告认为就业质量是一个多维的概念,应包含四个基本成分:即,适合的工资水平和合适的工资差距;技能和培训;工作条件;兼顾工作与家庭的平衡、工作与性别之间的平等。欧盟认为,就业质量状况会影响到国家机构,特别是工业界和行业,以及整个福利系统,甚至会波及欧盟普遍的资本主义的政权的稳定。

从上述关于就业质量概念的分析可以看出,目前国内外学者对于就业质量的概念基本是从影响毕业生就业质量的两个方面原因,即毕业生对工作满意程度的主观方面,以及国家和当地经济水平、个人就业情况对比的客观方面分析。同时又着眼于微观层面即毕业生层面,中观层面即制度政策和学校层面,以及国家的宏观层面等三个层面展开界定。

就业质量是衡量毕业生在整个就业过程中的就业状况,是毕业生、用人单位和社会等各方面满意程度的综合性概念。本研究认为,就业质量包括可量化的量的指标和可分析的质的指标两个方面。量的指标包括:毕业生的就业率,毕业生就业岗位的特点,如工作收入、工作福利与社会保障、工作地点、工作时间、工作环境;质的指标包括:毕业生就业满意程度、工作的稳定性、专业的对口性、职业兴趣与工作的契合性、工作关系和谐性、职业发展前景、培训和教育的机会、符合国家发展需要、对社会贡献率等。

二、影响技术应用型高校就业质量提升的主要因素

对技术应用型高校而言,所培养的毕业生直接与就业市场挂钩,毕业生的就业质量高低将直接影响到学校的生存和发展。就业质量作为对于毕业生就业状况的综合体现,一切影响毕业生就业的因素都会制约毕业生就业质量的提升。

(一) 技术应用型高校毕业生的就业竞争力

促进技术应用型高校毕业生就业的首要因素是能提供适应市场需要、适合行业发展、用人单位需求的能力。就业竞争力从用人单位的需求角度又称为可雇佣性能力(employability),包括能适应工作需要的专业知识与技能,适应各种工作场合需要的可迁移能力,以及适合工作的个人品质、职业素养等自我管理能力。为了解用人单位对技术应用型高校毕业生的用人需求,2011 年下半年开展了上海 205 家用人单位对技术应用型高校毕业生就业质量情况的调查(见表 1),了解用人单位最看重的就业竞争力。

表 1　技术应用型高校就业质量调查的用人单位样本情况

Tab. 1　The Survey sample of enterprises employment quality investigation

单位性质	国有企业	外商独资	中外合资企业	民营企业	事业单位	政府机关	其他	总数
数量	49	25	40	49	19	6	17	205

在开展用人单位对技术应用型高校毕业生的就业竞争力调查中采用的是 Likert 的 5 点量尺的统计方法,得分越高说明企业越看重该项能力。

从表 2 可以看出,用人单位在招聘技术应用型高校毕业生时首要看重的是毕业生的自我管理能力,其次是适应工作需要的可迁移能力,再次是专业知识和技术水平。

表 2　用人单位对技术应用型高校毕业生能力的评价(likert 5 分法)

Tab 2　Evaluation of enterprises to abilities of technology colleges' graduates

序号	就业能力项目	得分
1	诚实、敬业、团队合作等职业素质	4.36
2	积极主动、乐观进取的敬业精神	4.34
3	专业技能掌握水平及实际操作能力	4.32
4	对环境的适应、应变能力	4.30

序号	就业能力项目	得分
5	行为礼仪等基本修养	4.27
6	人际沟通、交往能力及人际关系等沟通能力	4.26
7	性格、情绪、耐挫折力等自我管理能力	4.24
8	专业知识管理能力	4.22
9	勇于承担的社会责任感	4.22
10	学习创新拓展能力	4.21
11	人生态度、价值取向、道德观念等品质	4.21
12	分析问题、解决问题的思维能力	4.20
13	整体综合素质	4.20
14	外语能力	4.19
15	组织协调、善于分享的影响、领导能力	4.18
16	身体素质	4.17
17	项目策划、决策能力	4.12

（二）技术应用型高校教学质量与就业工作质量

影响毕业生就业的直接因素是毕业生的就业竞争力，教育教学的质量直接影响着毕业生的质量和就业竞争力水平，就业质量受到学校教育教学和就业工作的多重影响。

从表3可以看出，用人单位认为技术应用型高校由于课程体系建设与实践有隔离、课程内容相对滞后、师资尚缺乏实践经验、实践性教学环节缺乏等原因，影响了对学生职业技能、知识水平的培养，从而影响了毕业生的就业质量。就业工作中，市场开发的广度、学生就业指导的力度等各方面工作直接影响到毕业生的就业质量。

表3 用人单位对技术应用型高校教学与就业工作评价(likert 5 分法)

Tab. 3 Evaluation of enterprises to the education and employment work in technology colleges

序号	技术应用型高校教学与就业工作评价	得分
1	技术应用型高校关键是对学生敬业、合作等职业精神的养成	4.03
2	技术应用型高校对学生的人生观、价值观的形成有决定性影响	4.02
3	技术应用型高校关键是对学生职业技能和操作能力的训练	3.97
4	技术应用型高校对学生的就业观念和职业选择有决定性影响	3.94

序号	技术应用型高校教学与就业工作评价	得分
5	技术应用型高校教师缺乏相应专业领域的实践经验	3.90
6	总体而言,我对技术应用型高校的人才培养工作感到满意	3.89
7	技术应用型高校的实践性教学活动对学生工作能力帮助很大	3.88
8	技术应用型高校提供的教育能够应对毕业生就业岗位的要求	3.85
9	总体而言,我对近年几届毕业生的工作表现感到满意	3.83
10	技术应用型高校关键是完善学生知识结构	3.76
11	进入信息网络化时代,教师的知识更新不一定走在学生前面	3.76
12	技术应用型高校课程体系基本上满足人才培养的要求	3.65
13	技术应用型高校课程与教材反映了相关领域的最新发展	3.46
14	技术应用型高校毕业生找工作不是一件很难的事	3.40

（三）国家对就业工作政策的导向和社会经济的发展状况

从宏观的角度来说,技术应用型高校学生就业不仅仅是学生个体的行为,更与国家社会经济发展状况有关,与国家的人才战略调控有关。例如当前及今后一段时间,国家需要高校毕业生到基层就业,提高基层工作水平;另外,由于经济的发展引发的我国产业结构的升级和调整,对技术应用型高校各不同专业的知识结构和综合能力素质的市场需求有所不同。因此,技术应用型高校毕业生就业质量在很大程度上受到国家政策导向和社会经济发展状况的制约。

三、构建技术应用型高校就业评价指标体系

从上述对影响技术应用型高校毕业生就业质量的因素分析来看,毕业生就业质量的提升不只是毕业生个人、高校奋斗的结果,更是政府和社会努力的目标。毕业生就业质量涉及了毕业生个人、用人单位、技术应用型高校、国家政府教育部门四个维度;就业质量体系构成要素包括了毕业生个人就业满意程度、用人单位满意程度、高校就业工作服务质量三个方面。

（一）基于毕业生就业满意度的就业质量评价指标体系

1. 职业兴趣与工作的契合性

职业兴趣与工作的契合性是指毕业生内在深层次的职业兴趣、职业能力、职业人格符合工作的特点和要求,又称人职匹配度。目前由于我国生涯教育起步晚、社会家

庭等各方面原因,很多人从事着与自身职业兴趣不相符合的工作,限制了个人热情和创造力在工作上的拓展,一定程度影响了就业质量。

2. 专业对口性

专业对口性是指毕业生从事的工作与所学专业相符合,包括所学专业与所属相关行业,或者相关职业及职业群相符合。所学专业与从事职业不对口意味着人力资本投资的浪费,造成人才培养的高消费,浪费国家社会的教育资源,目前很多毕业生就业前所学与就业后所用的矛盾不断凸显,就业质量存在严重问题。

3. 劳动关系和谐性

在就业过程中毕业生与用人单位之间形成的一种社会关系。和谐的劳动关系是保障毕业生安心工作的前提,主要体现在用人单位与毕业生双方在平等协商,自愿签订规范的、合法的劳动合同和聘用合同,体现了毕业生的合法权益受保护程度。

4. 职业发展前景

职业发展前景是指个人知识技能在工作中的运用拓展和提升,在工作中能不断地拓展和学习新的知识,提升个体的职业能力。职业发展前景可以用职业发展的培训机会、发展和晋升的空间与机会来衡量。

(二)就业岗位质量评价指标体系

1. 工作报酬与福利

工作报酬是指技术应用型高校毕业生的平均起薪水平,起薪水平也是毕业生个人的能力、价值和对社会贡献的量化反映。与此同时,毕业生的工作报酬收入也反映了劳动权益的实现程度;工作福利是毕业生在工作中获得的社会保障指数。在进行工作报酬和福利的考量时,由于全国各地区的经济水平发展存在差异,要根据地区间的经济水平差异设置相应的评价系数。

2. 工作条件与环境

工作条件与环境包括:工作时间,平均每周工作时间可以作为工作时间的评价标准,加班导致的工作时间越长,对毕业生身体伤害越大,说明就业质量越低;工作时间越不固定,没有规律或者违背人的生理规律,说明工作质量越低;工作地点交通越不方便,变相延长了工作时间,就业质量越低;工作环境既包括涉及保护毕业生工作安全、工作保护的工作场所的自然环境,又涉及用人单位声望、职业声望、工作中人际氛围、工作中社会价值认同等人文环境。

(三)基于用人单位满意度的就业质量评价指标体系

用人单位满意程度是就业质量的关键,用人单位满意度体现在用人单位客观用人需求和用人单位对毕业生评价两个方面。将用人单位在所要招聘员工的知识素养、能力和技能水平、品质与态度方面的客观需求与实际招聘毕业生的素质评价做对比,就可以了解用人单位对于毕业生质量的评价。用人单位的用人需求和毕业生质量的评价越一致,说明就业质量越高。

（四）技术应用型高校就业工作质量评价指标体系

1. 教育教学改革与市场需求契合状况

对于技术应用型高校而言，所培养的毕业生直接与就业市场挂钩，因此技术应用型高校的教育教学与市场契合状况直接影响了就业质量。技术应用型高校在制定人才培养方案过程中是否根据市场需求变化修改培养方案；在课程教学上，是否能根据职业能力和岗位需求为依据及时调整课程设置和更新教学内容；在教学环节上是否加强实践教学环节等都会直接影响就业质量。

2. 就业指导课程与咨询服务成效

它包括了就业指导课程建设、就业咨询服务、就业指导活动与讲座开展的参与面与参与度。就业指导课是否列入教学计划的必修课或选修课；课程的学时、学分、专职教师数；是否有教学大纲、教材、课件；是否有专门针对该课程的检查和评估。毕业生就业咨询是否有固定的时间、地点和稳定的咨询人员，咨询辅导是否形成制度化。就业指导活动是否能够提供范围广泛、内容丰富、时效性强的就业指导与咨询服务，学生和用人单位满意程度及反馈如何。

3. 就业工作实际成效

就业工作对促进技术应用型高校的人才培养工作是否有显著成效；各类毕业生培养质量和规格是否符合社会需求；用人单位和毕业生对学校人才培养工作的认可程度；毕业生初次就业率、知名企业就业率，以及毕业生的平均起薪水平；学校就业政策是否有效促进就业，毕业生就业去向在地域、行业及层次上的分布是否合理，到基层、西部地区、应届毕业生的数量及比例；毕业生在自主创业、升学深造的比率；毕业生对社会的贡献程度，所培养的毕业生是否符合社会的用人标准等。

四、提升技术应用型高校就业质量的思考

（一）对政府及教育主管部门应定期监测就业质量

政府及教育主管部门应建立对技术应用型高校就业质量评价指标体系，通过对就业质量的动态监测，定期发布就业质量监测报告，全面预判就业形势，提出切实可行的就业工作指导意见、政策和措施，统筹协调技术应用型高校的就业工作，引导技术应用型高校在办学和人才培养方向主动与未来就业市场相适应，促进技术应用型高校调整专业设置和课程设置、提高教育质量。与此同时，政府应发挥在技术应用型高校和用人单位之间的沟通桥梁作用，创设良好的就业环境，促进毕业生高质量的就业。

（二）技术应用型高校应建立就业质量监测体系

技术应用型高校要建立毕业生满意度跟踪调查机制，建立用人单位需求调查机制、就业工作质量评价机制，根据市场和社会需求调整专业和课程设置，使得技术应用型高校主动适应未来就业市场的专业需要。通过构建技术应用型高校就业质量评价

体系,提升学校的教学质量和办学水平,提高人才培养质量和毕业生的就业竞争力,从而促进技术应用型高校的发展和就业质量的提升。

结束语

技术应用型高校就业质量的提升不只是毕业生个人、高校奋斗的结果,更是政府和社会努力的目标。就业质量体系的构成要素包括了毕业生个人就业满意程度、用人单位满意程度、高校就业工作服务质量三个方面,涉及毕业生、用人单位、技术应用型高校、国家政府教育部门四个维度。在今后的就业工作中要建立"四维一体"的就业质量指标体系,要真正提升技术应用型高校就业质量,政府、教育主管部门应定期监测就业质量,技术应用型高校应建立就业质量监测体系。

参考文献

[1] 曾向昌.构建大学生就业质量系统的探讨[J].广东工业大学学报:(社会科学版),2009(3):56-58.

[2] 代峰,吴克明.社会资本对大学生就业质量的利弊影响探析[J].教育科学,2009(3):62-66.

[3] 秦建国.就业质量评价指标体系探析[J].广东行政学院学报,2011(2):76-80.

[4] 贾东荣.对民办高校毕业生就业质量的分析与思考[J].教育与职业,2011(17):57-62.

[5] 洪美珊.就业质量评价:高校就业状况评价新方式[J].科教文汇,2011(7):191,197.

[6] LUCIE D, CHRISTINE E. Monitoring employment quality in EuropeEuropean Employment Strategy indicators and beyond[R]. 2006ISBN 2-11-096194-5.

[7] 杨河清.大学生就业质量的实证分析[J].中国劳动,2007(12):26-28.

作者简介:

经晓峰,就职于上海第二工业大学学生处。

乐晓蓉,就职于上海第二工业大学学生处。

陈勇,就职于上海第二工业大学学生处。

于敬涛,就职于上海第二工业大学学生处。

邮编:201209

转变思路，积极探索民办高校就业工作新模式
——结合上海杉达学院就业工作指导中的认识和思考

（上海杉达学院　陈敏云）

摘　要：近年来，随着高校毕业生数量的逐年递增，大学生就业已日益成为全社会关注的热点问题。就业工作是衡量民办高校办学水平的重要指标，搞好就业工作对民办高校的生存和发展起着至关重要的作用。本文通过分析上海民办高校毕业生就业指导工作的优势与存在的问题基础上，有针对性地提出了转变思路，积极探索民办高校就业工作新模式。

关键词：民办高校；大学生就业指导

据相关数据显示，2010年全国普通高校毕业生总数高达631万人，2011年则达到约660万人，2012年约680万人，2013年将创历史新高，690万人。由此可见，大学生就业形势日趋严峻，对于尚未走出校门、缺乏社会经验和实践锻炼的民办高校大学生来说，就业指导显得日益重要。民办高校需要积极转变思路，发挥自身优势和作用，勤于思考，采取有效措施，积极探索民办高校就业工作新模式，做好就业工作，促进大学生顺利就业。

一、当前民办高校毕业生面临的挑战与机遇

当前的就业现状对于民办高校毕业生来说是一个机遇与挑战并存的时期。随着毕业生人数剧增，虽然民办高校在就业工作方面也作了相应的投入，但是人数的激增给就业工作造成了很大的压力。由于民办高校在专业设置上，文科专业相对较多，理工科专业相对较少，而目前市场上，理工科、语言类等相关专业明显优于一些文科专业，专业市场需求的不平衡，是民办高校就业工作部门需要面临的问题。相对于公办院校而言，民办院校也是处于弱势地位。随着求职择业竞争的日趋激烈，社会对大学生的知识、学历和能力方面提出了更高的要求，有些用人单位则降低了大学生的薪资水平。另外，对民办高校大学生自身来说，部分学生择业思想准备不足，在择业中，或者过多地怀疑或者高估自己的能力和水平，不能准确自我定位，在求职中显得有些消极被动。有些学生则缺乏吃苦耐劳精神，就业观念未改变，就业期望值偏高，导致理想

与现实脱节。这些都成为了民办高校大学生顺利就业的障碍。随着经济结构的不断调整、国家各级政府部门和高校对大学生就业问题的重视和相关法规保障大学生就业工作的政策措施都给民办高校大学生就业提供了很好的机遇。

二、民办高校就业工作的现状和特色

(一)民办高校就业工作的现状和问题

前几年,很多民办高校重招生、轻就业,把主要精力放在了争取生源和扩大招生规模上,对毕业生就业指导工作重视不够,主要表现在不少民办高校没有设立专门的就业指导机构,有就业指导机构的也不够健全,人力、物力、财力的投入都是少之又少,而且就业指导工作没有贯穿始终,很多学校的就业指导工作是在高年级学生临近毕业搞几次讲座,指导对象只局限于应届毕业生。就业指导仅仅是在临近毕业的最后一年甚至几个月,所以缺乏长期、有效的就业指导机制。目前大多数上海民办高校开展的就业指导,大多形式和内容比较单一,较多地停留在讲解就业政策、收集就业信息、分析就业形势、传授就业技巧等方面,就业指导工作较为常见的方法是通过大会"灌输",大多召开"毕业生就业动员会"和"就业形势报告会",在对大学生就业观念和价值取向的引导,在职业判断和选择能力的培养以及职业道德教育等方面着力较少,忽视了对学生个性潜能的开发,缺乏针对学生个体特点和民办高校学生特殊性的专门咨询和有效指导,因此针对性和实效性不强。另外,当前民办高校从事就业指导工作主要是学生管理工作系统的辅导员。民办高校人员配置一般较简单,日常事务又比较繁多,学生管理工作的人员大多忙于应付杂务,难以有固定时间和充沛精力来开展针对性的职业指导工作,而且他们很少接受过就业指导方面的专业培训,距离就业指导工作的职业化要求相差甚远。虽然有些民办高校比较重视大学生的职业生涯规划教育,但是大多数高校由于缺乏足够的师资队伍,基本上还停留在试点阶段。所以,无论是在占有信息方面,还是在知识储备方面均难以达到就业指导应有的效果。

(二)民办高校就业工作中的特色和亮点

面临着机遇与挑战并存的就业形势,民办高校就业工作虽然存在诸多的问题,但民办高校就业工作积极发挥了自身的特色和优势,例如,公办高校特别是名牌高校的学生一般来说心理期望值高,缺乏到基层单位、基层岗位就业的心态。相比之下,民办高校学生则实际得多,期望值相对较低,就业选择更趋务实。大部分毕业生都是抱着先就业再择业的思想,更注重在工作中培养实践能力,愿意从基层做起。因此,民办高校毕业生受到了中小型企业、私营民营企业的欢迎和认可。民办高校也大多定位于培养应用型人才,教学中注重技能培养,与行业、企业合作开展实习、实践,形成了学校和社会对接的学习与就业途径。2009年4月,在上海民办高校党工委的支持下成立了上海民办高校就业工作协作组,定期开展上海民办高校就业工作研讨会议,在上海民办高校之间开展就业工作经验交流会,通过不断地总结和思考来推动民办高校毕业生就业工作。在总结上海杉达学院近3年就业工作的过程中,结合了其他一些上海民办高校如上海思博、中桥、工商外国语等学校的就业工作经验和做法,本人认为上海民办高校就业工作形成了自身的八大特色和亮点:

一是民办高校党政领导高度重视毕业生的就业工作,认真贯彻落实"一把手"工程;二是职责明确,认真落实就业工作目标责任制,例如上海杉达学院校长书记袁济同志亲自与各院系的负责人签订了就业工作目标责任书,要求各院系负责人要同样重视院系的就业工作,各学院与各系和毕业班辅导员签订目标责任书,由此一来,学校的各级各部门形成了一个完善的就业工作体系,各负其责,各司其职,想方设法做好毕业生的就业工作;三是规范管理,强化就业工作流程和工作规范。民办高校毕业生就业主管部门掌握了全校的毕业生就业工作进展情况,定期统计各院系各专业的签约率和就业率,并将统计结果及各院系就业工作进展情况通报全院,做到上下互通、全院互通,并以此来带动全校的就业工作。各院系就业工作负责人定期向学校毕业生就业部门汇报其所在院系的就业进展情况,并及时沟通交流情况。毕业班辅导员也定期向院系主管领导汇报所带班级的就业情况以及毕业生的思想动态;四是加强教育,为毕业生提供形式多样的指导服务。毕业班的辅导员要与毕业生直接打交道,是就业工作的实施者,加强对毕业班辅导员的培训和指导工作,使辅导员熟悉当前的就业形势、政策法规、工作程序以及如何做好毕业生的思想教育工作是非常重要的;五是主动出击,加强就业市场建设。上海不少民办院校积极与各区县人才促进中心沟通联系,充分利用了资源比较丰富的人才促进中心这一政府性质的渠道,广泛宣传学校,积极通过这一渠道安置推荐毕业生。积极与一些知名高校联合举办一些招聘会,加大宣传力度,扩大学校的知名度。并主动联系用人单位,努力拓宽本地区的就业市场,也引进一些有规模、有信誉的人力资源(中介)公司来安置毕业生。很多民办高校都积极推进校企合作,采取"订单式"培养;六是以人为本,积极为毕业生和用人单位做好服务工作。学校各级各部门都本着为毕业生服务的态度,热心帮助每一位毕业生,耐心地解决毕业生求职过程的一些实际问题,想方设法为毕业生寻求理想的就业岗位,最终要使学校成为毕业生就业的主渠道。同时,要热情周到地为用人单位做好服务工作,努力为用人单位推荐适合的人选,积极组织好各种规模的招聘会,提高毕业生应聘的成功率;七是加强实训,提高毕业生的实际动手能力。当前用人单位对应届毕业生的普遍反映就是实际动手能力较差,因此民办高校在日常教学中加强专业知识教学的同时,应强化实际操作技能的培养。八是不断完善就业工作激励机制。民办高校要保持长期的高就业率,就必须有个完善的激励机制,做到奖惩分明。因此,应从就业工作人员的日常工作状态、就业率等多方面进行综合考评。对于工作出色、就业率高的院系和个人要进行经济奖励和鼓励,对于工作不得力、就业率低的院系和个人要进行适当的惩罚。民办院校的管理队伍、师资队伍来自各行各业,具有广泛的社会资源。因此要积极鼓励这些非就业工作人员参与到学校的就业工作,做到全员参与就业。

三、民办高校开展就业工作的对策与建议

(1)转变观念,真正把大学生就业指导工作作为民办高校人才培养的重要途径。当前就业工作的难点在于如何去转变学生的就业观念。民办高校开展就业指导工作,除了帮助学生找到适合自己的理想职业,并进而实现"充分就业"的功能之外,还应具有开发学生潜能,促进学生形成正确的自我评价等作用。大学生就业观念的形成并不是一朝一夕的事,对职业和社会的了解也需要一个过程,因此就业指导工作具有教育过程的长效性和对象的全员性等特点,是一项系统工程,应贯穿于学生从入学到毕业的全过程之中。就业指导的形式也应多样化,把就业指导课与其他形式的指导活动结合起来。一方面可以通过就业指导课使学生认清形势、了解政策、懂得规划以及一些基本的求职技巧。同时可以邀请毕业校友里的成功人士或者企事业单位的人力资源专家对毕业生进行有针对性的指导教育工作。还可以利用校内的宣传橱窗、就业网站、就业论坛等渠道,加大宣传指导力度。在就业指导的过程中,加强弱势群体的就业指导。如零就业家庭毕业生、家庭贫困毕业生、身体有缺陷毕业生、有心理问题毕业生以及就业难毕业生,这类毕业生需要就业工作人员投入更多的时间和精力,应做到重点推荐、优先推荐。而担任就业指导教育的老师应该是对就业流程、政策法规、人力资源、心理咨询等方面都比较熟悉的人员。

(2)狠抓落实,强化大学生就业指导工作的各项建设,促进就业指导工作向专业化、正规化迈进。首先应建立和强化民办高校毕业生就业指导中心的各项职能,从学生的实际需要出发,充分发挥信息采集、就业政策与职业咨询、择业技术、技巧指导等功能作用;其次应当加强民办高校就业指导部门与基层的院系及相关专业人员的联系与沟通,在民办高校内部组成上下贯通的指导网络。同时,不断加强就业指导工作的软硬件建设,当前尤其是要建立一支高素质的就业指导专兼职人员队伍,并积极开展大学生职业生涯规划教育工作。

(3)充分发挥辅导员在就业工作中的指导作用。辅导员作为民办高校毕业生就业工作体系中最基层的环节和骨干力量,在民办高校毕业生工作中起着桥梁和纽带的重要作用。辅导员通过长期与学生朝夕相处,他们掌握学生的个性特点,熟悉学生的心理特征,了解学生的现实表现、能力、家庭背景及家庭所在地等。这样可以根据每个学生的特点,开展个性化的就业指导,大大提高了就业指导的针对性。辅导员在日常工作中,可以以学生成长成才为工作落脚点,将就业指导工作融入学生日常教育管理之中,不仅能提高日常管理工作的效率,也有助于体现就业指导的效果。要加强对辅导员开展职业生涯规划的培训,让他们把理念贯穿在学生的日常教育过程中去。

(4)加强研究,把民办高校毕业生就业指导作为一门学科加以建设,在把就业指导

課程和職業生涯課程納入教學計劃的同時,加強就業指導學科的理論和實踐研究,在大一的時候開設職業生涯規劃課程,同時開設職業諮詢服務,並借鑒國內外先進理論,逐步探索出一套符合我國國情,適合當代大學生特點的民辦高校就業指導理論體系。

（5）主動架橋,強化民辦高校與地方勞動人事部門在畢業生就業指導工作中的聯繫與溝通,促進民辦高校就業指導工作與社會職業指導工作的有機結合,為畢業生擇業提供社會化服務體系,通過現代高科技手段,逐步實現民辦高校畢業生供給與人才市場需求的信息聯通。

大學生就業是當前中國就業的首要任務,是學校人才培養和辦學質量的重要體現。大學生就業工作是複雜而艱巨的工作,需要多方面的努力與配合。民辦高校堅持以特色優勢參與人才培養和市場競爭,以過硬的人才培養質量和較高的畢業生就業率贏得社會的認可和尊重,才能增強學校的辦學生機和活力,才有民辦高校的可持續發展。以上是我在實踐中對民辦高校就業工作的一些膚淺認識。我衷心地希望有更多的專家和學者共同投入到這項研究工作中來,共同推動民辦高等教育持續、健康、穩定地發展。

參考文獻

[1] 劉斌. 新形勢下如何做好民辦高校的就業工作[OL]. http://www. kaidike. cn/AutoSite/TemplateFile/T65_FullScreen/Cn/InviteInfoShow. aspx? id＝32103&InviteInfoID＝38565.
[2] 陳少鴻,黃國富.關於民辦高校輔導員做好就業指導工作的認識與思考[OL]. http://jjx. gdh-sc. edu. cn/lookshow. asp? id＝696&nc＝5.

作者簡介：

陳敏雲,就職於上海杉達學院。

高职高专毕业生就业难问题初探

——以上海立信会计学院高职学院为例

（上海立信会计学院　梁　臻）

摘　要：本文以上海立信会计学院高职学院 2012 年毕业的 14 个班级的学生为调查对象，以他们的就业状况为背景，以收集到的 135 份调查问卷的统计数据为分析依据，从高职学院的专业设置和学生的就业意向（包括专升本意向）等各个层面上探讨高职毕业生就业难的成因，并提出应对策略。

关键词：高职毕业生；就业难

随着我国高职教育的快速发展，以及高职院校的不断扩招，高职毕业生的就业难问题引发了社会广泛的关注。学者们从不同角度分析了高职生就业难的深层次原因，这些研究在理论层面及政策实践层面为今后大学生就业问题的研究提供了有利线索。具体如山东大学的陈熙于 2012 年年初走访、调查了山东省高职毕业生就业现状，从择业观念、择业心态、就业取向、就业渠道、影响择业因素、对学校的满意程度多个方面，深入分析高职毕业生在就业方面存在的问题，并运用劳动力产品供应与需求关系的经济学理论，从影响就业的主客观因素剖析了高职毕业生就业困难的原因[1]；王译旋则从社会发展带来的就业环境、高职教育发展、高职毕业生自身择业观和就业心理等方面，分析了高职毕业生就业难问题产生的原因[2]；而布玉涛基本与王译旋持相同的见解，他从就业率、专业科类、就业单位流向和就业信息来源等四方面探究了重庆市高职院校毕业生的就业状况，从社会、学校、学生个人三方面，分析了导致高职院校毕业生就业难的原因[3]；王育培和河北师范大学的王东芳研究认为，高职生就业难不仅源于外在的社会因素，也有高职办学特色的原因，以及职业指导的作用没有得到凸显，他们主张整合学校、家庭和社会力量，积极利用校内外一切可以利用的资源，通过全校性的职业指导教育和实践活动来提高高职学生的综合职业能力[4]；范雅玲等人则在上述分析的基础上，提出了高职毕业生"预就业"制度，即所谓将毕业生就业后的试用期前移至顶岗实习阶段，在学生离校的前一年，有意识地把毕业生组织到用人单位，边顶岗实习，边完成毕业设计，边接受用人单位的考察，解决了毕业生就业的盲目性和流动性[5]。

上述研究为本文提供了丰富的借鉴素材。为了能够找出我校高职生就业难的特定原因,我设计了一份具有立信特色的就业情况调查问卷。首先,根据生源地、专业和性别的不同,对高职毕业生做了三方面的分类,因为就我的就业工作经验而言,上海生和外地生、会计和非会计专业、男生和女生这些差别都会造成就业状况的不同;其次,问卷的第一个问题就涉及跟高职生密切相关的专升本与就业之间的矛盾选择问题,在此基础之上,挑出那部分主观意愿"只考虑专升本,目前不考虑找工作"的同学,将他们剔除出去,才能真正研究那部分想找工作却找不到工作的同学遇到的难题到底是什么;最后,在问卷中,我从高职毕业生对目前就业形势的了解,到他们期望的薪资、福利、单位性质,再到简历制作、面试技巧准备及获得的面试机会来源、结果做了细致详尽的调查,收集了第一手全面的数据。

一、上海立信会计学院高职毕业生就业状况调查

1. 历年来就业数据比较分析

在统计调查问卷之前,我们首先收集了上海市高校毕业生 2009—2011 年的就业数据(见表 1)作为参照系,然后分别统计了上海立信会计学院三年来本科生和高职生的就业率与签约率(见表 2)。

表 1　2009—2011 年上海市高校毕业生就业率与签约率比较

年份	本科生就业率(%)	高职生就业率(%)
2009	90.71	88.58
2010	94.5	95.58
2011	95.68	无数据

表 2　2009—2011 年上海立信会计学院毕业生就业率与签约率比较

年份	本科生就业率(%)	高职生就业率(%)	本科生签约率(%)	高职生签约率(%)
2009	96.19	92.60	61.59	42.86
2010	96.98	95.96	70.05	54.74
2011	97.49	97.15	78.23	71.36

从表 2 的数据可以看出:三年来,不论是就业率还是签约率,我校高职生的数据都明显低于本科生,说明高职毕业生就业难于本科毕业生;但再以我校高职毕业生的就业率与表 1 中上海市高职生就业率的平均数据作比较,又可以看出:上海立信高职的毕业生在就业方面具有相对的优势。本文的分析不再简单地停留在堆砌各种就业困

难的原因,而是针对具有立信会计特色的这类高职毕业生在就业当中所遇到的问题及存在的优势进行分析,促使学校能针对问题,予以改进,强化优势,发挥特色,进而有效地解决我校高职生就业难于本科生的实际状况。

2. 我校高职毕业生就业状况问卷分析

从2012年3月初开始,我制定并发布了以我校高职2012届毕业生为对象的调查问卷,共发放问卷135份,实际回收125份。根据专业大类划分情况如下:会计类专业(包括物流会计专业)回收115份,占比85.2%;非会计类专业(商务英语专业为主)回收10份,占比14.8%。根据生源地划分:上海生源68份,占比57.8%;非上海生源57份,占比42.2%。

统计显示:在选择专升本还是就业这一问题上,只考虑专升本不找工作的和没有专升本意向一心找工作的同学各占1/3;对当前的就业形势有70%的同学一般了解,而20%的同学完全不了解;有43%的同学希望通过学校网站了解就业形势,另有26%的同学选择自己想办法了解;在对单位的选择中,2/3的同学希望能够进入国家机关、事业单位或国企工作,只有不到10%的同学愿意去民营企业,所以有50%以上的同学认为薪资待遇和工作环境是他们在选择工作时最看重的因素(对于期望月薪的选择,55%的同学期望值在3 000元以内,但仍有45%的同学期望值在3 000~5 000元甚至更高),而选择专业对口、个人发展前途、自我价值实现的学生仅占20%。学生个人从简历准备到具体面试的情况如下:有78%的学生专门准备了简历,但仍有22%的同学没有准备简历,而只是使用学校统一制定的就业推荐表;在制作简历时,75%的同学认为最应该突出工作实践经验,只有14%的同学认为应该突出在校成绩及获奖经历;90%的同学能够寻找适合自己的公司投递简历,但10%的同学选择撒网式投递简历;70%的同学能够通过校园招聘会或上网搜索,寻找目标企业的信息。这一方面说明校园招聘会的模式对在校生就业非常重要,值得坚持办下去,另一方面反映了网络在学生择业过程中扮演了不可或缺的角色;在本调查期内,有23%的同学已经通过面试并找到了工作单位,还有30%的同学多次参加了面试却没有找到合适的工作,而38%的同学虽然投递了简历却没有获得任何面试机会,当然也有9%的同学已通过了用人单位的面试,却由于自己的喜好,放弃了被录用的机会;据调查,58%的同学面试机会都来自于校园招聘或学校推荐,25%则来自报纸杂志或网络等途径;2/3的同学对学校就业指导和推荐工作表示了满意,但仍有一部分同学认为学校的就业信息还不够畅通,有待改进,希望学校能够及早开设与就业有关的课程和讲座。

二、上海立信会计学院高职毕业生就业困难的成因分析

1. 专升本期望过高,阻碍了就业工作的顺利开展

上述调查已经提到,有1/3的学生全身心投入专升本复习中,完全拒绝寻找工作

单位;还有 1/3 边实习边复习专升本,但在 541 名 2012 届毕业生中,只有近 100 名同学可以升本成功,比例约为 18%,录取人数远远低于实际参加考试的人数。而且专升本考试时间是 5 月初,成绩公布接近 5 月下旬,一大批毕业生或主动或被动地被牢牢拴在专升本这根绳子上,阻碍了就业工作的顺利开展。目前,专升本录取结果已公布,落榜的同学中一部分已经开始投入找工作的洪流,但由于前期埋头于复习,缺乏面试和实习的经验,导致其寻找工作时困难重重;另一小部分同学还沉浸在专升本失败的痛苦中不能自拔,躲在家人的背后不愿走上工作岗位。

2. 学生就业意识不强,就业准备不成熟

调查显示:即便不受专升本的束缚选择去就业,也有近 1/3 的学生对就业形势不了解;甚至有的学生都没有准备专门的简历,在面试技巧上也有所欠缺;而且他们对就业单位的性质以及工资薪金水平抱有不切实际的期望,轻视中小企业、不接受相对较低的工资,结果如调查显示,只有 23% 的同学面试成功了。

以上主要是分析了学生个人素质及主观选择所造成的就业困难,但现实不仅如此,用人单位在招聘中设置的相关条件也造成了高职毕业生的就业难。

3. 生源地不同,影响了外地生如期就业

上述统计中表明,高职毕业生很大一部分是通过学校推荐的方式寻找工作,但在推荐过程中我们发现,很多用人单位设置的岗位条件中都提到要求是上海户籍,那么我所带的六个毕业班中,有 39.6% 的同学是外地生,他们在寻找工作时无疑都要面对户籍的壁垒。也许有人会质疑,为什么不敦促他们回生源地或者是其他城市就业?但据我了解:他们正是怀着对上海这个大城市的憧憬才进入立信高职读书的(甚至有同学放弃了被外地本科院校录取的机会),在上海就业是他们无法割舍的梦想,即便目前找不到工作,他们也不愿到其他城市就业,从而影响了自己的如期就业。

4. 性别差异令女生处于就业劣势

用人单位在招聘时除了会设置户籍限制外,还对不同性别作出了区分对待。医院、建筑行业、船舶制造等很多单位都要求招男生,这就导致不论生源地是上海还是外地的女生,都处于就业的劣势地位,外地女生更是遇到了生源地和性别的双重壁垒。目前的现实是,立信高职作为文科类院校,女生比例远远高于男生,所以这也导致了高职的签约率迟滞不前。

5. 用人单位的性质特点不利于高职生签约率的提升

高职毕业生面临的用人单位,以中小型民营企业为主。企业性质不同,对毕业生就业产生明显不同的向心趋势,调查表明,一方面外资以及大中型国企是毕业生就业的首选目标,这导致了愿意吸纳高职生的中小企业难以吸引这些学生的注意力;另一方面,中小型民营企业在签订协议书方面确实存在着不规范的问题,往往会以等待学生拿到毕业证后直接签订合同等说辞,拒绝与已经实习的高职生签订就业协议书,导致我们的签约率一直徘徊在较低水平。

6. 专业性质的差别导致各专业就业不均衡

除了学生个人和用人单位的因素以外,高职学院专业设置的现状也造成了个别专业就业难的现实问题。

立信是以其会计专业在社会上著称的,所以用人单位也愿意接受我院会计专业的毕业生,但是用人单位由于对专业认证的认识局限,往往在招聘时界定的专业范围很狭窄,如招聘出纳等岗位时,会排斥物流(会计)甚至是审计专业,当然这并不是我校专业设置的问题;专业设置导致的就业问题主要体现在商务英语这个专业上,我们并不是专门的语言类学校,作为英语专业来推荐用工,企业并不认可,作为财务来推荐更加不被认可,所以以导致商务英语毕业生的签约率一直无法提升。

三、解决高职生就业难的策略建议

生源地和性别的差异是无法改变的客观问题,那么我们就必须在现有基础上找到应对的策略,改变可以改变的,努力提高高职毕业生就业率和签约率。

1. 设定专升本入门资格限制

专升本的时间是全国统一的,如果能够像研究生入学考试一样安排在年初无疑能够较早地促使落榜学生及早寻找工作,但即使较难重新调整时间安排,我们本校也可以改进专升本的报名资格,目前只要通过大学英语四级和计算机一级的同学都可以报名,但如果将报名资格调整到按照学分绩点排序,达到某一绩点水平的同学才有资格报名,无疑会产生双赢:一方面尽早地给那些成绩很差的学生一个信号,让他们趁早打消不切实际的专升本念头转而找工作;另一方面令学生在一进校就意识到绩点的重要性,加强学习从而对学风有很大的促进作用。

2. 建立高职学生就业指导的长效机制

在市场经济条件下,传统的等待分配工作的就业思想必须改变。各类高职院校也在加强就业指导,如开设就业指导的相关课程等,加强毕业生的"求职应聘"技能技巧的教育和培训,经常组织应届毕业生参加有关人才交流会、招聘会,增强学生求职应聘的感性认识和实践经验。但就业指导工作开展的时机应该大幅度提前,应该在高职生入校时就提出来并最好能够以必修课的形式纳入教学体系,教学的内容也应按照现实情况引导外地生深入了解进沪就业的相关政策,让他们明白签订协议书关系到他们的切身利益,而不是仅仅为了数据统计。

3. 实行校企联合办学,在企业中建立实习基地

高职院校要积极开展市场与人才需求的调研,对人才需求作科学分析与预测,拓宽办学思路。为此,高职院校应该大力加强与企业的直接联系,实行学校与企业联合办学,通过"订单式"培养,让企业参与学校招生、学生实习、学生就业的全过程,使学生在入学时就从根本上解决自己就业的后顾之忧,真正让企业来评判高职院校的办学质

量和办学效益。同时,学校应该积极与企业联系,对有需求相关专业的企业进行实地考查,并争取企业的大力支持,在那些社会信誉好、经济效益佳的企业建立实习、就业基地,组织学生到那些企业实习,让学生在企业生产中开展社会实践,不断提高自身的动手能力。要实现学校与企业的双赢,就"要求职业院校与行业、企业建立紧密联系,改革以学校和课堂为中心的传统人才培养模式,加强学生的生产实习和实践,着力提高学生的实践技能和创新能力。"①

4. 推行"双证"教育制度,提高学生的就业竞争力

所谓"双证"教育制度,即高职生通过两年或三年的学习,一方面获得大学专科毕业证书,另一方面利用在校学习的有利时机,积极参加学校或社会组织的相关职业培训,通过国家组织的相关考试,获得相关的职业技术资格证书。从目前高职生的就业情况来看,持有"双证"的毕业生在就业市场具有很强的竞争力,如用人单位在选取我校的毕业生时就非常看重持有会计上岗证的学生。为此,高职学院应从师资建设、设备配置、实习实训基地建设等方面,建立达到国家要求、符合颁发国家相应劳动技能证书标准的培训中心,为方便学生取得相关劳动技能资格证书创造良好的条件。同时,还应该积极与政府的劳动与社会保障部门联系,主动邀请这些部门到学校设立相关劳动技能资格考点,组织学生多参加这方面的培训与考试,取得相关的劳动技能证书,为自己就业打下坚实的基础。

参考文献

[1]陈熙.高职院校毕业生就业难的原因分析与对策研究[D].山东大学,2010.

[2]王译旋.高职毕业生就业问题的研究[D].西安建筑科技大学.2010.

[3]布玉涛.重庆市高等职业院校毕业生就业问题研究[D].西南大学,2011.

[4]王育培.高职院校毕业生就业困境与出路探析[J].厦门教育学院学报,2007(3).

[5]范雅玲,孙景川,陈伟.高职生就业状况调查分析及"预就业制度"研究[J].职业,2010(24).

作者简介:

梁臻,就职于上海立信会计学院,地址为上海市徐汇区;邮编:200235

① 摘自 2005 年 8 月 19 日原教育部部长周济在天津召开的职业教育工学结合座谈会上的讲话。

以人为本，和谐发展

——独立学院大学生毕业指导

（上海师范大学天华学院　杨宇然）

摘　要：随着我国高等教育体制改革的不断深入，许多公办普通高校按新机制、新模式与社会力量合作举办本科层次的二级学院，称之为独立学院。独立学院异军突起，发展迅速，随之而来的是独立学院毕业生的大幅度增长。独立学院毕业生的就业情况越来越受到学生家长乃至全社会的关注。因此，深入思考和研究独立学院的就业指导工作，对于促进独立学院毕业生的充分就业来说就显得尤为迫切；同时，以人为本，开展独立学院大学生就业指导工作，对于促进独立学院的和谐发展具有战略意义。

关键词：独立学院；和谐发展；毕业生；就业指导；生涯规划

独立学院作为高等教育的组成部分，是普通高校的优势办学资源与优质社会资本相结合的民办高等教育机构。它拥有独立的法人资格、独立的校园校舍、独立的教学和财务管理、独立招生和颁发文凭资格，目前，我国共有 300 多家独立学院。对于这样一种新型的办学模式，以培养高素质、复合型、应用型高级专业人才为中心的独立学院的毕业生的就业问题已经引起社会的广泛关注。2006 年全国普通高校毕业生规模达到 413 万人，2007 年全国普通高校毕业生达 495 万人，2008 年毕业生达 532 万人，创历史新高。相对于快速增长的毕业生人数，社会能提供能应届生的岗位数量却增长缓慢，且遭遇全球金融危机影响，企业在招聘额度方面有不同程度缩水，这就造成了大学生就业市场竞争异常激烈的现实。

从宏观角度来讲，毕业生的顺利就业，对于独立学院的可持续发展而言，是不可或缺的一个环节，能否做好就业工作，对于构建和谐校园、促进学院健康发展具有重大意义。只有应届生能够顺利就业，在校生才能够安心专业学习，独立学院教育事业的和谐、稳定发展才能够实现。

和老牌高校毕业生相比，独立学院的毕业生作为一个特殊群体，在就业竞争中，既有其特定优势，又有先天不足，那么如何对独立学院毕业生进行就业指导，帮助他们扬长避短顺利就业，就成为我们不能不深入思考的问题。

一、应届生就业意向分析

1. 就业单位选择上呈现多元化趋势

毕业生对单位性质要求趋向多元化。主要由于独立学院学生整体素质与一类大学存在一定的差距,同时目前大学生就业形势紧迫,所以部分学生对单位性质要求不高,也缺乏到事业单位、外资企业这样福利、待遇较好的单位就业的信心。应届生的预选单位比较宽泛,包括政府机关、社会团体、事业单位、国有企业、私营企业、港澳台投资企业、国外投资企业、部队等。

2. 没有要求就业行业和学习专业对口

应届生首选的行业是发展前景较好、收入丰厚的行业,而不再坚持专业方向吻合。近半数学生希望进入金融行业发展或从事相关工作,即使要放弃四年来学习的专业也并不觉得很遗憾。这反映了应届生在择业过程中的实用主义取向。

3. 区域选择集中于大城市

应届生毕业后多选择留在学校所在的大城市就业,也有少数学生愿意回到生源地就业。遗憾的是没有一个学生选择到国家急需人才的西部或农村地区就业。可见,独立学院毕业生在择业过程中,畏难现象突出,缺乏艰苦创业的心理准备。期望在经济发达的地区就业,这也可能与高额教育成本有一定关系。

4. 薪资期望合理

一般独立学院应届毕业生50%左右对于第一份工作的薪资期望在1 000～2 000元之间,另外30%左右的学生期望值在2 000～3 000元之间,属于较合理的范畴。这种期望符合目前就业市场中一般企业开出的薪资标准。由此可见,应届生在择业过程中不会由于过高的薪资期望值而丧失就业机会。

5. 毕业生对于就业行业的选择比较茫然

应届生对于自己的职业生涯发展方向虽然有着多元化的选择,但是由此带来的盲目性也尤为突出,多数大四学生还是不知道自己今后应该选择哪个行业或是不确定自己心仪的行业是否适合自己,对于这部分学生,给予及时、正确的就业指导是非常有必要的。

二、应届生自身特点分析

和一般本科院校学生相比,独立学院的大学生具有一些独特的特点,而这些特点在就业过程中一部分会成为有用的助力而另一些则会成为他们的软肋。

1. 知识结构特点

独立学院融入了普通高校的优势办学资源,并且将培养高素质、复合型、应用型高级专业人才作为发展方向,这样培养出来的学生,和一般民办高校毕业生相比,知识基础更为雄厚,而和公办高校毕业生相比,实践能力更强,这批学生的知识结构特点更符合大部分为应届本科生提供的岗位的要求。但是这种知识结构的优势往往会被院校品牌造成的"晕轮效应"所掩蔽,用人单位会由于过分看重毕业生的"出身"而忽视其自身能力。

2. 性格特征

独立学院的生源不如公办院校这是一个不争的事实,因此大部分学生在进校之初存在着各种各样的问题,如学习习惯不好、过于散漫、专业认可度低等,但这部分学生性格活泼开朗,个性特点鲜明,善于交际,热情活跃,多有音乐、美术基础。在教育过程中,一方面学校加强教学管理,帮助学生塑造良好的行为习惯;另一方面,因势利导鼓励学生组织、参与丰富多彩的课外活动,在实践中锻炼管理、策划、沟通能力。这些性格中的优势成分在未来职业发展道路上也会起到积极作用——能够有效地帮助学生保持积极进取的工作状态;乐观向上的工作态度以及勇于实践的开拓精神。相信独立学院学生的这些性格特征将会成有他们就业过程中的一大有利因素。

3. 生源地特征

独立学院的学生大多来自学校所在的大城市或周边城市。而毕业生选择的就业城市也集中于此。大城市经济发展水平较高,增长速度快,能提供的就业岗位也比较多;但同时由于大城市的工作、生活条件更为优越,所以更多的毕业生会选择来这里就业,这也造成了竞争激烈的局面,一些热门职位的录取人数与应聘人数之比常常达到1‰甚至更低。由此需要独立学院的毕业生能够具备错位竞争的意识,若能具备去中小城市、西部城市等人才缺乏的地区就业、创业反而会开拓出生涯发展的新局面。

三、就业指导原则与方法

1. 分流原则

对于应届毕业生,应根据其自身情况对于学生未来的发展方向给予指导:其中优秀的、上进的同学可以鼓励他们报考研究生,这部分同学大多也都有深造意愿,而且学习习惯好、专业知识丰富,成功考取研究生的几率很高。对于大部分程度中等的同学,则要求他们在明确就业方向的基础上积极寻找就业机会;而对于那些成绩落后,其他方面也表现平平的同学,则要他们首先摆正自己的位置,认识到在就业过程中自己所面临的实际困难,其次是要放下身段,降低期望值,要有从底层做起的心理准备;另外,应该尽早地提醒他们就业时可能面对的困难,若能抓紧最后一年的学习时间,弥补学业上的不足,考取一些从业证书、能力证书或争取校外实习机会,将能够有效地增加他们的就业筹码。

在教育过程中,讲究因材施教,就业指导工作也是一样,应根据学生的不同特点给予针对性指导,有意识地分流学生朝不同方向发展,避免学生的盲从心理。

2. 帮助毕业生树立先就业、再择业的就业理念,摆脱就业一步到位的传统就业观念

现代职场,职业终身制的理念已经完全颠覆,人们更多考虑的是职位本身是否能够满足自己的要求,是否有利于自身的发展,如果一份职位已经不再适合自己,换工作是顺理成章的选择。应届毕业生由于社会经验不足,就业观念深受父母长辈的影响,往往缺乏灵活性,对自己的第一份职业有着不恰当的期望——希望自己能找到一份在较长时间内均保持稳定的职业,对于第一份工作的要求也就比较高。事实上这种想法和客观现实是错位的。应届生社会经验不足,在校期间学习的理论知识想要用在实际工作中还需要一定的磨合,这都需要时间,而澄清自己真正的价值,找到自己合适的社会角色也需要时间。毕业后的第一份工作主要任务就是给自己一个正确的定位:包括找到自己在较长时间内所要从事行业,确立长期目标、中长期目标及短期目标,明确发展方向。也就是说,毕业后的前两年作为生涯确立期,发生一定的变化是正常的,据"北森网"网络调查结果,大学生毕业后两年内有更换工作经历的占到 80%。

在就业指导过程中,需帮助学生树立先就业后择业的观念,不要把第一份工作看得过分重要而迟迟不肯签约,机会往往稍纵即逝,过分挑剔的选择难免造成遗憾。

3. 坚持科学的"职业生涯规划"

职业生涯规划(career planning)简称生涯规划,又叫职业生涯设计,是指个人与组织相结合,在对一个人职业生涯的主客观条件进行测定、分析、总结的基础上,对自己的兴趣、爱好、能力、特点进行综合分析与权衡,结合时代特点,根据自己的职业倾向,确定其最佳的职业奋斗目标,并为实现这一目标作出行之有效的安排。生涯设计的目的绝不仅是帮助个人按照自己的资历条件找到一份合适的工作,达到与实现个人目标,更重要的是帮助个人真正了解自己,为自己定下事业大计,筹划未来,拟定一生的发展方向,根据主客观条件设计出合理且可行的职业生涯发展方向。

众所周知,进入大学阶段之后,课程的内容和从前有了明显的转变:中小学教育属于基础教育,主要学习的是常识性知识;而大学的教育是专业教育,学习的是从事某一专业领域所需要的知识。以我国目前的现状来看,在填报高考志愿的时候,从某种程度上来说就已经决定了一个人今后的发展方向,所以,从一进入大学开始,就要帮助大学生明确生涯目标,树立生涯规划的意识。

"规划"作为一种行为,本身就是需要在实践中不断调整的,以更好地适应客观环境,进入大学之后便开始进行职业生涯规划,并且随着学习的深入和兴趣的转换,进行相应的调整,不仅仅是目标的调整,更是行动上的调整,例如一个计算机专业的同学如果对金融行业感兴趣,那么他需要自学或参加各类辅导班来补充必需的金融知识,如果只是有想法而缺乏必要的准备,那么到了大四想要往金融行业发展只能是一纸空谈。

职业生涯规划还必须注重其可操作性,在职业生涯规划中确定的目标必须是学生通过努力能够实现的,而且要注意将长期目标和短期目标相结合,让学生的学习一直有一个大方向,在向着这个大方向努力的过程中,又有若干需要达成的子目标,每完成一个子目标就和最终目标更接近一步,这样学生既容易把握行动的方向性又能够从行动中体会到成就感,进一步提升自信心,坚定未来路上克服困难的勇气。

4. 重视提升学生综合实力、注重素质教育

就业竞争实际上是学生综合实力的比拼。现在用人单位越来越看重学生的能力而不是单一的成绩,鼓励学生在校期间积极参加集体活动,利用寒暑假和课余时间实习或兼职,重视培养学生的人际沟通技巧、组织协调能力、团队合作精神,这些非智力因素更能体现一个人的能力,对其就业乃至今后人生的发展都会起到举足轻重的作用。

素质体现出一个人的修养,体现在日常礼仪、行为准则等方面,大学生往往重视了知识学习、能力提高,却忘记了提升自身修养,甚至连基本礼仪都会被忽视。这也是为什么在就业市场上有些条件优秀的学生屡受挫折的原因。大学生往往过于灵活而不够踏实;过于聪明而缺乏勤勉;过于进取而缺乏坚忍;过于个性而缺乏礼仪。用人单位的 HR 目光非常犀利,他们不仅要看一个人在简历上的成绩、经历,更要看到他们的发展潜质,在一系列的笔试、面试过程中,所要考核的不仅仅是成绩、能力,还综合了各种非智力因素。

在课程设置及日常学生工作中,除重视知识学习外,更应加强素质教育,让学生通过公共课程、课外活动等渠道全面培养能力,增强就业竞争优势。

总之,随着高校就业制度改革的深入及高等教育"大众化"的到来,独立学院毕业生的就业面临着新的机遇和更大程度上的挑战。在新形势下,独立学院就业工作就是学院生存和发展的生命线,是建设和谐校园的重中之重,做好毕业生就业指导工作,帮助学生顺利走出校门,走入社会,是独立学院重要的工作任务之一。加强对毕业生的就业指导是学院的责任,也是学生接受教育的权利。对独立学院的毕业生就业指导工作的实务技巧进行广泛的研究与实践,可以增强毕业生的就业竞争能力,帮助提高独立学院毕业生就业率,对独立学院的和谐、发展将起到积极有益的推动作用。

参考文献

[1] 宋长春.建立全过程渗透的大学生就业指导服务模式探析[J].黑龙江高教研究,2005,132(4):60.

[2] 丁吉娅.浅淡高校毕业指导工作[J].固原师专学报(社会科学版),2006(5).

［3］韩洁.从牛津大学看英国大学生就业指导服务（上）[J].中国就业,2006(11).

［4］韩洁.从牛津大学看英国大学生就业指导服务（下）[J].中国就业,2006(12).

［5］肖静.浅议独立学院的发展规模和健康发展对策[J].中国独立学院在线,2006.

［6］伍力.论独立学院毕业生就业渠道的拓展[J].教书育人,2006(2).

作者简介：

杨宇然,就职于上海师范大学天华学院。

观念转变是前提，用心实践是关键，
知难而进出成效
——试论新形势下就业工作的思路和方法

（上海杉达学院商学院　张忠伟）

摘　要：随着毕业生就业形势的日益严峻，高校辅导员必须用一种新的思路和方法去积极工作，本文从转变观念，用心实践，探索规律三大维度出发，探讨了新形势下就业工作的思路方法。

关键词：观念；实践；规律

2010 届毕业生就业工作是在严峻的就业形势下拉开序幕的。作为高校毕业班的辅导员，面临严峻的就业形势，是坚持原有传统的思路和方法去做就业工作，还是与时俱进，用新的思路和方法去积极投入毕业生的就业工作？这对高校辅导员来说，是面临着一场严峻的考验！笔者试图从辅导员就业工作的观念转变和实践探索两个方面来阐述就业工作的思路和方法。

一、思想认识的转变是做好就业工作的前提

对于高校毕业生的就业工作，按照过去传统的观念，一是认为毕业生就业，就是学生在学校完成学业后走上社会的一个必然的人生选择或是一种归宿。而能否找到工作，或能否选择到好的工作，不需要靠辅导员花很多精力去做，而是学生在就业过程中，靠他们自己的能力和实力去打拼。辅导员的主要工作是要抓好学生在校期间的综合素质和能力的培养。二是认为毕业生的就业工作应是政府部门去管的事，学校只是为社会培养人才。然而对毕业生的就业工作，在今天部分辅导员的思想上存在着多多少少的忽视现象。甚至会回想自己过去所带过的毕业班，认为那时做毕业生的就业工作没多少大的困难，"船到桥头自会直"。因而又对今天的毕业生就业工作有一种轻视的观点。但是，时代是不断向前发展的，不同的历史时期，政治经济形势也时时刻刻在发生变化，都带有时代的特点。尤其是今天随着全球经济一体化的迅速发展和我国改革开放的纵深发展，产业结构的不断调整，尤其是全球性金融危机对我国的影响，使我

国的就业形势日益严峻。大学生在就业问题上已面临着很多困难。胡锦涛同志指出，"就业是民生之本"，"高校毕业生的就业工作涉及千家万户，关系到人民群众的切身利益"。就业问题已成为社会和家庭高度关注的焦点，上至中央和地方各级政府，下至平民百姓，都高度重视毕业生的就业问题，毕业生的就业问题已涉及人民生活的安康和社会的稳定，它已不仅是一个经济问题，而且是一个政治问题。另一方面，学校作为一个培养人才的地方，最后要由社会来检验你的产品，而这个衡量标准就是——就业。所以就业工作做得好不好，也就直接关系着学校的生存与发展。这样，大学生的就业问题就严峻地摆在高校及其辅导员面前，并向高校的就业工作发出严峻的挑战。因此，作为一个高校毕业班的辅导员，在严峻的现实面前，是继续坚持原有观点和态度去工作，还是与时俱进及时调整自己，把工作重点迅速转移到就业工作上来？这是衡量一个辅导员职业素质高低的试金石。今天，作为一个高校辅导员，在严峻的形势面前，对就业工作已不可有任何轻视，更没有推卸的理由，一定要迅速转变观念，提高思想认识，纠正各种片面的观点，一定要有高度的时代使命感和社会责任感，义不容辞地做好毕业生的就业工作。毕业生的就业工作已成为辅导员工作的一个十分重要的组成部分。

二、知难而进，在实践中积极探索就业工作规律

做任何一件工作不光要有热情和干劲，而且还必须要在实践中用心摸索规律，按客观规律办事，才能把工作做好。何谓规律？规律就是指事物之间的内在的必然联系，而且这种联系会不断重复出现，在一定的条件下会经常发生作用，并决定着事物必然向某种趋势发展。说实话，做就业工作，每位辅导员不是一开始就很在行，但为了做好就业工作，就要以强烈的责任感，用心去摸索就业工作规律。根据马克思主义辩证唯物主义认识论的基本观点，实践是认识的来源，又是认识的目的。路是靠走出来的，规律是靠在实践中摸索出来的。实践出真知。在新的形势下，面对新的就业工作领域，只有用心实践才能探索出就业工作规律。而且只有找出就业工作规律，才能有效地开展就业工作。如今严峻的就业形势给我们的就业工作带来很多困难。因此，在就业工作领域里我们将要经历一项很艰苦的探索，面对困难，必须知难而进。

第一，为了做好就业工作，圆满完成就业工作任务，一方面，要仔细阅读有关毕业生就业方面的文件和资料，为即将进行对毕业生的就业指导做好思想上和业务上的准备。另一方面，要认真制订工作计划，为毕业生就业工作的开展作出部署安排。

第二，为了使就业工作能顺利地进行，要着重对毕业生进行就业方面的思想教育和指导。教育和指导学生要树立科学的就业观。在指导学生就业的过程中，笔者曾发现有些学生会过高估计自身的能力，眼高手低，在职业选择上挑肥拣瘦，笔者就及时地对他们进行就业观的教育和指导，帮助他们认清当前改革发展的形势，激发他们自强

自立,先就业,后择业。在引导学生就业的过程中,笔者还曾发现个别学生不想就业。对此,笔者又对学生进行了人生价值观的教育,将人生价值观教育和就业观教育有机地结合起来。教育学生懂得:在现代社会里,工作已不仅仅是一种谋生的手段,它还是一个人成长和独立的显著标志,是一个人融入社会的重要途径,它更是一个获取社会尊重、实现人生价值的重要前提。在对学生进行就业观和人生价值观教育的同时,还教育学生,找工作除了要考虑自身的经济利益外,还要树立远大的职业理想和崇高的敬业精神。把个人志向与国家利益、社会需要结合起来,正确认识职业和事业的关系,这样,你的职业道路就会越走越宽广,你未来的职业生涯一定会充满阳光。你未来的事业一定会蒸蒸日上。总之,笔者在就业工作中,将就业观的教育和指导放在了就业工作的首位。笔者认为,毕业生就业观的转变是解决他们就业问题的关键,同时也是辅导员做好就业工作的关键。

第三,为了使就业工作能迅速开展起来,笔者认为,我们在思想上要始终确定这么一个宗旨:抓早、抓紧,抓好开局。积极、投入,赢得主动。笔者在就业工作一开始,就迅速在各个班级建立就业工作联络组和就业信息联络网。各个班级由班长或团支书全面负责了解和统计本班每位同学的就业落实情况,同时还及时向同学传递学校提供的各类就业招聘信息。为了方便开展工作,提高工作效率,班长还将自己班里的同学再划分为若干个小组,并指定小组长,然后由小组长负责了解自己小组成员的就业情况,小组长将所了解的本小组成员的就业情况及时向班长报告。最后由班长将各小组的就业情况汇总起来,再及时向辅导员汇报。这样,整个就业工作,犹如一部机器,通过建立起来的各个就业工作联络网之间的相互联系,相互配合,经常交流和传递就业信息,不断运转,使就业工作得到高效率的进行。笔者所带的 6 个班,共建立了 29 个联络小组。组成了就业信息联络网。在几个月的就业工作中,各班的联络组在就业工作中发挥着积极的作用,有力地推动和促进了就业工作的顺利展开。

第四,抓紧抓好毕业生就业协议书签订的督促工作。在就业工作中,就业协议书的签订是衡量就业成效的唯一依据。如何督促学生在落实工作后及时签订就业协议书,是就业工作中颇有难度的一项工作。为了做好这项工作,笔者在学生离校前,先通过班会课向他们反复强调签订就业协议书的重要性。

后来,笔者又认真仔细地阅读和研究了各类有关资料后,写了一篇文章——《签订就业协议书的重要性》,在文章中笔者首先阐明了签订就业协议书是取得报到证的唯一依据。然后又从五个方面阐述了签订就业协议书从而取得报到证的重要性:一是确定自己身份的需要;二是报考公务员、应聘事业单位工作岗位的需要;三是人事档案中不可缺少的核定工作起始时间、享受社会福利待遇的重要依据;四是毕业前夕顺利转移户口和人事档案的需要;五是保护用人单位和毕业生双方利益以及毕业生未来长远利益的需要。笔者将全文通过 QQ 发给各位毕业生。笔者认为,要做好这项工作,一定要让学生先在思想上认识签订就业协议书的重要意义,让他们重视起来,然后再通过各种途径去督促他们,这样才能收到好的效果。所以笔者在做好上述工作的前提下,又运用各种方法和手段督促他们尽快签订就业协议书。

一是通过电话联系。无论白天还是晚上,笔者每天都要通过电话逐一跟学生进行联系,有些学生甚至还要联系好多次。通过联系,及时了解学生的就业情况及其在就业上是否有困难,以及需要提供何种帮助等等。

二是与学生党员、班级干部保持密切的联系,充分发挥他们在推动班级就业工作中的积极作用。笔者几乎每天都要通过 QQ 与班长、团支书进行联系交流,要求他们要经常和各个小组保持联系,时时掌握同学们的就业情况,并将掌握的情况及时汇总并向辅导员汇报。

三是走访企业,尽量使我们的就业工作得到企业的理解和支持。笔者在走访企业的过程中,向企业的主管领导耐心地分析了与学生签订就业协议书的重要性,说服企业尽量配合我们辅导员的就业工作。笔者在走访过程中,尽管也曾遇到阻力,但其中也得到不少企业的理解和支持。

四是运用激励机制推动就业工作的加快发展。当就业工作进行到一定阶段,笔者就向各班定期公布各班的就业进展情况,用数据说话,看一看,比一比,哪一班、哪一组就业工作进展得最快。从而使就业工作在班级与班级之间、小组与小组之间形成相互促进、相互激励的氛围。每次公布,笔者对就业工作走在前头的班级、小组予以表扬,鼓励他们再接再厉。笔者的这一举措收到了很好的效果。积极鼓励有志毕业生投身于祖国的西部建设,将自己的远大理想与祖国的需要紧密结合起来,这也是我们就业工作中的一项重要的内容。

笔者所带班级的一位毕业生党员,在校学习期间,思想一贯要求上进,有志向、有抱负,经常积极主动参加各项志愿者活动,乐于奉献。因此,她在行将毕业时,就积极报名要求去祖国西部参加建设,实现自己的人生价值。当她把自己的愿望和要求与辅导员谈了以后,辅导员就马上给予积极的支持和鼓励。并希望她在参加祖国西部的建设中不断磨炼自己,成为一名祖国优秀的建设者和可靠的接班人。同时,辅导员还积极帮助这位毕业生,做她父母和亲戚的思想工作,最后得到了她父母和亲戚的积极支持,终于使这位毕业生很愉快地奔赴了祖国的西部。实现了自己的心愿,圆了自己理想的梦。总之,就业工作是件很重要的工作,要做好它也是一件很苦很累的工作。做任何工作都不会是一帆风顺的。尤其是就业工作在严峻的就业形势下进行,将对辅导员增添了不少工作难度。别的不说,就说打电话吧,笔者在和学生进行电话联系时,由于笔者所带的都是浙江籍学生,他们回到浙江后,很多学生都更换了电话号码,为了要和他们联系上,笔者就千方百计通过班干部或其他同学一起帮助联系。还有个学生,在和他联系时,往往表现出不积极配合的态度。面对工作中的各种困难和曲折,笔者始终不放弃自己的信念,作为一个辅导员,要有克服一切困难的勇气,知难而进,要带着强烈的责任感,尽心尽力地去做好就业工作。

如今,如火如荼的 2010 届毕业生的就业工作在金色的秋天已落下了帷幕。回顾过去一年的 2010 届毕业生的就业工作,严峻的就业形势曾给辅导员的就业工作带来了很大的挑战,但我们应该坚信:只要坚定信念,树立强烈的责任意识,与时俱进,及时转变思想观念,用心实践,知难而进,积极探索就业工作规律,一定会品尝到收获的喜悦。笔者所带 179 名毕业生,其中签约率为 97.2%,就业率为 100%。一分耕耘,一分收获。笔者在品尝收获的喜悦的同时,深深感到:思想观念的转变和思想认识的提高,是做好就业工作的重要前提;用心实践是做好就业工作的根本保证;知难而进是做好就业工作的不可缺少的精神条件。

作者简介:

张忠伟,上海杉达学院商学院,辅导员。

对辅导员在高校毕业班就业工作中如何发挥助推作用的思考

（上海立信会计学院　财税学院　孙黎黎）

摘　要：就业工作是高校非常重视的一项工作。就业工作涉及大学四年整个过程，每个阶段有不同的就业工作重点；大四年级是高校就业工作的重点阶段，也是工作成果集中体现阶段，这段时间的就业工作有其自身特点；高校辅导员在毕业班的就业工作中可以发挥积极推动作用，协助学生找到合适的工作，为高校顺利完成就业工作任务贡献力量。

关键词：就业；大四；辅导员

一、大学四年各阶段高校就业工作的指导重点

就业工作是高校一项重要的工作内容。高校就业工作涉及学生的"出口"问题，是检验高校为社会提供的"产品"是否合格及是否能够满足社会需要的一项依据。出色的就业工作，也是吸引更多优秀人才报考该校的"招牌"，从而不断提升学校生源的素质，创造更好的就业成绩及产生更多优秀校友，形成良性循环。因此，各个高校都非常重视就业工作。高校就业工作是一个整体工程，涵盖了大学四年每个阶段。高校在长期的实践中结合理论，形成了一套就业工作的体系。

一般来讲，根据大学四年不同阶段，高校在就业工作方面可对学生进行以下侧重点不同的指导：

（1）一年级——适应：大学一年级学生面临的重要问题是角色转换和适应新环境。要引导学生初步了解职业，特别是自己未来所想从事的职业或自己所学专业对口的职业，提高人际沟通能力。大一就业指导课内容大概包括：就业指导概论、职业规划主要理论、社会职业基本知识、所学专业以及相应职业适应范围。大一新生应对就业指导有初步认识，在教师的指引下，开始职业生涯规划。教师应帮助学生确定目标，尤其是让学生考虑未来想从事的职业以及向毕业的师兄师姐了解就业情况。

（2）二年级——探索：大二就业指导应引导学生在大一的基础上进行职业生涯规

划学习,进行全面而系统的职业兴趣、职业能力、职业倾向的测试,了解心理、性格特征和与之相匹配的职业适应范围,了解专业发展方向,初步定位个人今后的职业发展方向以及拟出个人的职业发展规划。大二是公共基础课即将结束,准备转入专业学习的阶段。这时个人的专业发展方向定位非常重要。因此,大二也称为职业定向期。学生应认真考虑未来是否考研、留学或就业。

(3) 三年级——拼搏:大三全面进入了专业学习时期,也是既定的职业生涯规划开始实施的阶段。大三的就业指导应引导学生结合自身的专业发展方向、职业发展目标,有针对性、有计划地学习专业知识,增加与辅修有关课程,培养专业技能和获取相关经验,建立合理的知识结构。同时还要参加基础创业学习,掌握如何自主创业的基本内容,通过教学实践、社会实践全面提高自身的综合素质和职业素养。

(4) 四年级——冲刺:大四就业指导的内容主要包括:分析就业形势、讲授就业政策和劳动法相关知识,进行就业技巧指导。此时,大四学生基本完成了专业课学习并开始找工作。大四学生应将目标锁定在成功就业上,可先对前三年的准备作总结:首先,检查自己已确立的职业目标是否明确,前三年的准备是否充分。同时,充分利用学校提供的条件,多参与就业讲座或咨询会,认真了解当年就业的程序、就业形势和就业政策。在老师的引导下,根据形势和政策及时调整就业期望值,选择好第一份工作。此外,还应大量搜集就业信息,积极做好求职应聘的准备,踊跃参与学校或人才市场开展的大小型招聘会和专场招聘会,努力提高自己的就业竞争力。

二、毕业年级(大四)就业工作的特点

进入四年级,学生开始了实际的求职。这个阶段是高校就业指导工作的重点阶段,也是整体就业指导工作成果的集中体现阶段。对于高校和毕业班辅导员来说,大四就业工作的内容最丰富和繁杂。如果说大一至大三年级的就业工作主要是对学生进行侧重点不同的就业指导的话,那么大四年级除需进行相应指导外,还有大量相关事务性工作需要处理。概括起来,毕业年级就业工作有以下特点:

(1) 服务理念贯穿工作的始终。大四就业工作的对象是毕业生,主要的工作任务和工作目标是通过扎实细致和科学高效的工作,为毕业生提供一流的就业指导和服务,这就要求高校就业工作者牢固树立以学生为本位的服务理念,坚持把服务理念贯穿于工作的全过程。

(2) 政策性强,业务要求高。大四就业工作事关毕业生的工作派遣和事业发展,对学生是非常重要的。因此,做好这项工作必须严格按照国家和地方现行的就业方针和政策办事,必须对就业流程和相关的业务知识掌握透彻,不能出现丝毫的马虎和失误。

(3) 目标明确,工作量大,任务重。大四就业工作的目标非常明确,就是要指导、帮助和协助学生找到合适的工作,并签订三方协议。高校就业工作部门和工作人员要处

理全校所有毕业生的就业派遣事宜,工作量非常大。而各个学院和带班辅导员则要具体掌握学生就业情况,进行具体指导和督促。近年来,就业形势日趋严峻,作为负责就业工作的部门和工作人员来说,不但要在办公室内处理正常的数据统计、派遣和联系毕业生的工作,还需要出去走访用人单位,开拓毕业生就业市场,承担的任务和压力是相当繁重的。

(4) 关系学校和社会的稳定持续和健康发展。党的十七大指出,就业是民生之本。对于高校而言,就业工作也是工作的重中之重。做好大学生的就业工作,关系到高校和社会的稳定持续和健康发展,就业工作做不好,会给学校和社会带来潜在的不稳定因素和巨大的发展压力。

三、毕业班辅导员在毕业生就业工作中助推作用的发挥

对于绝大部分毕业生来说,他们面临的主要任务就是找工作。读书十六载,终于到了迎接初步检验的时刻。毕业生在这时候也开始转变状态,穿上职业装、乘地铁奔赴各个面试现场或实习单位,相互间交流的话题也逐渐变为面试的成败、实习的见闻等。在就业方面,高校的管理目标与学生自我目标达到了高度的一致,双方也最愿意付出努力去实现这个目标。而毕业班辅导员是学校就业工作和就业政策的直接执行和落实者。虽然就业的最终实现,在不考虑社会大环境的条件下,还是要靠学生的自身条件和努力,但作为毕业班辅导员,绝不应该忽视在学生就业过程中的指导、帮助和激励作用,充分发挥自身力量,毕业班辅导员可以在协助学校完成就业任务、帮助学生顺利就业方面,起到重要的助推作用。

对于毕业班的就业工作,毕业班辅导员可以从以下方面进行努力。

1. 在大三即将结束时或大四刚刚开始时进行就业动员

虽然从大学四年来看,就业工作是一个整体工程。但大四的开始意味着就业从之前的打基础、提素质、学本领的阶段转入"实战"阶段,即行动起来,找到工作。就业动员的主要作用就是让学生明确这一点,并通过这样的仪式,全面唤醒学生的就业意识,塑造求职气氛。就业动员的主要内容应包括:

(1) 向学生明确指出求职即将开始,提醒大家做好思想上、材料等方面的准备。

(2) 介绍本年度国家和学校的就业政策,分析当前整体及本专业就业形势。

(3) 向学生介绍签订三方协议的流程及意义,特别是对保障应届毕业生权利方面的意义;介绍报到证的办理程序及报到证的作用。这一部分是学生从未接触过、最不了解的内容,却对保障学生权益有着重要的作用,同时也是考察高校就业成果的重要指标,在就业动员中应重点强调,引起学生充分的重视。并在此后的多种场合和机会中不断提醒和强调。

(4) 为学生提供简历制作及面试技巧的指导。这方面的指导在大部分高校一到三

年级的学校活动或班会中已经进行过。但由于没有直面求职的压力，学生的参与面或重视程度并不高，有些活动中进行的指导，学生早已淡忘。因此，在就业动员中，这部分内容不能少。不过这时只需要对简历制作和面试中的实际技巧予以指导，即指导如何提高简历和面试时通过"初审"的概率。如根据经验，我们可以提醒，若面试市区的公司，如果学生有亲戚在市区或交通便利的区域居住，或学生未来有可能在这样的区域租房居住，应在简历中的居住地址一栏填上市区的地址，这样能够有效提高得到面试机会的可能性。

（5）提醒学生求职的黄金时间段，避免学生由于犹豫和拖延而错过就业的最好时机。

（6）提醒学生注重求职中的诚信。在简历内容上，要保证情况属实，不填写虚假实践经历或获奖情况，不伪造证书等；在求职过程中，认真对待每一次面试机会，定好的面试要尽量参加，实在不能参加也要事先告知招聘方；慎重对待三方协议的签订，一旦签订三方协议，不随意毁约。学生在求职中的诚信，不但体现了学生本人的品格和素质，对学生未来的职业生涯有着潜在的影响，更体现了学校的文化和风貌，影响社会对学校的评价。

2. 在整个大四阶段，辅导员要保证和学生畅通的沟通

每个毕业班要有所有人都知晓的公共邮箱，并保证学生能够有意识地自觉查看。公共邮箱用来发布就业信息，传达学校通知等。由于大四学生各自在外实习，信息很难一一通知到每个人。因此要培养毕业班学生自觉查看公共邮箱的意识，以减少辅导员的工作量，并避免信息传达的遗漏。同时，辅导员要通过短信、电话、网络通讯工具等积极与学生进行个别沟通，根据具体情况为学生提供招聘信息、询问求职进展，予以适当指导，并将此作为毕业班辅导员的日常工作之一。唯有如此，辅导员才能在学生都不在学校的情况下，与学生保持畅通的沟通，联络感情，保证学校就业工作的顺利开展。

3. 辅导员应积极运用各种资源，为学生寻求更多就业机会

就业工作作为辅导员工作内容的重要组成部分，辅导员应将其作为事业的一部分来经营。充分调动身边的资源，为毕业生寻找更多就业机会。辅导员可以运用的一个重要资源就是已经毕业的学生。很多已经毕业的学生很乐意为学弟学妹提供就业信息和工作机会，这也是对母校的一种回报。辅导员应充分利用这样的资源，主动宣传和询问，为毕业生争取更多的就业信息和机会。而一旦这样的观念树立后，就会形成良性循环。学生能够从学姐学长那里得到就业信息和工作机会，也乐意为学弟学妹提供机会，就业工作的空间就得到极大的拓展，也增强了学生对母校的感情与连接。

4. 在学生签约中遇到无法解决的问题时，辅导员应尽力予以帮助

在实际工作中，学生在与企业签订三方协议的过程中，会遇到来自企业的阻力。有的企业按照自身习惯做法，认为没有必要签订三方协议，只要学生毕业后直接签订

劳动合同即可;有的企业以总公司掌管公章,分公司不容易取得公章为由等;有的公司为了省事,不愿意办理上海市高校毕业生就业指导中心要求的信息登记号,等等。诸如此类的情况,给毕业生在签订三方协议的过程中,带来了其无法解决的困难。因为毕业生作为企业的试用人员,无法对企业提出强硬的要求。但三方协议签订对毕业生本人及高校都有重要的作用,而对于真诚招聘的企业却并无任何不利之处。因此,辅导员在此时应给予学生帮助,替学生担负起与企业沟通商谈的责任。向企业相关负责人员介绍国家的就业政策,解释签订三方协议对学生本人和学校的影响,诚恳地请企业予以协助。一般情况下,老师代表以学校的名义与企业进行协商,企业也会尽量克服困难予以配合。这样,辅导员用多一份的责任心,为学生和学校都贡献了一份力量。

5. 及时对学生就业状态进行梳理,关注就业困难学生

辅导员应定期与尚未签订三方协议的学生电话沟通,了解其当前就业情况,并予以记录。对于尚未有固定实习单位的学生,应尽力为其提供招聘信息,鼓励其积极投递简历,防止其消极情绪;对于考研失利的学生,要安抚其情绪,了解其就业意向,帮其寻找机会;对于求职不积极的学生,应激发其斗志,鼓励其做自食其力的人。总之,辅导员应该对学生的就业状态有清晰的了解,才能对症下药,将工作落到实处。

在毕业生求职过程中,辅导员不应仅仅做一个旁观者和数据统计者,而应发挥更积极主动的作用,做毕业生就业工作中的推动者与协助者。老师的成就之一就是学生未来的成就。因此,在学生求职过程中,辅导员应不遗余力,帮助和促成学生找到满意的工作,并顺利签订三方协议,不留遗憾,勇敢向前。

参考文献

[1]陈树冬.我国高等院校毕业生就业工作情况分析,[J].科教文汇,2010(2).
[2]王保义.高校发展性就业指导新模式初探[J].安徽理工大学学报(社会科学版),2008(3).
[3]翁炎泉.高校辅导员在大学生就业工作中的角色与作用分析[J].东莞理工学院学报,2010(4).

作者简介:

孙黎黎,就职于上海立信会计学院财税学院。

体验式就业教育提升大学生就业能力的探索与实践①

——以上海第二工业大学体验式就业训练工厂为例

（上海第二工业大学　学生处　于敬涛　乐晓蓉　经晓峰）

摘　要:近几年毕业生数量激增,学生就业问题日益严峻,上海第二工业大学探索开展体验式就业教育模式,通过学生在体验式就业训练工厂的岗位实践,使其在毕业前体验就业环境、体验职业角色、体验求职过程、体验职前岗位。通过体验式就业教育,使得学生加深对企业和行业的了解,对将来就业岗位的认识,明确个人职业生涯发展的方向,提升了就业能力。

关键词:体验式就业教育;就业工厂;就业能力

近几年毕业生数量逐年递增,大学生就业形势日益严峻。2013年全国共有近700万名全国高校毕业生,由于受经济形势的影响,在上海这样经济发展速度快、就业机会多的特大城市中,大学毕业生就业遭遇"滑铁卢",截至2013年5月,上海高校总签约率只有近三成,2013年被称为史上最难就业年。

大学生就业难的突出问题是就业的结构性矛盾,即一方面是不少大学毕业生找不到满意的就业岗位,另一方面是不少用人单位招聘不到满意的大学毕业生。其根本原因就是大学毕业生的就业能力、综合素质与用人单位的实际需求存在着较大的差距,大学毕业生就业能力存在不足。高校作为大学生就业能力培养的主体,就业指导工作是大学生与社会之间沟通的桥梁,应加强大学生的就业指导,具备帮助学生了解社会、了解企业、明确职业目标、制定职业规划、增强综合素质、顺利融入社会的功能,不断提升大学生就业能力。

一、就业能力与体验式就业的内涵

（一）就业能力

国际劳工组织指出,就业能力是个体获得和保持工作,在工作中进步,以及应对工

---

①　基金项目:2013年度上海市学校德育实践研究课题:《以"专员制"为载体提升辅导员队伍"三化"的实践研究》2013-D-051部分成果。

作中出现变化的能力。美国教育与就业委员会关于就业能力定义为,在劳动力市场内通过充分的就业机会,实现潜能的自信。在国内的研究者中,最早提出大学生就业能力的是郑晓明教授,他认为大学生就业能力是指大学毕业生在校期间通过知识的学习和综合素质开发而获得的能够实现就业理想、满足社会需求、在社会生活中实现自身价值的本领。

(二)体验式就业的内涵与意义

体验式就业主要有两种形式:一是以企业为实施主体,学生参加的社会见习等职业体验活动,指大学与企业合作;二是作为大学职业生涯教育的组成部分和就业教育的其中一环,由学校组织、企业或其他单位提供的并在学校、企业或其他单位指导下的一定期间的就业体验活动。

新的就业形势要求高校就业指导工作进行战略规划。传统的就业指导只局限在择业技巧的传授和就业改革的宣传上,就业指导工作功能单一,内容狭窄。就业指导工作常见的方法是通过讲座形式进行"灌输"。从而把"学"与"实践"割裂开来,学生仅仅获得"被告知"的技巧和知识,永远只能停留在"知道"的层面上,至于团队精神、沟通能力、协调能力、适应社会和环境变化能力的培养等方面都无从谈起。传统的就业指导中学生是被动式的参与,没有发挥学生的主动性和积极性,使学生仅停留在感知的程度上,而就业是一个实践过程,需要理论与实践的结合才能提高就业综合素质、提高择业成功率。

二、体验式就业训练工厂的教育模式

(一)体验式就业训练工厂的教育目标

上海第二工业大学体验式仿真化的就业训练工厂是与企业紧密合作,建立与企业合作协议,企业提供实训项目和项目指导教师,采用项目化管理、公司制运作的企业管理模式,通过实训提高大学生的实践技能,让学生重新审视自己的能力,建立自信并且更新自己的个人信息、社会或职业技能,为应届大学生的就业"冲刺"提供"助跑",也为企业与高校毕业生之间架设起一座沟通的桥梁,最终达到高校与企业的双赢。有效引导大学生掌握职业规划与就业创业核心操作技能,提升职业发展能力,形成可持续就业竞争力,成功就业。

(二)体验式就业训练工厂的教育方式

上海第二工业大学的就业训练工厂是一种完全模拟公司的运营模式,最高领导为总经理,共设 3 个部门,分别是"信息部"、"组织部"、"市场部"。因为部门结构与工作环境相似,所以与其他培训方式相比,学员更加能够接受体验式就业训练工厂的学习环境。体验式就业训练工厂的体系是以"自助提供帮助"为基础的。这里的"自助"是指:求职者积极主动地寻找工作,而不是一味期待别人的帮助。就业工厂的主要产品就是就业培训或者工作岗位,信息部通过建立合作企业数据库、调查研究企业用人需求、搜集寻找工作的渠道,如网站和报纸,搜集到的需要人的用人岗位,将岗位需求提交给组织部。由组织部分配传来的企业信息给市场部进行联系,沟通约定面试时间、跟踪面试情况、开展面试后的后续服务等全过程。对于就业工厂的每个部门而言,都有自己的任务量,有明确的时间和绩效考核(见表1)。

表1 体验式就业训练工厂的各部门的人员配置、工作任务

部门	人员配置	工作任务	训练内容及目的
信息部	组长一名	• 建立合作企业数据库 • 调查研究企业有什么样的需求 • 搜集寻找工作的渠道如网站、报纸 • 确保每天的查找量 • 确保搜集到的岗位质量 • 制作搜寻的记录报告、编排岗位编码 • 搜集到的岗位交由组织部	• 信息采集的渠道 • 如何高效采集有效信息 • 信息筛选归类 • 团队合作分工的重要性 • 沟通技巧
组织部	组长一名	• 建立学员资料数据库,维护所有学员数据 • 帮助申请人制作简历 • 帮助申请人准备申请工作的材料 • 负责办公用品的采购 • 并对所有简历信息做分析、筛选及归类 • 培训新成员 • 制作好的简历及企业信息交由市场部	• 学会与其他员工的沟通、团队合作及分工 • 学会使用各种办公软件 • 学会使用办公设备
市场部	组长一名	• 联系组织部传来的企业,沟通约定面试时间 • 联系申请人 • 跟踪面试情况 • 后续服务	• 如何进行电话沟通及其技巧 • 信息的确认 • 市场营销

(三)体验式就业训练工厂教育模式特点

1. 体验就业环境

要想使学生毕业后顺利从"学校人"转变为"社会人",必须为他们多创造走向社会的机会。体验式就业训练工厂是完全全景模式现代公司制的管理模式,训练工厂中信息部开展的就业市场调查、岗位研究等工作;市场部开展与就业岗位和公司的沟通确认等工作,提前实现与用人单位的"对话"(见图1)。学生通过考察走访,可了解各行业、各区域就业形势和就业政策,感受社会就业环境。让学生主动了解自己的专业性质和特点,了解企业的实际需求。还使学生认识到当今人才所须具备的实际操作能力、人际交往和合作能力等,以做好心理上的就业准备,从而帮助大学生培养敢于竞争,能适应社会变化,不怕挫折的良好心理素质。

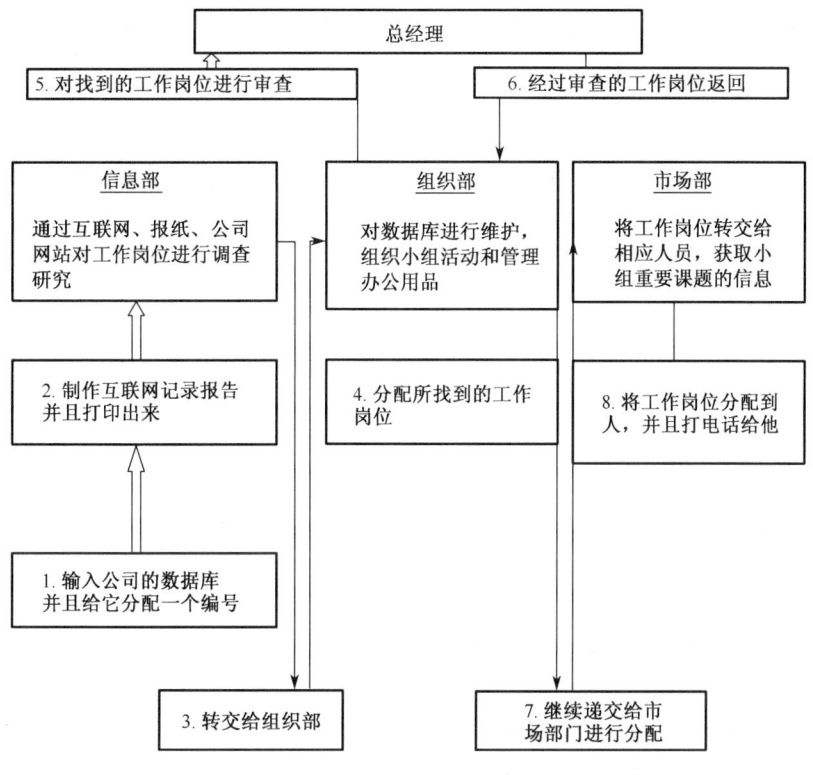

图1　体验式就业训练工厂的工作流程

2. 体验职业角色

毕业生中特别是就业难的毕业生中,有很多人不知道自己将来"想干什么""能干什么",对自己的职业兴趣和能力缺乏了解。体验式就业训练工厂使得参与的学生能够体验职场生活,让学生体验真实情景中的员工的工作,体验职业生活,寻找职业感觉,确定职业发展方向。在体验式就业训练工厂的教育过程中,教师要承担职业导师的任务,经常了解学生的实践情况,帮助学生调整心态,并根据每个学生的特点,及时对学生提出职业角色的建议。同时,通过及时总结、座谈和交流,帮助学生了解不同职业的状况,包括职业特点、职业的发展历程、职业发展趋势、职业资格要求等多项内容,帮助学生对自我的职业兴趣、性格、气质等进行全面认识,清楚自己的优势与特长、劣势与不足,从而准确地分析评价自己,找准自己的职业定位。

3. 体验求职过程

求职能力是就业能力的最重要组成部分,毕业生从众多求职者中脱颖而出,需要求职技巧,如简历要脱颖而出,面试要从容自信等等。理论上的就业指导与实际中的操作运用,对学生内在的感受和能力的提高是完全不同的。如应聘的方法和技巧,如果不通过实践的形式内化在学生的头脑中,由于缺少必要的经历和实践,学生临阵也会用不上,仍等于无用。体验式就业训练工厂让学生直接参与招聘信息搜集,分析用人单位招聘需求和信息,安排合适毕业生参加招聘面试、分享面试过程、跟踪面试情况、定期分析毕业生求职情况,使得每位就业工厂中的毕业生能体验求职全过程,使得毕业生全方位了解用人单位的选才视角,提高自身的择业技巧。

4. 体验职前岗位

在很多用人单位的面试中,面试考官一般会考察应试者对所应聘岗位的认识,提出"这个应聘职位主要做哪些工作","这个职位需要具有哪些素质"等问题,但许多毕业生在面对这些问题时却没有准备。在就业指导实践中我们发现,初出校门的大学生在求职时总是大谈自己的"专业成绩、实践技能、综合素质、奖励荣誉"等。但是缺乏对应聘单位和工作岗位的深刻认知,大学生自身缺乏实践经验和不知道如何去了解企业用人单位信息是造成其岗位认识不足的主要原因。通过体验式训练工厂的岗前训练,在"信息部"、"市场部"的信息搜集和实际体验面试过程中,学生在就业前充分了解目标单位的性质、业务范围、经营业绩、发展前景以及目标岗位职务及所需的专业知识和技能要求,引导学生紧扣岗位准备应聘,将自身的优势、能力与岗位要求紧密结合起来等,积极培养学生的岗位适应能力。

通过上海第二工业大学体验式训练工厂的训练的实践探索,我们可以看到:开展体验式就业教育,对学生而言,其意义在于可以学到传统就业指导中学不到的实践知识和求职技能,提高学生专业水平,增强责任感和独立性,确立职业观,加深对企业和行业的了解,对将来就业岗位的认识,明确个人职业生涯发展的方向提升了就业能力。对学校就业指导工作而言,其意义在于有助于改进就业教育模式,提高学生的学习积极性,提高就业指导教育的质量和效果,有利于培养学生较高的职业意识,培养具有自主性和灵活性的人才。

参考文献

[1] 郭钟琪.三维指标解构高职学生就业能力:以广东科学技术学院软件技术专业为例[J].中国职业技术教育.2013(1).

[2] 苏婧.大学生就业能力探讨[J].青年与社会.2013(2).

[3] 李军凯.大学生就业能力结构模型研究[J].教育学术月刊.2013(2).

[4] 谢义忠,陈静,朱林.就业能力的概念、结构和实证研究成果[J].心理科学进展.2013(3).

[5] 王宗强,尹洁.提升大学生就业能力研究[J].山西财经大学学报.2012(S2).

[6] 李早水,李光华.大学生就业能力的需求分析与培养[J].中国成人教育.2012(11).

[7] 回娅冬,胡伟.大学生就业能力培养的途径探析[J].中国成人教育.2012(6).

[8] 董美娟.论大学生就业能力及其提升[J].教育与职业.2012(8).

［9］陆素菊.日本大学生体验式就业的实践及其意义[J].教育发展研究.2006(19).

［10］夏阳.体验式就业:高校就业指导新模式[J].中国大学生就业.2007(13).

［11］苏俊枝.论体验式就业教育模式的构建[J].职业圈.2007(4).

作者简介:

　　于敬涛,就职于上海第二工业大学学生处;

　　乐晓蓉,就职于上海第二工业大学学生处;

　　经晓峰,就职于上海第二工业大学学生处;

　　邮编:201209。

民办高校旅游管理专业就业现状与对策建议
——以上海杉达学院为例

（上海杉达学院　旅游管理系　王立龙）

摘　要：本文以上海第一批民办本科高校的典型代表上海杉达学院为例，对旅游管理专业的就业现状进行调查总结，分析民办高校旅游管理专业在就业过程中存在的问题，并针对性地提出相应的对策建议，旨在促进民办高校旅游管理专业的持续健康发展。

关键词：民办高校；旅游管理；就业现状；问题；对策

国际旅游组织 WTO 曾预测，我国将成为世界头号旅游目的地和第四大出国旅游市场。在我国旅游业蓬勃发展的大环境下，旅游人才的培养是旅游业持续健康发展的首要任务。民办高校侧重于应用型和技能型人才的培养与旅游业的人才要求高度一致，是培养旅游专业人才的一支重要力量，上海杉达学院作为上海市第一所具有高等学历教育资格的民办普通高校，也是最早设立旅游管理专业的民办高校之一，以上海杉达学院为例研究民办高校的旅游管理专业就业现状、存在问题和对策具有一定的典型示范意义。

一、就业现状

在我国，旅游管理主要的高等院校有本科院校、大专院校、职业院校等。其教育背景共分为四个层次，据初步统计，专科约占我国高等教育 60％的份额；本科约占 35％；硕士约占 4％；博士约占 1％。当前，我国实际需求旅游专业人才 800 多万人，人才缺口至少 200 万人。上海杉达学院旅游管理专业创办于 1994 年，1997 年经上海市旅游事业管理委员会和上海市教委专家组联合评估，荣获民办高校首例"上海市普通高校旅游专业定点单位"的合格证书和铜牌。以上海杉达学院 2008 届、2009 届和 2010 届连续三届的旅游管理专业就业状况为例，这三年本科毕业生的就业情况如表 1 所示，专科毕业生的就业情况如表 2 所示。

表 1　上海杉达学院旅游管理专业本科三届就业状况

届别	人数	就业人数	就业比例	专业就业人数				专业就业比例
				酒店餐饮	旅行社	其他	合计	
2008	127	126	98.4%	33	21	3	57	45.2%
2009	114	114	100%	20	16	6	42	36.8%
2010	110	110	100%	15	10	3	28	25.5%

表 2　上海杉达学院酒店管理专业专科三届就业状况

届别	人数	就业人数	就业比例	专业就业人数				专业就业比例
				酒店餐饮	旅行社	其他	合计	
2008	56	56	100%	9	6	3	18	32.1%
2009	68	68	100%	16	9	1	26	38.2%
2010	47	45	95.7%	7	0	2	9	20%

从以上两张表格不难看出:上海杉达学院无论是旅游管理专业本科还是酒店管理专科,都保持着非常高的就业率,除了 2008 届有 1 位本科生、2010 届有 2 位专科生未顺利就业,其余均达到 100% 的就业率,就业竞争优势明显,与具有杉达特色的旅游管理专业"三明治"教学实习法密不可分;相比于高就业率,专业对口就业率相形见绌,本科旅游管理专业就业率甚至呈递减趋势,从接近总就业人数比例的一半降低到 1/4,下降的趋势明显,2008 届和 2009 届的酒店管理专科专业就业人数基本保持在总就业人数的 1/3,然而 2010 届下降趋势显著,选择专业对口就业的同学只有 1/5;从专业对口行业选择来看,无论是本科还是专科,酒店行业都是第一选择,其次是旅行社,再次是其他相关的旅游行业,如会展、旅游咨询公司、旅游行政部门、景区管理公司等。

二、存在问题

(一)学生自身因素

作为就业的主体,旅游管理专业学生专业认识、就业心理存在一定的偏差。

通过在教学过程中对学生的了解,不少学生在填报志愿的时候觉得"旅游管理"顾名思义就是到处旅游的专业,可真正接触后就发现并非如此,前后认识的落差逐渐降低了学习热情,直至影响到毕业时对于工作的选择;另外,旅游行业的特殊性决定了刚毕业的学生需要从基层服务做起,但他们通常觉得自尊心过不去,宁愿选择"朝九晚五"的非对口岗位,也不选择上升空间大的对口职业;此外,一般旅游管理专业的毕业生预期收入与相关旅游企业实际提供的工资有较大差距,在上海,大部分学生的预期月薪在2 500~3 000元,而一般的旅游企业基层工资主要集中在2 000元左右的水平。在一个高人力资本投资预期的前提下,现实的人力资本投资回报率却不断下降,这必然会出现"有业不就"的现象。

(二) 学校固有因素

在本科的四年学习中,大部分民办高校的旅游管理专业多重视理论的学习,而忽视理论与实践相结合。更重要的是,缺乏与就业息息相关的基本职业素养、职业规划意识和基层工作职业技能的培养。基本没有涉及职业素养培养的课程,开设针对本专业职业生涯规划的课程几乎没有,同时本科旅游专业课程设置中实际操作的课程本身就少,实习时间相对较短,一般第八学期也是边实习边完成毕业论文,本科层次的学生在基层工作经验上明显缺乏。

(三) 用人单位因素

由于旅游相关企业在招聘人才时具有较强的功利性,迫切需要有丰富管理经验的管理人员,而本科毕业生刚刚毕业,缺乏实际工作经验,而用人单位不想耗费精力和金钱去培养管理人才,缺少优胜劣汰的人才选拔机制,很难吸引到高素质、高学历的应届本科毕业生;本科毕业生只能从基层做起,而旅游服务企业的基层岗位薪资待遇相对较低,缺乏吸引人才的薪酬竞争力。

(四) 社会环境因素

社会对学生能力期望过高。公众对旅游管理专业的毕业生期望值比较高,尤其是一些学生家长,认为孩子可以从事比较体面的旅游企业经理、主管、旅游局公务员等职业,而一旦孩子在具体就业时面对的是基层岗位工作,思想上就很难接受。此外,社会、家长对旅游行业也存在一定的误解,认为旅游行业吃的是"青春饭",无法进行整个职业生涯的规划。

三、对策建议

(一) 科学引导,转变就业观念

结合旅游管理专业的实际情况,从学生进校之初就引导他们树立正确合适的就业观,介绍就业方向、就业职位等具体就业情况,避免不切实际盲目定位,放低姿态,增强从基层岗位开始工作的意识。培养学生对本专业的热爱,通过开展各项专业技能活动,激发学习兴趣,如举行专业技能大赛、专业知识竞赛、校园导游风采大赛等。形成"爱旅游、学旅游、做旅游"的校园学习氛围。另外,在开展各项激发兴趣的活动过程中,可以积极邀请学生家长参加,增进他们对专业的了解和认知,配合学校培养学生正确的学习观、价值观。如上海杉达学院旅游管理专业,每年会进行一次比赛。

(二) 加强职业生涯教育,优化课程体系,拓宽实践渠道

将职业生涯教育融入到课程体系中,贯穿于大学整个过程。一年级新生主要侧重

于就业意识和成才方面的教育,引导他们尽快适应大学生活,系统介绍专业与职业之间的关系,引导他们尽早树立正确的就业观念,并协助他们做好个人职业生涯规划与设计;二、三年级,结合就业方向,引导学生培养相关素质,打好相关就业基础,采取自学和辅导的方式通过考取专业证书提升就业能力;四年级,主要集中在就业前的各项实际准备,进行政策、技巧、面试、心理测试等方面的指导。

积极与旅游企事业单位合作,建立实习实践基地。在校学习阶段,可充分利用实习基地,努力让课堂走出教室,到模拟实验室、宾馆、酒店、旅行社、景区、会展中心等参观、学习;在校外实习阶段,向企业合作单位输送学生,提供具体的实习岗位,创造实践条件,让学生真正融入到企业中,做好毕业后就业的心理和能力准备。

另外,积极为学生争取有质量的实习机会,通过事先积极协商沟通,要求用人单位采取轮岗制,尽量让学生接触企业各个环节的岗位,给他们提供充足的实践机会和广阔的发展空间,并保证合格实习生的定向接受,避免单位将实习生作为廉价劳动力,不负责任的使用。

上海杉达学院旅游管理专业特色的"三明治"教学实习法,施行至今取得了良好的效果,利用"2年(专业基础学习)+4个月(专业实习)+15个月(专业学习)+6个月(毕业实习)"的课程规划体系加强理论与实践相结合,学校与社会相配合,认识和实践相融合,培养应用型和实用性的专业人才,近3年的旅游管理本科和酒店管理专科就业率几乎达到100%(本科2008届仅1人未就业、专科2010届仅2人未就业)。

就业工作要紧紧围绕"以学生为中心",学校和老师要想尽一切办法做好"就业引导"、"就业提供"和"就业保障"三个角色,全心全意为学生服务。

参考文献

[1]梁川飞.旅游管理专业就业现状分析[J].职业圈,2007(5).

[2]陈国成等.高校旅游管理专业就业情况调查与思考[J].重庆科技学院学报(社会科学版),2010(9).

[3]余昌国.旅游高等教育发展中值得关注的两个问题[J].旅游学刊,2004(3).

[4]曹丹.旅游本科教育现状值得关注[N].中国旅游报,2004-10-08.

[5]谷慧敏.中国旅游教育发展现状与对策研究[J].旅游学刊,2005(S1).

[6]杨培玉.旅游管理专业就业状况和专业设置调整研究——以北京城市学院为例[J].中国集体经济·培训教育,2009,12(上).

作者简介:

王立龙,就职于上海杉达学院旅游管理系;地址:上海浦东;邮编:201209。

试论"大就业观"视阈中高校就业工作的转型发展

（上海海关学院　学生处　王　杨）

摘　要：本文在科学分析目前就业工作存在的薄弱环节和误区的基础上，全面系统地阐述了"大就业观"的基本观点和内涵，并从就业工作的价值取向、目标取向、主体取向、过程取向、载体取向、队伍取向等六个维度论述了"大就业观"引领下高校就业工作的转型发展趋势。

关键词："大就业观"；就业工作；转型发展

众所周知，高校就业工作不仅事关高校毕业生和千家万户的切身利益，更关系到高等教育的持续健康发展和社会和谐稳定大局。在社会就业形势日益复杂严峻、就业体制机制不断改革完善的背景下，大学生就业难虽然早已不是一个新话题，但依然是社会各界关注的热点和焦点问题，高校就业工作面临着繁重的任务、巨大的挑战和沉重的压力。党的十八大报告指出，"就业是民生之本"，要"推动实现更高质量的就业"。这一表述备受社会各界密切关注。什么是"更高质量的就业"？如何实现"更高质量的就业"？成为摆在高校就业工作者面前的重大理论与实践课题。

在上述新形势、新任务和新机遇面前，笔者认为高校就业工作迫切需要根据自身特点走出一条内涵发展、特色发展、创新发展之路。各高校惟有科学研判新形势和新任务，把握新机遇，不断适应就业工作外部规律和内部规律的发展需要，努力走出传统就业工作的误区，以观念创新为引领，切实加强就业工作内涵建设，才能实现就业工作的科学发展。为此，上海海关学院就业工作者积极探索，逐步形成了特色鲜明的就业工作基本理念——"大就业观"。同时，学院以"大就业观"为引领，积极推进就业工作实践创新，努力强化就业工作特色，全面增强就业工作的科学性、针对性和实效性，不断提高就业工作质量和学生就业质量，切实促进广大毕业生充分就业和可持续发展。本文拟从理论层面对"大就业观"和在其引领下的就业工作转型发展做一初步探讨。

一、"大就业观"的基本观点与内涵

就业工作观念创新是高校就业工作转型发展的核心和关键，是就业工作实践创新的前提和基础,决定着就业工作的发展方向和现实路径。就业工作观念是人们对于就业工作的观点和看法。它产生于就业工作中,融汇于就业工作中,表现于就业工作中,发展于就业工作中。

作为一所新建本科院校,上海海关学院2007年升本以来,以培养高素质、复合型、应用型的海关管理专业人才以及服务口岸物流和国际商务的外经贸专业人才为己任,始终坚持将就业工作纳入学院办学定位中,作为办学指标的核心;始终坚持"就业率和就业质量是学院工作生命线"的工作思路;始终坚持把以就业为导向、实现学生更高质量的就业作为学院办学和人才培养工作创新的突破口;通过深入研究应用型本科教育教学规律以及专业特点和就业特点,在全面科学分析目前就业工作的误区、瓶颈和薄弱环节的基础上,运用创新思维,与时俱进不断革新就业工作观念,提出了"大就业观"的就业工作基本理念。

笔者认为"大就业观"应该成为推动高校就业工作转型发展的重要理念选择之一,也应该成为新形势下高校就业工作者进行就业工作决策与实践时可以借鉴的新思维和新视野。其基本观点主要包含以下方面:

其一与目前就业工作尚存在片面地突出就业导向,为学生眼前的就业服务,而不注重为学生职业生涯的可持续发展奠定基础不同,"大就业观"着眼于将就业工作作为一项育人事业,注重为学生的及时就业提供助力,为学生的职业生涯可持续发展奠定基础。

其二与目前就业工作尚存在以毕业生就业率作为工作核心指标和核心诉求不同,"大就业观"着眼于将就业工作作为一项质量工程,注重推动实现更高质量的就业,正如我国职业教育的先驱黄炎培所言"使无业者有业,使有业者乐业"。

其三与目前就业工作尚存在忽略其他利益相关者参与其中不同,"大就业观"着眼于将就业工作作为一项系统设计,注重行业企业以及其他利益相关者的多主体深度参与,努力整合各种资源,积极建立和职业世界的紧密联系,全面推行政府、社会、行业企业、高校、学生、家庭等多方合作、工学结合的人才培养模式,倡导工作本位学习,努力增强个体的职业生涯体验。

其四与目前就业工作尚存在单纯地强调发挥就业工作的准备功能和毕业阶段的就业指导、服务、推荐作用不同,"大就业观"着眼于将就业工作作为一项全程化安排,注重根据学生不同阶段的职业生涯发展需要,将招生、培养、就业等各个环节进行统筹规划、整体推进,将就业工作贯穿于人才培养的全过程,进行不间断的教育和服务,持续不断地激发学生学习的主动性与积极性,促进学生顺利完成各阶段生涯发展任务。

其五与目前就业工作尚存在工作载体创新不够,工作的有效性和针对性有待进一步增强不同,"大就业观"着眼于将就业工作作为一门需要与时俱进、不断创新的艺术,注重以学生为本,不断研究工作新情况,寻找工作新载体,拓展工作新领域,构建工作新体系,从而使学生内化职业生涯发展知识、提升职业生涯发展能力、养成职业生涯发展态度、建构职业生涯发展意义。

其六与目前就业工作队伍建设缺乏规划,选拔、任用、培养、管理体系尚不健全,人员自身专业知识、专业技能、实践经验相对薄弱,结构相对单一不同,"大就业观"着眼于将就业工作作为一项专业性工作,注重加强队伍建设规划,不断完善顶层设计,进一步明确角色定位和岗位职责,努力健全选聘配备、管理考评、教育培养、职业发展等体制机制,全面推进队伍的规范化、科学化管理,职业化、专业化培养。

综上所述,可以把"大就业观"的本质内涵界定如下:所谓"大就业观"是适应经济、社会尤其是职业生涯发展形势,遵循大学生群体特点和生涯发展任务以及高校就业工作规律,从系统和辨证的角度,用联系和发展的视角全面审视就业工作,积极整合学生就业的诸多内外部条件、环节、因素和资源,将学生的职业生涯可持续发展作为工作的核心价值追求,将实现高质量的就业作为工作的目标和落脚点,将利益相关者全员深度参与、人才培养全过程关注、工作载体全方位创新作为工作的基本格局和实现路径,将专业型队伍建设作为工作取得成效的关键和保障的一种全新的就业工作理念和实践体系,具有整体性、全面性、终身性、开放性、创新性以及实践性等特点。

这一理念的提出敏锐地感应了经济社会发展、产业结构调整和新形势下行业企业等用人单位人力资源需求的新变化,同时满足了无边界职业生涯的发展趋势以及就业形势不断发展变化、就业体制机制进一步改革完善的需要,符合时代特征;这一理念的提出充分利用了学院作为行业院校的得天独厚的现实条件和与行业企业长期保持着紧密深厚联系的历史渊源,同时满足了高等学校自身特色发展的需要,符合学院特点;这一理念的提出有效弥补了学生与就业市场长期疏离,理论脱离实际以及实践能力不足、就业质量不高、发展能力不强等劣势,同时满足了新建本科院校培养高素质、复合型、应用型、创新型高素质专业人才的需要,符合学生特需和专业特色。

二、"大就业观"视阈中高校就业工作的转型发展

(一)价值取向:从就业导向向发展导向转型

"大就业观"视阈中,高校就业工作价值取向需要从就业导向向发展导向转型,高校就业工作作为高等教育的重要组成部分和独特内在构成,是以学生为本,体现学生立场,凸显人文关怀的一种教育事业。因而,就业工作不仅仅是"管理"工作、"服务"工作,更是直面学生的成长、为了学生的成长、促进学生的成长而进行的教育活动,必须积极追求自身的教育力量,忠实履行自身的教育使命,全面实现就业育人。教育的目的是全面关注学生作为人的生命意义,努力促进学生作为人的全面、自由、充分发展,从而不断提升学生作为人的生命价值。学生来到学校,并不仅仅是为了成为"技能人"和"职业人",而是为了人格的完善和个性的发展,体现作为人的生命意义和价值。因此,就业工作价值取向不应背离其作为教育事业的目的,不能只注重学生对岗位的适

应和学生的及时就业,而更应关注学生作为人的发展和成长。这既是无边界职业生涯对人的要求,更是人自身内在生命的要求。

基于上述理解,就业工作必须突出育人敏感,具备育人智慧,彰显育人内涵,提升育人含量,促成学生的终身发展。这就决定了无论是就业工作模式的设计,还是就业工作领域的全面开发,抑或是对毕业生群体的持续关注,"大就业观"视阈中的就业工作都需要秉持更为长远、更为长效的追求,都需要凸显以学生为本、立德树人的视野,都需要引导学生关注、关心自身生命意义与价值。这也决定了就业工作既体现在关键事件、关键时期的努力中,更体现在长期的积淀、熏染、陶冶中,实现在自身的发展中促进学生的发展。

(二)目标取向:从就业率向就业质量转型

"大就业观"视阈中,高校就业工作目标取向需要从就业率向就业质量转型。自从1999年国家首次公布高校毕业生就业率并将向社会公布学生就业率作为市场经济条件下高校毕业生就业制度中的一项重要举措以来,不容否认的是"就业率"这根指挥棒对高校面向市场适当调整专业结构、切实加强学科建设以及全面提高办学水平确实起到了积极的促进作用。同时,"就业率"也成为考生及其家长在填报高考志愿选择专业时一个重要的参考因素以及反映学校办学水平的重要指标之一。但是我们也应看到,毕业生就业现状需要从就业数量与就业质量等维度进行全面科学地考察。而"就业率"只说明了学生就业的数量,进一步深究就业率统计本身,其所承载的"含金量"及可信度也是值得商榷和研究的。因而它既无法全面客观地反映一个学校、一个专业毕业生就业质量等复杂的就业现状,更不能全面科学地反映出一个学校、一个专业办学水平的好坏。对毕业生而言,就业质量无疑比就业率更重要,它不仅会影响到个体的生活质量和生命质量,还会影响到个体人力资本的提高。

基于上述理解,高校就业工作一方面要确保毕业生就业率保持稳定,促进学生充分就业;另一方面在新形势下,还必须更加重视就业质量的理论和实践探索,推动实现更高质量的就业。就高校而言,转变教育教学思想观念,树立实践育人思想,将就业教育贯穿于教育教学过程始终,深入推进素质教育和人才培养模式改革,不断优化专业人才培养方案,全面提高教学质量,无疑是推动实现毕业生更高质量就业的核心;努力整合学生就业的诸多因素,建立完善招生、培养、就业联动机制以及与用人单位联手培养人才、与市场同步培养人才机制,把课堂理论教学、实习、实训与就业推荐融为一体,把校内教学和校外实习、课内教学和课外实践、专业教育和素质教育、学业教育和就业教育融为一体,逐步实现教育教学与毕业生就业贯通实施,校内培养与校外培养循环进行,学生、学校与用人单位互动多赢,无疑是推动实现毕业生更高质量就业的关键。

(三)主体取向:从单一主体向多元主体转型

"大就业观"视阈中,高校就业工作主体需要从单一主体向多元主体转型。一方面,高校就业工作是一项事关政府、高校、行业企业、社会、家庭、学生等各个方面的系统工程,高校作为主阵地,在工作中需要主动协调与其他主体之间的关系,将其他主体纳入到工作主体结构中来,充分利用各主体的优势与资源,充分发挥各主体的功能与作用,以协同创建一个"就业工作共同体",从而促进大学生充分就业并稳步提升大学生就业质量。如:要发挥政府和社会在促进就业中的主导作用和支持作用,贯彻落实并利用好各项积极的就业政策,最大限度地营造高校学生就业的良好环境;要推动行业企业深度参与高校人才培养过程,从而帮助学生积极主动地适应就业市场需求;要引导家庭配合学校帮助学生树立正确的就业观念,并合理利用家庭这一重要资源为高校就业工作所用;要加强高校自身就业工作能力建设,通过调整专业设置、改革教育教学体系、深度推进职业生涯教育、构建就业帮扶体系等深入推进人才培养模式改革和就业工作模式改革,有效提高学生就业能力;要强化学生在就业工作中的主体作用,促进学生主体意识的觉醒,完善学生自我教育、自我管理、自我服务的功能,从而有针对性地加强和改进就业工作,等等。另一方面,从高校自身来看,高校就业工作同样是一项事关各部门、各环节、全院教职工的系统工程,高校就业工作部门作为主阵地,同样需要充分利用各方优势与资源,充分发挥各方功能与作用。如:实施"一把手"工程,成立由校领导和各部门负责人共同组成的就业工作领导小组,不断加强制度建设,明确各自职责,分解工作任务,将就业工作真正落到实处;把就业工作纳入到招生、人才培养各环节中,促进各环节形成一个统一的有机整体;努力提高教职员工尤其是专业教师主动参与就业工作的意识和动力,等等。

(四)过程取向:从终点关注向全程辅导转型

"大就业观"视阈中,高校就业工作过程需要从终点式关注向全程式辅导转型。一方面,个体生涯发展是贯穿于生命历程全过程的。大学作为个体生涯发展的关键阶段,有其独特的生涯发展任务。根据 Super 的生涯发展阶段理论,大学阶段的学生面临的是由生涯探索阶段向生涯建立阶段的转变,从大学生所面临的生涯发展任务来看,需要大学生明确生涯发展定向,并为生涯的长期发展做准备。就大学阶段来看,不同年级、不同专业的学生身心特点和所处生涯发展阶段存在一定的差异,大学各阶段也有其独特的生涯发展任务。另一方面,随着经济社会的不断发展,产业结构的不断调整,劳动力市场正在发生着前所未有的变迁,无边界职业生涯时代已经来临。个体只有具备可持续发展的就业核心竞争力才可能实现及时就业和职业生涯的可持续发展。这不仅取决于毕业前的就业准备,更取决于大学四年生涯智慧的积累。

因而,大学生生涯发展既有一些普遍性、共性的问题,又有一些阶段性、个性的问题。这就决定了就业工作需要依照学生身心发展规律和生涯任务与需求,并紧密结合外在的环境变化和人才培养目标,有步骤、分阶段地促进学生的全面发展。这就决定了就业工作不仅要关注大学毕业阶段学生的生涯发展任务,更要关注大学阶段和大学阶段各个时期学生的生涯发展任务;不仅要关注就业对学生生涯发展的重要作用,更要将就业工作作为人生指导的一部分,贯穿于整个高等教育全过程,重在培养学生的可持续发展能力,让学生既能充分、及时就业,又能保持强大的发展后劲,从而为学生的职业生涯奠定良好的基础。

(五)载体取向:从一元载体向多元载体转型

"大就业观"视阈中,高校就业工作载体需要从一元载体向多元载体转型。就业工作载体是开展就业工作的渠道和路径。面对经济、社会环境的新变化尤其是无边界职业生涯对人才的新需求,高等教育事业尤其是高校就业工作的新发展学生群体尤其是80后、90后群体的新特征,现有的就业工作载体已经不能很好地体现新形势下就业工作发展要求和学生自我需求,就业工作载体必须从一元走向多元,切实提高就业工作的有效性和针对性,使就业工作入耳、入脑、入心。

基于上述理解,首先,就业工作必须不断加强教育教学载体建设:充分发挥课堂教学的主渠道和主阵地作用,以必修或选修课为载体,全面、系统、有计划地开展职业生涯教育;积极开展职业生涯个案咨询,解决学生的个性化问题,满足学生个别化的需求;进一步丰富和创新具有特色的学生主题教育活动形式和内容,积极开展丰富多彩的校园文化活动;把职业生涯教育与思想政治教育有机结合,鼓励毕业生到西部、基层一线去,砥砺品质、锤炼作风、增长才干。其次,就业工作必须不断加强基地市场载体建设:主动"走出去",根据各高校和各专业人才培养目标和要求,建设若干布局合理、稳定优质、定位明确、内涵丰富的满足就业工作需要的基地,全面扩大校企合作的范围、深度和广度,提高毕业生就业质量;同时,全面出击,抓住一切毕业生就业的渠道和可能,花大力气培育就业增长点,确保学生充分就业。再次,就业工作必须不断加强新媒体等网络载体建设:充分利用现代化信息技术手段,探索利用微博、微信等新型传播手段,提高就业工作信息化质量。最后,就业工作必须不断加强服务管理载体建设:坚持以学生为本,服务学生,服务用人单位;积极实施就业困难群体和少数民族群体帮扶计划;建立实名制就业进展状况动态管理机制,建立就业状况跟踪调查和反馈制度,促进社会需求、人才培养与就业的良性互动。

(六)队伍取向:从事务型向专业型转型

"大就业观"视阈中,高校就业工作队伍需要从事务型向专业型转型。就业工作队伍的专业性源于就业工作的复杂性。就业工作是一项综合性、实践性很强的工作,涉及的专业和学科领域非常广泛。这集中体现在:首先,就业工作任务具有复杂性。一方面,如前所述,就业工作是具有教育性的工作,基于这一工作现实,就业工作突出育人敏感,具备育人智慧,彰显育人内涵,提升育人含量,促成学生的终身发展,呼唤着就业工作的专业性。另一方面,源于就业工作任务实现需要依赖主体的复杂性,如前所述,就外部关系而言,就业工作需要协调与行业企业、社会、家庭、学生等主体的关系;就内部关系而言,就业工作需要协调与教学、系部等各部门,招生、培养等各环节以及全院教职工的关系,这同样呼唤着就业工作的专业性。其次,就业工作所涉及的对象具有复杂性。一方面,就业工作面对的是千差万别的学生,无论从学生的就业历程看还是从学生的就业影响源看,都具有相当程度的不确定性,这就需要在就业工作中加以研究、创新、解决。更重要的是,学生自身的主观能动性是其就业最根本的影响因素,这就需要在就业工作中加以保护、培养、发扬。另一方面,就业工作人员自身具有复杂性,使得这一工作充满不确定因素,需要判断、策划、组织、反思、重建,需要有理性的专业力量加以保障。最后,就业工作过程具有复杂性。这一过程充满了互动性和不确定性,受到诸多主体、诸多因素的制约和影响,需要增强全程意识,实现育人价值。

综合以上理解,专业化的工作队伍就成为就业工作顺利实施和转型发展的关键。就业工作人员需要及时从事务型工作中解脱出来,积极研究学生、研究实践、研究自我,以专业的态度、专业的知识、专业的技能引领就业工作的改革创新。这就需要进一步加强和改进对就业工作队伍的培养和培育:首先,精选,注重职业分析,明确任职资格,从而全面考察求职者的职业资质,同时,不断深化兼职师资队伍建设。其次,优育,坚持"四个结合":岗前培训与岗中培训相结合,校内培训与校外培训相结合,业务培训与职业化培训相结合,非学历进修与学位进修相结合,全面提升队伍的专业化素养。最后,善管,积极探索建立准入机制、管理机制、考核机制和激励机制,从而全面调动工作队伍的积极性。

参考文献

[1] 吴地花.从"职业诉求"到"生命关照"——无边界职业生涯时代高职院校职业辅导改革[J].职教论坛,2011(10):81-83.

[2] 杜言敏.解决高校学生就业问题应树立"大就业观"[J].中国大学生就业,2007(16):11-12.

[3] 刘其民,王冠.高等职业教育观念和人才培养模式的成功创新——西安外事学院创建开放性多功能实习就业基地案例分析[J].民办教育研究,2007(3):14-20.

[4] 董仁忠."大职教观"视野中的职业教育制度变革研究[D].华东师范大学职业教育与成人教育研究所,2008.

作者简介:

王杨,就职于上海海关学院学生处;邮编:201204。

大学生就业工作全程化系统研究

（上海立信会计学院　尹晓春）

摘　要：大学生就业问题近年来已经成为社会热点之一，面临很多困难，现行的就业指导更多的是集中于毕业前夕，受众面较小。文章提出要注重就业工作全程化观念的形成，合理设置职业发展教育的内容，工作推进注重序列，分阶段，分层次。工作模式注意综合性，立体化，改变只有就业指导而忽视职业指导的局面，并初步提出具体的工作思路。

关键词：大学生；就业；职业教育；全程化

高校毕业生就业问题近年来已成为中国社会一个比较突出的焦点问题。从我们学校来看，在持续保持高就业率后，由于受宏观经济形势影响，也出现一定的就业困难。大学生就业出现困难既有外部环境的影响，也有内部因素的影响。大学的扩招，高校人才培养的结构，大学生自身就业观念的转变，职业生涯的规划和指导等多种因素都对大学生就业产生影响。作为高校，现在对于大学生的就业和择业的指导往往集中于毕业前夕，突击性强，学生受众面小，效果有限，就业工作应该是全程的，贯穿于学生整个四年大学生活的，是一个系统的工作。对大学生就业工作全程化进行研究，有助于转变观念，合理有效地安排各项学生工作。有助于学生确立正确的择业竞争意识，培养职业生涯规划能力，加强社会实践能力。也有助于整合、利用好社会资源，培养开拓好就业市场。

一、目前大学生就业的现状

（一）劳动力总量供给充足，供大于求，大学生与其他求职者竞争激烈，同时结构性矛盾较为突出

根据全国第五次人口普查数据预测，未来几年我国劳动力供给总量仍将持续上升，到 2013 年劳动适龄人口将达到峰值 10 亿人左右，到 2025 年后才稳步下降。从近年来高校毕业生人数来看，正在不断增加。从 2006 年到 2013 年，分别为 413 万人，495 万人，559 万人，611 万人，631 万人，660 万人，680 万人，700 万人，使得就业形势更加严峻（见表 1）。

表1　全国高校毕业生人数统计(万人)

年份	2007	2008	2009	2010	2011	2012	2013
人数	495	559	611	631	660	680	700

与总量供求过剩相比,大学生就业中的结构性矛盾也比较突出,也就是说,大学生的就业意愿和市场对人才的需求之间存在"错位"。出现了"有业无人就,有人不就业"的现象。据调查,85%的大学毕业生希望在城市和沿海地区工作,65%以上的大学生希望到国家机关、外企和高新技术企业就业,只有22.6%的毕业生愿意到农村就业。

(二)高等教育与市场需求存在一定的脱节问题

一些高校专业的设置沿袭计划经济的思路,不关注市场的导向,培养的人才与市场需求不对路。同时,很多高校功能重叠,职业院校中产生的"学术漂移"和精英大学中出现的"职业漂移"现象共存,高等教育结构缺乏和经济发展与产业结构的有效匹配又导致了"高能低就"的人才高消费不合理现象,这都引起高等教育质量的整体下降,影响到大学生就业问题。

(三)大学生创新意识薄弱,大学生创业的体制和政策环境不够宽松

大学生在校期间的教育缺乏创新性和实践性培养,较少采用案例式教学,适应和应变等能力较弱。世界经合组织(OECD)指出:"中国的教育系统在大学生的创造思维培训方面较弱,有些企业经常抱怨中国的大学生只懂得理论,而动手能力差,缺乏创新能力。"与此同时,本科毕业生创业比率仅为1%,每年大学生自主创业带来的就业机会不到50万个。创业项目的市场把握不准,创业经验不足,创业优惠政策落实不够,微型和中小企业税收没有优惠,创业融资困难。

二、我院学生近年的就业态势及就业能力分析

我院从2008年首届本科学生毕业至2013年,共毕业学生1644人,虽然就业整体环境不容乐观,但通过努力,就业态势总体稳定,就业率和签约率始终保持在一定的水平(见表2)。

表2　我院2008—1013毕业生就业状况统计

年份	总人数(人)	签约率(%)	就业率(%)
2008	200	61.5	96
2009	251	60.96	96.81
2010	282	67.73	96.91
2011	286	79.35	96.13
2012	310	77.97	95.10
2013	315	75.72	95.21

从就业最后的去向来讲,分布较广泛,但也存在一定的结构性问题。

初次就业多数同学还是倾向于前往银行就业,其他金融机构如证券、保险、基金等就业人数明显偏少。去公司,企业从事财务类工作比重较高。考研和升学的比重还不够高,徘徊在 2% 左右。对于信管专业来讲,其毕业生最后就业去向与专业相关度偏低。同时,我们从综合素质、就业意愿、就业行为 3 个维度,17 个方面来考量学生在就业过程中体现出的就业能力(见表 3)。

表 3　就业能力考察指标

综合素质	政治面貌	成绩名次	英语	计算机	奖学金	干部经历	实习	其他证书
就业意愿	上海	其他沿海地区	中西部	农村	高薪酬行业	期望月薪		
就业行为	投简历数	求职费用	面试个数					

我院学生在综合素质几个方面认为市场认同度从高到底分别是学生干部经历和实习经历,其次是政治面貌和英语,再次是计算机和奖学金,影响最小的是成绩的排名。我院学生英语四六级近年来都保持了较好的成绩,四级通过率在 95% 左右,六级通过率在 60% 左右。全国计算机二级通过率在 20% 左右,上海市中级在 12% 左右。在大学四年学习中,45% 的同学担任过校院两级及各类社团的学生干部。但是在实习经历和其他证书方面还有进一步提升的空间。一是学生课外科技竞赛类获奖数量还不多,二是实习层次还有待提升。从就业意愿来看,90% 的同学首选留在上海工作,25% 的同学同时表示会考虑其他沿海地区。选择到中西部地区和农村地区的很少。期望月薪在 4000 元左右,相对合理。

三、构建系统的、全程的就业工作体制思路

(一) 应着眼于就业能力的提高,注重学生成才的动力研究

就业能力(employability)是指个人具备的获得岗位、维持就业,并且在工作岗位上能获得优异成绩的素质总和,这些素质养成对于学生有很重要的意义,既影响初次就业,也影响未来的职业开发。但在学生学习过程中,我们发现有相当学生学习动力不足,甚至部分学生出现了明显的"无气力症",缺失了学习的动力和前进的方向,严重影响了最后的就业。关注学生的成才动力,首先要了解学生的成才价值观,由于个人先天条件和后天环境不同,学习经历和人生的体验也不相同,学生对于什么是成才和成功,理解各不相同,对于未来的预期和定位因此而产生差异。社会转型时期带来的价值多元和思想激荡也会让学生的成才价值观出现不稳定。而成才价值观的形成对于学生的实际行为是有直接的导向作用的,在某些场合会具体到对于课程的选择和对专

业的看法。只有具有较为明确和正确的成才价值观,才会用积极、发展的眼光对待整个学习过程,这将会极大地提升学生的综合素质,促进择业和就业。关注学生的成才动力,其次要注意分层次进行规划和指导,低年级学生的主要问题是信心问题,由于生活阅历较浅,交际范围不广,实践偏少,对于大学学习和生活如何度过,普遍存在一种信心不足的情况,部分学生由于专业的选择或者学校的选择并不是最优选择而有困惑。需要合理引导,组织实施社会实践活动,重视社团活动的引领,注重个别谈话,营造一种关心学生的良好的氛围。高年级学生对于学习会产生一个动力减弱期,学习的目标不明确,尤其对于课堂教学产生惰性,需要组织有质量的社会实习和创业实训,同时重视高层次的学术活动,注意让学生了解所学专业的社会意义,激发学习的热情。我院连续两年推出的"百姓金融"系列活动就是一个典型。毕业班学生则会遇到自我评价和规划与现实差距的问题。就业市场的激烈竞争使得部分毕业班学生心理压力增大。需要引导学生了解社会就业现状,明确自己的性格,能力,职业倾向,合理定位。

(二)以学生为主体,建立与就业工作相配套的制度研究

1. 合理,可行的学风建设制度

大学生就业指导工作与高校学风建设之间的关系是相辅相成的。毕业生就业竞争,说到底是学生综合实力、综合素质的竞争,而综合素质的提高与高校学风建设有密不可分的联系。优良的学风能促使学生积极进取、努力提高自己的综合素质。从综合来考虑,学风建设应注重四个方面的内容:①以教风带学风。增强教师在学风建设中的主导地位。②以管理促学风。管理是学风建设的基础,优良的学风是学生在日常的学习和生活中,通过日积月累逐步形成的。要坚持以人为本,适时制定和修订规章制度,确保学院学生管理有章可循。分阶段、分重点地加强学生教育管理。③以服务助学风。在学生学习的各个方面提供服务。主要集中在:加强班主任的辅导和交流,使班主任工作更有针对性,切实的为改善学风起积极作用。为学术类社团配备指导教师,带领学生进行学术研究。继续加强考研辅导,鼓励学生考研。④以环境育学风。蓬生麻中,不扶而直;白沙在涅,与之俱黑。环境对于学生树立良好的学风影响巨大。优良的学风是一种积极的氛围,使处于其中的学生既感到一种压力,产生紧迫感;同时它也是一种动力,使学生能积极进取、努力向上,制约不良风气的滋生和蔓延。

2. 提高核心竞争力的就业能力开发制度

就业能力是一种综合能力,ASTD(美国培训与开发协会)定义了 16 项技能,分为5 个类别:基本胜任力、沟通能力、适应能力、群体效果和影响能力。SCANS(Secretary's Commission on Achieving Necessary Skills)共定义了 36 项能力,分为 3个类别:基本技能、思考技能和个体特质。虽然这一领域的研究对它究竟应该包含哪些能力仍无定论,但提高就业能力对于实现毕业生充分就业意义重大无疑是共识。因为学生能否很好地胜任工作离不开自己在工作岗位上的探索,但"职业生涯前阶段的教育达到的水平越高,个人更可能在就业和工作中成功"。由于就业能力的开发属于人力资源开发领域的主题,因此,它的领域是培训、教育和开发,核心是与就业能力相关的学习。在就业能力的开发模式上,应该采用全方位开发、全过程开发、全方式开发和全员开发的全面开发模式。全方位开发既注重专业技能的开发,也重视个人展示自己人力资本储备的通用能力。而中国大学生通用能力普遍较低一直为用人单位所诟病。全过程开发要求我们一方面注重贴附式教育,另一方面更要注重将就业能力嵌入专业课程教育中展开。全方位开发既要提供集中化的支持,更要创造性的提供工作体验的机会,包括学习计划内的有组织的体验,如案例分析、情境模拟等;计划外的特别工作体验,如短期临时工作、社区志愿者服务等。

3. 强调外部环境的就业资源的整合和开发,建立和完善校友联络制度

(1) 充分维护好,整合好校友资源。校友作为毕业离校的学生,对于学生就业有一定的影响,随着时间的推移,这种影响会不断增大,校友走上工作岗位后对于本领域的发展情况有直观的映像,掌握了一定的信息,充分维护好校友资源,对于大学生就业工作有实质的意义。从社会资本角度来看,人际关系网络也是社会资本的一个概念,随着我国就业市场化的不断深入,学生就业与社会资本之间的关联逐渐凸显,就业从单纯的学生素质竞争演变成为个人人力资本和社会资本多因素组合作用的结果。从就业市场实际情况来看,我们的社会还是关系取向比较明显的人情社会,关系的运用和作用已经渗透到日常生活的各个方面。正如费孝通先生所言:"一切普遍的标准并不发生什么作用,一定要问清楚了对象是谁,和自己是什么关系之后,才能决定拿出什么标准来。"我国目前又处在社会的转型期,合理的人才中介组织尚未完善,规范的人才就业市场比较匮乏,就业信息也时常出现不对称现象,人际关系网络作为非正式制度成为填补制度不完善,不健全的替代物,作用有时甚至超过了人力资本的作用。

(2) 建设好实践基地,发挥实践基地在就业工作中的教育、引导的功能,使学生在大学学习过程中和最后的择业过程中对即将从事的行业有整体的和比较深入的了解。实习时大学生了解社会和进行职业体验的重要途径,有效的实习能促进学生的专业学习,也能提高学生的职业能力,还有助于学生修正角色理解的偏差,增强对行业和职位的理解,同时对于学生积累人脉,掌握一定的人力资源有促进作用。

(三)深化大学生职业发展教育的思考

1. 加强大学生的生涯规划教育

凡事预则立,不预则废。目前很多大学生进校前作出的选择都由父母决定,进入大学后没有对大学生活乃至以后职业生涯进行规划的意识,深化大学生职业发展教育首先就要增强大学生自我教育、自我规划和自我管理的能力,让每一位学生都明确大学生活与以往任何的人生阶段的学习都有不同。避免其对学习和生活的盲目性。为此,教育部曾于 2007 年 12 月印发了《大学生职业发展与就业指导课程教学要求》的通知,专门就学生职业生涯规划课程开设作出部署。按照美国著名的职业生涯学家舒伯的理论,人一生的职业发展分为 5 个阶段:成长阶段、探索阶段、建立阶段、维持阶段和

衰退阶段。其中探索阶段是择业和初就业阶段,大学生活就属于这个阶段。生涯规划应该是自我探索、职业社会探索、科学决策和有效行动四个循序渐进的步骤组成的有机统一体。自我探索应该回答自己是一个什么样的人这个重要问题,要对自己的性格、兴趣、价值观等基本内容作出判断,这是生涯规划的逻辑起点。职业社会探索是在自我了解的基础上,充分了解政治、经济、社会和文化环境,了解不同职业的发展路径及规律。科学决策就是要引导学生在对自我和职业社会充分了解后,分别确定短、中、长期目标,细化和具体化。有效行动要求学生把生涯目标落实为具体的措施和行动,如专业学习、社会实践、就业实习等等,没有落实,再好的规划都会流于空谈。

2. 加强高校职业辅导师资队伍的建设

职业辅导不同于单纯的就业指导,目前的就业指导受众面小,一般集中在毕业时期,针对毕业班。而职业指导则面向全体学生,注重时间的连续性,一般要覆盖大学全过程。职业辅导就其本身来说有其突出的特点,第一是综合性,需要教育学、心理学、社会学等知识的综合,还要有广泛的社会知识和行业知识。第二是开放性,职业辅导的内容是与时俱进的,是动态的,行业的发展,个人的变化,学校的发展都要求职业辅导要符合当下的需求。第三是实践性,职业辅导结束后,有没有效果,关键还是看学生的实际行动和实践的反馈,而不仅仅是观念的转变。因此,对于职业辅导者来说,要求是比较高的,目前的职业辅导现状还处于起步阶段,我们需要从这样几个方面来加以促进:一是要提高学院工作队伍的专业化水平,目前从辅导员中间挑选参加职业咨询师培训名额较少,平均每个学院 1～2 名,而且基本都是矩阵式配备中间作为社会工作来承担的,远远无法满足现实的需求,因此要加大培训的力度,促进职业咨询师的发展。二是要吸收学院一线的骨干教师和其他相关专业的教师参与到职业辅导队伍中间来,目前学生对于职业辅导的需求多元,其中很多是和专业学习相关,仅仅凭借学生工作系统的老师开展指导有一定的局限性,把学院一线教师和其他专业老师融合进来,有利于多学科交叉,有利于全面的指导。三是要调动社会资源,建立合作机制,实现互惠双赢。就业工作的最终目的是要促进学生的职业发展,这一方面取决于学校的工作,同时也取决于社会提供的资源和途径。因此,在建设职业辅导队伍时,要考虑聘请企业的高管或者主要负责人担任学生的指导教师或者到学校开办讲座,在学生受到教育的同时促进了与用人单位的联系。

3. 构建大学生全程就业指导课程体系

把握四个特点,突出六大内容。全程化,大学生就业观念的形成是一个渐进的过程,课程体系将贯穿于整个大学学习,因此具有全程性。阶段性,学生身心发展和就业形势都会在一定的阶段有所不同,因此在大学的每个阶段实施以不同的内容和方法符合这一特性。模块化,指导课程总体上具有系统性,但互相之间有关联也相对独立,可以分为不同的模块或专题,形成模块化的教学模式。实训化,就业工作最终目的就是要促进学生的职业发展,短期目标要保证学生的就业,因此具有鲜明的实践性,课程设置要有实际操作和训练。从课程的内容体系上看,应该是全方位的,除常见的择业指导之外,应该包括职业生涯设计指导、心理健康教育指导、学业指导、择业指导、升学指导和创业指导。

4. **职业发展教育评估机制**

评测包括全程测评、阶段测评和跟踪测评。全程测评,每一学年测评学生的职业成熟度以及重要素质和能力,收集数据作纵向比较。阶段测评,在一个主题职业发展训练结束后,评估参与项目的学生在活动中的收获和进步。跟踪测评,将用人单位在学生实习和正式工作期间对其的反馈以及学生在初期的职业选择满意度作为一项重要的评价指标。

(四)开展全程就业工作的具体思路

教 学 内 容	教 学 要 求
职业生涯初始教育	
专业概况与发展前景	通过专业教育,了解本专业历史沿革,现状及职业发展前景,树立专业意识
职业生涯规划概述	了解职业生涯规划的概念,职业生涯发展的基本理论
职业发展规划讲座	
讲座内容——了解自我	了解自己的能力倾向、兴趣爱好及其他特质,形成正确的自我观念
讲座内容——了解职业世界	对不同的职业环境分类解读,展现不同的职业生存空间,认识职业世界
讲座内容——职业决策与职业设计	介绍职业生涯决策与设计的基本理论、原则、方法
讲座内容——创业的准备	了解创业的相关知识、素质和能力要求
职业技能实践	
用人单位、校友、就业市场走访,访谈	通过走访、访谈增强学生的沟通能力,基本了解职场对人才的要求,明确自己的定位
团队素质拓展活动	通过素质拓展、团队游戏活动,体会团队合作精神的重要性
职业选择与就业准备	
求职择业的技巧	了解和学习求职、择业的技巧,帮助学生制作求职简历,掌握求职礼仪,攻克面试难关
模拟面试	通过模拟面试情境,扮演不同面试角色,学习面试技巧
职场适应与职业发展	了解职场新人的要求,帮助学生完成从学生到职业者的角色转变,明确职业发展目标

四、结论

大学生就业工作全程化是一个系统工程,既是就业教育自身规律的客观要求,也是提高大学生就业竞争力的必然选择,同时是提高就业指导水平的有效途径。必须重视学生内部核心竞争力的提升,注重从内部环境入手,培养优良的学风。同时注意营造外部环境,整合优质的职业发展教育资源。工作推进要注意教育内容的序列性和发展性的要求。初期阶段要帮助学生认识自我,建立正确的学习观。中期阶段在于帮助学生自我拓展,认识职业,进行初步的生涯规划。后期阶段重点在于帮助学生自我发展,树立务实的职业观,创业观和择业观。

工作的模式上,注意发挥各类教育载体的作用,打造综合性,立体化指导模式。形成职业发展教育课程,校园文化活动,社会实践和个别辅导在内的立体指导体系。

参考文献

[1] 陈刚.大学生全程就业指导的理念及实践[J].人才开发,2005.

[2] 胡元聪.职业生涯规划的国际比较及我国的改革方向探析[J].教育与职业,2008.

[3] 井海明.国外大学生就业模式及其对我国的借鉴意义[J].中国青年政治学院学报,2006.

[4] 胡艳辉.大学生职业规划教育模式探讨[J].金融教学与研究,2008.

[5] 肖力华.大学生择业准备与择业指导全程化思考[J].广州大学学报 2003.

[6] 王春红.关于高校院系就业指导队伍建设[J].时代教育,2009.

[7] 方伟.大学生就业工作教师培训教程[M].北京:高等教育出版社,2009.

[8] 侯志瑾.职业生涯发展与规划[M].北京:高等教育出版社,2008.

[9] 蔡荣生.财会专业大学生职业发展与就业指导[M].北京:高等教育出版社,2008.

[10] 王伯庆.2009 年中国大学生就业报告[R].北京:社会科学文献出版社,2009.

[11] 王伯庆.2010 年中国大学生就业报告[R].北京:社会科学文献出版社,2010.

[12] 宋国学.就业能力开发的绩效衡量与实证分析[M].北京:中国社会科学出版社,2007.

作者简介:

尹晓春,就职于上海立信会计学院金融学院。

民办高校大学生就业工作前瞻性研究

（上海杉达学院　张增泰　朱莉莉）

摘　要：毕业生是学校的口碑，民办高校只有提高毕业生的综合素质，才能提高就业质量，提高生源质量。本文通过对在校生进行就业调查，了解民办学校大学生就业工作的现状和存在问题，就如何解决这些问题提出一些前瞻性的思考。

关键词：民办高校；大学生就业；前瞻性研究

前言

招生与就业事关国计民生、社会和谐与民办高校的生存与发展。将招生与就业纳入民办高等教育的系统中去研究，对于改革上海高等教育管理体制，增强民办高校自我发展能力，提高教育质量，具有十分重要的现实意义。

高校的生存和发展，越来越依赖于生源和学生的需求。生源的质量很大程度上取决于学校的声誉，学校的声誉很大程度上也取决于学校毕业生在社会上的贡献、地位以及得到的认可度。如何把就业工作当做学校工作的生命线来抓，关键还在于重视提高教学质量，提高毕业生的就业质量。

毕业生是学校的口碑，校风学风、专业设置、特色品牌，这些与教学质量、学生素质紧密相关的因素，决定了学校的社会地位。民办高校只有提高毕业生的综合素质，才能提高就业质量，提高社会声誉，在创特色、创品牌中确立自身存在的市场价值，才会对招生起到促进作用，提高生源质量，对办学起到良性循环。

一、就业调查情况分析

课题组根据不同的对象设计不同的问卷，通过纸质问卷与网上"问卷星"收集所需数据。调研在校生 8 254 人，回收问卷 4 314 份有效样本；采用发放电子版问卷形式调查 2010 年前毕业 182 人（本科 156 人，专科 26 人）；调研在校生家长，回收问卷 2 873 份；通过"问卷星"的链接发给用人单位，统计根据"问卷星"收集生成的数据，共 134

份;调研本市 19 所民办高校就业办负责人,100％回收率。综合 5 种对象的问卷,整合与课题主题有关的问题和数据,进行如下分析。

1. 学生是否喜欢所学的专业

(1) 对于"您喜欢自己大学里所学的专业吗"这个问题,通过对 4 814 份上海杉达学院在校学生的问卷调查,填写问卷的女生占 61.71％,男生占 38.29％。填写问卷的本科生占 83.22％,专科生占 16.78％。被调查者中对是否喜欢所学专业这个问题,选择很喜欢的占 7.14％,比较喜欢的占 34.61％,一般的占 47.8％,不太喜欢和完全不喜欢的占 10.45％(见表 1)。

表 1　你喜欢自己的专业吗?(对象:在校生)

选　　项	小计	比　　例
很喜欢	308	7.14％
比较喜欢	1 493	34.61％
一般	2 062	47.8％
不太喜欢	352	8.16％
完全不喜欢	99	2.29％
本题有效填写人次	4 314	

同样的问题从毕业生的反馈中得到的答案基本相同:选择很喜欢的占 7.69％,比较喜欢的占 32.42％,一般的占 51.1％,不太喜欢和完全不喜欢的占 8.79％(见表 2)。

表 2　您喜欢自己大学里所学的专业吗(对象:毕业生)

选　　项	小计	比　　例
完全不喜欢	3	1.65％
不太喜欢	13	7.14％
一般	93	51.1％
较喜欢	59	32.42％
很喜欢	14	7.69％
本题有效填写人次	182	

分析原因主要有三点:

其一,选择喜欢自己专业的,填志愿时就经过成熟的思考,知道自己喜欢什么要什么,希望今后从事什么工作,所以在校生和毕业生都有 40％左右的学生选择很喜欢和较喜欢。

其二,选择一般的和不喜欢的,可能因为民办高校的生源有一部分是调剂志愿进入的,学生所选择的专业不一定是他们最喜欢的专业。即使入校时选择了第一感觉喜欢的专业,经过一段时间的认知和实践后,觉得现实和理想中喜欢的专业之间存在偏差。

其三,父母对学生的导向,家长可能会根据社会的导向去影响学生对专业的选择,因此降低了对所学专业的喜爱度。

(2) 对于"您是否会围绕您所学的专业选择职业"这个问题,65.46％的在校生希望毕业后能将大学期间所学的专业运用于自己的职业(见表3)。63.19％的毕业生表示选择职业与专业有关,13.19％的毕业生希望专业对口但没找到合适的(见表4)。从毕业生反馈的专业是否对口的调研结果反馈,有74.72％的毕业生人认为自己目前的工作与所学专业或完全对口或有点联系(见表5)。从中反映出专业教学对就业是有密切关系的,结合毕业生对专业实习的反馈意见,提示高校在专业教学的同时,还要加强专业实习和实践。招生宣传时将专业培养目标告知考生,有利于考生选择报考专业。

表3 毕业后,您是否会围绕您的专业选择职业(对象:在校生)

选　项	小计	比　例
是	2 824	65.46％
不是	1 490	34.54％
本题有效填写人次	4 314	

表4 您毕业时,是否围绕您的专业选择职业(对象:毕业生)

选　项	小计	比　例
不是	43	23.63％
是,但没能找到	24	13.19％
是,跟专业有些联系	79	43.41％
是,完全专业对口	36	19.78％
本题有效填写人次	182	

表5 您现在的工作与您学习的专业是否对口(对象:毕业生)

选　项	小计	比　例
对口	65	35.71％
有一点关系	71	39.01％
不对口	46	25.27％
本题有效填写人次	182	

由此可见,所学专业与就业有着密切的关系,尤其是民办高校开设的应用型本科,在专业教学这方面,如何考虑学生毕业以后将所学的知识和技能用于工作,是一个值得高校关注的问题。

2. 毕业生的就业现状

(1) 学历分布。参加此次问卷调查的对象是杉达学院的毕业生共182人,其中毕业时学历为本科层次的共156人,专科层次共26人(见图1)。

（2）专业对口。从就业时专业对口的情况来看,参与此次调查中,35.71%的毕业生认为自己目前所从事的工作岗位与自己专业相关,39%的人认为自己目前的工作与所学专业有一点联系,剩下25%左右的毕业生认为自己目前的工作与自身专业毫无联系(见图2)。通过调查发现,70%左右的毕业生在毕业求职时会选择与自身专业相关或有部分联系的工作岗位。

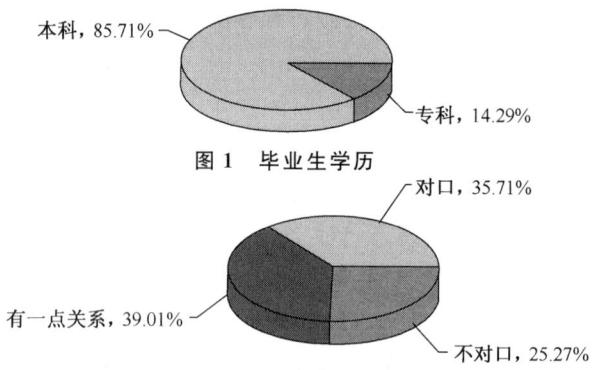

图 1 毕业生学历

图 2 您现在的工作与您学习的专业是否对口

（3）从就业所属行业上来看,财经商贸类企业超过了半数达到51.65%,其中金融业占了所有行业的22.53%,与杉达学院的专业偏重经管类是比较符合的(见图3)。杉達学院2012届金融、会计、国际贸易类专业的人数是毕业生总数的30.63%,与毕业生就业的行业分布比例也比较符合的。IT专业的在校生是毕业生总数的12.52%,与毕业生的就业趋势也是比较接近的。更进一步说明专业与就业的紧密关系。

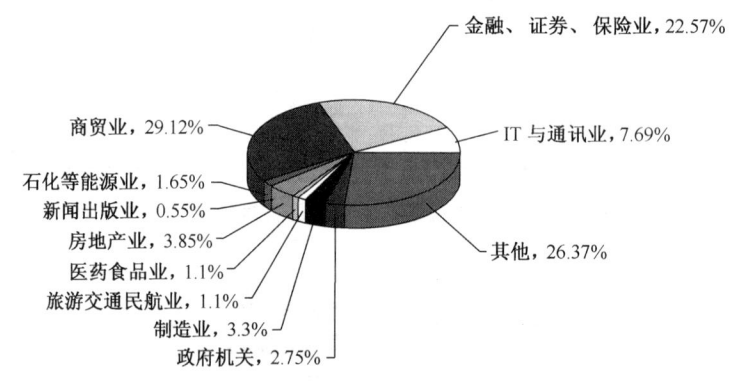

图 3 毕业生就业行业分布

（4）从2011年的毕业生薪酬上看,税前收入在1 500元以下占21.43%,1 500～2 000元占29.67%,2 001～3 500元占25.27%,3 501～5 000元占7.69%,5 000元以上占15.93%(见图4)。据调查数据分析,从商贸类、金融类及IT类行业的毕业生薪酬普遍较高,宾馆酒店服务业的起薪比较低。2012届毕业生签的四联单显示:交通银行柜面岗位月薪4 800元、上海银行5 500元、农业银行6 000元、中国银行6 500元、其他的行业薪酬则相对较低,在2 000～3 000元之间居多。根据杉达学院毕业生从事金融行业比例相对较大的实际分析,一方面是财经商贸类的专业比例较大,另一个原因就是现在的毕业生对薪酬的确比较在意,旅游专业行业就业率比较低,究其原因,很重要的一点就是旅游业的起薪很低,工作辛苦,上升的空间不大,造成80%以上的毕业生跨行业就业,造成资源的浪费。

3. 毕业生专业实习与社会实践分析

根据上述针对毕业生的就业现状调查,问卷设置相关问题主要针对参与调查者在校期间的实习以及社会实践经历。旨在分析大学生在校期间社会实践以及实习的经历是否会对其在求职中产生积极的作用。

参与此次调研的毕业生中,在大学四年中参加过社会实践的占到了94%,认为有帮助的占到60.4%,很有帮助的占26.37%左右(见图5)。与此同时,参加过专业实习的仅56%,感到没有帮助的比例接近40%,感到很有帮助的仅17.03%(见图6)。

根据在校生希望专业对口,毕业生在实际就业情况中大多数

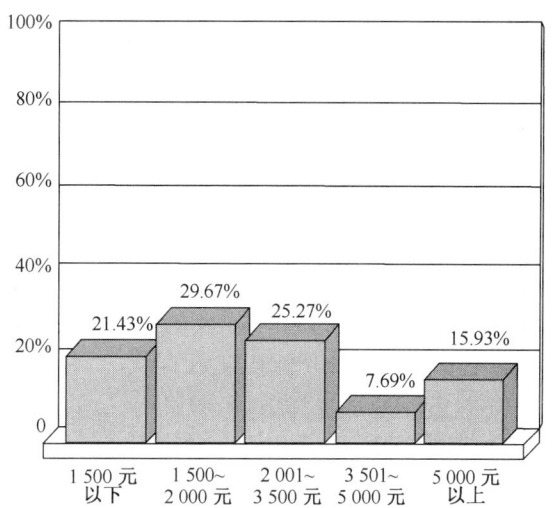

图4 毕业生就业薪酬

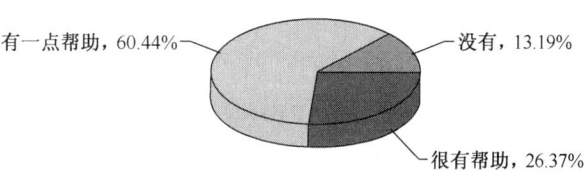

图5 社会实践对就业是否有帮助

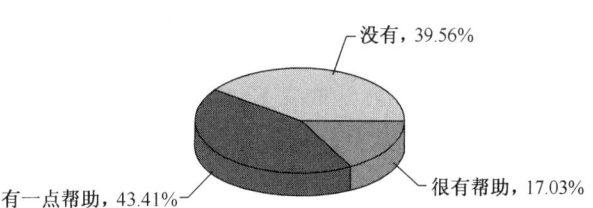

图6 专业实习对就业是否有帮助

都是专业对口,说明应用型本科的专业在就业方面是比较成功的。但是如何加强专业实践,加强校企结合是一个值得探讨的问题,从毕业生的反馈信息来分析,毕业生对在校期间的专业实习并不是十分认可,这说明校企合作的力度还不够。如杉达学院计算机专业的校企合作,已经与张江软件园、塔塔集团等企业紧密合作,学生在教学环节中已经开始专业实习,IT行业的先进技术由企业的专家对学生进行辅导,保证了IT技术专业教学的前瞻性,解决了课程教学滞后的老问题。企业的专家就是该专业学生的论文导师,专业的就业情况已经达到毕业生供不应求的地步,企业需要提前预定才能招聘到应届毕业生。我们认为,如果各专业都能加强校企合作的话,专业实习可以开展得更好,专业教学的效果将更好,毕业生的就业也会更好。

民办高校的本科基本属于应用型专业,我们认为对于专业实践及专业实习,在课程建设方面还应与专业指导加强紧密的结合,使毕业生能够尽快地掌握必要的技能,加强行业准入资格证的考试导向,也许是帮助毕业生就业的一个手段。因此,对于专业实践的指导以及专业实习机会的提供还需要进一步加强,这将会直接影响到毕业生的就业质量,也同时提高学校的社会声誉,为提高生源的质量打下厚实的基础。

4. 家长对子女的就业期望

望子成龙、望女成凤,是大学生家长的普遍心态,因此在大学生择业、就业问题方面,家长会在一定程度上影响子女的选择。我们曾经对目前在校的部分学生的家长通过问卷形式进行调研,分析结果如下:

(1) 在就业地域选择方面,被调研的上海杉达学院的毕业生49.95%来自上海本地,50.5%的毕业生是外省市的。其中65.16%的家长希望自己的子女在毕业以后在上海寻找工作,30.87%的家长希望子女在毕业以后回到原籍工作,3.97%的家长允

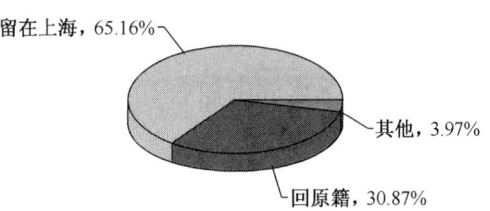

图7 您希望孩子毕业以后的就业去向

许子女到其他地方寻找工作(见图7)。一般来说,毕业生的父母希望子女能够选择离家近的地方和经济发达的城市作为工作地点,由于杉达的学生大多数是上海人,而上海又是一座发达的国际化大都市,能提供相对吸引学生的就业岗位,所以调查中绝大多数的家长都希望子女能够在上海就业。

(2) 在就业单位选择方面,55.9%的家长希望自己的子女在毕业后能够从事金融行业的工作,34.88%的家长希望自己的子女毕业后能在国家机关工作,37.1%的家长希望子女从事贸易业,接下来依次是IT行业、房地产行业、教育文化行业、新闻传媒等等(见图8)。这些行业基本都是热门行业。在家长们的观念中,这些行业从业人员的薪资收入和工作稳定性成为他们首先考虑的因素。由于近年来,金融行业的从业人员的薪资收入较其他行业高,所以较多家长希望自己的子女能够进入这个行业。另外,在国家机关工作比较稳定、待遇福利好,众多家长也比较希望子女能够通过

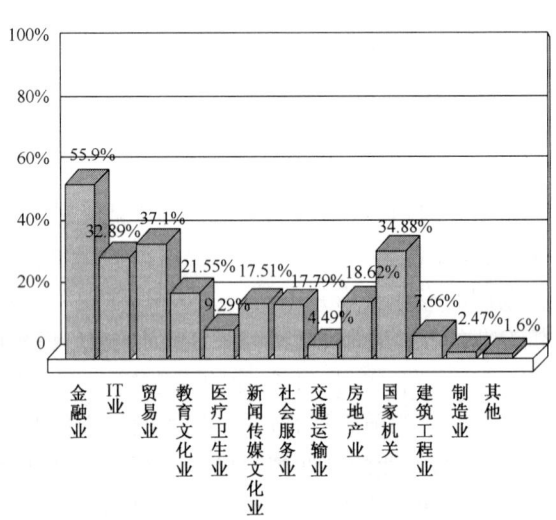

图8 您希望您的孩子去何种类型单位就业

公务员考试进入国家机关工作。

（3）对于就业方向,在被调研的家长中,本科毕业生家长为83.95%,专科毕业生家长为16.05%。调查显示,毕业生家长在毕业生择业去向方面优先考虑的先后顺序是:就业67.8%、本升硕19.98%、出国留学12.04%、专升本10.93%(见图9)。由此可见,有相当多的毕业生家长希望毕业生毕业后直接就业,另外比较多的家长希望自己的子女能够进一步深造。近年来,"国考热"、"考研热"、"出国热"越演越烈,究其原因,一是知识经济时代的影响和人才素质要求的提高,另外,就业竞争激烈,优越的职业需要优秀的高层次人才。部分家长认为高学历代表着高收入,于是鼓励子女参加考研和出国升学。毕业生就业质量的高低也能够在招生时提供考生及家长参考,吸引考生报考。

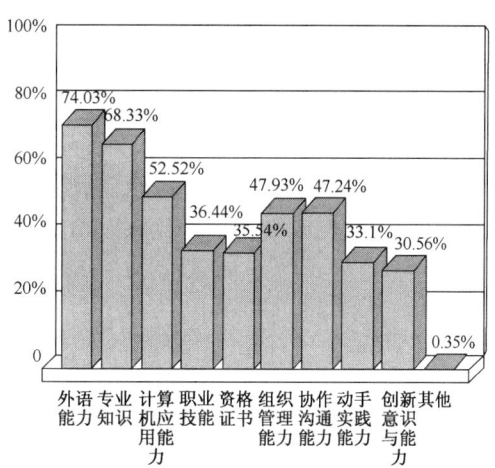

图9　您的孩子毕业后是否继续深造

（4）在就业前的准备方面,在"您希望您的孩子在学校期间考出哪些证书"问题中,家长的选择依次是:计算机等级证书、外语等级、专业资格、职业技能、各类相关上岗资格证书(见图10)。在"您希望孩子在哪些方面需要具备一定的优势?"问题中,家长的选择依次是外语、专业知识、计算机应用、沟通、组织、职业技能(见图11)。以上可见,绝大多数家长希望子女在校期间能够提高自己的外语水平和计算机水平,并且培养专业方面的技能为将来的工作做准备。

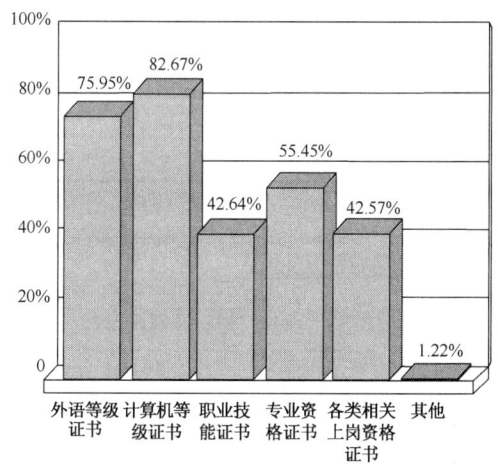

图10　您希望您的孩子在学校期间考出哪些证书

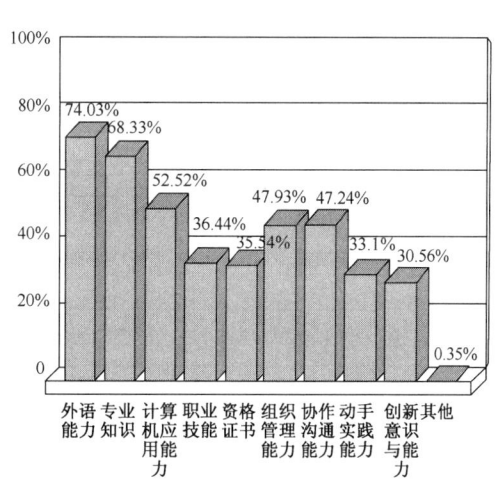

图11　您希望孩子在哪些方面需要具备一定的优势?

5. 用人单位的反馈情况

(1) 用人单位性质及行业分类。经对被调研的 134 份样本进行单位性质分类,民企占 48.51%,三资占 17.91%,国企占 14.18%,事业占 1.49,其他占 17.91%(见图 12)。

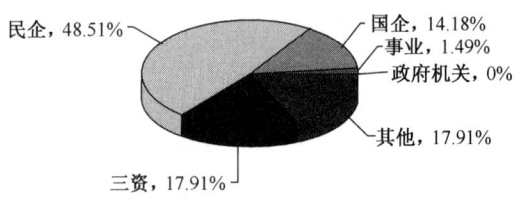

图 12　用人单位性质分类

从图 13 基本可见,杉达学院的毕业生就业从事的行业涉及面较广,金融业占首位,与家长的期望比较吻合,也反映金融业对杉达学院的关注与认可,以上数据采集于 2011 年。从目前的发展趋势来看,2012 年已经有更多的银行来杉达学院招聘毕业生,包括中国银行、中国工商银行、中国建设银行、上海银行、中国农业银行、农商银行、交通银行,也有外资的汇丰银行、花旗银行、三井住友银行等。由于银行的起薪高,待遇好,所以很多学生愿意应聘。

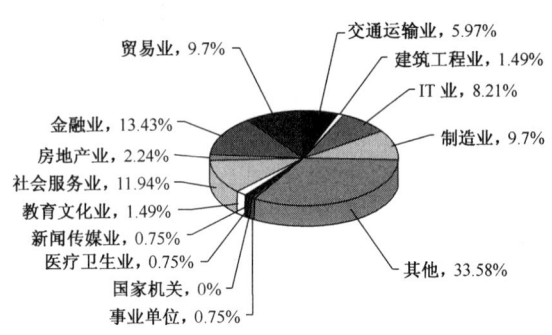

图 13　用人单位行业分类

(2) 向用人单位调研我校毕业生基本属于公司哪个阶层。据向 134 个用人单位了解,我校毕业生在基层工作的比例是 71.64%(见表 6),也就是说绝大多数的本科毕业生的初次就业都是最基层的工作,这为在校学生必须对自己的就业有正确的定位提供了一个有说服力的佐证。至于毕业生在职场的发展潜力,我们打算在今后的工作中继续开展调研。这与各校就业指导机构给出的影响毕业生就业的因素的答案是吻合的(见图 14),也进一步说明了对学生开展职业生涯与就业指导的重要性。

表 6　毕业生就业基本属于公司的哪个层面

选项	小计	比例
基层	96	71.64%
中层	20	14.93%
高层	1	0.75%
无贵校学生	17	12.69%
本题有效填写人次	134	

（3）向用人单位调研"单位最欢迎什么学历层次的毕业生"。"单位最欢迎什么学历层次的毕业生"这个问题的反馈结果是：用人单位欢迎本科生的比例占了 65.67％，专科占了 29.85％（见图 15），说明了在高等教育属于素质教育阶段，本科受欢迎的程度，尤其是银行。哪怕柜面的岗位，过去只是中专生做的工作现在也必需招收二本以上的学生。

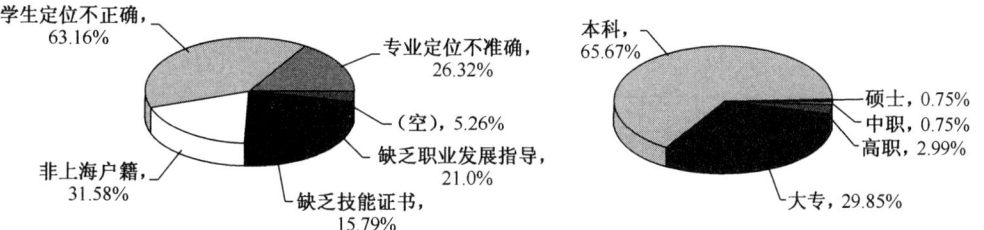

图 14　向各校就业部门调研影响毕业生就业的因素　　图 15　单位最欢迎什么学历层次的毕业生

6. 上海民办高校招生、就业工作的体制、机制现状及特点

经向全市 19 所有毕业生的民办高校就业部门调研，所有的学校都反映在民办高校存在着重招生轻就业的现象，尤其是招生就业合署办公的学校更为明显。就业工作的压力很大，难度很大，无论是机构建设还是人员，经费都存在很大的困难，尤其是就业指导工作的开展还处在起始阶段，受到的重视不够。

汇总问卷调研的结果如下：

（1）绝大多数学校没有成立就业指导中心，目前就业机构称为就业指导中心的只有 5 家，占 26.32％；称为就业指导办公室的是 7 家，占 36.84％；称为招生就业办公室的有 6 家，占 31.58％；其他的 1 家，占 5.26％（见表 7）。

表 7　贵校就业工作机构的名称

选　　项	小计	比　　例
就业指导中心	5	26.32％
就业指导办公室	7	36.84％
招生就业办公室	6	31.58％
其他	1	5.26％
本题有效填写人次	19	

（2）就业指导机构尚未完全独立。就业部门独立的有 8 家，占 42.11％；隶属于学生处的 8 家，占 42.11％；隶属于招生办的 2 家，占 10.53％；就业工作在二级学院开展的有 1 家，占 5.26％（见表 8）。

表8　贵校就业工作机构隶属什么部门

选　项	小计	比　例	
独立机构	8		42.11%
隶属学生处	8		42.11%
隶属招生办	2		10.53%
其他	1		5.26%
本题有效填写人次	19		

（3）人员不到位。根据市教委要求，就业部门的工作人员按每500名毕业生配备1人的要求，民办高校基本都没达到。

据调研，就业部门工作人员2人的有7家，占36.84%；3人的有9家，占47.37%；4人的2家，占10.53%；5人的1家，占5.26%（见图16）。

（4）开展职业发展与就业指导课程滞后。据向全市民办高校就业部门调研的结果，全市19所有毕业生的民办高校中，已经成立职业发展教研室的学校仅3家（见图17），说明就业指导是民办高校的弱项。

（5）职业指导师资匮乏。在全市有毕业生的19所民办高校中，已经取得教委职业指导师资格证书的总共只有15人。其中8所高校尚无人取得证书，还有8所高校仅各有1人取得证书，2所高校各有2人取得证书，1所高校有3人取得证书（见图18），说明民办高校对于职业

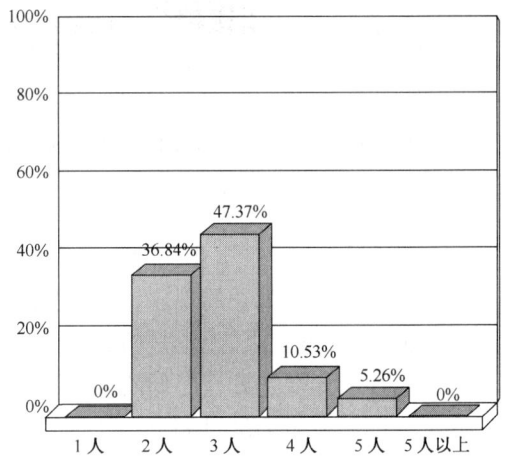

图16　贵校就业工作机构人员数

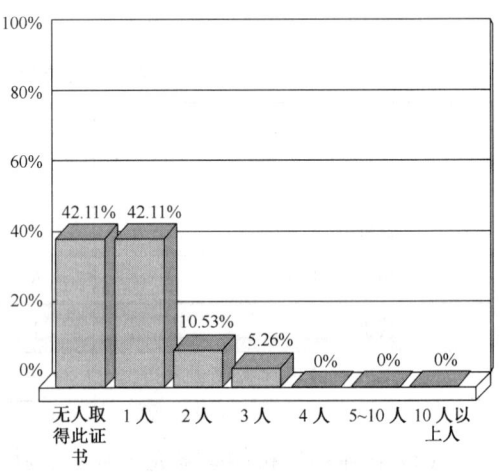

图18　贵校参加职业咨询师培训
　　　并取得证书的人数

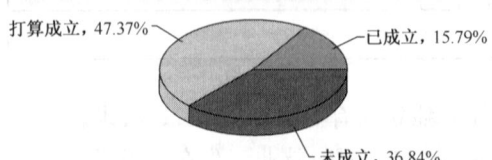

图17　贵校是否已成立职业发展教研室

咨询师专业培训力度和重视度不够,有待加强。

(6) 职业发展课程尚未全部开展。从问卷"贵校职业发展课程是否进入教学计划?"(见图19)可以看出,各高校在这方面做得参差不齐,有10所学校将就业职业课程纳入教学计划并给予学分,5所学校将就业指导课程仅以讲座的形式开展,还有3所学校没有开展。

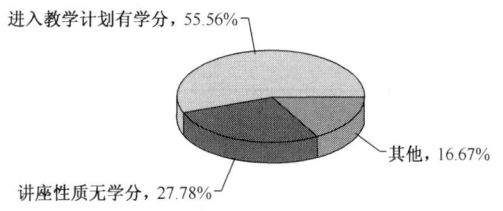

图 19　贵校职业发展课程是否进入教学计划?

(7) 职业发展指导的缺乏影响毕业生就业。学校普遍认为职业发展指导的缺乏影响毕业生就业,其中认为学生定位不正确的因素有 63.16%,认为专业定位不准确的有 26.32%,由于大多数民办高校是高职高专,重视职业技能教育,所以认为缺乏技能证书的只是 15.79%,认为是非上海户籍的因素占 31.58%,认为缺乏职业指导的占 21.05%(见图20)。实际上学生自己定位不准确与就业指导有十分密切的关系。

结合向毕业生调研的问卷:"在校期间,院/系/专业是否有比较系统的职业规划"这个问题,被调研的毕业生反映,有明确规划的仅占 12.09%,没有规划的占 32.97%,有模糊规划的占 54.95%(见表9)。以上几个问题的调研结果都说明在开展职业指导方面还需要花大力气。

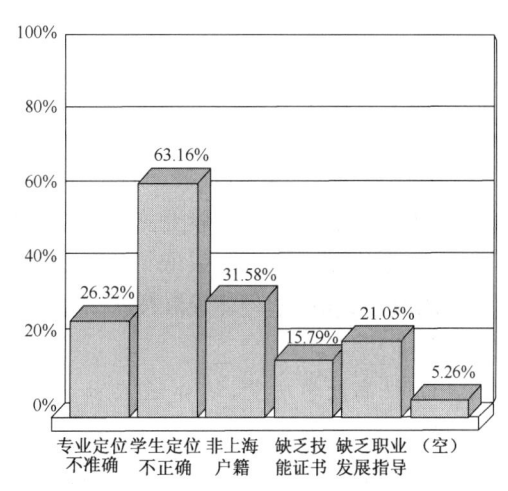

图 20　贵校认为影响毕业生就业的因素是

表 9　在校期间,院/系/专业是否有比较系统的职业规划

选　项	小计	比　例
有明确规划	22	12.09%
有较模糊的规划	100	54.95%
没有规划	60	32.97%
本题有效填写人次	182	

(8) 重视校企合作是毕业生受欢迎的最大因素。在调研中有一个数据很值得重视,那就是有 57.90% 的学校认为,专业重视校企合作是毕业生受用人单位欢迎的最大

因素,有52.63％的学校认为专业重视市场需求是毕业生受欢迎的主要因素,其次是订单式培养和职业发展教育(见表10)。

表10　贵校毕业生受欢迎的因素

选　　项	小计	比　　例
专业重视校企合作	11	57.89％
订单式培养	3	15.79％
专业重视市场需求	10	52.63％
开展职业发展教育	1	5.26％
本题有效填写人次	19	

二、对策与建议

本次调查虽然时间有限,调查范围有限,问题也不够深入,但从毕业生、在校生、家长、用人单位和兄弟院校就业指导部门反映的问题来看,在今后的教学和就业指导工作中,应在以下几个方面采取措施,以提高教学质量,提高校企合作的力度,促进生源质量的改善,加快学科建设和发展,培养高素质的人才,从而,稳定提高毕业生的就业率与就业质量。

1. 提高教学质量,培养适应社会需求的人才是民办高校提高学生就业率的根本出路

"教学是与外部社会进行永恒对话的过程"(《后现代大学来临?》史密斯、韦斯伯特)。《国家中长期教育改革和发展规划纲要(2010—2020年)》指出:要把适应社会需求作为衡量教育质量的根本标准。根据国务院2012年《关于批转促进就业规划(2011—2015年)的通知》精神,坚持促进就业与经济社会发展相结合。将促进就业放在经济社会发展的优先位置,作为保障和改善民生的头等大事,依靠经济发展带动就业增长,以扩大就业来促进经济持续发展,为转变经济发展方式提供有力保证的原则。

高校的生存和发展越来越依赖于生源和学生的需求。生源的质量很大程度上取决于学校的声誉,学校的声誉很大程度上也取决于毕业生在社会上的贡献、地位以及得到的认可度。麦可思调查也显示,核心专业课程设置和内容越贴近毕业生岗位需要,毕业生的基本工作能力越强、对职业的期待吻合度越高,大学培养的知识和技能需要与发展中的社会相适应。

设立社会需求的专业十分重要。结合杉达学院的就业情况,截至2月16日,2012届全校的签约率为17.17％,其中本科为8.89％,专科为49.35％,签约率遥遥领先的基本都是工科的专科专业(见表11)。

表 11　截至 2012.2.16 杉达学院专业签约率前五位的专业

序号	专业	人数	签约人数	签约率(%)
1	电气自动化技术(专科)	85	61	71.76
2	船舶工程技术(专科)	50	34	68.00
3	机电一体化技术(专科)	99	62	62.63
4	国际金融(专科)	98	51	52.04
5	物流管理(专科)	59	30	50.85

正如市教委副主任印杰在多次会议上指出的那样,高校毕业生就业存在着结构性的矛盾,传统上还是比较偏学科型、学术型的,培养的人还是以知识体系为标准的,可能就跟岗位有一点脱节,对文科毕业生的需求量不如理工科学生。结合杉达学院工科就业形势特别好的现象,也说明了针对结构性矛盾的突出,应该调整专业结构,市场需求大的专业应该加大招生力度,对就业不好的专业应该有适当的调整手段。

2. 加强校企合作的力度,重视专业实习和技能培训的力度,使专业教学符合社会需求

教育部在 2005 年 1 月《关于进一步加强高等学校本科教学的若干意见》中就提出:"大力加强实践教学,切实提高大学生的实践能力。高等学校要强化实践育人的意识,区别不同学科对实践教学的要求,合理制定实践教学方案,完善实践教学体系。"通过对毕业生的调研和对用人单位的调研,我们更加明确看到,民办高校需要思考,在本科教育规模快速扩张的状况下,应用型本科如何调整适应社会需求,通过"产学研"加强校企合作,培养应用型本科生的实践能力、创新能力和科技素质。

在经管类应用型本科教学体系中,实训实践教学是学生认知社会,熟悉职场环境,培养实际工作能力的重要途径,具有理论教学不可替代的作用。民办高校有条件的专业要建立校内实训基地和校外实习基地,最终达到毕业生的知识技能与岗位需求无缝连接。同时还需要解决课程设置和教学计划中缺乏实习和实践接环而造成与市场需求的脱节问题,专业课程的设置和内容越贴近毕业生岗位需要,毕业生的基本工作能力越强,对职业的期待吻合度越高,越受用人单位的欢迎,也才能提高毕业生的就业质量,使民办高校的毕业生在社会上有稳定的立足之地。

3. 加强职业资格证的培训力度

现在越来越多的行业都实行行业资格准入制度,过去只要有学历就可以就业,现在和以后的趋势是既要有学历,又要有与岗位相关的职业资格证书才能更好地进入人力资源市场。公办高校十分重视双师型师资的培养,重视岗位资格证书的培训和考试。专家建议应用型本科院校教育教学改革理应全面与职业资格证书制度接轨(《应用型本科院校实行职业资格证书制度的思考》阚雨沐杨晓东原文链接:http://www.cqvip.com/qk/96203x/200932/32989067.html)。

综合学生家长的调研反馈,建议民办高校应用型专业要根据专业特色,除了引导学生取得英语等级证、计算机等级证外,还要取得诸如法律职业资格证书、会计上岗证书、导游资格证、人力资源管理师、物业管理师、房地产营销策划师、劳动和社会保障岗位资格证书、上海市人事管理岗位资格证书等各行各业的资格证书,提高毕业生就业竞争力。

4. 建议将职业生涯与就业指导课程列入教学计划的必修课或选修课

发达国家以及我国台湾地区对学生的生涯教育和职业指导早在初中时期就已经开始,日本甚至将生涯教育贯穿于从幼儿园到成人的整个教育过程。对比之下,我们的学生缺乏系统的职业生涯指导教育,对照调研结果还有将近一半的民办高校尚未将职业发展课程列入教学计划。这将一定程度地制约和影响学生的就业和今后的职业生涯发展。根据教育部办公厅"关于印发《大学生职业发展与就业指导课程教学要求》的通知"(教办厅〔2007〕7 号文件)精神,"职业发展与就业指导课程建设是高校人才培养工作和毕业生就业工作的重要组成部分,要认真落实国办发〔2007〕26 号文件关于'将就业指导课程纳入教学计划'"的要求。上海市文明单位创建项目Ⅲ-15-3 也要求将"职业生涯发展教育贯穿于大学教育的全过程,职业生涯发展教育教师队伍培养有计划、有措施"。各民办高校都应该将职业生涯与就业指导课程列入教学计划,配备专职或兼职的职业规划工作人员,负责学生的职业规划指导教育,引导学生合理、科学、客观和准确地评价自己,及早制定科学的职业生涯规划。

5. 完善民办高校就业指导机构建设、重视就业指导工作的队伍建设

各民办高校必须根据市教委对高校就业工作指标体系的要求,设立校一级的就业工作领导小组,院系主要领导应是领导小组成员。建议民办高校完善就业指导机构,有条件的要成立就业指导中心,在开展就业工作日常事务的基础上,加强职业生涯与就业指导工作的开展和落实。

重视就业指导课教师的培养和职业咨询师的培养,加强就业指导课程的大纲、教材、课件建设,加强对学生职业生涯的指导,创造条件使用专业软件为学生开展在线职业测评,使学生通过了解自己的性格、优势、劣势、动力结果,找到适合自己的岗位特质,使学生在就业时有的放矢地选择适合的职业类型,同时也有利于用人单位对毕业生的选择。

6. 民办高校就业率的提高需要社会全方位的帮助

国务院 2012 年《关于批转促进就业规划(2011—2015 年)的通知》要求,坚持促进就业与经济社会发展相结合。将促进就业放在经济社会发展的优先位置,作为保障和改善民生的头等大事,依靠经济发展带动就业增长,以扩大就业来促进经济持续发展,为转变经济发展方式提供有力保证的原则。民办高校就业的提高需要社会全方位的帮助,要以政府、用人单位、高校和大学生作为就业指导的主体,以"市场就业制度"或"自由就业制度"为基础,配备专职人员在大学生中开展内容全面、形式多样、方法先进的就业指导,帮助大学生及时了解就业市场的变化,培养学生的职业兴趣和职业定向意识,提高学生的就业技能和就业方法,提高学生对学习和择业的主动性,这对提高民办高校毕业生的就业率与就业质量具有积极的现实意义。

结束语

把毕业生推向市场、送到适合的岗位上是高校应尽的义务。通过对毕业生、在校生、学生家长、用人单位以及兄弟高校就业指导机构的调研，使我们对毕业生的就业去向、专业对口、家长期望、就职层面以及存在的问题都作了一定的梳理，对存在的问题提出了积极的对策和建议。

毕业生是学校的口碑，校风学风、专业设置、特色品牌，这些与教学质量、学生素质紧密相关的因素，决定了学校的社会地位。民办高校只有提高毕业生的综合素质，才能提高就业质量，提高社会声誉，在创特色、创品牌中确立自身存在的市场价值，才会对招生起到促进作用，也会不断提高生源质量，促进民办高校办学进入良性循环轨道。

参考文献

[1] 史密斯,韦斯伯特.后现代大学来临[M].北京:北京大学出版社,2010.8.
[2] 阚雨沐,杨晓东.应用型本科院校实行职业资格证书制度的思考[J].职业技术教育,2009(32):72-73.
[3] 张晶,刘东明.产学研合作培养应用型人才[J].今日科苑,2009(22):211.

作者简介:

张增泰,就职于上海杉达学院;
朱莉莉,就职于上海杉达学院。

附件：上海杉达学院就业工作状况调查表（在校生问卷）

亲爱的同学：

　　您好！为了更好地为民办高校大学生就业服务，我们正在进行一项有关民办高校大学生就业的调查。请您务必认真、坦率、真实地回答每一个问题，回答无所谓正确与错误之分。您所填写的任何资料，我们将为您保密。您在此问卷上所做的调查，不会对您产生任何不利影响，所以请您不必有任何顾虑。

1. 您所学专业名称＿＿＿＿＿＿＿（请注明）

2. 性别：　　　　　　□ 男　　　　　　　　□ 女

3. 您的学历：　　　　□ 本科在读　　　　　□ 专科在读

4. 政治面貌：　　　　□ 中共党员　□ 团员　□ 群众

5. 您在校期间，是否参加过社会实践？
   □ 没有　□ 2 个月以内　□ 3～6 个月　□ 半年以上

6. 您喜欢自己大学里所学的专业吗？
   □ 很喜欢　□ 比较喜欢　□ 一般　□ 不太喜欢　□ 完全不喜欢

7. 毕业后，您是否会围绕您的专业选择职业？
   □ 是　□ 不是

8. 您所在的院/系/专业里是否有比较系统的职业规划？
   □ 有明确规划　□ 有较模糊的规划　□ 没有规划

9. 你认为就业准备应该在什么时候开始？
   □ 进入大学就开始　□ 毕业前一年　□ 毕业前半年　□ 毕业前两个月
   □ 毕业之后

10. 你希望学校什么时候开始开设就业指导课程？
    □ 大一　□ 大二　□ 大三

11. 你认为对大学生的就业指导，以下哪方面最重要？
    □ 就业形势与政策　□ 就业流程　□ 面试技巧　□ 就业心理调适
    □ 生涯规划　□ 职业测评　□ 提供就业信息
    □ 对于本专业相关行业的介绍

12. 你希望的就业指导形式或方式：
    □ 就业指导课　□ 就业培训　□ 个别辅导

13. 如果想接受有关就业指导，上就业指导课，你认为谁最合适？
    □ 辅导员　□ 学校专门的职业指导老师　□ 高年级同学　□ 父母
    □ 社会上专业服务指导机构的专门人员　□ 行业资深人士
    □ 其他＿＿＿＿＿＿＿（请注明）

14. 目前你最迫切需要接受以下方面指导？（最多选 2 项）

☐ 求职书的撰写　☐ 面试技巧　☐ 就业心理辅导　☐ 就业形势　☐ 求职经验

15. 您规划中毕业后的去向？（可多选）

☐ 求职　☐ 考研　☐ 出国　☐ 创业　☐ 国家项目(公职类考试、村官、参军等)
☐ 其他＿＿＿＿＿＿＿＿（请注明）

16. 您对求职薪酬的考虑？（适用期后的工资）

☐ 1 500 元以下　☐ 1 500～2 000 元　☐ 2 001～3 500 元　☐ 3 501～5 000 元
☐ 5 000 元以上

17. 择业时,您将考虑的因素是:(限选 3 项)

☐ 工作地点　☐ 薪酬与福利　☐ 个人发展机会　☐ 专业对口
☐ 行业发展　☐ 工作环境　☐ 符合自己的性格和兴趣　☐ 父母的意愿
☐ 工作的稳定性　☐ 创业机会大　☐ 其他＿＿＿＿＿＿＿＿（请注明）

18. 毕业时,您最想进入的行业是:(限选 3 项)

☐ IT 与通讯业　☐ 金融、证券、保险业　☐ 商贸业　☐ 电力、石化等能源业
☐ 新闻出版业　☐ 房地产业　☐ 医药食品业　☐ 旅游交通民航业
☐ 事业单位　☐ 其他＿＿＿＿＿＿＿＿（请注明）

19. 你觉得择业时,父母的看法对你是否有影响?

☐ 没有　☐ 作为参考,主要取决自己　☐ 有很大影响　☐ 父母做主

20. 你对我校的就业、创业工作有何意见及建议

＿＿＿＿＿＿＿＿＿＿＿＿＿＿＿＿＿＿

谢您在百忙之中参与问卷调查,祝您身体健康,学业进步!

上海杉达学院就业工作状况调查表(毕业生问卷)

亲爱的同学:

您好! 为了更好地为民办高校大学生就业服务,我们正在进行一项有关民办高校大学生就业的调查。请您务必认真、坦率、真实地回答每一个问题,回答无所谓正确与错误之分。您所填写的任何资料,我们将为您保密。您在此问卷上所做的调查,不会对您产生任何不利影响,所以请您不必有任何顾虑。

1. 您所学专业名称＿＿＿＿＿＿＿＿（请注明）
2. 性别:　　　　　　☐ 男　　　　　　　　☐ 女
3. 您毕业时的学历:　☐ 本科　　　　　　　☐ 专科
4. 政治面貌:　　　　☐ 中共党员　☐ 共青团员　☐ 民主党派　☐ 群众
5. 您现在的工作与您学习的专业是否对口:　☐ 对口　☐ 有一点关系　☐ 不对口
6. 您现在所处的行业是:

☐ IT 与通讯业　☐ 金融、证券、保险业　☐ 商贸业　☐ 电力、石化等能源业

□ 新闻出版业　　□ 房地产业　　□ 医药食品业　　□ 旅游交通民航业
□ 制造业　　□ 政府机关　　□ 其他_____(请注明)

7. 您工作的时间：□ 1 年以下(含 1 年)　□ 1～3 年(含 3 年)
　　□ 3～5 年(含 5 年)　□ 5 年以上

8. 您是否更换过工作：□ 1 次　□ 2 次　□ 3 次　□ 3 次以上

9. 您现在的税前月薪：□ 1 500 元以下　□ 1 500～2 000 元　□ 2 001～3 500 元
　　□ 3 501～5 000 元　□ 5 000 元以上

10. 您在校期间,是否参加过社会实践(包括给类校内外兼职、实习、志愿者服务等公益性活动)：
　　□ 没有　□ 2 个月以内　□ 3～6 个月　□ 半年以上

11. 社会实践的经历对您的工作是否有帮助：□ 没有　□ 有一点帮助　□ 很有帮助

12. 您在校期间,是否参加过专业实习：□ 没有　□ 2 个月以内　□ 3～6 个月
　　□ 半年以上

13. 专业实习的经历对您的工作是否有帮助：□ 没有　□ 有一点帮助
　　□ 很有帮助

14. 您在校期间是否担任过班/校级干部：□ 否　□ 是,职务是_____
(请注明)

15. 您认为影响成功就业主要因素:(限选 3 项)
　　□ 在校的考试成绩　□ 毕业时的学历　□ 英语/计算机水平
　　□ 工作经历　□ 个人素质　□ 形象包装　□ 职业生涯规划
　　□ 职业能力证书　□ 熟人推荐(包括:父母、亲友、老师、同学等)

16. 您现在认为自己毕业时最欠缺的主要是:(限选 3 项)
　　□ 分析问题、解决问题的能力　□ 沟通协调能力　□ 承受压力、克服困难的能力
　　□ 相关工作或实习经验　□ 专业知识和技能　□ 外语的书面及口头交流的能力
　　□ 各类职业能力证书　□ 其他_____(请注明)

17. 您喜欢自己大学里所学的专业吗?
　　□ 完全不喜欢　□ 不太喜欢　□ 一般　□ 较喜欢　□ 很喜欢

18. 您毕业时,是否围绕您的专业选择职业：
　　□ 不是　□ 是,但没能找到　□ 是,跟专业有些联系　□ 是,完全专业对口

19. 您在校期间,院/系/专业里是否有比较系统的职业规划?
　　□ 有明确规划　□ 有较模糊的规划　□ 没有规划

20. 您认为大学中所获得的哪些知识和能力对您现在的工作帮助最大?
　　□ 专业知识、技能能力　□ 外语/计算机技能　□ 组织能力　□ 协调沟通能力
　　□ 社会活动能力

21. 您觉得择业时,父母的看法对您是否有影响?
　　□ 没有　□ 作为参考,主要取决自己　□ 有很大影响　□ 完全父母做主
22. 作为民办大学毕业生,您觉得在就业过程中更应该注重什么?
　　□ 岗位级别　□ 薪酬高低　□ 公司规模/名气　□ 个人发展空间　□ 其他
23. 您认为民办高校毕业生同普通高校毕业生相比,其就业情况:
　　□ 不如普通高校毕业生　□ 和普通高校毕业生没什么区别
　　□ 有自身的优势,不比普通高校毕业生差　□ 其他
24. 您对我校的专业及课程设置以及就业、创业工作有何意见与建议:

上海杉达学院就业状况调查表(家长问卷)

尊敬的家长:

　　您好! 我们正在进行一项有关民办高校大学生就业的调查,请您结合自己对孩子的学业期望及就业预期填写下表(请在对应的栏目打"√")。

1. 您的孩子所学专业志愿录取方式?
　　□ 所填志愿　□ 补填志愿　□ 接受调剂　□ 其他＿＿＿＿＿＿＿＿(请注明)
2. 您孩子的生源地:
　　□ 上海　□ 外省市
3. 您希望孩子毕业以后的就业去向
　　□ 留在上海　□ 回原籍　□ 其他＿＿＿＿＿＿＿＿(请注明)
4. 您的孩子所学专业和学历:
　　□ 本科(专业:＿＿＿＿＿＿＿)　□ 专科(专业:＿＿＿＿＿＿＿)
5. 您的孩子毕业后是否继续深造?
　　□ 专升本　□ 本升硕　□ 出国留学　□ 就业
　　□ 其他＿＿＿＿＿＿＿＿(请注明)
6. 您的孩子在我校就读期间是否参加第二专业的学习?
　　□ 是　□ 否　□ 不清楚
7. 您希望您的孩子在学校期间考出哪些证书? (可多选)
　　□ 外语等级证书　□ 计算机等级证书　□ 职业技能证书　□ 专业资格证书
　　□ 各类相关上岗资格证书　□ 其他(请注明证书名称)＿＿＿＿＿＿＿＿
8. 您希望孩子在哪些方面需要具备一定的优势? (可多选)
　　□ 外语能力　□ 专业知识　□ 计算机应用能力　□ 职业技能　□ 资格证书
　　□ 组织管理能力　□ 协作沟通能力　□ 动手实践能力　□ 创新意识与能力
　　□ 其他＿＿＿＿＿＿＿＿(请注明)
9. 您希望您的孩子去何种类型单位就业?

□ 金融业　□ IT业　□ 贸易业　□ 教育文化业　□ 医疗卫生业
□ 新闻传媒文化业　□ 社会服务业　□ 交通运输业　□ 房地产业
□ 国家机关　□ 建筑工程业　□ 制造业　□ 其他＿＿＿＿＿＿＿＿（请注明）

10. 您希望孩子通过何种途径获得就业信息？（可多选）
　　□ 学校就业网站　□ 社会招聘网站　□ 校园招聘　□ 辅导员推荐
　　□ 亲友推荐　□ 其他＿＿＿＿＿＿＿＿（请注明）

11. 您能否给我校就业工作提供帮助？
　　□ 就业信息　□ 就业咨询　□ 就业岗位　□ 其他＿＿＿＿＿＿＿＿（请注明）

12. 请对我校的就业工作提出宝贵的意见和建议
　　＿＿＿＿＿＿＿＿＿＿＿＿＿＿＿＿＿
　　＿＿＿＿＿＿＿＿＿＿＿＿＿＿＿＿＿

　　感谢你在百忙之中参与问卷调查，祝您工作顺利，阖家幸福！

上海杉达学院就业状况调查表（用人单位问卷）

尊敬的用人单位：你们好！

　　感谢你们长期以来支持我校学生的实习和就业。我校诚恳地向贵单位征求意见，便于我们不断改进，请大力协助。（请在对应的栏目打"√"）

1. 单位名称：＿＿＿＿＿＿＿　联系人：＿＿＿＿＿＿＿　电话：＿＿＿＿＿＿＿
　 传真：＿＿＿＿＿＿＿　联系地址：＿＿＿＿＿＿＿
　 邮编：＿＿＿＿＿＿＿　E-mail：＿＿＿＿＿＿＿

2. 单位性质：□ 政府机关　□ 事业　□ 国企　□ 民企　□ 三资
　　□ 其他＿＿＿＿＿＿＿（请注明）

3. 贵单位从事的是什么行业的工作？
　　□ 制造业　□ IT业　□ 建筑工程业　□ 交通运输业　□ 贸易业
　　□ 金融业　□ 房地产业　□ 社会服务业　□ 教育文化业　□ 新闻传媒业
　　□ 医疗卫生业　□ 国家机关　□ 事业单位　□ 其他

4. 贵单位员工中是否有我校的毕业生，在职的我校毕业生最长已工作几年？
　　□ 无　□ 曾经有　□ 一年　□ 两年　□ 三年　□ 三年以上

5. 已在贵单位工作的我校毕业生基本属于公司哪个阶层？
　　□ 基层　□ 中层　□ 高层

6. 贵单位觉得本校毕业生在哪些方面有一定的竞争优势？（限选2项）
　　□ 道德品质　□ 专业知识　□ 外语能力　□ 计算机应用能力
　　□ 职业技能　□ 组织管理能力　□ 协作沟通能力　□ 动手实践能力
　　□ 创新意识与能力　□ 综合素质　□ 其他＿＿＿＿＿＿＿（请注明）

7. 贵单位最欢迎什么学历层次的毕业生?

　　□ 硕士　□ 本科　□ 大专　□ 高职　□ 中职

8. 贵单位最需要什么学科的毕业生?

　　□ 工学　□ 理学　□ 管理学　□ 经济学

　　□ 文学　□ 法学　□ 医学　□ 艺术学

9. 贵单位最需要什么专业的毕业生?

　　请根据实际需求填写:

　　_____

10. 所录用的我校毕业生是否在从事其专业对口的工作?

　　□ 是　□ 不是　□ 有一定关系　□ 不重要

11. 贵单位对毕业生的外语要求?

　　□ 英语专四　□ 英语专八　□ 大学英语四级　□ 大学英语六级　□ 日语专四

　　□ 日语专八　□ 日语一级　□ 日语二级　□ 两门外语　□ 两门以上外语

　　□ 其他小语种_____(请注明)

12. 贵单位对毕业生的计算机能力要求?

　　□ 熟练运用 office 软件　□ 编程能力　□ 数据库管理能力　□ 图像处理

　　□ 其他(请注明)

13. 贵单位对毕业生是否有上岗资格证书的要求?

　　□ 有　□ 无　□ 有需要时会提供相关培训

14. 贵单位需要毕业生具备那些技能要求? 需要哪些资格证书?

　　_____

15. 请对我校的专业及课程设置以及就业工作提出宝贵的意见和建议:

　　_____

上海杉达学院就业状况调查表(民办高校就业办问卷)

尊敬的民办高校就业办负责人:

　　您好! 我们承担了上海市民办高等协会的课题《民办高校大学生招生和就业工作前瞻性研究》,目前正在进行有关民办高校大学生就业工作的调查,请大力协助并提出宝贵的意见,填写下表请在对应的栏目打"√"。

1. 贵校就业工作机构的名称为:

　　□ 就业指导中心　□ 就业指导办公室　□ 招生就业办公室

　　□ 其他_____

2. 贵校就业工作机构隶属:

　　□ 独立机构　□ 隶属学生处　□ 隶属招生办　□ 其他_____

3. 贵校就业工作机构人员数:

　　□ 1 人　□ 2 人　□ 3 人　□ 4 人　□ 5 人　□ 5 人以上

4. 贵校就业工作机构场地面积：
　　□ 30 平方米以下　□ 30～50 平方米　□ 50～100 平方米　□ 100 平方米以上

5. 贵校参加市学生事务中心组织的职业咨询师培训并取得证书的人数：
　　□ 1 人　□ 2 人　□ 3 人　□ 4 人　□ 5～10 人　□ 10 人以上人

6. 贵校毕业生受欢迎的因素是：
　　□ 专业重视校企合作　□ 订单式培养　□ 专业重视市场需求
　　□ 开展职业发展教育

7. 贵校认为影响毕业生就业的因素是：
　　□ 专业定位不准确　□ 学生定位不正确
　　□ 非上海户籍　□ 缺乏技能证书　□ 缺乏职业发展指导

8. 贵校职业发展教育隶属哪个部门？
　　□ 就业工作机构　□ 社科部　□ 其他＿＿＿＿＿＿＿

9. 贵校是否已成立职业发展教研室？
　　□ 已成立　□ 打算成立　□ 未成立

10. 贵校职业发展课程是否进入教学计划？
　　□ 进入教学计划有学分　□ 讲座性质无学分　□ 其他＿＿＿＿＿＿＿

11. 贵校是否开展职业规划测评？用何种系统软件？
　　□ 已开展测评　□ 未开展测评

12. 贵校职业规划测评使用何种系统软件？（暂未开展不用填）
　　□ 朗途大学生职业规划测评系统　□ CareerSky 大学生职业规划测试系统
　　□ 其他＿＿＿＿＿＿＿

13. 贵校创业教育工作由哪个部门负责？
　　□ 教务处　□ 就业指导机构　□ 独立机构　□ 其他＿＿＿＿＿＿＿

14. 贵校就业工作是否信息化管理？
　　□ 校园网有就业栏目　□ 有就业专门网站　□ 就业数据已信息化管理
　　□ 正打算信息化管理　□ 其他＿＿＿＿＿＿（请注明）

15. 贵校是否有创业基地和创业基金？
　　□ 两者都有　□ 只有创业基地　□ 只有创业基金　□ 两者都没有

应用型本科机电类毕业生就业和
需求状况的跟踪调研

（上海电机学院　姚伟春　潘　清　李　明　宋　洁）

摘　要：为了探索建立上海高端制造业应用型人才就业实习示范创新基地，更好地推动高校思想政治教育工作和毕业生就业工作，开展了应用型本科机电类毕业生就业和需求状况的跟踪调研。说明应用型本科机电类毕业生的总体就业形势尚可，企业对应用型本科机电类应届毕业生总体表示满意。企业对应用型本科机电类专业人才的需求量总体保持平稳。高校需要进一步加强人才培养质量，提升就业指导的全面性和针对性。

关键词：应用型本科；机电类；毕业生；就业；需求

　　"十二五"是上海创新驱动、转型发展的关键时期，其根本动力在于创新，在于观念和体制机制的创新。在这种新形势下，高等院校毕业生就业工作的创新建设也显得尤为重要。深入开展"应用型本科机电类毕业生就业和需求状况跟踪调研"，了解企业对应用型院校毕业生尤其是机电类毕业生的需求现状、发展状态及需求趋势，为高校健全职业生涯指导和服务体系以提升大学生就业和创业能力提供依据，为高校人才培养模式改革以提供更加符合用人单位需求的高质量毕业生提供支持，为探索建立"上海高端制造业应用型人才就业实习示范创新基地"提供理论和实践指导，更好地推动高校思想政治教育工作，提升毕业生就业力和就业签约率。

一、调查问卷的设计

　　首先对企业进行访谈和开放性问卷调查，要求写出对应用型本科机电类毕业生的就业和需求状况，企业招聘毕业生的规模和范围、招聘应用型本科机电类毕业生的主要依据、应用型本科机电类毕业生在企业中的发展情况、对应用型本科机电类毕业生的评价，对应用型本科机电类专业人才的需求情况、培养要求和建议等。然后对问题进行分类、筛选、补充和归纳整理，同时在综合分析理论文献的基础上，结合 Freeman 的职业选择经济理论[1]，Hillage & Pollard 对可雇用性就业能力的研究[2]，Sanyal 对发展中国家大学生就业问题的研究[3],以及赵彩英[4]、朱静怡[5]、葛晶[6]等人对大学生就业状况研究中所用的问卷等相关量表的条目,拟定出应用型本科机电类毕业生就业和需求状况跟踪调研的初测问卷题项,形成了半封闭式"应用型本科机电类毕业生就业和需求状况跟踪调研"的企业调查问卷。借助SPSS10.0统计软件,先对抽样小范围计算每个分量表(维度)的α系数,即计算每个单项与其所在的分量表(维度)总分的相关,用以检验量表的内部一致性信度,删除相关系数低的题目。同时结合对问卷编制效度题的检验。经过反复筛选,最后形成"应用型本科机电类毕业生就业和需求状况跟踪调研"的企业问卷,共21题,主要包括毕业生就业状况和企业需求状况两个维度。其中反问题一题,需反向计分。

问卷由填选题、单选题、多选题和开放题构成,填选题采用李克特量表(Likert scale)的五点分方法,分别赋值为5、4、3、2、1,5表示非常赞同,1表示非常不赞同,分数越高,说明表现越积极,即1、2表示否定态度(简称不赞同),3表示中性态度(简称中性),4、5表示肯定态度(简称赞同)。若某项目平均值是3,则表示对该项目持中性态度;若平均值小于3,表示对该项目持否定态度;若平均值大于3,表示对该项目持肯定态度。

由于研究的需要以及地域与实践时间等原因,抽样选择上海的本科高校开展相关的研究工作,结合访谈和发放问卷的形式。共发放企业问卷180份,回收有效卷91份,有效回收率为50.6%。其中企业规模300人以下的占42.9%,300～2 000人的占45.1%,2 000人以上的占12.0%;企业成立年限在1～5年的占22.0%,6～10年的占39.6%,10年以上的占38.4%;企业性质方面,国家机关占1.1%,事业单位占1.1%,国有单位占22.0%,民营/私营/个体单位占46.1%,与港澳台合资/合作公司占2.2%,港澳台投资股份有限公司占1.1%,中外合资/合作(欧美)公司占7.7%,中外合资/合作(非欧美)公司占6.6%,外商独资(欧美)公司占8.8%,外商独资(非欧美)公司占3.3%。

二、调查结果与分析

问卷数据统计采用SPSS10.0统计软件,填选题采用频数分析法。

(一) 问卷的信度与效度

采用同质性信度——Cronbach's alpha系数来测验问卷的内部一致性程度,运用SPSS10.0进行信度分析(reliability analysis),得出总问卷的α系数为0.7759。说明问卷的信度符合教学测量的要求。

问卷由于采用李克特五点等级量表和单选题、多选题、开放题的形式,通过编制效度题(测谎题)来探测问卷的效度。测谎题1题,不计分,如果被测者答错,则该问卷视为无效。

（二）毕业生就业状况

1.企业招聘毕业生的规模和范围

在企业招聘毕业生的规模方面。由图1可以看出,企业近三年年均接收应届本科毕业生人数依次为:11～30人的占34.1%,31～50人的占28.6%,10人以下的占25.3%,51～100人的占6.6%,100人以上的占5.4%。其中,接收应用型本科毕业生1/4以下的占53.8%,1/4～1/2的占23.1%,1/2～3/4的占11.0%,3/4以上的占12.1%(见图2)。可见,近三年企业对应用型本科毕业生有一定的需求量,应用型本科毕业生的总体就业形势尚可。

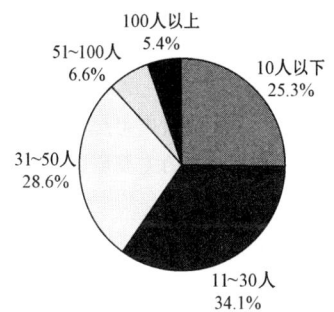

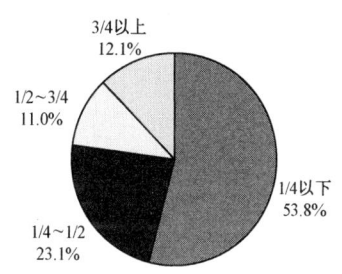

**图1　企业近3年年均接收应届
本科毕业生人数**　　**图2　企业近3年年均接收应届
应用型本科毕业生比例**

在企业招聘毕业生的范围方面。企业在招聘一般员工时,倾向于招聘有工作经验人员的占了69.2%,倾向于招聘应届毕业生的仅占31.9%(见图3)。由图4可以看出,在企业近三年接收应届应用型本科毕业生的高校类型中,地方高校占52.7%,211高校占31.9%,985高校占16.5%。说明绝大多数企业在有工作经验人员和应届毕业生中选择时,更倾向于招聘有工作经验的人员,这对应届毕业生的就业冲击不小,说明应届毕业生应在大学生活中积极寻找社会实践锻炼机会,更好地丰富自己的工作阅历,增加自己的就业筹码。同时,地方高校的应用型本科毕业生成为企业近三年接收应届应用型本科毕业生的主力军,这也是让我们感到非常欣喜的。

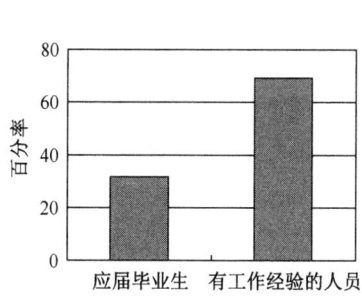

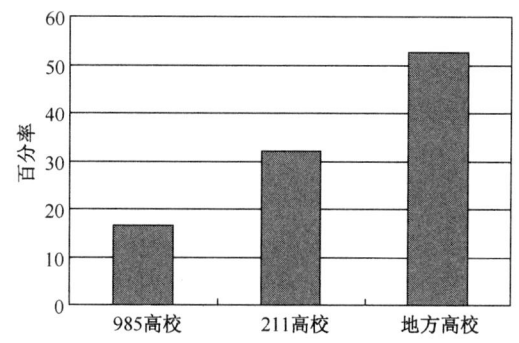

图3　企业招聘一般员工类型　　**图4　企业近3年接收应届应用型本科毕业生的高校类型**

2. 企业招聘应用型本科机电类毕业生的主要依据

由图5可以看出,企业招聘应用型本科机电类毕业生的主要原因依次有:50.5%认为此类毕业生比较踏实务实,48.4%认为此类毕业生容易融入企业文化,36.3%认为此类毕业生定位较低,29.7%认为此类毕业生劳动报酬相对低些,25.3%认为容易招聘到高素质的此类人才,11.0%认为是因为不易招聘到有工作经验的人(见图5)。应用型本科机电类毕业生爱国明德的社会责任感、求真笃行的实干精神、勇于探索的创新精神和善于解决问题的实践能力成为企业招聘此类人才的最主要原因。

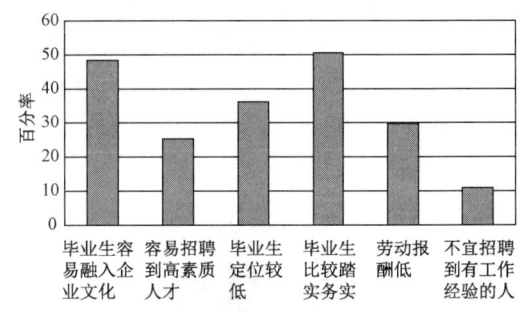

图5 企业招聘应用型本科机电类毕业生的主要原因

由图6可以看出,企业招聘应用型本科机电类毕业生时的顾虑因素依次如下:67.0%担心此类毕业生不稳定、容易跳槽,44.0%担心此类毕业生的实践动手能力不强,38.5%担心此类毕业生对福利待遇期望值太高,30.8%担心此类毕业生知识素质不高、需要培训的周期太长。在应用型高校的人才培养中,除了培养学生的专业知识和实践素养外,还要注重加强毕业生的诚信教育、感恩教育,努力培养造就卓越的高等技术应用型人才。

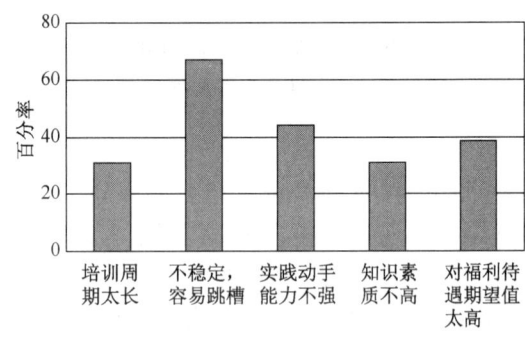

图6 企业招聘应用型本科机电类毕业生时的顾虑因素

由图7可以看出,企业在招聘应用型本科机电类毕业生时,更侧重于学生的实习表现和面试测试结果,对学生简历和户籍等的关注相对低些。图8揭示了企业选录毕业生时主要看重的方面。可以看出,各项内容均处于中性水平之上,说明企业在选录毕业生时有全面系统的考虑。顺序依次为:道德修养>综合素质和能力>求职时的态度>所学专业>社会实践、实习经历>学校声誉>职业技能证书>仪表形象>学习成绩>

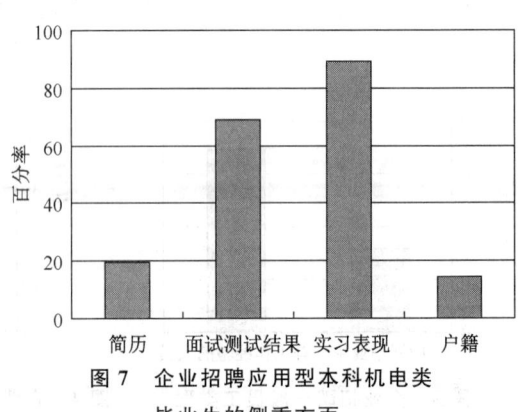

图7 企业招聘应用型本科机电类毕业生的侧重方面

大学生科创经历＞学生党员、干部＞生源地＞性别。企业对于毕业生的为人处事还是较看重的,其道德修养、综合素质和能力、求职时的态度成为企业选录毕业生时最重视的三个方面。

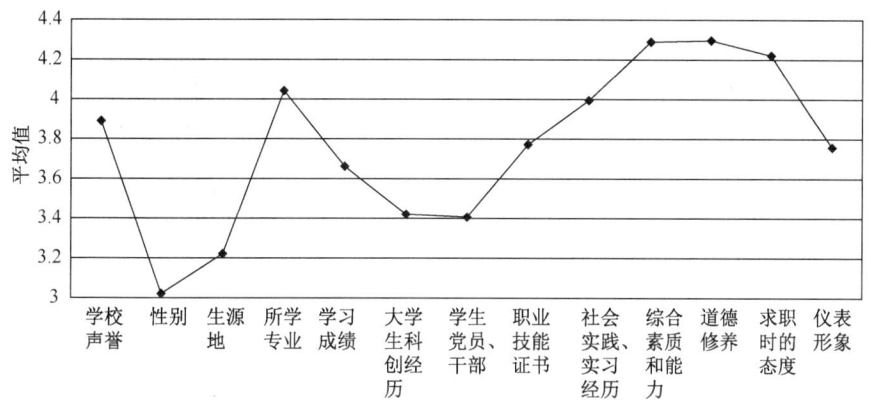

图8　企业选录毕业生时主要看重的方面

3. 应用型本科机电类毕业生在企业中的发展情况

从图9可以看出,应用型本科机电类毕业生在企业主要从事的工作类型依次为技术类、操作类、管理类和销售类,其中技术类最多,占了61.5％。从图10可以看出,企业支付应用型本科机电类毕业生的月工资区间2 501～3 000元占了48.4％,2 000～2 500元占了25.3％,3 001～3 500元占了16.5％,3 501～4 000元占了9.8％。可见,应用型本科机电类毕业生在企业中主要以技术类和操作类工作类型为主,月工资性收入略低于上海市平均工资水平,我们认为这与应届毕业生的身份有密切关系,在访谈中,不少企业表示随着毕业生工作年限的增加,其工资待遇水平也会逐年增加,但应届毕业生的就业质量仍需进一步提高。

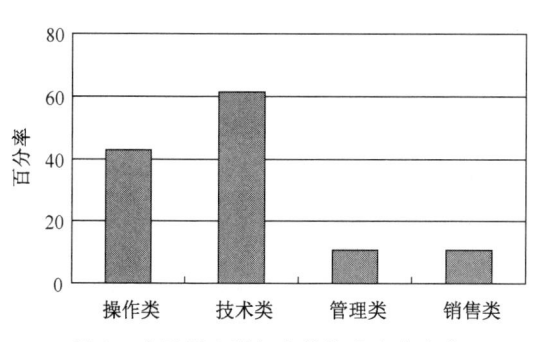

**图9　应用型本科机电类毕业生在企业
　　　主要从事的工作类型**

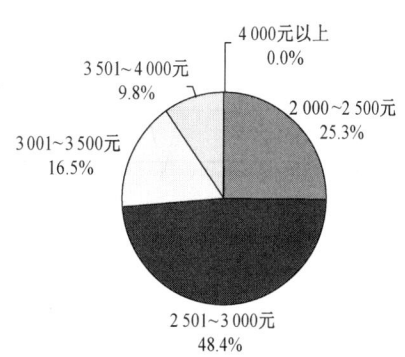

**图10　企业支付应用型本科机电
　　　　类毕业生的月工资区间**

4. 企业对应用型本科机电类毕业生的评价

在调查中,我们发现企业对应用型本科机电类应届毕业生总体满意度的平均值为 3.74,高于中性水平,总体评价积极,有 67.0% 的企业表示满意。企业对于已接收的应用型本科机电类毕业生实践能力的评价总体表示满意,其中 47.3% 认为学生经过实习培训,大部分能够适应岗位需求,仅有 1.0% 认为毕业生经过实习培训只有少部分适应岗位需求(见图 11)。

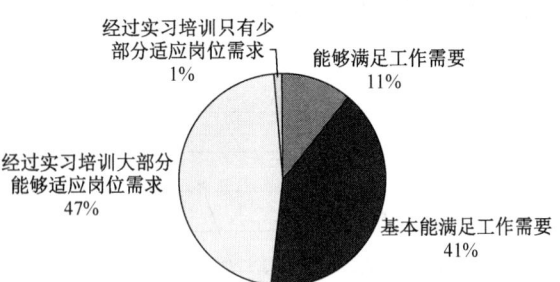

图 11 企业已接收的应用型本科机电类毕业生的实践能力

图 12 揭示了企业对应用型本科机电类应届毕业生培养质量评价的各个维度。可以看出,各项内容均处于中性水平之上,分值较高,说明企业对应用型本科机电类应届毕业生的培养质量具有普遍的积极评价。顺序依次为:团队合作能力>敬业、务实精神>知识理论基础>操作技能>计算机基础能力>继续学习和再培训要求>适应新环境、新事物的能力>人际交往能力>语言表达能力>自学和掌握信息的能力>计划和自我调控能力>分析问题和解决问题的能力>开拓创新能力>抗压与心理素质>外语能力。其中团队合作能力和敬业、务实精神是企业对应用型本科机电类应届毕业生最肯定的两个方面,而外语能力、抗压与心理素质以及开拓创新能力是企业认为毕业生相对薄弱、需要不断加强的方面。

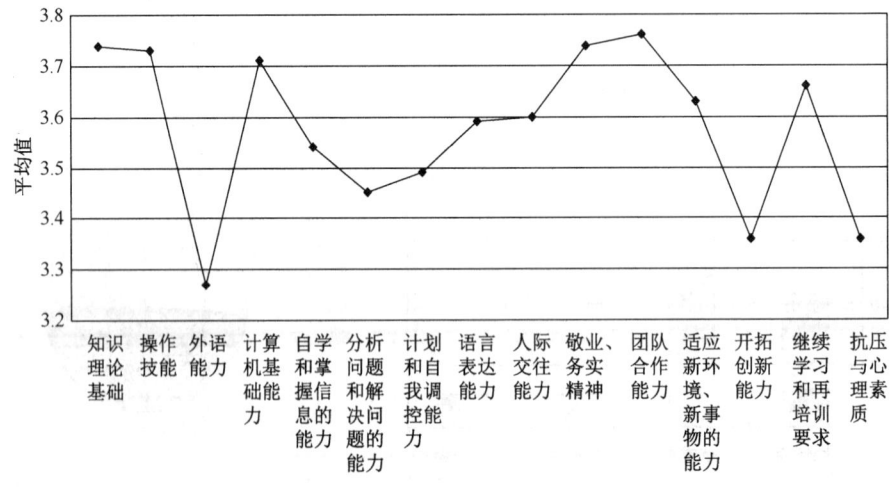

图 12 企业对应用型本科机电类应届毕业生培养质量的评价

(三) 企业需求状况

1. 企业对应用型本科机电类专业人才的需求情况

从图13可以看出,企业对应用型本科机电类毕业生后五年的年均需求量在11~30人的占了42.9%,10人以下的占了27.5%,31~50人的占了18.7%,50人以上的占了10.9%。有49.4%的企业对于加入目前"上海青年职业见习计划"六个试点高校之一的工作具有意向(见图14);64.8%的企业表示愿意提供应用型本科机电类毕业生实习岗位(见图15)。可见,企业对应用型本科机电类专业人才的需求量总体保持平稳。

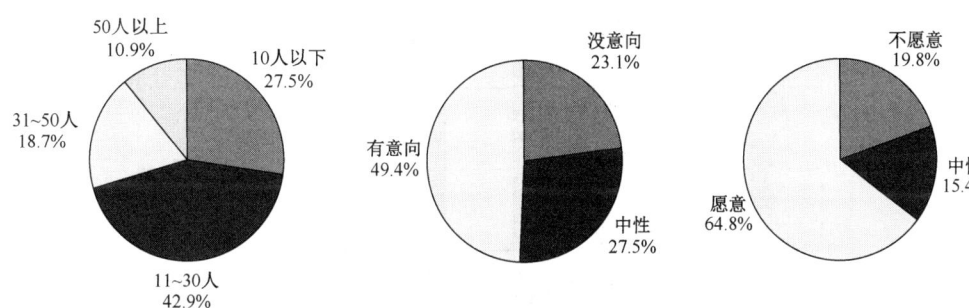

图13 企业对应用型本科机电类毕业生后5年的年均需求量

图14 企业对于加入目前"上海青年职业见习计划"六个试点高校之一的工作意向

图15 企业对于提供应用型本科机电类毕业生实习岗位的态度

2. 企业对应用型本科机电类专业人才培养的要求和建议

在企业对应用型本科机电类专业人才培养的要求和建议方面,42.9%的企业表示高校实施的实习、实训教学效果和力度比较合适(见图16),仅有14.3%的企业认为高校教授学生的理论知识与企业需求间存在差距(见图17)。

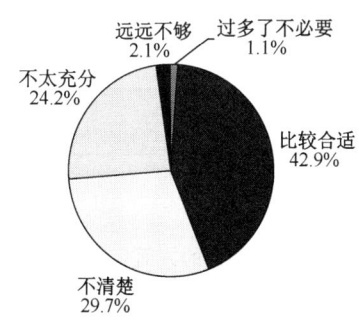

图16 企业认为高校实施的实习、实训教学效果和力度

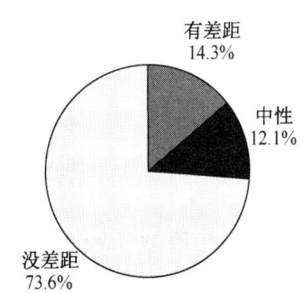

图17 企业认为高校教授学生的理论知识与企业需求间的差距

297

从图18可以看出,企业认为应用型本科机电类专业人才培养存在的问题体现在

以下几个方面:59.3%认为高校教授的书本知识与生活实际脱离;57.1%认为高校重课程设置,轻能力培养;56.0%认为高校的专业设置与企业需求不适应;46.2%认为高校的知识、技能传授落后于技术的革新速度;22.0%认为校企合作力度不够;12.1%认为高校师资力量不足。可见,如何保持与企业的紧密联系,探索企业培训"课程置换"或者"课程嵌入"教学计划的可行性,加强专业教师的挂职锻炼等方式,是摆在高校人才培养方面的重要问题。

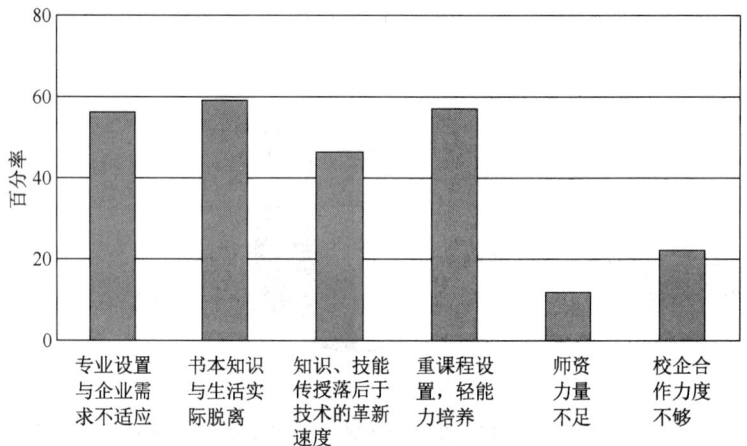

图 18　企业认为应用型本科机电类专业人才培养存在的问题

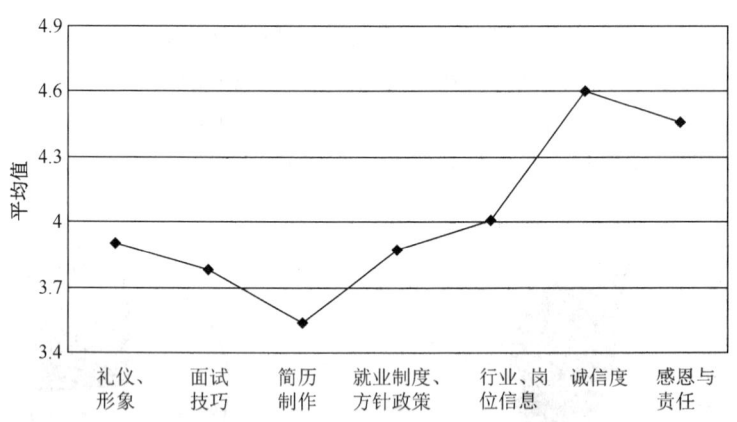

图 19　企业认为高校对毕业生的就业指导应加强的方面

图 19 揭示了企业认为高校对毕业生就业指导应加强的方面,各项内容均处于中性水平之上。顺序依次为:诚信度>感恩与责任>行业、岗位信息>礼仪、形象>就业制度、方针政策>面试技巧>简历制作。从学生人格素质到礼仪形象,从简历制作到面试技巧,从就业制度到岗位信息,企业对高校就业指导的全面性和针对性的要求较

高,这也是高校就业指导工作需要进一步提升的方面。

（四）是否属于世界 500 强的企业对机电类毕业生就业评价与需求的差异

1. **是否属于世界 500 强的企业对毕业生就业录选的差异**

图 20 描绘了是否属于世界 500 强的企业对毕业生就业录选的差异。从两条曲线的走势差异来看,世界 500 强企业与非世界 500 强企业对毕业生的就业录选确实存在差异。在对毕业生求职时的态度、社会实践实习经历、综合素质和能力、学习成绩、道德修养、仪表形象、所学专业、大学生科创经历、学生党员干部、学校声誉、性别等方面的要求,世界 500 强企业的平均值高于非世界 500 强企业,可以认为这与世界 500 强企业更高的准入标准和更强的竞争需求有关,世界 500 强企业对毕业生就业录选的要求会更高些。而在对毕业生的生源地和职业技能证书方面的要求,世界 500 强企业显然没有非世界 500 强企业的平均值高,我们认为世界 500 强企业更加注重员工的个人素质和能力,对于其生源地和入职前的职业技能证书的要求没有这么显著;而非世界 500 强企业往往需要毕业生能够更快地上手工作,给企业带来较快的现实利益,毕业生的生源地往往有助于其快速融入工作,企业对于其入职前的职业技能证书也往往有特殊的要求。

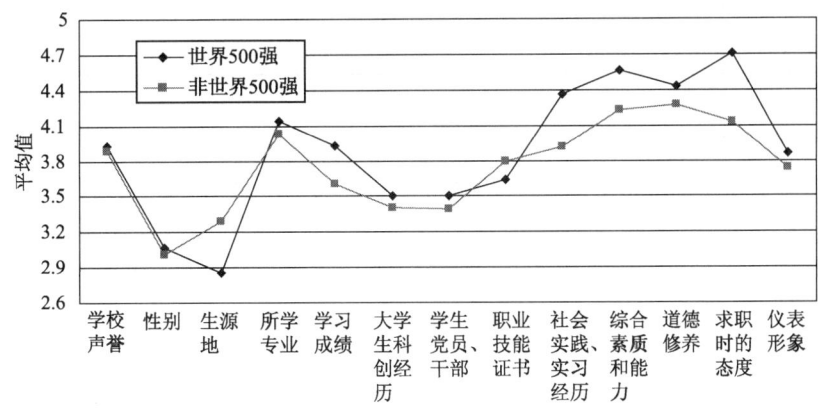

图 20　是否属于世界 500 强的企业对毕业生就业录选的差异

采用独立样本 t 检验法(Independent－samples t test)。统计表 1 中表明世界 500 强企业与非世界 500 强企业对毕业生就业录选的差异不是都显著。世界 500 强企业对毕业生的求职态度要求($Sig.$ ＝0.007＜0.05,即 P＜0.05)显著高于非世界 500 强企业,其他内容两者无显著差异,但从 $Sig.$ 值来看,社会实践实习经历的 $Sig.$ 值相对其他内容要小些,且比较接近 0.05,说明世界 500 强企业与非世界 500 强企业对毕业生社会实践实习经历的要求也存在差异但不显著。所以从统计数值也反映了世界 500 强企业与非世界 500 强企业对毕业生的就业录选确实存在差异。但就所有方面而言,世界 500 强企业与非世界 500 强企业对毕业生就业录选的差异不是都显著,不存在太大落差。

表 1　世界 500 强企业与非世界 500 强企业对毕业生就业录选的独立样本 t 检验分析数据

录选因素	t	$Sig.$
学校声誉	0.207	0.837
性　别	0.249	0.804
生源地	−1.472	0.145
所学专业	0.491	0.624
学习成绩	1.342	0.183
大学生科创经历	0.395	0.694
学生党员、干部	0.508	0.613
职业技能证书	−0.627	0.533
社会实践、实习经历	1.945	0.055
综合素质和能力	1.563	0.122
道德修养	0.697	0.488
求职时的态度	2.752*	0.007
仪表形象	0.611	0.542

分组变量：世界 500 强企业与非世界 500 强企业

＊在显著水平为 0.01 时(2－tailed)，相关显著

2. 是否属于世界 500 强的企业对应用型本科机电类应届毕业生培养质量评价的差异

图 21 描绘了是否属于世界 500 强的企业对应用型本科机电类应届毕业生培养质量评价的差异。从两条曲线的走势差异来看，世界 500 强企业与非世界 500 强企业对应用型本科机电类应届毕业生培养质量的评价确实存在差异。在对应用型本科机电类应届毕业生的敬业务实精神、适应新环境新事物的能力、继续学习和再培训要求、开拓创新能力、团队合作能力、人际交往能力、语言表达能力、自学和掌握信息的能力、分析问题和解决问题的能力等方面的评价，世界 500 强企业的平均值高于非世界 500 强企业；而在对应用型本科机电类应届毕业生的计算机基础能力、外语能力、知识理论基础、计划和自我调控能力、操作技能、抗压与心理素质等方面的评价，世界 500 强企业显然没有非世界 500 强企业的平均值高。这对应用型本科机电类应届毕业生的求职意向也有提示意义，对于有意向加入世界 500 强企业的毕业生而言，需要有的放矢地加强企业对毕业生评价相对低的方面，巩固自身的优势，以便顺利地完成自己的求职经历。

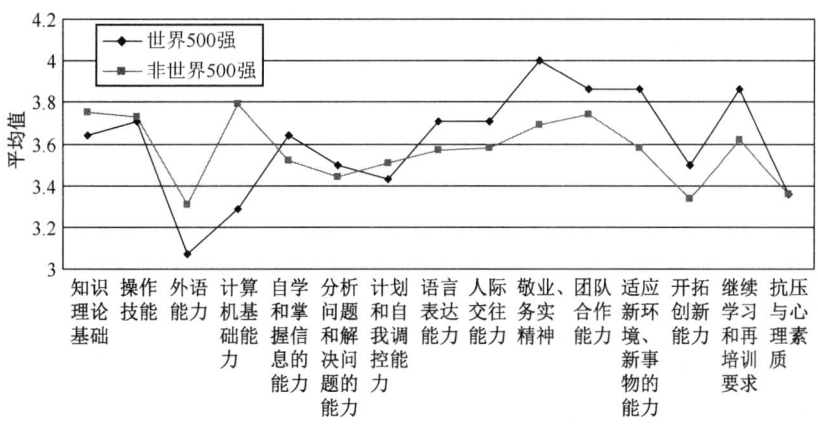

图 21　是否属于世界 500 强的企业对应用型本科机电类应届毕业生培养质量评价的差异

　　采用独立样本 t 检验法。统计表 2 中表明世界 500 强企业与非世界 500 强企业对应用型本科机电类应届毕业生培养质量评价的差异不是都显著。世界 500 强企业对应用型本科机电类应届毕业生计算机基础能力的评价($Sig. = 0.006 < 0.05$,即 $P < 0.05$)显著高于非世界 500 强企业,其他内容两者无显著差异。所以从统计数值也反映了世界 500 强企业与非世界 500 强企业对应用型本科机电类应届毕业生培养质量的评价确实存在差异。但就所有评价方面而言,世界 500 强企业与非世界 500 强企业对应用型本科机电类应届毕业生培养质量评价的差异不是都显著,不存在太大落差。

　　表 2　世界 500 强企业与非世界 500 强企业对应用型本科机电类应届毕业生培养质量评价的独立样本 t 检验分析数据

评价因素	t	$Sig.$
知识理论基础	-0.556	0.579
操作技能	-0.063	0.950
外语能力	-1.184	0.240
计算机基础能力	-2.840^{*}	0.006
自学和掌握信息的能力	0.630	0.530
分析问题和解决问题的能力	0.291	0.772
计划和自我调控能力	-0.379	0.706
语言表达能力	0.755	0.452
人际交往能力	0.728	0.469
敬业、务实精神	1.453	0.150

评价因素	t	$Sig.$
团队合作能力	0.556	0.579
适应新环境、新事物的能力	1.429	0.157
开拓创新能力	0.921	0.359
继续学习和再培训要求	1.203	0.232
抗压与心理素质	−0.030	0.976

分组变量：世界 500 强企业与非世界 500 强企业。

＊在显著水平为 0.01 时（2−tailed），相关显著。

3. 是否属于世界 500 强的企业对高校毕业生就业指导侧重方面的差异

图 22 描绘了是否属于世界 500 强的企业对高校毕业生就业指导侧重方面的差异。从两条曲线的走势差异来看，世界 500 强企业与非世界 500 强企业对高校毕业生就业指导的侧重方面确实存在差异。在对毕业生就业指导应加强的诚信度、简历制作、就业制度方针政策、行业岗位信息、感恩与责任、礼仪形象、面试技巧等各方面，世界 500 强企业的平均值均高于非世界 500 强企业，可以认为这主要是因为世界 500 企业对高校毕业生的要求往往较高，因而对高校毕业生就业指导工作的希望和建议也更为全面化和标准化。

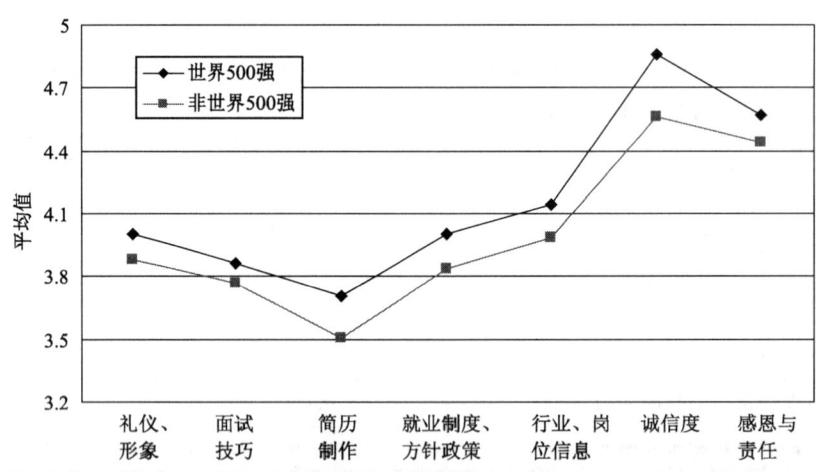

图 22 是否属于世界 500 强的企业对高校毕业生就业指导侧重方面的差异

采用独立样本 t 检验法。统计表 3 中表明世界 500 强企业与非世界 500 强企业对高校毕业生就业指导侧重方面的差异不是都显著。世界 500 强企业对高校毕业生在诚信度方面就业指导的侧重考虑（$Sig.=0.020<0.05$，即 $P<0.05$）显著高于非世界

500 强企业,其他内容两者无显著差异。所以统计数值也反映了世界 500 强企业与非世界 500 强企业对高校毕业生就业指导的侧重方面确实存在差异。但就所有方面而言,世界 500 强企业与非世界 500 强企业对高校毕业生就业指导侧重方面的差异不是都显著,不存在太大落差。

表 3　世界 500 强企业与非世界 500 强企业对高校毕业生就业指导侧重方面的独立样本 t 检验分析数据

就业指导内容	t	$Sig.$
礼仪、形象	0.718	0.475
面试技巧	0.389	0.698
简历制作	1.065	0.290
就业制度、方针政策	0.842	0.402
行业、岗位信息	0.835	0.406
诚信度	2.462*	0.020
感恩与责任	0.633	0.529

分组变量:世界 500 强企业与非世界 500 强企业。

* 在显著水平为 0.05 时(2－tailed),相关显著。

三、调查结论与启示

(一) 客观条件的外部激励推动需求,政府应积极支持地方高校的特色发展

当前,我国经济相对较发达地区的一些高新技术企业技术结构已发生了很大变化,高层次技术人才严重匮乏。应用型本科人才是社会对技术型人才智能结构高移的必然要求,也是扩展应用型本科院校办学内涵的选择途径。通过调研发现,企业对应用型本科毕业生有一定的需求量,企业对应用型本科机电类专业人才的需求量总体保持平稳。地方高校的应用型本科毕业生成为企业接收应届应用型本科毕业生的主力军,成为地方建设的主要人力资源培养输送基地。

高等教育大众化催生了地方高校近年的规模扩张和迅速发展,在成为高等教育主力军的同时,地方高校发展中也面临着发展的"瓶颈"。一方面地方高校应从地方经济社会发展对人才和科技的要求出发,敏锐捕捉学科专业建设、科学研究和社会服务生长点,将学校发展与地方发展紧密结合起来,改革人才培养模式。同时,通过在人才培养、科学研究、学科专业建设等方面办出特色,主动服务区域经济,积极融入区域创新体系,在服务和做出贡献的过程中赢得社会的支持和政府的重视。另一方面政府也应支持地方高校的特色发展,通过政策调整推动社会合力育人的责任感与使命感,健全

地方高校和地方经济社会发展相互促进的良性互动机制,增强市属高校的人才培养能力与质量。

（二）应用型院校的内涵建设,促使机电类本科毕业生就业力表现不一

应用型本科院校的内涵定位,体现在办学定位上,致力于面向大众、面向地方、面向行业企业,顺应高等教育发展趋势,适应现代社会发展对人才的需求,以培养本科层次的技术应用人才为己任;体现在人才培养定位上,既要体现高等教育的基本要求,达到本科层次高等教育的学业标准要求,又要符合技术本科教育的特殊要求,所培养的人才必须是应用型的,具备较强的技术实践能力与技术创新能力;体现在服务面向定位上,着力于面向本地区科技与经济发展主战场,面向企业技术生产一线,紧靠政府和行业办学,坚持为地方经济和社会发展培养高级技术应用人才。通过调研发现应用型本科机电类毕业生在企业中主要以技术类和操作类工作类型为主。企业对应用型本科机电类应届毕业生总体表示满意。在应用型高校的人才培养中,除了培养学生的专业知识和实践素养外,爱国明德的社会责任感、求真笃行的实干精神、勇于探索的创新精神和善于解决问题的实践能力成为企业招聘此类人才的最主要原因。毕业生的道德修养、综合素质和能力、求职时的态度成为企业选录毕业生时最重视的三个方面。毕业生主体内部因素激发着其积极的就业行为,但是毕业生的外语能力、抗压与心理素质及开拓创新能力是企业认为应用型本科机电类毕业生相对薄弱、需要不断加强的方面。这需要进一步加强高校人才培养质量,拓展高校就业指导的针对性和实效性。

世界500强企业与非世界500强企业对应用型本科机电类应届毕业生的就业录选要求、培养质量评价、高校毕业生就业指导侧重方面的差异,引起了高校人才培养和就业指导工作的差异。因此在进行高校人才培养时,可以考虑探索企业培训"课程置换"或者"课程嵌入"教学计划的可行性、加强专业教师的挂职锻炼等方式,充分发挥各自企业的优势,构建适合学生个体的就业指导水平,从而营造和谐的育人环境,创造更有针对性的培养模式,提升培养质量。

（三）企业愿意为高校提供机电类学生就业实践实习资源

当前,企业找人难与学生就业难同时存在,除了信息不对称之外,更重要的是高校人才质量与企业需求的对接。政府应积极撮合校企良性互动政策之外,企业也更应承担起人才培养的责任与义务。高校一直担心一厢情愿,但是,通过调研发现,企业最担心因素是毕业生实践动手能力不强、毕业生不稳定与容易跳槽,同时企业认同学生经过实习培训能很快适应岗位需求,在就业实习中观察学生综合素质与提前沟通双向选择的就业意愿,有利于企业选择到合适的毕业生、有利于毕业生定心定岗,提高专业与岗位匹配度,减少违约。绝大部分企业也愿意为高校支持提供应用型本科机电类毕业生的实习岗位,这对高校与学生来说是一个很好的信号。高校应建立相应的规章制度与激励制度,确保学生安全实习,实现企业、高校、学生等方面的多赢。同时,也为探索搭建上海高端制造业应用型人才就业实习示范创新基地打下重要基础,为地方高校所有制造业应用型人才就业实习提供共享平台。

参考文献

[1] 杨昌勇. 新教育社会学:连续与断裂的学术历程[M]. 北京:中国社会科学出版社,2004.

[2] HILLAGE J, POLLARD E. Employability: developing a frameword for policy analysis[J]. DFEE Research Briefing, 1998(85).

[3] 李强. 当代社会分层与流动[M]. 北京:中国经济出版社,1993.

[4] 赵彩英. 地方本科院校毕业生就业状况及高校对策研究[D]. 南京:南京师范大学,2007.

[5] 朱静怡. 职业成熟度、毕业生职业选择行为及就业状况的关系研究[D]. 武汉:华中科技大学,2008.

[6] 葛晶. 大学毕业生就业能力与企业需求之比较分析[D]. 上海:华东师范大学,2009.

作者简介:

姚伟春,就职于上海电机学院。

潘清,就职于上海电机学院。

李明,就职于上海电机学院。

宋洁,就职于上海电机学院。

培养大学生自主能力提高就业竞争力

（上海立信会计学院　赵春苗）

摘　要：面对严峻的就业形势和不断提高就业质量的要求，培养学生自主能力，提高职业规划质量，提升大学生就业竞争力成为众多高校的不二选择，培养大学生自主能力就成为提升大学生就业竞争力的良好途径。建立积极自我概念、学会正确归因以及给予充分自主的空间等方法，是培养学生自主能力的良好方法。

关键词：自主能力；就业竞争力；积极自我概念；归因方式

2013年普通高校毕业生人数规模达699万人，被网友称为"史上最难就业年"，成为社会关注的热点。2014年高校毕业生人数还会增加，就业压力也逐年增大。面对越来越严峻复杂的就业形势，通过各种途径提高学生职业规划质量，提升大学生就业竞争力成为众多高校的不二选择，培养大学生自主能力就成为提升大学生就业竞争力的良好途径。自主能力是指作任何决定、处理事情、遇到各种困难时不依赖他人，而是自信、负责的靠自己的智慧、勇气和能力解决。自主能力包括对自我的合理评估、对外在环境的准确认知，对自己行为的正确判断，果断决策和敢于负责，有自己独立的见解，不人云亦云。作为成年人的大学生应该有很强的自主能力安排自己的生活、选择自己未来的职业，但由于家庭、社会、学校等各种因素造成"95后"大学生自我意识很强，自主能力很弱的现实。

一、自主能力较弱的学生步入了就业选择难、难就业的困境

（一）自我认知不清，不清楚自己适合什么工作

许多大学生喜欢随大流，跟着别人走，所以，对自我的探索不够，对自我认识不清。不清楚自己的个性特点、自己的价值观、自己的强弱项、自己的真实需求，等到就业时，不清楚自己适合什么类型的工作、什么类型的工作环境，只能盲目地跟人攀比薪资待遇、公司背景、事业前途、路途远近，甚至公司地址、外形等这些外在东西，忽视了自己的真实需求、个性特长与企业文化和就业岗位的契合度。由于内心没有稳定的、坚定

的自我选择目标,容易受外在因素影响,所以碰到就业选择时情绪波动很大。对自我需求认知不清的同学,常常纠结自己应该选择什么样的公司、什么样的岗位,犹豫不决,迟迟难下决断,在岗位实习中碰到一点挑战、一些压力时容易怀疑自己的选择,产生后悔自责情绪。对自我评估过高的学生,容易产生自负心理,在职业选择时好高骛远,基层的工作不愿做、边远的地方不愿去、待遇低的不想签,高不成低不就,走到难就业的困境。自我评估过低的同学容易产生自卑心理,觉得自己没有能力、没有特长,就业时有畏难情绪,不积极不主动,面试时呈现出很不自信、无法胜任岗位的表现,自然也难找到工作。

(二)社会认知不清,不清楚社会需要什么人才

现代大学已经不是与社会隔绝的纯粹象牙塔,它是社会的重要组成部分,是大学生跨入社会大海的浅海地带,大学生在这浅海地带练好本领、明确航向,方能在社会大海中纵情遨游。大学生应该走出校门积极参与到社会中,去了解、增进对社会的认知,明确社会的需求,回过头来调整自己的职业规划以便让自己更加适应社会。但是有些大学生不愿正视这样的现实,像一头将头埋进沙堆的鸵鸟,将光阴浪费在低级的感官享受中,放纵于虚拟网络世界中,耗费在花前月下的两厢厮守中。这类大学生对社会认知不清,不清楚社会发展趋势,不清楚社会需求什么类型的人才,在学校时没有有意识、有计划地提高自己的能力和培育自己的素养。等到就业时就面临自身素质和社会需求的严重脱节,能就业的岗位很少,就业选择面也很窄,未来发展潜力很低。

(三)依赖性强,不敢独自做决定

就业选择是与大学生个人的兴趣爱好、能力特长等相关,与个人的喜怒哀乐等心情紧密相连,应该是自己做决定的事情。但是,现在的大学生由于从小缺乏做主和锻炼选择的机会,他们的高考志愿是父母选择的,教学活动是学校安排好的,自己的成长路线是社会规划的。这类学生缺乏为自己做主的锻炼机会,做决定时患得患失,不知所措。这时他们喜欢到处询问别人的意见,很容易将别人的意见当成自己的,注重别人的评价,忽视自己的观点和选择权,有的甚至直接由父母包办决定,依赖性很强。

(四)容易毁约,对己、对企业责任心不强

许多学生在就业时容易朝三暮四,随便毁约,表现出对自己作出决定的随便态度,更是对企业的一种不负责任,造成了恶劣的社会影响。这类学生的表现其实是不能坚守自己先前定下的目标和承诺,优柔寡断,对自己能力不自信,对自己不够负责任,所以不断否定自己先前的决定。

二、培养学生自主能力的必要性

(一)尊重学生就业主体性的需要

大学生是就业的主体。马克思认为,人不是被动性的,而是积极能动性的个体。

大学生应是主动积极参与到就业工程中,发挥自己的聪明才智、不吝自己的辛劳汗水,为尽快找到适合自己的岗位拼搏努力,响应国家号召到最需要自己的地方挥洒青春热血。而成长于经济高速发展、社会急剧转型的"95后"大学生,他们思想活跃、观念多元,希望自己的意志和人格受到社会更多的尊重,他们对学校制定的各项育人政策和就业管理制度不是简单的服从,而是想更多参与到政策和制度的管理决策和执行中。因此,学校应该尊重学生就业主体性,为其能动性发挥创造条件,从多方面鼓励吸引学生参与到学校的育人、就业改革中,为他们提供充分的个性发展培育空间。

(二) 提升学生自主就业能力的需要

传统的就业管理模式将学生视为管理的客体,不注意发挥学生的主观能动性,这在很大程度上压抑了学生的主体性和创造性,阻碍了学生自主就业能力的提升。通过自主能力培养,让学生自己锻炼独立面对问题、思考解决问题的方法,逐步养成敏锐的观察能力、自如的沟通能力、信息搜集提取能力和坚强的意志力,使他们理性面对就业现实,学会冷静分析问题,懂得取舍,懂得应对挑战和自我规划。这种学生自我管理、自我发展模式是高校就业工作育人管理的新模式、新趋向。随着高校毕业人数的不断增加、就业质量的不断提升以及学生更加多元化的需求,这些与有限的就业师资力量形成悬殊的对比,对就业工作也带来极大挑战和困难。能有效实现学生的自主管理、自主发展是高校就业工作追求的目标,更是学校就业工作水平提升的表现。

(三) 培养自主创新型人才的需要

建设有中国特色社会主义亟需大量的自主创新型人才。自主创新型人才的培养需要培育学生的创新精神、创新意识、创新激情,以及促进学生创新的外在环境和土壤,以满足学生的创造热情和创造需求。在学生自主能力的培养过程中,学生有大量机会认识自我、把握自我、创造自我、完善自我,有充分的空间发展个性,培养兴趣,锻炼能力,学生的组织能力、沟通能力、实践能力、创造能力、与人合作能力等都得到很好的锻炼和提升。

三、培养学生自主能力的方法

(一) 建立积极自我概念,培育学生自主发展意识

自我概念是一个人对自己存在的体验,通过自己的经验、反省以及他人反馈信息逐步加深对自我的理解获得。它由别人对你的反映评价、社会比较和自我感觉三部分构成。积极的自我概念是一个人对自我进行全面客观认识后的肯定认同和积极接纳,在此基础上的不断自我完善和发展。积极自我概念是一个很有效的动力,它促使学生形成高自尊、有自信,能够积极主动地认识自我、发展自我。

建立积极的自我概念需要全面客观认识自我和积极悦纳自我。

通过积极参加社会交往形成自我感觉、合理运用社会比较、参照别人对自己的态

度评价等方式形成全面客观的自我认知。米德说,自我概念来源于社会交往,自我概念也只有在社会交往中才能形成。在社会交往中,人们会充分表现自己,从而发现自己的个性特点。在社会比较中避免片面比较。有些同学总是拿自己的弱点与别人的长处比较,拿自己没有的与别人拥有的比较,夸大了自己的不足,无形中形成消极自我概念。相反,有些同学夸大自己的优点,无视自己的不足,久而久之形成了虚假的自我概念,容易盲目自大。还有同学喜欢攀比一些外在的东西,忽略了内在因素。在合理的社会比较应是从多维度出发实事求是的,从每个同学的家庭背景、成长经历、个性特长、品质态度等因素综合考虑,多看到自己的成长和优势。库利认为:"一个人对于自我有了某种明确的想象——即他有了某种想法——涌现在自己心中,一个人所具有的这种自我感觉是由别人的思想、别人对于自己的态度所决定的。这种类型的社会我可以称作'反射的自我'或曰'镜中我'。"[3]在生活中,大学生要留意观察来自家人、同学、师长、朋友、异性等方面对待自己的态度评价,形成客观全面的信息,还要虚心听取意见,不断发展自我、完善自我。

大学生还可以通过一些科学的量表测试等来全面了解自己,比如:霍兰德职业倾向测试量表、16PF人格量表等都是不错的选择。

一个人只有积极悦纳自我、肯定自我,才有自主发展的意识和能力。悦纳自我是积极自我概念的核心和关键。悦纳自我意味着停止对自己的责备,停止停留在过去,面对现实,承担责任。悦纳自我是对自我的关怀、同情,让自我感受到温暖和支持,有力量关心自我的成长。悦纳自我是欣赏、肯定自我,让自我充满自信,有能力主动发展。

(二)教会正确归因,提高学生的自我效能感

正确的归因方式能够激发学生主动发展的欲望和自我效能感的提高。实践证明,自我效能感高的同学自尊心强、自信心高,更加愿意主动规划自己的人生、积极发展自我、达到自我实现。大学生应将自己取得的每一步微小的进步、每一点成绩、每一次的成功多归因于自己的努力、优秀的品质、恒久的意志力等稳定可控的内在因素,增强个体的成就感和自豪感,提升自信心。在碰到失败、挫折时,也要实事求是考虑外部影响,适当归因于"运气不好"、环境变化等不可控的外在客观因素,也要正视自己的不足,勇于承担责任,奋发进取,及时调整自我状态和原定计划策略,确定新的合理目标,重新调动自主发展的积极性。

(三)强化育人理念,给予学生充分自主的空间

苏霍姆林斯基说:"只有能够激发学生去进行自我教育的教育,才是真正的教育。"[4]发挥学生自主性进行自我教育、自我管理、自我成长是教育的理想境界。高校应该强化这样的育人理念,尊重学生自主性,满足学生自主发展需求。从教育管理制度上不断改革创新,将学生从束缚中解放出来,给予学生充分自主的空间,鼓励学生自主发展。提倡教师在专业教学中注意激发学生的问题意识、创新意识;搭建平台让学生组织开展丰富多彩的活动,提高各项能力,发展个性;放手让学生进行各项自我管理、自我服务、自我教育,促进增强自我教育意识,提高自我管理能力;组织学生多走进社会,了解社会,明确自我的社会角色,增强社会责任感,激发自我发展欲望;加强对学生自主发展的指导,授给学生自主能力培养的方法和策略,提高学生自我调控能力。

参考文献

[1] 倪大钊.大学生就业能力培养模式研究——自主学习理论下"大学生顾问团"的探索和实践[J].科教导刊,2012(2).

[2] 于火倪.如何培养学生自主学习能力[J].江西教育,2011(21).

[3] 贾春增.外国社会学史[M].北京:中国人民大学出版社,2008.

[4] 杜殿坤.苏霍姆林斯基给教师的建议[M].北京:教育科学出版社,1981.

作者简介:

赵春苗,上海立信会计学院,高职学院

浅析民办高校毕业生在就业竞争中的优劣势

（上海杉达学院　王　洁）

摘　要：近几年来民办高校越来越重视就业问题，而就业市场的竞争也一直没有停歇，各民办高校都想尽办法提高就业率。校园招聘会、校企合作、就业指导与规划的各类大小讲座等都是为了给学生提供各种职场资讯与就业机会。论文中将对民办高校学生在就业竞争中具有的优势和面临的劣势进行分析，寻找适合民办高校来提高就业，使学生顺利进入职场的一些政策与方法。

关键词：民办高校；就业优势；劣势；政策

一、前言

在 2009 年 7 月 10 日的《瞭望》报道中指出，民办高校承担了为国家培养数以百万计职业型、应用型的本专科人才的任务，但在发展过程中尚面临几大劣势有待突破：起步较低、生源较差、各高校发展良莠不齐等。在此报道中指出的几大劣势不容小觑，对于民办高校来说，尽管各高校越来越注重教育质量和校园文化建设，也更注重自身办学特色，尊重学生的兴趣爱好，注重就业，但是与公办学校的优势相比，从民办高校走出来的学生肩上的压力更重，求职道路上遇到的困难也更多。

相对于其他民办高校，杉达学院有许多自己的优势，首先杉达学院的起点较高，从创办到如今的经营，领导者都遵循着不以盈利为目的的宗旨，以为社会培养需要的人才为一贯的政策，创始人、教师等都是来自上海各个重点大学，提供较好的学习氛围，以较好的师资传授最有效率的学识；其次杉达学院的生源相对较好，杉达的学生从一开始的江浙沪到现在聚集各大省市的学子，不仅每年的录取分数线在提高，在社会中的影响力也逐渐扩大，巩固和发展着自己的社会信誉度。

二、民办高校如何重视就业

民办高校学费贵，学校名声不够响，理论知识不扎实，"出口决定入口"等特点已经深入人心。如何为自身的办学找到出口？如何为一批又一批的学生不负家长所托？这些问题早已成为民办高校亟需解决并也是一直致力做的事情。

（一）让专业与市场需求对口

民办高校与企业之间的合作已经开展得如火如荼，这是一个好的现象，值得提倡和规范。随着经济复苏，国家综合国力逐渐加强，企业的需求在不断变化，如果学生能快速适应并被企业所用，让学生寻找到实现自我价值的地方，为企业输送所需的人才，这就是学校办学的最终目的。

杉达学院开设有英语、日语、会计、财务管理、国际贸易、金融、计算机、酒店管理、艺术设计等专业，尽量配合社会需求，各个学院群策群力，彰显专业特色，并设法将学生引进专业殿堂，让他们熟悉了解所学专业，爱他们所选，在教学过程中充分将专业与未来的职业发展相结合。我校的商学院十分重视学生的实践能力，产学结合一直是商学院的各位老师致力做的事情之一，理论和实践相结合有一定的难度，但是对学生将来就业的确有很大的帮助。商学院开展的一系列活动，如学科大赛、创业大赛、市场营销大赛和沙盘模拟等让学生在一次次比赛和实验中锻炼着实际操作能力，帮助学生在将来的工作中能更快适应并脱颖而出。

（二）学校各个部门重视就业

就业已不再仅仅是社会的责任了，对于民办高校来说，出口决定着入口，也就是说，毕业生就业的好坏，直接影响当年招生人数，因此，民办高校必须非常重视毕业生的就业工作，而要做好每一届毕业生的就业工作却不集各方力量和资源，那是很难成功的。学校领导在思想和行动上的重视，学院各位教学工作者的支持，校就业指导办的全力以赴，学生对自身就业工作的努力和对学校工作的配合等等因素，都是促使就业工作能顺利进行的必要条件。相对应的，学校每年都会开展一系列活动，让"就业"这个名词在学校各个角落都能被听到、看到，每个毕业班的学生都沸腾起来，加入"就业"大潮；对学生就业进行专题研究；指导学生入学就有针对性地进行职业生涯规划，让职业教育走进课堂；每年的大型校园招聘会；每星期的企业专场宣讲会；各阶段的就业推进会；出色校友访谈会等在杉达校园里如期开展，一浪高过一浪。

（三）重视基础教育，培养学生综合素质

如果说重点高校是以培养"研究型"人才为主，那么民办高校培养的就是"应用型"人才。近年来，随着社会对人才要求的提高和民办高校办学实力的提高，一些好的民办高校开始着力提高学生的综合素质，把"应用型、创新型、复合型"作为人才培养目标。也许这个社会充斥着很多的人才，但是能被企业容纳成为一份子的并不多，这个时候是否应该找找其中的原因呢？是这位通晓两国以上语言的人才没有在面试的时候扶一把倒在身边的凳子，是这位熟练掌握编程的程序员总是穿着邋遢地上班，是这位对领导毕恭毕敬的助理在成为经理之后无法与底下的员工亲切相处，受到上下员工的排挤……这些现象在各大企业中都频频出现，学生的素质得到又一次的考验，而这

些基础教育恰恰是学生在学校期间应该获取和重视的。你的理论知识可以不够全面，你的实践能力可以不够丰富，但是你不能缺少基础教育，忽略了这一块教育的学生在职场上并不能得到他人的尊重，更不能让他挥洒自如。孔子说"不学礼，无以立"，礼仪是一个人素质的体现，在做事前先学会做人，或许这是职场上的润滑剂。

三、民办高校毕业生的优势

据教育部统计，2007 年全国普通高校毕业生为 479 万人，同比增长了 19.9％，而 2009 年中国应届高校毕业生为 611 万人，比 2008 年增加 9.3％，而 2008 年毕业的 560 万人中仍有 150 万名大学生没有找到稳定的工作，2010 年高校应届毕业生达到 700 万左右。如此数量的累积，可见就业形势是多么严峻！跳出这个严峻的就业形势看，这样的局面对于民办高校的就业来说既是机遇也是挑战，在所有学生都面临就业难的时候，民办高校的学生或许能在夹缝中寻找到通往罗马的道路。2008 年的毕业生就业工作进展顺利，总体就业状况保持良好态势，面向基层就业、自主创业人数稳步提升。去年，上海市共有 2 697 名高校毕业生报名并参加"三支一扶"和"大学生到村任职"项目，其中"三支一扶计划"正式录取 347 人，"大学生到村任职"项目正式录取 189 人。此外，1 000 余名高校毕业生报名参加西部志愿者计划，正式录取 165 人，在西部志愿者中有 20 名毕业生奔赴四川地震灾区。据教育部统计口径，2008 年上海高校毕业生面向基层就业的数量约 2.4 万人。此外，毕业生自主创业的人数为 230 人，其中研究生 70 人，本科生 138 人，专科生(高职)22 人。

随着社会的发展，我国的高等教育已经从"精英教育"转入"大众教育"时代，大学毕业生的数量呈井喷式增长，大学毕业就业难已经成为社会普遍关注的问题。然则，各种岗位对人员素质的需求不同，那么不同的就业群体在一定的就业层次上就会拥有一定的优势。总而言之，民办高校走出来的学生一定也具有他们自身的优势，这些优势也肯定能给他们带来不一样的机会。

从民办高校走出的学生能够经历住社会的考验，给自己带来契机的同时，也为他们的学弟学妹们树立了榜样，带来了希望。上海杉达学院首届毕业生曹敏被评为首届全国民办高校十佳"就业之星"。曹敏于 1994 年毕业，之后就在职场这片汪洋大海里航行，从第一份月薪 400 元的工作到如今的跨国公司驻中国的市场部总监，这中间她所经历的也许我们一辈子都不会经历。从一家民营企业里小小的业务员，到工资连续地翻倍；从失去清秀的容颜，充满希望的青春到要重新学习走路，并在康复过程中不放弃学习，公务员考试面试差 1 分；从接受 2 次脑伤手术到被分配到美国 ABC 部门做销售工作；从一无所有到中国区域的市场总监，拥有完整的家庭，丰富的人生历练。曹敏用她的坚持和毅力，将自己的生命之花绽放得如此绚烂。她是杉达的骄傲，也是民办高校的骄傲，更是所有高校毕业生的精神榜样。

(一)学生自我定位比较准确

在就业岗位与学生需求越来越难匹配的今天,老师为学生找到一份工作已是不易,但是学生中总存在着某些问题,不是对工作的薪资不满意,就是达不到企业的要求,一直在挑挑拣拣,至今没有落实工作。尽管这样的情况在所难免,但是如果人数居多,成为普遍现象就是不正常的事情了。尽量避免这种情况还是重在学生对自身的把关,要做好准确的自我定位。这不是让我们的学生自己看低自己,而是认清形势,放下架子,从小事做起,从基层干起,只有把自己的地基稳固了,基础做扎实了,将来的发展才是循序渐进,瓜熟蒂落,否则,眼高手低,只能爬得越高,摔得越重。自我定位也不仅仅是对自身的定位,还包括对岗位的定位和认识。所谓三百六十五行,行行出状元,工作没有高低贵贱之分,扎根于哪个行业就要在其职,谋其政,社会上提供给应届生的岗位其实有很多,不是每个人都非要进事业单位才是最好的,对于工作来说,只有适不适合的问题,没有好坏的差别。

与公办学校的学生相比,民办高校的学生会更谦逊些,在就业观念上会持保守态度,自我定位相对来讲较为准确,当然也要因个人能力而言,不能去提倡学生永远把自己放在最低的位置,在适当的时间,适当的岗位上,要表现出不同的态度。很多求职者对自己缺乏一个清晰的认识,或过于自负,对自己的劣势和困难估计不足;或自信心不足,自怨自艾。两种情况都难免会让他们在择业中产生较大的定位偏差,导致求职受挫。许多重点学校学生基于自己就读学校的牌子,基于自己的心理优势和面子问题,甚至多少还有些傲气乃至霸气,期望值高,不肯进小公司或去小城市,这都使他们丧失了机会,无论是锻炼的机会,还是提升的机会。而且现在的企业喜欢用踏实的员工,如果他们录用名牌大学的学生,该学生就一定要有过硬的本领,语言、计算机、绘画、设计等"硬功夫",但是一家公司需要这样的专业人才毕竟就那么几个,一家企业需要正常运转,除了这些很强的专业性人才以外,他们需要基层的劳务人员,需要后勤,需要管理者,需要那些肯干、能吃苦耐劳的人。渐渐地企业会更青睐自我定位正确,不会频繁跳槽的员工,甚至有些企业就喜欢用民办高校毕业出来的学生。他们会认为民办高校毕业生对就业难的认识更加深刻、更切合社会实际。他们更多地考虑生存问题,在此基础上再求发展,这种差别主要体现在对地区选择、工资要求、行业选择、工种选择和跳槽选择等方面,因此,面向基层就业的民办高校学生能寻找到很好的就业岗位。

(二)企业在渐渐认可民办高校毕业生

企业每年对员工都会有不同的需求和要求,在人员流动极其巨大的今天,就业市场上的竞争每天都在发生,而且愈演愈烈。这些竞争的现象就在传递着一个信息:企业需要新鲜的血液!只要你有能力,只要你有一颗积极向上的心,无论你是名牌大学还是民办学校,或是大专高职的学生,你都有机会得到工作。而对此激烈的市场竞争作出直接反馈的无疑是高校出台的一系列关于动员就业的工作和活动,毕业生就业压力增大,民办高校的就业工作动力也在加大,因此才会积极采取多项措施,号召全校所有行政领导、教职员工实现"全员就业",为学生提供实践和就业岗位,也会有那么一次次的校园招聘会、企业宣讲会的举行。而这期间收获者不就是学生么! 企业一方面传递信息给学生,让他们了解到现在的社会到底需要什么样的人才,另一方面也给予学生,尤其是民办高校的学生信心:我们不是非要名牌大学的学生不可。

在杉达学院出过许多出类拔萃的学生,在往届的毕业生中不乏进入世界500强公司的,有一毕业就进入衡山集团做总裁办助理的,有通晓两国语言而被中国银行人力资源部收纳的,有通过自身不懈努力和坚持留在和平饭店做人事的。但是在这些光鲜亮丽的职业不远处也充满了无数不起眼、很平凡却也踏踏实实、勤勤恳恳的毕业生工作者,也许他们现在还在小公司里做个小小的助理,也许他们未必那么幸运地做着自己喜欢的事情,却积累了很多的社会经验,也许他们还在学校里继续沉淀,也许……太多的未知在等待他们,太多的考验在等待他们,太多的惊喜在等待他们,但是所有的成功仍然留给这些谦逊的、能吃苦耐劳的、能不断学习的学子们。

(三)民办高校重视就业

民办高校在人才培养方面能根据市场实际需要,逐步向培养应用型人才路线发展。民办高校多属于教学型的。教学型的办学性质决定了地方高校必须首先立足于地方、为地方经济建设培养一线的应用型人才。因此,民办高校的办学目标主要是围绕应用型人才的培养目标,在知识结构上根据一线生产实践的实际需要而设计,重视实际工作能力。而现在的用人单位更多的关注实践经验与能力。因此,不少用人单位更喜欢民办高校学生,觉得他们容易管理,人才成本低,可塑性也比较强。相比之下,一些重点大学毕业的本科生或研究生的理论沉淀较多,而实践能力并不如民办的学生。

(四)一部分学生具有经济实力

当然这一点优势也可以用于其他性质的高校,只不过在民办高校中这样的现象算是比较普遍的。因为民办高校较之公办性质的学校需要高昂的学费,能支出这部分费用的家庭一般都具有一定的经济实力,这些家长的经济基础无疑会给孩子带来一些正面的效应,这些正面的效应可以体现在他们的生活品质上,穿着打扮上,当然也给予了他们在职场上追求自我的条件和信心,这些正面效应若要发挥作用,肯定是针对那些上进的学生而言,殊不知,经济条件好的家庭也会有"剩男剩女"存在。

(五)创业学生较多

基于目前政府出台一系列大学生创业的指导和优惠政策,各大高校也都纷纷响应,而民办高校的学生对于创业似乎是更感兴趣。创业是一个复杂的系统工程,涉及学校教育和管理的全过程和方方面面,不是民办高校某个部门所能独立完成的,必须全体动员。在民办高校的学生工作处、学生党组织、共青团组织以及学生社团组织中都会引进有关创业创新教育的活动课程,进行创业政策的激励和引导,坚持正确的舆论导向,积极营造创业氛围等。通过组织和开展各种校园活动,使更多的学生参与到创业创新活动中来。民办高校大学生模拟创业园、创业平台和创业实践基地等,软环境如创业创新指导等,由就业部门实施。当然,在实际的操作过程中,创业环境的建设需要学校各个部门相互协作,共同进行。民办高校的学生在这些创业教育的感染下,也或许本身就对创业及其感兴趣,都会加入创业的大队伍,解决自身就业问题的同时,也带动了一批身边同学的加入。

杉达学院历届毕业生中不乏自主创业的学生。在 2010 年由浦东新区开业指导中心主办,我校商学院、人文学院与校就业指导办承办的创业沙龙"榜样的力量"在杉达举行,让在校的,满怀创业激情,怀揣创业梦想的杉达学子与历届的杉达创业之星之间有了面对面的交流。在此次活动中,不仅请到了青年创业代表陈朝晖、郭旭、许阳怡以及刚毕业的商学院学生方超,让他们通过谈自己的创业经验、体会和意见与到场的同学们做积极的互动,以此来鼓励大学生创业,同时又带给在校生谨慎创业,大胆创新的思想。该活动也邀请到了浦东开业指导中心的罗仁勇老师,他指出,"大学生不能把政府所提供的创业扶持政策理解为选择创业的条件,而应该更加科学、规范、理性地创业"。

四、民办高校毕业生就业的劣势

不得不承认的是大学生就业难针对的不仅仅是民办高校的学生,其中存在的原因有很多,大学扩招严重,学生与企业需求之间是供过于求,学生的实践能力与企业需求严重脱节等等都是导致那么多大学生成为"剩男剩女"的因素。就拿企业需求与学生能力来讲,据有关学者对已经毕业的近 2 000 名学生调查统计显示,其中 30% 的人反映,在校学习的知识与市场需求较远,而另有 30% 的学生认为所学知识较为陈旧,若是想掌握更为前沿的知识就必须得通过网络、图书馆、报纸杂志、企业、讲座等方式自己学习。而从招聘单位的反应来看,他们发现毕业生做大学所学专业的工作时能将 40% 的知识真正运用到实际操作中,有很多学生并不能将所学知识转化为实际能力,等一个毕业生完全上手自己的工作,企业起码得花 1~1.5 年时间。

为什么有那么多通过高考进入大学的有一定自身素质和学习能力的人,再通过大学 4 年黄金时间的学习之后,反而无法适应与满足社会的步伐和市场的需求了呢?

其实,还是有很多学生在大学期间会参与到社会实践当中去的,但是这还是不能解决宏观问题,尤其是在民办高校中这种现象及其影响更为严重。对于民办高校中许多学生本人来讲,实践也未必就让他们接触了真正的社会。首先,去实践的学生毕竟是少数,相当一部分学生在找第一份工作之前都没有去实习过;其次,去和社会做了接触的这批学生又是如何与社会接触的呢?打临时工还是到一家根本帮不上一点忙的企业打打杂,打发无聊的时间?很少有学生是真正走入社会,去和人打交道,去了解一个具体企业的文化背景,经济实力,业务往来的;最后,去实践过的一部分人当中只是为了实习而去实习,并没有去找自己有兴趣的工作,有挑战性的企业,只是为了一张白纸黑字加一个印章,实习就算完成了。这些现象在大学生中是普遍存在的,大一大二尤为明显,这些现象是否与一些民办高校中的对学生实习和就业工作实施仍然不规范有关呢。

(一)民办高校自身的不足

由于民办高校办学历史短,学科建设起步晚,专业设置新,难以形成自己的特色,在专业学科上步重点高校后尘,在师资上也没有重点高校的雄厚实力。不少民办高校没有专职从事就业指导工作的教师,缺乏系统的职前培训,而就业部门疲于应付日常工作,对学生的个性化指导不足,指导方法缺乏针对性和有效性,使得地方高校毕业生在瞬息万变的人才市场中缺乏竞争力。

(二)并非所有民办高校学生都能得到社会与企业的公正待遇

受人才高消费思想的影响,用人单位所招聘地方本科院校的岗位一般是中低职位,缺乏高端职位;更有甚者,一些地方和用人单位对民办院校的学生不太重视,这使得不少大学生产生了强烈的自卑感,大大挫伤了学生们的学习和就业积极性,对自己就业信心不足。据调查,民办高校毕业生对当前就业形势非常有信心的仅仅占 13.19%;部分民办高校毕业生认为直接就读的大学名气不大,用人单位不是很看好,从心理上就直接给自己戴上了顶不自信的大帽子,反映在择业过程中,不敢参加大型招聘会,不敢努力推销自己,不能勇敢地向用人单位展示自我、依靠自身努力赢得用人单位的青睐。

(三)学生理论知识不够扎实

在经过高考的残酷竞争之后,在民办高校就读的学子们不是对学校没有信心就是对自己没有信心,民办学校的学生生源基本都是高考录取中的后几个批次,生源上无法与公办的学校相比,即使校方投入许多的师资力量,从某种层面上讲,无法达到预定的教学目标,教学质量无法提升到一个高度,这样的生源和这样的教学结果直接导致的就是民办高校自身对办学的信心,也影响到学生的信心,在学习上无法专心,更无法深入地研究问题,往往对学习抱着应付的态度,对书本内容更是一知半解,草草了事,而最后由社会通过一份简历或一次面试或学生的一个月的实习来检验时往往通不过犀利而残酷的评判,渐渐一些企业对民办高校及高校毕业的学生形成歧视与偏见,得不到社会的认可度就直接影响学校的今后招生,这里的循环都是非良性的。

(四)一些学生家长没有做好应有的教育

家长对孩子的教育是潜移默化并且是多方面的,在民办高校中学生来自不健全的家庭占有一定的比例,这些破裂或有残缺的家庭给孩子心理上已经造成影响,他们中或怨恨,或冷漠,或自卑都已成为人生中的阴影,想要平复这些伤口谈何容易;有些家庭的家长本身的文化素养不高,他们不好或不正确的行为习惯、言谈举止无法教会孩子谦让、分享这些价值观,反而是自私、以自己利益为首位、没有社会责任感这些错误的理念。

五、适合民办高校采取的政策

(一) 民办高校更要重视就业指导

教育部明确要求,就业指导课程要纳入高校教学计划,分年级设立相应学分,课程安排学时不少于 38 学时;高校要建立就业指导机构,就业指导专职人员要达到 1:500 的师生比,就业经费要占到学费的 1%。在高校的就业指导对策方面,各高校都致力组建一支更专业的、更职业的教师队伍,对学生从大一开始进行职业规划的教育;大二时在抓住专业知识学习的同时,让学生更多地参与到社会实践中,了解和接触社会并认识到自身的不足;大三时引导学生树立正确积极的就业观念,以及对自身定位的正确性;大四就是职业前的心理、礼仪、技巧方面的培训了。如此,让学生走入社会时能增加一份自信和实力。

(二) 鼓励学生走向基层

国家规定,在当地公共就业服务机构登记设立的自主创业高校毕业生,可申请不超过 5 万元的小额担保贷款。有创意意愿的高校毕业生参加创业培训的,按规定给予职业培训补贴。而在高校中也是响应了国家的政策,纷纷开设大学生自主创业的学科,帮助毕业生更好地创业,而且也教育学生在创业中如何运用法律保护自身的权益。

2008 年,"三支一服"计划共选拔了 54 084 名大学生到农村基层服务。西部计划实施 5 年来,全国已招募 33 920 名普通高校应届毕业生到中西部 500 多个贫困县的乡镇,从事为期 1~2 年的志愿服务,5 年累计在岗人数为 46 163 人次。学校方面是尽量及时地传达每年变动的信息,尽可能地让所有学生知道并鼓励学生加入到去基层工作的队伍中来,因为这也是一份工作,学生在此期间可以学习到很多知识,锻炼自己的同时也更清楚地了解国家基层人民的生活情况、民生问题,也享受着国家给予的优惠政策和福利补贴。

一位复旦女孩李丽在欧洲当起农场主的故事是值得社会、学校、家长、老师还有我们的学生去思考的。李丽说,现在国内不少大学生都不愿当"知识型农民",毕业后想法设法往大都市挤,哪怕头破血流也在所不惜。而越来越多的西方人却争着到乡下居住,他们热爱这种生活,快乐地做着农民,与大自然和谐相处。就连查尔斯王子都有自己的农场,并以"农民"身份为荣!是的,在国内,国家政策也鼓励大学生走向社会基层,去农村、去西部更深地了解国家和人民的生活,这种生活带给学生的一定是一份有意义的人生经验。

(三) 珍惜社会实践,投资自己,重塑自信

民办高校的学生会对学校多些抱怨,总觉得学校的名声不够响,教育不够精良,给予的就业指导更是稀少,其实学生们自身又愿意在学校里学习多少呢?如果校园里提供的锻炼太少,如果觉得校园招聘会中没有中意的企业,如果想要更多地接触社会,做好一个

社会接班人,那么学生们大可以在能力范围内去寻找磨炼的机会,找回遗失的自信。

如今的企业更关注人文关怀,愿意给应届生、给民办高校走出来的学生一次展现自我的机会,刚毕业的大学生进入社会并融入社会,其实是有困难的,初出茅庐加上雄心壮志,难免就会出错,要在他们身上投入一定的成本和提供一定的培训。民办高校的学生应当重塑自身的形象,在社会实践中学会包装和提升自己,企业给予员工的培训是投入成本和精力的,也需要考虑到人事的调动、成本的预算、绩效的管理,这在短期来说是并不划算的,但是我们的学生如果抓住这样的机会,珍惜这样的机会,对自身是一次多么有价值的锻炼,而企业在长期来讲也有收获,通过给予实习,提供培训,将公司的理念、流程操作等灌输给新员工,不仅可以给企业注来新鲜的血液,更将企业文化植入到员工身上,这是企业一笔可观的无形资产,当然也是学生们的一笔宝贵财富。

(四)适当鼓励有能力者尝试创业

在民办高校中存在许多学生家长是个体户、老板的现象,这些学生来大学可能就是学习会计,学习如何做生意,学习怎么和不同的人打交道,等到大学毕业后能继承家业;也有很多学生是对创业十分感兴趣,也十分投入和执着,在大学期间的所学就是为了毕业之后自行创业做准备工作的。这些学生是特殊的,他们有一定的经济基础或家庭背景或有创业的胆识和眼光,此时,学校应当适当鼓励他们参与创业,但是同时也要给予全面的教育,创业不一定能成为老板,创业没那么容易成功,成功的背后需要付出的资金、精力是平常人难以想象和应付的。

大学生创业成功的例子有很多,但是人们往往看到的是成功后的马云、史玉柱、比尔·盖茨,却没有看到成功背后他们已经积累了多少次失败的经验教训。大学生创业指导专家、上海市创业教育培训中心校长徐本亮分析认为,大学生创业必须具备经验、资金、技术、能力这四大硬件,缺一不可。而这四大硬件中,刚刚毕业的大学生又具备了几个?具备了多少呢?有创业激情是好的,有创业梦想也是对的,但是仅仅这些是换不来创业的成功的。大学生创业中不乏开奶茶店的,经营淘宝等网上生意的,做水产养殖的,货代公司的,网络公司的等等,但是那么多人的创业梦想都会胎死腹中或中途被迫停止,这些创业失败的典型例子也许就在我们身边发生着,一次创业的失败并不可怕,真正可怕的是不知道失败在哪里,不知道总结,那么接二连三的创业都是没有意义的。

对于那些持有创业梦想的同学,学校和教师不能一味地支持,也不能一竿子打死,创业能更直接地实现自我价值,能更加张扬蓬勃的朝气,但是创业有着更严厉的条件,它需要创业者有很好的协调能力、应变能力、交际能力,需要累积很多的社会经验,所以创业梦一定是脚踏实地,一步步去实现的。

六、总结

对于民办高校的学生,无论是家长还是社会同样都寄予他们很高的期望,学生在经历过高考没有如愿进入盼望已久的大学或是个人能力有限进入了民办的高校,那都是停留在大学以前的故事了,在大学三四年的时间里,足够改变和提升自己,若充分利用好这段时光,在学习和实践的过程中能寻找到自己的优势,了解自身的弱势,这对还未走进职场的学生们来讲是多么幸运和重要的事情。所谓尺有所短,寸有所长,并不是每个名校出来的学生就一定都是金子,民办高校走出来的学生就技不如人,归根结底还是得看自身的努力,对在校期间所学知识的消化,为人处世是否得体,工作上是否积极上进、谦逊有礼。一所学校的性质并不能改变和掌握一位学生的命运,但是从这所学校出来的学生自身具备的素质、修养和能力却能改变自己的命运。希望从民办高校走出去的学生能昂首挺胸,能自信满满,在未来的道路上掌舵好方向,扬帆起航!

参考文献

[1]陈旭东.当代大学生就业问题及对策分析[J].哈尔滨金融高等专科学校学报,2009(9).

[2]马苏宁.民办高校教育质量问题及其对策[J].高等教育,2009(12).

[3]葛君梅.民办高校学生家庭教育存在的问题及其对策探析[J].高等教育,2010(3).

作者简介:

王洁,就职于上海杉达学院。

创新创业教育

创业教育对大学生创业意愿的
影响分析及改革路径探索

（上海应用技术学院　学生工作部　何　静）

摘　要：大学生创业意愿的形成是一个复杂的过程，本文通过建立创业教育对大学生创业意愿的影响分析测量量表，长期跟踪调查上海四所高校学生，有效地评价创业教育对大学生创业意愿的正向影响效果，从而从培养创业意愿、完善创业教育课程体系、强化创业实践活动、正面引导及评价创业教育项目四个方面探索改革路径，推进创业教育的发展。

关键词：大学生；创业教育；创业意愿；影响分析；改革路径

在过去20多年里，创业教育在许多国家得到快速发展，这对培养大学生创新创业精神，提高创业者素质和创业成功率，加快经济增长和创造工作机会具有重要作用[1]。

根据《2012年中国大学生就业报告》显示，2011届大学生自主创业比例达到1.6%，比2010届（1.5%）略高0.1个百分点，比2009届（1.2%）高0.4个百分点。2008届大学毕业生半年后有1.0%的人自主创业，三年后有4.4%的人愿意自主创业，说明有更多的毕业生在毕业后三年内选择了自主创业。如何将创业意愿转化为创业行为是实施高校创业教育的重要环节。

本研究将通过量表测量创业教育对大学生创业意愿的影响，分析不同层次学生对创业教育的不同需求。通过改革创业教育，有效刺激大学生的创业意愿，使大学生创业意愿整体增强，并重点激励高活跃创业意愿向创业行为的转化。

一、创业教育对大学生创业意愿的影响分析测量量表开发及模型构建

（一）研究假设

通过文献整理归纳和前期访谈资料的分析，提出以下研究假设：

H1：大学生创业认知程度与创业教育正相关。

H2：大学生创业态度受创业教育正向影响。

H3：大学生创业意愿时间维度受创业教育正向影响。

H4:大学生创业指向性与创业教育正相关。

H5:大学生风险感知能力与创业教育正相关。

（二）量表开发

在此基础上初步拟定关于创业教育对大学生创业意愿的影响测量指标分为 5 个维度，即创业态度、创业认知、时间维度、指向性、风险感知，各维度下有若干小变量(见表1)。

表 1　创业教育对大学生创业意愿的影响分析测量量表

Tab. 1　Analysis of the impact of entrepreneurship education on College Students' entrepreneurial intention questionnaire

变量标识	变量名称	预期影响	内容	观测变量
Y	创业意愿(EI)	被解释变量	自评是否愿意从事创业活动的一种主观态度	兴趣 自由职业偏好 行为期望
X_1	创业态度	＋	创业教育实施前后，个人对创业行为所持的正面或负面的感觉	通过创业，可以实现我的生存需要 通过创业，可以实现我的财富满足 通过创业，可以实现我的成就需要
X_2	创业认知	＋	创业教育引导个人是对自身特质和变化环境的认知	创业教育引导个人注意力绝对水平 创业教育引导个人注意力相对水平 创业教育引导个人创业能力培养 创业教育引导个人创业相关人脉关系培养 创业教育引导潜在创业团队成员的计划程度 创业教育引导个人搜集创业项目信息 创业教育引导个人计划创业项目行为 创业教育引导个人搜集创业资金信息 创业教育引导个人计划创业资金行为
X_3	时间维度(TM)	＋	创业教育引导创业意愿存在的时间长度	创业想法存在的时间长度 创业计划作为职业规划目标存在时间 创业意愿存在的时间连续性
X_4	指向性	＋	创业教育激发个人更倾向于参与与创业有关的活动	创业教育实施前后，个人在创业方面做过的努力 创业教育实施前后，同样的机会面前，个人更倾向于选择创业机会 创业教育实施前后，个人是否愿意因为创业在其他方面做出牺牲 创业教育实施前后，是否进行过创业有关的尝试 创业教育实施前后，是否有创业有关的计划

变量标识	变量名称	预期影响	内容	观测变量
X_5	风险感知	+	创业教育实施前后,大学生在维持创业意愿的前提下,对创业阻碍的承受程度	创业教育实施前后,对放弃同等机会的承受程度 创业教育实施前后,对来自家庭阻力的承受程度 创业教育实施前后,对来自师长、专家的阻力承受程度 创业教育实施前后,对来自同学、朋友等同辈人的阻力承受程度 创业教育实施前后,对缺乏合适创业项目的承受程度 创业教育实施前后,对缺乏资金的承受程度 创业教育实施前后,对缺乏创业人脉的承受程度 创业教育实施前后,对缺乏创业能力的承受程度

（三）模型构建

创业教育对大学生创业意愿影响因素涉及的因果变量关系较多,且非常适合进行因子分析。因此,笔者创新性地提出了"创业教育对大学生创业意愿影响因素"的结构方程模型(见图 1),通过问卷调查取得实测数据,最后采用 LISREL、EQS 和 AMOS 等软件对数据与模型关系的一致性程度作出评价。

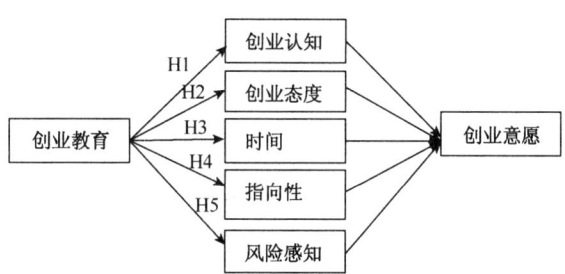

图 1 创业教育对大学生创业意愿影响因素理论模型
Fig. 1 Theoretical model of factors affecting entrepreneurship education onentrepreneurial intention of College Students

二、创业教育对大学生创业意愿的影响调查结果与分析

（一）问卷调查

根据以上测量指标,参照国内外知名学者的研究结论及上海高校的实际情况,笔

者构建了 40 个题项的初始问卷,并选择了上海市具有代表性的 4 所高校分层抽样抽取 1 000 名全日制普通本科在校大四学生为调查对象。其中,500 名学生是大一或大二接受过创业教育的学生(实验组),500 名学生是大一到大四期间均未接受任何创业教育的学生(对照组)。回收问卷 842 份,有效问卷 786 份,有效样本率 90.26%。其中完全没有创业意愿的有效样本 176 份,有创业意愿的有效样本 610 份。

(二)信度分析

为确定样本是否具有稳定性和可靠性,应进行信度检验。采用克朗巴哈 Alpha 系数来测算量表的一致性。借助 SPSS16.0 对 5 个自变量进行信度检验,其内在信度均大于 0.75(见表 2),问卷的信度较高,因此可以接受。

表 2　结构方程模型的信度检验

Tab. 2　Reliability analysis of structural equation model

潜变量	观测变量数	Alpha 信度系数
创业认知	3	0.764
创业态度	9	0.751
时间	3	0.750
指向性	5	0.772
风险感知	8	0.756

(三)问卷分析

1. 路径系数验证

由 AMOS17.0 验证结果可知,5 个关键路径系数的概率 P 值均达到小于 0.05 的显著水平($p < 0.05$),5 条路径系数的标准化回归系数估计值均为正数,表示其对效标变量直接影响效果为正。上述分析结果表明,在前面所提出的研究假设 H1、H2、H3、H4 和 H5 都得到了相应的验证(如图 2 所示)。

2. 对创业意愿自评结果的分析

根据调查结果统计,在校大学生对创业的认识是客观积极的。对于"如果有机会,我非常希望去创业"这一项关于创业意愿的自评,大学生表示非常愿意的占 30.52%,比较愿意的占 34.54%,一般的占 26.40%,比较不愿意和非常不愿意的分别占 7.36% 和 1.18%。

(1) 不同专业学生的创业意愿没有显著差异,经管类、理工类、文史类学生的创业意愿分别是 78.8%、78.4%、75.1%;不同学校的学生创业意愿存在差异,财经类高校学生的创业意愿强度要高于综合性大学及师范院校,出现这一差异的原因可能与学校在教育、宣传上的力度、广度、频度等有关;男生的创业意愿强度明显高于女生,这主要由男女生的社会性别角色差异造成;江浙沪地区学生的创业意愿强度明显高于西部地

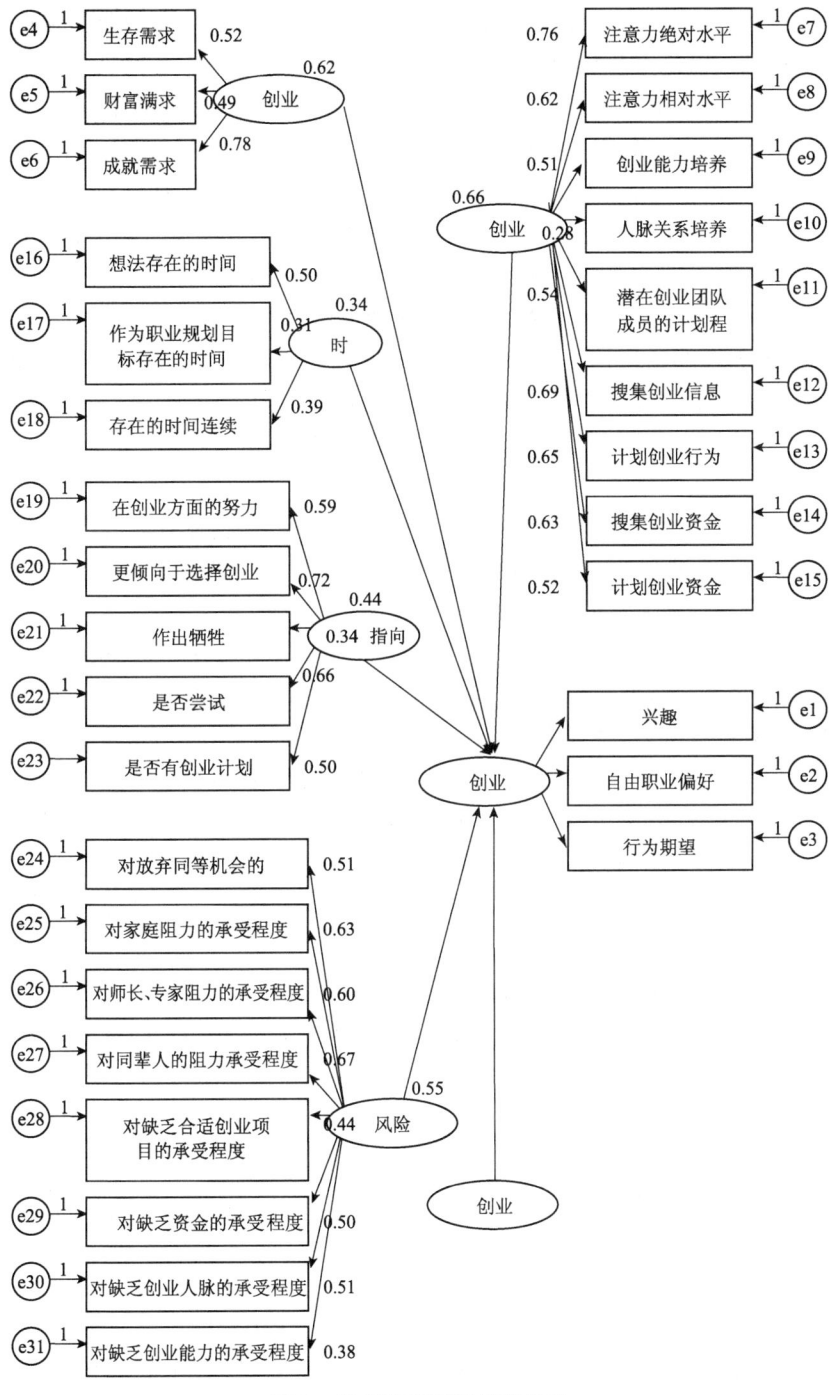

图 2 结构方程模型的路径图

Fig. 2 Path diagram of structural equation model

区,受地区经济情况和家庭环境影响,江浙沪地区的学生更能接受创业的观点,创业意愿更强烈,西部地区的学生相对较保守。

(2)实验组学生和对照组学生数据相比较,暴露出若干问题,凸显出我国高校创业教育的不足,大学生自身的许多问题也值得我们去关注和思考。如大学生普遍存在创业风险感知方面的误区,调查中54.55%的学生把挣大钱作为选择创业的最大理由,明显缺乏风险意识;大学生缺乏创业认知,调查显示大部分学生除了认为缺少足够的创业资金以外,放弃创业的重要原因还包括缺乏相关创业知识和经验。

3. 创业教育参与程度对大学生创业意愿的影响分析

当前创业教育的参与程度,主要用两个指标来测量。一个指标是参加过创业方面的公选课、讲座或培训的次数,另一个指标是创业计划大赛的参与情况[2]。实验组与对照组学生对比发现,是否参加过创业方面的讲座或培训对大学生的创业意愿存在显著影响,实验组学生的创业意愿明显高于对照组学生,并且参加过创业方面的讲座或培训的次数越多,大学生获得的创业知识与创业技能越多,创业意愿就越强。

对创业态度、创业认知、时间、指向性、风险感知5个变量进行简单相关分析,结果显示,创业教育与创业意愿的各相关变量均呈一定的正相关。

(1)创业教育对创业认知的正向影响效果最强,影响系数为0.668。越是系统科学的创业教育越容易激发大学生对自我特征、创业环境的行动或思考等,如"搜集创业信息"、"对创业进行构思"、"经常思考与创业相关的事"等。

(2)创业教育与创业态度的关联性排在其次,影响系数为0.626。当代很多大学生有创业意愿,但多以赚钱为目的,事业心与责任心较为缺乏,从某种层面导致创业行为不能长久。而责任与担当是创业精神的核心,高校创业教育可以有效地弥补这一缺陷,在学生心中植入创业精神的内核,从而持续推进大学生创业行为健康发展。

(3)风险感知即为对创业阻碍的承受程度,与创业教育也有较大的关联,影响系数为0.555。大学生在大学期间对于创业总会受到来自各方面的不同刺激,这些刺激中有的会正向强化,有的会负向减弱创业意愿。创业教育使学生对这些创业阻碍的承受程度更强,受其影响更小。

(4)创业教育与创业意愿的指向性联系也较紧密,影响系数为0.443。指向性是指由创业意愿激发的人们更倾向于参与与创业有关的活动,主要表现在同等效用的机会选择面前更倾向于选择与创业有关的程度,以及为了选择创业活动而愿意放弃的机会成本大小。调研表明,越是受过系统创业教育的大学生,创业意愿越强烈,越倾向选择与创业有关的机会,并且愿意为此付出的牺牲和努力也越大。

(5)创业教育与创业意愿的时间维度也有一定关联,影响系数为0.341。时间维度是指创业意愿在时间轴上的延续情况,主要表现在两个方面:时间延续的长度和时间的连续情况。受过创业教育的学生,创业意愿越强烈,创业意愿持续的时间段越长,越不容易出现间断的情况。

三、有效开展创业教育,提升大学生创业意愿的改革路径探索

(一)注重培养积极的创业意愿

西方发达国家早在 20 世纪 70 年代末就强调创业教育的重要性,强调创业教育是通过各种可利用的教育方式培养创业者意识、思维和技能等各种创业综合素质。同时,本文的大学生创业意愿影响因素模型也验证了创业教育对个体的创业倾向有显著的影响。因此,高校应通过各种形式普及创业教育,强化创新教育实践,帮助大学生转变就业观念、提升创业意愿、增强创业能力。

(二)合理设置创业教育课程体系

高校开展创业教育,是提升大学生创业意愿和素质的最有效性途径之一,其中创业教育课程体系是核心。以设计理念的战略性、课程内容体系的完善性、课程教学方法的探究性、课程师资力量的优越性为原则[2],可将其建设成一个多层次、立体化学科体系,如图 3 所示。

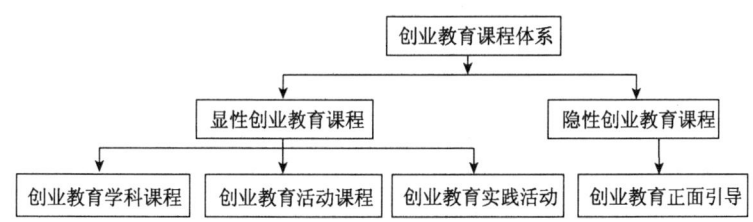

图 3　创业教育课程体系

1. 学科课程的设置

(1) 必修课的设置。必修课属于通识性创业教育,在引导学生做好生涯规划的同时,面向全体学生,以创业启蒙教育为教学目标,培养学生的创新创造意识,课程如创业精神、创造性与组织等。

(2) 选修课的设置。学生可依据自身的兴趣爱好和特长选择选修课。选修课分为创业系统知识和创业能力培养两大模块,以案例教学为主。以培养成功的创业者为教学目标,并积极提供企业实习实践的机会。

(3) 学科渗透的设置。面向各专业、对所有学生实施创业教育是共同的教育目标。但在共同的目标下,应充分关注实施对象专业的不同和个性差异的现实,根据不同专业、不同个体的不同需求与定位分别开设不同的教育课程。

2. 实践课程的设置

实践课程以"感受式"模式为主,通过 KAB、GYB、SYB、IYB、EYB 等实战性较

强的系列创业培训项目、沙盘模拟、创业企业试运营等,以项目化的方式逐步激发学生创业的内在原动力,提升学生的创业能力。

(三)强化创业实践活动

创业实践活动可以有效整合大学生的知识与能力,使学生直接获取相关经验。高校应积极开展校企合作,为学生提供参访的机会,增进学生对企业管理和经营的感性认识;依托高新技术产业开发区、工业园区和大学科技园等,建设学生科技创新创业实习基地;利用基地为具有创业意愿的大学生和优质的创业项目搭建"团队+项目+资本+市场"的四维平台,构建立体式创业资源共享平台,增强社会资源对大学生创业项目的扶持力度。创业实践活动的开拓再推进创业教育的发展,从而形成良性循环。

(四)强化对创业教育的正面引导及评价

建立科学多样、具有动态性的教育效果评价制度是有效实现创业教育的要求。具体而言,一是充分认识大学生创新创业教育评价的特殊性和"时滞性"特征,设计评估方案时应兼顾长期与短期效果评价;二是研究创新创业教育效果的评估标准,评估内容可以包括知识量的考核和创造力的考核两部分;三是评价方式多样化,可采用试卷、实验、设计及调研等多种方式或通过网络定期测试。评价教育效果时,既要纵向比较,也要横向比较,力图建立科学客观的常态化评价运行机制。

参考文献

[1] Matlay H. The impact of entrepreneurship education on entre preneurial out comes[J]. Journal of Small Businessand Enterprise Development, 2008,15(2):382-396.

[2] 刘群,孟永.上海地方高校大学生创业意愿的调查分析[J].创新与创业教育,2012(5):96-100.

作者简介:

何静,上海应用技术学院。

以立信会计学院为例，建立和完善
大学生创业教育模式

（上海立信会计学院　张海琼）

摘　要：近年来，大学业创业热在全国各个高校迅速蔓延，自主创业作为大学生实现就业，体现人生价值的重要途径，受到了政府、社会和高校的多方关注和广泛认可。本文以上海立信会计学院为例，探讨了如何在应用型本科院校中建立和完善大学生的创业教育模式。

关键词：大学生；创业教育

从 1999 年清华大学学生首开大学生创业先河——创建北京市视美乐科技发展有限公司，大学生创业热在全国各个高校迅速蔓延。自主创业，作为大学生实现就业、体现人生价值的重要途径，不仅可以充分发挥大学生的创造性和开拓性，为社会经济发展作出贡献，而且可以有效缓解大学毕业生就业压力，拓宽就业渠道，因而受到了政府、社会和高校的多方关注和广泛认可。同时，如何建立和完善大学生创业模式也是应用型本科院校所需要思考的问题。

一、大学生创业服务体系和教育基地的现状

（一）大学生创业服务体系的现状

目前中国大学生创业的服务体系主要分为基金项目支持、创业园项目、学生自主组织三种类型为典型代表。

（1）基金项目支持。在青年创业服务体系中，以基金项目支持是一条重要的措施，基金项目包括了国际性、全国性基金项目和地方性基金项目。国际性、全国性基金项目，以中国青年创业国际计划为典型代表。中国青年创业国际计划（Youth Business China，简称 YBC）是共青团中央、中华全国青年联合会、中华全国工商业联合会共同倡导发起的青年创业教育项目。上海市将"科教兴市"的政策落实得十分到位，对大学生高科技创业行为十分支持，除了做好全国性的创业扶助项目——YBC 项目外，还有其自筹的创业扶助项目：上海大学生科技创业基金会。

（2）创业园项目。通过搭建平台，为青年创业提供场所支持，创业园项目是青年创业的载体形式之一。以上海为典型代表，上海大学分基金与大学生创业园。上海大学是上海市大学生科技创业基金首批受理点之一。基金评审、发放及项目管理工作由上海大学科技园区负责运作和实施，成立了上海大学大学生创业园，并组建创业培训中心、商务中心、财务结算中心和创业辅导中心，以降低学生创业公司运营成本，为学生创业营造了良好的环境。

（3）学生自主组织。目前创业体系当中，成立了学生自主组织：创业中国——全国大学生创业者俱乐部。目前，全国大学生创业者俱乐部隶属于团中央中国青年高级人才培训中心，由在读和已毕业的大学生自愿组成，并在团中央的领导下按照组织章程开展公益性的活动。俱乐部致力于实现创业青年（大学生）的创业梦想。与其他大学生创业机构不同，该组织虽受团中央的指导，但其从主席、执行主席、秘书长等到普通会员全部为学生，是一个学生自主创业俱乐部。

无论从政府、社会公益、学校教育，还是从学生自身层面看，目前中国的创业服务体系都营造了不错的氛围。但在实施过程中，依然存在着一些不足之处。首先，政策呼声较高，但是落实的过程中存在着各种问题，如资金支持力度不够，很多时候只是"杯水车薪"。其次，各创业服务机构闭门造车，缺乏有效的沟通和联系，导致在部分功能上重叠，而其他一些"缺口"则"无人问津"。一方面，重叠部分形成了社会资源的浪费。另一方面，"缺口"部分则给人一种"社会资源不足"的假象。最后，缺乏相关经验。目前中国的大学生创业服务体系初具规模，尚在摸索阶段，国内缺少可供借鉴的经验，因此在一些具体问题和突发事件的处理上都显得有些"力不从心"。

（二）大学生创业教育基地的现状

大学生创业教育基地建设主要指对大学生创业孵化基地的建设。大学生创业孵化基地建设是创造性地解决大学生就业问题的尝试，是一种新型的社会经济组织，它通过为大学生提供研发、生产、经营的场地，通讯、网络与办公方面的共享设施，提供系统的培训和咨询，以及政策、融资、法律和市场等方面的支持，降低大学生创业企业的风险和成本，帮助初创阶段或刚成立的新创企业成为能够独立运行并健康发展的企业。我国部分大学生创业孵化基地的建设已有一定的规模，在促进大学生创业方面取得一定的成效。然而，在大学生创业孵化基地的管理模式上仍处于不成熟阶段。

（1）合肥大学创业孵化基地。我国教育部、科技部于 2001 年首批批准成立和认定了 15 个国家级大学创业孵化基地。其中，合肥大学创业孵化基地按照"政府引导、多元集资、市场运作"的模式实施。安徽省政府设立合肥大学创业孵化基地工作指导委员会及其办公室，对创业孵化基地实行统一领导、统一管理。并且按照市场经济的运行机制，由省科技厅、教育厅、中国科技大学等 5 家单位共同投资发起设立合肥国家大学创业孵化基地发展有限责任公司，作为合肥大学创业孵化基地的建设主体。

（2）上海理工大学创新创业中心。上海理工大学创新创业中心强调其商务平台的建设为重心。目前主要的业务定位于大学生创业意识萌发到创新项目申请之间的创业咨询、创业辅导与创业培训。商务平台下设创业导航站、创业孵化室、创业模拟室等部门。上海理工大学创新创业中心坚持定期开展大学生创业政策校园宣讲会和春秋两季的创业培训班，使该中心的各类创业创新活动的后续开展有组织保障。

二、立信特色的大学生创业教育模式的探索

（一）三项实利性政策扶持

（1）创业支持组织机构。上海立信会计学院就业指导中心整合社会资源、借鉴高校经验、联系学校各部门成立了创业指导中心，该中心旨在对我校大学生创业政策、创业教育等形成有效的支持，突破资金、场地等支持难点，逐步走出最大"瓶颈"的限制。在我校学生公寓16号楼开辟学生创业创业园，为实体公司及孵化项目提供了场所，帮助我校大学生创业项目提供经济支持。鉴于目前状况，应进一步考虑在现有基础上扩大和完善创业创意园的建设。同时，尝试成立大学生创业金融服务中心，整合社会各类资本，提供专业、多元、高效融资服务，助推大学生创业高层次发展。

（2）创业导师体制。目前，我校有一支教师队伍对大学生创业项目给予智力支持。同时，有稳定的职业规划师进课堂，及时做好学生职业规划，并培养部分学生的创业意识。我们需要更多地考虑的是信息服务平台的建设，其中包括"信息集中营"、"信息传达室"、"信息回声器"。分别开展校园广播滚动创业信息的植入式宣传、校内外专家专题解读、网络创业难点1+1解答等形式，丰富我们创业导师制单一性的指导功能。

（3）创业救助系统。在大学生创业过程中，需要来自各方面的支持和帮助。一旦踏入正轨，就是皆大欢喜的事情。在创业项目陷入困境的过程中，我们如何伸出援手，帮助大学生走出创业失败的阴霾，也是我们急切成立创业救助系统的初衷。创业救助系统的另外一项主要工作是关注毕业学生及其公司近两年的发展情况，帮助其顺利走上正轨。

（二）三种多角度教育援助

（1）创业信息传递和咨询，做好"宣传员"。创业信息的传递不仅仅是被动让学生接受信息，更是鼓励学生走出校园，有针对性地进行市场调研，对于经营、营销活动相关的市场情况进行调查研究，从而为决策创业项目提供佐证。这也是一种有效的创业信息传递方式。在创业过程中，会出现各类层次的问题，咨询服务内容也就势在必行，是对大学生教育援助的另一方面。

（2）创业知识储备和辅导，做好"辅导员"。这一阶段对创业教育的开展进行实践

性的探索,主要以课堂教学为主导来进行创业教育,强调创业教育"重在培养学生创业意识,构建创业所需知识结构",将第一课堂与第二课堂相结合来开展创业教育。开设"企业家精神"讲坛、"创业管理"、"风险投资"等创业教育课程。

(3)创业技能培训和应用,做好"监督员"。抓住能力培训关键点,成立学生创业指导站,组织有创业愿望的在校大学生参加创业技能培训和创业模拟实训,提高创业能力同时提供实践和发展平台。其主要举措为:组织创业大学生对象群体服务,适时开办培训班,讲授现代企业管理知识,对参训人员提出的问题现场进行解答,帮助创业对象完成创业设计并予以实践。同时,聘请企业成长导师,与微型企业结成对子,开展个体跟踪服务,确保微型企业"成活"、"成长"。

(三)三次阶梯型实践模拟

(1)ERP沙盘实训室。ERP沙盘实训室是我校与用友软件股份有限公司校企合作的结晶。它建立于2008年,实训室建筑面积约180平方米,相应硬件设施齐全,配有用友ERP沙盘一套、沙盘盘面13张,充分满足了实验教学设备数量和质量的要求。ERP模拟沙盘是企业认知实训课程,以企业经营沙盘为教学载体,以企业经营活动为主线,将企业的物流、生产、财务、运营、营销规划的结构及全部流程展示在沙盘上,将复杂、抽象的财经、商贸及管理理论知识以最直观的方式呈现。学生以五六人为一个经营团队,他们分别以企业总经理(CEO)、采购主管、生产主管、销售主管、财务主管的身份体验企业经营过程。通过观察思考、协同操作、决策规划、经营体验,学习财经、商贸及企业经营管理知识和技能。它强调"先行后知",通过参与带有挑战性的"模拟经营",使学员和团队经受企业实际经营中的许多"磨难"和"考验",通过团队的积极参与和培训讲师点评,把从"磨难"和"考验"中得来的体会与工作实际结合,吸收和转化为创业学生的工作实践的知识与经验,打造更加符合企业需求的应用型人才。此外,还培养了学生的团队精神。

(2)创业情景模拟室。在ERP沙盘实训室系统培训的基础上,我校组建了创业情景模拟室。创业情景模拟室区别于ERP沙盘实训室。它所强调的是企业全方位的虚拟场景。"IDREAM"——2012大学生企业经营实战模拟大赛的成功举办就是学校成功建立创业情景模拟室的集中体现。不仅是希望学生能在创业情景模拟室激发自身的创业精神,更是希望这样的比赛系统化、长期化。

(3)创业与创意基地。我校创业与创意基地设置于学生生活园区,初步建立起了大学生的创业实践基地和创业孵化基地。在园区内,成立了两家实体公司,其成功开发了大学生旅游市场和美发产品市场;同时进驻了两家孵化公司,该创业项目具备一定的成熟性,是处于研发阶段的项目,有明确的市场应用目标,有完整、合理及有效的市场经营计划。创意与创业园的建设给予创业大学生"强心剂"。对于创业与创意基地的管理和服务是我们需要在实践中不断完善的摸索过程,尤其是学生毕业后的后期支持很重要,从而真正实现我校学生创业产业链。

三、创业大学生应该处理好的几方面关系

在结合国内高校与上海高校的经验基础上，我们发现作为一所应用型本科院校，我校大学的创业创新工作还有一番更广阔的天地。同时，也要注意帮助创业大学生处理好以下几方面的关系。第一，创业与学业的矛盾。我们需要关注大学生"创业对自己学业的影响程度"的调研。在学习期间进行创业活动，该行为对他们的学业所造成的影响是需要调查研究的关键，希望对大学生创业与学业的发展有一定的帮助。第二，创业基地硬件条件充裕与创业基地人气不旺的矛盾。学校为培养学生创业能力，鼓励学生创业精神而不断完善各方面的硬件设施，但同时我们也往往发现由于场地位置设置的问题，而比较冷清，对运营状况也或多或少产生影响。第三，创业学生创业热情高涨与对创业理解偏差的矛盾。往往在创业团队中成员激情四射，但很多时候会觉得学校应该尽量提供机会给他们，而不是考虑去主动联系学校的各个业务主管部门，依靠自身的营销能力和项目竞争力主动地开拓业务生意。创业团队对学校的过于依赖是不利于该项目的成功孵化并走向社会的。此外，在环境的全面营造、网络的配套建设、政策的系统支持将是我们今后要重点建设的方面。

参考文献

［1］李纲.大学生创业指导［M］.北京：国防出版社，2010.

［2］何芳，等.大学生创业孵化基地建设现状调研［J］.科技创业，2011(10).

［3］乐上泓，等.中国大学生创业服务体系建设现状及对策研究［J］.产业与科技论坛，2011(10).

［4］徐晓伟.突破瓶颈重点推进助大学生创业扬帆远航［J］.黑龙江人力资源和社会保障，2011(10).

［5］闫超栋.高校团组织服务大学生就业创业工作的若干思考［J］.山西青年管理干部学院学报，2011(3).

［6］朱兴国.大学生创业教育模式探索［D］.东北师范大学硕士论文，2005.

［7］李精明.创业大学生社会服务体系研究［D］.湖北师范大学硕士论文，2011.

作者简介：

张海琼，就职于上海立信会计学院　外语学院。

对提高大学生科研创新能力为培养目标的
育人模式的几点思考

（上海第二工业大学　胡　蕾　于敬涛）

摘　要：近年来，不少高校开始反思和探索人才培养模式的改革，希望通过改革能为社会输送更多的有用人才。本文以上海第二工业大学所开展的"创新人才培养质量大讨论"活动为基础，围绕培养和提升大学生科研创新能力的目标，提出了育人模式改革的思路。

关键词：大学生；科研创新；盲人模式

2006年，我校开展了知识型高技能创新人才培养质量大讨论活动，全校上下就人才培养目标进行深入讨论，最后形成了《上海第二工业大学关于进一步加强教育教学质量工作的若干意见》，围绕着这个文件，5年来，在学生工作层面上，以演讲赛、辅导员论坛、党建论坛等形式展示着我们育人工作的做法，通过精神文明创建、十佳党日活动创新我们育人工作的模式，也利用党建研究会、思研会、网络等平台，分享我们育人工作的研究和探索，可以说，五年来的努力，我们从世博会、世游赛志愿者活动、学生就业率等数字中显示了工作的成效。

作为一所只有不到400名学生的小学院来说，要想大规模地推动面上的活动基本不可能，但在创新和质量上，我们也能彰显学院学生工作的特色，那就是充分发挥学生的创新意识，围绕学院发展规划，特别是学科建设，做好育人工作。于是从2006年起，学院连续开展了学生参与教师科研项目的活动，至今已有百余人次的教师参与项目指导，学生报名率在50%以上。

一、工作理念

将科研创新能力的培养贯穿于人才培养全过程，让每一位教师（特别是党员教师）主动参与育人工作，让每一位学生有机会发挥主观能动性，师生互动，教学相长，终身发展。

二、工作依据和目标

在六届学生参与教师科研项目活动的基础上,学院学生的创新能力有了进一步提高,不仅加强了科研意识,更让学生的科研能力有了明显的提高,学生有了自己的科研成果,比如挑战杯上海市选拔赛、上海市大学生创新项目、光华杯大学生创业计划大赛等等;而教师在带教过程中,也不断探索新的教学模式,比如《环保设备专业应用型人才CIE—CDIO培养模式的探索与实践》获得第四届校教学成果二等奖。

于是,学院在"十二五"规划中也明确提出要创造有利于学生成长的学院文化氛围,坚持以德为先,落实"三全育人"工程。同时,精心打造"大学生科技创新项目"申报"一院一品"特色项目。

三、工作突破提升方向

从我们学院实施大学生科研创新能力培养的基础实践来看,这在学生党建引领、学生综合能力提升,并对辅导员职业化发展方面都有有益提高,为此,我们将在以下三方面重点突破,提升学生工作的实效。

1. 培养一支以学生党员为骨干的先行队伍,在创新学生党建模式上突破提升

育人工作,以德为先。首先,我院拥有一支有活力、有激情、业务精、政治性强的年轻教师队伍,青年教师党员占全院教师的70%以上,目前在校学生全部是四年制本科生,在学生入党积极分子的培养、考察和学生党员的教育过程中,我们以积极分子、学生党员为骨干,努力带动一支先行队伍。在学院党总支领导下,以师生结对、学生参与教师科研项目、教师联系新生等活动为载体,搭建平台,创新党建工作模式。

以学生骨干为主力参与的学生科技创新团队力争在学生党建引领方面取得三方面的效果:

第一,提高学生党员和入党积极分子的积极性与主动性。让学生参与党员教师科研活动,对学生党员(入党积极分子)的培养教育过程,是教育形式不断创新过程,形式是内容的载体,好的内容必须与培养对象积极参与的形式有机结合,才能更有效地调动学生的积极性和主动性。通过让学生党员(入党积极分子)参与到党员教师的科研项目中,激发他们不断学习的动力和兴趣,通过他们内在的动力和外部的压力,促使他们积极要求上进,成为一种自觉的心理活动状态,并指导自己的言行。

第二,把好学生党员发展和培养关。学院一直以来强调小学院大系的理念,就是要求各系发挥更大的主观能动性,在学生培养方面各展身手。因此学生党支部与各系都密切联系,定期沟通学生培养与发展过程中的各种经验。比如今年成功考取研究生的4位学生全部来自我们的环保设备系,系主任是党员,其中有2位正式党员,2位入党积极分子,他们全部都参与过教师的科研项目,并且在学报上发过文章。

第三,优化学生党员(入党积极分子)成才平台。通常,党支部通过让学生党员(入党积极分子)担任一定的社会工作来考察,这种考察的效果很大程度上能体现学生党员(入党积极分子)的能力,但也存在着一定的局限性,导致有些学生工作能力很强,但学习成绩却平平,而作为学生身份的党员,其在群众中的影响力还是通过学习成绩来体现,特别是那些有一技之长,超越平时学习计划的学生在群众中的威信则更大。学院的学生党建一直紧紧围绕学院的中心工作,特别是在环境保护领域中发挥作用。比如我们在所有获得的校精神文明项目,全部打的是志愿、环保的主题,且是举全院之力来实施和开展。

我们要不断总结与探索,提出更好更优化的党建创新模式,引导学生不断追求更高的目标,使他们中的先进分子树立共产主义的远大理想,成为社会主义建设的合格建设者和可靠接班人。

2. 加强与学院教师(专业导师)的沟通与合作,在学生创新能力上突破提升

学院要以《大学生思政工作特色项目》(即一院一品)的申报和建设,进一步整合学院资源,完善学院育人的机制,力争提高"四率",即师生参与率、师生科研成果获奖率(力争在学院十二五规划期间每年都有学生作品在全国和市级竞赛中获奖,申请专利5~8个、发表论文10篇以上),课题研究申报立项率、学生就业和升学率。

同时,学院要充分利用知识服务团队的校企合作平台,在服务社会的过程中,为学生提供更多的社会实践、实习就业机会,提高学生的就业率。

3. 坚持学习、实践与思考,向专家型辅导员努力,在辅导员工作的理论研究上突破提升

教育部《普通高等学校辅导员队伍建设规定》中指出,辅导员是开展大学生思想政治教育的骨干力量,是高校学生日常思想政治教育和管理工作的组织者、实施者和指导者。文件还明确指出,辅导员要主动学习和掌握大学生思想政治教育方面的理论与方法,提高工作技能和水平,定期开展相关工作调查和研究,调整工作思路和方法。这就是非常明确的辅导员专业化发展的具体要求,为此,目前我们学院的两位专职辅导员也正努力在学习和实践中提升,比如我们已申请了市教委的优秀青年基金项目,去年的校党建研究会课题获得三等奖,今年也成功申请的校思研会的课题,未来,我们将继续努力,积极主动申报校内外的研究课题,努力向专家型辅导员努力。

总之,学院要将精心研究学生育人工作的新方法、新手段,提出更有实效的新举措,将学生培养成为品行优良、基础扎实、技能突出、身心健康的知识型高技能的创新人才。

作者简介:

胡蕾,就职于上海第二工业大学;

于敬涛,就职于上海第二工业大学。

浅谈民办高校开展创业教育的意义和方法

（上海杉达学院　徐　霞）

摘　要：随着现代高等教育改革趋势的发展，创业教育成为热点。民办高校是我国高等教育的重要组成部分，在管理、财务、人才培养模式等方面有灵活、发展快等优势。在就业问题比较突出的形势下，民办高校开展创业教育，对顺应教育发展变化、加强学生思想政治教育、提高学生就业竞争力和促使民办高校自身发展等方面都有重要的现实意义。

关键词：民办高校；创业教育

创业教育在西方国家的大学中已有较长的历史，有相对成熟的创业环境与运行机制。我国高校开展创业教育的时间较短，这方面的研究更多的是借鉴国外经验。民办高校是我国高校中的一个重要组成部分，在当前就业问题比较突出的形势下，开展民办高校创业教育、研究创业教育更有现实意义。

所谓创业教育，从狭义上讲主要培养学生创办企业的能力，通过企业知识的学习促使少数人直接实现创业行动，利用自己的知识、才能和技术以自筹资金、技术入股、寻求合作等方式创立新经济实体，大学生解决自己就业的同时，为他人、为社会创造新的岗位，同时实现自己的梦想[1]。从广义上讲是培养具有开创性的个人，是通过相关的课程体系整体提高学生的素质和创业能力，使其具有创新、冒险精神、创业能力、独立工作能力以及技术、社交和管理技能[2]。广义的创业教育对于大多数大学生而言应该是一种创新精神的培养。

1988 年 10 月，联合国教科文组织在发表的《高等教育改革和发展的优先行动框架》中指出，"高等学校必须将创业技能和创业精神作为高等教育的基本目标""高等教育应主要培养创业技能与主动精神；毕业生将愈来愈不再仅仅是求职者，而首先将成为工作岗位的创造者"[3]。我国于 1999 年 1 月公布了《面向 21 世纪教育振兴行动计划》，该计划提出要"加强对教师和学生的创业教育，鼓励他们自主创办高新技术企业"[4]。2005 年，中共中央、国务院在《关于深化教育改革，全面推进素质教育的决定》中明确指出："实施素质教育，就是全面贯彻党的教育方针，以提高国民素质为根本宗旨，以培养学生的创新精神和实践能力为重点，造就'有理想、有道德、有文化、有纪律'

的德智体美等全面发展的社会主义事业的建设者和接班人。"

在新形势下,民办高校开展创业教育的现实意义在于如下几方面。

1. 顺应现代教育改革发展趋势

20世纪80年代,改革开放初期,教育的目标在于振兴中华、实现四化,培养"四有新人",国家尊重知识、尊重人才,开始"三个面向",教育开始端正思想,纠正片面追求升学率,大学毕业生就业实行统包统配。到了90年代,社会主义市场经济体制初步建立,我国的教育改革确立了教育优先发展的战略地位,开始实施科教兴国,目标在于培养社会主义建设者和接班人,把充满生机与活力的教育事业带入21世纪,教育改革由应试教育向素质教育转变,大学毕业生就业由双向选择开始到自由择业。到了21世纪初叶,国家需要实行科学的可持续发展,实施人才强国战略,"以人为本,科学发展",为了迈入创新型国家行列,建设人力资源强国,教育需要培养多样化创新型人才和高素质创新型人才,教育改革呼吁教育创新和创新创业教育,大学毕业生就业更趋向于灵活就业、自谋职业、自主创业。

创业教育正在逐渐成为教育热点,各级政府各部门、人大、政协、共青团、高校、媒体,都在谈论或期盼推进大学生创业教育。民办高校作为中国高校的重要组成部分,承担着相当数量的大学生培养教育责任。同时,民办高校又是高等教育新型的组织载体,有着发展快、适应性强、改革改进灵活便利等优势,民办高校开展创业教育将有利于革除传统教育的诸多弊端,推动自身的良性发展,又能引导民办高等教育朝着适应现代潮流的方向发展,引导和推进高校教育进一步深化改革。

2. 加强大学生思想政治教育

一直以来,受传统教育、社会主义市场经济及西方资产阶级道德观念的影响,大学生的价值取向发生深刻变化,就业观也随之发生变化。创业教育是大学生就业教育和指导的一部分,亦是大学生思想政治教育的一部分。以马克思主义指导思想为核心,把树立正确的价值观、创业观和就业观教育作为就业指导建设和思想政治教育的一个重要内容,用科学的观念来武装大学生的头脑,并将其融入到社会主义核心价值体系、社会行为准则、社会道德规范等内容中去,对创业教育主体的心理、价值观、思想、行为取向等发挥导向作用,使其在社会主义市场经济条件下能够理性地抵制腐朽、落后思想观念的侵扰[6]。可以将创业"成功典型"作为现实教材,引导大学生把实现自身价值与服务祖国和人民结合起来,激发大学生为国创业的强烈欲望,从而引导大学生在谋求个人发展的过程中,产生为国奉献、为事业公平竞争和团结协作的理念,在价值取向上更加务实并关心国家和社会的可持续发展。

3. 提升民办高校学生综合素质和就业竞争力

创业教育除了其狭义上的作用之外,更重要的是创业教育是一种创新、创造精神的启蒙和自立能力的锻炼。创业教育引导大学生创立基业、开拓业绩、创建新职业、新行业和新岗位等,其内涵在于协助大学生体验开办、创造成果过程中的困难与艰辛,使其具备开拓性和创造性。而从更大意义出发,是在于培养大学生具有开创性的个性,这对于选择岗位就业的大学生、对于想拿薪水生活的人都非常重要。用人机构或个人正越来越重视受雇者的创造、冒险精神、创业能力,独立工作能力及技术、社交和管理能力。

民办高校的学生虽然存在学习基础较差、学习习惯不良、惰性大、缺乏恒心、自律性差、理论与书本知识不扎实等问题,但是这些学生活动能力强、思想活跃、兴趣广泛、职业意识强、有较强的成才渴望、价值取向和就业定位更趋于务实等优点,其中更不乏调皮但大胆、勇于接受挑战的学生。只是在就业心态上,民办高校的大学生尚存在容易产生自卑心理和不乐观态度的倾向。各种形式的创业实践给民办教育创造更为广阔的舞台和空间,提供学生接触社会、自主创业的机会,能使民办大学生清楚地感知、忧患并懂得克服职业选择中"等、靠、要"等消极思想,意识到自身存在的问题和迷茫的情绪,重视自身素质提高和自身能力提升,巩固民办大学生在就业上务实、勤奋、肯吃苦的优势,增强积极的职业进取意识,树立正确、科学价值观,最终培养民办大学生积极进取的创业观、就业观。

4. 促进民办高等教育自身健康发展

随着我国高等教育大众化的步伐不断加速,大学毕业生数量逐年增多,大学生就业难的问题日益突出,民办高校是借助社会资金来运作的高等教育机构,国家不拨任何资金。社会对民办高校办学存有一定的歧视,民办高校学生就业比较困难,使社会大众对民办高校的办学质量产生怀疑,从而影响到生存和发展。但是民办高校从无到有、从弱到强、从少到多的发展之路,本身就是一条坎坷的创业之路。每一个民办高校都有其创业的传奇故事,创办者都有极其丰富的创业经历,通过开展创业教育,可以提供学生学习、借鉴和模仿的创业榜样,增加学生爱校荣校的观念,营造为学校、为自身发展而共同努力的氛围,保护社会力量办学在高等教育中发挥的作用。

同时民办高校作为新型的社会办学力量,基本办学设施、财务、管理独立,人才培养模式等方面较公办高校更具灵活性。通过创业教育建设,更易于用现代、科学、先进的理念武装民办高校办学决策者、管理者和广大教职员工,推动学校本身在教学、校园文化、素质教育、管理、服务等方面的大力改革。因此,民办高校应善用创业教育的影响,使之成为民办高校自我思考、自我监督、自我促进和自我改革的督促机制。

为促进创业教育在民办高校开展,有以下一些方法可以尝试。

1. 将创业教育纳入教学体系

首先,作为必修课,大学生就业指导课程中必须增加创业教育基础理论的内容,并视为不可或缺的一部分。其次,增设创业类选修课,以应用型为目标,增设创业教育课程,在大学生具备创业教育基础理论的基础上,开设大学生创业基本入门、大学生创业基础应用等选修课,并包含一定实践内容。条件许可的情况下,对有创业实际的大学生给予大学生创业专项辅导,并计算学时学分。再次,专业教育渗透创业理念。加快专业教学内容更新速度,提高教学内容的时代感和时效性,改进教学方法和手段,在专业教学中渗透创业教育的理念和内容,引导学生在专业课程的教学中接受创新思想,形成创新思维,树立创新意识。

2. 营造创业教育的实践环境

根据上海大学生科创基金会提供的数据显示,上海大学生的创业类型中信息电子类占 46%;新材料、生物医药约占 14%;机械制造类约占 13%;服务咨询类约占 14%;其他行业(现代农业、环保行业等)约占 13%。民办高校所开设的专业主要以经济贸易类、语言类、技术技能类居多,偏重应用。通过技术转化或者技术发明入股进行的创业因为没有学科建设、科研的背景支持尚存在很大困难,在创业方面主要以服务咨询类为主,较多从事比较传统的市场贸易服务、网络贸易或者利用自身专长进行的创业,因此,对市场的把握、服务水平和交流交际等能力要求很高。现在的民办大学基本上都是数千近万的学生规模,是一个丰富多彩的小型社会,为了激励创业教育,激发学生的创造热情,民办高校应该在校内创造一定的商业环境,通过一定的标准或者规范,允许学生开展商业活动,在学校内进行商场实战,即学校利用自身资源为学生增加实践机会,而该过程亦是激发学生创意、鼓励创新的过程。或者也可开办大学生创业一条街,为其提供创业实战演习场所,提供工商、税收、信贷、项目评估审批等咨询、指导服务,提供信息咨询、资产评估、财务顾问、产权交易等各类中介服务,使大学毕业生在创业过程中享受到陪伴式辅导。而在校外,要建立与企业的对接机制。校内模拟并非真正的商业环境,真实了解还需要建立"大学生实践基地",依托企业实体,掌握创业中所必备的经济、管理、技术、营销、法律等多方面知识。

3. 创建创业教育的组织机构

所有的创业教育依赖于专门的组织机构来进行组织、指导、协调。在创业教育较为成熟的美国、英国等高校一般会建立创业中心、创业教育研究会等来支撑创业教育,同时会有社区学院和行业协会参与其中,已经形成了一个高校、社区、企业良性互动式发展的创业教育生态系统,有效地开发和整合了社会各类创业资源。目前,中国的创业教育亦有先驱努力开拓,比如上海大学生科技创业基金会,由政府与高校主导,成立11 个分基金会,为推动创业教育作出了巨大贡献;黑龙江大学成立了创业教育学院,上海理工大学酝酿创业专业,都是对创业教育进行积极有益探索而成立的组织机构。

目前,民办高校大学生就业指导工作亦在发展阶段,尚不成熟,建立创业中心、企业孵化器等十分有难度,关于创业教育的组织机构,第一层面可以尝试在就业办下成立创业工作室或者教研室,全面统筹全校创业教育的组织、协调和指导。第二层面可以借助学工部、团委在开展第二课堂的过程中,更多地投入创业教育的内容,将创业教育视为素质教育的有机整体之一,在丰富的校园文化活动中,培养学生的创业、创新精神。第三层面是借助教学主体的专业力量,扶持创业型学生社团。创业教育注重学生的亲身体验,没有体验就没有反思,没有反思就没有感悟,没有感悟也就没有学生自身创业理念的成长与发展。创业型学生社团可以和自身专业相结合,定期组织创业计划大赛、商业策划大赛、贸易实战大赛等相关大学生创业的竞赛活动,举办创业沙龙等交流活动,并可组织角色扮演、情境模拟、团队游戏、企业者分享、创业计划大赛、模拟公司、企业实践、融资实战等等的体验活动,来增强学生团队协作能力,激发学生的创业热情,培养学生的创业精神。第四层面成立企业家协会组织创业指导专家、企业缔造者来校进行教学活动、科研活动或者第二课堂和创业型学生社团的指导工作,作为支持前三个层面工作强有力的外援,亦是创业教育发展不可缺少的力量。

4. 培养创业教育的师资

创业教育离不开高素质的师资队伍,必须把选拔与培养创业教育的优质师资提到重要日程上来。一方面,在已有的就业指导老师中选拔骨干,加强创业教育方面的专业培训。另一方面,在专业教师中选拔培养"双师型"教师,即在有志于创业教育、敬业精神强、业务水平高的教师中,鼓励其掌握创业知识和创业技能,具备较强的专业实践操作示范能力、创新与开拓能力,培养其成为可上讲台进行实践指导的创业教育老师。同时制定激励措施,鼓励这些教师到创业一线兼职或有计划地选派有潜质的青年教师直接参与创业实践。另外,还要定期提供相关的知识和技能的培训,不仅能够及时更新与扩展教师本身的知识与技能,而且为从事创业教育的教师提供了一个不断交流、合作的平台。

同时,聘请一些企业家、成功的创业者、技术创新专家到学校指导创业实践,或兼职从事创业方面的教学与研究工作,扩大创业教育的师资队伍。鼓励教师积极探索丰富多彩的创新创业实践,加强国际国内创新创业领域的学术交流、研讨和科学研究。

高等教育大众化时代已经来临,大学毕业生在择业中必然会遇到诸多理想与现实不能一致的问题,民办大学生困扰更多。创业教育实际上是打通了一条路径,让学生们走近创业,揭开创业神秘的面纱,了解创业,为将来可能的创业引路。而如果以创业的精神去就业,许多"有业不就"的问题就会迎刃而解,如果有能力者适时采取创业的行动,那么"无业可就"问题也找到了出路,创业教育为民办高等教育健康发展提供了有利时机,应该大胆尝试。

参考文献

[1] 刘艳华,朱俊玲,刘蔚,朱静.浅谈在高校开展创业教育的作用与意义[OL]. http://www.kab. org.cn. 2009-02-28.

[2] 童宏保.创业教育课程与大学功能的关系[OL]. http://www.chinavalue.net/Article/Archive/ 2008/4/8/108241.html. 2008-04-08.

[3] 教育部.面向21世纪教育振兴行动计划[OL]. http://www.xhedu.sh.cn/cms/data/html/doc/ 2004-04/16/39028. 1998-12-24.

［4］中共中央国务院. 关于深化教育改革全面推进素质教育的决定［OL］. http：//www. cycnet. com /zuzhi /ywdd /files /014. htm. 1999-06-13.

［5］曹楠楠. 高校创业文化建设与大学生"三观"教育［OL］. http：//www. 14edu. com /jiaoxue / jiaoyu /jiaoxue /gdjy /0611515O2010. html. 2010-05.

作者简介：

徐霞，就职于上海杉达学院。

课程建设

"大学生职业生涯规划"课程标准

（上海杉达学院　大学生职业生涯教育教研室）

摘　要：随着大学生就业难问题的日益突显，高校对于学生的职业发展教育也越来越重视，纷纷开设了"大学生职业生涯规划"等相关课程。本文以杉达学院为例，对本学院所开展的大学生职业生涯规划课程开设情况进行了分析。

关键词：大学生职业生涯规划；课程标准

本标准为杉达学院大一新生开展职业生涯教育系列课程——"大学生职业生涯规划"的课程标准，是任课教师教学活动和相关咨询活动过程中的依据与评价标准。本标准共分七个部分，分别是课程概述、课程目标、课程内容和要求、课程教学模式、课程教学设计、课程教学系统实施建议以及课程教学评价。

一、"大学生职业生涯规划"课程概述

（一）课程的性质

"大学生职业生涯规划"课程是覆盖本校各个专业的通识公共课程，是在教育学、心理学、社会学、管理学等相关理论指导下设置的实践性极强的课程。它以舒伯职业发展阶段理论、霍兰德"职业决策"理论、施恩"职业锚"理论等为框架，注重联系大学生实际、职场实际，联系学校、家庭和社会实际，涵盖理论、活动、程序、方法、案例等多方面内容的一门新型应用型课程。该课程在专业学科体系中起着衔接中学和大学、大学和职场的桥梁作用，其任务是灵活运用讲授、启发、互动、感悟、测量等教学手段，阐明或展示职业生涯规划的原理、规程、方法和策略。

"大学生职业生涯规划"课程的特色在于利用两个课堂的合力，通过第一课堂教授和活动给学生以启蒙和感悟，在第二课堂通过大学生职业发展协会的各项活动和教师个别咨询，以培养学生拥有良好的专业知识、职业技能和职业情商，为将来从事自己选择职业的工作打下基础。"大学生职业生涯规划"课程力求突出"人的全面发展、科学发展、主动发展"的现代教育理念，注重大学生从生理到心理、从家庭到学校、从学校到社会、从个体到群体，提倡实施个性化、主动化的自我发展。

（二）设计思路

在第一课堂理论教授、案例解剖、活动领悟基础上，在第二课堂利用大学生职业发展平台开展持续的与大学生职业准备相关的讲座、培训、沙龙、比赛、实习等活动。第二课堂的另外一个重要的安排是跟踪大学生在校全过程接受个别咨询，这项活动通过授课老师的专业分工进行相关专业的学生测评分析和相关职场调研，通过建立所教学生的职业发展档案作为个别咨询的依据。

本课程是以大学生职业发展为导向，根据所选择职业方向所涵盖的工作任务的需要而设计自己的职业生涯规划，经职业胜任力分析，采用第一课堂和第二课堂融合、职场——学校、学生——教师联动的方式推动大学生职业发展，并通过技能训练、案例分析、见习实习、职场模拟活动，实现实训、见习、实习要求与职业技能一体化训练，从而培养学生初步具备基本的职业素质。

本课程建议课时：总学时 36，第一课堂学时 18，第二课堂学时 18。此外，还有跟踪大学生四年的职场实践活动、职业发展档案和职业发展咨询 56 学时。

二、"大学生职业生涯规划"课程目标

本课程的预期目标：让新生①通过教师介绍引导和自己的调研，初步了解金融职业及其要求。②通过职业倾向和个人风格测量和课堂训练活动，了解本人的职业兴趣和职业能力。③在知彼知己的前提下，初步确定自己的职业方向和目标。④学会并制定出本人职业生涯规划框架，并知道如何根据情况变化进行修订。⑤明确毕业后的初始职业岗位及其要求，为达到要求制订职业能力提升计划——大学四年成长计划，包含专业学习、辅修、旁听、考证、调研、实习、就业、留学、升学等环节。从而目标明确、避免弯路、提高效率，实现提高求职竞争力的根本目的。

（一）大学生职业知识目标

1. 大学生应具备的一般职业知识

政治、经济、社会、自然、科技常识等，通过广泛涉猎积累。

2. 大学生应具备的特定职业知识

与选定的特定职业相关的知识，一般由所在专业的专业课程教学提供大部分知识，没有覆盖的知识需要通过辅修、升学来完成。如果所选择的职业与专业不对口，就需要全部由自己安排学习方式与时间。

（二）大学生职业技能力目标

1. 大学生应具备的一般职业技能

大学生应具备的一般职业技能包括：①职场礼仪；②有效沟通；③时间管理；④团队合作；⑤研究分析；⑥解决问题。该部分技能通过本课程、选修课程以及第二课堂的

安排进行。

2. 大学生应具备的特定职业技能

根据职场对该职业的技能要求确定,并在第二课堂或者自我安排进行训练。

(三) 大学生职业情商目标

1. 大学生应具备的一般职业情商

大学生应具备的一般职业情商包括:①自我觉察力;②自我调控力;③成就动机;④亲和力;⑤影响力。该部分情商通过本课程、选修课程获得意识,情商培养主要通过第二课堂和自我的安排进行修炼。

2. 大学生应具备的特定职业情商

根据职场对该职业的情商要求确定,并在第二课堂或自我安排进行修炼。

三、"大学生职业生涯规划"课程内容和要求

表1 大学生职业生涯规划课程内容

序号	工作任务	课程内容及教学要求	活动设计	参考课时
1	导论:解读大学生职业生涯规划的功能与方法	1) 职业生涯理念:职业、教育与休闲 2) 职业生涯发展阶段:阶段与任务 3) 决定职业生涯的因素:人力资本与社会资本 4) 大学生与职业生涯规划:必要性与迫切性 5) 职业生涯决策的过程:CIP 和 CASVE	活动一:通过理论讲授、案例分析等形式让学生了解和理解大学生职业生涯规划的是什么、为什么、如何办 活动二:组织开展"拍卖你的生涯"活动	2+2
2	盘点自我	1) 我的价值观澄清 2) 我的人力资本评估:兴趣、技能、知识、情商 3) 我的社会资本评估:家庭、亲友、学校 4) 我的资本优势与劣势	活动一:通过理论讲授、案例分析等形式让学生了解和理解大学生盘点自我的功能和方法 活动二:指导学生运用霍兰德职业倾向测试表和四型人格测试表了解自己的价值观,兴趣、技能、知识、情商 活动三:学生向老师、同学、家长、亲友和自我反省,进行 360 度调研,了解自己 活动四:指导学生运用 SWOT 工具,分析自己在职业兴趣领域的优势和劣势 活动五:督促建立和记录自己的职业发展档案	2+4

序号	工作任务	课程内容及教学要求	活动设计	参考课时
3	洞悉职场	1）我所面临的职业环境 2）我所面对的组织与职位 3）我可以选择的工作方式 4）我的职场机会与挑战	活动一：通过理论讲授、案例分析等形式让学生了解和理解大学生调研职场的功能和方法 活动二：指导学生运用网络收集和分析职场信息资料 活动三：指导学生进行职业生涯人物拜访，并运用分析工具了解职场的概貌 活动四：学生运用 SWOT 工具，分析职场给自己提供的机会和挑战，以及分析自己职场位置所在 活动五：补充记录和修订自己的职业发展档案	2+6
4	设计自我	1）我的安全型职业路径 2）我的专业型职业路径 3）我的管理型职业路径 4）我的创造型职业路径 5）我的职业路径组合与调整	活动一：通过施恩职业锚理论讲授、案例分析等形式让学生了解和理解大学生职业方向选择以及职业路径设计的内容、功能和方法 活动二：指导学生进行职业方向选择和职业路径设计 活动三：补充记录和修订自己的职业发展档案	2+2
5	规划自我	1）我的职业准备期任务 2）我的职业探索期任务 3）我的职业确立期任务 4）我的职业保持期任务 5）我的职业退出期任务	活动一：通过舒伯职业发展阶段理论讲授、案例分析等形式让学生了解和理解大学生职业发展阶段及其任务 活动二：指导学生进行职业阶段的划分和任务设想 活动三：补充记录和修订自己的职业发展档案	2+2
6	计划自我	1）我的职业准备内容 2）我的知识准备内容 3）我的技能准备内容 4）我的情商准备内容	活动一：通过职业胜任力理论和可雇佣性理论讲授、案例分析等形式让学生了解和理解大学生自我职业定位所需要的知识、技能、情商准备 活动二：指导学生进行大学阶段职业准备计划的制订与执行 活动三：补充记录和修订自己的职业发展档案	2+2

序号	工作任务	课程内容及教学要求	活动设计	参考课时
7	管理自我	1）我的时间管理 2）我的人脉管理 3）我的沟通管理 4）我的成功管理	活动一：通过管理学理论讲授、案例分析等形式让学生了解和理解大学生时间、人脉、沟通和成功管理内容及其任务 活动二：指导学生进行自我管理任务的制订和方法的建议 活动三：补充记录和修订自己的职业发展档案	2+2
8	实现自我	1）我的成功学业生涯 2）我的成功社团生涯 3）我的成功实习生涯 4）我的成功求职生涯	活动一：通过成功学理论的讲授、案例分析等形式，让学生在大学阶段抓住、抓好四个环节：学业、社团、实习和求职及其在职业准备过程中的功能与意义 活动二：指导学生进行学习方法的变革、社团选择和创立、实习计划安排和求职的远期准备 活动三：补充记录和修订自己的职业发展档案	2+2
9	学习成果汇报展示	1）汇总 2）总结 3）反省 4）建议 5）改进	活动一：指导学生对自己的职业生涯规划进行总结，形成职业规划书和简本 活动二：推举同学进行规划成果展示 活动三：进行教学交流和反省，提升下一轮教学质量 活动四：完善职业发展档案，记录自己职业发展的足迹，为就业简历和面试提供依据，为老师咨询提供参数 活动五：听取同学建议，完善和改进第二课堂的活动	2+4
10	跟踪咨询	1）实践 2）比赛 3）咨询 4）协会 5）档案	活动一：假期社会实践活动指导 活动二：职业生涯规划大赛指导 活动三：职业准备过程中个性化问题咨询辅导 活动四：大学生职业发展协会中所分工专业分会活动指导与协助 活动五：指导督促学生每学期补充和完善自己的职业发展档案	4学时×20周×7学期

课程建设

351

四、第一课堂和第二课堂融合、教学与咨询联动的课程教学模式

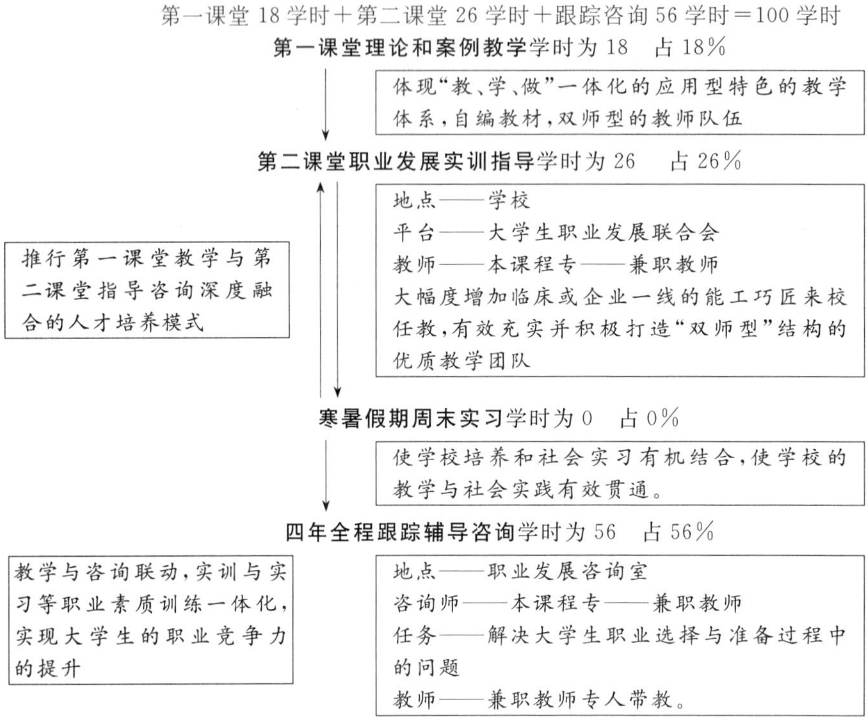

第一课堂 18 学时＋第二课堂 26 学时＋跟踪咨询 56 学时＝100 学时

第一课堂理论和案例教学学时为 18　占 18%

> 体现"教、学、做"一体化的应用型特色的教学体系，自编教材，双师型的教师队伍

第二课堂职业发展实训指导学时为 26　占 26%

> 地点——学校
> 平台——大学生职业发展联合会
> 教师——本课程专——兼职教师
> 大幅度增加临床或企业一线的能工巧匠来校任教，有效充实并积极打造"双师型"结构的优质教学团队

> 推行第一课堂教学与第二课堂指导咨询深度融合的人才培养模式

寒暑假期周末实习学时为 0　占 0%

> 使学校培养和社会实习有机结合，使学校的教学与社会实践有效贯通。

四年全程跟踪辅导咨询学时为 56　占 56%

> 教学与咨询联动，实训与实习等职业素质训练一体化，实现大学生的职业竞争力的提升

> 地点——职业发展咨询室
> 咨询师——本课程专——兼职教师
> 任务——解决大学生职业选择与准备过程中的问题
> 教师——兼职教师专人带教。

图 1　课堂课程教学模式图

五、"大学生职业生涯规划"课程教学设计

表 2　课程设计内容

手段	标题	内　　容	时数
第一课堂教学18学时	导论	职业生涯规划的目的是什么？如何规划？	2
	盘点自我	盘点自我的功能、内容和方法	2
	洞悉职场	洞悉职场的功能、内容和方法	2
	设计自我	设计自我的功能、内容和方法	2
	规划自我	规划自我功能、阶段、内容和方法	2
	计划自我	计划自我的功能、内容和方法	2

手段	标题	内　　容	时数
	管理自我	管理自我的功能、内容和方法	2
	实现自我	实现自我的途径、内容和方法	2
	总结展示	职业规划书和职业素质的展示，课程总结	2
第二课堂指导	技能情商训练	指导学生进行自我分析、职场调研、职业方向选择与职业路径设计、职业发展阶段职业发展任务的确定、大学阶段职业准备计划的制订、管理自我的方法掌握、实现自我环节的把握	26
四年全程跟踪咨询	咨询辅导督促	1）实践 2）比赛 3）咨询 4）协会 5）档案	56
假期实习	尝试验证拓展	对兴趣职业进行观察、体验和尝试，验证自己的职业生涯规划，并改进自己的职业规划，拓展自己的职业素质	0
总　计			100

六、"大学生职业生涯规划"课程教学系统实施建议

（1）"大学生职业生涯规划"课程应充分体现任务引领、职业素质导向，第一课堂和第二课堂深度融合、联动的课程设计思想。以开展对职业生涯规划设计活动项目来驱动，注重"教"与"学"的互动。教学活动注重培养学生的一般职业素质，即一般职业知识、一般职业技能和一般职业情商，并引导学生对自己所选择的特定职业所需的知识、技能和情商进行调研分析并安排自修。本课程通过理论教学、多媒体、观看录像、案例分析、角色扮演、校内实训、职场实习等多种手段，使学生能够在第一和第二课堂实现联动，学会充分利用各种资源和平台提升自己的职业竞争力。

（2）"大学生职业生涯规划"课程应突出实用性、前瞻性。教会学生使用 CIP、CASVE 和 SWOT 方法，了解自己、了解职场，从而进行较为准确的职场定位，进而有效地制订职业规划和职业准备计划。

（3）应指导学生关注职场实际，强化案例教学或项目教学，注意以任务引领的案例或项目，诱发学生的学习兴趣，使学生在案例学习或项目活动中，了解职业生涯规划和职业准备的工作内容。

（4）教师必须更新观念、重视实践，探索具有特色的"大学生职业生涯规划"教育新模式。教师应当摒弃居高临下的做法，与学生交朋友，热爱学生、了解学生、以帮

助学生发展为乐事。一方面熟知本学科领域的相关理论,另一方面应了解所分工专业的就业企业、行业和职位,善于运用各种工具了解学生、跟踪其发展,从而在教学和咨询活动中有效地引导和帮助学生,积极引导学生提升职业素养、提高职业竞争力。

(5)突出过程与阶段评价,结合课堂互动、规划制作、加强实践性教学环节的教学评价。强调目标评价和理论与实践一体化评价,注重引导学生进行学习方式的改变。强调课程综合能力评价,结合职业发展案例分析,充分发挥学生自我发展的主动性。

(6)利用市级重点课程建设资金、自编教材、第二课堂、网络资源,通过搭建多维、动态、活跃、模拟场景的课程训练平台,充分调动学生职业发展主动性和积极性。锻炼积极的情商、够用的知识、熟练的技能一体化等综合职业素质。使教学内容从单一化向多元化转化,使学生全面发展成为可能。

(7)充分利用学校的实习基地满足学生实习的需要,并注意职业竞争力的发展,使校企合作平台的资源成为理论与实践的一体化教学。校内大学生职业发展协会的类似企业化管理,可以满足学生综合职业素质培养的要求。

七、"大学生职业生涯规划"课程教学评价

本课程的评价主要以职业生涯规划相关理论知识的运用和职业素质提升为考核点,重点评价学生的一般职业知识、技能与情商,考核标准参照职业生涯规划书标准制定。具体分为两个部分。

(一)平时分 40%

(1)第一课堂参与分 20%。

(2)第二课堂参与分 20%。

(二)结课分 60%

(1)职业规划书作品分 40%。

(2)职业规划与素质展示分 20%。

(三)职业规划作品评分指标

(1)自我认知:自我认知全面、客观、清晰。

(2)职业认知:对外部环境的分析全面、深入、正确。

(3)职业决策:职业目标现实、合理,备选目标关联性强、可执行。

(4)计划与路径:实施计划清晰、步骤明确、可操作性强,有分阶段计划。

(5)自我监控:有明确的评估方法和时间点,调整方案具有可操作性。

(四)职业规划展示现场评分指标

(1)仪表:衣着得体、举止有范、言谈有度。

（2）陈述：思路清晰、表达流畅、富于激情。

（3）应答：正确理解、及时反馈、答题流畅。

作者简介：

　　上海杉达学院，大学生职业生涯教育教研室。

"大学生职业生涯规划"课程建设方案

（上海杉达学院　高红霞）

摘　要：本文以格达学院为例，对该学院所开设的"大学生职业生涯规划"课程进行了分析，从总体概述、教学条件、教材建设、师资队伍、考核指标等五个方面详细阐述了新课程的建设思路和建设内容。

关键词：大学生职业生涯规划；课程；建设方案

本课程建设方案为本校跨学科、跨部门的研究成果，是建设中的上海市重点课程，于 2013 年 9 月获批。方案将从总体概述、教学条件、教材建设、师资队伍、考核指标这五个方面进行阐述。

一、课程建设方案概述

（一）课程建设基础

1. 该课程已实行的教学改革与基本措施

从 2009 年下半年开始，"大学生职业生涯规划"课程在我校金融系已经开设 4 届。与之相匹配的第二课堂平台——金融职业发展协会，从 2010 年年初开始已经运作了三年多。接受过"大学生职业生涯规划"课程学习和参与金融职业发展协会开展的各种活动的金海校区的同学与同专业嘉善校区同学相比，在职业准备和职业成熟度方面明显胜出。所以，应当进一步加强该课程的师资队伍和教学体系建设，以提高该课程的教学覆盖面，促使更多的教师和更多的同学参与到该课程的教与学之中。该课程已经进行的教学改革具体表现在以下三个方面：其一，所执行的课程体系几年前由本人牵头，邀请校外一位人力资源专家和一位心理咨询师共同研发，历时半年而成，因而理论与实际密切结合的特色明显。其二，课程教学形式打破了传统的教学范式，在教学方法、考核模式等方面进行了改革。其三，所创立和指导金融职业发展协会作为第二课堂平台，提升了同学自我职业发展的主动性，综合素质提升明显。

2. 学校对该课程建设的重视程度和已创造的条件

根据教育部高教厅〔2007〕7 号关于印发《大学生职业发展与就业指导课程教学要

求》的通知精神,学校已经将职业规划和就业指导课程列入 2013 年版教学计划,并计划由项目主持人作为学科带头人设立专门的教研室,已经开始进行学科及师资队伍建设。学校就业办拥有就业信息网络资源,并且为相关课程起草课程标准,同时也有成立就业相关社团的设想。学校图书馆数据库资源将使得信息资料的检取变得快捷、便利,为项目的开展提供了条件。

3. 课程所获其他各级各类奖项情况

"凝集八方资源的大学生职业发展教学系统"获学校教学成果二等奖,"基于胜祥商学院学科专业建设的创新创业平台"获得校级教学成果特等奖,"金融创新创业能力的拓展"团体辅导案例入围市教委大学生职业发展优秀教学案例评选活动 50 强,所指导金融职业发展协会"手机银行创新方案"获得上海市大学生课外科技作品竞赛"挑战杯"三等奖,与交行上海分行合作获得手机银行业务创新大赛"创智杯"二等奖。

(二)课程建设内容

1. **课程目标**

作为先导,"大学生职业生涯规划"与"就业与创业"课程一起共同构成大学生职业发展的课程体系。基于这样的认识,本课程建设从解决本校面临的教学问题出发,目标进行"五个一"工程建设:

(1)编写一本符合民办学校以文科学生为主的职业发展实际的教材,扩展现有的针对金融专业的"大学生职业生涯规划"课程教学内容,以便于因材施教。

(2)建立一个面向全校的大学生职业发展联合会,推广金融系的第二课堂平台,具体包括平台组织建设、活动策划与开展两个组成部分。

(3)探索一套"大学生职业生涯规划"课程教学方法,实现理论、测量、体验、调研、设计五位一体的实践教学模式。

(4)建设一套"大学生职业生涯规划"的信息资源库,具体包含案例库、习题库、学生信息库和职场信息库四个方面。

(5)形成一支覆盖全校各专业的教师队伍,汇聚学生辅导员、专业教师、就业工作者和校外实践指导教师等多方人选,实现理论与实际相结合、校内校外相结合、老中青结合,能基本满足全校所有专业因材施教、因需施教的教学要求。

2. **教学内容选择与安排**

第一章导论:是何? 为何? 如何?

第二章盘点自我:360 度评价、霍兰德职业倾向测试、个人风格测试。

第三章洞悉职场:职业、行业和单位的常识与调研。

第四章设计自我:职业方向、职业目标、职业路径。

第五章规划自我:专业技术系列、经营管理系列、自主创业型职业规划。

第六章计划自我:知识准备计划、技能准备计划、情商准备计划。

第七章发展自我:时间管理、人际管理、形象管理。

第八章成功自我:成功的规律、成功的案例。

3．教学方法、手段(可举例说明采用的各种教学方法及手段的使用目的、实施过程、课程网站建设、课外培养模式、考试考核方式等)

大学生职业规划课程需要综合开发两个课堂形成合力,在第一课堂形成大学4年首尾呼应的职业发展课程体系,在第二课堂建立贯穿大学4年始终的学生自我职业发展的平台——大学生职业发展协会。由于两个课堂性质不同,所以教学方法和手段也各不相同。

(1)第一课堂拟主要运用的八种教学手段:讲授式教学、体验式教学、测评式教学、调查式教学、制作式教学、模拟式教学、面谈式教学、科研式教学,在职业发展课程教学中实现教学双方的良性互动。

(2)第二课堂主要运用的八个手段:会刊、培训、讲座(或沙龙)、练兵、比赛、实践、学生银行、项目管理,在职业发展协会平台上推动学生自我发展。

4．其他情况说明

本项目建设方案实施过程中力图实现三个特色:其一,课程体系创新。建立本土化乃至专业化的课程内容体系,辅助以本土和本校的教学信息资源库。其二,教学平台创新。本课程建设首创第一课堂平台和第二课堂平台——职业发展联合会紧密结合、良性互动的课程建设新模式,实现职业发展教育4年不断线。其三,师资队伍创新。首创教学工作者与学生工作者携手合作的课程建设新模式,实现教学工作与学生工作的无缝对接。引进校外实践教学生指导教师,搭建起了教学与实践相联系的桥梁,实现学校与职场之间的平滑过渡。

二、课程建设规划

表1　课程建设安排

建设内容	具体思路与举措	时间安排
第一课堂教材	编写一本符合我校学生职业发展实际的教材,扩展现有的针对金融专业的"大学生职业生涯规划"课程教学内容,以便于因材施教、因需施教	2014年年底完成初稿2015年中修改定稿,送出版社
第二课堂平台——职业发展协会	推广金融系第二课堂平台经验,建立一个面向全校的大学生职业发展协会,整合现有专业社团,具体包括平台组织建设、活动策划与开展两个组成部分	2013年在学院推广2014—2015推广到全校
第一课堂教学方法与手段	探索一套"大学生职业生涯规划"课程教学方法,注重理论联系实际,实现理论、测量、体验、调研、设计五位一体的实践教学模式,改革考核方式和学生评价机制,进一步提高本课程教学的整体水平	到2013年年底复制在2014年改进在2015年进一步提升

建设内容	具体思路与举措	时间安排
两个课堂共用的信息资源库	建设一套"大学生职业生涯规划"的信息资源库,具体包含案例库、习题库、学生信息库和职场信息库四个方面	2013年积累素材 2014年充实提高 2015年基本成型
两个课堂共用的师资队伍	形成一支覆盖全校各专业的教师队伍,汇聚学生辅导员、专业教师、就业工作者和校外实践指导教师等多方人选。通过集体备课、外送进修、岗位实习、专业研讨等途径培养年轻教师成为两栖教育专家。引进校外实践指导教师,弥补高校师资实践经验缺乏的薄弱环节	2013年选拔培育 2014年提升素质 2015年年初步完成建设任务

三、教材建设标准

1. 特色追求

作为自编教材,将突出以下特色:

(1) 学生自主性。通篇以大学生第一人称进行编写,以唤起大学生自我职业发展的意识。

(2) 案例本土化。大量收集和组织编写本校学生的案例,以实现贴近校情、贴近学生,可模仿度大大增强。

(3) 理论综合性。在教育学、心理学、社会学、管理学等相关理论指导下,综合运用舒伯职业发展阶段理论、霍兰德"职业决策"理论、施恩"职业锚"理论,搭建本课程的理论性系统性的框架,以便于指导职业生涯规划教学实践。

2. 教材大纲

第一章导论

第一节职业生涯理念:职业、教育与休闲

第二节职业生涯发展阶段:阶段与任务

第三节决定职业生涯的因素:人力资本与社会资本

第四节大学生与职业生涯规划:必要性与迫切性

第五节职业生涯决策的过程:CIP 和 CASVE

第二章盘点自我

第一节我的价值观澄清

第二节我的人力资本评估:兴趣、技能、知识、情商

第三节我的社会资本评估:家庭、亲友、学校

第四节我的资本优势与劣势

第三章洞悉职场

第一节我所面临的职业环境

第二节我所面对的组织与职位

第三节我可以选择的工作方式

第四节我的职场机会与挑战

第四章设计自我

第一节我的安全型职业路径

第二节我的专业型职业路径

第三节我的管理型职业路径

第四节我的创造型职业路径

第五节我的职业路径组合与调整

第五章规划自我

第一节我的职业准备期任务

第二节我的职业探索期

第三节我的职业确立期任务

第四节我的职业保持期任务

第五节我的职业退出期任务

第六章计划自我

第一节我的职业准备内容

第二节我的知识准备

第三节我的技能准备

第四节我的情商准备

第七章管理自我

第一节我的时间管理

第二节我的人脉管理

第三节我的沟通管理

第四节我的成功管理

第八章实现自我

第一节我的成功学业生涯

第二节我的成功社团生涯

第三节我的成功实习生涯

第四节我的成功求职生涯

3. 编写标准

(1) 风格提示。

A. 角度:大学生自我

B. 语言:避免过于理论化

C. 字数:3万字/每章

(2) 结构要求:八个一。

A. 每一节有理论概述(浅显语言)

B. 每一节有匹配案例(正反两个更好)

C. 每一节有操作方法提供

D. 每一节有相关练习题目

E. 每一章有职场锦囊专栏

F. 每一章有职场细节专栏

G. 每一章有团体活动设计

H. 每一章有格言引领

4. 体例要求

(1) 章节目的统一,比如:

第一章标题(宋体小四粗体 20 磅行距)

导言:地位、内容概述、需要掌握的重点内容、学习的难点(宋体小四 20 磅行距)

第一节(宋体小四 20 磅行距)

引言:导入本节的内容(宋体小四 20 磅行距)

一、标题(宋体四号加粗 20 磅行距)

内容(宋体小四 20 磅行距)

(一) 标题(宋体小四加粗 20 磅行距)

内容(宋体小四 20 磅行距)

1. 标题(宋体小四加粗 20 磅行距)。内容(宋体小四 20 磅行距)

(1) 标题。内容(宋体小四 20 磅行距)

①内容(宋体小四 20 磅行距)

其余内容的序号可以采用以下方式

其一,其二,其三……

首先,其次,再次,最后

一是,二是,……

(2) 参考资料注明:

名称、来源,时间,作者(用脚注的方式)

(3) 插图的规范:

名称在图下方

图 7-1＊＊雷达图(五号楷体)

图下注明数据来源

(4) 插表的规范:

名称在表上方

表 7-1＊＊对比分析表(五号楷体)

表内 5 号宋

表下注明数据来源

5. 文献资料

(1) 建议每章准备一本书、一篇论文、一个 PPT。

(2) 每一章可购买的书籍 2 本,可在用完后在市重点课程建设经费中报销上交图书馆。

6. 字数和时间

(1) 每章 3 万字左右。

(2) 初稿完成时间 12 月底(需要形成较为成熟的讲义供下学期使用,估计需要修改三个回合),定稿完成 2014 年 5 月份,出版 2015 年 8 月。

7. 编委会

编委:高红霞、沈毅、张峰、陈敏云、徐霞、俞刚、皮凤英、迟春丽、张剑萍

编审:李丽、陈楠生

案例编写:杉达在校生和毕业生

四、师资队伍建设方案

1. 学科带头人

(1) 学科带头人简介。高红霞、副教授、主讲教师兼项目负责人,具有 30 年教学和科研经验,具有高等学校教师、人力资源管理者和就业指导管理者的三重经历。已经在本校金融学专业从事"大学生职业生涯规划"和"大学生求职指导"课程教学 4 年,从专业角度将第一、第二课堂密切结合,创造出了追踪学生大学 4 年职业发展全过程的教学系统。所主持的"凝结八方资源的金融职业发展教学系统"获得校级教学成果二等奖,所参与的"基于胜祥商学院学科专业建设的创新创业平台"获得校级教学成果特等奖,"金融创新创业能力的拓展"团体辅导案例获得市教委大学生职业发展优秀教学案例评选活动 50 强。所创立指导"金融职业发展协会"第二课堂平台和"杉达学生银行"创新创业平台成功运作,参与活动的学生们的综合素质提升明显,收获了校级大赛和市级大赛的好成绩。参与和主持了多项科研课题,在各类学术期刊上公开发表了 30 多篇教学研究论文或专业学术论文,参编出版教材多部。作为主讲教师和主要建设者,超计划完成"商业银行经营管理学"市级重点课程建设,所取得的建设成果经专家组验收评价为优。

(2) 学科带头人的任务。草拟教学标准并组织讨论定稿,草拟任课教师应知应会并组织讨论定稿,带头并指导年轻教师进行教学和科研。

2. 师资队伍建设计划

大学生职业发展的课堂教学仅仅是提升学生就业竞争力工作的一部分,更大部分

的工作是在四年学涯中进行持续的引导,激励和推动学生自主的职业准备,而始终追随同学四年成长历程的是学生辅导员。因而培养学生辅导员成为本课程师资队伍的骨干,可以一举解决第一、第二课堂衔接的师资问题,同时也促使学生辅导员从传统的保姆式工作者提升为指导学生职业发展的教育专家。

本校已经建立专门的教研室,在师资队伍建设上汇聚了二十多位资深专业教师、资深学生辅导员、资深就业工作者,并外聘业界资深人力资源工作者和专业人士作为实践指导教师。在年龄结构上老中青相结合,在知识结构上理论与实践相结合,在学历结构上留学背景与本土背景相结合。其主要特色是密切接触学生、了解学生、学生工作能力突出。

师资队伍中的骨干沈毅、陈敏云等老师,与企业的人力资源部门有着广泛深入的联系,拥有企业、机关等单位的多种职业从业经历,积累了丰富的学生指导经验,可以成为师资队伍的中坚力量。

教研室同时借助社会专业机构组织任课教师进行岗前 TTT 培训,同时支持任课教师参与职业生涯规划师资格培训和认证,实现双师教学和持证上岗。

五、方案完成后的预期效果和考核指标

1. 预期效果

本项目完成以后,本校所有参与教学的教师以及学生都可以分享课程建设成果;受益学生数为一个年级 100 个班,一轮课程,一个年级就有 3 000 余人,两年有 6 000 余人。

2. 考核指标

(1) 一支较为成熟的师资队伍,能够结合所对口专业和学生特点因材施教和因需施教,上课效果学生评价良好。

(2) 一个运作良好的第二课堂平台,大学生职业发展协会成为学生自我职业发展的主要平台。

(3) 一本拟公开出版教材,计划 2014 年暑期正式出版。

(4) 一个辅助教学资源库,计划 2015 年基本完成。

(5) 一套科学的教学方法,计划 2014—2015 年形成相关研究成果。

作者简介:

高红霞,上海杉达学院。

"工作世界导向"的高校实训课程体系的研究与实践

——以上海第二工业大学机电工程学院为例

（上海第二工业大学　蔡　嵘）

摘　要：在就业市场"供需"矛盾突出，产业结构调整期、经济大转型等大背景下，原先"以发展学生职业能力为关键"的职业教育模式已渐露弊端，本文旨在通过对"工作世界导向"的高校实训课程的内涵、特色、基本思路进行理论性设计和实践性探索，建立一套科学、合理、系统的高校"工作世界导向"实习课程教育模式，以提高学生职业适应力，成功完成初期职业化，为高等职业教育课程体系建设探索出一条新的道路。

关键词：工作世界导向；职业教育；实训课程体系

一、"工作世界导向"实训课程提出的背景

近年来，随着我国高校毕业生数量的逐渐增长，大学生就业市场的竞争形势愈加激烈，"买方市场"特征日渐凸显，大学生就业困难已成为一个不争的事实。尽管不同类型、不同领域的用人单位在对于高校毕业生的选择上要求各异，但其中"职场适应能力"、"实践能力"、"职业素养"等因素成为用人企业的重要权衡标准，而 37.8% 的用人单位认为"应届毕业生各方面还不具备完成工作的能力"也成为当前构成大学生就业障碍的关键因素；在知识经济的时代背景下，高等教育已经不能再仅仅局限于知识的简单传授，大学生在校期间的"职业化"培养成为当前世界教育发展的重要趋势；然而目前我国高校普遍不能很好地满足这种需求，主要是深受传统学科课程设置观念与遗留问题的影响。

（一）目前高校专业实训教育课程设置中存在的问题

1. 未能突破学科课程体系的构建，缺乏对学生职业适应性的关注

目前，高职教育课程体系的结构主要包括基础课、专业基础课、专业理论课和综合实训课四个部分，同时把整个课程体系按纵向和横向分解成若干部分。这种课程的划分仍然强化课程的学科性和系统性，将学生所学内容进行明确的分类，以便于学生针对某一方面内容进行学习。这种课程设置与长期稳定不变的学科课程设置相比，具有

灵活性,但由于该课程体系的编排还处于探索阶段,难免出现一些问题,其中比较突出的是编排过程中忽视了学生的职业适应性。例如在实训课程的设置上为突出职业性,对学生需要掌握的能力按一般能力、专业能力、岗位能力进行分类。但在实际课程设置中,只考虑专业能力和岗位能力培养的"显性"课程设置,忽略方法能力、社会能力和综合素质等一般能力的"隐性"课程设置,应变、综合、创新、发展等能力不被重视。现代职业受技术高速发展的影响越来越大,对技能的智力成分要求也愈来愈高。按此课程体系的设置,必将导致学生的一般能力不足,直接影响到学生对未来职业的适应性。

2. 远离工作世界,忽视对学生"可能工作"的构建

美国最近发布的高职教育课程标准,特别强调让学生了解工作世界,认为这是职业教育最重要的目标之一。作为个体的人,都生活在两个世界,一个是生活世界,一个是工作世界。美国提出要让学生逐渐从学校过渡到工作,了解工作世界,这是高等教育院校的一个非常重要的任务。

长期以来,职业教育一直存在的理论与实践相脱离,远离工作世界等问题。尽管高校一直致力于通过改革来改变这一现状,如在课程设置时加强实践教学、倡导就业导向、关注工学结合等。这些改革措施的推行在一定程度上缩小了职业教育的内容与工作世界的距离,但是没有从根本上解决职业教育中理论与实践二元分离的状态,没有突破以学科体系为主导的课程体系设置,仍然是在学科课程体系的框架下寻找与工作世界的联系。但是如果只是在学科体系的框架下寻找与工作世界的联系,那么这种联系只能是有限的、间接的,不可能从根本上解决职业教育课程体系设置远离工作世界的现状,跳不出学科课程体系设定的基本框架。在教学行动策略中,仍然以教师为中心设置课程、选择教学内容、设计教学环节等,教师处于绝对权威,学生则处于被动的、等待被人塑造的地位。在这种课程体系设置下,学习内容的选择不是与工作过程有关的,而是经过教学人员预设的重要的科学文化知识:教学过程不是对未来工作的认识过程,而是有目的、有计划、有组织的知识传授过程。在教学实施过程中,学生始终是一个学习对象,只能系统地、有序地接受教师事先安排的、封闭的而非应用的知识,与工作过程脱节,同时学生还不能依据职业情境和生活情境,整体、自我地获取经验和构建应用知识,难以形成工作过程所需的实践能力。

(二)"工作世界导向"观点的提出

在就业市场"供需"矛盾日益突出,产业结构调整期、经济大转型等大背景下,原先所提倡的"以发展学生职业能力为关键"的职业教育模式已渐露弊端,如何在校期间完成大学生的初期职业化,增强大学生社会职场适应力,就显得尤为重要。

作为与经济联系最密切的教育类型,高校专业教育的发展与社会生产方式、生产技术以及人口就业有着密切的关系。在不同的经济社会发展时期,职业教育功能的侧重点也不尽相同。但在当今的经济背景下,驱动经济发展的主要力量,例如知识经济、科学技术的迅速进步等,都促使劳动力市场、技术应用和产业结构等产生了新的特点:

提倡高校专业(职业)教育的"再回炉";新技术常常在短时间内部分或全部取代原有生产技术,一个人原有的技术和知识很快就会过时陈旧。这就形成了经济发展与职业导向的专业教育间的冲突:一方面,作为社会上层建筑的一部分,高校专业教育无力改变社会就业方式和劳动力市场变化情况;另一方面,学生通过学习,根据某一特定职业或工作岗位需求设计的课程并不能保证其能够就业。为解决这种冲突,"工作世界导向"的实训课程体系孕育而生。具体而言,"工作世界导向"实训课程体系是指,课程教育目标不应仅仅只限定在一个特定的职业和狭窄的技能范围内,而应追求一种综合的实用性目标,强调培养受教育者个体的职业适应能力,能够适应不断变化的工作世界的需求,并以职业教育政策与实践来促进个体的全面发展,为个体更加积极地参与社会工作准备。

二、工作世界导向的实训课程体系的内涵与特点

(一)"工作世界导向"的实训课程体系的内涵

"工作世界导向"的实训课程体系主要是指为了适应如今激烈的社会竞争,针对当下教育的特点,依据学以致用的理念而设计的课程体系。该体系主要以形成学生的专业技术能力和职业适应能力为培养目标;课程开发以典型的职业活动为核心,教学方式通过专业技术知识素养的"内练"与操作技能的"外挂"相结合;教学内容以技术知识和工作过程知识为主体;教学环境强调职业世界的真实性,通过一定的弹性体制,灵活处理与规划学生的实训课程环节,强调学生学习的主体地位,从而构建出科学、规范且具有实效性的课程体系。该课程主要分为两大模块:职场适应能力和专业技术能力。职场适应能力包括企业文化、职场环境认知、基本职业素养三个方面;专业技术能力包括职业岗位技术实践、专业技术调适实践两个方面。

(二)"工作世界导向"的实训课程体系的特点

1."职业性"

"工作世界导向"强调了职业环境的真实性,将学生引导进入企业进行周期性的现场实地技术实践,通过对于岗位内容与职场环境的现实体验,在一定程度上建立调整学生合理的职场认知与就业期望,帮助学生职业化的过渡。

2."衔接性"

衔接性主要从实训课程的专业知识技能的"内练"和实际操作技能的"外挂"角度出发,在课程设置的内容和环节上瞄准岗位目标要求,注重课本知识与实践技能、校内所学技能与"外挂"企业实际操作技能的衔接与调适。

3."发展性"

从课程内容上,更注重学生未来职场发展能力的培养,在实训课程中,不像如以往的课程设置一般仅从专业技能教授的角度出发,而是从培养学生"能力为本"的教育理

念为切入点,加入适量的以职业适应力为主题的课程内容,协助学生在校期间的职业蜕变,将更有利于未来的职场发展。

三、工作世界导向的实训课程体系的实践与特色

(一)"工作世界导向"的实训课程体系的设计思路与实践

要实施"工作世界导向"的实训课程体系,必须从操作层面制定可行的办法。因此,根据该课程体系主要架构与特点,采取了"双联、双引"措施来保障该课程体系的有效执行。

1."工作世界导向"实训课程体系主要架构

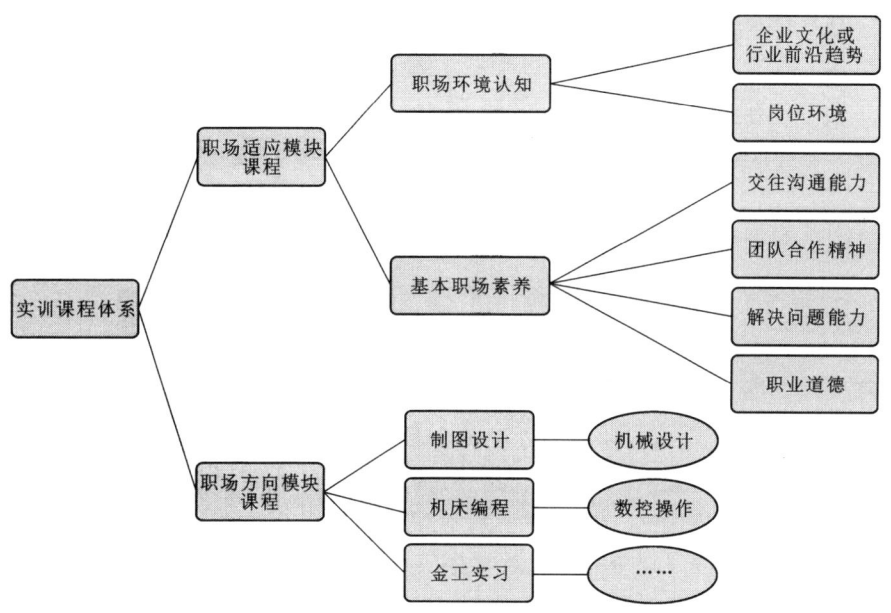

图1 "工作世界导向"实训课程体系主要架构

2.工作世界导向实训课程评价考核流程(见图2)

3."双联、双引"保障措施

(1)联合企业共建实验、实训中心,充分保障实验实训课程开展的硬件条件。目前学校实训中心建筑面积达43 000平方米,分公共基础实验实训区、专业综合实验实训区、重装备专业实验实训区和产学研合作基地四大功能区域。中心的开放创新实验室为学生的小发明、小创造、小制作以及实现新的创意提供了理想的环境和充足的仪器设备。日立电器有限公司与机电工程学院合作开展对新进企业的员工业务培训就在我校实训中心开展。

(2)校企联合办学,通过企业实习拓展实训课程内涵。2007年5月,学校被上海

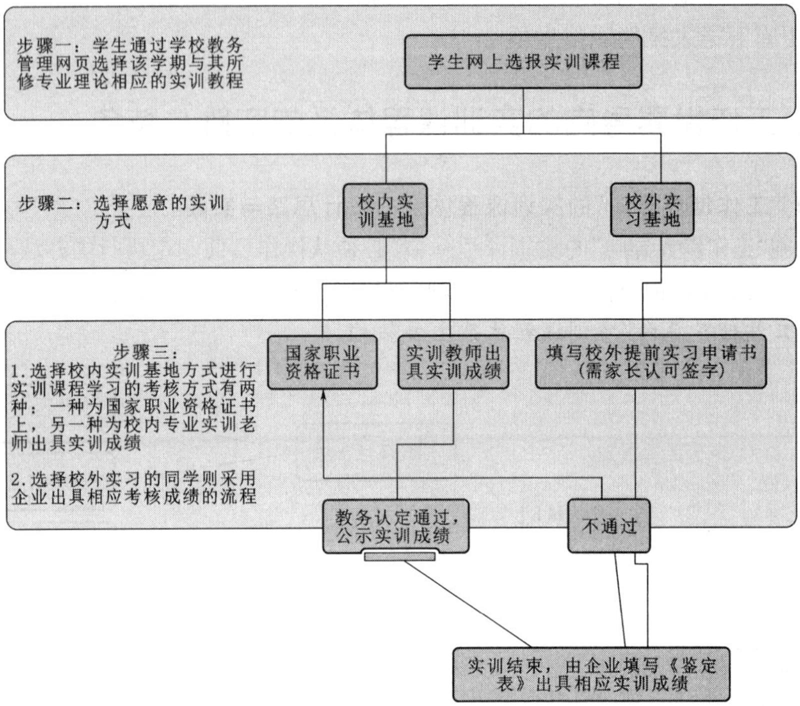

图 2　工作世界导向实训课程评价考核流程

市高技能人才校企合作培养协调指导委员会命名为首批"技师学院"。2010 年 4 月学校又被指定为"金桥培训中心"基地。此外,机电学院与上海汇众汽车制造有限公司、上海莱必泰机械发展有限公司、上海小糸车灯等多家企业签订协议,开展校企联合办学,按照企业对高技能人才的需求,对学生实行"订单式"培养,签约建立校外实训基地,为毕业班学生提供实习环境。

（3）引入"以证代考"企业评价考核考评方式,扩展实训课程评价模式。随着我国人才评价制度逐渐与国际接轨,我国职业准入制度已逐步确立,职业资格证书将成为人们择业的"资格"证书。国家职业技能鉴定考试包括理论知识的考试和操作技能考试两部分,符合高等职业教育突出实践技能、兼顾理论知识的培养要求。因此将职业技能鉴定纳入实训考核体系之中,并根据专业设置情况将相应工种的职业技能鉴定考试列为硬性的实训考核项目,从而达到培养具有一专多能、复合型、技能型人才的目标。另外,因与上海通用汽车股份有限公司、上海大众集团、上海同济同捷汽车设计股份有限公司等有长期的合作往来关系,大量学生都有机会在该类公司进行实习与就业,因此在原有实训课程考核评价体系中,补充了企业考核成绩代替校内实训课程的评价制度,大大丰富与拓展了原有实训课程教学方式与考核的内容。截至目前,一套较为成熟的多元化考核评价模式制度体系已经随着实训课程的不断完善逐步完整。

（4）引进"杰出校友"，提升实训课程层次与质量。学院充分借助优秀校友资源，通过校友会、校园网的校友网页等媒介，走访校友所在企事业单位，与众多校友及校友所在企事业单位，在人才培养、师资建设、学生就业等方面建立校企合作。同时，聘请了37位校友的讲师团来校讲学，介绍国际先进技术和科研动向，以及择业和就业的理念，得到全校师生的赞誉。如著名数控专家、校友李斌受邀担任二工大光机电研究所副所长。在学校本科专业申报、中央财政数控基地建设、教学成果奖申报等方面，李斌作为专家为学科专业建设、人才培养方案、实验室建设等出谋划策，还向同学们作辅导报告，受到了学生的爱戴。在校友上海莱必泰机械发展有限公司的董事长兼总经理刘国青所在企业主要生产数控轴承加工成套设备，成立科研流动站开展与母校的产学研合作。为学生提供了良好的实习和就业机会，提升了学生的相关专业的技术操作水平与专业学术发展视野。

（二）工作世界导向的实训课程的特色

1. 充分体现了新型"就业导向"的高等职业教育办学理念

课程体系的目标面向职业岗位群，把增强学生的职业适应能力和应变能力作为基本要素。把从业所需要的知识、技能、态度有机地整合在一起，通过对行业企业、社会需求的了解与体验，与职业技能资格证书相对接，与生产岗位的实际工作内容相接轨，及时调整实训课程内容与教学方式，形成"基本素质—职业能力—岗位技能"三位一体的课程模式，缩小了学生在校期间所学技能与行业需求之间的差异，强化了对大学生职业适应能力、敬业精神、知识技能型的专业能力的培养，促进了学生对社会现实与工作世界的了解，从而增强了学生的就业竞争力，与此同时相应地提高了学院的各专业就业水平与质量。

2. 充分利用教学资源，激发了学生的专业学习积极性

通过订单式培养、资源共享、共建实验室、培训换设备、教学工厂、产学研实体化的合作方式的校企合作，使得学校的课程与教学能够贴近学生的学业需要，科学制订人才培养方案，保证了学校人才质量，同时以职业能力为依据，将课程资源、实训资源、教师资源等与产业行业的发展趋势紧密结合，使得学校的课程与教学能够紧跟产业发展的步伐，通过形式多样的专业实训，既有利于激发与调动学生专业学习兴趣，逐步从被动学习转向为主动学习，又能让学生形成科学的思维方法，锻炼技术操作能力，进行社会适应，促进学生职业素养的形成。2009年，我院参加机电一体化预备技师资格考试人数为315人，通过率为79.4%；在2007—2009年间，我院学生分别在全国大学生机器人大赛、全国大学生"挑战杯"竞赛等各类专业比赛中取得了优异成绩。

3. 增强了专业教研室和广大教师参与行业联系和技能提高的紧迫感和积极性

该体系的实施，对专业教学计划的制定人和专业课教师提出了更高的要求。教研室主任制定教学计划时，必须进行充分调研，关心市场变化，找到合适的职业方向；必须使职业方向模块具有的知识和技能满足行业需求。否则，学生的就业率降低，选修该专业的学生人数就会受到限制。专业课教师必须主动参与行业实践；必须关心学生的就业情况；必须有明确的专业定向，逐步从能上一门课向能上一个职业方向课的要

求转变。否则,教出的学生不能就业,教师就有被淘汰的危险,2007 年以来学校组织了共计 66 名教师下企业实习,教师的科研和生产实践经验和能力得到很大的提高。

4. 加大"全员、全过程、全方位"就业教育的实施力度

一方面,该导向实训课程的建设要求就业工作部门和辅导员也参与到课程的模块设置与实施中,加深对各专业知识技能的应用范围与相对应的岗位要求的认识与理解,使得就业部门能更好地按学生职业方向进行有针对性的就业推荐。该体系的实施可使就业推荐部门明确了解每个学生的职业方向,提高就业对口率。另外,也要求就业推荐必须更加规范,记录必须更加完整,以便为课程设计和学生选修职业方向模块提供准确的数据。另一方面,随着该课程建设的深入,同样需要就业工作人员密切关注行业的发展变化情况与企业用人要求的变化趋势,及时与专业教研室沟通与交流,排查目前专业教学中存在的就业障碍因素,从而更专业地为实训课程建设出谋划策。

四、总结

工作世界导向的实训课程体系建设是在我院多年资源积累和教学改革经验基础上提出的新的改革思想,是传承中的创新。总的来说,该体系建设项目运作效果明显,反映在我院的就业水平与质量一直名列学校就业前茅。当然,该课程体系尚未完善,仍然存在一些问题与障碍,但只要认真总结经验,动员更多人的热情参与,充分调动各方面的积极性,这项改革措施一定会达到预期目标,为高等职业教育课程体系建设探索出一条新的道路。

参考文献

[1] 课题组. 专业教育与大学生就业关系研究——针对上海高校、学生、用人单位的调研报告[J]. 教育发展研究,2007.

[2] 吴言. 从"职业导向"走向"工作世界导向"[J]. 职业技术教育,2008(31).

[3] 肖凤翔,薛栋. 建构基于工作世界的高等职业教育项目课程——以机械制图课程为例[J]. 职教论坛,2013(9).

[4] 徐国庆. 当前高职课程改革中的困境与对策[J]. 职教论坛,2008(4).

[5] 上海市教育科学研究院麦可思研究院. 2012 中国高等职业教育人才培养质量年度报告[N]. 中国教育报,2012.10.17.

[6] 李焦明. 高职项目课程改革与工学结合问题探讨[J]. 成人教育,2008(11).

作者简介:

蔡嵘,上海第二工业大学。

民办高校专业学习与就业意向有差异的大学生
职业生涯规划指导问题研究

（上海建桥学院　胡　玲）

摘　要:本文以民办高校专业学习与就业意向有差异的大学生为研究对象,深入分析了不同年级产生差异的原因,并根据研究内容提出相应对策,指出职业生涯规划指导在对专业学习与就业意向有差异的大学生专业学习和就业方面的重要性。

关键词:专业学习;就业意向;职业生涯规划指导

本文以上海建桥学院外国语学院学生为研究对象,就怎样对专业学习与就业意向有差异的大学生进行职业生涯规划指导的问题进行探讨研究,希望能对解决大学生就业难的问题提供一些建议和帮助。

一、相关概念介绍

（一）专业

所谓专业,是指高等学校或中等专业学校根据社会专业分工的需要设立的学业类别。我国的高等学校根据国家建设需要和学校性质设置各种专业。各专业都有独立的教学计划,以实现专业的培养目标和要求。[1]

大学生专业满意度是指大学生对学校提供的教育和服务产生的实际感知与事前预期的差值。

（二）就业意向

就业意向即求职意向,就是根据个人的爱好和能力,对自己进行职业规划,明确自己所要从事的职业,从而有针对性地去寻找合适的工作。

（三）职业生涯规划

职业生涯规划,就是在对个体的内在心理特征和外在环境条件进行评定、分析、研究的基础上,为其设定明确的长期职业发展目标,并制定相应的发展步骤和具体活动规划。其目的不仅仅是协助个体找到工作,而且要帮助个体真正了解自己,并结合社会环境等外部

371

因素确定职业发展方向，拟定可行性的职业发展规划，以实现个体人生价值的最大化。[2]

美国学者格林豪斯认为，职业生涯是"贯穿于人整个生命周期的、与工作相关的经历的组合"，并认为所有的人都拥有自己的职业生涯。[3] 美国组织行为专家道格拉斯·霍尔(DouglasT. Hall)认为，职业生涯是一个人一生工作经历中所包括的一系列活动和行为。[4]

我国学者张秋山认为，职业生涯规划是个人根据自己的实际情况，结合决定个人职业生涯的制约因素和眼前的机遇，为自己确定职业目标，选择职业道路，确定教育、培训和发展计划等，并为自己实现职业目标对行动的时间、行动的顺序、行动的方向等作出合理的安排。[5] 我国学者张氢认为，职业生涯规划是个体根据自己的职业倾向、价值观、个性等条件，结合时代特点、就业形势、职业环境、组织团队等外部因素进行综合分析与权衡，从而确定自己的职业生涯发展方向、目标及路径并持续采取有效行动达成目标的过程。[6]

大学生职业生涯规划是指在对大学生职业生涯的主客观条件进行测定、分析与总结的基础上，对自己的兴趣、爱好、能力与特点进行综合分析，结合时代特点，并根据自己的职业倾向，确立职业方向与目标，并采取行动实现职业目标的过程。[7]

二、大学生专业学习与就业意向有差异的现状

（一）我国大学生专业学习与就业意向有差异的现状

自20世纪90年代起，我国学界对大学生的专业满意度进行了一些小范围的调查分析。赵叶珠和钱兰英(1997)对厦门大学和郑州大学94、96级共计1 395名本科生的调查表明，近60%的大学生对自己的专业喜爱程度只在一般水平上；对自己就读专业"没什么感情，凑合读下去"的人约占21.6%，对自己就读专业"十分喜欢"的人数占15.3%。[8] 可见，绝大部分大学生对自己就读专业的满意度不高。赵宏斌(2004)对全国30所大学5 334名2002届毕业生的问卷调查资料的分析得出，由于各种原因未能按照自己的意愿选择专业，或者经过几年的大学学习不满意自己专业的人数竟高达53.0%。在不满意的原因的七个指标中，"就业困难"和"专业前景不好"两项指标达到43.0%。[9] 赵锦山(2006)对广西某师范大学32个专业644名大一至大四学生的抽样调查显示，52.6%的学生比较喜欢自己的专业，8.8%的学生非常喜欢自己的专业，不太喜欢自己专业的占33.4%，很不喜欢自己专业的占5.3%。在认为自己专业就业情况好的182名学生中，82.4%的学生喜欢自己的专业，而这一比例在就业率低的专业中降至53.0%，表明学生对自己专业的喜好和自己专业的就业前景呈正相关关系。[10]

（二）上海建桥学院大学生专业学习与就业意向有差异的现状调查分析

本文抽样调查了上海建桥学院外国语学院英语、日语本科、专科共计180名学生。三年级学生中含有专科毕业班学生。调查结果如下所述。

1. 各年级学生对专业学习兴趣调查

根据数据分析可知，对专业感兴趣的同学二年级时最低，三年级时最高，综合4年比列

看,基本持平(见图1)。在现今网络时代,知识大爆炸时代,信息获取多渠道时代,大学生们在刚进校时就已经很明确地知道在大学自己所要学习的专业内容和自己的专业学习兴趣。

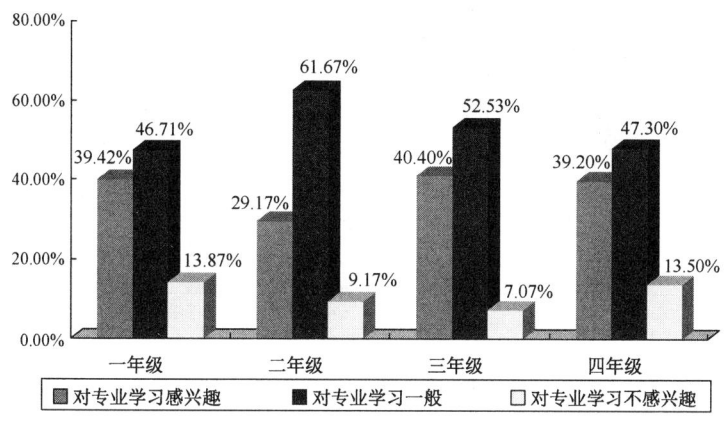

图1 各年级学生专业学习兴趣情况

在对专业学习感觉一般的同学比例中,起伏是比较大的。特别是在二年级的学生中表现明显。在二年级学生中,专业感兴趣的同学比例较之一年级有10.25%下降,对专业学习感觉一般的同学比例却上升14.96%,分析可知经过一年的大学专业课学习,大学生们随着对专业学习的了解更加深入,在一批对专业学习不是特别感兴趣的同学中,有部分同学出现了专业学习的动摇。

在对专业学习不感兴趣的同学比例中,三年级最低,由于所选取的样本中,三年级学生包含专科三年级毕业班学生,因此,本专科三年级学生经过专业的深入学习,总体上对专业学习不感兴趣的比例最低。综观整个大学学习期间,对专业学习不感兴趣的比例一年级为13.87%,二年级则下降为9.17%,下降了5.7%,在三年级时继续下降为7.07%,而到本科毕业年级四年级时却急剧上升为13.5%。由于四年级时大学生们面对的是如何能融入社会找到工作尽快就业的压力,因此,由于就业压力的影响,对专业学习不感兴趣的比例急速上升。通过数据可知,对专业学习不感兴趣的学生比例在大学学习期间基本持平,这说明一年级进校的新生对专业不感兴趣,尽管进过3~4年的专业学习,仍然很难改变这部分学生对专业的学习兴趣。如何针对这批对专业学习不感兴趣的同学,对其进行行之有效的职业生涯规划指导是本文研究的重点。

2. 专业学习与就业相关性、专业学习对就业影响、是否有意识进行职业生涯规划调查

根据数据可知:一、二年级学生对专业学习与就业相关性比较了解,比例分别为31.11%和27.22%;对于专业学习对就业的影响也是比较了解,比例分别为30.56%;而在是否有意识进行职业生涯规划时,比例也是非常高,分别为24.44%和28.89%。由于上海建桥学院已经开设了大学生职业指导课,因此,大学生们在经过大学两年的职业指导课学习,已经学会有意识地进行自我职业生涯规划。在三年级和四年级的相关比例中,是否有意识地进行职业生涯规划仍然高达 26.11% 和 9.44%(见图2)。

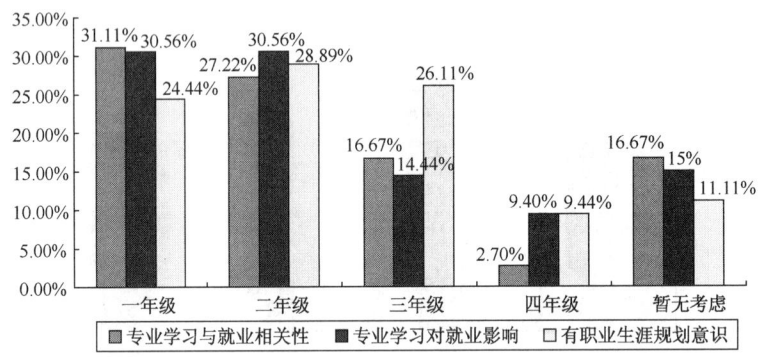

图2 专业学习与就业相关性、对就业影响、对职业生涯规划意识的影响关系

在对职业生涯规划暂无考虑的选项中,仍然有 11.11% 的比例,随着我校职业指导课的深入开展,学生们对于职业生涯规划已经不再陌生,并且已经有意识地对自己的职业生涯进行规划。随着信息获取途径的扩展,网络的传播,现在的大学生们已经深刻地知道专业学习对自己就业的影响,也知道专业学习与就业的相关性。如何对这部分同学进行职业生涯规划指导是非常关键的。

3. 就业时是否希望专业对口调查

根据数据分析可知,有 46.67% 的学生仍然是希望通过大学学习,就业时能够专业对口。明确表示毕业找工作就业时不希望专业学习与就业对口的比例仍然高达 15.56%,暂无考虑的比例也有 6.67%(见图3)。如何对这批学生进行职业生涯规划指导,让这些学生在专业学习和就业中找到平衡,如何做好对专业学习不感兴趣的情况下大学生的职业生涯规划指导是本文需要探讨研究的。

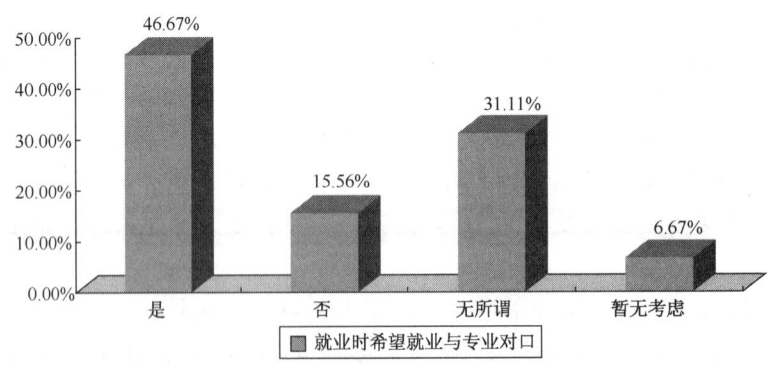

图3 就业时希望专业对口率情况

4. 选择就业与专业不对口原因分析调查

选择就业与专业不对口或者无所谓原因分析中,觉得本专业就业难的比例为55.56%,对本专业不感兴趣的占28.89%(见图4),这一比例体现出专业学习与就业意向有差异的大学生仍不在少数,如何对这批学生进行职业生涯规划指导是非常重要的。

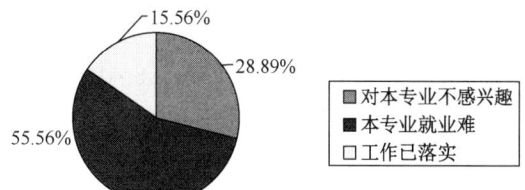

图 4 选择就业与专业不对口原因分析图

三、专业学习与就业意向有差异的大学生职业生涯规划指导对策与建议

根据上海建桥学院外国语学院英语、日语本、专科学生的调查结果可知,经过3~4年的大学专业学习,仍然有高达15.56%的大学生在毕业找工作就业时明确表示不希望专业对口。做好这批大学生职业生涯规划指导是关系到这批学生如何在大学时期不虚度光阴,如何在接受大学教育阶段发挥个体主观能动性,顺利完成大学学业的关键所在。本文根据数据分析,针对专业学习与就业意向有差异的大学生职业生涯规划指导提出对策与建议。

(一)专业教育与就业前景介绍相结合

每年的大学新生入学,专业主任在新生的专业教育中,应结合专业的发展方向和就业的前景做具体介绍。不仅为新生介绍专业的发展和大学所需学习的专业知识,更要强调就业时专业对口的情况下,大学生们所需要准备的职业能力和职业要求。这样,在大学的学习期间,对专业学习与就业意向有差异的大学生来讲,能在第一时间考虑是否需要换专业或者改变自己的就业意向,从而为学生进一步做好职业生涯规划做准备;专业结构要与市场的需求形成互动的模式。而在专业时间与空间设置上,提供给学生入校后一段思考与判断的时间,到一定阶段之后再按专业分流培养,减少学生进入不适宜专业的可能性。而提供跨专业学习,弥补学生在选专业时的遗憾,也是适应复合型人才和贯通型人才的培养需要。

(二)职业生涯规划指导需贯穿整个大学期间

《教育政策分析2003》中指出,"学校必须采取发展性措施,使得职业指导教育和指导内容适应处于不同发展阶段的学生需要,并使职业指导教育包含在整个学校教育过程之中,而不仅对某一阶段的学生进行职业指导教育",明确提出"职业指导构成教育职能的一部分"。[11]

职业生涯规划教育应该贯穿大学生的整个大学学习期间。在对福建省5所地方本科院校 2009 届毕业生的调查发现,27.2% 的同学认为就业指导应从大学一年级就开始,31.7% 的同学认为就业指导应该从大学二年级开始,38.3% 的同学认为就业指导应从大学三年级开始,仅有 2.8% 的同学认为应该从大学四年级开始。可见,大部分同学通过求职经历深刻地感受到职业生涯规划指导的重要性。由于就业意向与专业的不一致性,专业学习与就业意向有差异的大学生更需要职业生涯规划指导。如何找到专业学习与就业意向的平衡点,如何在学习专业知识的同时兼顾自己的兴趣爱好,找到自己喜欢的工作,如何判断是否需要转换专业以适应自身的发展需要等等,需要职业生涯规划的指导;如何度过大学的几年时光,不虚度光阴,如何顺利完成学业不被中途退学或者休学也需要职业生涯规划的指导;如何规划大学时期要学习的知识,在每学期如何调整学习和就业意向的关系,根据自身的兴趣爱好做好职业生涯规划就更需要职业生涯规划的指导。

因此职业生涯规划指导需要贯穿整个大学期间。这样有利于学生们少走不必要的弯路。

(三)针对个体进行指导做好跟踪反馈工作

随着职业生涯规划指导重要性的体现和人们对职业生涯规划指导重要作用的认识,各高校根据教育部文件也相继开设了大学生职业指导课。上海建桥学院职业指导课已经开了 3 年,根据调查数据显示,效果明显,学生们通过职业指导课的学习,了解了如何进行自己的职业生涯规划。但是由于课程设计和课程学时的限制,职业指导课开设后基本是以学生结合自己情况写份职业规划书为课程结束,结合实际情况针对个体的职业生涯规划指导很多高校都没有做到。职业生涯规划的特点就是针对个体的职业生涯规划指导。

针对专业学习与就业意向有差异的大学生职业生涯规划指导重点需要做好个体指导跟踪反馈工作。结合专业学习与就业意向有差异的大学生个体,从入学开始不仅要进行职业生涯规划理论知识传授,更需要一对一的个体辅导。结合学生本人的个体情况,了解原因,与学生一起从刚入学开始到大学毕业,做好职业生涯规划指导。这样有针对性,并且是有效的。

(四)专业教师不断进行专业方向的就业教育

专业老师在课堂授课时,更多的是进行专业知识的讲授,很少涉及专业的就业教育。专业老师在课堂上结合专业发展不断进行专业就业教育,告知学生所需的专业准备,所需的就业能力和素养,能起到对专业学习与就业意向有差异的大学生的教育培养工作。随着专业学习的深入,对专业学习和就业意向有差异的学生而言可以有选择的机会。由于专业教师的专业性较强,因此,他们在课堂上的专业就业教育则有更强的指导作用。

对于专业学习与就业意向有差异的大学生而言,如何在职业生涯规划指导的帮助下顺利完成大学学业,不仅仅是学生本人的事情,更是学生所在家庭的希望,也是大学作为育人场所的重要体现。

参考文献

[1] 姚琳.大学生专业满意度与就业信心相关性的调查研究[J].学校党建与思想教育,2010,4 (中):365.

[2] 李迎春,郑喜群,祖彬,张培华.高职大学生职业规划与学业导师制的理论探讨[J].齐齐哈尔 大学学报(哲学社会科学版),2010(7).

[3] 贾利军,徐韵.大学生就业能力的心理学解析[J].南京社会科学,2006,(10).

[4] 甄进明,严昫.技术员工的职业发展之路[J].人力资源,2006 (18):48-53.

[5] 张秋山,王宪平.大学生职业生涯规划实用教程[M].北京:人民教育出版社,2006.154.

[6] 张氢.高职学生职业生涯规划有效指导初探[J].学校党建与思想教育,2009(1).

[7] 吴御生,罗三桂.大学生就业能力培养路径选择[J].中国大学教学,2011(5).

[8] 赵叶珠,钱兰英.九十年代大学生专业选择行为研究[J].青年研究,1999(4):12-15.

[9] 赵宏斌.人力资本投资收益——风险与大学生择业行为[J].北京师范大学学报(社会科学版), 2004(3):119-125.

[10] 赵锦山.大学生就业压力与专业承诺——一个理性选择理论的视角[J].科技和产业,2007(6): 4-6,28.

[11] 史静寰,范文曜.教育政策分析 2003[M].北京:教育科学出版社,2004:39.

[12] 谭诤.从毕业生视角审视高校就业指导工作——基于福建省 5 所地方本科院校 2009 届毕业生 的调查[J].国家教育行政学院学报,2010(4).

[13] [美] Reardon, lenz, Sampson, Peterson. 职业生涯发展与规划[M]. 侯志瑾,等,译. 北京:高等 教育出版社,2005.

[14] 里尔登. 职业生涯发展与规划[M]. 教育部高校学生司,编译. 北京:高等教育出版社,2005: 58-75.

[15] 侯德琴. 以职业生涯规划指导提升大学生就业力[J].凯里学院学报,2008 (2):118-120.

[16] 杨心,吴剑丽. 从立法看美国生涯与技术教育的开放性[J]. 广东技术师范学院学报:职业教育, 2009 (2):104-106.

[17] 李英,史景轩,宋晓平. 日本职业生涯教育及其启示[J]. 成人教育,2007 (12):93-94.

[18] 张伟,俞跃进.职校生职业发展能力探析[J].职教通讯,2002(6).

[19] 李颖.大学生就业能力对就业质量的影响[J].高教探索,2005(2).

[20] 谢志远.关于培养大学生就业能力的思考[J].教育发展研究,2005(1):90-92.

作者简介:

胡玲,就职于上海建桥学院。

民办高校大学生职业发展特征与职业规划课程建设

（上海杉达学院　职业生涯与就业指导教研室　陈英慧）

摘　要：为了探索民办高校建设职业生涯规划课程的办法，作者选取已有 3 年工作经验的民办高校毕业生进行调查，旨在了解学生目前的职业发展、规划现状和对大学教育的评价。调查发现，毕业生在专业认同度和职业规划能力两方面水平较低。针对这两个问题，作者建议民办高校需要结合学校办学特色制定职业规划课程标准；以问题为中心进行课程设计，共性与个性相结合，指导学生实践和学业规划；整合课程资源，加强与专业教育的联系。

关键词：民办高校；职业发展；生涯规划；课程建设

　　教育部 2007 年发布的《大学生职业发展与就业指导课程教学要求》，明确指出各高校要结合本校实际，制定科学、系统和具有特色的教学大纲，实施本校的大学生职业发展与就业指导课程建设和教学活动，积极促进高校毕业生就业。民办高校在职业生涯规划课程的理论和实施上都是刚刚起步。目前，以往关于民办高校大学生职业生涯课程研究主要存在的问题有：在研究方法上，研究者大多仅仅提出观点而缺乏实证；在研究对象上，多以在校生为研究对象，以在校生的需求为导向进行课程建设。这样研究的缺点在于：不利于研究结果应用于课程实践，课程建设缺乏前瞻性，与学生踏入职业世界后的需求相脱节。为了切实贯彻"教学要求"，为民办高校大学生提供切实有效的生涯指导服务，促进学生可持续发展，本研究试图通过调查民办高校毕业生进入职场后发展状况来探索高校职业生涯规划课程的实施策略。

　　从大学生入校到进入职场的最初三年，这段时间被舒伯称为"职业探索期"。这一期间是大学生考虑兴趣、需要、能力和机会并在课业和工作中进行尝试并最终作出特定选择的阶段。该时期的适应和探索成果会过渡到"职业确立期"，影响职业的满意度和其他生活角色。为此作者选取某独立学院 07 级春季国际商务专业毕业生为调查对象，设计调查问卷，了解大学生毕业三年后的职业发展状况、主要职能、发展经验和职业发展技能需要，对民办高校生涯指导课程建设实践进行探索。

一、调查内容与调查结果

07级春季国际商务专业毕业生共计116人,该届学生于2011年1月毕业,他们并没有接受过系统的职业生涯规划课程指导。作者通过邮件发放问卷,回收67份。问卷问题包括:①你目前从事的职业;②你的工作地点;③你从事该职业的时间长度;④如曾更换工作,请简述之前的职业和时间长度;⑤目前从事职业的主要工作职责;⑥目前职业所用的主要技能;⑦你认为大学期间哪些课程、训练、技能、经历对你目前的职业最有帮助? ⑧你目前最需要提高的职业技能是什么? ⑨你目前的职业发展计划是什么? 调查结果显示:45.8%的毕业生仍在从事与专业相关的职业,如采购、人事助理等;41.7%的毕业生从事与本专业完全无关的职业,如警察、幼儿教师等;12.5%毕业生留学或读研中。2011年8月25日该届学生曾进行就业情况统计,2013年与2011年该届学生职业发展情况比较如表1所示。

表1 2011年和2013年国际商务专业学生职业发展情况统计

统计年份	对口就业(%)	非对口就业(%)	留学或考研(%)
2011	87.6	11.9	0.5
2013	45.8	41.7	12.5

1. 根据调查数据可归纳出毕业生的三个主要职业发展的路径

(1) 以专业能力为核心的职业发展路径。这部分毕业生主要包括从事于国际商务专业相关职业的毕业生。这类学生的主要特点是,工作职责与所习得的专业技能相关,100%的学生能够列举出专业学习中的技能和课程对目前职责的影响,其中有54.5%对未来有清晰的计划和目标,并有45.5%的毕业生已经至少在相关行业领域跳槽一次。

(2) 以"软能力"为依托的职业发展路径。这部分毕业生主要涉及从事与专业不相关的职业的学生。这类学生的主要特点是,工作职责与专业技能训练无关,27.2%的学生表示大学学习技能和课程对自己职业无帮助,63.3%的毕业生则表示大学学习期间形成的外语、人际沟通能力、计算机技能对自己职业发展影响最大,只有18.2%的人有清晰具体的发展计划。

(3) 以学科为平台的生涯发展路径。留学和考研的毕业生归于此类,主要在学科相关领域选择院校和专业继续学习,但这类学生对后续发展规划模糊。

2. 2011年度与本次统计比较发现

(1) 相当一部分毕业生从专业对口的职业领域中离开。2011年统计对口就业比率为87.6%,2013年下降到45.8%。这意味着经过一段时间的职业实践,有一半的人放弃自己的职业训练开始新行业的探索和适应,而这其中的大部分对后续发展尚无清晰规划。另外,这一个人群对大学期间专业教育认同度最低。

(2)考研和留学者比例增高。学生在工作一段时间以后调整了自己的职业发展目标和路线,比较显著的是,这类学生与其他两种发展路径的学生相比,对未来的发展规划更模糊。

二、问题发现与分析

(1)学生的专业认同感低,非对口就业迫使学生面临新的职业领域,增加职业探索时间和成本。专业的低认同降低学生对学校的教育评价。学生转换行业,对个人发展造成时间和物资浪费,在新行业的重新学习和适应会增加职业发展的时间成本。有研究发现,民办高校毕业生50%从事与自己专业无关的职业,主要原因是企业对民办院校学生认同度低,学生所能获得的岗位通常入职门槛较低并与专业相距甚远。对照此次调查,虽然统计数字大致相同,但是学生所从事的岗位多是政府机构、幼儿教师、报社等,就业质量相对较高,这与学生的个人兴趣和社会资源关系密切。尤其是那些放弃对口专业职业的学生,多数从事了幼儿教师等职业。事实上,职业规划方法中就包括"个人兴趣导向"和"社会资源导向"等多种方法。但是,解决专业与个人兴趣矛盾,做好个性化规划和指导成为职业生涯规划课程的课题。

(2)学生职业规划意识和技能较低。主要体现在三个方面:①学生对于职业世界知识的缺失。相对于非对口就业的学生,对口就业者发展稳定,专业领域中实践积累,并对未来职业规划有比较清楚和实际的计划,这得益于他们3年来在同行业领域中的深入和了解。证据是,这类毕业生特别强调行业知识的重要性,并在未来职业发展期望和计划中表示继续深入积累行业知识的需求。②从就业转向求学,机会成本和时间成本提高。一种情况是因为当年未成功或者留学申请流程较长,另一种情况是学生毕业工作一段时间后有了提高学历的需要。调查对象地处国际大都市上海,留学机会较多,对于学生考研和留学决策指导非常必要。

(3)学生肯定大学教育的通用技能教育成果。特别对于非对口就业的学生,这种肯定尤其突出,除了外语、计算机,学生对于社团、选修课等都表示受益其中,比如有学生特别写到"参加社团活动使我形成了人际交往能力"等等。

由此可见,学生非对口就业不仅影响学生对学校的教育评价,也使得个人在职业领域发展需要更长的成熟期,学生对于职业规划的需求中对行业了解的知识急需加强;学生珍惜学校所给予的软能力,校内活动实践与能力锻炼的规划与指导急需,针对继续教育的学业规划的需求浮出水面。目前民办高校也相继开展职业生涯规划课程,执行方式和效果也反应差强人意,主要有以下一些相关问题。

三、目前民办高校职业生涯规划课程问题

(1) 规划课程照搬国外研究成果,与现实需求相脱节。职业生涯理论起源于美国,以美国教育制度为基础的研究和实践在我国运用时需要经过本土化的改革。比如,美国高校是通识教育后由学生选择专业,而我国除了部分改革高校,大学生在入校后一般不能够进行自由专业选择。如果不依据实际条件,片面鼓动学生追求个人兴趣,只会加剧学生的焦虑,阻碍学生职业生涯规划的可行性。

(2) 民办高校缺乏以自身学生为本的课程设计。需要各高校依据自己的发展定位、学生培养目标和社会人才需求制定课程目标。

(3) 课程忽视与专业结合。职业规划课程立足于方法指导,以学生为主体探索发展路径。但是如果缺乏必要的专业结合,完全依赖学生自行完成职业规划和专业学习的对接,对于缺乏职业经验并且学习动机不强的学生而言,不可能产生科学有效的规划结果。比如,大多数职业规划课中都提出学生应对行业背景和发展前景进行了解,并且在教学目标上属于知识了解范畴,而专业教育侧重于专业技能训练,行业职业信息知识也不属于重点教学内容。与专业相割裂的职业生涯教育,无法深入教学效果。

四、课程建设建议

(1) 结合学校办学特色制定课程标准。虽然"课程要求"将职业规划课程定位为通识课程,有统一的教学大纲,但是民办高校办学机制、招生对象等特点决定了不能全盘照搬。必须按照学校的办学特色和学生特点,制定教学目标,选用或编写适合本校特点的教材,确立有效的学生学业评价标准。

(2) 以问题为中心进行课程设计,共性与个性相结合,提高实践和学业规划。问题中心的课程设计关注解决人与社会之间问题的、自下而上的设计。这种课程设计的优点在于关注社会生活的范畴,强调解决学生实际问题的过程,为学生提供能够运用于未来生活情境的学习。与公办院校不同,民办学校学生培养定位实践性较强,技能灵活,对社会需求反应灵敏,也经历与其他院校不同的问题。所以,以学生常见职业发展问题为核心进行课程设计,团体作业与个体任务相结合,在做中规划,更适合民办高校学生的技能和发展定位。

(3) 整合课程资源,加强与专业教育的联系。在课程内容上,职业规划理论和方法指导相对比较简单,缺乏针对性行业情况、前景的了解,学生在"人职匹配"中缺乏广泛的职业发展信息也无法真正权衡个人需求、职业发展可能性而作出可行性高的发展计划。但通常,针对每个专业的职业素养、行业发展等专业特点鲜明的知识并不是职业规划教师的长项,专业教师的侧重点在于技能和知识的掌握,从职业生涯发展角度系

统整合这些知识和技能并不是他们的主要任务。所以在课程内容组织上,教师了解专业培养目标和学生可能职业发展领域,并灵活转化自身角色,拓宽课程资源,满足学生对于职业世界认知的需求。比如,职业规划教师可以作为协调者和组织者,联合专业课教师、对口企业、校友,通过参观、视频座谈等拓展学生对于行业知识的了解,帮助学生作出符合自身特点和社会需求的最佳选择。由此增加学生专业认同感,提高职业规划技能,减少学生由于对本专业发展机会欠缺认识而产生的时间和机会损耗。

参考文献

[1] 李方.课程与教学论[M].南京:南京大学出版社,2005.

[2] 乔刚.成功走向社会——生涯篇[M].上海:立信会计出版社,2007.

[3] 隋忠霞,陈丽,唐向峰.浅析民办高校毕业生的职业生涯规划培养[J].高等教育,2012(5).

[4] 张丽.浅论民办高校学生职业生涯教育[J].北京城市学院学报,2008(5).

[5] 钟启泉.课程开发:实践指南[M].6版.北京:中国轻工业出版社,2007.

作者简介:

陈英慧,就职于上海杉达学院。

凝聚八方资源的金融职业发展教学系统

（上海杉达学院　高红霞）

摘　要：本文以杉达学院为例，探索了如何凝聚多方资源和优势来开发和完善大学生职业发展的教学系统，并希望能给更多的高校以借鉴，不断提升各高校大学生职业发展教学系统的科学性。

关键词：八方资源；金融职业发展；教学系统

一、金融职业发展教学系统简介

金融职业发展教学系统主要内容可以概括为：开发两个课堂、凝聚八方资源、运用十六种手段（见图1），发挥金融职业发展教学系统的乘数效应。

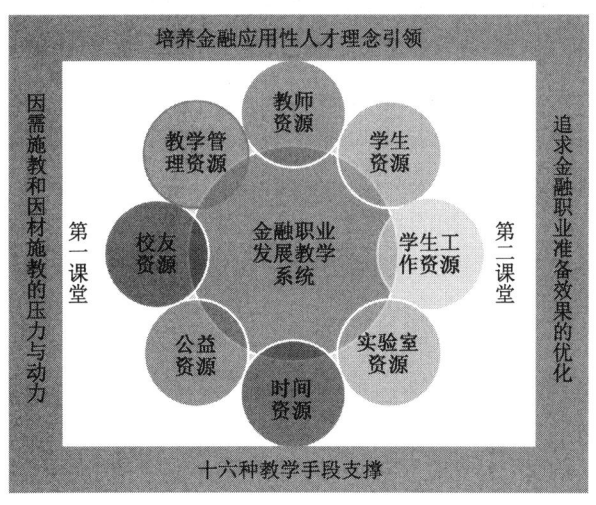

图1　金融职业发展教学系统

根据其特点也可以简称为"二八乘数系统"。引领其创立的理念为:因需施教、因材施教,培养金融应用型人才。其运行目标是追求金融学专业学生职业准备效果的不断优化、求职竞争力的不断提升。

二、"二八乘数系统"的由来与背景

2009 年 2 月,系统主创者高红霞老师开始了本校的教职工作。一方面,为上海国际金融中心建设所鼓舞,为学校应用型人才培养理念和院系领导的事业心所感召;另一方面,也试图在教学生涯最后阶段进一步践行"因材施教"的方法论,为学生的金融职业发展切切实实做点事情。经过个人申请,"金融职业生涯规划"课程顺利通过系、院、校三级批准,并在 2009 级金融学本科新生中开设,并巧合地成为该届学生入校第一门课程。课堂教学持续时间只是短短的九周,职业准备却是跨越大学 4 年的事情。新鲜感过去之后,同学们是否会将自己的职业生涯规划和职业准备计划束之高阁? 尽管已经准备在毕业前为他们再开设"求职指导"课程,但是之间的 3 年又如何促使他们持续地关注自己的职业发展呢? 于是成立学生自治机构——金融职业发展协会——这一构想浮上了脑海。经过半学期的筹备,5 位协会发起人在寒假前聚集在学院会客室,在牛淑珍老师的见证和主持下召开了第一次会议。作为第二课堂的平台,金融职业发展协会宣告正式问世。于是两个课堂相互支撑、共同迈进的"金融职业发展教学系统"成形。

三、"二八乘数系统"教学成果主要内容

(一) 开发两个课堂,合力学生的金融职业发展

(1) 在第一课堂形成大学 3 年首尾呼应的金融职业发展课程体系。其一,面向新生的"金融职业生涯规划"课程,唤醒金融职业发展意识,进行金融职业规划,实施金融职业准备计划,以提高 4 年学习的目的性以及效果。其二,面向准毕业生的"大学生求职指导"课程,敦促学生了解就业形势和招聘岗位、挖掘求职资源、制定求职方案、准备简历等求职材料,期待学生赢在金融职场起跑线。

(2) 在第二课堂建立贯穿大学 4 年始终的学生自我金融职业发展的平台——金融职业发展协会。在此平台上运行的系列活动包括:会刊、培训、讲座、练兵、实习、比赛、学生银行、项目管理等。这些学习和实践活动,是学生金融职业发展的持续推动力。

(二) 凝聚八方资源,给力学生的金融职业发展

毋庸讳言,民办高校的办学资源相对匮乏。但是只要善于开发和凝聚成系统,就能够发挥其"一带十、十带百"的乘数效应。

（1）教师资源。教师是第一课堂的授课人，第二课堂的顾问。系统的主创者高红霞老师具有重点高校(20 年)、民办高校(7 年)、金融机构(专兼职 7 年)30 年金融教学和实践经验;有金融学科多门课程教学科研、金融机构人力资源经理和高校就业指导中心主任等工作经历;对金融应用型人才培养理念高度认同并愿意身体力行;同时热爱学生、热爱教学工作、不吝感情、时间和金钱的投入;因而可以发现和争取相关资源运用于两个课堂。

（2）学生资源。学生是第一课堂的学习主体，第二课堂的组织者和参与者。作为"二八乘数系统"的运行主体和工作对象，同学们既有对金融业就业的高度向往，又面临金融业就业竞争激烈的压力，对职业准备和求职准备存在着客观需求。以徐敏慧、顾冬东、杨秋愫、黄弘、吴建刚为代表的一批优秀同学，在老师点拨和管理层支持之下，能有效地争取和承接各方资源，组织同学进行自我职业发展的各种活动。

（3）教学管理者资源。学校教学管理理念的引领，系统运行过程中的绿灯开放，时间和物质资源的提供。如果没有副校长张增泰、副院长牛淑珍老师和副主任潘彦老师等教学管理者的支持与包容，可以断言"二八乘数系统"甚至不可能成型。

（4）学生工作者资源。给予"二八乘数系统"直接支持的还有学生工作者，这里有学院的党总支和团学联、学校的就业办和团委。金融职业发展协会的骨干得力于年级辅导员的考察和推荐，金融职业发展协会各种活动得力于学院总支副书记陈敏云老师的精心指导和全力支持。

（5）校友资源。20 年校龄、几年系龄的本校金融学专业或许不大可能产生金融界名流，但是金融业基层岗位上的校友对于学弟学妹们职业准备有着直接的示范效应。目前聘请了 4 位校友担任了实践教学校外指导老师，他们在第一课堂承担着职业技能示范工作，在第二课堂广泛参与各种活动。为实现校友和在校生的密切互动，金融职业发展协会会长由校友 2009 级毕业生陆洁担任，并拟将协会作为金融校友会的常设机构。

（6）社会资源。社会公益组织的引入。2011 年经就业办副主任沈毅的推荐，结识了活跃于高校的公益组织牵头人蒋颖，经过一段时间考察和接触，从 2001 年开始来我校每年开办一届职前班，先后邀请 6 位人力资源资深人士来校义务授课，并且多次组织我校学生到公司参观交流，体验职场氛围、增强竞争意识。

（7）时间资源。第一课堂 80 分钟有限，学生职业发展个性化的需求无限。主创者高红霞老师借助于金融职业发展协会平台，指导学生开展各类职业准备活动，并利用每周三下午甚至是午饭时间为学生提供个别的职业发展辅导、指导协会骨干工作，在80 分钟以外争取到更多的教学时间。

（8）实验室资源。开辟互动教室作为协会培训室，银行外部流程室为"杉达学生银行"活动基地。既充分利用了实验室条件，又给学生增加了实践的平台。

（三）运用十六教学手段，聚焦学生的金融职业发展

1. 第一课堂主要运用的八种教学手段，在两门职业发展课程中实现教学双方的良性互动

（1）讲授式教学。虽说是手段传统，也可以通过言传身教提示同学关注沟通表达这一金融职业的基本技能。

（2）体验式教学。创新的教学手段。比如运用"拍卖你的生涯"这一课堂活动，引导学生体验如愿以偿的喜悦，一无所获的懊丧。同时获得不可蹉跎岁月的警醒，职场博弈激烈性和复杂性的初步认识。

（3）测评式教学。因材施教中的识材手段。两门课程所运用的测评手段有：个人风格测评、职业倾向测评、创业能力测评和求职竞争力测评等。

（4）调查式教学。实践性的教学手段。如结合教学内容，要求学生进行"陌生人脉拜访"、"职场调研"，对优秀的成果进行课堂分享。

（5）制作式教学。在两门课程中间要求学生动手制作职业生涯规划、职业准备计划、求职方案、求职材料等作品，以消化课堂教授的内容。

（6）模拟式教学。在"求职指导"课程中，进行"小组面试模拟"和"个别面试模拟"，增加学生的经历，提高求职准备的水平。

（7）面谈式教学。课堂上面对所有同学所进行的内容一般选择共性内容。但是职业生涯规划也存在大量个性化的问题。一对一地面谈，可以了解学生职业规划或求职准备上的薄弱环节，从而进行针对性的辅导。

（8）科研式教学。带领高年级学生以毕业论文为抓手，系统研究金融职业发展，在深入了解金融业务、金融职场的同时，掌握科研方法，写出水平较高的毕业论文。

2. 第二课堂主要运用的八个手段，在金融职业发展协会平台上推动学生自我发展

（1）会刊。协会会刊"金融职通车"创刊于 2010 年年初，以学生喜闻乐见的电子刊物形式每学期编辑出版一期。作为职业发展自我教育的读本，会刊开辟了职场人物、校友风采、高手支招、职场风向标、协会看板等板块栏目。

（2）培训。协会一年两度常规培训：春训和秋训，主要对协会成员进行持续金融职业发展教育。借助社会公益组织一年一度面向大三学生举办"职前班"，由职场精英进行公益授课。

（3）讲座（或沙龙）。每学期安排 2 次，请职场专家或杰出学长，就金融职业发展某一主题进行交流。

（4）练兵。利用实验室软件、练功券和外聘实践指导老师等条件，组织同学熟悉金融业务流程，练习小键盘输入、点钞验钞等金融职业技能。

（5）比赛。策划和协办职业生涯规划大赛和优秀简历评选活动，激励同学在职业准备以及求职准备等方面比、学、赶、帮、超的热情。

（6）实践。大一暑假安排保险公司实习，其余暑假鼓励学生申报团委的社会实践

项目或自寻实习门路,同时协会也通过公关部门的工作,为本系学生提供相关实习信息。

(7)学生银行。协会下设的校内实践平台,借助学院的银行外部流程室为营业场所,争取实现不出校门也可实践。

(8)项目管理。协会运作采取项目负责制,一是增加协会骨干同学参与深度得到更多的实践锻炼;二是展开协会内部的良性竞争,体验"类职场"的竞争氛围;三是增强协会骨干的识人用人能力。

四、"二八乘数系统"教学成果的创新点

本系统旨在突破传统教学模式的内涵和外延,具体体现为六个一体化。

(一)第一、第二课堂一体化,实现教学体系的突破

以"金融职业生涯规划"和"求职指导"两门第一课堂金融职业发展课程教学为先导,借助"金融职业发展协会"为第二课堂八项活动为后盾。前者引导学生入门,后者持续推动学生的职业准备和职业发展,两者相得益彰。

(二)教学工作和学生工作一体化,实现教学外延的拓展

金融职业发展课程以及金融职业发展协会的运作,教师与学生工作体系的党总支、就业办、团学联和辅导员有了共同的目标、共同的工作和共同的话题,改变教研工作与学生工作两张皮的状况,双方有了更多的沟通与合作。

(三)教师教学与学生自治一体化,实现教学双方的深度共进

第一课堂由学校制度约束,教学工作相对方便。第二课堂自由度大,没有统一的规则约束学生。教师需要一个桥梁才能够参与其中,金融职业发展协会就是这样的一个桥梁。教师在金融职业发展协会的身份是顾问,学生通过协会这样的自治组织,可以获得包括教师在内的各方指点;教师则通过协会的力量开展持续的金融职业发展继续教育。

(四)金融职业发展教学与金融专业课程教学的一体化,实现专业课程教学的应用性

"二八乘数系统"在两个环节进行了尝试,一是"商业银行经营管理"课程的教学尝试,将教学内容与银行职位相连接,引导学生站在一定职业岗位的角度去学习相关内容。比如从储蓄柜员角度思考负债业务、从信贷员角度思考资产业务、从银行管理者角度思考资产负债综合管理,从而深刻理解书本知识,提高应用能力。另一个环节是毕业论文指导。比如让学生研究金融职场,从而明确我校学生职场定位和发展目标;再比如,结合学生职业定位或实习岗位选择论文题目,由于所涉及内容与未来职业发展相关,学生应对高难度题目挑战的积极性较高,从而写出高质量的毕业论文。

（五）因材施教和因需施教的一体化，履行基层教学工作者社会责任

教学工作的核心在于"因材施教"、学校社会责任的根本在于"因需施教"、职业发展的真谛在于"人职匹配"。"二八乘数系统"将因材施教和因需施教结合于人职匹配。也就是说，教师履行社会责任的方式是：根据学生的特质指导其个性化的职业发展，从而为金融业培养适用人才。

（六）学校资源和社会资源的一体化，实现各方资源开发和凝聚

具体分为校内资源一体化和校际资源一体化两个方面。本系统的形成是教师、学生、教学管理者、学生工作者、校友和校外公益组织等各个方面通力合作的结果。其中任何一个环节没有相当的配合度，"二八乘数系统"都不会有今天的收获。

五、"二八乘数系统"教学成果的应用情况

"二八乘数系统"从 2009 年下半年起步，到现在运作了 3 年时间。这一系统是从点到面、逐步积累、日渐丰满的过程。其应用情况具体从以下三方面介绍。

（一）第一课堂——金融职业发展课程教学情况

（1）"金融职业生涯规划"课程教学情况。教学在金海校区 2009 级到 2011 级 3 个本科年级进行，惠及 240 人左右。

（2）"大学生求职指导"课程教学情况。教学在金融学专业 2007 级到 2009 级 3 个本科年级进行，惠及 420 人左右。尤其 2012 年上半学期给 2009 级金海班和嘉善班共 160 人开课，在学生助理协助下对每一位同学进行个别面试和点评。由于课堂时间有限，花费了大量的课外时间，实际花费时间超出计划学时数倍。

（3）与职业发展结合进行金融专业教学的情况。"商业银行经营管理"专业课程教学涉及本科、专科两个层次、四个年级，共计 560 人左右。毕业论文指导四届共 40 人，一半学生论文的质量不低于重点大学毕业生论文水平。其中 6 人论文获得优秀成绩，质量甚至达到重点大学硕士论文的档次（高老师曾经是同济大学硕士生导师）。其中一人与高老师合作，在 2011 年获得上海市社联征文优秀论文奖。这一成绩给主创者和学生极大的信心：只要教学双方愿意付出努力，杉达学生与重点大学的学生距离可以大大缩短甚至消弭，少数同学超出也不是神话。

（二）第二课堂——金融职业发展协会运作情况

（1）协会会刊。《金融职通车》出版四期，在学校官网同步展示，供所有对金融感兴趣的同学参阅。协会曾参加 2010 年 4 月上海师范大学举办的"首届上海高职院校'职业发展协会'交流会"，会刊在一并展出的同时，得到兄弟院校领导的好评。同时本校兄弟社团也纷纷前来协会取经学习，掀起了一股电子期刊的热潮。

（2）培训（沙龙、讲座）。校友沙龙，惠及 70 人次；骨干层培训，惠及 40 人次；实习经验交流会，惠及 80 人次；会员层讲座次，惠及 200 人次，曾连续举办过两次 CPA 等

考证讲座,参与的同学反响十分热烈,主动要求协会续办为每学期的常规活动;服务对象层次,职前班两届,参训学员 60 人次。

(3)学科竞赛。协办"杉达之春职业生涯规划大赛"三届、"杉达之秋优秀简历评选活动"一届,参加两项赛事活动的同学大约在 500 人次。

(4)社会实践。多次与企业联动,进行考察活动。除此之外,还组织学生暑期社会实践。与华泰保险合作一次,惠及 15 人;今年与生命人寿合作,计划培训 15 人左右。与以前不同的是,这一次不是简单的暑期实践,而是指向在校内建立保险功能组,带动更多的同学投入金融实践。如果能坚持到毕业,这些同学将真正实现与金融职场的无缝对接。

(5)杉达学生银行。2012 年年初筹备,2012 年下半年揭牌运作,前期工作的重点是参与者的学习培训以及金融产品代理权的争取。目前已经联系了建设银行宝山支行,代理其开卡业务;还有生命人寿代理其寿险业务,方正证券代理其开户业务。2011年 11 月与交通银行合作举办"金融活动月"活动,开展手机银行业务推广尝试和业务创新方案大赛,以使学生体验新兴金融业务的运作,并在创新大赛中获得创新能力的提升。

(6)金融校友会。2012 年初筹备,校庆 20 周年活动月的 9 月 18 日成功举办了第一次活动——金融校友活动日,活动日当天正式搭建运作班底,秘书处由金融职业发展协会承担。

(三)以科研促进金融职业发展教学的情况。

(1)申报 2 项研究课题。2010 年成功申报校科研基金课题"金融学新生职业倾向分析及对策",目前已基本完成。2012 年成功申报上海市民办高校骨干教师科研资助项目"民办高校金融学专业学生职业倾向及其对策研究——以杉达为样本"。2 个项目得到经费资助共计 32 000 元,其中学校的 2 000 元已经到位。

(2)指导学生 2 篇相关毕业论文。2011 届毕业生论文《金融学新生职业倾向及对策初探》,共同完成 14 000 字。2012 届毕业生论文《职业发展取向的商业银行校园招聘实证研究》,共同完成约 15 000 字。2 篇成绩均在良好水平。

(3)公开发表 3 篇相关论文。2011 年,与应届毕业生吴君辉同学完成专业学术论文《金融 90 年,以科学发展观的观察与思考》,发表于《学术月刊》,获得上海市社联征文优秀论文奖。2012 年完成教学研究论文《商业银行经营管理天体教学模式初探》,发表于《杉达学院研究与发展》2012 年第 2 期。历经 4 年数据资料积累,完成金融专业四届学生霍兰德职业倾向测量分析论文《因材施教之材质测量与分析——以杉达金融专业为例》,发表于《杉达学院研究与发展》2012 年第 3 期。

(四)"二八乘数系统"教学成果推广应用前景预期

(1)高校因需施教,从而履行社会责任的效果更为显著。

(2)教师因材施教,从而大大提升民办高校的教学质量。

（3）第一、第二课堂融合，从而发挥教学体系和学工体系整体效应。

"二八乘数系统"犹如海绵，对于时间和精力具有无穷的吸附能力，主创者的时间和精力因此均显得捉襟见肘，不当之处期待专家的指导。

作者简介：

高红霞，就职于上海杉达学院金融系。

大学生职业发展课程教学的分析与对策

——以上海政法学院为例

（上海政法学院　吴晓媛）

摘　要： 大学生职业发展课对于学生择业、就业发挥着重要作用，本文在分析目前职业发展课现状的基础上，针对目前存在的不足和缺陷，有针对性的在授课方式、授课内容、课程体系建设及师资队伍建设等方面提出建议。

关键词： 职业发展；课程教学

自教育部颁布《大学生职业发展与就业指导教程教学要求》以来，职业生涯规划与就业指导作为独立课程，就进入了高校教育教学体系，目前，该课程已经逐渐被各高校定位为公共必修课。开设职业发展课，有利于发挥课题教学的教育主渠道作用，帮助学生正确认识自己、认识专业、了解市场、了解社会，用正确的价值观、道德标准和行为规范参与求职活动，增强适应新的就业形势的能力，掌握必要的求职择业技巧，培养提高学生的就业、创业能力，使更多的学生走上就业与创业的成功路。

一、大学生职业发展课的现状分析

职业发展课的作用日益显现，逐渐得到学生的青睐、学校的重视及社会的认同，但仍存在不足。主要体现在以下几方面：

（1）职业发展课程内容空泛，指导性不强。就业指导与生涯规划教育起源于西方，在西方有些发达国家，学生在幼儿园阶段就开始接受生涯教育，在中学阶段有生涯专家为学生做职业兴趣分析，帮助学生发现职业兴趣，并进行有效引导以达到根据兴趣确定其职业取向的目的。相比之下，职业生涯规划和就业指导在我国才刚刚起步，生涯教育在小学和中学阶段基本是空白，近几年才开始在高等教育阶段有了尝试性的起步。由于受传统的影响，我国不少学校和教师把该课程仍然当作学科课程来开展教学，重视理论，重视课堂讲授，重视知识的教学，缺乏针对性和指导性。

（2）课堂实施多以课堂教学为主，教师缺乏通过实践环节来提高学生对就业的认识和技能。经过近几年的实践，人们越来越认识到，这门课程应该属于经验课程或综合课程,因此应该重在体验,课程活动部分即学生参与部分应力求占到课程教学的50%以上。

(3)该课程注重共性化指导,缺乏个性化指导。由于班额过大,每个班上课人数平均超过120人,导致授课内容只能选择共性问题进行指导,不能做到因材施教,难以发挥学生学习的主动性和积极性,使教学效果大打折扣。

(4)职业发展课师资力量薄弱。我校大学生职业发展课没有专职教师,经过努力建立了一支由各二级学院学生工作负责人和学生辅导员组成的兼职教师队伍,大多数缺乏职业发展相关的系统培训和学习,师资力量薄弱。

(5)缺乏适合的教材。由于我国开设这门课程时间不长,研究不够深入,虽然职业发展的书籍和教材很多,但大多属于传统式的,著作式的教材,适合我校学生职业发展的教材不多。

鉴于此,笔者试提出以下对策。

二、大学生职业发展课的对策

1. 职业发展课是集理论、实务和经验为一体的综合课程

在教学中,赢得充分发挥师生双方在教学中的主动性和创造性。教师要引导学生认识到职业生涯与发展规划的重要性,了解职业生涯与发展规划的过程;通过教师的讲解和引导,学生要按照课程的进程,积极开展自我、职业和环境的认识,作出合理的职业发展规划。课程应采用理论与实践相结合、讲授与训练相结合的方式进行。除了教师和学生自身的资源之外,还需要使用相关的职业生涯和发展规划工具,包括职业测评、相关图书资料等;可以调动社会资源,邀请外聘专家、成功校友、职场人员进行专题讲座,并与学生座谈等。我校任课教师由于受条件限制,基本上是以讲授的方式来进行教学的。为了丰富授课内容,在授课方式方面可以尝试以下举措:

(1)学校邀请一些校外专业,以专题讲座的形式对学生进行职业指导。

(2)根据学生的专业与企业的岗位匹配性,把企业到学校的宣讲适时引入课堂。

(3)在课堂讲授中穿插以下互动沟通,进行案例分析和心理测验等。

(4)在第二课堂,以二级学院为单位,举办简历制作大赛和模拟面试、招聘、生涯规划设计大赛等有关职业发展的活动。

2. 课堂讲授内容方面,要进一步充实、完善职业发展课的教学内容,改变单纯为提高就业率、技巧性指导为关注学生全面发展、全程化指导,从偏重就业到重视职业发展

当前,职业发展课应既强调职业在人生发展中的重要地位,又关注学生的全面发展和终身发展。通过激发大学生职业生涯发展的自主意识,树立正确的就业观,促使大学生理性地规划自身未来的发展,并努力在学习过程中自觉地提高就业能力和生涯管理能力。课程内容应包括建立生涯与职业意识、职业发展规划、提高就业能力、求职过程指导、职业适应与发展和创业教育等六部分内容。可以采用如下方式:

（1）典型案例分析。我校招生就业指导办公室于 2013 年年初向各二级学院就业工作人员收集整理并制作了《2012 就业案例集》，该集收集了就业、出国、升学、参加公务员考试、参加国家、地方项目、创业等涉及毕业生在毕业选择的各方面的典型案例，希望教师在授课当中可以针对性的适当引用和讲授。

（2）情景模拟训练，通过模拟面试等。让学生敢于开口，掌握面试技巧与礼仪。

（3）小组讨论、角色扮演、社会调查、课堂游戏等方式方法。

（4）个别指导与面对面咨询。

3. 构建全程化职业发展课程体系

加强职业发展课的建设必须首先构建一个从入学到毕业的全程化的职业发展课程体系，针对不同年级，各有侧重，明确目标，突出重点，分布实施。将职业发展课以必修课形式开设，依据年级设立相应学分，根据不同的年级安排不同的教学内容，采取不同的教学方法。具体来说，全程化就业指导可以分为相互联系、相互补充的三个阶段：①对大一年级开展素质测评、能力倾向测验及职业生涯规划设计，使学生顺利从中学生到大学生的角色转换，帮助大学生发现和了解自己的性格、兴趣和专长，并结合自己的专业制定符合个人成长与发展的目标，树立正确的职业观和崇高的职业理想；②对大二、大三年级学生着重进行综合能力培养，应侧重于学业指导，教育学生认清就业形势，根据自己的职业发展目标调整知识结构，塑造和完善自我，培养与职业发展目标相适应的能力；③对大四年级学生着重进行求职指导、升学指导和创业指导，讲授求职方法、面试技巧、求职礼仪、就业程序、就业法规、权益保护、就业信息获取等知识，引导毕业生转变角色，适应社会，实现就业理想。

4. 加强师资队伍建设

在师资队伍建设方面，必须注意提高职业发展教育的师资素质，建立一支以专职教师为核心，以兼职教师为主导的全程化职业发展教育队伍。职业发展教育内容丰富，涉及多学科、多种能力，具有较强的实践性、技术性，专职师资队伍的组建要高起点，教师应当既具备职业发展指导专业知识和较强的课堂讲授能力，还要拥有就业实践指导能力以及强烈的责任心。兼职教师队伍的建立应当是动态的、开发的，包括理论专家、技术专家、政府人员、企业家、法律专家等。队伍建立之后还要采取多种措施，不断提高职业发展教育的师资水平，提供各种培训机会，除了正规的培训班授课式培训外，还要注重企业体验式培训，同时还要建立科学的就业指导评价制度和激励机制。利益上的激励机制建设能增强教学工作中的向心力和凝聚力，使就业指导教师队伍的建设能够步入良性发展的轨道。

作者简介：

吴晓媛，就职于上海政法学院招生就业处。

高校生涯规划教育模块化构建与实施

（上海贤达职业学院　陈海娟）

摘　要： 大学生职业生涯规划教育的目标应该致力于缓解全球金融危机、社会产业结构调整等因素所带来的大学生就业问题。针对高校大学生职业生涯规划教育中存在的职业实践、过程管理、评估反馈等问题的反思，从整合教育内容、拓宽教育途径、划分教育时间、改进教育评价方面，提出大学生职业生涯规划教育课程模块化及操作探讨。

关键词： 职业生涯规划；课程模块化操作

近年来，受金融危机、产业升级和高校扩招等多重因素影响，大学生"就业难"与"用工荒"同时并存，中国高等教育从"精英化"向"大众化"转型的过程中，高校亟需重新思考大学生职业生涯规划教育模式、内容和方法，切实加强教育的实效性，前瞻性地应对产业结构调整所带来的大学生就业形势的新变化。

一、大学生职业生涯规划教育现状及问题

大学是人生成才、事业成功的新起点，是人生承上启下的重要阶段。大学生职业生涯规划教育主要针对这一特殊阶段，通过教学和择业辅导，启发思考，引导学生制定大学阶段学习、成长、择业、就业等方面的阶段性目标，通过实施课程考核、信息反馈、目标调整等步骤，帮助学生逐步确立并实现职业目标，促进大学生知识、能力、素质的全面提高，为学生终身发展奠定坚实的基础。

有数据调查显示，绝大多数大学生认为职业生涯规划教育非常重要，对择业影响很大，但在认识上，有72.1%的学生对职业生涯规划的概念不太理解，其中新生为76.6%、中年级学生为73.7%、毕业生为63.9%[1]。62.2%的大学生没有发展规划，32.2%的大学生有一些思考，只有4.9%的大学生有明确的职业发展规划[2]，由此可见，当前高校部分学生对职业生涯缺少计划性和目的性，职业生涯规划教育的实效性有待进一步提高。目前大学生职业生涯规划教育存在的主要问题如下所述。

（一）教材各异、标准不一，教育针对性、阶段性特点不突出

根据大学四年教育的阶段性特点，学校应有针对性地合理安排教育内容，开展职

业生涯规划教育,贯穿大学四年的学习生活。大学一年级阶段,学生主要了解专业、职业概况,对四年的大学生活和学业作一个初步的规划,确定将来的职业方向;二年级应加强学生的能力培养,提高自身基本素质,通过参加社会实践活动锻炼能力;三年级要重点参加和个人职业目标有关的活动,培养和发展职业能力,全面提升综合素质和竞争力;四年级则应积极走向社会,按照目标职业主动寻找实习和工作机会。然而,目前高校的职业生涯规划教育课程往往自主开设,自定教材,课程内容存在较大的随意性;有些高校的职业生涯规划课仍以选修课、专题讲座等形式为主,易形成教育上的盲区,无法保证职业生涯规划教育的全员化和高覆盖率;也有一些高校仅在大一开设职业生涯规划教育课程,易形成教育时间上的真空,无法根据不同年级学生的特点和需求,针对性地进行生涯规划教育等。

（二）师资队伍尚需专业化,教育、教学方法、水平有待提升

大学生职业生涯规划教育的专业化必须建立在师资队伍的专业化基础之上。目前高校承担职业生涯规划教育的人员主要为公共基础课教师、辅导员及一些经短期培训的兼职就业指导师。高校对职业生涯规划教育课程重视程度相对不够,反映在教学研究上,对课程的集中研讨和交流不多,教育、教学过程中,教学方法简单化、教学内容随意化现象普遍存在,如对于"职业生涯发展设计"等教学重点、难点内容,不少教师在教学设计上缺乏深入思考,往往只是根据教材提供的现成模板,教学生简单套用,完成了制定"职业生涯规划书"部分内容的教学,但教学过程并未能充分挖掘和体现"职业生涯设计"的重要意义和价值,教学与实践、课内与课外的良性互动较为缺乏,难以达到理想的教育效果。

（三）学生学习倾向重纸上谈兵,轻行动实践

从目前高校开设的职业生涯规划课程来看,授课内容对职业生涯理论较为侧重,理论渊源、框架、专业名词的阐释往往占用较多课时,对职业实践环节重视不够。由于缺乏对职业生涯的认真规划和清晰思考,不少学生的生涯规划仅停留在书面,跟专业相关的见习、实习活动相对不足。学生参加社会实践活动的目的也不够清晰,带有一定的盲目性,如为了增加"工作经验",学生会选择做家教、促销员、业务员等,较少考虑与自身职业目标的相关性;为了弥补实践经验的不足,学生会热衷于考取各种技能证书,由于缺乏基础的职业实践训练,证书的"含金量"也受到质疑。曾有用人企业在招聘会现场展示机床模型,要求应聘者操作,尽管待遇丰厚,结果应者寥寥,这对高校思考如何加强职业生涯规划教育的目的性,探讨实践技能教育的有效模式不无启迪意义。

二、大学生职业生涯规划教育课程模块化构建

（一）课程模块化目标

针对当前大学生职业生涯规划教育中存在的问题,从大学生职业生涯规划教育内

容、对象、时间、手段和评估入手,思考大学生职业生涯规划教育课程模块化建构目标,简要概括为"三性"、"两化",内容主要如下:

(1)注重教育内容的整合性,即科学整合大学生职业生涯规划教育的主要知识点,准确切入职业生涯规划教育的绩效点,加强职业生涯规划教育内容的科学性和系统性。

(2)突出教育对象的主体性,即对学生的教育、评估、测试和服务尽量做到因材施教、因人而异,尊重教育个体的差异性。从物质到精神、心理,为学生提供必要的咨询和辅导,帮助学生树立正确的择业意识和"终身学习"的积极观念。

(3)延展教育时间的全程性,即对学生的职业生涯规划教育应根据年级和教育阶段的不同特点,在大学4年全过程中实施教育过程。

(4)实现教育手段的立体化,即把职业生涯规划教育有机融入和渗透进校园文化环境、校园文化活动,建设大学生职业生涯规划教育的隐形课程。

(5)引导操作评估的标准化,即职业生涯规划教育过程,力求具有较强的操作性,采用较为客观的、多维度的量化评估标准,降低主观性评价比例。

(二)课程模块化内容

根据职业生涯规划教育内容特点,把职业生涯规划教育内容划分为三个教育模块,即课堂教学模块、职业能力测试模块和职业实践训练模块。三大模块主要内容如表1所示。

表1　大学生职业生涯规划课程模块及其主要内容

模块	主 要 内 容	主要教育形式
课堂教学模块	规划阶段(一、二年级):使学生认识到职业生涯规划的重要性,初步了解职业内容及职业生涯基本理论,开展自我探索,初步了解自己的职业兴趣、能力、性格及价值观,科学规划大学学业。加强综合素质的培养,了解自己的"职业锚",初步确定自己长期发展的职业目标,熟练掌握SWOT等分析法,做好职业生涯规划,设计制作《职业生涯发展计划书》	课堂教学
	择业、就业阶段(三、四年级):了解劳动力市场的需求情况,熟悉国家有关就业政策,掌握一定的求职技巧,完善求职材料,明确职业目标	
职业能力测试模块	根据学生的实际情况,指导和帮助学生正确认识自己所掌握的专业知识结构以及自身的性格和特长,使用职业测评体系和职业咨询辅导,帮助学生进行科学的职业定位和职业评估,增强学生的自我认知能力和水平,促使形成正确的职业价值观,减少择业的盲目性和就业的随意性,提高就业的成功率。测试内容主要有:职业兴趣测试、性格测试、气质测试、情商测试、职业能力倾向测试、创业能力指数测试等	实践操作
职业实践训练模块	生涯体验:以作报告、开讲座的方式邀请人力资源专家、企业高层、杰出青年、优秀校友传授成功经验,请成功就业的同学介绍面试体会、应聘经验和工作心得,请研究生同学谈复习、考研经验等	

（续表）

模块	主要内容	主要教育形式
职业实践训练模块	职场模拟:职场模拟演练,具有较强的现场性和真实性,有效提升学生职业发展能力,学会求职简历制作、知晓职业礼仪等。如开展职业规划大赛、创业计划大赛、组织模拟面试、模拟招聘会等	实践操作
	实战演练:开展社会实践和专业实践活动,积极推动和建立校外实习培训基地,锻炼和提高学生的社会适应能力和专业操作技能,提高学生的就业能力	

职业能力测试是通过专业的职业测评系统对学生进行预测、诊断和评估,帮助学生了解其职业兴趣、职业能力、职业倾向性,评定其个性特征和动机需求水平,并提供其潜力、不足及发展的个性化、专业性指导和建议。因此,在大学生职业生涯规划教育中有必要引入职业测评系统,为学生提供科学、客观的职业测评服务。在不少高校的课程安排中,把职业能力测试作为课堂教学的一部分来处理,并无法真正解决测评的实际操作问题,鉴于其与课堂教学、实践训练的差异与互补,故作为一个教育模块单独列出。

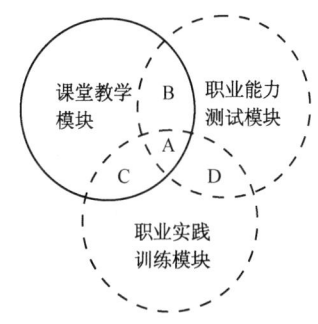

图 1　大学生职业生涯规划教育课程模块关系示意图

（三）课程模块之间的关系

大学生职业生涯规划课程的三个模块(课堂教学、职业能力测试和职业实践训练,见图1),以提升学生的职业生涯规划能力和职业实践技能为目标,互相紧密联系,各自担负不同的教育功能。课程模块之间的关系和内容如表2所示。

表 2　大学生职业生涯规划教育课程模块关系列表

关系	涉及模块	内容
A	课堂教学模块 职业能力测试模块 职业实践训练模块	课堂教学模块:大学生职业生涯规划教育的基础和重要组成部分,提供课程的基本理论和结构框架,同时为职业能力测试、职业实践训练,以及伴随整个教育过程的评估、反馈提供理论支撑和方法指导
B	课堂教学模块 职业能力测试模块	职业能力测试模块与职业实践训练模块:增强学生职业生涯规划能力的重要操作、实践训练环节,注重实践和互动,是课堂教学模块的有效延伸和必要补充
C	课堂教学模块 职业实践训练模块	
D	职业能力测试模块 职业实践训练模块	职业能力测试模块为职业实践训练模块:提供科学测评依据和测评结论,指导职业实践训练的操作;同时,职业实践训练的实际效果又为职业能力测试提供反馈和参考,提升测试的准确性、针对性和科学性

（四）课程模块的教育时间分布

根据学生在校期间各年级段的不同要求,职业生涯教育内容和形式应有所侧重,课堂教育模块可以分为两阶段:大一阶段着重进行大学生职业生涯规划教育,学习基本理论,做好职业能力测试、实践训练的总体指导,完成《大学生职业生涯规划书》;大三阶段侧重进行就业指导,加强就业技能、技巧培训,为就业做好准备(见表3)。

表3　大学生职业生涯规划教育模块时间段分布示意图

时间段分布 课程模块	大一	大二	大三	大四
课堂教学模块	＋	－	＋	－
职业能力测试模块	＋	＋	＋	＋
职业实践训练模块	－	＋	＋	＋

职业实践训练模块安排在大二、大三、大四阶段进行,建立在大一职业生涯课程理论指导基础之上,有规划、有步骤地进行见实习活动,提高职业实践训练活动的针对性,增强教育效果;能力测试模块则贯穿大学四年全过程,根据教育教学和学生实践需要,随时为学生提供服务和指导。

三、以评价、反馈为杠杆的模块化操作

课堂教学模块、职业能力测试模块、职业实践训练模块的实施和操作,必须建立系统化的师资队伍,建设科学的评价、反馈机制,实现教育及评价过程的良性互动(见表4)。

表4　大学生职业生涯规划教育课程模块的评价、反馈操作

模块	操作方式	评价、反馈内容	实施人员
课堂教学模块	作为必修课,课程考核合格,获得相应学分	教师评价:评定学生达到教学目标所要求的程度:①平时成绩,主要以考勤、课堂活动参与度和表现为依据。②教学实践或作业,主要考核课内外实践活动以及作业质量。③职业生涯方案设计,要求学生学以致用,做好规划	任课教师
职业能力测试模块	系统测评	测试系统评价:通过职业能力测评系统,提供参照评价 自我评价:供学生进行自我定位、自我评价,帮助确立职业发展规划,提升职业能力	就业指导教师

	操作方式	评价、反馈内容	实施人员
职业实践训练模块	参加见实习或社会实践,考核合格,获得相应学分或素质教育评分	实践评价:可分为见实习单位评价和实践活动评价,见实习、社会实践活动结束后,由实践单位开具的实践证明及工作评价,学生完成实践报告或小结,检测实践效果	辅导员、见实习单位指导人员

大学生职业生涯规划教育的评价、反馈目标如下所述。

（一）建立多维度的评价、反馈体系

针对大学生职业生涯规划教育的实际情况,应注重培养学生正确的职业观念和实际规划、择业能力,为了鼓励学生将所学理论知识、方法和技能学以致用,做好规划,因而针对模块特点,设计了形式多样的评价方案,有教师评价、职业测试系统评价、见实习、实践评价等,以求达到即时的、有效的、积极正面的指导和影响。

（二）建立全时程的跟踪、互动的反馈体系

美国职业咨询专家威廉姆(E. G. Williamson)认为,人职匹配过程应包括特性评价、职业因素分析、个人特性与职业因素的匹配三个步骤,并提供了职业生涯规划的基本框架[3],如图 2 所示。

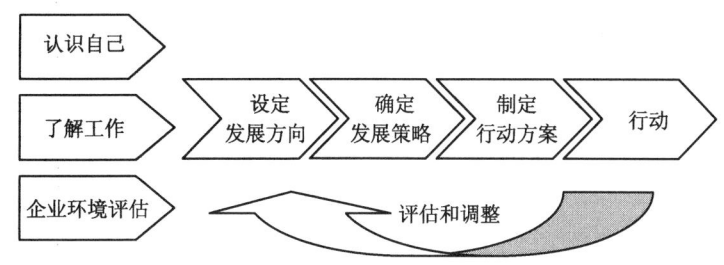

图 2 职业生涯规划的基本框架

见图 2,在认识自我、了解工作和企业环境评估的基础之上,设定职业发展方向,确定职业发展策略,制定行动方案,从而采取明确的求职行动是一个完整的过程,贯穿整个人职匹配过程的,是不可缺少的评估、反馈和调整环节。

学生的职业生涯管理是动态和持续的,根据环境和条件的改变会发生相应的变化。辅导教师要根据学生的具体情况,对照学生指定的《职业生涯规划书》进行考核,积极鼓励、引导规划执行较好的学生,同时发现存在的问题,进行诊断、指导、修正,帮助提供必要的解决方案。根据就业环境、专业特点、个性特征等因素,及时给以辅导,帮助学生调整和重新确定职业目标,这是职业生涯规划教育全时程的跟踪、反馈、支持体系的重要环节。

（三）实现个性化、科学化的测试评价和职业指导

职业能力测试是通过专业预测、诊断、辅导、咨询为学生提供个性化、专业性指导和建议，帮助解决职业实践中产生的实际问题。有调查显示，大学生自我了解的途径55.7%通过社会或他人评价，90.3%为自我评价，仅7.8%通过职业测评。大部分大学生未接受过职业测评，职业定位缺乏科学性、全面性、客观性。有63.4%的学生不太了解自己适合什么样的职业，63%的学生不太了解自己期望从事职业的职业素质要求，53.4%的学生对职业了解程度不高[4]。因此，职业能力测试对帮助大学生客观认识自我、合理调整择业观有较强的现实意义，但目前不少学校和学生对测评系统的重视程度不够，需要进一步宣传、普及和使用职业能力测评系统，加强大学生职业生涯规划教育评价和指导的个性化和科学化。

（国家级课题项目：《构建国家、社会、高校三位一体大学生创新创业教育模式：国际比较的视角》阶段性研究成果；课题编号：LX2010045）

参考文献

[1][4] 刘荣军，黄文浩，李向明，黄明睿. 论大学生职业生涯规划辅导体系的构建[J]. 学校党建与思想教育，2007(11)：61.

[2] 王春雨，黄洪旺，梁洪. 如何做好大学生职业生涯规划的指导[J]. 中国市场，2006(12)：62.

[3] 周祥龙. 大学生涯规划[M]. 南京：东南大学出版社，2008：16.

作者简介：

陈海娟，1973年10月出生，女，汉族，江苏盐城人，上海外国语大学贤达经济人文学院商学院党总支书记，副教授，硕士研究生，马克思主义理论与思想政治教育方向。

运用心理学知识，促进大学生职业生涯规划
——大学生职业生涯规划课设计

（上海立信会计学院　会财学院　肖　伟）

摘　要：本学期，结合自身的心理学专业背景，给大学生上了一个系列的职业生涯规划课，学生普遍反映良好。该系列课程包含3大节，将职业生涯规划的理论知识、团体心理咨询的冥想技术、心理测量等相结合，重点在于引起学生的职业生涯规划意识，并通过测验使学生对自身的职业性向有进一步了解，同时通过学习职业规划的理论知识，帮助大学生掌握职业生涯规划的基本思路。现将该系列课程的设计与大家分享。

关键词：职业生涯规划；大学生生涯幻游；霍兰德职业性向测验

一、职业生涯规划的理论与方法（90分钟）

（一）职业生涯发展阶段

职业生涯是指一个人一生中实际在所有岗位上度过岁月的整个经历。在不同的职业生涯发展阶段，劳动者表现出不同的职业特征和需要，职业行为和态度也明显不同。

一般来讲，一个人的职业生涯发展有以下几个阶段。

1. 职业探索阶段（18～30岁）

这一阶段，开始于人们参加工作，结束于人们确定了自己的职业行为特点和职业兴趣。在职业探索阶段，个人试探性地选择职业和工作单位，他们会考虑自身的兴趣、价值观、工作偏好，并从家庭、朋友、业务伙伴、工作单位和媒体那里收集关于职业的各种信息。职业探索阶段中，个人调换工作的愿望强烈，可能会频繁跳槽。

职业探索阶段对员工职业生涯规划的形成有重要意义，而且此时的职业生涯规划将对员工终身产生重大影响，但此时的职业生涯规划还有很大的不确定性。

2. 职业确立阶段(30～45岁)

这一阶段也称立业阶段,开始于人们确定了自己的职业行为特点和职业兴趣,并在工作组织中获得一定的职位,结束于人们实现职业目标,达到事业发展的顶峰。

在职业确立阶段,个人积极寻求自己在社会组织中的价值,逐步独立承担更多的责任,收入也逐渐改善,转为重视精神上的满足。职业确立阶段的职业生涯规划是员工职业行为的指南,也是员工职业行为动力的重要源泉。

3. 职业维持阶段(45～55岁)

这一阶段也称职业持续阶段,开始于人们事业达到顶峰之后,结束于人们准备退休,并将生存重心转向非工作事项。职业维持阶段的主要任务是,处理好工作发展与家庭发展的矛盾,并使两者协调起来。同时,进一步学习,提高自己的职业绩效,稳固自己在组织中的地位;或者作出新的职业选择决定;学会使用权力的技能和技巧。

在职业维持阶段,人们已经积累了丰富的工作经验和一定的人际关系,对组织也有了深刻的理解。但是,他们可能较为保守,也可能需要更新知识和技能,以避免落伍。

4. 退休或离职阶段(55～60岁)

这一阶段从人们准备退休开始,一直到人们正式退休。在这个阶段,人们准备退休,调整时间分配,逐步从组织中退出,收缩原有职责和权力,尝试更多的非工作活动。

退休或离职阶段的主要任务是,要认识和接受退休的现实,学会在家庭和社会活动中寻找新的满足源;学会用已有的知识和技能从事自己的"职业后生涯",平静地度过晚年。

(二)影响职业生涯设计的个人因素

1. 职业性向

个人的职业生涯发展与职业的满意度、稳定性、实际成就有着直接的联系。而个人职业的满意度、稳定性和实际成就都取决于个体的个性与职业特点的匹配程度。美国著名的职业指导专家约翰·霍兰德在对从事某种职业的人们所具有的共同特征进行研究后,提出了职业兴趣理论,认为人的人格类型、兴趣与职业密切相关,兴趣是人们活动的巨大动力,凡是具有职业兴趣的职业,都可以提高人们的积极性,促使人们积极地、愉快地从事该职业。而职业兴趣与人格之间存在很高的相关性,在职业兴趣与人格基础上形成了个人的职业性向。

在此基础上霍兰德提出了具有广泛社会影响的职业性向理论。第一,该理论将职业归属为六种典型工作环境。①现实的:建筑、驾驶客车、农业耕作;②调查研究性的:科学和学术研究;③艺术性的:雕刻、表演和书法;④社会性的:教育、宗教服务和社会性工作;⑤开拓性的:销售、政治和金融;⑥常规性的:会计、计算机技术和药理学。这些工作环境类型可以用来描述员工的个性定位,即我们每个人都偏好于六种职业类型中的一类或多类。职业性向是决定一个人择业的重要因素。

第二,该理论根据劳动者的心理素质和择业倾向,将劳动者划分为六种基本类型。

2. 职业锚

职业锚是指一个人必须作出选择时,他无论如何都不肯放弃的职业中的一些最重要的事物和价值观。职业锚是人们选择和发展自己的职业时所围绕的中心。随着个人对自己的认识逐步清晰,职业锚也就明晰起来了。职业锚可以分为以下五类。①技术型职业锚;②管理型职业锚;③创造型职业锚;④独立自主型职业锚;⑤安全型职业锚。

(三)职业生涯设计的方法

1. 自我设计法

自我设计法是个人进行自我测定、自我评价、明确职业能力及职业倾向等,从而把握职业方向的方法。自我测定和评价较常使用的测评工具有:①性格自我测试。②能力自测,包括分析能力自测、行动能力自测、管理能力自测、经营能力自测和其他特殊能力自测等,这种自测可以为职业选择提供基本参考依据。③职业素质自测,包括工作动机、职业适宜性、职业选择和职业方向等方面的自测,其结果是了解自己的优势,并选择从事相应的工作。

2. 职业生涯计划

这是职业生涯选择中较长期、完整的计划。它包括以下七个步骤:①明确自己的终身计划与职业意识。②进行职业生涯选择的分析与决策。③对成功风险进行自我评价和分析。④为新的抉择做准备,了解成功的途径。⑤为实现目标职业而努力,提高能力素质。⑥确定和执行职业发展的行动战略。⑦跟踪和再评价,重新审视和思索职业计划,或者重新制定终身职业计划。

职业生涯计划的七个步骤形成了一个相互联系的链条,人的职业计划就在这一循环往复中不断发展和提高。

二、生涯幻游(90分钟)

(一)生涯幻游(伴随轻音乐)

同学们,今天我们来体验一次生涯幻游,大家可以舒展一下筋骨,找自己的放松方式坐下来,找一个自己喜欢的姿势,闭上眼睛,均匀缓慢地深呼吸,全身放松。

注:播放冥想音乐,开始生涯幻游。幻游指导语如下:

接下来,大家跟着我的话语,回忆一下从来到这个世界开始到现在自己所走过的历程:"想象自己的爸妈相识、相恋到结婚。然后怀孕,生下你。然后你渐渐地长大,你能够想起或看见你生活周围所发生的事……你长得更大了……上幼儿园……小学……初中……高中……大学……往事历历在前,一幕幕地像放电影一样出现在内心的荧幕上……历经艰苦的高考岁月……你来到了上海立信会计学院……两年的时光一闪而过……我们一起坐在时光隧道机里,来到 10 年后的世界,也就是 2023 年时的世界。算一算,那时你是几岁? 容貌有变化吗? 你是独居还是与家人同住? 结婚了吗? 有没有孩子? 你的职业是什么? 固定吗? 收入大约是多少呢? 业余都参加哪些休闲活动呢? 都和哪些朋友在一起? 时光隧道机又带我们来到了 20 年后,那时是一种什么情景? 接着我们来到了 30 年后的世界,那个世界是怎样一种场景? 时间真的过得很快,一晃你的生命走到了终点。你站在自己的墓碑前,你毕生的梦想和心愿实现了吗? 碑文上是如何描述你的一生? 当你看完最后一句话时,传来了时光隧道机的鸣笛声,你重新踏上时光隧道机返回到我们的团体。现在我从 10 开始倒数,当我数到 0 的时候你就可以睁开眼睛了。好,10—9—8—7—6—5—4—3—2—1—0。你慢慢地睁开眼睛,静静地坐着……"

(二) 分享与讨论

(1) 刚才的回顾与想象,你有什么样的感触?

(2) 接下来的大学生活你打算怎样来过?

注:这部分可以请同学分享自己的感受、感想、打算。同时在此进一步讲解生涯规划定义:从毕生发展的角度,对一生中的所有职位、角色进行思考,评估自身的心理因素和社会环境因素,确定不同阶段的具体化目标,并落实到行动上,努力实践,评估规划的有效性,适时加以修订。做好自己的生涯规划:制定出相应的目标体系,规划好自己的人生,是在对自我心理与成长发展环境等因素的综合评估的基础上进行的。

(三) 结束

所有同学起立,手拉手,轻轻哼唱大家读熟悉的歌曲《我的未来不是梦》的高潮部分:

我知道我的未来不是梦,我认真地过每一分钟,我的未来不是梦,我的心跟着希望在动。

我的未来不是梦,我认真地过每一分钟,我的未来不是梦,我的心跟着希望在动,跟着希望在动。

希望今天的活动能给大家带来收获与快乐,我们把收获与快乐带在身边,不愉快的感受留在这个场地,好了,谢谢大家的配合,谢谢! 再见!

(四) 课程感受及学生反馈

同学们对这部分的感触往往比较深,会主动分享自己在刚才的幻游中的感想。有的同学对自己前面走过的路程回顾,想起了成长历程中的很多事,并与大家分享,引起同学的共鸣。尤其是墓志铭那一部分,同学会思考自己的墓志铭上将会写些什么,以及突然发觉人的一生其实很短暂,也非常宝贵,不能继续浑浑噩噩下去了,由此激发学生的生涯规划意识,效果非常好。

三、霍兰德职业性向测验(90分钟)

(一)测验实施

在这一部分,带领学生进行霍兰德职业性向测验,让学生对自己的职业性向有更为清楚的了解,对自身有进一步的认识,有助于大学生生涯规划的进行。

霍兰德职业性向测验量表

本测验量表将帮助您发现和确定自己的职业兴趣和能力特长,从而更好地做出求职择业的决策。如果您已经考虑好或选择好了自己的职业,本测验将使您的这种考虑或选择具有理论基础,或向您展示其他合适的职业;如果您至今尚未确定职业方向,本测验将帮助您根据自己的情况选择一个恰当的职业目标。

本测验共有七个部分,每部分测验都没有时间限制,但请您尽快按要求完成。

姓名: ＿＿＿＿＿＿＿＿＿＿＿　　　性别: ＿＿＿＿＿＿＿＿＿＿＿

年龄: ＿＿＿＿＿＿＿＿＿＿＿　　　测试日期: ＿＿＿＿＿＿＿＿＿＿＿

第 1 部分　你心目中的理想职业(专业)

对于未来的职业(或升学进修的专业)你也许早有考虑,它可能很抽象、很朦胧,也可能很具体、很清晰。不管是哪种情况,现在都请你把你最想干的 3 种工作或最想读的 3 种专业,按顺序写下来。

1. ＿＿＿＿＿＿＿＿＿＿＿＿＿＿＿＿＿＿＿＿＿＿＿＿＿＿＿

2. ＿＿＿＿＿＿＿＿＿＿＿＿＿＿＿＿＿＿＿＿＿＿＿＿＿＿＿

3. ＿＿＿＿＿＿＿＿＿＿＿＿＿＿＿＿＿＿＿＿＿＿＿＿＿＿＿

好,第 1 部分已完成。现在请继续做第 2 部分。

第 2 部分　你所感兴趣的活动

下面列举了一些十分具体的活动。这些活动无所谓好坏,如果你喜欢去参加(包括过去、现在或将来),就请在答题卷的相应题号上的"是"一栏的方框口内划个"√",如果不喜欢就请在"否"一栏的方框口内划"√"。

注意,这一部分测验主要想确定你的职业兴趣,而不是让你选择工作,你喜欢某种活动并不意味着你一定要从事这种活动。答题时不必考虑过去是否干过和是否擅长这种活动,只根据你的兴趣直接判断即可。请务必做完每一题目。

一、R型(现实型活动)

(1) 装配修理电器。
(2) 修理自行车。
(3) 装修机器或机器零件。
(4) 做木工活。
(5) 驾驶卡车或拖拉机。
(6) 开机床。
(7) 开摩托车。
(8) 上金属工艺课。
(9) 上机械制图课。
(10) 上木工手艺课。
(11) 上电气自动化技术课。

R型 题号	是	否
1		
2		
3		
4		
5		
6		
7		
8		
9		
10		
11		
"是"的总数		

二、I型(调查型活动)

(1) 阅读科技书刊。
(2) 在实验室工作。
(3) 研究某个科研项目。
(4) 制作飞机、汽车模型。
(5) 做化学实验。
(6) 阅读专业性论文。
(7) 解一道数学或棋艺难题。
(8) 上物理课。
(9) 上化学课。
(10) 上几何课。
(11) 上生物课。

I型 题号	是	否
1		
2		
3		
4		
5		
6		
7		
8		
9		
10		
11		
"是"的总数		

三、A 型(艺术性活动)

(1) 素描、制图或绘画。
(2) 表演戏剧、小品或相声节目。
(3) 设计家具或房屋。
(4) 在舞台上演唱或跳舞。
(5) 演奏一种乐器。
(6) 阅读流行小说。
(7) 听音乐会。
(8) 从事摄影创作。
(9) 阅读电影、电视剧本。
(10) 读诗写诗。
(11) 上书法美术课。

A 型		
题号	是	否
1		
2		
3		
4		
5		
6		
7		
8		
9		
10		
11		
"是"的总数		

四、S 型(社会型活动)

(1) 给朋友们写信。
(2) 参加学校、单位组织的正式活动。
(3) 加入某个社会团体或俱乐部。
(4) 帮助别人解决困难。
(5) 照看小孩。
(6) 参加宴会、茶话会或联欢晚会。
(7) 跳交谊舞。
(8) 参加讨论会或辩论会。
(9) 观看运动会或体育比赛。
(10) 寻亲访友。
(11) 阅读与人际交往有关的书刊。

S 型		
题号	是	否
1		
2		
3		
4		
5		
6		
7		
8		
9		
10		
11		
"是"的总数		

五、E型(企/事业型活动)

(1) 对他人做劝说工作。

(2) 买东西与人讨价还价。

(3) 讨论政治问题。

(4) 从事个体或独立的经营活动。

(5) 出席正式会议。

(6) 做演讲。

(7) 在社会团体中做一名理事。

(8) 检查与评价别人的工作。

(9) 结识名流。

(10) 带领一群人去完成某项任务。

(11) 参与政治活动。

E型		
题号	是	否
1		
2		
3		
4		
5		
6		
7		
8		
9		
10		
11		
"是"的总数		

六、C型(常规型/传统型)活动

(1) 保持桌子和房间整洁

(2) 抄写文章或信件。

(3) 开发票、写收据或打回条。

(4) 打算盘或用计算机计算。

(5) 记流水账或备忘录。

(6) 上打字课或学速记法。

(7) 上会计课。

(8) 上商业统计课。

(9) 将文件、报告、记录分类与归档。

(10) 为领导写公务信函与报告。

(11) 检查个人收支情况。

好,第2部分已完成。现在请继续做第3部分。

C型		
题号	是	否
1		
2		
3		
4		
5		
6		
7		
8		
9		
10		
11		
"是"的总数		

第3部分 你所擅长或胜任的活动

下面从6个方面分别列举一些十分具体的活动,以确定你具备哪一方面的工作特长。回答时,只须考虑你过去或现在对所列活动是否擅长、胜任,不必考虑你是否喜欢这种活动。如果你认为你擅长从事某一活动,就请在答题卷的相应题号上的"是"一栏的方框口内划"√",如果不擅长,就请在"否"一栏的方框口内划"√"。

　　注意,你如果从未从事过某一活动,那就请考虑你将来是否会擅长从事该项活动。请你务必做完每一个题目。

一、R型(现实型能力)

(1) 使用锯子、钳子、车床、砂轮等工具。
(2) 使用万能电表。
(3) 给自行车或机器加油使它们正常运转。
(4) 使用钻床、研磨机、缝纫机等。
(5) 修整木器家具表面。
(6) 看机械、建筑设计图纸。
(7) 修理结构简单的家用电器。
(8) 制作简单的家具。
(9) 绘制机械设计图纸。
(10) 修理收录音机的简单部件。
(11) 疏通、修理自来水管或下水道。

R型		
题号	是	否
1		
2		
3		
4		
5		
6		
7		
8		
9		
10		
11		
"是"的总数		

二、I型(调研型能力)

(1) 了解真空管的工作原理。
(2) 知道3种以上蛋白质含量高的食物。
(3) 知道1种放射性元素的"半衰期"。
(4) 使用对数表。
(5) 使用计算器或计算尺。
(6) 使用显微镜。
(7) 辨认3个星座。
(8) 说明白血球的功能。
(9) 解释简单的化学分子式。
(10) 理解人造卫星不会落地的道理。
(11) 参加科技竞赛或科研成果交流会。

I型		
题号	是	否
1		
2		
3		
4		
5		
6		
7		
8		
9		
10		
11		
"是"的总数		

三、A 型(艺术型能力)

(1) 演奏 1 种乐器。

(2) 参加二重唱或四重唱表演。

(3) 独奏或独唱。

(4) 扮演剧中角色。

(5) 说书或讲故事。

(6) 表演现代舞或芭蕾舞。

(7) 人物素描。

(8) 油画或雕塑。

(9) 制造陶器、捏泥塑或剪纸。

(10) 设计服装、海报或家具。

(11) 写得一手好文章。

A 型		
题号	是	否
1		
2		
3		
4		
5		
6		
7		
8		
9		
10		
11		
"是"的总数		

四、S 型(社会型能力)

(1) 善于向别人解释问题。

(2) 参加慰问或救济活动。

(3) 善与人合作、配合默契。

(4) 殷勤待客。

(5) 能深入浅出地教育儿童。

(6) 为一次宴会安排娱乐活动。

(7) 帮助他人解决困难。

(8) 帮助护理病人或伤员。

(9) 安排学校或社团组织的各种集体事务。

(10) 善察人心或善于判断人的性格。

(11) 善于与年长者相处。

S 型		
题号	是	否
1		
2		
3		
4		
5		
6		
7		
8		
9		
10		
11		
"是"的总数		

五、E型(企业型能力)

(1) 学校里当过班干部并且干得不错。
(2) 善于督促他人工作。
(3) 善于使他人按你的习惯做事。
(4) 做事具有超常的经历和热情。
(5) 能做一个称职的推销员。
(6) 代表某个团体向有关部门提出建议或反映意见。
(7) 担任某种领导职务期间获过奖或受表扬。
(8) 说服别人加入你所在的团体(俱乐部、运动队、工作或研究组等)。
(9) 创办一家商店或企业。
(10) 知道如何做一位成功的领导人。
(11) 有很好的口才。

E型		
题号	是	否
1		
2		
3		
4		
5		
6		
7		
8		
9		
10		
11		
"是"的总数		

六、C型(常规型能力)

(1) 一天能誊抄近1万字。
(2) 能熟练地使用算盘或计算器。
(3) 能够熟练地使用中文打字机。
(4) 善于将书信、文件迅速归档。
(5) 做过办公室职员工作且干得不错。
(6) 核对数据或文章时既快又准确。
(7) 会使用外文打字机或复印机。
(8) 善于在短时间内分类和处理大量文件。
(9) 记账或开发票时既快又准确。
(10) 善于为自己或集体作财务预算(表)。
(11) 能迅速誊清贷方和借方的账目。

C型		
题号	是	否
1		
2		
3		
4		
5		
6		
7		
8		
9		
10		
11		
"是"的总数		

好,第3部分已完成。现在请继续做第4部分。

第4部分 你所喜欢的职业

下面列举了许多职业,对这些职业的基本情况你或多或少都有所了解,并在此基础上形成了自己的评价态度。如果你对某项职业喜欢的话,请在答题卷的相应题号上的"是"一栏中打"√",如果不喜欢则请在"否"一栏中打"√"。这一部分测验也要求每题必做。

一、R型(现实型职业)

(1)飞行机械技术人员。

(2)鱼类和野生动物专家。

(3)自动化工程技术人员。

(4)木工。

(5)机床安装工或钳工。

(6)电工。

(7)无线电报务员。

(8)长途汽车司机。

(9)火车司机。

(10)机械师。

(11)测绘、水文技术人员。

R型		
题号	是	否
1		
2		
3		
4		
5		
6		
7		
8		
9		
10		
11		
"是"的总数		

二、I型(调研型职业)

(1)气象研究人员。

(2)生物学研究人员。

(3)天文学研究人员。

(4)药剂师。

(5)人类学研究人员。

(6)化学研究人员。

(7)科学杂志编辑。

(8)植物学研究人员。

(9)物理学研究人员。

(10)科普工作者。

(11)地质学研究人员。

I型		
题号	是	否
1		
2		
3		
4		
5		
6		
7		
8		
9		
10		
11		
"是"的总数		

三、A型(艺术型职业)

(1) 诗人。
(2) 文学艺术评论家。
(3) 作家。
(4) 记者。
(5) 歌唱家或歌手。
(6) 作曲家。
(7) 剧本写作人员。
(8) 画家。
(9) 相声演员。
(10) 乐团指挥。
(11) 电影演员。

A型		
题号	是	否
1		
2		
3		
4		
5		
6		
7		
8		
9		
10		
11		
"是"的总数		

四、S型(社会型职业)

(1) 街道、工会或妇联负责人。
(2) 中学教师。
(3) 青少年犯罪问题专家。
(4) 中学校长。
(5) 心理咨询人员。
(6) 精神病医生。
(7) 职业介绍所工作人员。
(8) 导游。
(9) 青年团负责人。
(10) 福利机构负责人。
(11) 婚姻介绍所工作人员。

S型		
题号	是	否
1		
2		
3		
4		
5		
6		
7		
8		
9		
10		
11		
"是"的总数		

五、E型(企业型职业)

(1) 供销科长。

(2) 推销员。

(3) 旅馆经理。

(4) 商店管理费用人员。

(5) 厂长。

(6) 律师或法官。

(7) 电视剧制作人。

(8) 饭店或饮食店经理。

(9) 人民代表。

(10) 服装批发商。

(11) 企业管理咨询人员。

E 型		
题号	是	否
1		
2		
3		
4		
5		
6		
7		
8		
9		
10		
11		
"是"的总数		

六、C型(常规型职业)

(1) 簿记员。

(2) 会计师。

(3) 银行出纳员。

(4) 法庭书记员。

(5) 人口普查登记员。

(6) 成本核算员。

(7) 税务工作者。

(8) 校对员。

(9) 打字员。

(10) 办公室秘书。

(11) 质量检查员。

好,第 4 部分已完成。现在请继续做第 5 部分。

C 型		
题号	是	否
1		
2		
3		
4		
5		
6		
7		
8		
9		
10		
11		
"是"的总数		

第 5 部分 你的能力类型简评

下面两张表是你在 6 个职业能力方面的自我评分表。你可以先与同龄人比较一下自己在每一方面的能力,经斟酌以后对自己的能力作一评价。评分时请在表中适当的数字上画圈。数字越大表示你的能力越强。

注意,请勿全部圈画同样的数字,因为人的每项能力不可能完全一样。

表 A

	R 型	I 型	A 型	S 型	E 型	C 型
	机械操作能力	科学研究能力	艺术创造能力	解释表达能力	商业洽谈能力	事务执行能力
高中低	7	7	7	7	7	7
	6	6	6	6	6	6
	5	5	5	5	5	5
	4	4	4	4	4	4
	3	3	3	3	3	3
	2	2	2	2	2	2
	1	1	1	1	1	1

表 B

	R 型	I 型	A 型	S 型	E 型	C 型
	体力技能	数学技能	音乐技能	交际技能	领导技能	办公技能
高中低	7	7	7	7	7	7
	6	6	6	6	6	6
	5	5	5	5	5	5
	4	4	4	4	4	4
	3	3	3	3	3	3
	2	2	2	2	2	2
	1	1	1	1	1	1

好,第 5 部分已完成。请继续做第 6 部分。

第 6 部分 统计和确定你的职业倾向

请将第 2 部分—第 5 部分的全部测验分数按前面已统计好的 6 种职业倾向(R 型、I 型、A 型、S 型、E 型和 C 型)得分填入下表,并作纵向累加。

测验	R 型	I 型	A 型	S 型	E 型	C 型
第 2 部分						
第 3 部分						
第 4 部分						
第 5 部分（A）						
第 6 部分（B）						
总分						

请将上表中的 6 种职业倾向总分按大小顺序依次从左到右重新排列：

_____型、_____型、_____型、_____型、_____型、_____型

最高分 ◄———_____你的职业倾向性得分_____———► 最低分

得分最高的职业类型意味着最适合你的职业。比方说，假如你在 I 型上得分最高，说明你适合做自然科学方面的研究工作，如气象研究、生物学研究、天文学研究等，或科学杂志编辑。其余类推。

第 7 部分你所看重的东西——职业价值观

这一部分测验列出了人们在选择工作时通常会考虑的 9 要素（见所附工作价值标准）。观在请你在其中选出对你最重要两项因素，以及最不重要的两项因素，并将序号填入下边相应空格上。

最重要：

最不重要：

次重要：

次不重要：

附工作价值标准：

（1）工资高、福利好

（2）工作环境（物质方面）舒适

（3）人际关系良好

（4）工作稳定有保障

（5）能提供较好的受教育机会

（6）有较高的社会地位

（7）工作不太紧张、外部压力少

（8）能充分发挥自己的能力特长

（9）社会需要与社会贡献大

以上全部测验完毕。

现在,将你测验得分居第一位的职业类型找出来,判断一下自己适合的职业类型。

如果最适合你的工作和你在第 1 部分所写的理想工作之间不太一致,或者在各种类型的职业上你的能力和兴趣不相匹配,那么请你参照第 7 部分——你的职业价值观来作出最佳选择。

(二)分享与讨论

请同学分享自己的测验结果,评价结果的准确性以及对测验的看法。同学们普遍表示,该测验较好地反映了自己的情况,认为做这样一个测试是十分必要的。它以一种科学并且直观的方式使学生了解到自己性格中的优点和缺点,对未来有更明确的目标,对得分低的维度,可以在今后有意识地加强培养,引导个体去做更好的自己。

(三)课后作业

通过近期对职业生涯规划理论的学习、生涯幻游、职业性向测验等,写一下自己对职业生涯规划的认识和感受,并尝试制作适合自己的职业生涯规划。

参考文献

[1]周其洪.大学生职业生涯规划的操作方法[J].中国大学生就业,2006(9).
[2]刘显升.对大学生职业生涯规划的探讨[J].网络财富,2008(12).
[3]范万剑.人力资源管理概论[M].北京:清华大学出版社,2009.
[4]樊富珉.团体心理咨询[M].北京:高等教育出版社,2005.

作者简介:

肖伟, 就职于上海立信会计学院会计与财务学院。

"大学生职业规划与就业指导"课对指导就业的作用研究

（上海建桥学院　贾存忠）

摘　要：近年来，大学生就业难问题引起了各高校的广泛关注，各高校纷纷开设了大学生职业规划与就业指导等相关课程。本文从大学生职业规划课程的知识结构、宗旨、存在的问题等方面入手，全面分析了此类课程对于促进大学生就业工作的重要作用。

关键词：大学生；职业规划；就业指导

一、我国大学生就业的形势日趋严峻

（1）外向型企业用工减少。2008 年国际金融危机以来，欧美许多国家经济泡沫破灭，外债负担沉重，国内财政赤字巨大，多个国家濒临破产，进口大幅度减少。而对于我国来说，30 多年来，依靠净出口、固定资产投资和消费这三驾马车带动国内经济的形势已经发生很大变化。出口的疲软，使得外向型企业用工减少，为大学生就业带来了困难。

（2）国内经济转型增速趋缓，用工减少。随着世界经济和我国的发展，我国劳动密集型企业成本逐年提高，劳动密集型企业逐渐向欠发达国家转移，我国新型高技术企业在创新中逐步诞生，但是，不可能一夜之间遍地开花，吸纳大学生的能力还处于低水平缓慢增长阶段。

（3）90 后为主体的大学生，吃苦耐劳、耐挫折能力不足，在就业市场上就业竞争能力不够，也是就业率不高的原因之一。有些学生甚至于家长也不急于让学生就业，而是已到学生升学、再升学。

二、当前大学生职业规划课的知识结构和宗旨

1. 我国传统教育中就业指导内容的缺失

相对于欧美国家来说，我国的职业发展教育则进行得晚、不系统。尽管我国古代

就有诸如儿童"抓周"这样的观察,有幼儿园的玩具游戏,了解儿童的兴趣、爱好。但是,这种观察的结果,绝大多数家长并未引起注意,国人中大多数对于按照自己的兴趣、性格、能力、价值观等因素决定就业行业和岗位的,为数不多,比例较小。就业中考虑社会因素(如国企、稳定、本单位有家庭成员工作等因素)、经济因素(如工资待遇高等因素)的比较多,是否符合自己的特长则不会过多地考究。造成在工作岗位上没兴趣、无建树等平庸现象普遍存在。

2. 新开设的"大学生就业指导课"的主体结构

改革开放以来,我国逐步引入职业发展教育,尤其是"大学生职业规划与就业指导"课,对我国的职业发展传统正在产生颠覆性的改变。

近年来开设的"大学生职业规划与就业指导课",分析了人类职业发展的历史,依据心理学、社会学和当今社会经济发展的基本规律,从引导大学生了解自我(如职业兴趣、职业性格、职业气质、职业价值观等),经过职业测评,了解社会(如社会职业分工、岗位设置、对应聘者的要求等),确定自己的职业目标和发展方向,以此来激励大学生努力奋斗。

经过对 2011、2012 级两个年级的职业规划课教学之后,笔者发现学生对此课程比较普遍地有兴趣,认真听课,积极投入课堂互动,课后上网进行霍兰德职业兴趣测试,列举自己的职业技能,结合课堂上职业价值观的澄清,结合已经参与过的职业活动,如打工、志愿者、周末兼职等,对自己今后的职业发展方向和目标有了一定的了解,有的同学思路比较清晰,瞄准了今后的奋斗方向。如 2011 级宝石鉴定本科专业的同学,大约 70% 的同学喜欢上了所学专业,看准了今后的市场潜力,决心学好专业,练好本领,毕业后先应聘到某所宝石企业或者营销机构培养自己的能力,几年后创业开店,经营自己的宝石店。

2011 级计算机科学本科专业的学生,50% 以上既懂得自己所学专业的激烈竞争,也了解今后的发展前景。决心学好专业,在 IT、电脑行业磨炼自己,一旦时机成熟就自己创业。

2012 级电子商务本科专业,适应当前快速发展的好形势,上学期间就有同学付诸实践,一边上学,一边开网店,及早从事电子商务的操作,摸索经验,毕业后比较顺利地进入电子商务行业发展或者继续深造。

当然,新闻本科专业的同学,面对进入新闻记者行业比较难、创业难等不利因素,及早地向专业主任、系主任等行业专家请教,及早打消好高骛远的想法,瞄准中小报纸、杂志社,电台、电视台,街道、社区、企业报纸、刊物等新闻单位,从采写编基础工作做起,先谋到一个本专业的职位,再图今后的发展,循序渐进,逐步发展。一定有机会成为大报、大新闻单位的知名记者!

2011 级视觉传达本科专业的同学,2011 级环境艺术本科专业的同学,结合自己的基础课和专业基础课,在学习了"职业规划"课之后,设计制作出了精美的《职业规划书》,内容充实,形式新颖,色彩搭配得当,让读者赏心悦目,自己珍藏有价值。任课老师在课堂对这些优秀作业进行了展示,受到同学们的赞扬!

3. 大学生就业指导课的指导作用

笔者所在的院校,在 2009 级、2010 级同学中尝试了"职业规划和就业指导"课教学,让一部分同学收到了启示,在求职过程中操作有了章法,比较顺利地找到了称心如意的工作岗位。2011 级、2012 级大学生先是接收了"职业规划"课教育,2011 级同学正在接收"就业指导和创业指导"部分的教学。在如何制作简历,用简历倒推、激励自己努力学习,多考出就业社会所需要的专业资格证书,以备就业时做敲门砖之用。经过创业指导教育,逐步接受了创业理念的感染。2013 年 3 月开始,本校在全校范围内举办"首届大学生创业规划大赛",收到创业规划书 200 余份。经过初评,筛选出 60 余份参加复赛。经过专业评审,筛选出 13 个创业小组参加决赛。这些参加决赛的作品有较高的创业可行性,有几份是已经成功创业或正在申请创业的操作案例。这体现了"大学生职业规划与就业创业指导"课在学生中产生了一定的影响和效果,正在引领大学生就业、创业的思维系统化成长!

4. 大学生就业指导课的不足和缺陷

综观前两年的就业指导课尝试教学和近两年的"大学生职业规划和就业指导"课正式教学实践和学生评教反馈,学生中大约 2/3 的同学,希望上好这门课,并从这门课上获取指导自己职业规划的方法,引导自己成功就业或者尝试创业的思路。他们中有一部分同学在课堂上饶有兴趣,在课下自觉测评,课程结束后仍然与任课教师保持联系,不断完善自己的职业发展规划,尽早谋求适合自身发展的就业途径。如本人任教过的 2011 级环艺本科 2 班的种亚洲同学、李友伟同学,2011 级电商本科班的李文玉同学,他们时常与老师交流想法和行动,不断修正、完善自己。

诚然,在"大学生职业规划与就业指导"课的教学过程中,还存在诸多不足之处,甚至是缺陷。主要有以下几点:

(1) 开设这门课的师资队伍还不够稳定、整齐。有的参加过中级职业咨询师、创业咨询师的培训,有的未经过培训,对于这门课的主体结构、指导思想不够明确,在课堂教学中涉及的一些知识、内容、师生互动游戏等把握不准确,个别情况出现离题太远等,教学效果不够理想等情况。有的教学热情不够,讲课呆板,课堂互动少,不能调动起学生学习的积极性,学生评教过程中认可度比较低。该课程主要由辅导员老师担任,由于辅导员工作辛苦,日常管理工作耗时比较长,精力达不到;有的任课教师中途调离他校,中途换人等,也会产生不利的影响。

(2) 学生对"大学生职业规划与就业指导"课的重视程度不够。从教师讲课的课堂、学生作业和学生评教等环节观察,学生对该课程的重视程度仍没有达到应有的要求。本人听过本教研多位老师的讲课教学。课堂上学生中有相当一部分不专心听讲,不愿参与课堂师生互动,而是在那里看手机、打游戏,看闲书等。

（3）现行教学班人数大多在 150 人左右，有的甚至多达 180 人左右，班容量太大，教师的声音、目光难以到达各个角落，师生互动难度大，课堂活动中的学生作品难以充分展示、交流等。

上述因素也制约着"大学生职业规划与就业指导"课的教学效果提高。

三、全社会都来关注大学生就业工作

（1）鉴于目前我国"大学生职业规划和就业指导"课教学刚刚起步的现状，借鉴欧美国家早期职业发展启蒙教育和此后的系统教育之成功经验，我国各级小学、初中和高中也应不失时机地引入职业规划教育。各高校应该尽快落实教育部有关文件精神，尽早全面满课时开设"大学生职业规划与就业指导"课教学。

（2）选配和培养合格的"职业规划与就业指导"课教师。让教师接受专业培养、考核，达到专业水平要求，包括授课、控班、课堂师生互动项目的设计和操作能力，胜任该学科的教学。引导和率领全体学生按照科学的理念，进行相应的测评和分析，制订符合自己性格、特点的职业发展规划，在就业、创业方面能够有所作为、有所突破。

（3）政府各部门和社会各界应该加大指导大学生就业的科技含量。具体包括：

第一，政府是制订就业有关政策，引导大学生就业的主体，应当制定切实可行的就业政策引领大学生就业，指导各院校帮助学生就业。比如，当前各地实行的追求大学生签订《就业协议书》这件事，实际意义不是很大，而水分则比较多。签约率不断攀升，已经达到了 85% 左右，还在追求提高。事实上的就业率有这么高吗？笔者从基层了解到有不少是找关系应付差事签订了就业协议书，但并不能说明真正就业。在 2008 年之前，签约率在 50% 左右，是比较实际的，那时候要求统计数字是在年底之前，70% 左右的签约率也是经过努力能够做到的。但是，现在 8 月底之前就要求达到 90% 左右，有点儿大跃进的味道了。

第二，在引导大学生创业方面，各院校在日常教学中，应当选配有在社会上创业经验的企业家、成功人士等定期开展讲座；让负责该门课程教学的院校教师，去创业基地、企业参与创业过程，进行实际操作，了解有关证件的办理程序，有关优惠政策的利用，在课堂教学中才能具有实际知道意义。否则都成为纸上谈兵。

第三，各高校应当尽快解决实训基地的场地、设备、器材、专业师资。民办院校培养大学生，一部分分担了政府本应该承担的教育、培养职能。但是，民办院校往往经济基础比较差，应当受到政府的关注和资助，帮助配备所需要的实训基地的场地、设备、器材和专业师资，为大学生就业、创业提供可以试验的基地。院校的实训，也不应该集中在同一个时段进行。因为，受到师资、资源所限，集中在同一时段不能真正开展有价值的实训。

第四，产学研基地、校企合作等方式，是解决大学生进入社会、企业实际操练的有效途径。据笔者了解,目前这方面的工作普遍比较薄弱,尤其是民办院校、高职院校更是差距较大。在这方面,院校自身首先应当引起重视,舍得投入人力、精力和财力去开拓。政府也应当有政策、资金的支持。

总之,大学生就业、创业是关系到全社会稳定,民族进步的战略问题,全社会都应当给予足够重视,逐步拿出切实可行的方案、政策,足够、到位的资金支持,共同探索和解决大学生就业和创业的大问题,让我们的民族逐步走上创新、创业之路,让我们的民族在世界民族之林的竞争中居于不败之地。"大学生职业规划和就业指导"课的开设是重要途径之一,需要逐步改进和完善。但是,其他方面的配套措施也必须逐步制订并跟上的。

作者简介:

贾存忠,就职于上海建桥学院新闻传播学院。

大学生职业发展教育课程体验式
教学理论与实践探索
——以上海海关学院为例

（上海海关学院　学生处　王　杨）

摘　要：本文从理论上阐明了大学生职业发展教育课程体验式教学的内涵，同时，结合上海海关学院"大学生职业发展与就业指导"课程教学实践方面的探索，具体剖析了体验式教学的实施方略，并对教学实践进行了自我反思。

关键词：体验式教学；大学生职业发展教育；课程；实践探索

　　大学生职业发展教育作为大学生素质教育的重要内容、思想政治教育的有效渠道以及培养学生职业生涯意识和能力的重要途径，在当今就业形势日益严峻的背景下，不断得到重视和发展，并逐步形成了具有丰富内涵和一定特色的教育体系，在学生的及时就业和可持续发展过程中发挥了重要的作用，教育效果已经开始显现。课程作为职业发展教育的主渠道和主阵地历来受到决策者、研究者和实践者的广泛重视。2007年，教育部办公厅颁布七号文件《大学生职业发展与就业指导课程教学要求》（以下简称"七号文件"），对职业发展与就业指导课程建设提出了明确要求。实践中各大高校纷纷开设名称各异的职业发展教育和就业指导选修课或者必修课以及专题讲座，并且取得了较好的成效。

　　但是，笔者通过调研发现目前职业发展教育课程教学尚存在一些不足，其实效性有待进一步提升，这主要体现在以下几个方面：课程教学目标注重知识层面目标的达成，技能和态度层面的目标达成效果相对欠缺；课程教学内容注重职业生涯规划知识体系的讲解和传授，职业生涯规划意识和能力的培养相对欠缺；课程教学方式注重课堂讲授和专题讲座，更广泛的实践导向的职业素养拓展训练方式运用相对欠缺；课程考核注重以知识要点为主要内容的书面考试，态度、能力的全面考核评估相对欠缺；课程教学中心注重以教师为中心，学生的主体性受重视程度相对欠缺；上述这些不足导致课程教学满足不了学生的学习需求，在态度、知识和技能三个层面均达不到教学目标，教学效果与学生对课程期望具有相当大的差距。

　　如何进一步提高课程的实效性，更好地帮助大学生成长？本文拟借鉴体验式教学的相关理念和策略,结合笔者在上海海关学院所授的"大学生职业发展与就业指导"课程建设实践,对这一问题做一些探讨。

一、大学生职业发展教育课程体验式教学的内涵与价值

(一)体验式学习与体验式教学

"体验式教学"源于20世纪40年代提出的体验式学习,体验式学习主要的教育哲学及理论框架是整合自教育家杜威(John Dewey)的"做中学"(learning by doing)、社会学家勒温(Kurt Lewin)的"经验学习圈"(experiential learning cycle)、认知心理学家皮亚杰(Jean Piaget)的"认知发展论"(theory of cognitive development)以及其他学者理论而形成的学习架构。其中,杜威的"做中学"理论可以说是其最直接、最重要的来源。

体验式学习又不同于"做中学",其过程含有学生积极的反思成分。后来哈恩博士将其作为一种独立的学习方式进行开发,库伯将其上升到理论层次进行了系统的研究。库伯认为"学习是体验的转换并创造知识的过程",他概括出体验学习的基本特征:第一,体验学习是一种过程,而不是结果。第二,体验学习是以体验为基础的持续过程。第三,体验学习是在辩证对立方式中解决冲突的过程。第四,体验学习不是一个分子式的教育概念,而是描绘出了一个人适应世界的社会环境和自然环境的核心过程。第五,体验学习是个体与环境之间连续不断的交互作用过程。第六,体验学习是一个创造知识的过程。

何谓体验式教学?国内外不同的专家、学者有着不同的理解和界定。笔者认为国内学者杨四耕的研究具有一定的代表性。他认为:"体验式教学是在教学过程中通过创设一定的情境,使学生在亲历和体验过程中理解知识、发展能力、建构意义、生成情感的教学价值观、教学方法论、教学策略与方法。"

(二)大学生职业发展教育课程体验式教学的内涵

大学生职业发展教育课程体验式教学是指在课程教学过程中,以学生生涯态度、知识和技能的培养为目标,以学生大学各阶段的身心特点、生涯任务和需求以及生涯教育教学目标和内容为依据,以科学有效创设的生涯活动情境为载体,以学生的参与、体验、反思、实践为核心,以教师的设计、组织、辅导、促进为主导,最终使学生在"身临其境"中内化生涯发展知识、提升生涯发展能力、养成生涯发展态度、建构生涯发展意义,进而在自主学习和主动建构中达到"自我实现"和"自我超越"的内化统一。

大学生职业发展教育课程体验式教学不同于传统教学,具有自身鲜明的特征(见表1):第一,注重以学以致用为目标,强调培养学生应用职业生涯知识解决实际问题的能力,从认知、情感、态度和知识等多个层面全面提升学生职业素养,具有鲜明的实用性;第二,注重以创设职业生涯情境为基础,强调学生与情境之间持续深入的互动,达

到"人在境中"、"境中有我"的境界,具有鲜明的情境性;第三,注重以生涯探索体验为核心,强调学生个体的亲历亲为、亲身感受和反思内省,具有鲜明的实践性;第四,注重以学生为主体,以教师为主导,学生是教学活动的参与者、体验者、反思者和实践者,教师是教学活动的设计者、组织者、辅导者和促进者,课程教学过程是学生在教师的引导下主动建构的过程,具有鲜明的主体性。

表 1　体验式生涯规划教学与传统教学的比较

教学因素 ＼ 教学方式	体验式生涯教学方式	讲授式生涯教学
教学目标	激发生涯规划意识,发展生涯规划能力,培养生涯态度	掌握系统的生涯规划知识
教学重点	内容及活动过程	内容为本
学习本质	认知及情感,学生通过活动之后主动建构	认知
学生角色	参与者:投入、参与、互动,高度主动	旁听者:听、记、被动式
教师角色	资源提供者、协助者、活动引导者、情境设计者、学习内容的辅导者	老师、讲师、指导者、评估者
教师职责	提供一个可供学员体验的学习环境,多向沟通	讲述者,主要为单向沟通
学习过程	参与活动—体验活动—反思体验—应用升华	听讲—记笔记
学习环境	轻松的、具有鼓励性的、不重身份的	限制的、枯燥的、重身份的

(三)大学生职业发展教育课程体验式教学的价值分析

1. 以生为本,激发学生无限潜能

体验式教学充分体现了以生为本、学生是课堂主人的理念,尊重学生的主体意识,尊重学生的主动性、积极性和创造性,学生能够真正参与到教育教学中来,教育教学过程因而得到了根本性和全方位的转变:学生由"被动接受"向"主动拓展自我素质"转变;教育内容由"单纯的知识性讲授"向"更广泛的素质训练"转变;教育中心由"以教师为中心"向"以学生为中心"转变;教育方式由"单纯课堂讲授"向"多种方法并用"转变;教育重点由"注重课程本身"向"注重学生个体的情感体验"转变。在这一过程中,每个学生个体鲜活的体验被激发、分享、整合、反思和实践,学生的潜能和灵性在这种激发之中也就得以产生和发展并迸发出创新的火花。

2. 师生互动,共创和谐教育氛围

体验式教学充分体现了师生互动、教学相长的理念,抛弃了传统教学中教师"唱独角戏"的状态,改变了传统教学中师生间的授受关系,消除了传统教学中师生间的距离感和紧张感。在此基础上,体验教学通过主客体积极参与配合,思想、情感、信息相互交流的过程,以师生的共同参与、积极互动、共享感悟为纽带,把教师的"教"和学生的"学"共同置于平等、愉悦、和谐的教育氛围中,师生构建了一种民主的教学共同体。师生之间在共同体验、交流和实践的过程中,心理上拉近了距离,情感上产生了共鸣,思想上得到了深化,从而达到共同学习、共同提高、教学相长的目的同时建立了平等的学友型和伙伴型师生关系。

3. 知行合一,全面提高教学实效

体验式教学充分体现了知行合一、学以致用的理念。七号文件明确指出:大学生职业发展与就业指导课现阶段作为公共课,既强调职业在人生发展中的重要地位,又关注学生的全面发展和终身发展。通过激发大学生职业生涯发展的自主意识,树立正确的就业观,促使大学生理性地规划自身未来的发展,并努力在学习过程中自觉地提高就业能力和生涯管理能力。从中不难看出,"大学生职业发展与就业指导"课程作为一种引导人、培养人、完善人的教育实践活动,不仅仅是为了让学生掌握系统的生涯规划知识和整合形成系统的生涯规划理论,内化生涯发展知识、提升生涯发展能力、养成生涯发展态度、建构生涯发展意义,从而促进学生的全面发展和终身发展是其最终的目标和归宿。体验式教学尊重教育教学规律、能力培养规律和学生生涯任务、生涯需求,以学生为中心,通过创设真实的问题情境,采用多元化的教学方法和评价方法,不断激发学生的学习兴趣,充分发挥学习者的主观能动性,积极关注学习者个体经验和实际能力的获得,从而有效解决了传统教学的难题,全面提高了教学实效性。

二、大学生职业发展教育课程体验式教学的实践探索

2009年,笔者在上海海关学院本科各专业开设了"大学生职业发展与就业指导"公共必修课程,在对学生需求充分调研和对该课程存在问题深入思考的基础上,笔者将体验式教学理念引入课程教学中,积极开展"大学生职业发展与就业指导"课程体验式教学实践探索,不断推动该门课程教育教学改革,取得了一定成效。具体来看,大学生职业发展教育课程体验式教学过程主要包括四个阶段。

(一) 创设情境,激发体验

职业生涯教育情境的创设是体验式教学的第一步。课堂教学情境创设的成功与否直接关系到学生对体验式教学活动的接受度、参与度和认知度;直接关系到教师生涯辅导的介入程度;直接关系到教育教学目标的顺利实现和体验式教学活动的顺利开展。在创设生涯教育情境时,笔者努力立足于学生已经具有的生涯经验,牢牢把握学生的生涯需求,紧密围绕学生的生涯问题,通过故事、游戏、问题、案例、访谈、测评、经验分析等多种方式将学生引入生涯探索的情境之中。

例如:在"建立生涯与职业意识"专题中笔者采用生涯故事、生涯案例以及生涯游戏引导学生关注自身生涯发展任务,树立职业发展意识。在"提高职业发展能力"专题

中笔者则与相关兼职教师合作,通过一个个生涯游戏,如破冰游戏、压力管理游戏、时间管理游戏、人际沟通游戏等,促使学生积极思考职业发展能力问题。在"自我认识"专题中,笔者采用职业测评软件帮助学生多角度、全方位思考如何科学认识自我。在"职业环境探索"专题中,笔者鼓励学生开展职场人物访谈,切实感受访谈过程,充分了解自己专业的就业和职业发展情况。在"职业发展决策"专题中,笔者在学生中开展经验分析和分享活动,要求学生全面回顾并认真检视自己亲历的决策历程。在"简历制作"专题中,笔者以寻找简历中的问题为切入点,激发学生思考如何制作一份简历。上述这些学生喜闻乐见的教育情境,营造了尽可能接近真实的生涯探索场景,促进学生实践并思考一个个生涯主题。

(二)参与情境,探索体验

在教师精心创设的情境引导下,学生进入生涯探索活动的体验阶段。在这一阶段,学生围绕生涯问题,结合生涯需求,运用自己解决生涯问题的经验方法参与生涯探索;教师则对学生进行有针对性地组织,如观察学生活动参与情况,解答学生活动中的疑问,引导整个生涯探索活动的有效开展。

例如:在"建立生涯与职业意识"专题中,笔者开展了以"畅想10年——奇妙的生涯旅程"为主题的生涯探索活动,学生在笔者设计的畅想情境引导下,对未来10年的生活进行畅想,并把自己畅想的景象描绘到A4纸上,用图画的方式将畅想的景象画出来,从而激发学生构建美好人生的憧憬。在"面试技巧"专题中,笔者开展了以"模拟结构化面试"为主题的生涯探索活动,笔者将教室布置成结构化面试现场,面试程序严格按照结构化面试的进程,由随机产生的若干名学生扮演考生,由5～7名教师担任考官和点评者,结合事先确定的应聘职位,考官对考生提出自我认知类、人际协调类、组织管理类、现象看法类、突发事件处理和问题解决类等多种不同类型的题目,从而帮助学生尝试性地参与到结构化面试的情境中,感受面试氛围,熟悉面试程序,提高学生面试实战能力。

(三)探究反思,统整体验

在参与情境、探索体验活动后,学生针对教师提出的相关生涯主题结合生涯探索活动产生的体验,进入探究反思,统整体验阶段。在这一阶段,学生之间、学习团队之间或全班针对具体的生涯问题结合自身在生涯探索活动中所获得的真实体验,进行探究反思和讨论分享。这一过程既是学生对自身探索体验思考、梳理的过程又是学生与朋辈之间分享解决相关生涯问题的方法、经验、见解暨进行团队学习的过程。教师则根据教育目标和教育内容,结合学生反思和分享情况,对相关生涯主题进行讲解,引导和帮助学生理解生涯发展知识、提升生涯发展能力、养成生涯发展态度、建构生涯发展意义,实现学生体验的统一整合。

例如:在"简历制作"专题中,笔者让每个同学都展示自己设计的简历,并从中随机挑选出若干篇简历在同学中开展简历互评活动。围绕主题,笔者提出了如果您是用人单位招聘负责人,您认为谁的简历最能吸引你?为什么?您发现同学简历中的优点和存在的问题了吗?您发现自己简历的优点和存在的问题了吗?您觉得应当如何改进?在学生对自身设计简历所获得的真实体验展开反思、讨论和分享的基础上,笔者进行总结点评,详细阐述简历的撰写技巧,并结合对学生简历的点评,有针对性地讲解学生简历制作过程中存在的主要问题、简历制作的注意事项以及改进策略。

(四)应用拓展,深化体验

学生实际面对的生涯发展历程是充满生涯智慧的真实情境,是激活学生自主建构学习的动力之所在,是学生应用所学解决生涯问题的广阔平台,是学生实现自我价值、自我超越的巨大舞台。这充分表明只有将课程教学导入学生个体的生涯世界才会积淀深厚的现实基础,使课程教学焕发出强大的生命力,这也是体验式教学所强调和一以贯之的理念和目标。因而,不断拓展实践领域,全面深化生涯体验既是"大学生职业发展与就业指导"课程体验式教学的出发点,也是其落脚点和根本目标。而在职业发展中应用所学解决实际问题本身就是一种体验和教学过程的进一步拓展。学生只有在"体验—应用"交互循环中才能不断深化体验,不断进步,不断成长。

例如:笔者在完成"职业发展规划"单元后,让学生利用定性评价、定量评价等各种方式进行自我评估和职业评估,同时要求学生采用 SWOT 分析、决策方格、职业决策平衡单、生涯梯技术、SMART 分析等各种方法进行职业发展决策,并在整合各种信息的基础上最终制定大学职业发展规划。在进行完"求职过程指导"单元后,笔者让学生利用人才市场、专题网站、校友资源等各种途径搜集和处理就业信息,撰写简历和求职信,进行心理调适,在模拟面试训练的基础上参加面试。学生在一系列实践过程中,对知识的理解、掌握和应用达到了质的飞跃,科学规划了自身的大学生涯,获得了就业机会,产生了巨大的成就感和成功感;同时也产生了新的生涯问题和生涯任务,带着新的生涯需求,学生进一步学习生涯智慧,培养生涯能力。

三、大学生职业发展教育课程体验式教学的实践反思

三年多的体验式教学实践探索,使笔者自身充分体验了体验式教学的魅力、师生零距离沟通的愉悦、教学相长的快乐以及因学生成长而带来的成就感。在三年的教学过程中,学生个体鲜活的体验被激发、分享、整合、反思,学生的潜能和灵性在这种激发之中得以发展并迸发出创新的火花。在三年的教学过程中,师生之间共同交流和实践,心理上拉近了距离,情感上产生了共鸣,思想上得到了深化,建立了平等的学友型和伙伴型师生关系,达到了共同学习、共同提高的目的。在三年的教学过程中,通过创设真实的问题情境,采用多元化的教学方法和评价方法,不断激发了学生的学习兴趣,充分发挥了学生的主观能动性,有效解决了传统教学知行难以统一的"瓶颈"问题,全面提高了教学实效性。

与此同时，由于笔者自身教学能力的缺乏，体验式教学尚存在诸多的不足。在三年的教学过程中，笔者通过多种方式积极开展教学实践反思以期取得体验式教学的最优效果。

首先，体验式教学最优效果的取得需要在教育教学中牢固树立以学生为本的理念。体验式教学的出发点和落脚点归根结底在于学生在"身临其境"中内化生涯发展知识、提升生涯发展能力、养成生涯发展态度、建构生涯发展意义，进而在自主学习和主动建构中达到"自我实现"和"自我超越"的内化统一。因而，摒弃传统教学中教师中心、课程中心、教材中心的理念，牢固树立学生是课堂主人的理念，尊重学生的生涯需求，尊重学生的主体意识，尊重学生的主动性、积极性和创造性，让学生真正参与到教育教学中来，只有这样方能实现教育教学过程根本性和全方位的转变。

其次，体验式教学最优效果的取得需要师生双方解放思想，转变教育教学观念，充分认识体验式教学对师生、课程的价值与意义。对教师而言，教育教学观念的转变是教学改革和课程建设的前提和基础，具有什么样的教育教学观念直接决定了达成何种教学目标，选取何种教学内容，采用何种教学策略和教学方法以及如何对待教育对象等方面。实践证明，体验式教学符合大学生职业发展课程的特点和目标，对教师的成长具有重要意义。因而，教师需要放弃以讲解为主的传统教学模式，设计、组织好以体验为主的教学模式，才能从根本上实现职业发展教育的目标。

对学生而言，体验式教学充分尊重学生的主体地位，与此同时，也对学生提出了更高的要求，学生需要发挥主观能动性，需要具备积极的参与意识以及分析问题、解决问题和体验反思的能力，也正是这些高标准、严要求使学生的知识、技能、情感与态度同步发展，最终实现了生涯意识与生涯行动的融合，实现了生涯知识与生涯能力的统一，从而符合学生健康成长的需要。因而，帮助学生认识其价值与意义，真正参与其中至关重要。

再次，体验式教学最优效果的取得需要教师不断提高教育教学能力。如前所述，教师是体验式教学活动的设计者、组织者、辅导者和促进者，体验式教学对教师的要求不是降低了而是提高了。它需要教师大胆地进行探索和创新，创造出适合学生需要、高校特点、专业特色的教学模式。它需要教师将教学准备与实施的重心从对教材内容的理解和讲解，转向对教学活动的设计、教学活动的组织与引导、教学过程的控制与管理、教学进程的推进、课堂突发事件的处理等。因而，教师需要加强学习、研讨，不断地吸收新的教学方法和理念，不断探索教育教学规律，从而促进该课程体验式教学的开展。

最后，体验式教学最优效果的取得需要一定的保障条件。例如，体验式教学需要相关的教学设施保障，如多媒体教室、活动桌椅的教室等。体验式教学需要相关的教学组织保障，如可以教研室为平台，加强团队建设，促进教师的共同成长与提高。

体验式教学作为一种全新的职业发展教育教学模式，具有独特的优势，已经为课程教育教学注入新的生机与活力，已经为学生的成长成才提供了新的舞台和机遇，但是，笔者也看到其仍然存在一定的局限性。笔者将继续以教学实践为契机，与学生共同研讨，从而取得最佳的教学效果。

参考文献

[1]陈岸涛.体验式教学模式在高校思想政治理论课中的运用 [J] .学校党建与思想教育,2010(9中).

[2]乐晓蓉.体验式生涯规划教学探微 [J] .职业教育研究,2010(1).

[3]程肇基,等.大学生体验式生涯辅导及其实施例举[J] .青年研究,2004 (3).

[4]黄欢,陈敏.体验式教学在高校职业发展教育教学中的应用——以上海市级精品课程"职业生涯规划与管理"模拟面试课为例[J].上海商学院学报,2009(3).

[5]乐晓蓉.高校体验式生涯规划教学设计研究[D].华东师范大学职业教育与成人教育研究所,2008.

[6]赵军,刘长勇.体验学习与实践教学改革[J].辽宁高职学报,2009 (6).

[7]库伯.体验学习—让体验成为学习和发展的源泉[M].王灿明,等,译.上海:华东师范大学出版社,2008.

[8]杨四耕.体验教学[M].福州:福建教育出版社,2005.

作者简介:

王杨,就职于上海海关学院学生处。

因材施教之"材"质的测量与分析

——以上海杉达学院金融专业学生为例

（上海杉达学院　高红霞　张迎霞）

摘　要：文章以霍兰德职业倾向量表以及四型人格量表为工具，对上海杉达学院四届金融专业学生的职业倾向进行了测量和分析。这些学生中，社会型、企业型和传统型的占比在71％～83.6％之间，其潜质与金融业第一线的岗位匹配度较高，是该校金融学专业进行针对性研究和职业化培养的重点。在职业价值观的测量中发现，学生过于追逐眼前利益尤其是物质利益而忽略社会责任，这可能会导致轻易跳槽从而丧失了长远利益，需要在今后的教育中加以引导。

关键词：因材施教；霍兰德职业理论；职业价值观

一、问题的提出

对于"因材施教"这一古训，相信同行们耳熟能详。但是如何了解学生的"材质"？长期以来缺乏科学系统并且与职场接轨的分析工具。1953年，美国心理学家霍兰德编制了职业倾向量表，并在此基础上提出自我探索的指导方法，进而在1970年提出了人格—职业匹配理论，最终在1973年形成了完整的职业决策理论。霍兰德职业决策理论的核心假设是：人可以分为六大职业倾向类别，即现实型（Realistic，R型）、研究型（Investigative，I型）、社会型（Social，S型）、传统型（Conventional，C型）、企业型（Enterprising，E型）、艺术型（Art，A型）。与此同时，客观的职业环境也可以分成同样名称的六大类职业类别。因而，个人职业倾向类别与客观职业环境类别的匹配，不仅是个人提高职业满意度和成就感的基础，也是各类组织提高选人准确度的手段之一。这六种职业类型的排列关系如图1所示，并且可以通过职业倾向量表的测量数据加以区分。

近年来，我国人力资源工作者也开始在霍兰德

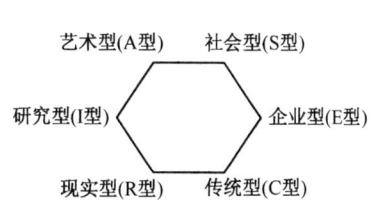

图1　霍兰德职业分类图

职业理论的指导之下运用职业倾向量表,作为企业选人用人的客观工具。高校在开设"职业生涯规划"课程时,职业倾向量表也是学生自我认知进而制定职业生涯规划的主要工具之一。从 2009 年开始,笔者借助霍兰德(John Holland)的职业决策理论及其职业倾向量表,对上海杉达大学金融专业学生进行了为期四年的"材质"跟踪测量和分析,从职业兴趣、职业能力、职业价值观和个人风格四个方面对学生进行测量与分析,为学生职业准备提供参考。本文就是该项工作的阶段性总结。

根据笔者的研究和工作经验,以及与多家金融机构人力资源经理的座谈感受,认为社会型和传统型人才最为适用金融机构工作,企业型的同学则需要放低身段、等待机会,研究型和现实型的同学机会相对较少,艺术型的同学则是他们倾向于剔出的对象[①]。当然,本文研究的目的并非直接服务于金融机构的人才选聘,而是服务于金融专业学生个性化的职业发展,服务于教育工作者将中国古老的教育思想与西方现代化测量手段相结合,为应用型金融人才培养方案和个别辅导提供因材施教的科学依据。

二、职业倾向量表测试结果与分析

本文选用的职业倾向测量表共分六大部分:其一,心目中的理想职业或专业;其二,感兴趣的活动;其三,擅长或胜任的活动;其四,喜欢的职业;其五,能力类型;其六,职业价值观。测试对象职业类型的确定取决于二、三、四、五这四个方面得分的加总。至于第一部分的职业理想具有引导作用,第六部分的职业价值观起着职业选择的调整作用。到目前为止,笔者对上海杉达学院四届金融专业学生进行了测量,其中新生三届——分别是金海校区的 2009 级、2010 级、2011 级。此外为了进行对比分析,还对2011 届(2007 级)所有班级毕业生进行了测量。测量所得数据,有价值的并非只是最高得分的一个职业类型,而是应该全面考察该同学的所有六个职业类型得分并且按高低顺序排列[②]。其目的在于了解:①当排位第一的职业类型得分无绝对优势时,可以看到得分第二、第三位的职业类型,从而方便接受测量的同学扩展视野。②对于排序位于后三位的职业类型,可以提示接受测量的同学避开相应的职业匹配。③这些测量数据同时提示教学双方,在未来的职业发展中应当强化或者弱化的努力方向。

(一) 2009 级金海校区金融学新生测试结果及分析

金融学 2009 级金海校区新生本次参加测试的同学 70 人,有效量表 61 份。测试结果社会型 30 人,占绝对优势;传统型 13 人,比重位列第二;企业型 8 人,位列第三。

---

① 笔者以为应当把艺术型和有一定艺术才能的人区别对待,后者对人际沟通有一定的帮助。

② 比如某同学测试结为 R12A11C11E8S7I6,虽然最高得分为 R12,归为现实型,似乎在金融业难以找到位置。但是其次于其后的 C11 提示职业指导者应该引导该生由 R 向 C 转化,从而在柜台操作和客户服务等金融岗位找到用武之地。

三者合计 51 人,接近有效测试人数的 83.6％,这说明该校生源的大部分适合作为金融业应用型人才的培养对象[①]。其余 10 人中的 5 人为研究型得分最高,可以鼓励他们进一步深造,以便成为只招收研究生以上学历的研究类职位的备选对象。现实型得分最高的两位同学,要鼓励他们发展相邻的传统型的职业能力和兴趣,让 C 项得分提升,从而进入金融企业雇主的法眼。艺术型得分不太高的两位同学,也可以采用与现实型得分高的同学同样的解决方案。而艺术型得分高达 37 的那位同学,则敦促其辅修与其职业倾向相符的专业,为自己未来的就业打下基础,甚至可以鼓励其转学相符的专业。

（二）2010 级金海校区金融学新生测试结果及分析

在对 2010 级金海校区金融学新生的测试中,共发出问卷 64 份,有效问卷 50 份。2010 级新生与 2009 级新生测试结果极其相似,50 份量表中只有 6 份属于企业型,所占比率只有 12％,比 2009 级还要低。庆幸的是,与 2009 级新生一致,社会型有 25 名同学占比 50％,传统型有 8 名同学占比 16％,企业型、社会型、传统型三型合计 39 人占比 78％。现实型 1 人 C 型得分高达 28,可以并入 C 型一并考虑。研究型同学 3 人,应帮助其尽早定好考研目标。艺术型有 7 名同学,其中两人得分 30 以上,可以用辅修或转专业办法解决;其余艺术型得分低于 30 的同学,鼓励其转型。本文以为艺术型不为金融企业青睐,并不代表有艺术才能同学不适合金融业工作。其实在熟知金融知识和技能的基础上具备一定的才艺,能对扩大自己的人际关系网起到极大的作用,这往往是不具备才艺的同学需要用能力与情商换来的。

（三）2011 级金海校区金融学新生测试结果及分析

金融学 2011 级金海校区新生本次参加测试的同学 71 人,有效量表 57 份。在 2011 级的学生调查中发现与往年相似,社会型的同学最多有 21 人占比 37％,而企业型 10 人占比 17.5％的同学,但是比往年高出了 4％～5％。传统型的学生人数和占比与企业型相同,三型合计 72％。现实型和研究型人数不多,策略依旧。艺术型的同学也是 10 人,占比较高,而且得分 30 以上的有 8 人。如何引导他们未来的职业发展,是我们面临的新课题和新挑战。

（四）2007 级嘉善校区金融学四年级学生测试结果及分析

金融学 2007 级嘉善校区学生虽然不是金融学新生,作为对比项目,他们的职业倾向具有对照价值。本次调查共发出问卷 60 份,有效问卷 50 份。2007 级同学在校期间没有系统性地接受职业生涯规划的教育和针对性的金融职业发展的引导,专业教育、

---

① 据某重点大学同行在人文类学科中使用该测试表,测试结果也是社会型的比重占绝对优势,盖因为专业性倾向所致。在我们家庭和中小学教育中应试倾向过于严重,学生普遍缺乏动手机会和商业教育,从而现实型和企业型比重不高。独生子女家庭重视孩子琴棋书画的培训,故很多学生艺术型得分较高。因而在家庭教育和中小学教育中,应倡导"全人"教育,让孩子自己在各种尝试中找到真正的兴趣所在、特长所在。

自我期许、家庭背景和地域影响在其职业类型体现明显的作用。该年级企业型同学 13 人占比 26％，比三届新生高出 8％以上。社会型 19 人占比 38％，占比变化不大。现实型、研究型、艺术型人数分别为 3～4 人，与其他三届基本持平。嘉善校区同学勤奋刻苦，考研比重较大，这对研究型同学来说是个不错的小环境。艺术型得分最高的仍然有 4 人，今后的针对性引导和教育更为迫切。如果我们能够从大一开始就对其进行个性化的职业发展教育，那么等其毕业时或许又是另外一番收获。

三、比较、旁证、补充与启示

(一) 比较：四个年级霍兰德测试结果分析

由表 1 可见，四个年级同学中，社会型、企业型和传统型的占比在 71％～83.6％之间①，比重大且金融业就业机会较多，是我校今后培养方案中进行针对性研究和培养的重点。

表 1　霍兰德测试结果

测试	分类	有效问卷	R 现实型	I 研究型	A 艺术型	S 社会型	E 企业型	C 传统型
2009 金海	人数	61	2	5	3	30	8	13
	比率	87％	3％	8％	5％	49％	13％	21％
2010 金海	人数	50	1	3	7	25	6	8
	比率	78％	2％	6％	14％	50％	12％	16％
2011 金海	人数	57	2	4	10	21	10	10
	比率	80％	3％	7％	18％	37％	18％	16％
2007 嘉善	人数	50	3	3	4	19	13	8
	比率	83％	6％	6％	8％	38％	26％	16％

数据来源：面向四个年级的职业倾向测量表。

经过几年大学专业教育、实习和自我调整②，同学们的职业倾向类型所占比重出现了以下四种情况：其一，企业型人数占比随年级呈递增趋势；其二，随着年级提高，社会型人数占比也有所降低；其三，传统型人数均占中等比率；其四，研究型人数各年级占比变动不大(见图 2)。

---

① 如果考虑进得分排位在第二、第三位的 S、E、C 型，比重高达 95％以上。

② 职业类型是个人先天禀赋与后天培养共同形成，如果有较长时间(1 年以上)有针对性的自我心理暗示、专业教育熏陶、社会实践磨练，同学的职业类型就会发生明显的迁移或强化。这是原始材质测量对于教育者的意义所在。

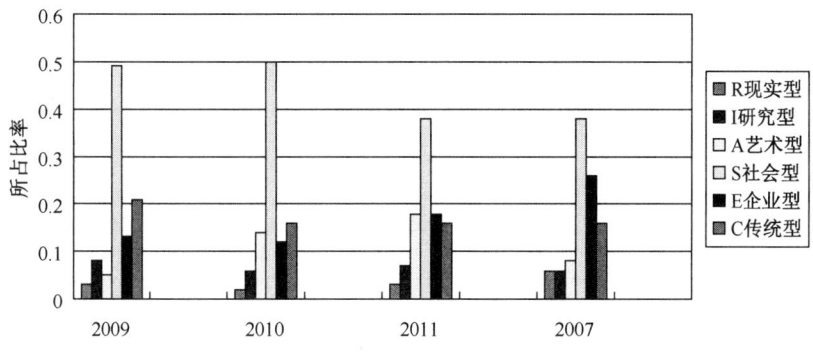

图2 我校金融学专业各级学生霍兰德测试结果对比

数据来源:面向四个年级的职业倾向测量表

(二)旁证:四个年级四型人格测试结果分析

科学研究证明,性格是一种能力特征,与职业倾向存在着一定关联。因而人格测试可以作为进一步了解学生材质的旁证。一般而言,人们的个性从感性或理性、优柔或率直四者的排列组合可分为四种类型:感性的率直被称为孔雀型人格,与社会型的职业倾向相关度高;理性的率直被称为老虎型人格,与企业型的职业倾向相关度高;理性的优柔被称为猫头鹰型人格,与研究型的职业倾向相关度高;感性的优柔被称为无尾熊型人格,与传统型职业倾向相关度高。从表2中可以看出,金融学专业各级学生中占比最多的是无尾熊型(37%~55%)和孔雀型(21%~37%),分别对应于传统型和社会型的职业倾向。对于与企业型职业基本倾向吻合的具备创新和冒险潜质的老虎型同学,占比在8%~16%之间。对应于研究型有分析潜质的猫头鹰型同学占比12%~22%。

表2 个人风格测试结果汇总①

年级	性别	孔雀型		老虎型		猫头鹰型		无尾熊型	
		人数	比率(%)	人数	比率(%)	人数	比率(%)	人数	比率(%)
2009级 金海	男20	6	30	1	5	5	25	8	40
	女44	18	41	4	9	3	7	19	43
	合计64	24	37	5	8	8	13	27	42

---

① 四种人格类型及其特点:①孔雀型:很热心,够乐观,口才流畅,好交朋友,风度翩翩,诚恳热心,热情洋溢,个性乐观,表现欲强。②老虎型:有自信,够权威,决断力高,竞争性强,胸怀大志,喜欢评估,企图心强烈,喜欢冒险,个性积极,竞争力强,有对抗性。③猫头鹰型:很传统,注意细节,条理分明,责任感强,重视纪律,保守,分析力强,精准度高,喜欢把细节条例化,个性拘谨含蓄。④无尾熊型:很稳定,够敦厚,温和规律,不好冲突,行事稳健,强调平实,有过人的耐力,温和善良。

年级	性别	孔雀型		老虎型		猫头鹰型		无尾熊型	
		人数	比率(%)	人数	比率(%)	人数	比率(%)	人数	比率(%)
2010级金海	男11	2	18	3	27	3	27	3	27
	女40	14	35	5	13	3	8	18	45
	合计51	16	31	8	16	6	12	21	41
2011级金海	男17	2	12	1	6	1	6	13	76
	女30	8	27	3	10	6	20	13	43
	合计47	10	21	4	9	7	15	26	55
2007级嘉善	男24	5	21	5	21	7	29	7	29
	女26	8	31	2	8	4	15	12	46
	合计50	13	26	7	14	11	22	19	38

数据来源:面向四个年级的个人风格测试调查问卷。

以无尾熊型和孔雀型两项为基准,又可以看出金海校区的同学比嘉善校区的同学属于无尾熊型和孔雀型的比例稍高。而同时,嘉善校区属于猫头鹰型的同学所占比超出金海校区2009级和2010级分别9个和10个百分点。笔者认为,这或许与金海校区的同学长期处于国际大都市,性格更外向,接触事物更多有关。而这对于学校和同学双方,都应加快培养尤其是嘉善校区同学的积极心态,拓展其外向思维,激发其对外界探索和沟通的兴趣。图3所显示的"U"型结构,尤其值得各级教育者关注①。

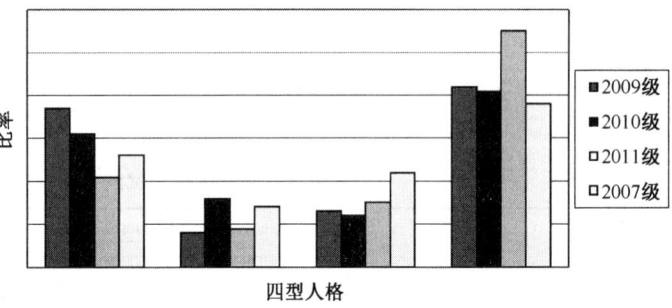

图3　我校金融学专业各级学生个人风格测试结果

数据来源:面向四个年级的个人风格测试调查问卷。

(三)补充:金融学专业学生职业价值观调查结果

职业价值观是指人生目标和人生态度在职业选择方面的具体表现,也是一个人对

---

① 老虎型太少而无尾熊型太多,反映了独生子女制度在下一代身上的烙印。这急需在教育中引导匡正,否则我们将创业乏人;孔雀型多而猫头鹰型少,则是非研究型大学生源特征。但是金融企业所需要的研究型人才比重很小,教学型大学正好错位竞争为金融企业培养应用型人才。

职业的认识和态度以及他对职业目标的追求和向往。理想、信念、世界观对于职业的影响,集中体现在职业价值观上。本次对 2007 级嘉善校区和 2011 级金海校区金融学专业学生的职业价值观调查中,列出了人们在选择工作时通常会考虑到的 9 种因素:①工资高、福利好;②工作环境(物质方面)舒适;③人际关系良好;④工作稳定有保障;⑤能提供较好的受教育机会;⑥有较高的社会地位;⑦工作不太紧张、外部压力少;⑧能充分发挥自己的能力特长;⑨社会需要和社会贡献大。对于 2007 级嘉善校区金融学专业学生职业价值观调查结果汇总如表 3 所示。

表 3　2007 级学生的职业价值观分布状况

职业价值观	最重要		次重要		最不重要		次不重要	
	人数	比重(%)	人数	比重(%)	人数	比重(%)	人数	比重(%)
(1)工资高、福利好	19	38	11	22	0	0	0	0
(2)工作环境(物质)舒适	3	6	4	8	7	14	8	16
(3)人际关系良好	1	2	7	14	1	2	3	6
(4)工作稳定有保障	6	12	6	12	2	4	1	2
(5)能提供较好的受教育机会	6	12	7	14	0	0	5	10
(6)有较高的社会地位	5	10	8	16	10	20	4	8
(7)工作不太紧张、外部压力少	0	0	3	6	9	18	15	30
(8)能充分发挥能力特长	10	20	6	12	3	6	1	2
(9)社会需要和社会贡献大	0	0	0	0	18	36	12	24

数据来源:面向 2007 级嘉善校区金融学专业学生的职业价值观调查

从我校 2007 级嘉善校区金融专业学生职业价值观选项中可得知:①值得肯定的是相当比重的同学不在意工作紧张、压力大、不太追求工作稳定有保障,不在意社会地位高,反映了嘉善校区同学吃苦耐劳、在底层打拼的意愿较高。②工资高、福利好成为选择的绝对重心,与此同时,把社会需要和社会贡献列为不重要的项目。虽然其中不乏合理的诉求,比如家境和自立的重压。但是,过分追逐眼前和物质利益,忽略社会责任,可能会导致轻易跳槽,丧失长远利益。个中原因是同学们在择业时没有慎重地考虑过,这 9 种因素对于自己这样一名金融新人,哪些是最重要的。应当使他们明白:目前最为迫切需要的是积累工作经验和发挥自己的特长。因而,对金融专业在校生强化职业价值观教育尤为重要。

以上测量结果带给我们的启示,有待后续研究时把握:①职业倾向测试结果显示,目前所招收新生基本与金融行业操作性人才的职业类型相仿,也与杉达学院应用型金融人才培养的战略相匹配,无论是在校培养,还是毕业生进入单位的短期发展都没有不可逾越的障碍。但是从毕业生的长期职业发展来看,还需要强化商业意识、能力和情商的培养。②就职业价值观而言,杉达学院学生存在的问题较为明显,需要在今后的教学工作中强化职业价值观和职业道德的引导和教育。③针对金融人才培养方向，需要根据职业倾向和个人风格排位前列的社会型、传统型、企业型以及无尾熊型、孔雀型进行更为具体的分析，从而创新连接金融职场需求又符合学生特点的因材施教的培养方案和教学方法。

（本文在数据采集和整理过程中，王淋淋同学协助做了大量有效的工作，特此表示感谢。）

参考文献

［1］孔子.论语［M］.重庆：重庆出版社，2010.

［2］朱熹.论语集注［M］.济南：齐鲁书社，2009.

［3］John Arnold . The congruence problem in John Holland's theory of vocational decisions［J］. Journal of Occupational and Organizational Psychology，2010，77 (1):95-113.

［4］张澜.霍兰德职业人格与大学生职业选择新探［J］.人民论坛，2012(36).

作者简介：

高红霞，女，上海杉达学院胜祥商学院金融系，副教授；

张迎霞，女，上海杉达学院胜祥商学院金融系，学生。

基于蒂蒙斯生涯教育理念的生涯教育课程模拟教学与体验式课程设计研究

（上海应用技术学院　赵　倩）

摘　要: 课程在教育活动中处于核心地位,它是实现教育目的和目标的手段和工具,并在一定程度上决定着教育的质量。我国的生涯教育存在着教学理念的功利化倾向、教育课程内容体系的不健全等问题,在课程体系设计与开发、教学师资队伍等方面均需进行完善。本文主要在研究蒂蒙斯生涯教育理念与课程体系构成的基础上,探讨将"模拟教学与体验式课程设计"引入高校的生涯教育教学课程的可行性,以期优化生涯教育课程设计体系,提高生涯教育效力。

关键词: 蒂蒙斯生涯教育理念;生涯教育课程设计

生涯教育的课程设计是生涯教育的核心环节,生涯教育课程设计的合理性和有效性直接关系到人才的整体水平。我国的生涯教育存在着教学理念的功利化倾向、生涯教育课程内容体系的不健全等问题,在课程体系设计与开发、教学师资队伍等方面均需进行完善。

被称为"创业教育之父"的杰弗里·蒂蒙斯(美)教授的创业教育在一定的课程目标下,合理有效地设计一批有实效性的创业课程,其完善的课程体系结构使其创业教育在培养创业性人才方面更有效地达到了创业教育预期的目的。由于我国的生涯教育结合我国国情呈现出特殊的内在属性与基本特征,决定了我们不能对蒂蒙斯教授创业教育的先进经验生搬硬套,但其课程体系的框架和指导思想我们是完全可以借鉴的。本文主要在研究蒂蒙斯创业教育理念与课程体系构成的基础上,探讨依托高校的职业生涯发展与规划教学课程,将"模拟教学与体验式课程设计"引入生涯教育的可行性,以期优化生涯教育课程设计体系,提高生涯教育效力。

一、蒂蒙斯创业教育的课程理念和课程体系构成

蒂蒙斯的创业教育课程体系具有创业性、科学性和实践性等基本特征。蒂蒙斯于20世纪60年代末提出了"创业教育",作为百森商学院从事创业教育教学的教育者,同

时也是众多企业的顾问,蒂蒙斯的创业教育不仅仅是经验的集合,同时也兼顾了教育学的规律和理论。蒂蒙斯创业教育的课程设计主要是以经验中心课程论为依据,同时又遵循了学科中心课程和人文主义课程的理论,蒂蒙斯教授在《创业学》丛书中专门出版了《创业者》一书,通过理论和案例说明创业者和创业团队应该具有哪些创业素质,并通过其所在的大学——百森商学院,为学生设定"创业人遗传代码"的教育理念[1],以系统化的创业教育课程设计,将自己的创业教育课程分为理论课程和实践课程两大块,其中理论课程又划分为五大部分:战略与商业机会、创业者、资源需求与商业计划、创业企业融资和快速成长[2]。

二、我国高校生涯教育的内在属性与基本特征

生涯教育自 20 世纪 80 年代末传入我国以来,已取得长足发展,对现有文献分析发现,我国高校开展的生涯教育结合我国国情具有以下内在属性与基本特征。

(1)生涯教育是我国大力实施素质教育的深化与升华。生涯教育是关于当代大学生自我发展、综合能力、生涯精神与生涯能力培养的教育,是关于未来新型人才培养的发展性教育理念。当代中国没有任何时候比今天更需要培养大学生的生涯意识,更需要推崇生涯精神。这是时代的呼唤,也是我国新时期教育创新发展的必然要求。

(2)生涯教育服务于我国新时期人才强国的战略需要。生涯教育以生涯知识、生涯技术、生涯管理为源头,坚持走科学化、系统化的生涯教育之路,搭建网络教育平台载体,形成复合型、专业型人才脱颖而出的培养教育机制,构成国家生涯教育的有机组成部分。

(3)生涯教育是一种新型的办学理念。生涯教育有自己独特的教学内容与人才培养目标。生涯是灵魂,教育是载体。生涯教育是一种实践行为。生涯教育把人的知与行统一起来,实行教、学、做合一,是以学生为主体的主动性学习的教学模式,是以课题、项目、任务为中心的学习过程,是以目标性与操作性有机结合的系统学习过程,是以社会主义市场经济为导向的自谋职业、灵活就业、自主生涯规划,即新的职业与工作岗位创造者的人才培养模式。

(4)生涯教育课程体系的教学内容多样。生涯教育从课程体系与教学内容组合形式上看,由于地域的不同、各高校所拥有的教学资源的不同、层次类别以及培养目标的不同,所以形式内容可以是多种多样的,不可能简单划一。但从体系结构、系统内容配置上看,则必然包括生涯规划意识与精神的培养、相关知识的传授、实践技能的训练 3 个板块结构,生涯教育课程体系与教学内容的基本结构,是完全服务于生涯教育的培养目标与人才培养教学计划的。

鉴于特殊国情和体制下,我国生涯教育呈现的基本内涵与特征属性决定了生涯教育在课程教学与方式上,既不同于传统的课堂讲授式教学,也不是简单的传统教学加

案例的方式可以解决的。生涯教育是一种新型的人才培养模式,蒂蒙斯创业教育的课程理念和课程体系构成应用于我国的生涯教育课程设计,需要以一种更为具体的实践型体验式课程教学方式展开,本课题查阅以往的文献资料,考虑选取比较有代表性的、已在军事领域、企业、管理界广泛运用的"模拟教学与体验式课程"教学方式来进行生涯教育教学实践。

三、模拟教学与体验式课程的实际应用

模拟教学与体验式课程是基于现代教育思想与管理理论的教学模式[3],1995年开始进入中国。世界500强的跨国公司,如IBM、HP、KODA、MOTOROLA、RICSSON、NOKIA等的职工培训多用这种方式,许多国内的知名企业,如联想、清华紫光、北大方正也把这种培训作为员工的必修课。清华大学的经管学院、北京大学的光华管理学院、中国国际工商学院等著名商学院的MBA或EMBA也都把这种模拟体验式课程作为指定专业课程。它被越来越多的企业所接受、认同,成为企业进行人力资源开发和团队建设的有效方式。新形势下,随着我国高校大力推进创新创业与职业生涯教育的实施,它陆续开始进入高校课程教学,为培养复合型人才发挥着更大作用。目前,模拟教学与体验式课程,有沙盘模拟、电脑模拟等形式,有一些模拟公司、素质拓展机构开展了这类活动,都收到了较好的教学效果,提高了教学质量。

高校在课堂教学中采取模拟教学和体验式课程是一个崭新的教学改革领域,值得我们去认真总结、探索。本文借鉴以往的研究成果,根据前期对生涯教育课程设计的研究,并结合我国生涯教育体系现状和模拟教学与体验式课程的企业应用案例,遵循科学的设计原则和思路,将模拟教学与体验式课程的理念和模式嵌入到生涯教育的课程教学中,使得蒂蒙斯创业教育理念与课程体系构成得到实际有效地应用。

四、生涯教育的模拟教学与体验式课程设计

模拟教学与体验式课程的生涯教育体系的框架模型可从五个方面进行分析:目标理念体系、组织环境体系、参与主体体系、课程内容体系和实践平台体系。本文坚持走服务学生发展的道路,力求把生涯教育的"第二课堂"活动与"第一课堂"的专业教学有机结合起来,创造一种"模拟式"教学与"体验式"课程(见图1),建立模拟教学与体验式课程融入大学教育体系的生涯教育体系的教育管理机制、教育服务机制、激励机制及配套政策体系等,运用BP神经网络构建生涯教育质量评价的指标体系和标准,提出一套切实可行的运行机制,从而保证生涯教育环境的形成及生涯教育的有效开展,为创新我国高校人才培养的模式,大力推进和实施生涯教育,为进一步圆我中华"人才强国

梦",培养造就大批强国人才提供理论基础和实证支持。

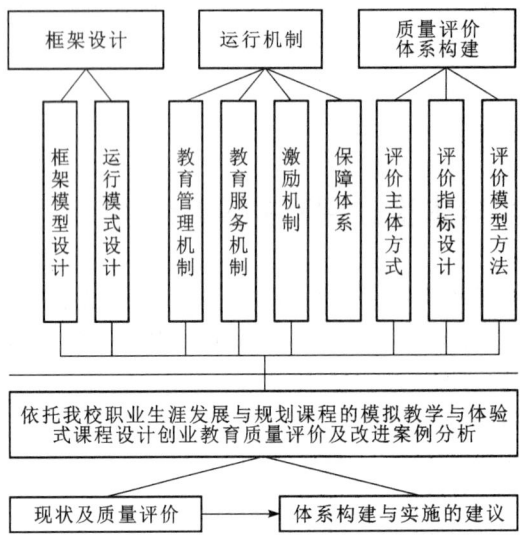

图1　生涯教育的模拟教学与体验式课程设计

参考文献

［1］王守恒,查啸虎,周兴国.教育学新论[M].合肥:中国科学技术大学出版社,2005.

［2］杰弗里·蒂蒙斯.战略与商业机会[M].周伟民,译.北京:华夏出版社,2002:4.

［3］向东春,肖云龙.美国百森创业教育的特点及其启示[J].现代大学教育,2003(2):79-82.

作者简介:

赵倩,就职于上海应用技术学院。

案例研究

一个转系生的村官梦

——大学生职业生涯咨询案例

（上海立信会计学院　就业指导中心　张　莎）

摘　要：本文是一个完整的职业咨询案例，本案中的来访者是一个刚转入新专业的大二学生，该生的梦想是回到家乡当一名村官，当理想遭遇现实，该生显得困惑和迷茫。本案利用职业咨询中的正式和非正式评估工具，如 MBTI 测试、职业兴趣探索、职业价值观探索等手段，帮助来访者澄清事实，勇敢而坚定地朝着梦想前进。

关键词：MBTI；职业价值观；职业探索

一、案例背景

小闵，女，外地同学，父母都是农民，大一就读于经济学专业，大二上学期由于成绩非常优秀，成功转入会计专业就读。小闵一方面正努力适应新的专业、新的集体，另一方面又在为自己的未来感到焦虑不安。原来小闵想毕业后回到家乡当一名村官，为自己的家乡作出贡献，而她的父母却希望她能在大学毕业后留在大城市上海从事安稳的财务工作。小闵不知道是该坚持自己的梦想，还是听从父母的建议，同时对会计专业的学习和就业前景也感到迷茫。

二、案例分析

本案例中小闵面临的困惑有：

困惑一：想从事村官一职，却不知道该职业的工作内容究竟如何。

困惑二：不能确定自己究竟是适合村官一职，还是适合从事安稳的财务岗位。

困惑三：希望得到具体的职业生涯规划指导。

困惑四：需要专业学习方法的指导，顺利适应新的班集体。

根据以上小闵的咨询需求，我设计了如下咨询策略：

首先，自我探索。通过职业兴趣、性格、价值观和职业能力探索，帮助小闵全面认知自我,了解自己适应的职业类型,解决困惑二。

其次,职业世界探索。通过搜集职业信息,了解村官这一职业的工作环境、工作内容和岗位要求,解决困惑一。

最后,根据前两个阶段的结果,帮助小闵制定科学的职业生涯发展规划,解决困惑三。

至于小闵面临的困惑四,我会告知小闵的专业班主任或辅导员老师,由他们给予小闵具体学习方法的指导。

三、咨询过程

第一阶段:建立关系,澄清事实。

来访者:老师,我好迷茫,我觉得我不适合这个专业,真不知道为什么转过来,现在我在班上一个朋友都没有,大家又不住在一起,而且好象怎么也融不进班集体,其他同学学习都很努力,我又很怕自己掉队,我以前在班上都是排名靠前的,现在却很多内容听不懂。

咨询师:你先不要着急,我们一起来分析分析你现在的状况,好吗?(与咨询者建立良好的关系)听完你刚才的讲述,我觉得你现在可能面临三方面的不适应,有职业发展方向的,有人际关系处理方面的,还有学习方法上需要指导,你觉得呢?(帮助来访者理清思路,澄清事实)

来访者:老师,你这么一说,我真觉得是这么回事,大一的时候只顾着体验大学的新鲜感,没有考虑很多,现在好多方面的问题都涌出来,我差点窒息!

咨询师:你看你现在不是来找我了吗,我们共同想办法想对策,相信一切都会好起来的……

分析:

好的开始是成功的一半,一个成功的职业咨询一定是从良好关系的建立开始的,职业咨询师一定要尽可能与来访者建立亲和、理解、互信的关系。

第二阶段:自我探索

简单寒暄之后,小闵表示现在状况已经比上周要好,但是对于专业学习还是存在困惑。

咨询师:你是觉得对现在所学的专业感到不喜欢,毕业时也不想从事会计相关工作,但是你现在却选择了会计学专业,所以依然感到有些迷惑,是这样吗?

来访者:其实我还没有完全想到将来能从事什么,总觉得自己不太适合会计这种安安静静的工作,至于自己究竟适合什么也说不上来,可能更喜欢与人打交道。

咨询师:你看这样行不行,我们一起来做一个性格测试,看看你究竟是个怎样性格的人,好吗?

来访者:好的。

得到小闵的同意,我向他简要介绍了 MBTI 性格测试,这是她的测试结果。

小闵的个性特征探索报告

根据个性特征测评的结果,小闵的个性特征类型如表 1 所示。

表 1　MBTI 测试结果

Extraversion 外向型 Score:11	Sensing 感知型 Score:8	Thinking 思考型 Score:19	Judging 判断型 Score:20
Introversion 内向型 Score:10	Intuition 直觉型 Score:18	Feeling 感觉型 Score:5	Perceiving 认知型 Score:2
21	26	24	22

➤　根据四个维度得分,她属于:NT-概念主义者(见表 2)。

NT 偏爱的人有着天生的好奇心,喜欢梦想,有独创性、创造力、洞察力,有兴趣获得新知识,有极强的分析问题、解决问题的能力。他们是独立的、理性的、有能力的人。

人们称 NT 是思想家、科学家的摇篮,大多数 NT 类型的人喜欢物理、研究、管理、电脑、法律、金融、工程等理论性和技术性强的工作。

➤　根据各维度得分,她的 MBTI 代码:ENTJ 即外向、直觉、思考、判断。

表 2　MBTI 四维度

SJ 传统主义者	NF 理想主义者
SP 经验主义者	NT 概念主义者

(一)行为风格

极为有力的领导人和决策者,能明察一切事物中的各种可能性,喜欢发号施令,是天才的思想家,做事深谋远虑、策划周全,事事力求做好,生就一双锐眼,能够一针见血地发现问题并迅速找到改进方法。

■需要改进或注意的地方:

个人发展不顺利时,会过于客观、吹毛求疵;强加于人、指手画脚,发号施令而不听别人意见;变得易伤人、言辞很冒犯。

易于忽视情感和现实,因而看不到或不看重另外一个人对个人关系的称赞和表扬的需要;在自己的计划中不考虑他人的支持和时间的需要;忽略完成你的计划所必须的特殊和现实因素。

■与行为风格相适合的职场:

做领导、发号施令;完善企业的运作系统,使系统高效运行并如期达到目标;从事长远战略规划,寻求创造性的解决问题的方式。

■可能适合的职业:

高级主管、总经理、政治家、风险投资家、股票经纪人、公司财务经理、财务顾问、经济学家、管理咨询顾问、专项培训师、律师、法官、大学教师、教育咨询顾问、特许经营业主、程序设计员。

咨询师:你觉得这份报告分析得如何? 你有什么感想?

来访者:还挺准确的,让我再好好看看……

接下来我跟小闵共同分析了报告的内容,她写出如下感受:

"回顾成长中的事例,不经意间个性特征影响着我们与身边人、身边事的互动。我们需要认识到人们之间的种种差异,不要因为别人与自己不同而咄咄逼人,也需要根据自己的行为特点最大可能地发挥自己的优势,避免自己性格上的不足才能在未来职场中取得更好的发展。现就我的个性特征小结如下,作为未来发展的参考:

我的个性坚强,坚定不移,有较强的创造力、洞察力和管理能力,擅长于工作和决策,偏向于追求完美的工作狂。因此,从我的个性特征出发,我认为我适合从事工作强度较高的管理、决策职业。"

(二) 职业兴趣

咨询师:今天我们要共同分析一下你的职业兴趣,可以从一个简单的小游戏开始,好吗?

来访者:好的,开始吧。

咨询师:假设你获得了一次免费度假游的机会,有机会去下列六个岛屿中的一个(见图1)。唯一的要求是你必须要在这个岛上和岛上的居民一起生活至少半年的时间。请不要考虑其他因素,仅凭自己的兴趣挑出你最想前往的岛屿……

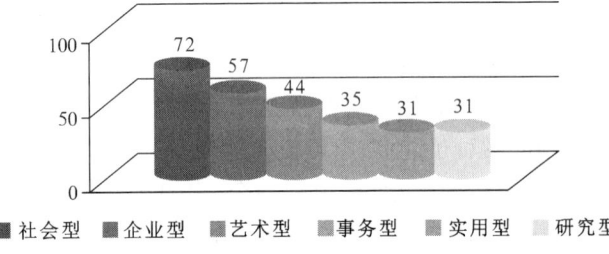

图 1　职业兴趣类型图

这一次的咨询是在美妙欢乐的氛围中度过的,因为我带领小闵尝试了霍兰德职业兴趣探索的小游戏——兴趣岛之旅。根据霍兰德的职业兴趣理论,职业兴趣和工作环境可以分为实用型、研究型、艺术型、社会型、企业型和事务型六种。当职业兴趣与工作环境相符合时,职业满意度、幸福感和控制感都会增强,这样不仅有利于个人的发展还有利于组织的成就。根据职业兴趣测评的结果,小闵的职业兴趣如下:

小闵的职业兴趣探索报告

自我评估的结果:CSE

兴趣测评的结果:SEA

社会型(S)喜欢人际交往,具有很好的沟通技能;关注社会问题,倾向于服务团体;对教育活动等有能力。企业型(E)喜欢领导决策;常常被认为是具有权威性的、有抱负的和具有说服力的;擅长言语技能。艺术型(A)喜欢通过艺术进行自我表达;常常被认为是充满想象力的、内省的和独立的;重视艺术形式的美学和创新。事务型(C)常常被认为是实用的、顺从的、友善的和保守的;喜欢结构性和条理性强的工作,如分类、处理数字和文字等。

可能适合的职业:娱乐活动管理员、国外服务办事员、社会服务助理、咨询员、宗教教育工作者、体育教练员、社区服务管理者等。

随后,小闵写下了她的职业兴趣探索小结:

"参考职业兴趣测评结果,回顾我的成长经历,我的职业兴趣逐渐清晰。无论是我喜欢做的事情,喜欢从事的活动,喜欢的课程,还是喜欢的环境,很多事例都表明兴趣时时处处都在影响着我的行动。现就我的职业兴趣小结如下,作为未来职业选择的参考:

我擅长交流沟通,喜欢领导决策,这从我初、高中都先后担任班长、学生会主席,服务同学的同时,领导身边的同学自主管理等工作中可以充分的体现。因此,我认为从我的职业兴趣出发,今后应选择能发挥领导、决策能力,又能与人交流、服务大众的工作。"

(三)职业价值观

价值观是指个人对客观事物及对自己行为结果的意义、作用、效果和重要性的总体评价。而职业价值观,顾名思义,就是个人对不同职业进行评价的心理倾向体系,它探讨人们在职业选择和职业生活中,在众多的价值取向里,优先考虑哪种价值,从而影响到我们的职业探索和决策行为。

很多来访者在谈到职业价值观的时候,对这一概念并不清楚,当我跟他们阐述了定义之后,大多数来访者的第一反应就是福利待遇。其实他们并不是真正觉得薪酬福利很重要,而是他们除了这一条之外想象不出还有其他的职业价值观。小闵也不例外,所以当我进一步跟她解释了职业能带给个人的其他东西之后,小闵有种豁然开朗的感觉。

小闵的职业价值观探索报告

以下是小闵的职业价值观探索小结:

"参考价值观大拍卖小游戏和职业价值观测评的结果,回顾我成长中经历的诸多选择过程,我对于职业价值观有了较为深刻的理解。在生活中每当我们面临抉择,需要作出决策时,价值观会在隐约地引导我们的行动,价值观的澄清对于职业探索的方向和职业目标的选择有着重要的意义。现就我的职业价值观小结如下,作为未来职业选择的参考依据:

首先,我比较看重职业的晋升机会,我认为晋升代表对工作的肯定,并且更高的职位能获得更大的发展空间。其次,家庭永远是自己的后盾,因此,符合家庭的需求或期望是求职过程中必须考虑的因素。再次,是和谐的人际关系和充分发挥自己的才能,只有在和谐的人际关系中才能充分发挥自己的才能(见图2)。因此,从我的职业价值观出发,我认为我适合从事有较大晋升空间,又能发挥自己才能的职业。"

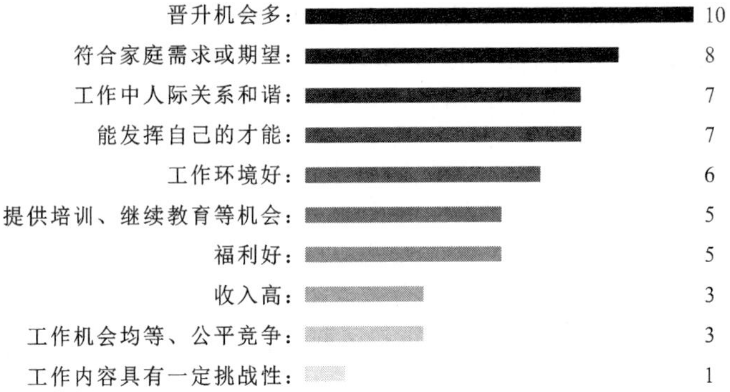

职业价值观	分值
晋升机会多:	10
符合家庭需求或期望:	8
工作中人际关系和谐:	7
能发挥自己的才能:	7
工作环境好:	6
提供培训、继续教育等机会:	5
福利好:	5
收入高:	3
工作机会均等、公平竞争:	3
工作内容具有一定挑战性:	1

图2 职业价值观分析图

第三阶段:职业世界探索

在上一次咨询结束之前,我跟小闵提到职业世界探索的问题。我告诉她,我们前面所有的探索和测评,都是围绕她自身展开的,古语有云,只有知己知彼才能百战不殆,所以接下去的内容必须依靠小闵自己去搜集和探索职业世界的信息。

当然,我告诉了小闵一些方法,包括利用网络媒体报刊去获取信息,可以登录智联招聘,jobsoso等知名网站去了解行业和单位的用人信息,甚至可以使用生涯人物访谈的方法去近距离了解一个职位和信息。我们约定3周后再见。

当这一次咨询开始的时候,小闵信心满满地跟我说,她找到了一个自己心仪的职业并希望能为之奋斗——她想毕业后去当大学生村官!

小闵的职业世界探索报告

参考人才素质测评报告建议、运用波特五力模型等方法,我对影响职业选择的相关外部环境进行了较为系统的分析。

(一)家庭环境分析

1. 经济状况

我来自一个农村的家庭,但是家庭条件良好,可以提供求职、升学或创业的费用。

2. 家人期望

注册会计师、公务员。

3. 家族文化

母亲高中文化、父亲大专文化,妹妹大学文化。虽然,父母的文化程度不是很高,但是他们有着来自广阔田地间的朴实、善良和宽容,深深地影响着我,这也是在农村、乡镇工作必备的条件。同时,父亲曾先后担任3个行政村的书记,使我对于行政村及乡镇的日常工作有较深的了解。

(二)学校环境分析

1. 学校特色

我所在的上海立信会计学院是全国唯一的一所以会计命名的本科院校,由中国现代会计之父潘序伦创办,是中国会计师的摇篮。

2. 专业学习

我由国际经济与贸易专业转入会计学专业,同时学习英语语言文学专业。

3. 实践经验

校庆志愿者;《疯狂英语》周刊校园代理;学院学生会副主席兼文艺部长。

(三)社会环境分析

1. 就业形势

随着全国高校的不断扩招,据教育部的统计,2008年全国普通高校毕业生达559万人,比2007年增加64万人。而全国高校毕业生总量压力还将继续增加,据中国社会科学院发布的2009年《经济蓝皮书》称,2009年高校毕业生规模达到611万人,比2008年增加52万人。前几年没有就业的高校毕业生加起来有480万人之多,加上2009年的611万毕业生,需要就业的毕业生在千万人以上(见图3)。大学生就业被普遍认为进入30年来最艰难的时期。

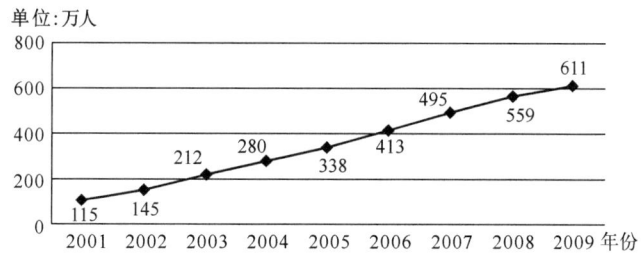

图3 2001—2009年高校毕业生人数

同时,全球金融风暴蔓延,国内大学生人才市场也已感受到阵阵寒意。往年大举招聘的部分知名企业,因金融风暴影响,纷纷取消全国校园招聘计划。而在以往年份,这些知名企业往往从校园中选拔大量应届毕业生人才;同时,还有不少公司选择了裁员或正在研究裁员计划。全球经济不景气,就业形势不乐观,人数庞大的中国大学生就业形势将更加艰难。

金融风暴来袭,面对庞大的大学生总量,现在大学生的求职正遭遇罕见的“双重压力”。

2. 竞争对手

苏州是一个时代感与历史韵味完美融合的城市,更是全国各地的人才理想的创业、就业的乐土,因此如果我选择回家乡工作,那我的竞争对手将不仅有来自苏州高校,更有来自全国各地高校的莘莘学子,竞争非常激烈。

(四)职业环境分析

1. 行业分析

◆行业现状及发展趋势

◆ 人业匹配分析

我来自农村,了解农村,更有着很深厚的乡土情结。作为一名党员,在国家进行新农村建设、在广大的农村急需大量高素质人才的时候,带着所学知识回到农村是我义不容辞的责任。因此,我认为我适合在农村工作,在农村担任村官,为村民服务。

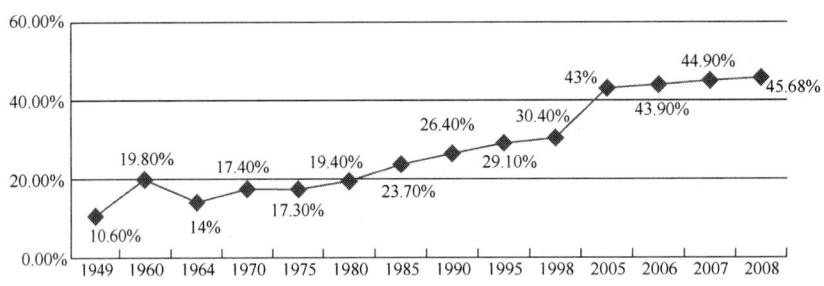

图 4 1949—2008 年我国城镇化率

2. 职业分析

◆ 工作要求

➤ 基本懂得当地的方言。

➤ 熟练使用基本办公软件,有较好的文字功底,以及公文撰稿经验。

➤ 有一定的管理能力,较强的沟通、协调能力。

➤ 有较高的思想政治觉悟、法治观念,能够为新农村的精神文明建设做出贡献。

◆ 工作内容

➤ 文字处理:撰写计划、总结、报告等。

➤ 培训村民:电脑知识培训、实用技术培训等。

➤ 积极引进创业致富项目,实现大学生村官创业。

➤ 制作村庄网站(仅限有条件的)、网上农产品销售。

➤ 值班:接待村民来访、承办上级政府交待事宜等。

➤ 参谋:参与调解村民纠纷,本村三大产业规划等。

➤ 学习交流:参与政府组织的、村官之间自发举行的各种形式的座谈讨论、调研等。

➤ 利用社会关系,吸引其他社会力量参与到农村建设。

➤ 协助举办文体、义诊等活动。

作者简介:

张莎,就职于上海立信会计学院就业指导中心。

大学生职业生涯规划咨询案例报告
——我该接受哪个 OFFER？

（上海立信会计学院　张银爽）

摘　要：通过直接面谈，采用来访者中心、倾听，了解来访者目的；运用霍兰德职业倾向测试"六岛环游游戏"、MBTI 职业性格测试、"职业能力评估单"、"价值澄清"等测评工具和方法帮助来访者了解自己的职业兴趣、职业性格、职业能力、职业价值观；通过"生涯人物访谈"等形式启发来访者锁定未来职业发展目标，运用帕森斯的人职匹配理论，帮助来访者作出职业选择。以此反映个案咨询的过程、效果及意义。

关键词：生涯规划；职业选择；个案咨询

一、案例背景

孔同学，浙江人，即将研究生毕业，本科为会计学专业，研究生为上海某高校金融学专业，目前在上海某证券公司实习。最近，他收到了 5 家用人单位的录用通知书，3 家单位要求他一周后去签约。现在，孔同学很苦恼，虽然这 5 家单位都是自己求职时极力争取，经过笔试和层层压力面试取得的，它们也都是被别人羡慕的工作岗位，如今，真的接到这么多 OFFER，他又拿不定主意该去哪家单位签约，在他感到焦虑不安的时候，他突然想到了职业咨询……

二、咨询思路规划

第一次见面：5 个 OFFER 让他陷入焦虑。

一天，孔同学带着凝重的表情来到咨询室，想请我帮忙。我首先安慰他不要着急，慢慢讲一下他的情况，并倒了杯水请他填写了《生涯咨询面谈表》。通过与他初步谈话和他填写的这份表格，我了解到他的基本情况：男，23 岁，浙江人，上海某高校研究生二年级学生，应届毕业生，金融学专业，是研究生会主席。本科学的是会计学专业，曾担任学院学生会主席，主持策划过几次学校和学院的大型文艺及学术交流活动，曾担任过世博志愿者，获得过优秀共产党员、国家奖学金、宝钢奖学金等多项荣誉称号。

主要的职业困惑和焦虑：在就业形势不佳的情况下，他最近同时收到 5 个 OFFER，分别是："四大会计师事务所"普华永道审计员、毕马威审计员、国信证券客户经理、中国银行对公客户经理、世界 500 强企业联合利华财务管理培训生，当 5 家单位要求他近期签约时，他不知应该选择哪一个工作了。初步了解了他的情况，根据他面临的实际问题，我与他协商共同制定了以下三个咨询目标：①更深入了解自我，进行更科学的定位；②根据来访者特点、自身优势分析 3 份工作的优劣，做到人职匹配；③建立科学的生涯规划和决策。目标确定后，面谈中采用来访者中心、倾听等技巧，确定如下规划思路：

（1）职业兴趣、职业性格和职业能力、职业价值观探索：运用霍兰德职业倾向测试中"六岛环游游戏"、MBTI 职业性格测试、"职业能力评估单"、"价值澄清"等测评工具和方法了解来访者职业兴趣、性格、能力、职业价值观，帮助来访者正确认识自我、了解自身的优势，完成职业生涯规划"知己知彼、决策行动"中的"知己"部分。

（2）职业探索：通过"生涯人物访谈"了解五份工作从业人员的工作状态和自己"将要去做的事情"究竟是什么？帮助来访者锁定未来职业发展目标，完成职业生涯规划中的"知彼"部分。

（3）职业选择：运用"生涯平衡单"启发来访者对五份工作进行比较，探寻每一份工作的特点、优势、劣势，运用帕森斯的人职匹配理论，帮助来访者对未来职业作出选择。

第一次交流结束时，我请他回去思考几个问题：本科读会计学专业，为什么研究生选择金融学专业？自己平时喜欢读什么报刊、杂志？乐于浏览哪些网站？我布置给他二项任务回去完成：MBTI 职业性格测试和"职业能力评估单"，详细讲解了这两份材料如何填写并提醒他下次来访时一定将由他完成的结果带来，我们共同来分析这些结果。请结合这两个测试结果以你自己的方式思考一下，这 5 份 OFFER 你会先放弃哪一个？下次见面时我们再一起讨论。

三、咨询步骤及过程

第二次见面：抉择前先探索自己。

孔同学第二次见面以后，他主动跟我说：老师，我已经拒绝了"毕马威"和"国信证券"这两个 OFFER，主要原因是我觉得在"四大会计事务所"这两家公司里，我应该先选择一个，同类比较，以我了解的情况而言，我更喜欢普华。国信证券虽然是我读研之前非常想去的公司，我也一直梦想成为券商，但经过这一段时间的实习，我发现券商这个行业，需要人脉、客户的维护，对我而言，我的优势不明显，再加上这两年整个证券行业处于发展的低潮期。刚毕业的我，要想稳步前进的话，我还是想去发展相对成熟，有一定历史和文化积淀的行业去历练一下自己，所以我想在 3 份 OFFER 中找到适合自己的岗位。

听了他的表述以后,我想他是对自己和职业有一定认知的学生,我的工作就是要帮他进一步了解自我,理清现在的思路,然后再作出自己的决定,尽量做到人职匹配。

1. **职业兴趣探索**

首先,我给他进行了"六岛环游游戏"的测试,并告诉他,这是帮助他进行职业兴趣的分析。题目:假设在你度"十一"长假途中,你所乘坐的轮船发生了意外故障,必须紧急靠岸。此时,轮船正处于以下6个岛屿中间。你希望选择哪一个岛屿靠岸?条件:至少要在所选择的岛屿上生活半年。

R岛屿:自然原始岛屿,岛上保留有热带的原始植物森林、自然生态保护很好,也有相当规模的动物园、植物园、水族馆。岛上居民以手工见常,自己种植花果蔬菜、修缮房屋、打造器物、制作工具。

I岛屿:深思冥想岛屿,岛上有多处天文馆、科博馆,以及科学图书馆。岛上居民喜欢沉思、追求真理,喜欢和来自各地的哲学家、科学家、心理学家等交换心得。

A岛屿:美丽浪漫岛屿,岛上充满了美术馆、音乐厅、街头雕塑和街边艺人,弥漫着浓厚的艺术文化气息。同时,当地的居民还保留了传统的舞蹈、音乐与绘画,许多文艺界朋友都喜欢来这里找寻灵感。

S岛屿:温暖友善岛屿,岛上居民个性温和、十分友善、乐于助人,社区均自成一个密切互动的服务网络,人们多互相合作,重视教育,弦歌不辍,充满人文气息。

C岛屿:现代秩序井然岛屿。岛上建筑十分现代化,是进步的都市形态,以完善的户政管理、地政管理、金融管理见长。岛民个性冷静保守,处事有条不紊,善于组织规划。

E岛屿:显赫富庶岛屿。岛上的居民善于企业经营和贸易,能言善道。岛上的经济高度发展,处处是高级饭店、俱乐部、高尔夫球场。来往者多是企业家、经理人、政治家、律师等。

我给他10分钟时间,认真思考一下这几个岛屿,他最想在哪个岛屿生活?10分钟以后,他告诉我:他选显赫富庶岛、温暖友善岛、现代井然岛。

我告诉他:"这三座岛屿在霍兰德类型理论中的职业兴趣类型是:企业型、社会型、常规型。它们对应霍兰德职业索引为ESC:E型人为企业型,这类人喜欢竞争和冒险,善于从事组织策划和领导型工作,如企业家、经理人等;S型人喜欢与人合作,愿意帮助他人,适合做教师;C型喜欢固定有秩序的工作,这类型人适合从事财务等工作。ESC型人适合从事的工作为财务管理员、商业经理等。从你的职业兴趣的选择结果与目前拿到联合利华财务管理培训生的岗位具有内在联系和一致性,这也基本反映了你的求职诉求和职业兴趣。"

2. **职业性格探索**

我让他给我看他回去做过的MBTI性格测试结果,他属于INTJ型。看了这个结果我帮他做了分析:"这一类型的人内向、思维、直觉和判断;INTJ类型的人对于感兴趣的问题,是优秀、具有远见和独到见解的组织者,能逻辑、分析地作出决定。金融、财务领域都要求高度发展的分析能力,这正是许多 INTJ 型人所具有的。从你这两份测评和找工作的过程、结果来看,5 份工作所属的领域具有相关性,都是经济管理类,属于财务和金融系统,你的 5 个 OFFER 结合了这两方面优势,也体现了你的职业性格的追求。"

3. 职业能力探索

下面,我们一起看他完成的"职业能力评估单"(见表1),联合利华分数最高,这也说明他具有胜任这份工作的职业能力,他对以上的测试结果和我的分析表示了认同。

表 1 职业能力评估单

项　　目		加权	普华永道	联合利华	中国银行
专业知识的学习	会计	5	+3	+5	+2
	金融	3	+2	+3	+5
	管理	2	+3	+5	+4
实践技能的训练	会计	5	+4	+5	+2
	金融	4	+2	+3	+5
	管理	3	+2	+5	+4
可迁移技能的培养		1	+5	+3	+2
后续发展的前景		5	+4	+5	+4
总分			25	34	28

4. 职业价值观澄清

工作价值观指的是无论从事什么工作,都会努力在工作中追求的东西。从某种程度上认为,工作价值观就是在工作中最期待获得的东西,可能是金钱、权力,也可能是成就感、社会奉献等等。下面我给他半个小时时间,完成以下题目:在你的生命历程中:

(1) 影响最深的事情有哪些:(请写3件)

注:以下内容为咨询者的填写记录。

第一,高考失利。我自己认为有高于重点线50分的实力,平时高中测验也达到这个水平,但是成绩出来只高了29分,并且又由于填写志愿报名没报好,没有能上重点大学。这对我影响很大。让本来一心想成为科学家、志愿学工科的我,学了财经。这件事情让我重新审视自己,激励我一直去努力。

第二,大学遇到了好辅导员。老师在我人生低谷的时候,一直在身边给我鼓励与表扬,并且能够身体力行地带领我们完成许多工作,对自己对学生都很严格。我一直觉得每个人的成长都是在模仿身边的人。老师自己是个努力的人,也一直激励着我去努力奋斗,不愿选择轻松但平庸的人生。

第三,从小学一年级开始一直担任班长。从小开始的班干部经历,让我受益很多。小时候是练胆子、练性格,让我成为一个外向、乐观、性格开朗的人。到高中、大学之后,逐渐开始锻炼自己的表达能力,组织策划能力,帮助我培养了良好的逻辑思维能力,思考问题也变得严密。同时,这份经历也培养了我的耐心和换位思考的思维模式。

(2)最有成就的事情有哪些:(请写 5 件)

第一,成为学生会主席。大一时,进入学生会遇到一群很好的学长、学姐。他们让我有了努力的方向,告诉我在什么时候应该去做什么事情。之后逐渐成长,随着参加和组织活动的增多,待人接物、交流沟通、组织策划各方面能力都得到了很大提高。

第二,从小一直担任班长,同时在高中开始便开始担任学生会干部。

第三,考研成功,实现了小时候的理想,也让我见到了更多,体会了更多,成长更多。

第四,到静安区做世博会城市站点志愿者领队。个人的表现在站点受到站长的好评。最重要的是,我带的这个团队是静安区团区委以及各个站点站长公认的在静安区所有 13 批志愿者队当中最为优秀的。超过了复旦、交大等诸多学校,引以为傲。

第五,找到了自己爱的人,和她有共同的爱好,共同的人生观和目标。

(3)▲请完成以下的空白之处:

第一,你最想做的事情是什么? 让身边的人开开心心,得到别人肯定

第二,如果我有 500 万元,我会:与爸爸妈妈一起庆祝,然后拿 50％投资地产,其余买理财产品保持流动性。

第三,我最欣赏的一个理念是:越磨砺,越光芒。

第四,在这个世界上,我最想改变的是:让更多的人拥有公德,更少的人考虑私德。

第五,我一生中最想要的是:完成一件事情以后的成就感。

第六,我在下面这种情况下表现最好:团队协作时大家互帮互助。

第七,我最关心的是:过程,以及从中学到的东西。

第八,我的父母最希望我能生活稳定,别太累,过得快乐幸福。

第九,我生命中最大的喜悦是大学过的很充实,很有意义。

第十,我相信如果今天是人生最糟糕的一天,那么明天总会比今天好。

从小孔同学以上问题的回答来看,他比较突出的职业价值观是追求成就感和赞誉赏识。追求成就表示小孔希望得到的工作内容是能给予别人帮助,并真实地体验到工作的成就。赞誉赏识是说明小孔同学对职业的追求是要能够使自己获得充分的领导力的提升机会,并拥有充分的权威,能够对他人的工作提供指导,并且自己的职位是

富有社会声望的。这从以上测评中他自己多次填写的"成为班长、学生会主席、志愿者领队"的几个突出表现,可见一斑。另一方面,我也发现,他身上具有的集体荣誉感、乐于助人、感恩、追求生活平淡、社会公德、团队合作等美好的品质特性,这些都说明他是有责任感,喜欢和大家和睦相处、注意调节团队氛围,具有一定的领导力和执行能力的人。我把以上的分析认真讲给他听。他听了以后说:"老师,通过今天的测评分析,我对自己有了更进一步的认识,我心中已经有了一个岗位排序的初步想法,谢谢您!"

"看来经过我们两次的沟通交流,能让你在了解自我方面有清晰的认识,我很为你感到高兴,下次希望通过价值分类卡、生涯人物访谈等形式让你可以认真对待自己的职业价值观和更加了解职场,我给你一份生涯访谈提纲,期待我们的以后交流。"

为了帮助来访者更好澄清自己的职业价值观,进一步认清自身优势与3份工作岗位中的哪一份更匹配,我请他回去自己找时间采访从事这3份工作的"先辈",通过"生涯人物访谈"等形式具体了解一下,他们目前的工作现状和曾经的一些想法! 再结合自己曾在证券公司和事务所实习的体验、感受,作出生涯决策。

我提醒他在访谈时一定注意以下两个方面:

(1) 为了更加客观地反映每个岗位的真实情境,每一个岗位的访谈对象不能少于两个人,访谈对象也应该是你比较熟悉的,工作年限最好5年以上,这样的人可以给予你积极的反馈和客观的职业评价。

(2) 访谈的问题要集中在你最困惑,最想知道的问题上面。在不影响访谈对象工作的前提下,每次访谈时间要控制在40分钟以内。

第三次见面:哪个是平衡的支点?

第三次会面,他一来,我就明显感觉他比之前自信多了,因为他不像前两次被动听我说,这次是他滔滔不绝主动告诉我,进行"人物访谈"的感受和想法。(以下为咨询谈话节选)

来访者:"老师,通过自己的实习经历和采访校友,我有了自己的想法,我来跟您说说。我平时比较喜欢关注财经、金融方面的信息,从知识和能力锻炼来看,'四大会计师事务所'审计岗位与本科专业对口,但校友告诉我,这份工作经常出差和加班,现在'四大会计师事务所'从事审计工作的人普遍很年轻,竞争非常激烈,成长和上升空间不大。而且我女朋友在上海国企工作,她不希望我经常出差,父母也考虑我的身体,他们也不希望我经常加班,我不是怕出差、加班和吃苦,但我还是要考虑家人感受和他们对家庭幸福的渴求。工作和家庭要兼顾好。"

咨询师:"我很欣赏你的坦诚,你是懂事的孩子,在你的职业价值观上有了明确的追求。那你现在对中国银行和联合利华如何考虑?"

来访者:"研究生金融专业,与中国银行对公客户经理岗位比较合适。在实习之前我一直想去银行和证券公司,梦想成为客户经理和券商。读研、实习与'前辈'交流,我发现从事券商和银行客户经理的工作一半是技术、一半是营销,需要经常陪客户吃饭、聊天,进行沟通维护,业绩也要靠运气和关系网的建立。这些工作状态和我以前想象的不太一样,现在仔细想想,我没有这方面资源和优势,现在很多银行的人才都在储备着,没有空位置,年轻的我缺少核心竞争力。本科毕业时,我想成为未来商界CFO,我有两个专业背景,我相信我有信心、有能力成为联合利华财务管理培训优秀生。通过联合利华3天的压力面试,让我找到了做学生会主席的自信和用武之地,我喜欢这家与宝洁齐名的世界500强企业,企业文化让我感受到我的未来成长空间非常大。老师,经过这一周,您用专业方法帮我做测评、分析和我自己与长辈、校友沟通、思考,我已有自己的考虑和选择了。"

听着他这么兴奋地讲完,我不忍心打断他,来访者中心理论就是要求咨询师认真倾听,启发来访者自己寻找答案。

咨询师:"听你这样分析已经很具体,我很为你高兴,你已经以你自己的想法和视角对这3份你无法决定的OFFER进行了比较,找出各自的优缺点。但光说是不是还有点儿乱,我们用平衡单的方法将它们全部写下来,具体化,再看看结果和你想的是否一致,你就会更清楚作决定了。"请填写"平衡单":以下各项,根据对你的重要程度,在权重栏目下按1～5打分,重要程度越高分值越高。如果你现在有2个以上职业选择,则对这些选择都进行得分评估,填入"打分"栏目,将打分乘以权重,得出加权得分。最后,根据各选项加权得分合计,协助你进行生涯决策(见表2)。

表2　决策平衡单

考虑因素/选择项目	权重	普华永道		联合利华		中国银行	
		打分	加权得分	打分	加权得分	打分	加权得分
个人物质方面得失							
1. 收入	3	4	12	5	20	3	9
2. 工作的难易程度	2	3	6	5	15	2	4
3. 升迁的机会	5	4	20	5	20	2	10
4. 工作环境的安全	5	3	15	5	15	5	25
5. 休闲的时间	1	3	3	4	12	5	5
6. 生活变化	2	3	6	4	12	5	10
7. 对健康的影响	5	2	10	5	10	4	20
8. 就业机会	4	5	20	3	15	4	16
9. 其他	1	3	3	5	15	4	4

考虑因素/选择项目	权重	普华永道		联合利华		中国银行	
		打分	加权得分	打分	加权得分	打分	加权得分
他人物质方面得失							
1. 家庭经济	5	3	15	5	15	4	20
2. 家庭地位	4	3	12	4	12	5	20
3. 与家人相处时间	3	3	9	4	12	5	15
4. 其他	1	3	3	5	15	4	4
个人精神方面得失							
1. 生活方式的改变	3	3	9	5	15	4	12
2. 成就感	5	5	25	5	25	3	15
3. 自我实现的程度	5	5	25	5	25	3	15
4. 兴趣的满足	5	5	25	5	25	3	15
5. 挑战性	3	5	15	4	20	3	9
6. 社会声望的提高	4	3	12	4	12	5	20
7. 其他	1	3	3	5	15	4	4
他人精神方面得失							
1. 父母	5	4	20	5	20	5	25
2. 师长	4	5	20	5	25	4	16
3. 女朋友	5	3	15	4	12	5	25
4. 其他	1	4	4	5	20	3	3
总分	82	87	307	111	402	94	321

小孔填完表格，总分一目了然，他开心地笑了，测验结果帮他印证了他心中的想法和我的判断。"谢谢老师指导，通过与您交流，我想我现在更清楚地了解自己、了解职场，应该知道如何选择了，回去后我根据您的提醒再仔细想想还有没有什么重要的方面增加进去，统一权衡再做最终决定。"

经过几次真诚地交流，小孔同学明确了自己的兴趣取向、性格特点、能力优势、个人价值观，并通过和咨询师的咨询，初步掌握了职业决策的方法，最终作出自己的职业选择，我很为他高兴，我相信他在这份工作上一定可以大显身手，取得更大的成就！

通过个案咨询，帮助来访者分析，认识自己的人格特质、看清兴趣、哪些东西是来访者生命中不能缺少，他自己最看重的？哪些技能是来访者与众不同、赖以为生的本领？职业规划师不应该代替来访者做决定,或者以咨询师个人的主观想法和意愿给来访者自己的建议,咨询师的主要工作责任就是要帮助来访者理清这些思路,帮来访者进行职业价值取向的分析,他就知道如何选择了!

参考文献

[1] 方伟.大学生职业生涯规划咨询案例教程[M].北京:北京大学出版社,2008.
[2] 高桥,王辉.大学生职业发展与就业指导教学指南(上册)[M].北京:中国出版集团现代教育出版社,2008.
[3] 徐广杰.大学生职业生涯规划[J].林区教学,2010(8).
[4] 祁晓双.全球职业规划师个案咨询案例[J].北京城市学院学报,2008(3).

作者简介:

张银爽,上海立信会计学院会计与财务学院。

一例因职业方向问题开展个案咨询的案例报告

（上海立信会计学院　　熊　会）

摘　要：在大学生的诸多发展问题中，学业、就业、职业选择等成长性问题是较为典型的。在本案例中，来访者作为一名即将进入大四的毕业生，内心充满了迷茫，她不能正确评价大学前3年的学习生活所赋予她的意义和所带给她的成长。本来做好的考研计划，因外界影响开始怀疑自己的决定，对未来发展忧虑，患得患失，造成了很大的心理压力。咨询师根据来访者特点，通过霍兰德职业能力测试，以及 MBTI 职业性格测试，使其加强对自我的了解和认识，加强对于所选择专业发展方向以及职业行业开展实践调查了解，对来访者开展四次咨询，效果较好。

关键词：专业；MBTI 职业性格测试；霍兰德职业能力测试

一、当事人基本情况

小张，女，22 岁，甘肃人，上海某大学审计学专业大三学生。父亲为高中文化，母亲为初中文化，是下岗工人。小张于 2008 年来沪读书，其父母同年随其到上海打工，其父在小餐馆做厨师，其母在超市打杂工。家庭经济条件一般。父母因文化水平较低，对女儿的疼爱主要表现为提供适当的生活物质，难以进行精神沟通和学业指导。

二、个案的发生过程

转眼间大三已结束，即将升入大四——大学中的最后一年，却突然发现自己还有很多迷茫的地方，心里特别没有方向。本打算考研——会计硕士专业学位（Master of Professional Accounting，简称 MPAcc），但是小张有个伯伯在上海，其女儿从事会计相关工作，他们都劝小张说考注册会计师证书对于以后发展挺重要的，让其参加 9 月份的注会考试。小张觉得两个考试都准备，让其有一种无力感，觉得时间好像不够用，无法兼顾既考研又考证。

同时，小张觉得如果考不上研究生，接下来是必须要找工作的，小张觉得自己找不到好的工作,因为没有含金量高的证书,所以要准备9月份的注会考证。她最近问了一下身边的同学,发现同学们都已经开始找实习单位了,并在暑假大多也都开始实习了,于是开始担心自己不实习,将来工作缺乏机会和经验,会让自己在就业中和同学之间的差距越来越大。很想摆脱这种焦虑的状态,并希望能够知道:如何既考研又能兼顾就业;实习和考证哪个对未来就业更为重要。

三、个案的处理过程

1. 基本分析

在本案例中,小张性格较为内向,作为一名即将进入大四的毕业生,内心充满了迷茫,她不能正确评价大学前3年的学习生活所赋予她的意义和所带给她的成长。本来做好的考研计划,因为亲戚的考证提议,开始动摇;在就业计划中,考证因受同学们参加实习的影响,于是开始怀疑自己的决定,对未来发展忧虑,患得患失,而且还造成了很大的心理压力。

由于缺乏对职业生涯规划的前期准备,出现了理不清考研与就业的方向,将考研、考证、积累实习经验都集中在大四第一学期的不合理情况,再在求职就业时,缺乏正确的自我认识,看不到自己的优点,不够自信,这种自卑的心理,又进一步导致小张难以清晰定位职业发展方向。

2. 个案辅导计划与辅导情况

辅导分为三个阶段:

第一阶段:鼓励小张倾诉,让其感受到被接纳、尊重,建立良好的关系。和小张一起分析目前没有头绪的原因,如家里亲戚的考证建议与考研时间上的冲突,同学暑期实习等事件对她产生的影响,了解这些事件和想法是如何影响情绪的,然后区分哪些想法是合理的,哪些是自己无法控制的,从而探讨自己改进的可能性与方向。

第二阶段:和小张一起讨论选择考研,或选择就业对小张的意义;讨论实习与考证对就业的意义,在厘清实习与考证的核心目标后,引导小张做好实习与考证的合理安排,做出职业方向选择的决定。同时对小张进行霍兰德职业能力测试,以及MBTI职业性格测试,加强小张对自我的了解和认识。

第三阶段:在小张明确就业方向与目标后,让小张回忆使自己获得成功的一些事件,从中挖掘自身具有的优势和潜能,全面认识自我,消除自卑感,树立自信。此外,设想就业过程中出现的种种可能,为将来的就业做好充分的身心准备。使用信息提供技术,使小张了解审计从业人员所需的基本素质与发展性素质,与小张探讨各素质之间的关系时,引导其最终确定落实在行动中的可行性目标计划。评估小张当前状况是否得到改善,并询问是否有新的辅导要求,如果产生效果且没有进一步的要求,可以暂时结案。

四、个案干预的效果

本案例中,来访者小张虽然内向,缺乏全面的自我认知,但她有强烈的改变愿望,是一个积极主动的来访者,因此在整个咨询过程中,双方互动都非常顺利。经过四次咨询,小张由原本的迷茫慢慢转变为心平气和,能根据现实情况作出合适的决定,由原来的犹豫不决,强调不确定性转变为厘清思绪,目标明确,并意识到通过努力把握未来。除此之外,更重要的是她意识到自己拥有很多优点,也意识到认识自我的重要性,意识到要用欣赏的眼光看自己。最后小张满意地离开了咨询室,咨询效果较好。

第一阶段进行了 1 次,用真诚和理解的态度倾听小张诉说她的苦恼,使小张集结在心中的负面情绪得以宣泄,厘清自己头绪,了解这些事件和想法是如何影响自己的,然后区分哪些想法是合理的,哪些是自己无法控制的,从而探讨自己改进的可能性与方向。第二阶段进行了 1 次,小张通过第一阶段谈话之后对 MPAcc 进行多渠道了解,第二次谈话时,通过霍兰德职业能力测试,以及 MBTI 职业性格测试,加强对自我的了解和认识。分析当前情况,明确了方向:放弃考研,选择就业,打算毕业后回家乡甘肃,从事审计学相关领域的工作。引导小张厘清考证与实习的核心目标,打算认真复习,为 9 月份的注会考试做准备。第三阶段进行了 2 次,先通过对小张以往学习经历和一次社会实习的经历深度挖掘,从中总结小张的收获和自身的优点,使其更为客观全面地认识自己。经过最后一次咨询,小张有了合理的就业目标定位,确定落实在行动中的可行性方案和目标计划。

五、个案干预的经验

对于本案例,咨询师认为,在咨询的开始时使用倾听、共感、积极关注等咨询技巧建立了良好的咨访关系。但更多的是有待提高的地方。以下是自己的一些思考。

第一,咨询师也有过职业发展规划的困惑,也曾经到咨询室咨询过,所以当来访者前来咨询职业发展规划问题时,咨询师有种似曾相识的感觉,因此也特别容易产生共鸣。但是,咨询师容易受到自己当年的问题以及接受咨询的情况的影响,会不由自主地超越小张的心理发展阶段,咨询师也了解对于该职业发展方面的困惑只能厘清头绪,并且一步一个脚印地踏实寻找解决方向。

第二,在最后一次咨询中,来访者认为就业人员的基本素质,如踏实、认真、耐心、责任心等虽然重要,但是在社会上却有很多看起来不那么踏实认真的,她担心自己较内向的性格,是否适合以后的社会,咨询师考虑到适应社会,适应工作的现实性,因此建议她今后可以主动突破自我,尝试与他人多交往,提高自己的人际交往能力。但鉴于咨询时间有限,也没有进行更深入的探讨。其实,职业发展规划是一个长期的过程,有必要在咨询的过程中渗透这一观念。个性因素、人格,不是几次咨询能更改。

第三,在来访者决定放弃考研选择直接就业时,来访者通过多方面行为和自己努力,进行了行为选择判断,其实在后面的咨询过程中,咨询师可以利用这一觉醒事件,挖掘更多的积极因素,帮助来访者加强合理评估自己的能力。

作者简介:

熊会,就职于上海立信会计学院会计与财务学院。